सती मैया का चौरा

भैरवप्रसाद गुप्त

जन्म : 7 जुलाई 1918 को सिवानकला गाँव (बलिया, उ.प्र.)।

शिक्षा : इविंग कॉलेज, इलाहाबाद से स्नातक।

अपने शिक्षक की प्रेरणा से कहानी लेखन की ओर रुझान हुआ। जगदीशचन्द्र माथुर, शिवदान सिंह चौहान जैसे लेखकों एवं आलोचकों के सम्पर्क और साहित्यिक-राजनीतिक परिवेश में उनके रचनात्मक संस्कारों को दिशा मिली।

सन् 1940 में मजदूर नेताओं से सम्पर्क। सन् 1944 में माया प्रेस, इलाहाबाद से जुड़े। अपने अन्य समकालीनों की तरह आर्य समाज और गाँधीवादी राजनीति की राह से वामपंथी राजनीति की ओर आये। सन् 1948 में वे कम्युनिस्ट पार्टी के सदस्य बने।

प्रमुख प्रकाशित पुस्तकें : *उपन्यास*—शोले, मशाल, गंगा मैया, जंजीरें और नया आदमी, सत्ती मैया का चौरा, धरती, आशा, कालिन्दी, रम्भा, अंतिम अध्याय, नौजवान, एक जीनियस की प्रेमकथा, भाग्य देवता, अक्षरों के आगे (मास्टर जी), छोटी-सी शुरुआत, *कहानी संग्रह*—मुहब्बत की राहें, फरिश्ता, बिगड़े हुए दिमाग, इंसान, सितार के तार, बलिदान की कहानियाँ, मंजिल, महफिल, सपने का अंत, आँखों का सवाल, मंगली की टिकुली, आप क्या कर रहे हैं? *नाटक और एकांकी*—कसौटी, चंदबरदायी, राजा का बाण। *संपादित पत्रिकाएँ*—माया, मनोहर कहानियाँ, कहानी, उपन्यास, नई कहानियाँ, समारंभ-1, प्रारंभ।

निधन : 5 अप्रैल, 1995

भैरवप्रसाद गुप्त

सती मैया का चौरा

लोकभारती पेपरबैक्स

पहला पेपरबैक संस्करण : 2013
पुनर्मुद्रण : 2014

लोकभारती पेपरबैक : उत्कृष्ट साहित्य के लोकप्रिय संस्करण

लोकभारती प्रकाशन
पहली मंजिल, दरबारी बिल्डिंग, महात्मा गाँधी मार्ग,
इलाहाबाद-211 001

वेबसाइट : www.lokbhartiprakashan.com
ईमेल : info@lokbhartiprakashan.com

शाखाएँ : 1-बी, नेताजी सुभाष मार्ग, दरियागंज, नई दिल्ली-110 002
अशोक राजपथ, साइंस कॉलेज के सामने, पटना-800 006 (बिहार)

इण्डियन प्रेस प्रा.लिमिटेड
इलाहाबाद-211002
द्वारा मुद्रित

मूल्य : ₹ 350

SATI MAIYA KA CHAURA
by Bhairav Prasad Gupt

ISBN : 978-81-8031-752-1

पहला भाग

कॉलेज के दिनों में कब और कैसे उसका नाम 'प्रेमी' पड़ गया, यह वह आज भी नहीं जानता। उसका यही नाम यूनिवर्सिटी तक प्रचलित रहा। लड़के, प्रोफ़ेसर, सभी उसे इसी नाम से पुकारते। उसका असल नाम किसी को मालूम न हो, यह बात नहीं, लेकिन जाने क्यों कोई भी उसे उस नाम से न पुकारता। यहाँ तक कि हॉस्टल और मेस के नौकर-चाकर भी उसे 'प्रेमी बाबू' कहकर ही पुकारते। उसकी अपनी ज़बान उर्दू थी, उसने कॉलेज में और यूनिवर्सिटी में भी उर्दू ले रखी थी। 'बज़्मे उर्दू' का वह बराबर सेक्रेटरी रहा और कॉलेज और यूनिवर्सिटी के उर्दू रिसालों का एडीटर भी। लेकिन साथ ही वह 'हिन्दी-परिषद्' की कार्यकारिणी का विशेष सदस्य भी रहा था और उसके ज़माने में 'हिन्दी पत्रिका' का कोई ऐसा अंक न निकला, जिसमें उसका कोई-न-कोई लेख न छपा हो। उर्दू-प्रोफ़ेसरों के मुक़ाबिले में हिन्दी के प्रोफ़ेसर भी उसका कम सम्मान न करते थे। और उसका साहस तो देखिये, वह हिन्दी-परिषद् के कार्यक्रमों और उत्सवों में ही नहीं, वार्षिक वाद-विवाद-प्रतियोगिता में भी भाग लेने को तैयार हो जाता था। उसे याद है...

पहली बार जब लड़कों को मालूम हुआ कि वह भी 'हिन्दी-परिषद्' की वाद-विवाद-प्रतियोगिता में सम्मिलित हो रहा है, तो कॉलेज में एक तहलक़ा-सा मच गया। जिसने भी नोटिस-बोर्ड पर लटकी सूची में उसका नाम पढ़ा, चकित होकर पासवाले लड़के से कहा—अरे, देखा तुमने, प्रेमी भी हिन्दी डिबेट में भाग ले रहा है!

और यह बात एक सनसनीखेज़ ख़बर की तरह सारे कॉलेज में फैल गयी। प्रेमी उस वक़्त तक कॉलेज में मशहूर हो चुका था। वह इतिहास, राजनीति और उर्दू की डिबेटों में अव्वल आकर नाम कमा चुका था। लेकिन वह हिन्दी वाद-विवाद-प्रतियोगिता में भी भाग लेगा, यह बात कोई स्वप्न में भी न सोच सकता था। हिन्दी हिन्दी है और उर्दू उर्दू। उर्दू का कोई विद्यार्थी यह साहस करेगा, इसकी कल्पना भी किसी को न थी। हिन्दी वाद-विवाद-प्रतियोगिता केवल किसी साधारण विषय के प्रतिपादन की प्रतियोगिता नहीं, वह किसी शुद्ध साहित्यिक विषय पर ठेठ साहित्यिक भाषा में धारा-प्रवाह बोलने और विषय-प्रतिपादन की प्रतियोगिता है। भला क्या खाकर प्रेमी इसमें भाग लेने का साहस कर रहा है?

हिन्दी के विद्यार्थियों के लिए तो यह बात और भी हैरत में डालनेवाली थी। वे भली-भाँति जानते थे कि उनकी प्रतियोगिता भाषा और साहित्य दोनों दृष्टियों से कितनी

कठिन होगी। उनके दोनों प्रोफ़ेसर संस्कृत विभाग भी सम्हाले हुए थे और उनके मुँह से भूलकर भी कोई उर्दू का शब्द न निकलता था। लेखों में विशेष रूप से वे शुद्ध साहित्यिक भाषा पर ज़ोर देते थे। वे ही प्रतियोगिता के निर्णायक होंगे। भला उर्दू का विद्यार्थी प्रेमी उन्हें कैसे सन्तुष्ट कर सकता है? बोलने की शक्ति भले ही उसमें जितनी हो, लेकिन वह भाषा कहाँ से लायेगा?

और उर्दू के विद्यार्थियों को तो ऐसा लगा, जैसे उनका कोई पट्ठा दूसरे के अखाड़े में दंगल मारने जा रहा हो। कॉलेज में, हॉस्टल में, सभी जगह वे हिन्दी-विद्यार्थियों को ललकारने लगे, चिढ़ाने लगे—चुल्लू-भर पानी में डूब मर जाने का यह मुक़ाम है!

और सुना तो यह भी गया कि हिन्दी-संस्कृत के प्रोफ़ेसरों को जब यह बात मालूम हुई तो वे हँसे, लेकिन फिर गम्भीर होकर उन्होंने आपस में राय-बात की कि कहीं सचमुच यह दुस्साहसी लड़का उनके विभागों को नीचा न दिखा दे। इस सम्भावना को देखते हुए उन्हें पहले ही कोई-न-कोई उपाय सोचना चाहिए और बहुत सोच-समझकर वे इस निर्णय पर पहुँचे कि कम-से-कम उन्हें अपने दो पट्ठों को तो अवश्य तैयार करना चाहिए और उन्हें सभी दाँव-पेच सिखा देना चाहिए, यानी कि उन्हें पहले से ही प्रतियोगिता का विषय ही नहीं बता देना चाहिए, बल्कि उसके पक्ष और विपक्ष में एक-एक श्रेष्ठ वक्तृता स्वयं तैयार करके उन्हें रटा भी देना चाहिए।

जब यह अफ़वाह कॉलेज में फैली, तब तो और भी हो-हल्ला शुरू हो गया। देखा यह गया कि हिन्दी-संस्कृत विभाग के विरोध में सारा कॉलेज ही उठ खड़ा हुआ और अचानक प्रेमी उन-सबका हीरो बन गया। सब उसके प्रति सहानुभूति दर्शाने लगे, उसकी पीठ ठोकने लगे, उसकी जीत की कामना करने लगे और हिन्दी-संस्कृत के विद्यार्थियों को सरे-आम धिक्कारने लगे।

उर्दू-फ़ारसी के दोनों प्रोफ़ेसरों ने पहले इस बात को प्रेमी का महज एक मज़ाक समझा था। लेकिन अब, जब उनके कानों में ये बातें पड़ीं तो सहज ही उन्हें भी कुछ दिलचस्पी हुई। उन्होंने एक दिन दोपहर की छुट्टी में प्रेमी को अपने कमरे में बुलाया।

एक ने कहा—भाई प्रेमी, ये कैसी बातें सुनायी दे रही हैं?

—क्या बतायें, मौलाना, मुझे सख़्त अफ़सोस है,—प्रेमी ने मुरझाये-से स्वर में कहा—मुझे अगर मालूम होता कि एक मेरे नाम देने से ऐसा बवाल मचेगा, तो मैं अपना नाम हर्गिज़ न देता। मैं तो अब सोच रहा हूँ कि अपना नाम वापस ले लूँ। नाहक़.....

—भई वाह!—दूसरे ने कहा—यह तो वही मसल हुई कि आग लगाके जमालो दूर खड़ी!...नहीं, साहब, अब नाम आपके दुश्मन वापस लें! हिम्मते मर्दां मददे ख़ुदा! हम तो आपकी हिम्मत पर निसार हैं कि आपने अपना नाम दिया और उनके छक्के छूट रहे हैं!

—हाँ, भई,—पहले ने कहा—हमने तो सुना है...

—वह सब न कहिये, मौलाना, प्रेमी कुछ झुंझलाया-सा बीच ही में बोल पड़ा— यह-सब न कहिये! मैंने तो ख़ाब में भी न सोचा था कि यह-सब होगा। मैंने तो सोचा था कि मेरे नाम देने से लोगों को ख़ुशी होगी। एक ग़ैर ज़बान का तालिबइल्म समझकर लोग मेरी हिम्मत-अफ़ज़ाई करेंगे। लेकिन यहाँ तो मुक़ाबिले की एक ग़ैरसेहतमन्द फ़िज़ा तैयार कर दी गयी; इसे अपने डिपार्टमेण्ट की इज़्ज़त का सवाल बना दिया गया और...क्या बतायें, मौलाना, मुझे सख़्त अफ़सोस है, आजकल कॉलेज और हॉस्टल की जिस फ़िज़ा में मैं साँस ले रहा हूँ, उसमें मेरा दम घुट रहा है! सोचता हूँ, यह कैसी कमबख़्ती मुझ पर सवार हुई, जो मैं अपना नाम दे बैठा।

—नहीं-नहीं, प्रेमी साहब!—दूसरे ने कहा—आप ऐसी बात दिल में न लाइये। आपने जो किया, बिलकुल ठीक किया है। हम आपकी हिम्मत की दाद देते हैं। हमें पन्द्रह साल हो गये इस कॉलेज में पढ़ाते, कभी भी ऐसा नहीं देखा गया कि हमारे डिपार्टमेण्ट के किसी तालिबइल्म ने हिन्दी डिबेट में हिस्सा लिया हो। आप तो एक रिकार्ड क़ायम करने जा रहे हैं, एक तवारीख़ लिखने जा रहे हैं! हमें आप पर फ़ख्र है। आप इस तरह पस्त-हिम्मती से काम न लें। अब क़दम उठाया है तो पीछे न हटिये। बात इतनी आगे बढ़ गयी है कि अब आप पीछे हटेंगे तो सिर्फ़ आपकी किरकिरी न होगी, हमारे डिपार्टमेण्ट की भी बदनामी होगी।

—आप भी ऐसा ही सोचते हैं, मौलाना?—प्रेमी ने जैसे निढाल होकर कहा।

—और क्या सोचें, भई?—पहले ने कहा—हमारा यह पाँचवाँ कॉलेज है और इसी पेशे में हमारे बीस साल गुज़र चुके हैं। एक बेहतर कॉलेज की खोज में हमारी ज़िन्दगी सर्फ़ हो गयी, लेकिन वह मिलने से रहा। हर जगह एक ही बात देखी, जैसे किसी बड़ी मज़बूरी से उर्दू-फ़ारसी के डिपार्टमेण्ट चलाये जा रहे हों। उनका बच चले तो आज ही ये डिपार्टमेण्ट बन्द कर दिये जायँ। हिन्दी-संस्कृत डिपार्टमेण्ट की तो जैसे हमसे पैदाइशी दुश्मनी है। एक दबंग सौत की तरह ये हमारी छाती पर मूँग दलने के लिए हमेशा तैयार बैठे रहते हैं। प्रिन्सिपल हमेशा इनकी तरफ़दारी करता है, उन्हें हमसे कहीं ज़्यादा सहूलियतें देता है, कहाँ तक आपको गिनायें कैसी-कैसी बेइज़्ज़तियाँ और हक़तल्फ़ियाँ बर्दाश्त करनी पड़ती हैं! अब यह एक अपना ही मामला लीजिये.....

—मेरी बात छोड़िये, मौलाना। मुझे ऐसी बातों में दिलचस्पी नहीं। मैं तो हर ज़बान की इज़्ज़त अपनी ज़बान ही की तरह करता हूँ।—प्रेमी ने कहा—इस तरह की बातें तो मेरी समझ ही में नहीं आतीं।

—हम भी तो यही चाहते हैं, प्रेमी साहब,—दूसरे ने कहा—लेकिन ये हमें फूटी आँख भी नहीं देख सकते, यह हमारी पूरी ज़िन्दगी का तजुर्बा है।...आप ज़रूर उनकी डिबेट में हिस्सा लें। हम ख़ुदा से दुआ करेंगे कि आप ज़रूर कामयाब हों! सचमुच,

आप अव्वल आ जायँ, फिर तो मज़ा आ जाय! लेकिन आप इस बात का पूरा ख़याल रखें कि ये हर साज़िश, बेइन्साफ़ी और बेईमानी से काम लेंगे, यह बात अब साफ़ हो गयी है। लेकिन आप घबरायें नहीं, हम-सब उस रोज़ जलसे में शामिल होंगे और देखेंगे कि कैसे कोई बेइन्साफ़ी करते हैं। बल्कि हम प्रिन्सिपल से ये भी दरख़ास्त करने की सोच रहे हैं कि चूँकि हमारे डिपार्टमेण्ट का भी एक तालिबइल्म डिबेट में हिस्सा ले रहा है और हमें इस बात का पूरा-पूरा शक है कि इसमें तरफ़दारी होने जा रही है, इसलिए यह ज़रूरी हो गया है कि जज़ों में किसी दूसरे डिपार्टमेण्ट का भी एक हेड हो।...

—नहीं-नहीं, मौलाना!—प्रेमी सिर हिलाकर बोल उठा—मेरी तो आप लोगों से यह दरख़ास्त है कि इस मामले में आप ख़ामोश ही रहें, वर्ना सच ही मैं अपना नाम वापस ले लूँगा, फिर चाहे जो हो। मैं यह हर्गिज़ नहीं चाहता कि मेरी वज़ह से इस गन्दी ज़हनियत को हवा मिले और लोगों में एक बेहूदा जज़्बा फूट पड़े।

—हम भी तो यह नहीं चाहते। लेकिन जब एक तरफ़ से यह बात शुरू हो गयी है तो.....

—तो भी हम ख़ामोश रहें, यही अच्छा है।—प्रेमी बोला—उनकी डिबेट में एक मेरे शामिल होने-न-होने की आख़िर अहमियत ही क्या है। मैं यह नहीं चाहता कि मेरी वज़ह से लोग एक-दूसरे की पगड़ी उछालने पर आमादा हो जायँ।

—आपका यह बड़ा ही नेक ख़याल है, प्रेमी साहब,—पहले ने कहा—लेकिन हम कहने से बाज न आयेंगे कि अभी आपके तजुर्बे बहुत कच्चे हैं। जब आप दुनिया देखेंगे...ख़ैर, छोड़िये इन बातों को। हमारा जो फ़र्ज़ था हमने अदा किया। आप हमारी बात मानें, या न मानें, आपकी मर्ज़ी! लेकिन एक बात सुन लें कि अब आप मैदान में उतरकर अपना क़दम पीछे नहीं हटा सकते।

—मैं सोचूँगा,—सिर झुकाकर प्रेमी ने कहा।

—सोचूँगा नहीं,—दूसरे ने कहा—अब सोचने-समझने का वक़्त नहीं रहा।

—लेकिन, प्रेमी साहब,—पहले ने पूछा—यह तो बताइये, क्या आप सच ही इतनी अच्छी हिन्दी.....

—मैंने मध्यमा बारह साल की उम्र में पास की थी।—प्रेमी ने सिर ऊँचा करके कहा।

—यह क्या बला है, जनाब?—दूसरे ने पूछा।

—हिन्दी का यह एक ख़ास आला इम्तिहान है....

—वल्लाह, तब क्या पूछना है!—दोनों एक साथ बोल उठे। फिर एक ने यह शेर पढ़ा—

—हाँ, भई,—पहले ने कहा—हमने तो सुना है...

—वह सब न कहिये, मौलाना, प्रेमी कुछ झुंझलाया-सा बीच ही में बोल पड़ा— यह-सब न कहिये! मैंने तो ख़ाब में भी न सोचा था कि यह-सब होगा। मैंने तो सोचा था कि मेरे नाम देने से लोगों को ख़ुशी होगी। एक ग़ैर ज़बान का तालिबइल्म समझकर लोग मेरी हिम्मत-अफ़ज़ाई करेंगे। लेकिन यहाँ तो मुक़ाबिले की एक ग़ैरसेहतमन्द फ़िज़ा तैयार कर दी गयी; इसे अपने डिपार्टमेण्ट की इज़्ज़त का सवाल बना दिया गया और...क्या बतायें, मौलाना, मुझे सख़्त अफ़सोस है, आजकल कॉलेज और हॉस्टल की जिस फ़िज़ा में मैं साँस ले रहा हूँ, उसमें मेरा दम घुट रहा है! सोचता हूँ, यह कैसी कमबख़्ती मुझ पर सवार हुई, जो मैं अपना नाम दे बैठा।

—नहीं-नहीं, प्रेमी साहब!—दूसरे ने कहा—आप ऐसी बात दिल में न लाइये। आपने जो किया, बिलकुल ठीक किया है। हम आपकी हिम्मत की दाद देते हैं। हमें पन्द्रह साल हो गये इस कॉलेज में पढ़ाते, कभी भी ऐसा नहीं देखा गया कि हमारे डिपार्टमेण्ट के किसी तालिबइल्म ने हिन्दी डिबेट में हिस्सा लिया हो। आप तो एक रिकार्ड क़ायम करने जा रहे हैं, एक तवारीख़ लिखने जा रहे हैं! हमें आप पर फ़ख्र है। आप इस तरह पस्त-हिम्मती से काम न लें। अब क़दम उठाया है तो पीछे न हटिये। बात इतनी आगे बढ़ गयी है कि अब आप पीछे हटेंगे तो सिर्फ़ आपकी किरकिरी न होगी, हमारे डिपार्टमेण्ट की भी बदनामी होगी।

—आप भी ऐसा ही सोचते हैं, मौलाना?—प्रेमी ने जैसे निढाल होकर कहा।

—और क्या सोचें, भई?—पहले ने कहा—हमारा यह पाँचवाँ कॉलेज है और इसी पेशे में हमारे बीस साल गुज़र चुके हैं। एक बेहतर कॉलेज की खोज में हमारी ज़िन्दगी सर्फ़ हो गयी, लेकिन वह मिलने से रहा। हर जगह एक ही बात देखी, जैसे किसी बड़ी मज़बूरी से उर्दू-फ़ारसी के डिपार्टमेण्ट चलाये जा रहे हों। उनका बच चले तो आज ही ये डिपार्टमेण्ट बन्द कर दिये जायँ। हिन्दी-संस्कृत डिपार्टमेण्ट की तो जैसे हमसे पैदाइशी दुश्मनी है। एक दबंग सौत की तरह ये हमारी छाती पर मूँग दलने के लिए हमेशा तैयार बैठे रहते हैं। प्रिन्सिपल हमेशा इनकी तरफ़दारी करता है, उन्हें हमसे कहीं ज़्यादा सहूलियतें देता है, कहाँ तक आपको गिनायें कैसी-कैसी बेइज़्ज़तियाँ और हक़तल्फ़ियाँ बर्दाश्त करनी पड़ती हैं! अब यह एक अपना ही मामला लीजिये.....

—मेरी बात छोड़िये, मौलाना। मुझे ऐसी बातों में दिलचस्पी नहीं। मैं तो हर ज़बान की इज़्ज़त अपनी ज़बान ही की तरह करता हूँ।—प्रेमी ने कहा—इस तरह की बातें तो मेरी समझ ही में नहीं आतीं।

—हम भी तो यही चाहते हैं, प्रेमी साहब,—दूसरे ने कहा—लेकिन ये हमें फूटी आँख भी नहीं देख सकते, यह हमारी पूरी ज़िन्दगी का तजुर्बा है।...आप ज़रूर उनकी डिबेट में हिस्सा लें। हम ख़ुदा से दुआ करेंगे कि आप ज़रूर कामयाब हों! सचमुच,

आप अव्वल आ जायँ, फिर तो मज़ा आ जाय! लेकिन आप इस बात का पूरा ख़याल रखें कि ये हर साज़िश, बेइन्साफ़ी और बेईमानी से काम लेंगे, यह बात अब साफ़ हो गयी है। लेकिन आप घबरायें नहीं, हम-सब उस रोज़ जलसे में शामिल होंगे और देखेंगे कि कैसे कोई बेइन्साफ़ी करते हैं। बल्कि हम प्रिन्सिपल से ये भी दरख़ास्त करने की सोच रहे हैं कि चूँकि हमारे डिपार्टमेण्ट का भी एक तालिबइल्म डिबेट में हिस्सा ले रहा है और हमें इस बात का पूरा-पूरा शक है कि इसमें तरफ़दारी होने जा रही है, इसलिए यह ज़रूरी हो गया है कि जज़ों में किसी दूसरे डिपार्टमेण्ट का भी एक हेड हो।...

—नहीं-नहीं, मौलाना!—प्रेमी सिर हिलाकर बोल उठा—मेरी तो आप लोगों से यह दरख़ास्त है कि इस मामले में आप ख़ामोश ही रहें, वर्ना सच ही मैं अपना नाम वापस ले लूँगा, फिर चाहे जो हो। मैं यह हर्गिज़ नहीं चाहता कि मेरी वज़ह से इस गन्दी ज़हनियत को हवा मिले और लोगों में एक बेहूदा जज़्बा फूट पड़े।

—हम भी तो यह नहीं चाहते। लेकिन जब एक तरफ़ से यह बात शुरू हो गयी है तो.....

—तो भी हम ख़ामोश रहें, यही अच्छा है।—प्रेमी बोला—उनकी डिबेट में एक मेरे शामिल होने-न-होने की आख़िर अहमियत ही क्या है। मैं यह नहीं चाहता कि मेरी वज़ह से लोग एक-दूसरे की पगड़ी उछालने पर आमादा हो जायँ।

—आपका यह बड़ा ही नेक ख़याल है, प्रेमी साहब,—पहले ने कहा—लेकिन हम कहने से बाज न आयेंगे कि अभी आपके तजुर्बे बहुत कच्चे हैं। जब आप दुनिया देखेंगे...ख़ैर, छोड़िये इन बातों को। हमारा जो फ़र्ज था हमने अदा किया। आप हमारी बात मानें, या न मानें, आपकी मर्ज़ी! लेकिन एक बात सुन लें कि अब आप मैदान में उतरकर अपना क़दम पीछे नहीं हटा सकते।

—मैं सोचूँगा,—सिर झुकाकर प्रेमी ने कहा।

—सोचूँगा नहीं,—दूसरे ने कहा—अब सोचने-समझने का वक़्त नहीं रहा।

—लेकिन, प्रेमी साहब,—पहले ने पूछा—यह तो बताइये, क्या आप सच ही इतनी अच्छी हिन्दी.....

—मैंने मध्यमा बारह साल की उम्र में पास की थी।—प्रेमी ने सिर ऊँचा करके कहा।

—यह क्या बला है, जनाब?—दूसरे ने पूछा।

—हिन्दी का यह एक ख़ास आला इम्तिहान है....

—वल्लाह, तब क्या पूछना है!—दोनों एक साथ बोल उठे। फिर एक ने यह शेर पढ़ा—

और उसके कानों में शब्द पड़ रहे थे—तमाकू पीना मुसलमान के लिए....है हिन्दू के लिए.... है...तमाकू के पत्ते पर सूअर के बाल, गया के बाल उग आये हैं.....महात्मा गान्धी ने कहा है....—अरे रे! वह चौंक-सा पड़ा। उसने घूमकर आस-पास देखा, लड़के-बच्चे आपस में खुसुर-फुसुर कर रहे थे। उसने भी कुछ कहना चाहा कि तभी उस बड़े लड़के ने आकर डाँट दिया—चुप रहो!

वह फिर दढ़ियल की ओर देखने लगा। कानों में शब्द पड़ रहे थे—हाथ उठाकर क़सम खाओ.....

सबने हाथ उठा दिये। उसने इधर-उधर देखा तो लड़के-बच्चे भी हाथ उठाये हुए थे, सो उसने भी दोनों हाथ उठा दिये। तभी किसी के बड़े ज़ोर से हँसने की आवाज़ उसके कानों में पड़ी। उसने इधर-उधर देखा, तो वही बड़ा लड़का हँस रहा था। उसने सहमकर हाथ नीचे कर लिये।

लड़कों में फिर खुसुर-फुसुर शुरू हो गयी। पास का ही एक लड़का कह रहा था—चलो, खेत में चलकर देखें, तमाकू के पत्ते पर...

एक-एक करके लड़के खिसकने लगे और आख़िर वह भी खिसक गया।

उसे याद था, अब्बा के खण्ड के पास तमाकू के खेत-ही-खेत हैं। वह दौड़ने लगा। वह सोच रहा था, अब्बा तो जुलूस में नहीं थे न? वह तमाकू बहुत खाते-पीते हैं.... उनकी भी क़सम खाना जाहिर...तमाकू के पत्ते पर सूअर के बाल....

अब्बा के खण्ड का दरवाज़ा खुला था, दूर से ही दिखायी दे रहा था। वह ज़रा देर के लिए ठिठक गया, कहीं अब्बा देख न लें। दरवाज़े के सामने से ही रास्ता है। उनका पलँग दरवाज़े पर ही पड़ा रहता है। वह उसी पर बैठकर पानदान से पान लगाकर खाते हैं, लिखते हैं, पढ़ते हैं....पास ही फ़र्श पर फ़र्शी पड़ी रहती है, उसकी निगाली लाल है और उस पर सफ़ेद गोट लगी है। चिलम कटोरे के बराबर है और उस पर ऊपर तक लाल-लाल कोयले दहकते रहते हैं..अब्बा की आँखें भी कितनी बड़ी-बड़ी और लाला-लाल हैं! कभी गुरेरकर देखते हैं तो कितना डर लगता है! और कभी प्यार से देखते हैं तो कितना अच्छा लगता है।

वह सहमा-सहमा, एक-एक डग धीरे-धीरे बढ़ाता, खण्ड के दरवाज़े की ओर देखता आगे बढ़ रहा था। ज़रा दूर जाने पर पलँग के पैताने अब्बा के फैले हुए पाँव दिखायी पड़े, तो समझ गया कि वह लेटे हुए हैं, वे उसे नहीं देख सकते और वह आश्वस्त हो चलने लगा। खुली ओड़चन पर अब्बा के पाँव दिखायी दे रहे थे। अब्बा का बिस्तर कितना मुख़्तसर है....एक दरी, एक चादर और एक तकिया। दिन-भर गुमेटकर बिस्तर सिरहाने तकिये की तरह पड़ा रहता है। अब्बा अम्माँ की तरह गद्दे, मसहरी वग़ैरा क्यों नहीं रखते? लड़के कहते हैं, वो बहुत बड़े आदमी हैं, उनके पास बहुत ज़मीन और रुपया है, फिर वो इस तरह क्यों रहते हैं, अपना सब काम अपने

हाथों से ही क्यों करते हैं? अम्माँ के पास तो दो लौंडियाँ हैं, अम्माँ तो अपने हाथ से कोई काम नहीं करती, पलँग पर पानदान लिये बैठी रहती है और हुकुम चलाया करती है...सहसा वे पाँव हिल उठे, तो वह भाग खड़ा हुआ और खेतों में ही जाकर रुका।

आस-पास गोंइड़े के खेतों में तमाकू के काले-काले पौधे खड़े थे। उनके बैल के कान की तरह बड़े-बड़े पत्ते ऐसे हवा में हिल रहे थे, जैसे बैल कान हिलाकर मुँह पर बैठी मक्खियाँ हाँक रहा हो।

वह एक खेत में घुस गया और ग़ौर से पत्तों को हाथों में ले-लेकर देखने लगा। पत्तों पर धूल की मोटी तह जमी थी, हाथ लगाने पर मन गिनगिना उठता था, जैसे मुँह में किनकिनी भर गयी हो। फिर भी वह धूल की तरह उँगलियों से हटा-हटाकर बालों को ढूँढ़ रहा था। कई सफ़ेद-सफ़ेद रोओं-से बाल मिलते थे, लेकिन सुअर का बाल तो बड़ा और कड़ा होता है, उसकी पीठ पर दूर ही से दिखायी पड़ता है, वह कितना घिनौना होता है, उसे तो दूर से ही देखकर जी मतला उठता है...मैला खाता है...उसे लगा कि यह जो पत्तों को छूने से मन गिनगिना उठता है, कहीं....

तभी उसे सुनायी पड़ा—मिला कोई बाल?

उसने आँखें उठाकर आवाज़ की ओर देखा, खेत के दूसरे कोने पर कोई लड़का खड़ा उसी से कह रहा था—मुझे तो बहुत-सारे मिल गये।

—मुझे तो नहीं मिले,—उसने कहा—लाओ तो देखें।

वह लड़का फुर्ती से पौधों के बीच कूदता-फाँदता, कितनी ही नाजुक-नाजुक पत्तियों और पौधों को अपने पैरों से तोड़ता, उसके पास आ खड़ा हुआ और दोनों हथेलियाँ फैलाकर, दिखाता हुआ बोला—देखो।

—दुत! ये तो रोएँ हैं!—कहकर वह हँस पड़ा।

—नहीं, ये गाय के बाल हैं!—उस लड़के ने आँखें मटकाते हुए कहा।

—लेकिन मैं तो सुअर के बाल खोज रहा हूँ....

—तो क्या तुम मुसलमान हो?—उस लड़के ने कहा।

—हाँ, मैं सुअर के बाल खोज रहा हूँ, अब्बा को दिखाऊँगा। वो तमाकू बहुत खाते-पीते हैं। मुझे ढूँढ़ दो।

—आओ, उस खेत में चलें। सुअर के बाल बड़े-बड़े होते हैं न, उस खेत के पौधे बड़े-बड़े हैं, उसमें ज़रूर मिलेंगे।

दोनों दौड़ते हुए उस खेत में पहुँच गये। उस लड़के ने कहा—बड़ी गन्दगी है, मेंड़ पर पाँव रखकर चलो, नीचे देखते रहना....अरे, तुम्हारे पाँव में तो लग गया!

उसने झुककर देखा, दाहिना पाँव चिपन गया था। रुआँसा होकर बोला—अब क्या करूँ, अम्माँ देखेगी तो मारेगी।

—चलो,—उसका हाथ पकड़कर उस लड़के ने कहा—वहाँ नारी चल रही है, धो लो।

—वहाँ तो पास ही अब्बा का खण्ड है, देखेंगे तो...

—तो चलो, पोखरे चलें, पास ही तो है।

—नहीं, अम्माँ कहती है, पोखरे पर नहीं जाना चाहिए, वहाँ बुड़ुआ (जल-प्रेत) रहते हैं, बच्चों को पकड़ लेते हैं।

—उँह! बुड़ुआ नहीं सुड़ुआ रहते हैं! चलो मेरे साथ! मेरा तो स्कूल वहीं है। पोखरे में दोपहर की छुट्टी में हम रोज़ डुबुक-डुबुक नहाते हैं।—उस लड़के ने उसका हाथ खींचा।

सहमे-सहमे ही वह उसके पीछे-पीछे चलने लगा। रह-रहकर वह अपने पीछे ताक लेता था कि कहीं कोई देख न रहा हो।

—तुम इस्लामिया इस्कूल में पढ़ते हो?—उस लड़के ने पूछा।

—नहीं, घर में मोली साहब पढ़ाते हैं।

—क्या पढ़ाते हैं, अलिफ-बे अउआ, माई-बाप कउआ?—दोनों हँस पड़े।

—जाने क्या पढ़ाते हैं, कुछ समझ में नहीं आता। बहुत पीटते हैं। एक कच्ची कइन हमेशा अपने पास रखते हैं। ज़रा भी हिज्जे ग़लत हुए कि सर्र-से कइन पीठ पर आ पड़ती है। गले से ऐसी अवाज़े निकालते हैं कि मालूम होता है क़ै कर देंगे। आजकल सिपारा रटवा रहे हैं :

अलहम्दो लिल्लाहे रब्बिल आलमीन अर्रहमानिर्रहीम....

—बस! बस कर, यार नहीं तो,—अचानक उस लड़के ने झुककर अपना पाँव देखते हुए कहा—अरे-रे! यार, मेरे पैर में भी लग गया। देख, इस घास पर तू अपना पाँव रगड़ ले।

उसने अच्छी तरह अपना पाँव रगड़ लिया, तो चलते हुए उस लड़के ने कहा—हमारे इस्कूल में भी बड़े पण्डितजी कभी-कभी इस्लोक रटवाते हैं, ओम भूर-भूवह...और वह ज़ोर से हँसकर बोला—पण्डितजी जब इस्लोक पढ़ते हैं, तो उनका मुँह देखते ही बनता है, कभी चोंगे की तरह होता है, तो कभी दोने की तरह, और आँखें ऐसे मूँद लेते हैं, जैसे कच्चा आम खा रहे हों।

—पोखरे के पासवाला आम का बाग़ मेरे अब्बा का है—

—अच्छा! तब तो, यार, बड़ा मज़ा आयेगा! तू भी हमारे इस्कूल में पढ़ न! राम किरिये, मार बहुत कम पड़ती है और परार्थना में तो बड़ा मज़ा आता है : हे परभुआ नन्ददाता ग्यान हमको दीजिये...और पोखरें में ख़ूब गद्दी छलकायेंगे, छल-छल-छल...और छुआछूत, बिछिली के खेल खेलेंगे और धोती में मछली छानेंगे और तैरना

सीखेंगे और जब तेरे बाग़ में टिकारे लगेंगे, तो ख़ूब खायेंगे। वह कलमी का बाग़ है न, साला अगोरिया एक टिकोरा नहीं छूने देता। पकड़ लेता है, तो सीध पण्डितजी के पास लाता है....

—हमारे घर तो खाँची-खाँची आम आता है!

—पेड़ से तोड़कर खाने का मज़ा ही और होता है!

—मुझे पेड़ पर चढ़ना आता है?

—वाह, एक छन में पुलुँगी पर चढ़ जाऊँ!

—मुझे भी लिखा देगा?

—ज़रूर-ज़रूर। लेकिन तू मेरे इस्कूल में तो आ!

—अम्माँ नहीं आने देगी, पोख़रा...

—तू मेरे साथ आना। अम्माँ से मैं कह दूँगा। तेरा घर कहाँ है?

—छोटी मसजिद के पास।

—अच्छा, तो कल सुबह मैं आऊँगा। अम्माँ से कह रखना। मैं तो कई घरों से लड़कों को बुलाने जाता हूँ। देखते हो न!—कहकर उस लड़के ने ज़ोर से कुहनी मोड़कर बाजू की सिघरी दिखायी और कहा—जो लड़का गैरहाज़िर होता है, उसे पकड़ लाने के लिए पण्डितजी मुझे ही भेजते हैं। तू कल तैयार रहना, मैं आऊँगा, तेरा नाम क्या है?

—मन्ने।

—अरे, वाह! मेरा नाम है मुन्नी, मुन्नी लाल! आओ, दोस्ती कर लें।—कहकर उसने दाहिने हाथ की तर्जनी टेढ़ी करके आगे बढ़ायी।

—अभी मेरा जिस्म गन्दा है।

मुन्नी हँसकर बोला—मैं भूल गया था। चलो, दौड़ चलें।

चार-पाँच दिन बाद जब उसके अब्बा को पता चला कि वह प्राइमरी स्कूल में पढ़ने जा रहा है, तो वह एक दिन स्कूल में आ पहुँचे। उन्हें देखते ही तीनों टीचर अपनी-अपनी कुर्सी छोड़कर उनके पास आ खड़े हुए और उन्हें सलाम किया। फिर एक ने दौड़कर कुर्सी ला सहन में रख दी। बड़े पण्डितजी बोले—तशरीफ़ रखिये, आपने क्यों तकलीफ़ की, मुझे ही बुला लेते।

—नहीं,—उसके अब्बा बोले—हम खड़े-ही-खड़े दो बातें करना चाहते हैं। हमें ख़ुद काम था, आपको क्यों बुलाते? हेड मुदर्रिस कौन हैं?

—ख़ादिम हाजिर है,—बड़े पण्डितजी ने कहा—फ़रमाइये!

दरवाज़े की ओट में खड़े मन्ने का दिल धड़क रहा था। मुन्नी उसका हाथ पकड़े बाहर देख रहा था।

—मेरा लड़का आपके स्कूल में आ रहा है।

—यह तो हमारी ख़ुशक़िस्मती है। हम ख़ुद ही आपकी ख़िदमत में हाज़िर होनेवाले थे। आपके साहबज़ादे बड़े ही होनहार मालूम होते हैं।

—वह मेरा इकलौता लड़का है।

—हमें मालूम है, हुज़ूर। आप हमें न जानें, आपको इलाक़े में कौन नहीं जानता? आपके घराने की शान-शौक़त और आपकी फ़क़ीरी, दोनों के क़िस्से आज हर ज़बान पर हैं।

—आप कौन-कौन-सी ज़बानें जानते हैं?

—अरबी, फ़ारसी, उर्दू, हिन्दी, संस्कृत और थोड़ी अंग्रेज़ी भी।

—वाह! आप तो बड़े आलिम मालूम होते हैं, मालूम न थ, माफ़ कीजियेगा। आपसे मिलकर मुझे बड़ी ख़ुशी हुई। एक मामूली स्कूल का मुदर्रिस इतनी ज़बानों का मालिक हो सकता है, किसी के ख़ाबो-ख़याल में भी नहीं आ सकता।

—मुझे ज़बानों के सीखने का बेहद शौक़ है। यह सब ज़बानें मैंने घर में ही अपनी मेहनत से सीखी हैं। क़ुरान और वेदों का भी मुताला किया है।

—बस, तो ठीक है। मेरा लड़का आपसे ही पढ़ेगा। मैं ज़बान को सबसे ज़्यादा अहमियत देता हूँ, क्योंकि अच्छी तरह ज़बान जाने बग़ैर कोई आदमी अदब का मुताला नहीं कर सकता और बग़ैर अदब के मुताले के कोई आदमी सच्चा इन्सान नहीं बन सकता। और मैं तो चाहता हूँ कि मेरा लड़का अदीब बने। आप तो जानते ही हैं, मुझे शायरी का शौक़ है। लेकिन मैं कुछ कर न सका। मैं चाहता हूँ, मेरा लड़का मेरी तमन्ना पूरी करे!

—बड़े बुलन्द ख़याल हैं आपके! मैं कोई कोशिश उठा न रखूँगा।

—इस्लामिया स्कूल के मास्टर आज सुबह मेरे पास आये थे। उनका कहना था कि हिन्दी स्कूल के लड़कों की ज़बान ख़राब हो जाती है। उन्होंने यह भी फ़रमाया कि मुसलमान होने की हैसियत से मुझे अपने लड़के को इस्लामिया स्कूल में ही दाख़िल कराना चाहिए।.....ख़ैर, अब मुझे ख़ुद इतमीनान हो गया। आप मेरे लड़के को पढ़ाइये। आपको पन्द्रह रुपये माहवार मिलेंगे। आदाब अर्ज़ है।—और वह पलटकर चल पड़े।

मन्ने और मुन्नी उछलते-कूदते अपनी-अपनी जगह पर जा बैठे।

बड़े पण्डितजी स्कूल में दाख़िल हुए, तो अपनी कुर्सी पर न जा, मन्ने के पास आकर बोले—आप मेरे साथ तशरीफ़ लाइये।

मन्ने ने अपने टीचर की ओर देखा। वह मुँह लटकाये अपनी कुर्सी के पास खड़े थे, कुछ बोलने को हुए, लेकिन फिर ताव खाकर कुर्सी पर बैठ गये।

बड़े पण्डितजी ने बायें हाथ से मन्ने की तख्ती उठा, दाहिने हाथ से बड़े प्यार से उसका हाथ पकड़कर उसे उठाया और अपनी कुर्सी के पास ला एक चटाई पर बैठा दिया। फिर ख़ुद भी बैठकर कहा—अब आप यहीं तशरीफ़ रखेंगे। मैं ख़ुद आपको पढ़ाऊँगा। अपना सिपारा भी कल लाइयेगा।

मन्ने को पहले तो बड़ी कोफ़्त हुई। दोपहर की छुट्टी में जब वह निकला, तो मुन्नी से बोला—फिर वही सिपारा, वही रटव्वल! यार, तेरे स्कूल में आने से कोई फ़ायदा न हुआ।

—मेरा तो साथ है?

—हाँ, यह तो है। लेकिन मोली साहब की तरह यह भी ज़रूर पीटेगा।

—नहीं, चाहो तो बाज़ी लगा सकते हो! यह तुझे अँगुली से भी नहीं छुयेगा। तेरे अब्बा उसे पन्द्रह रुपये देंगे।

—देखो।

मुन्नी की बात ही सही निकली। बड़े पण्डितजी मन्ने को बड़े प्यार-दुलार से पढ़ाते, ख़ुद उससे कहीं ज़्यादा मेहनत करते। मन्ने का दिल आप ही बढ़ने लगा। एक-एक साल में दो-दो क्लास लाँघने लगा और तीन साल बीतते-बीतते मुन्नी को दर्ज़े चार में जा पकड़ा।

सबसे ज़्यादा इसकी ख़ुशी मुन्नी को हुई। मन्ने को अपने साथ पा उसकी ख़ुशी का ठिकाना न था। इनकी दोस्ती गाँव में तब तक मशहूर हो गयी थी। लेकिन मुन्नी को एक बात हमेशा खलती रहती थी कि मन्ने और वह अलग-अलग दर्ज़े में पढ़ते हैं, एक ही दर्ज़े में पढ़ते, तो कितना अच्छा होता!

मुन्नी खेल-कूद और शरारतों में ही तेज़ न था, पढ़ने में भी वह एक ही ज़हीन था। उसके मुक़ाबिले का कोई दूसरा लड़का स्कूल में न था। लेकिन यह भी सच है कि जितनी मेहनत मन्ने पर हुई थी, उतनी मुन्नी पर नहीं। जहाँ तक पाठ्यक्रम का सम्बन्ध था, मुन्नी को पछाड़नेवाला कोई लड़का न था, लेकिन मन्ने का भाषा और विषय-ज्ञान उससे कहीं आगे था। जब भी डिप्टी-इन्स्पेक्टर स्कूल में आते, बड़े पण्डितजी मन्ने को उनके आगे खड़ा कर देते और बड़े गर्व से कहते—ये चार भाषाएँ बोल सकते हैं, संस्कृत, हिन्दी, फ़ारसी और उर्दू। आप किसी भी भाषा में इनसे सवाल पूछ सकते हैं।

मन्ने फर-फर जवाब देता, तो लड़के, मास्टर, सभी अचरज से उसकी ओर देखते।

दर्ज़े चार में मन्ने पहुँचा, तो बड़े पण्डितजी उसे लेकर उसके अब्बा के पास पहुँचे।

सलाम-बन्दगी के बाद उन्होंने कहा—ये दर्ज़े चार में पहुँच गये। अब इस साल ये हमारे स्कूल का आख़िरी इम्तिहान देंगे। इम्तिहान ये एक ही ज़बान में दे सकते हैं, हिन्दी में या उर्दू में। आज मैं इन्हें आपके पास लेकर इसलिए हाज़िर हुआ हूँ कि यह ज़बान का समला तै हो जाय, तो इनकी पढ़ाई का सिलसिला आगे चले।

अब्बा थोड़ी देर चुप रहे। फिर बोले—यह तो इन्हीं के तै करने की चीज़ है,—उन्होंने मन्ने की ओर संकेत करके कहा—क्यों, बेटे, क्या इरादे हैं?

तपाक से मन्ने बोला—पिताजी, मैं हिन्दी लेकर ही परीक्षा दूँगा।

सुनकर अब्बा एक क्षण को उसका मुँह ताकते रहे। फिर ज़ोर से हँस पड़े। बोले—जाइये, पण्डितजी, इन्होंने कह दिया। इनकी हिन्दी तो अभी मेरी समझ के बाहर हो गयी है!—और वह फिर हँसने लगे।

मन्ने के मन में उस समय केवल एक बात थी, वह यह कि मुन्नी हिन्दी पढ़ता है, तो वह भी हिन्दी ही पढ़ेगा। लेकिन स्कूल में और गाँव में उसके कई-कई अर्थ लगाये गये और अब्बा और बड़े पण्डितजी कुछ दिन काफ़ी परेशान रहे। इस काम के लिए इस्लामिया स्कूल के मास्टरों और प्राइमरी स्कूल के नायबों में सन्धि हो गयी। नायब बड़े पण्डितजी से उसी दिन से खार खाये हुए थे, जब से उनकी आमदनी पन्द्रह रुपये बढ़ गयी थी। उन्होंने गाँव में यह प्रचार किया कि हिन्दू लड़के, मुन्नी, के मुक़ाबिले में पण्डितजी ने मुसलमान लड़के मन्ने, को खड़ा कर दिया है और इस्लामिया स्कूल के मास्टरों ने यह कि मन्ने तो अब ज़रूर काफ़िर हो जायगा।

मन्ने की अम्माँ ने बहुत समझाया कि, बेटा, तू उर्दू लेकर इम्तिहान दे। लेकिन वह टस-से-मस न हुआ। मुन्नी के पिता ने उसे बहुत समझाया कि, बेटा, तू मन्ने का साथ छोड़ दे, तुरक के साथ दोस्ती कैसी? देख, अब वह तेरा ही मुक़ाबिला करने को तैयार है। लेकिन मुन्नी न माना।

दोनों मिलते तो सब बातें करते और कहते—यार, मैं तो चाहता हूँ, तू ही अव्वल आये!

उन दो मासूम, नन्हीं जानों की भावनाओं का ज्ञान किसे था! उन्हें दीन-दुनिया की अभी ख़बर कहाँ थी? एक अनजान, प्राकृतिक, कोमल और पवित्र मित्र-भाव से चालित उनके निर्दोष मन अपना एक अलग संसार बसा रहे थे, जिसके विषय में वे स्वयं भी अपरिचित थे। उस संसार में उन दो के अतिरिक्त और कोई न था और कुछ न था। उन्हें एक-दूसरे के साथ रहने-सहने, खेलने-कूदने, खाने-पीने, पढ़ने-लिखने में ऐसा नैसर्गिक आनन्द प्राप्त होता था, जिसकी कोई परिभाषा नहीं, जिससे स्वयं अनभिज्ञ रहते हुए भी वे कुछ ऐसा अनुभव करते कि उनके जीवन में वही सब-

कुछ है, उसके सिवा कुछ नहीं, गोकि यह भी उनके ज्ञान के परे की बात थी कि जीवन क्या है या कुछ भी क्या है। यह कुछ ऐसा ही था, जैसे शिशु को माँ के दूध का स्वाद लग जाता है, जो यह नहीं जानता कि दूध क्या है, लेकिन उसे पीने में उसे एक स्वाद मिलता है, एक सुख मिलता है और जब उसे नहीं मिलता, तो वह रोता है, बेचैन हो जाता है, छटपटाता है...

वह आज अपनी स्मरण-शक्ति पर बहुत ज़ोर देता और आज तक के ज्ञान-अर्जन के बल पर भी उस भावना को किसी परिभाषा में बाँधने का प्रयत्न करता है, लेकिन असफल रहता है, उसका स्वाद उसकी आत्मा में अब भी बसा है और जीवन के अन्त तक बसा रहेगा, लेकिन वह उसकी व्याख्या करने में आज भी असमर्थ है और कदाचित् अन्त तक असमर्थ ही रहेगा, गूँगा जैसे कभी बोल नहीं सकता, अपने हृदय की बात कह नहीं सकता। उस वक़्त की एक-एक घटना उसे आज भी याद है, कभी-कभी वह जान-बूझकर उन्हें याद करता है और उच्छ्वसित होता है, ओह, क्या वक़्त था, क्या ज़माना था! वह हृदय, वह मन...काश, वैसा ही आजीवन रहता...वह अज्ञान कितना पवित्र, कितना मधुर, कितना सुन्दर था! और आज का ज्ञान कितना दूषित, कितना कटु और कितना कुरूप है! एक छोटी-सी बात में भी उस समय कितना सुख या दुःख अनुभव होता था, कैसे मन हँसता या रोता था...वह हँसी और वह रुदन... कितनी सच्चाई थी उनमें, जैसे फूल खिलता है और मुरझा जाता है, जैसे मन और व्यवहार में कोई अन्तर ही न हो। और आज...आज की याद कल आयेगी, तो आत्मा हाहाकार कर उठेगी, न रोयेगी, न हँसेगी, दूषणों के इतने मोटे-मोटे आवरण इस पर कैसे चढ़े हैं, किसने चढ़ाये हैं कि अब आवरण-ही-आवरण रह गया है, आत्मा नाम की जैसे कोई चीज़ ही न रह गयी हो, जिसका हाहाकार भी जैसे अतीत की एक गूँज हो, और कुछ नहीं...दुःख-सुख का कोई अर्थ नहीं, पश्चात्ताप, प्रायश्चित्त का कोई अर्थ नहीं....

इस तरह के कुण्ठा के भाव जाने कितनी बार आये हैं और चले गये हैं, लेकिन वे बचपन की घटनाएँ एक बार आकर फिर कभी नहीं गयीं, कोमल, संवेदनशील, पवित्र आत्मा और प्राण पर पड़े थे चिह्न आज भी अमर हैं, सदा अमर रहेंगे, वे कभी मिट नहीं सकते, मिटाये नहीं जा सकते, लाख आवरण उन्हें ढँक नहीं सकते...अच्छे शेरों की तरह उन्हें बार-बार याद करने, दुहराने और गुनगुनाने को जी चाहता है...

•

मिडिल स्कूल पर फ़ुटबाल का मैच था। स्कूल में दोपहर के बाद छुट्टी हो गयी और दर्ज़े तीन-चार के लड़कों के घर से खाना खा आने के बाद बड़े पण्डितजी स्वयं उन्हें साथ लेकर क़स्बे के मिडिल स्कूल पर मैच दिखलाने ले चले। सरगनाई के

सब स्कूलों को डिप्टी इन्स्पेक्टर की हिदायत थी कि बड़े लड़कों को साफ़ कपड़े पहनाकर हेडमास्टर मैच दिखाने ज़रूर ले आयें।

मन्ने और मुन्नी ने पहली बार फ़ुटबाल नाम की चीज़ देखी। मुन्नी तो देखकर मचल उठा कि उसके पास पैसे होते तो ज़रूर एक फ़ुटबाल ख़रीदता और रोज़ शाम को वे सब तालाब के मैदान में खेलते। फिर कैसा मज़ा आता!

मन्ने बोला—हाँ, मेरे पास भी पैसे नहीं हैं, नहीं तो ज़रूर ख़रीदता!

पास ही एक अजनबी लड़का खड़ा था। उनकी बात सुनकर बोला—ख़रीदते कहाँ से? फ़ुटबाल कोई यहाँ मिलता है! वह तो बलिया में मिलता है।

उसकी बात सुनकर दोनों चुप हो गये। जब उस लड़के ने अपना मुँह फेर लिया, तो मन्ने बोला—तुम्हारे बाबूजी तो बराबर बलिया जाते हैं, उनसे क्यों नहीं मँगा लेते?

मुन्नी उदास होकर बोला—वो नहीं लायेंगे। आज बहुत रोया, तो दो पैसे बड़ी मुश्किल से दिये।

—मेरे अब्बा ने तो दो आने दिये हैं, यह देखो!—मन्ने ने अचकन की जेब से दुअन्नी निकालकर दिखायी।

—तुम्हारे अब्बा तो बहुत बड़े आदमी हैं। क्यों न...—कहते-कहते मुन्नी रुक गया।

—हाँ, मैं अब्बा से कहूँगा।

शाम को मैच ख़त्म होने पर जब लड़के वापस लौटे, उन्हें बड़ी प्यास लगी थी। बड़े पण्डितजी से उन्होंने कहा, तो उन्होंने कहा कि बाज़ार में दुकानदार से रस्सी-डोल लेकर, कुएँ से खींचकर पी लेना। और वह लड़कों को छोड़ अपने घर चले गये। उनका घर क़स्बे में ही था।

सब लड़कों के पास कुछ-न-कुछ पैसे थे। किसी ने एक पैसे का नमकीन सेव, किसी ने खेसिया, किसी ने बैंगनी, किसी ने गट्टा और किसी ने लकठा या बताशा ख़रीदा। मुन्नी भी दो पैसे का दो छत्ता सेव ख़रीद लाया और मन्ने से बोला—लो, खा लो, तो कुएँ चर चलकर पानी पियें।

मन्ने हाथ फैलाकर बोला—दे दो।

—क्यों ? इसी में खाओ न!—मुन्नी बोला।

मन्ने पास ही खड़े लड़कों की ओर देखकर बोला—देख लेंगे तो...

—तो क्या कर लेंगे? तुम खाओ तो!—मुन्नी ने दोना उसकी ओर बढ़ा दिया।

मन्ने ने सहमकर लड़कों की ओर देखा और हाथ बढ़ा दिया। लेकिन वह मन-ही-मन डर रहा था।

लड़कों की नज़र उन्हीं की ओर थी। उनमें खुसुर-फुसुर हुई, लेकिन बोला कोई कुछ नहीं।

सेब ख़त्म हो गया, तो मुन्नी बोला—चलो, अब कुएँ पर पानी पी लें।

—रुको,—मन्ने ने जेब से दुअन्नी निकालकर कहा—कोई मिठाई लाओ।

—कितने की?

—सबकी।

—दो आने की?—मुन्नी चकित होकर बोला—कौन मिठाई?

—जो चाहो, लाओ, अब्बा ने कहा था, मिठाई खाना।

मिठाई लाकर वह देने लगा, तो मन्ने ने कहा—अपने ही हाथ में रखो और मुझे हाथ में दे दो।—अरे फिर हाथ फैला दिया।

—दुत! खाओ न इसी में से। डरना तो मुझे चाहिए उलटे तुम...

—तुमको किसी ने कुछ कहा, तो क्या मुझे...

—खाओ, खाओ! अभी तो खाया है, फिर...

मन्ने ने फिर लड़कों की ओर सहमी-सहमी नज़रों से देखा। लड़कों की आँखों में अबकी जलन थी, इतनी सारी जलेबी!

मन्ने ने एक उठाकर मुँह में डाली, तो एक लड़का बोला—मुन्नी! चलो घर, तो तुम्हारे बाबूजी से कहेंगे, तुम मन्ने का जूठा खा रहे थे।

मुन्नी ने उसकी ओर घूरकर देखा, तो वह लड़का एक लड़के के पीछे चला गया।

मन्ने ने कहा—मैं कह रहा था न?—और उसने हाथ खींच लिया।

—नहीं, तुम खाओ!—मुन्नी ने ज़िद करते हुए कहा।

—तुम मेरे हाथ में दे दो न, वैसे भी तो खाऊँगा ही।—मन्ने ने सिर झुकाकर कहा—ज़िद मत करो इन लोगों के सामने।

—नहीं!—मुन्नी ने और भी ज़िद करके कहा—नहीं खाओगे, तो सब फेंक दूँगा!

मन्ने ने उसके तमतमाये चेहरे की ओर देखा और फिर दोनों की ओर अपना हाथ बढ़ा दिया।

अब बाक़ी लड़कों का एक गोल बन गया। सभी उन्हें खाते हुए देख रहे थे और सिर हिला-हिलाकर घिरा रहे थे, बोलने की हिम्मत किसी में न थी। मुन्नी उन सब में आयु ही में बड़ा न था, वह अपनी ताक़त और शरारत में भी सबसे बढ़-चढ़कर था। उससे सभी लड़के दबते थे। वे दस-बारह थे, और ये दो और मन्ने तो इतना कमज़ोर और नाजुक था कि उसकी एक में गिनती करना भी बेकार था। फिर भी उनमें

किसी की हिम्मत न थी कि खुल्लम-खुल्ला मुन्नी को छेड़े। उन्हें अपनी समूह-शक्ति का ज्ञान न था, उन्हें डर था कि मुन्नी एक-एक को पीट-पाटकर रख देगा।

मुन्नी और मन्ने जलेबी ख़त्म कर कुएँ पर पहुँचे, तो लड़के पहले से ही जगत पर खड़े पानी खींच-पी रहे थे। उन्होंने उन्हें देखा, तो उनके मस्तिष्क में एक अस्पष्ट-सी धार्मिक भावना उभर आयी, ऊपर से उन्हें इसका भी बल था कि मुन्नी कुएँ की जगत पर चढ़कर उनसे लड़ाई न करेगा, क्योंकि वैसा करने में उसे डर रहेगा कि कहीं कोई लड़का कुएँ में गिर न जाय। इसी जोश में एक लड़का बोल गया—मुन्नी, तुम जगत पर मत चढ़ना, तुम मुसलमान का जूठा खाते हो!—उसे यह आशा थी कि दूसरे लड़के भी उसका साथ देंगे और एक हो-हल्का वहाँ मच जायगा और मुन्नी को शर्मिन्दा होना पड़ेगा। लेकिन मुन्नी के तेवर देख सभी लड़के सहमे कुत्तों की तरह दुम दबाकर एक-दूसरे के पीछे छुपने लगे कि कहीं मुन्नी जगत पर न चढ़ जाये और उन्हें कुएँ में न ढकेल दे।

मुन्नी आगे बढ़ने ही वाला था कि मन्ने ने उसका हाथ पकड़ते हुए कहा—जाने दो, चलो और कहीं पानी पी लें।

अपना हाथ छुड़ाते हुए मुन्नी ने मन्ने का सूखा मुँह देखा, तो थम गया। उसका मन मसोसकर रह गया। बोला—अरे, तुम क्यों डर रहे हो? मैं अभी इन सा...

मन्ने ने उसके मुँह पर हाथ रख दिया। बोला—चलो, मैं डरता नहीं, लेकिन यह बेइज़्ज़ती तुम्हारी नहीं, मेरी ही हो रही है। मैं तो कभी भी कुएँ पर पानी नहीं पीता। छोटी-से-छोटी जाति का आदमी भी कुएँ पर मुझसे बड़ा हो जाता है और ऐसी नज़र से देखता है, मानो मुझसे छू जाने ही से सब-कुछ गन्दा हो जायगा। मैं तो प्यास से मर जाऊँ, लेकिन कुएँ पर न जाऊँ! चलो।

मुन्नी होंठ काटता हुआ सड़क पर आ गया। बोला—फिर चलो, किले के पोखरे में पी लेंगे।

—ऊँ-हूँ! अम्माँ कहती है, पोखरे का पानी पीने से खाँसी हो जाती है।

—दुत! मैं तो जाने कितना पानी पी गया, मुझे कभी कुछ न हुआ।

—नहीं, कहो तो एक बात कहूँ?

—बोलो।

—मैं तो जब भी अब्बा के साथ क़स्बे में आता हूँ, मवेशीख़ाने के मुन्शी के पास ही पानी पीता हूँ। वह पास ही तो है।

—तो चलो।

—लेकिन वह....

—अरे, चलो, यार! तुम तो ख़ामख़ाह परेशान होते हो।

—ख़ामख़ाह नहीं, मुन्नी, लोग यही कहेंगे कि मैंने ही....

—तुमसे मैं छोटा और कम समझदार हूँ न!

—नहीं, तुम मेरी जगह होते...दरअसल बात यह है कि मेरे कारण तुम नीचे जाते हो....

—शु:! नीचे-ऊपर क्या होता है रे? मैं नहीं जानता कि मुझमें और तुझमें कोई फ़र्क़ है। फ़र्क़ रहा तो दोस्ती क्या? चल जल्दी, गला सूख रहा है।

मुन्शी ने देखा, तो ख़ुश होकर हँसता हुआ बोला—आइये, मन्ने साहब! अस्सलाम वलैकुम! कैसे आना हुआ?

—वलैकुम सलाम! मैच देखने आये थे। प्यास लगी है।

—तो पानी पीजिये। इस कुर्सी पर तशरीफ़ रखिये।....बैठिये, बैठिये, आप भी बैठ जाइये!—मुन्शी ने मुन्नी से कहा और फिर पुकारा—ओ रमज़ान!

रमज़ान आया तो वह बोला—दौड़कर मिठाई....

—नहीं-नहीं, हम मिठाई खा चुके हैं,—जल्दी से मन्ने बोला।

—वाह, ऐसा आपने क्यों किया? क्या हमारे यहाँ...

—नहीं, माफ़ कीजिये!—मन्ने ने सिर झुकाकर कहा।

—नहीं, मैं तो आपके वालिद से शिकायत करूँगा कि...ये, उसने मुन्नी की ओर संकेत करके कहा—ये तो....

—ये मेरे दोस्त हैं, हम दोनों ने अभी साथ ही मिठाई खायी है।

—समझ गया,—मुन्शी रमज़ान से बोला—अन्दर से मन्ने साहब के लिए तुम पानी लाओ और दौड़कर हलवाई से बोल आओ कि जल्दी गिलास साफ़ करके एक गिलास पानी दे जाय...

—लेकिन,—मुन्नी समझकर कुछ कहने ही वाला था कि मन्ने ने उसका हाथ दबा दिया।

—वालिद साहब तो ख़ैरियत से हैं?—मुन्शी बोला।

—दुआ है। आप अपनी फ़रमाइये!—मन्ने बोला।

—सब ख़ुदा का शुक्र है। उनसे मेरा सलाम कह दीजियेगा।

—ज़रूर।

उधर से हलवाई का लड़का पानी लेकर आया और इधर से रमज़ान। दोनों पानी पी चुके, तो मुन्शी बोला—शाम हो गयी, डर लगे तो कहिये, रमज़ान को साथ कर दूँ?

—नहीं, हम चले जायँगे,—उठते हुए मन्ने ने कहा—आदाब!

—तसलीम! ख़ुदा आपकी उम्र दराज़ करे, आपको हमेशा ख़ुश रखे!

मुन्नी दंग था। इस तरह का उसका यह पहला अनुभव था। ज़रा दूर होते ही बोला—यार, इसने तो तुम्हारी बहुत इज़्ज़त की!

—और तुम्हारी!

—वह तो तुम्हारी वज़ह से, वर्ना मुझे वह क्या जाने?

—नहीं, यह सब अब्बा की वज़ह से हुआ।

—मेरे बाबूजी की वज़ह से तो मुझे कोई नहीं पूछता। मैं तो जब भी क़स्बे के बाज़ार में आता हूँ, कुएँ पर ही पानी पीता हूँ...कोई इतनी इज़्ज़त से मुझे कर्सी पर नहीं बैठाता...

—वाह! तुम अपने बाबूजी...

तभी एक ओर शोर सुनायी पड़ा। दोनों चौंक उठे। लड़के रास्ते के एक ओर खड़े उन्हीं का इन्तज़ार कर रहे थे। एक ने कहा—मुन्नी, तुमने मुन्शी के यहाँ का पानी पिया है न?

मुन्नी सहसा कोई जवाब न दे सका। इस समय उसकी मन:स्थिति कुछ गिरी हुई-सी थी। मन्ने न कहा—हलवाई के यहाँ से उसका आदमी पानी ले गया था।

—झूठ!

मुन्नी तब तक सम्हल चुका था। कड़ककर बोला—पिया है तो तुम्हारे बाप का क्या!

—वह तो घर चलने पर मालूम होगा।

—कहो तो मैं अभी मुमको मालूम करा दूँ?—और उसने आँखें निकालकर देखा।

उस लड़के की सिट्टी-पिट्टी गुम हो गयी।

वे आगे बढ़ गये, तो लड़के भी उनके पीछे-पीछे हो लिये।

रास्तें में कई जगह झपड़ होते-होते बची। जैसे-जैसे गाँव नज़दीक आता गया, बालकों की हिम्मत बढ़ती गयी और मुन्नी निढाल होता गया। आगे बढ़के बोलनेवाला लड़का कैलास था। यह उसी के दर्ज़े में पढ़ता था। बहुत अच्छे कपड़े पहनकर, तेल से चिकना होकर वह स्कूल में आता था। खाने की बड़ी अच्छी-अच्छी चीज़ें लाता था। मास्टर उसको बहुत मानते थे, उसके घर से आये सीधे की बड़ी प्रशंसा करते थे। पास करायी सबसे अधिक देता था और हर साल अपने मास्टर को एक पियरी पहनाता था। लेकिन पढ़ने में वह मुन्नी से पीछे ही रहता था। मुन्नी की समझ में न आता था कि मास्टर लोग उसे ज़्यादा क्यों मानते हैं, गाँव के लोग उसे उससे ज़्यादा क्यों मानते हैं? इसीलिए मन-ही-मन उसकी उससे लगती थी।...उसे सन्देह हुआ कि

सच ही कैलास कहीं चुगली न कर दे।

मन्ने और मुन्नी जाने कितनी बार एक-दूसरे के साथ, एक-दूसरे का जूंठा खा चुके थे। लेकिन ऐसा वे अकेले में, छुपकर ही करते थे। दोनों को इसका एक अज्ञात भय था कि ऐसा करना ठीक नहीं, कोई देख लेगा तो बुरा होगा। क़स्बे में मुन्नी ने जो ऐसा किया तो इसका कारण यही था कि वह गाँव से दूर था और उसे विश्वास था कि लड़कों को इसमें कोई आपत्ति नहीं होगी या फिर गाँव पहुँचते-पहुँचते वे सब भूल जायँगे।

उस रात मन्ने को नींद न आयी। रह-रहकर उसकी आँखें खुल जातीं, जाने मुन्नी पर क्या बीती हो? वह लेटे-ही-लेटे हाथों की अँजुरी बनाकर दुआ करता—ख़ुदा, मुन्नी को कुछ न हो!...वह सोच रहा था, कैलास एक ही बदमाश लड़का है, वह उससे भी कितना जलता है। अम्माँ कहती है, कैलास के पिता और उसके अब्बा में पुश्तैनी दुश्मनी है, दोनों में बराबर मुक़द्दमा चलता रहता है, कभी एक-दूसरे से बात नहीं करते!....कैलास को एक निशाने से यह दो चिड़ियाँ मारने का मौक़ा मिला है, जाने क्या करे।

दूसरे दिन मन्ने बड़ी बेताबी से अपने घर मुन्नी का इन्तज़ार कर रहा था। मुन्नी हमेशा उसके घर आता और वहाँ से दोनों एक साथ स्कूल जाते। लेकिन उस दिन मुन्नी उसके घर न आया। देर हो गयी तो वह अकेले स्कूल के लिए चल पड़ा।

मुन्नी चुपचाप कक्षा में सिर लटकाये बैठा था। उसके सिर में तेल चमक रहा था और मुँह और आँखें सूजी हुई मालूम पड़ती थीं। कैलास बहुत ख़ुश था। वह बड़े पण्डितजी की कुर्सी के पास खड़ा उनसे कुछ लहरा रहा था। मन्ने को जाने कैसे-कैसा लग रहा था। उसने कई बार कुहनी से मुन्नी को धकियाया, लेकिन उसने उसकी ओर ताका तक नहीं। मन्ने रुआँसा हो गया। क़रीब था कि रो पड़ता कि इतने में उसके बस्ते पर एक चिट आ गयी। लिखा था, इस समय चुप रहो। दोपहर की छुट्टी में अपने बाग़ में मिलो।

बड़े पण्डितजी उस दिन दोनों में से किसी से न बोले। रह-रहकर ग़ुस्से से उनकी ओर देखते थे। मन्ने को यह बड़ा अजीब लग रहा था। वह यह नहीं समझा था कि बड़े पण्डितजी भी इसे बुरा मानेंगे। उन्होंने तो कई बार कहा था कि वह उनकी दोस्ती से बहुत ख़ुश हैं।....लेकिन यह बड़े पण्डितजी! इनके चरित्र का रहस्य बहुत दिनों बाद खुला।....

दोपहर को बाग़ में मिले तो मुन्नी बाग़ के एकान्त कोने में जा मन्ने से लिपटकर रोने लगा। मन्ने ने सिहरकर पूछा—क्या हुआ? क्यों रोते हो? क्या तुम्हारे बाबूजी ने...

मुन्नी पीठ से कुर्ता हटाकर, रोते हुए ही बोला—देखो।

गोहिए के कई नीले-नीले निशानों पर हल्दी के नन्हें-नन्हें कण देख मन्ने की आँखों से झर-झर आँसू बहने लगे। कुछ देर के लिए वह इस तरह ख़ामोश हो गया, जैसे अन्तर की असह्य पीड़ा ने उसे मूक बना दिया हो....

मन्ने को दु:ख का वह पहला अनुभव आज भी याद है, वह उसे भूल नहीं सकता। उसने कहा—मुन्नी, यह-सब मेरे ही कारण हुआ।

—नहीं,—मुन्नी उसकी आँखें अपने कुर्ते के दामन से पोंछते हुए बोला—यह सब कैलास के कारण हुआ। इसका मज़ा मैं उसे चखाऊँगा। वह साला चाहता है कि हमारी दोस्ती टूट जाय, लेकिन यह नहीं होने का! उसका बाप मेरे यहाँ रात आया था, उसी के सामने बाबूजी ने मुझे...—वह फिर सिसक पड़ा।

अब मन्ने की बारी थी। उसने उसके आँसू पोंछे और बोला—रोओ मत, मुझे बहुत दु:ख होता है।

अचानक मुन्नी चुप हो गया और ज़रा देर बाद ही हँसकर बोला—आम खाओगे?

आम की फ़सल जा रही थी, दो बार फल उतर चुके थे। इक्के-दुक्के आम डालों पर आड़े-अलोते दिखायी पड़ रहे थे।

इस अचानक परिवर्तन से मन्ने जैसे एक झटका-सा खा गया था। सम्हलकर बोला—आज मैं तुम्हें अपने हाथ से आम तोड़कर खिलाऊँगा।

—नहीं!—मुन्नी ने ज़ोर देकर कहा—तुम्हें पेड़ पर चढ़ना नहीं आता। यही है तो अगोरिये को बुलाओ।

—नहीं, आज तो अपने हाथ से ही तोड़कर मैं तुम्हें खिलाऊँगा! आओ, खोजें।—कहकर वह ऊपर पत्तों में देखने लगा।

मन्ने को एक भूली बात याद आ गयी। बोला—मन्ने, एक बार और कैलास के बाप ने मुझे बाबूजी से पिटवाया था।

—कब?—मन्ने अचकचाकर बोला।

—तब तुमसे दोस्ती नहीं थी। एक बार कैलास के बाग़ की चारदीवारी फाँदकर हम कई लड़के बेर खाने घुसे थे। हमें मालूम न था कि उसका अगोरिया बाग़ में है। उसने हम लोगों को दौड़ाया। मैं सबसे छोटा था। सब दीवार चढ़-चढ़कर भाग गये, लेकिन मैं पकड़ा गया। वह मुझे पकड़कर कैलास के बाप के यहाँ ले गया। मुझे देखकर वह बहुत ग़ुस्सा हुआ। बोला, इसे इसके बाप के पास ले जाओ और कहो कि यह हमारे बाग़ में घुसा था। बाबूजी को मालूम हुआ तो वे आग-बबूला हो गये। उन्होंने मुझे खमिहे में रस्सी से बाँध दिया और कई छिकुनें मारीं। वह ग़ुस्से में चीख़ रहे थे, इसी उम्र में लाला की छत तोड़ने गया था! मैं तेरी हड्डी तोड़कर रख दूँगा!.... साला लाला!

—जाने दो, अब तो हमारा अपना बाग़ है!—मन्ने ने उसका ग़ुस्सा कम करने के लिए कहा और फिर पत्तों के झुरमुट में आम ढूँढ़ने लगा।

मन्ने को पेड़ पर चढ़ना न आता था, फिर वह बहुत कमज़ोर भी था। मुन्नी ने सोचकर कहा—जाने दो, कहीं आम नहीं है। आज हम आम नहीं खायेंगे।

—नहीं, जी! आज तो मैं तुम्हें ज़रूर आम खिलाऊँगा और अपने हाथ से तोड़कर!—मन्ने मचल उठा—अपने से ढूँढूँगा भी, तुम मत देखो।

सीपिया के एक छोटे पेड़ की एक डाल की पुलुंगी पर एक जोड़ा आमों को देखकर मन्ने उछल पड़ा। नन्हें-नन्हें पत्तों के बराबर ही वे आम थे और पत्तों के रंग के ही काले-हरे। कई बार तो वे आँख-मिचौली भी खेल गये।

मुन्नी ने देखा तो काँप उठा। बोला—नहीं, तुम मत चढ़ो। बड़ी पतलीं डाल पर हैं। आओ, और किसी पेड़ पर ढूँढ़ें।

—नहीं, मैं तो सिपिया ही आज खिलाऊँगा!—कहकर मन्ने जूता पहने ही अत्यधिक उत्साह से उछलकर, एक छोटी-सी डाल पकड़कर, झूल गया और तुरन्त पैर ऊपर फेंक, उसमें उलझा दिये कि तभी अरराकर डाल बोल गयी और मन्ने चारों खाने चित ज़मीन पर।

मुन्नी के तो जैसे होश ही उड़ गये। उसने आँखों में दहशत लिये डाल को खींचकर हटाया, तो मन्ने चट उठ खड़ा हुआ और अपने कपड़े झाड़ने लगा। बोला—चोट नहीं लगी है।

—सच कहना?—शंकित मुन्नी बोला।

—सच!—कहकर मन्ने अपना बायाँ हाथ दाहिने हाथ से दबाने लगा।

—देखें,—मुन्नी ने वह हाथ अपने हाथ में लिया, तो मन्ने बोला—ज़रा अँगुलियाँ खींच दे, शायद कलाई पर चोट लगी है। लेकिन कोई ख़ास...

अँगुलियाँ खींचता हुआ मुन्नी बोला—मैं कह रहा था, तुम नहीं माने।

—अरे, कुछ नहीं हुआ है।

—हुआ क्यों नहीं?...तुम जूते पहने ही पेड़ पर चढ़ने लगे। पेड़ पर भूत होते हैं। हम लोग तो पहले हाथ जोड़कर गोड़ लागते हैं, फिर पेड़ पर चढ़ते हैं। जाने...

—दुत!...छोड़ दो अब। अबकी जूता उतारकर चढ़ूँगा।

तभी अगोरिया वहाँ आ पहुँचा। बोला—डाल कैसे टूटी? कोई चढ़ा था का? सरकार ने मना किया है कि देखना, कहीं मन्ने बाबू....

मुन्नी झट बोल पड़ा—मैं चढ़ा था। वो आम तो तोड़ दे।

—हाँ-हाँ, जल्दी तोड़ दे!—मन्ने ने वहीं बैठते हुए कहा, उसे ज़ोफ़ आ रहा था, वह लेट गया।

—अरे, यह क्या?—शंकित होकर मुन्नी बोला और झुककर देखा, तो चीख़ पड़ा।

अगोरिये ने लपककर देखा, तो मन्ने बेहोश हो गया था। उसने एक बार घूरकर मुन्नी की ओर देखा और बोला—सच बताना, बाबू पेड़ पर से गिरे थे?

मुन्नी ने सिर हिलाकर कहा—नहीं।

लेकिन अधिक सवाल-जवाब का यह अवसर न था। अगोरिया मन्ने को अपनी गोद में उठाकर चल पड़ा और मुन्नी को पीछे आने से मना कर दिया।

दोपहर के बाद मन्ने स्कूल नहीं आया। मुन्नी भी खाने घर नहीं गया। उसका मन रो रहा था, जाने मन्ने को क्या हुआ? वह बहुत चाहकर भी उसके घर न जा पाया। बाबूजी ने मना कर दिया। है। लेकिन मन्ने को क्या हुआ? शाम को कई चक्कर मुन्नी ने मन्ने के घर के लगाये, लेकिन अन्दर जाने की उसकी हिम्मन न हुई।

दो दिन तक मन्ने से भेंट न हुई। तीसरे दिन मालूम हुआ कि मन्ने की कलाई टूट गयी। है। उसके अब्बा उसे लेकर बैठवाने के लिए मऊ गये हैं। जब तक मन्ने वापस न आ गया, मुन्नी चुपके-चुपके रोता रहा और रात-दिन मन-ही-मन राम-राम की रट लगाये रहा। उसके बाबूजी रोज़ सुबह राम-नाम गाते थे और कहते थे—राम-राम कहु बारम्बारा, चक्र सुदर्शन है रखवारा!

कलाई पर पट्टी बँधे मन्ने को उस दिन शाम को मसजिद के पास देखकर मुन्नी उससे आँखें न मिला पा रहा था। मन्ने ने ही हँसकर कहा—ठीक हो गया। कोई चिन्ता की बात नहीं। तुम्हारी पीठ पर निशान है, तो मेरी कलाई पर!—और वह हँस पड़ा।

लेकिन मुन्नी की आँखें भर आयीं। वह उस पट्टी को कई क्षण सहलाता रहा। बोला कुछ नहीं।

मन्ने ही बोला—कल स्कूल आऊँगा। तुम्हें आम न खिला सका, उसका अफ़सोस ताज़िन्दगी रहेगा। लेकिन एक चीज़ तुम्हारे लिये लाया हूँ।

—क्या?

—अभी नहीं बताऊँगा। कल शाम को मैं तुम्हारे घर आऊँगा।

—मेरे?

—हाँ। तुम मेरे घर नहीं आ सकते, तो मैं तो आ सकता हूँ! अब्बा से मैंने पूछा था। उन्होंने कहा, ज़रूर जाओ।

—कहीं मेरे बाबूजी...

—वह तो आने पर ही मालूम होगा। पहले ही सें क्यों डरें?

—तो आज ही चलो।

—अच्छा, तुम चलो, मैं आ रहा हूँ।—कहकर मन्ने अपने घर की ओर भाग गया।

अपने घर की गली के मुहाने पर खड़ा मुन्नी इन्तज़ार कर रहा था। धीरे-धीरे शाम झुक आयी। बाबूजी बाज़ार से आ गये, लेकिन मन्ने नहीं आया। वह बड़ी बेचैनी

से मुहाने पर खड़ा रहा। पाँवों में मच्छर काटते, तो झुककर वह हाथ चट-चट पाँवों में मारता और खुजलाता, लेकिन वहाँ से हटने का नाम न लेता। उसे विश्वास था कि मन्ने ने कहा है तो आयेगा ज़रूर। लेकिन इतनी देर क्यों हो रही है, उसकी समझ में नहीं आता था।

दरवाज़े पर ओरियानी से लटकी सिकड़ी में लालटेन टाँगकर बाबूजी हाथ-मुँह धोने दाबे पर बैठे, तो उनकी नज़र मुन्नी पर पड़ी। उन्होंने वहीं से पुकारा—वहाँ अँधेरे में खड़ा-खड़ा क्या कर रहा है? चल इधर।

मुन्नी अनमना-सा अपने ओसारे में आ खड़ा हुआ। लेकिन बाबूजी जब अँगौछे से मुँह ढाँककर सन्ध्या-वन्दन में बैठ गये, तो वह फिर गली की मोहानी पर जा पहुँचा।

गली की मोहानी पर जाने कब से मन्ने खड़ा था। मुन्नी को आते देख उसने अपने हाथ पीछे कर लिये।

—मैं कितनी देर से इन्तज़ार कर रहा था!—मुन्नी ने उलाहने के स्वर में कहा।

—अम्माँ मना कर रही थी। कहती थी, रात को कहाँ जाओगे, कल चले जाना। खण्ड का बहाना करके आया हूँ। चलो, अपने घर चलो।

—दरवज्जे पर ही बाबूजी सन्ध्या-वन्दन में बैठे हैं। एक घण्टे तक नहीं उठेंगे।

—ओफ़!...अच्छा, बोलो, मेरे हाथ में क्या है?

—मिठाई।

—ऊँ-हूँ! सोचकर बोलो,—सिर हिलाकर मन्ने ने कहा।

—कोई किताब,—सोचते हुए मुन्नी ने कहा।

—ऊँ-हूँ और सोचो।

—कोई चिह्न बताओ।

—खेलने की चीज़ है,—आँखें मलकाते मन्ने ने कहा।

—तो लट्टू?

—ऊँ-हूँ।

—तो ताश?

—ऊँ-हूँ।

—और कोई चिह्न बताओ।

—गोले-गोल है।

—चकई?

—ऊँ-हूँ।

—तो यार, तू ही बता दे, मैं हार गया।

—मान गये?

—हाँ।

और मन्ने ने तुरन्त हाथ आगे कर दिये।

—फुटबाल!—मुन्नी चीख़ उठा और लपककर उसे इस तरह अपने हाथों में ले लिया, जैसे...मन्ने की समझ में उस समय न आया था, लेकिन आज वह उपमा दे सकता है, जैसे पिता अपने पहले शिशु को गोद में लेता है!

वह मुन्नी की ख़ुशी! जैसे उसके हाथों में दुनिया आ गयी हो, गद्गद कण्ठ से वह बोला—मन्ने!

मन्ने ने उसके हाथों पर अपने हाथ रख दिये। ख़ुशी का जीवन में वह पहला अनुभव उसे आज भी याद है।...कितनी छोटी-सी चीज़ और कितनी बड़ी ख़ुशी!... आज भी कभी वे मिलते हैं, तो उन अनुभवों को दुहराये बग़ैर नहीं रहते। एक-एक अनुभव, एक-एक घटना, एक-एक बात दुहरायी जाती है। अकेले में भी मन्ने अपने अतीत के बारे सोचता है, तो मुन्नी की बात साथ-साथ आ ही जाती है, जैसे उसकी कोई भी बात मुन्नी की बात के बिना अधूरी हो, जैसे उसका जीवन मूल हो तो मुन्नी का ऐसा भाष्य, जिसे पढ़े बिना कोई मर्म तक न पहुँचे।

और फिर वह घटना घटी। छमाही इम्तिहान में मन्ने अव्वल आया और गाँव में कोहराम मच गया। मुन्नी को लोग चिढ़ाने लगे—और दोस्ती करो तुरुक से!—बड़े पण्डितजी को स्कूल में आकर कई लोग धमकी दे गये, इस बात को वे आगे ले जायँगे। यह सरासर अन्याय है! उनकी बदली कराके दम लेंगे! हिन्दुओं के स्कूल में मुसलमान अव्वल आ जाय! नायबों ने आग भड़कायी, बड़े पण्डित का यह पक्षपात है और कुछ नहीं, रुपये जो पाता है!...

मन्ने-मुन्नी भी यह-सब सुनते, लेकिन उनकी समझ में ज़्यादा कुछ न आता। मुन्नी को कोई अफ़सोस या शिकायत न थी। उनके सम्बन्ध में कोई अन्तर न आया।.....

फिर सुना गया कि बड़े पण्डितजी को लाला ने बुलाया था। बड़े पण्डितजी से उन्होंने जवाब तलब किया था। बड़े पण्डितजी ने उनसे माफी माँग ली और वादा किया कि आगे ऐसा न होगा। और फिर उन्हें मालूम हुआ कि वे कैलास को रात को पढ़ायेंगे। वे रात को उसी के घर रहेंगे, वहीं भोजन बनाकर खायेंगे। मन्ने को विशेष रूप से पढ़ाना अब बन्द कर देंगे।

मन्ने ने यह बात अपने अब्बा को बतलायी, तो उन्होंने बड़े पण्डितजी को उसी दिन दोपहर की छुट्टी में अपने पास बुलाया और मन्ने के सामने ही पूछा—मेरा

लड़का जो कह रहा है, क्या सच है, पण्डितजी?

पण्डितजी ने सिर झुकाकर कहा—जी, हुज़ूर।

—लेकिन ऐसा क्यों? आप लाला के लड़के को उसके घर रात को पढ़ायेंगे, मेरे लड़के पर तो स्कूल में आप ख़ास तवज्जोह देते थे, यह आप अब भी कर सकते हैं।

—मैं मज़बूर हूँ,—बड़े पण्डितजी ने वैसे ही सिर झुकाये कहा।

—लेकिन क्यों? इसमें किसी की भी क्या मज़बूरी हो सकती है?

—हुज़ूर ने सब सुना ही होगा।

—सुना तो है, लेकिन आपकी मज़बूरी की वज़ह मेरी समझ में नहीं आती।....अच्छा, आप यह बताइये, मेरा लड़का आप ही अव्वल आया था कि आपने योंहीं उसे अव्वल कर दिया?

—ये आप ही अव्वल आये थे, इसमें मेरी कोई तरफ़दारी नहीं है।

—फिर लोगों के कहने में आकर आप इन्साफ़ का रास्ता क्यों छोड़ते हैं?

—मैं मज़बूर हूँ, मुझमें इन लोगों का मुक़ाबिला करने की ताक़त नहीं। इनकी मर्ज़ी के ख़िलाफ़ कुछ भी करने की मुझमें हिम्मत नहीं।

—इतने आलिम होकर भी...

—मैं मज़बूर हूँ....

—अगर सालाने में भी मेरा लड़का अव्वल आया...

—मेरे हाथ से अब ये अव्वल नहीं आ सकते। मैं वादा कर चुका हूँ। इसी वादे पर मुझे माफ़ी मिली है।

—आप ऐसे कमीने हैं, मुझे मालूम होता तो मैं अपने लड़के को.....आप निकल जाइये यहाँ से! आपका मुँह देखना भी गुनाह है।

अब्बा मारे ग़ुस्से के काँपने लगे।

बड़े पण्डितजी सिर झुकाये ही बाहर निकल गये, तो अब्बा पलँग से कूदकर बाहर आये और चीख़कर बोले—मेरा लड़का अब भी नहीं पढ़ेगा और हम देखेंगे कि आप उसके साथ कैसे ग़ैरइन्साफ़ी करते हैं!

रास्ते पर जाते हुए कई लोग अब्बा की चीख़ सुनकर ठिठक गये। बड़े पण्डितजी काँपते हुए लम्बे-लम्बे डग भरते भागे-से जा रहे थे।

तब अब्बा मन्ने की ओर मुख़ातिब हुए—जाओ, मन लगाकर पढ़ो। तुम अव्वल आने लायक़ हुए, तो तुम्हें कोई ताक़त नीचे नहीं गिरा सकती! मैं ख़ुदा का बन्दा हूँ, मुझे उसकी जात पर भरोसा है!

मन्ने ने मुन्नी से यह सब बताया, तो उसने कहा—ऐसा हरामी है वह!...ख़ैर, तुम कोई चिन्ता न करो। तुमसे आगे कोई नहीं जा सकता।

लेकिन वैसा हुआ नहीं। सालाना इम्तिहान आया, तो लड़कों में शोर हो गया कि बड़े पण्डितजी ने पर्चों के सभी सवाल हल करके कैलास को रटवा दिये हैं। किसी लड़के ने कहा, रटवाने की क्या ज़रूरत? वह घर पर भी लिखवाकर कापी बदलवा सकते हैं।

नतीजा निकला, तो मालूम हुआ, कैलास अव्वल, मुन्नी दूसरा और मन्ने तीसरा!

●

मन्ने को मालूम न था कि ऐसा क्यों हुआ, लेकिन प्रेमी जानता है कि ऐसा क्यों होता है। इसका उसे बराबर दुःख रहता, लेकिन वह क्या कर सकता था? क्या करने लायक़ अभी वह था? लेकिन वह सोचता, कभी कुछ करने लायक़ हुआ तो...

क्लास से निकला तो वह शेर उसे फिर याद आया, 'यह सर जो...

शाम को हास्टल के अपने कमरे का ताला खोलकर वह अन्दर घुसा, तो उसका सिर भन्ना रहा था। अन्दर से चिटखनी लगाकर वह बिस्तर पर गिर पड़ा....ये मज़हब, ये धर्म, जिनके प्रवर्त्तक संसार के सर्वश्रेष्ठ मनुष्य थे, जिनका उद्देश्य मानवता को ऊँचा उठाना था और मनुष्य के अन्दर दया, सच्चाई, भ्रातृत्व और श्रेष्ठतर भावनाओं को विकसित करना था, आज केवल ढकोसला रह गये हैं; आज उनकी आड़ में क्या-क्या अनाचार हो रहे हैं; कैसे-कैसे अत्याचार तोड़े जा रहे हैं; किस तरह एक-दूसरे के लिए ज़हर बोया जा रहा है; एक को दूसरे का शत्रु बनाया जा रहा है, एक को दूसरे से लड़ाया जा रहा है...यह सब क्यों हो रहा है, क्यों? उसके सामने उसकी अपनी सारी ज़िन्दगी बिछी थी, बचपन से लेकर आज तक...कितनी-कितनी ऐसी घटनाएँ हैं... हिन्दू-मुसलमान के संकुचित दायरों के बाहर जो क़दम उठाना चाहता है, उसे भी घसीटकर उसी दायरे में डालने की कोशिश होती है...जैसे इन दायरों के बाहर, इन दायरों के ऊपर कोई ज़िन्दगी ही न हो। कितनी बार उसे ख़ुद झुँझलाहट हुई है कि आख़िर उसे ही क्या पड़ी है, जो वह इन गन्दी भावनाओं से दामन बचाकर रहना-सहना चाहता है और अक्सर दोनों की शत्रुता के पाटों में पिस-पिसाकर रह जाता है। दोनों की गालियाँ सुनता है, दोनों के बीच रुसवा होता है...लेकिन नहीं, वह झुँझलाहट बहुत देर तक क़ायम नहीं रहती और चारों ओर से समाज के वे तत्त्व सहारा देकर उसे स्वस्थ बना देते हैं, जिनका उसकी आत्मा पर संस्कार चढ़ा है, जिनके जीवन, व्यवहार और आचरण से उसने संसार के सर्वश्रेष्ठ अनुभव, सच्चे सुख-दुःख के अनुभव प्राप्त किये हैं, जिनके प्रेम, विश्वास, मित्रता, भ्रातृत्व और मानवता से उसका हृदय प्रकाशमान् है...नहीं-नहीं, वह अपनी राह नहीं छोड़गा! मुन्नी और अब्बा-जैसे कितने लोग उसके सामने हमेशा खड़े रहते हैं, जो

उसे प्रेम देते हैं, साहस और दिलासा देते हैं, शक्ति और विश्वास देते हैं, उसका पथ-प्रदर्शन करते हैं, उसे प्रकाश देते हैं। अब्बा! अब्बा!...मरहूम अब्बा की याद आते ही वह तड़प-सा उठा....

जिले के हाई स्कूल से आठवें का इम्तिहान देकर वह गर्मी की छुट्टियों में घर वापस आया, तो एक कहानी उसे सुनने को मिली। चमरौटिया की एक कमसिन, ख़ूबसूरत, कुँवारी लड़की दोपहर को गाँव की दूकान से कोई सौदा लेकर तेलियाने से गुज़र रही थी कि नन्दराम का बेटा, किसन, अपनी बैठक से निकलकर उसे ज़बरदस्ती गोदी में उठाकर बैठक के अन्दर ले गया और उसके मुँह में कपड़ा ठूँसकर उसे बेहुरमत कर दिया। वह लड़की जब उसके शिकंजे से छूटी, तो बाहर निकलकर रोने-चिल्लाने लगी। भीड़ इकट्ठी हो गयी। उसके माँ-बाप भी सुनकर दौड़े-दौड़े आये। लेकिन इसी बीच किसन न जाने कहाँ चम्पत हो गया था। बैठक खाली थी, लेकिन बलात्कार के चिह्न वहाँ स्पष्ट थे। उस लड़की का कपड़ा भी ख़ून से तर था, उसे देखकर उसकी माँ छाती पीट-पीटकर, दहाड़ मार-मारकर रोने लगी। उसका बाप ग़ुस्से में चिल्ला-चिल्लाकर गाली बकने लगा। गाँव-भर में हंगामा मच गया। देखते-देखते सारा गाँव वहाँ इकट्ठा हो गया। चमरौटिया के जवान लाठी ले-लेकर आ जुटे और आँखों से आग बरसाते हुए तेली की सात पुश्तों का बखान करते ललकारने लगे—कहाँ है वह हरामी का बच्चा? उसे घर में से निकालो! उसका ख़ून पिये बिना हम वापस न जायँगे। नहीं तो तुम्हारी बहू-बेटियों.....

नन्दराम अपनी बिरादरी का मुखिया था। उसकी सारी बिरादरी उसे बीच में लिये खड़ी थी। उनमें से कई लोग चिल्ला रहे थे—वह कुकर्मी मिल जाय, तो हम ख़ुद उसकी तिक्का-बोटी कर दें! लेकिन उसका कहीं पता नहीं है। जाने कहाँ मुँह काला कर गया!....

और उन टोलियों के बीच गाँव के लोगों का टट्ठ लगा था। सब जाने क्या-क्या चीख़-चिल्ला रहे थे। कोई बात साफ़ सुनायी नहीं पड़ रही थी। चमारों ने कई बार जोश में आकर गाँव के लोगों के बीच से होकर तेलियों तक पहुँचने की कोशिश की, लेकिन हर बार लोगों ने उन्हें रोक-थाम लिया—बलवा करने से क्या फ़ायदा? वह कुकर्मी जब है ही नहीं, तो निरपराधों का सिर वे क्यों तोड़ेंगे?

आख़िर लड़की का बाप चिल्लाया—हम ग़रीबों का कोई तरफ़दार नहीं! हमारी लड़की की जिनगी ख़राब हो गयी! हमारी इज़्ज़त बरबाद हुई, पानी लुट गया। और यहाँ लोग खड़े-खड़े तमासा देख रहे हैं! हमें बदला लेने से रोक रहे हैं। उस तिरछोल का बाप धनी है ना, सब उसी की तरफ़दारी कर रहे हैं। किसी को सरम-लिहाज नहीं। चलो, थाना चलो! उस तिरछोल (बदमाश) को इन्हीं लोगों ने कहीं छुपा दिया है...

तभी नीली पगड़ी सिर पर लपेटता भागा-भागा चौकीदार आ पहुँचा। लोग उसकी ओर मुख़ातिब हो गये। लड़की की माँ उसके दोनों पैर अँकवारी में छानकर, रो-रोकर

फ़रियाद करने लगी—चन्नन भैया, हमारे मुँह का पानी उतर गया! ननवा के तिरछोल ने हमारी बिटिया की इज़्ज़त दिन-दहाड़े उतार ली! देखो-देखो, अपनी आखों ही सब देखो!—और वह घूँघट में मुँह छुपाये, गठरी बनी अपनी बेटी की ख़ून से तर फुफुती उठाकर दिखाने लगी।

लड़की का बाप बोला—हमें थाना ले चलो! रपोट लिखाओ!

तेली-बिरादरी की ओर से आवाज़ आयी—ओ चन्नन! हमारी भी सुन लो!

चन्नन कह रहा था—अरे, पैर तो छोड़! समझने-बूझने तो दे हमें!

—समझना-बूझना का है?—एक चमार नौजवान बिफर उठा—हाथ कौ आरसी का? चलौ, हमैं थाने ले चलौ!

—यह-सब कानून की बात है, ठण्डे दिल से सोचना पड़ता है। दोनों फरीकैन की बात सुननी पड़ती है।

—अरे, उनकी तू का सुनेगा? उनकी इज़्ज़त उतरी है कि हमारी?—उसका बाप चिल्ला उठा—तू दुसाध होकर भी इस तरह बात करता है, चल, हमारे साथ!

—पहले उनसे कहो, लाठियाँ घर में रख आवें। नहीं तो हमको यह भी रपोट करनी पड़ेगी कि चमार लाठियाँ लेकर चन्नन महाजन के घर पर चढ़ आये थे!

—थूह!—लड़की की माँ ने चन्नन के मुँह पर थूक दिया और चिल्लाकर बोली—जा, जा, महाजन ने तेरे लिये चहबच्चा खोल रखा है! हरामी कहीं का! भगवान करे, तेरी बेटी का भी मुँह काला हो! तू उफ्फर पड़े! तेरी आँखों में माँड़ा पड़े, जो तू देखकर भी नहीं देखता! तेरी इस पगड़ी में आग लगे!...

चन्नन तेली-बिरादरी की ओर बढ़ गया।

और बाप अपनी लड़की का हाथ पकड़कर उसे उठाता हुआ बोला—चल रे, जिमिदार बाबू के यहाँ चल! हमारे ऊपर भी भगवान है! ऐसा अन्धेर नहीं है, आसमान में अभी सूरज चमक रहा है!...

और एक भीड़ उनके पीछे-पीछे चल पड़ी। लड़की का घूँघट उसकी छाती तक लटका हुआ था। रोते-रोते उसकी हिचकी बँध गयी थी। उसके गले से रोने की आवाज़ न निकल रही थी। रह-रहकर हिचकी लेती, तो उसका सारा शरीर काँप उठता। उसकी एक बाँह बाप पकड़े था और दूसरी माँ और दोनों अपने खाली हाथों को हवा में लहरा-लहराकर फटे गले से चीख़-चीख़कर चन्नन तेली और उसके बेटे किसन को गालियाँ और अभिशाप देते हुए, इन्साफ़ के लिए गाँव को गुहराते हुए गली-दर-गली चले जा रहे थे। सुन-सुनकर घरों की औरतें दरवाज़े पर आ-आ, आँखें फाड़-फाड़कर वह दृश्य देखतीं और लड़की के माँ-बाप के अभिशापों और गालियों में एक-आध अपनी ओर से भी जोड़ देतीं।

चीख़-पुकार सुनकर मन्ने के अब्बा चारपाई से उठकर दरवाज़े पर आ खड़े हुए। उनके सामने एक भीड़ चली आ रही थी। पास पहुँचते ही लड़की की माँ उसकी बाँह छोड़कर दौड़ी और मन्ने के अब्बा के पाँवों में गिरकर फ़रियाद करने लगी—दुहाई है सरकार की! हमारी इज़्ज़त आज दिन-दुपहरिये लुट गयी।! चन्नन तेली के लड़के किसनवा ने हमारी लड़की की जिनगी ख़राब कर दी! दुहाई है सरकार की!...

लड़की की ओर देखते ही मन्ने के अब्बा सब समझ गये। उनकी लाल-लाल, बड़ी-बड़ी आँखों से जैसे लुत्ती छिटकने लगी। उन्होंने भीड़ की ओर देखा और बोले—चलो, भाग जाओ यहाँ से! तुम्हें शर्म नहीं आती, ऐसे में लड़की को चारों ओर से घेरे हुए खड़े हो? चलो, हटो यहाँ से!

धीरे-धीरे भीड़ छँट गयी और चमारों के सिवा वहाँ और कोई न रह गया, तो वे बोले—लड़की को अन्दर ले जाओ और मेरी चारपाई बाहर निकालो।

माँ लड़की को लेकर अन्दर चली गयी और बाप ने चारपाई बाहर निकालकर सहन में डाल दी। बैठते हुए बोले—कहो, जतन, कैसे क्या-क्या हुआ?

जतन ने सब-कुछ बता दिया, तो वे बोले—जाओ, कहारों से बोलो, पालकी ले आयें। किसुनवा के बारे में पहले भी इस तरह की बहुत-सी बातें सुन चुके हैं। अब भी उसे न रोका गया, तो गाँव की बहू-बेटियों की इज़्ज़त मिट्टी में मिल जायगी!....लेकिन रुको, एक बात सुन लो और अच्छी तरह तुम-सब चमार समझ लो कि इस मामले में मेरे हाथ डालने का क्या मतलब होता है? मेरे क़ौल से तुम-सब वाक़िफ़ हो। एक बार क़दम आगे बढ़ाकर पीछे हटाना हम नहीं जानते। चाहे हमारी सारी ज़मींदारी फुँक जाय, लेकिन जब हम इस मामले में हाथ डालेंगे, तो तेली के छोकरे को बिना सज़ा कराये चैन न लेंगे! अगर तुम्हारे इरादे पक्के हैं तो बोलो, तुम तो कभी पीछे न हटोगे?

चमारों ने एक स्वर में कहा—नहीं, सरकार, यह कैसे हो सकता है?

—कैसे हो सकता है, कहने से काम नहीं चलेगा। पहले यह समझ लो कि इस मामले में मेरी दिलचस्पी को लोग क्या-क्या रंग देंगे और उसके कैसे-कैसे माने निकालेंगे! हिन्दू-मुसलमान का नारा देंगे और शोर मचायेंगे कि हिन्दुओं को नीचा दिखाने के लिए मुसलमान ज़मींदार ने यह साज़िश की है। यह कहा जायगा कि गाँव के हिन्दू ख़तरे में हैं, सभी हिन्दुओं को मिलकर ज़मींदार का मुक़ाबिला करना चाहिए। यह भी मुमकिन है कि यह अफ़वाह उड़ायी जाय कि तुम्हारी लड़की से हमारे तअलुक़ात हैं, बग़ैरा-वग़ैरा! और तुम लोग भी हिन्दू ही हो, मुमकिन है कि मज़हब के नाम पर तुम लोगों पर दबाव डाले जायँ, महाजनों के पास पैसे की कमी नहीं, यह भी हो सकता है कि तुमको हज़ार-पाँच सौ का लालच दिया जाय, वग़ैरा-वग़ैरा...यह सब इसके पहलू हैं, सब समझकर जवाब दो। और साथ ही यह भी समझ

लो कि इस वक़्त ग़ुस्से के मातहत या मियाँ के लिहाज़ से तुमने हाँ कर दी और फिर बीच में जाकर हमें धोखा दिया जाय, तो हमसे बढ़कर तुम्हारा कोई दुश्मन न होगा। सब ठण्डे दिल से सोच-विचार लो, फिर जबाब दो। हो सकता है, मुक़द्दमा चला, तो सालों चले, हाईकोर्ट तक जाना पड़े, क्योंकि यह चमारों और बनियों के बीच की लड़ाई नहीं रहेगी, यह मुसलमान ज़मींदार और महाजनों के बीच लड़ाई हो जायगी, इसमें दोनों की इज़्ज़त का सवाल होगा। और हम मर जाना बेहतर समझेंगे, लेकिन झुकना नहीं, इसलिए कि हमें इस बात का एतमाद है कि हम एक इन्साफ़ के लिए लड़ रहे हैं, अपने एक असामी की इज़्ज़त के लिए लड़ रहे हैं। एक ज़ुल्म, एक ज़िनाकारी के ख़िलाफ़ खड़े हुए हैं। हमारा इसमें कोई मतलब नहीं, कोई ख़ुदग़र्ज़ी नहीं।

चमार सन्नाटे में आ गये। उन्हें यह सब क्या मालूम था। उनका तो यह सीधा-सादा ख़याल था कि उनकी एक लड़की की इज़्ज़त बरबाद की गयी है, वे जाकर थाने में फ़रियाद करेंगे और मुजरिम पकड़ लिया जायगा और उसको सज़ा हो जायगी। बस!

उन्हें चुप देखकर मन्ने के अब्बा बोले—तो इससे अच्छा है कि तुम लोग गाँव की पंचायत बुलाओ और उसमें अपनी अरदास डालो। फिर जो पंचों का इन्साफ़ हो, मानो।

—नहीं, नहीं, पंचायत से हमें इन्साफ़ की उम्मीद नहीं। पंच हम ग़रीबों के साथ इन्साफ़ नहीं करेंगे।—जतन बोला।

—फिर क्या चारा है? तुम लोगों ने नाहक़ इतना शोर मचाया। जो हो गया था, सो हो गया था। लड़की को ढाँक-छुपाकर घर ले जाते। धीरे-धीरे बात आयी-गयी हो जाती। मुझे बेहद अफ़सोस है, लेकिन मैं क्या कर सकता हूँ।

—क्या बतायें, सरकार। लड़की को देखकर छाती फटती है। किसनवा मिल जाता, तो उसका ख़ून पिये बिना हम न छोड़ते!—एक नौजवान बोला—अब हम आपकी सरन में आये हैं। आप जैसा कहें हम करनें को तैयार हैं।

—हमें जो कहना था, कह चुके। तुम लोग तो गाँवदारी के मामलों से वाक़िफ़ हो। यहाँ के हिन्दू-मुसलमान एक-दूसरे की जान के दुश्मन बने हुए हैं। हर बात को फ़िरक़ावारना रंग दे दिया जाता है। यहाँ किसी बात की नवैयत नहीं देखी जाती। यहाँ देखा यह जाता है कि कोई ज़ुल्म या ज़्यादती किसने की और किसके साथ की। अगर किसी मुसलमान ने किसी हिन्दू के साथ कोई ज़ुल्म किया तो मुसलमानों के लिए यह ऐन ख़ुशी की बात होगी और वो उसकी हर तरह तरफ़दारी करेंगे, उसे बचायेंगे। और दूसरी तरफ़ चूँकि यह ज़ुल्म किसी मुसलमान ने किया है, तो हिन्दुओं के लिए इससे बड़ा कोई ज़ुल्म ही नहीं हो सकता और उसे सज़ा दिलाये बिना वो चैन नहीं ले सकते। इसी तरह इस बात को उलटकर भी देखा जा सकता है। बल्कि आज जो यह नौबत

आ गयी है कि दोनों तरफ़ से झूठ-मूठ बातें उठायी जाती हैं और एक-दूसरे को फँसाने की हर कोशिश की जाती है। यह गाँव की बदक़िस्मती है, लेकिन क्या किया जाय। कोई चारा नहीं।....

दरवाज़े पर खड़ी-खड़ी लड़की की माँ यह-सब सुनते-सुनते थक गयी। उसकी समझ में ये बातें न आ रही थीं। आये थे हरि भजन को, ओटन लगे कपास! वह बौखलाकर बोली—सरकार, कुछ हमारी भी फ़रियाद सुनेंगे कि यह रमायन ही सुनाते रहेंगे? हमारी तो छाती फट रही है और इन लोगन की बतकूचन ही खतम नहीं हो रही!

—हम तौ तैयार हैं,—मन्ने के अब्बा ने कहा—यही लोग आगे-पीछे कर रहे हैं। ख़ूब सोच-समझकर ही काम करना चाहिए!

—यह सोचने-समझने का बख़त है?—यह बिफरकर बोली—कौन मुँहझौंसा आगे-पीछे कर रहा है?—जिसे पीठ दिखानी हो, अभी मैदान छोड़कर चला जाय। बिरादरी साथ देना नहीं चाहती, तो न दे, मैं अकेली अपने बूते पर लड़ूँगी, जान दे दूँगी, लेकिन पीछे न हटूँगी! मेरी लड़की की जिनगी जिसने नासी है, उसे जेहल कराये बिना दम न लूँगी! कैलसिया के बाबू, तुम काहे नहीं बोलते? तुम्हारी बेटी...

—थोड़ी देर ठहर तू। आपस में हम सोच-विचार कर लें। दस आदमी की लाठी एक आदमी का बोझ। बिरादरी के लोग ही साथ छोड़ देंगे, तो यह धरती रसातल में पहुँच जायगी। तू ज़रा दम ले!—जतन ने कहकर अपने लोगों की ओर देखा।

—हम तो तैयार हैं,—एक नौजवान बोला—सरकार जब आगे हैं तो हमारा पीछे हटना डूब मरने की बात है।

—तुम्हारे लिये ही नहीं,—मन्ने के अब्बा बोले—हमारे लिये भी यह शर्म की बात है कि तुम लोग इस हालत में मियाँ के दरवाज़े पर आये और खाली हाथ वापस लौट गये। लेकिन इस हालत में मैं यह शर्मिन्दगी उठाना बेहतर समझता हूँ, बनिस्बत इसके कि कोई क़दम उठाकर पीछे हटाना पड़े। वह किरकिरी मैं बर्दाश्त नहीं कर सकता।

—कोई भी बरदास्त नहीं कर सकता,—एक दूसरा नौजवान बोला—सरकार, आप हमें हुकुम दें। हम किसी भी हालत में आपकी चौखट न छोड़ेंगे।

—हाँ, सरकार, आप जो किरिया चाहें, हमें खिला लें,—जतन बोला—क्यों भाइयो, तुम लोग तैयार हो न ?

—हाँ-हाँ,—सबने एक साथ कहा—हम सरकार का साथ किसी भी हालत में न छोड़ेंगे। हम आपके साथ जान दे देंगे, लेकिन मुँह न मोड़ेंगे।

मन्ने के अब्बा थोड़ी देर के लिए ख़ामोश हो गये। फिर कलाई पर बँधी घड़ी की ओर देखकर बोले—अच्छा, तो एक आदमी जाकर कहारों से बोलो कि एक

पालकी लेकर जल्द आयें, तब तक मैं नमाज़ पढ़ लेता हूँ।—कहकर मन्ने के अब्बा अन्दर चले गये।

उन्हें देखकर कैलसिया खड़ी होने लगी, तो वे बोले—तू बैठी रह।—और वे आँगन में चले गये। एक कोने में दो घड़े रखे हुए थे। उन्होंने बधने में पानी ढाल, पास ही पड़ी छोटी चौकी पर बैठकर वजू किया। फिर कमरे में आ, खूँटी पर टँगे मुसल्ले को ले, आँगन के ओसारे में पड़ी चौकी पर चढ़ गये।

उन्होंने शेरवानी पहनकर कहा—कैलसिया, चल, पालकी में बैठ!

सुनकर सभी उनका मुँह तकने लगे, तो वे बोले—अब यह चमारों की इज़्ज़त नहीं, मियाँ की इज़्ज़त है। जल्दी इसे पालकी पर बैठाओ। और पोखरे के खण्ड पर जाकर बोलो—मेरा घोड़ा लाये।

आगे-आगे पालकी, उसके पीछे मन्ने के अब्बा घोड़े पर और उनके पीछे कन्धों पर लट्ठ लिये चमारों का दल थाने के लिए रवाना हुआ, तो जिसने देखा, दाँतों से उँगली काटी। गाँव में शोर मच गया, मियाँ कैलसिया को पालकी पर चढ़ाकर थाने ले जा रहे हैं! जिसने जहाँ सुना, वहीं से दौड़ा-दौड़ा आया यह अजूबा देखने! चमार की लड़की पालकी पर! वाह रे मियाँ!...

किसी ने कहा—अब तेली के छोकरे की ख़ैरियत नहीं!

किसी ने कहा—बाँह पकड़े तो ऐसा आदमी! कीचड़ को भी चन्दन बना दे!

किसी ने कहा—ऐसी बारात देखनी भी क़िस्मत में बदी थी! क़िस्मत की सिकन्दर है यह चमार की छोकरी! आज ही दुनिया की नज़रों से गिरना उसकी क़िस्मत में लिखा था और आज ही दुनिया की नज़रों में चढ़ना भी!

रास्ते-भर लोगों ने चिहा-चिहाकर यह दृश्य देखा और पीछे-पीछे चलते चमारों से खोद-खोदकर सब बात पूछी। और मियाँ सिर्फ़ सामने देख रहे थे। पच्छिम में झुकता सूरज उनका माथा चूम रहा था और उनकी आँखों में रंग भर रहा था।

कहारों की नज़रें झुकी हुई थीं और वे अपनी स्वाभाविक चाल, आह-ऊह और बोली भी भूले हुए थे, जैसे आज कोई दुलहिन नहीं, एक ग़िलाज़त का बोझ ढोये जा रहे हों और उनका कन्धा जल रहा हो।

थाने पर डोली उतरी और सिपाहियों को जब कहानी मालूम हुई, तो वे डोली के इर्द-गिर्द कुत्तों की तरह मँडराने लगे।

मन्ने के अब्बा पूरी बातें बता चुके, तो थानेदार बोला—आप क्यों यह ज़हमत अपने सिर उठा रहे हैं? इन सालों की कौन ऐसी बहू-बेटी है, जो बची हुई है। इनके लिए तो यह सब खाने-पीने की तरह है।

—यह ठीक है,—मन्ने के अब्बा बोले—लेकिन इस मामले में मैंने बहुत सोच-विचारकर हाथ डाला है। तेली का छोकरा बहुत सरहंग हो गया है, इस तरह की

कितनी हरकतें वह पहले भी कर चुका है....

—तो उसे ठीक करना कौन मुश्किल बात है? हम अभी चलते हैं.....

—वह तो ग़ायब हो गया है...

—तो उसके घरवाले तो होंगे...

—आप जैसा चाहें, करें, लेकिन रिपोर्ट और लड़की का बयान लिख लें। इस मामले को मैं आगे तक ले जाना चाहता हूँ। अब यहाँ तक आ गया, तो पीछे नहीं हटूँगा।

—आप जैसा चाहें। लड़की को बुलवायें।

आश्चर्य! यह गाँव की अपमानित कैलसिया पालकी से निकली, या कोई दुर्गा? सिपाही, चमार, सभी चकित! घूँघट माथे तक उठा हुआ, सिर ऊँचा, आँखों में क्षोभ का तेज, मज़बूत कदम! जब वह थाने के फाटक की ओर चली, तो सभी लोग सहमे-सहमे उसका मुखड़ा देखते रह गये। उसके ख़ून के धब्बों से भरे कपड़े पर किसी की निगाह ही नहीं गयी। यह आश्चर्यजनक परिवर्तन ! कैलसिया के माँ-बाप तक चकित थे। यह कैलसिया क्या हो गयी?...पालकी का जादू...या मियाँ के व्यक्तित्व का प्रभाव....या चोट खायी सर्पिणी का क्षोभ....या क्या कहा जाय...यह कैलसिया! इस पर तो आँख ही नहीं ठहरती!

मियाँ हतबुद्धि! थानेदार अवाक्! कुछ क्षणों तक मेज़ के सामने खड़ी कैलसिया को वे देखते रहे। बग़ल में बैठा मुन्शी आँखें झपकाता रहा।

—नाम?

—कैलासो।

—बाप का नाम?

—जतनदास!

—क़ौम?

—चमार!

—उम्र?

—चौदह!

—गाँव?

—पियरी!

—बयान लिखाओ।

—मैं दोपहर को....

कैलसिया ने बेधड़क वह बयान लिखवाया, वह तफ़सील दी कि सब दंग रह गये। दारोग़ा और मुन्शी बार-बार मियाँ का मुँह ताक रहे थे। और मियाँ के चेहरे पर

जैसे एक चमक बढ़ती जा रही थी।

बयान ख़त्म करके वह बोली—अब मैं जा सकती हूँ?

—हाँ,—कहकर दारोग़ा ने उस परकाला को एक भरपूर नज़र देखना चाहा, लेकिन इसके पहले ही वह कमरे से बाहर थी। और शान से चलकर वह पालकी में जा बैठी और पल्लों को खड़ाक से बन्द कर लिया।

—कमाल है, साहब!—थानेदार बोला—आधा मुक़द्दमा तो आप आज ही जीता समझिये! ख़ूब तैयार किया है आपने!

—क़सम ले लीजिये जो अब तक एक बात भी मैंने उससे की हो,—मियाँ बोले—यह सच्चाई की ताक़त है।

—अब हमसे भी झूठ?—मुन्शी ने आँख मारी।

—झूठ मैं नहीं बोलता, आप जानते हैं!

—सो तो ठीक है, लेकिन क्या सच ही.....

—मुझे ख़ुद हैरत है। मैं तो सोच रहा था कि पहले ही इसे समझा देना चाहिए, लेकिन वैसा मैं कर न सका।

—अच्छा, तो उसका कपड़ा भी दाख़िल करवा दीजिये,—थानेदार बोला—और डाक्टरी सार्टिफ़िकेट भी ले लीजिये। इसका मुक़द्दमा आप ज़रूर लड़िये। काफ़ी हंगामा रहेगा। इस लड़की की हिम्मत तो क़ाबिलेदीद है। कचहरी में तिल रखने को जगह न मिलेगी।

—शुक्रिया! मैं अभी उसका कपड़ा बदलवाता हूँ।

—यहाँ दस्तखत कर दीजिये,—मुन्शी ने कहा।

क़स्बे से एक नयी साड़ी मँगवाकर डोली में डाल दी गयी और उसकी धोती मुहरबन्द करके दाख़िल कर दी गयी।

बोर्ड के अस्पताल का डॉक्टर कहीं केस पर गया था। तै हुआ कि इसी समय जिले चला जाय और वहाँ से सार्टिफ़िकेट हासिल किया जाय। देर करना ठीक न था।

क़स्बे के बाज़ार में मियाँ ने आधा सेर मिठाई ख़रीदकर डोली में भिजवायी और कहलवाया कि मियाँ ने कहा है, इसे खाकर पानी पी लो। तुमने बड़ी शाबाशी का काम किया है। मियाँ बहुत ख़ुश हैं।

डोली से खाली दोना नीचे गिरा, तो एक आश्चर्य का धक्का फिर लोगों को लगा। डोली के अन्दर से कैलसिया ने कहलवाया—सरकार से कह दो, मुझ पर भरोसा रखें। मैंने उनकी सब बातें सुनी हैं। उनकी इज़्ज़त पर मैं जरब न आने दूँगी।

कहारों को पैसा मिला—जाओ, दारू पी लो और रास्ते के लिए सीधा बाँध लो। लम्बी मंज़िल है, रातो-रात लौटना भी है।

जतन और एक नौजवान को छोड़ सभी चमारों को वापस कर दिया गया। मसजिद में जाकर मियाँ नमाज़ पढ़ आये।

कहारों ने अबकी डोली उठायी, तो उनकी आँखें ऊपर उठी हुई थीं। और आगे बढ़े, तो उनके मुँह से आह-ऊह निकलने लगी और फिर एक ने बोली निकाली—बायाँ कन्धा दम लगा!

और बायाँ कन्धा बोला—हयँ! हयँ!

दाहिना बोला—होंय! होंय!

और फिर हयँ-हयँ और होंय-होंय की रागिनी छिड़ गयी। और इस रागिनी के बीच कैलसिया गीत की कड़ियों का विषय बन गयी—

—हयँ-हयँ

—होंय-होंय!

—घूँघट सरका!

—होंय-होंय!

—सूरज चमका!

—होंय-होंय!

—जियरा डोला!

—होंय-होंय!

—हियरा बोला!

—होंय-होंय!

—बिजली-बाना!

—होंय-होंय!

—तीर-कमाना!

—होंय-होंय!

—झुका जमाना!

—होंय-होंय!

—वाह जनाना!

—होंय-होंय!...

कड़ियाँ महुए के फूलों की तरह टप-टप कहारों के मुँह से टपक रही थीं। घोड़ा पीछे-पीछे दुलकी चाल से ताल देता चला जा रहा था और मियाँ की रह-रह मुस्की छूट रही थी। उनका शायराना दिल झूम-झूम उठता था। उनके पीछे-पीछे बेचारे

चमार लपके हुए चल रहे थे, उनको सिर्फ़ इसी बात की चिन्ता थी कि कहीं वे पीछे न रह जायँ।...

पास के गाँव में मन्ने और मुन्नी अब्बा के दोस्त बाबू साहब के यहाँ चने का होलहा खाने गये थे। बाबू साहब उन्हें गाँव के बाहर ताल के किनारे खेत में ले गये थे। तर खेत में इस समय भी हरे-हरे पौधे मोतियों से दामन भरे झुके-झुके खड़े थे। बाबू साहब ने अपने हाथ से पोढ़े दानेवाले पौधे उखाड़े और मेंड़ पर ही ईख के पुआल में आग लगा होलहा फूँका था। फिर अँजुरी में उठा-उठाकर हवा में ओसाया था। फिर वहीं चुन-चुनकर खाने बैठ गये थे। तभी बाबू साहब ने यह कहानी सुनायी थी। कैलसिया की वारदात की ख़बर पा वे गाँव में आये थे, लेकिन उसके पहले ही मियाँ थाने चले गये थे। बाबू साहब थाने पर पहुँचे, तो मालूम हुआ, वे वापस चले गये। वापसी में बाज़ार में पता चला कि मियाँ ज़िले पर गये हैं। और वे भी ज़िले को रवाना हो गये। रातो-रात वे उन्हें अस्पताल में जा मिले, तो मियाँ ने सब-कुछ उन्हें सुनाया।

बाबू साहब बोले—अब मुक़द्दमा चल रहा है। सब बनिये एक ओर और मियाँ अकेले! मुसलमान भी उनका साथ नहीं दे रहे। कह रहे हैं, उन्हें क्या पड़ी थी एक चमार की लड़की के लिए यह तरद्दुद करने की? अब वे जानें और उनका काम जाने। मुक़द्दमा पैसे का खेल है। बनियों के पास पैसा-ही-पैसा है। उन्होंने इस मुक़द्दमे को एक धार्मिक लड़ाई का रूप दे दिया है। सब मिलकर लड़ रहे हैं। हाईकोर्ट तक लड़ेंगे। चमारों के पास कुछ है नहीं, लेकिन मियाँ को कोई चिन्ता नहीं। वे आन पर जान देने-वाले हैं। देखें, क्या होता है।

मन्ने और मुन्नी लौटे, तो उनके मन उत्सुकता से भरे हुए थे। वे कैलसिया को देखना चाहते थे। जाने क्यों, उसके प्रति उनके मन में सहानुभूति और श्रद्धा भरी हुई थी।

मन्ने ने कहा—चलो, चमरटोलिया की ओर से होकर चलें।

मुन्नी ने कहा—नहीं, यह ठीक नहीं। गाँव में है तो कभी-न-कभी वह दिखायी पड़ ही जायगी।

—गाँव में वह निकलती होगी?—मन्ने ने सवाल किया।

—क्या कहते हो?—मुन्नी बोला—जो थाना-कचहरी देख आयी, वह गाँव में डरेगी? मैं तो जानूँ, वह शेरनी की तरह गाँव की गलियों से गुज़रती होगी। औरत जिस रास्ते पर एक बार पाँव रख देती है, उससे मुड़ना नहीं जानती, उस पर ठिठकना नहीं जानती, अन्त तक पहुँचकर दम लेती है।

दोनों फिर चुप-चुप चलने लगे। गाँव में घुसे, तो उन्होंने लक्ष्य किया कि लोग उन्हें अजीब-अजीब नज़रों में देख रहे हैं। वे चौकन्ने थे, इसलिए इन नज़रों को

पहचानने से न रहे।

दस-बारह दिन बाद एक दिन दो बजे के क़रीब बिलरा मन्ने को बुलाने आया। उस समय मन्ने और मुन्नी पोखरेवाले एकान्त खण्ड में बैठे कुछ पढ़ रहे थे। छुट्टियों में वे खाने और सोने ही अपने-अपने घर जाते, वर्ना सदा एक साथ, गाँव से अलग-थलग, एकान्त खण्ड में या बाग़ में पड़े-पड़े किसी विषय पर बहस करते या कुछ पढ़ते-लिखते। शाम को तालाब के किनारे घण्टों टहलते। वे दीन-दुनिया से बेख़बर अपने में डूबे रहते। मुन्नी के बाबूजी अब उसे कुछ न कहते। लड़का बड़ा हो गया था और उनसे कहीं अधिक पढ़-लिख गया था। अब उससे उलझने में उन्हें डर लगता!...कई बार आर्य-समाज के जलसे में बड़े-बड़े उपदेशकों को वह सरे-आम ललकार चुका था। मन्ने दूर से ही खड़े होकर सब सुनता था और उसकी छाती गज़-भर की हो जाती थी। इस सबसे गाँव के सीधे-सादे, अपढ़ लोगों पर मुन्नी की धाक जम गयी थी और कोई भी उससे उलझने की हिम्मत न करता था।

उस धार्मिक समाज के प्रति मुन्नी में एक विद्रोह भर उठा था, जिसका मन्त्री कैलास था, और कैलास का सबसे बड़ा गुण यह था कि उसका बाप धनी था। आर्य नवयुवक सभा की वाद-विवाद-प्रतियोगिता में वह हर साल हिस्सा लेता था और हमेशा कैलास के विरोध में बोलता था और उसे पछाड़े बिना न छोड़ता था। आम जलसे में कैलास की बोलने की हिम्मन न थी, लेकिन मुन्नी ज़रूर उठकर बोलने को समय माँगता था। वह तो मन्ने से यह कहकर ही जाता था कि बिना बोले मैं रहूँगा नहीं। तुम दूर से खड़े होकर सुनना।

एक बार एक भारी गलेवाले उपदेशक पूर्वजन्म के कर्म पर पूरे दो घण्टे बोलते रहे। सभा पर इनके भाषण का ऐसा गहरा प्रभाव पड़ा कि सब वाह-वाह कर उठे। अन्त में वे बोले—आज आपकी जो अवस्था है, वह-सब आपके पूर्वजन्म के कर्मों का फलाफल है। आप ग़रीब हैं, अन्धे हैं, लूले हैं, लँगड़े हैं अथवा अन्य किसी व्याधि अथवा दुरवस्था से पीड़ित हैं और चाहते हैं कि अगले जन्म में आपको इनसे मुक्ति मिले, तो इस जन्म में आप अच्छे कर्म करें!

मुन्नी के आग ही तो लग गयी। वह बीच सभा में उठ खड़ा हुआ। तालियों की गड़गड़ाहट अभी पूरी न हुई थी कि लोगों की दृष्टि उस पर जा पड़ी। वह चिल्लाकर बोला—सभापतिजी, इस विषय पर बोलने के लिए मुझे पाँच मिनट दें।

उन महोपदेशक ने उसकी ओर वैसे ही देखा, जैसे कोई पहलवान अखाड़े में किसी उछलते-कूदते बच्चे की ओर देखता है। सभापति ने उनकी ओर देखकर आँखों-ही-आँखों में उनकी अनुमति चाही, तो वे बोले—हाँ, हाँ, बोलने दीजिये।

वह बोलना शुरू ही करनेवाला था कि महोपदेशक उठ खड़े हुए और बोले—बालक, तू व्याख्यान क्या देगा? बस, मेरे एक प्रश्न का तू उत्तर दे दे तो हम समझें?

मुन्नी ने दबंगई से कहा—प्रश्न बाद में कीजियेगा, पहले मुझे बोल लेने दीजिये!

लोग अचरज से उसकी ओर देख रहे थे।

महोपदेशक बोले—तू बोलेगा क्या? मेरे प्रश्न का तू उत्तर-भर दे दे, मैं मान लूँगा।

—अच्छा तो पूछिये!—क्षोभ से नथुने फड़काता मुन्नी बोला। सभा में सन्नाटा छा गया।

महोपदेशक ने आँखें निकालकर कहा—कोई शिशु अन्धा क्यों पैदा होता है?—और वे अकड़कर बैठ गये।

सभा के दिल की धड़कन एक क्षण को रुक गयी। सभी मुन्नी की ओर देखने लगे। ऐसा विकट प्रश्न! बेचारा लड़का क्या जवाब देगा?

मुन्नी ने गम्भीर होकर एक बार चारों ओर देखा। सभापति की बग़ल में कुर्सी पर बैठा मन्त्री कैलास मुस्करा रहा था। मुन्नी ने एक बाद दाँत पीसे और फिर बोला— आर्य महोपदेशक महोदय! आपके इस प्रश्न पर मैं वैज्ञानिक दृष्टि से प्रकाश डालना चाहता था, लेकिन आपको मेरा बोलना पसन्द नहीं, इसलिए आपके प्रश्न के उत्तर में मैं भी आपसे और इस सभा से एक प्रश्न पूछना चाहता हूँ। आप ध्यान से सुनें! किसान खेत में लाखों बीज डालता है। बाद में देखता है कि कुछ बीज सड़ गये हैं, कुछ कमज़ोर पौधे निकले हैं और कुछ बहुत अच्छे निकले हैं। ऐसा क्यों?....

सभा में ताली की गड़गड़ाहट गूँज उठी। महोपदेशक उठकर कुछ कहना ही चाहते थे कि मुन्नी बोला—मुझे सवाल पूरा कर लेने दीजिये, क्या ऐसा इसलिए होता है कि कुछ बीजों के पूर्वजन्म के कर्म बुरे थे और कुछ के मद्धिम और कुछ के अच्छे?

सभा में हल्ला मच गया। गँवारों के जेहन में भी बात सीधे उतर गयी। लगातार कई मिनट तक तालियाँ पिटती रहीं। मुन्नी ने हाथ जोड़कर महोपदेशक को सिर झुकाया और बोला—लोगों को बुद्धू बनाकर आप अपनी फ़ीस और भत्ता सीधा करें, प्रणाम!—और मंच से कूदकर अँधेरे में ग़ायब हो गया।

दूर अँधेरे में मन्ने खड़ा उसका इन्तज़ार कर रहा था। दोनों लिपटकर इतना हँसे कि उनके पेट में बल पड़ गया।

सो, मुन्नी को टोकनेवाला गाँव में कोई न था। गाँव ने मौन रूप से उसका धर्म-विद्रोह, अर्थात् मुसलमान लड़के से उसकी मित्रता और उसके साथ रहना-सहना स्वीकार कर लिया था।

ठीक यही हाल मन्ने का भी उसके समाज में था। और अब वे दोनों निर्भय ही नहीं, दबंग होकर एक साथ रहते थे।

मन्ने ने कहा—तुम भी चलोगे?

मुन्नी ने कहा—नहीं, लेकिन तुम जल्दी लौटना।

बिलरा के साथ चलते हुए मन्ने ने कहा—अभी आ जाऊँगा। तुम यहीं ठहरो।

अब्बा पलँग पर सामने पानदान रखे बैठे थे। कमरे के अन्दर के दरवाज़े पर बोरा बिछाकर एक लड़की बैठी थी। उसके चेहरे पर एक ऐसी चमक थी, जो अन्तर की शक्ति, साहस और निर्भयता का पता देती है। उसकी बड़ी-बड़ी आँखों से मर्दानगी टपकती थी। वह साफ़, धुले हुए कपड़े पहने थी। उसकी साड़ी की किनारी चौड़ी और चटक रंगों की थी। उसके बाल अच्छी तरह सँवारे हुए थे और बाल के ज़रा ही नीचे बायीं भौंह के ऊपर एक आध इञ्च का कटने का निशान था।

उस लड़की ने उठकर मन्ने को सलाम किया, तो सहसा मन्ने से कोई जवाब देते न बना। वह ठमककर उसकी ओर देखता रह गया।

अब्बा ने कहा—इसका जवाब दो! यह कैलसिया है।

यह कैलसिया है! मन्ने की समझ में न आया कि वह उसे क्या जवाब दे। बौखलहाट में उसने दाहिना हाथ माथे के पास ले जाकर कह दिया—सलाम!

—तुम्हारे स्कूल से एक कार्ड आया है! तुम्हारा नतीज़ा है।—कहकर उन्होंने सिरहाने लिपटे बिस्तरे के नीचे से एक कार्ड निकालकर उसे थमा दिया।

अस्थिर होकर, बड़ी उत्सुकता से मन्ने ने कार्ड लेकर देखा और ख़ुश होकर बोला—अब्बा, मैं पास हो गया!

—तब तो, मियाँजी, मिठाई खिलाइये!—चहककर कैलसिया ने कहा।

—अभी लो!—मन्ने के अब्बा ने बाहर खड़े आदमी को पुकारा।

—अभी हलवाई के यहाँ से उसी के बर्तन में एक सेर मिठाई लाओ।

—अजी, मैंने तो योंही....

—योंही क्या,—मन्ने के अब्बा ने कैलसिया की बात काटकर कहा—तुमने बिलकुल ठीक बात कही है!

—अब्बा, मैं मुन्नी को भी बुला लाऊँ?—मन्ने ने हर्ष-वि ल स्वर में कहा।

—हाँ-हाँ, ज़रूर!

मन्ने दौड़ता हुआ पोखरे के खण्ड पर पहुँचा और कार्ड मुन्नी के हाथ में थमाता हुआ बोला—नतीजा आया है! देखो!...और चलो, अब्बा ने मिठाई मँगायी है। उन्होंने तुम्हें बुलाया है।

देखकर मुन्नी ख़ुश होकर बोला—तुम्हारी पोज़ीशन तो बहुत अच्छी आयी है। पता नहीं, मेरा क्या हुआ। मेरा कार्ड भी घर पर आया होगा। तुम चलो, मैं अपना कार्ड देखकर आता हूँ।

—अभी डाक थोड़ी बँटी होगी! अब्बा तो आदमी भेजकर रोज अपनी डाक मँगाते हैं। चलो डाकख़ाने, वहीं तुम्हारा कार्ड होगा।—मन्ने ने कहा।

दोनों डाकख़ाने पहुँचे, तो वहाँ कैलास भी अपना कार्ड लिये खड़ा था।

मुन्नी ने चौकी पर काग़ज़ फैलाये बैठे हुए मुन्शी से उत्सुकता-भरे स्वर में कहा—मेरा कार्ड दीजिये।

मुन्शी ने उत्सुकता का मज़ा लेते हुए कहा—पहले मिठाई खिलाओ, फिर कार्ड लो!

—अरे लाइये, मुन्शीजी!—मुन्नी उसकी क़लम पकड़ते हुए बोला—मिठाई तो आप कैलास से खाइये!

—वो तो खिलायेंगे ही, गोकि उन्हें तरक़्क़ी ही मिली है। लेकिन तुमने तो बाज़ी मारी है। तुम पर हमारा हक़ पहले पहुँचता है!—हँसते हुए मुन्शी ने कहा।

—दीजिये भी!—मुन्नी की उत्सुकता आकुलता से भर उठी—क्यों परेशान करते हैं!

—तो वादा ही करो,—मुन्शी ने क़लम खींचते हुए कहा।

—हाँ, भाई,—कैलास बोला—तुम्हें तो गाँव-भर को मिठाई खिलानी चाहिए!

—तुम्हारे-जैसा धन्ना सेठ का बेटा मैं होता, तो ज़रूर गाँव-भर को खिलाता!

—मुन्नी ताव खाकर बोला—ख़ैर, मुन्शीजी, मैं आपको मिठाई ज़रूर खिलाऊँगा! लाइये अब!

—तो वादा पक्का रहा न?

—मैं झूठ नहीं बोलता, लाइये!

मुन्शी ने बस्ते के नीचे से चिट्ठियाँ निकालीं और उनमें से ढूँढ़कर मुन्नी का कार्ड बढ़ाया।

लपककर मुन्नी ने कार्ड लिया, तो दूर खड़ा मन्ने भी उसके पास आ गया। दोनों देखते ही उछल पड़े। कैलास ओंठ दाँतों-तले दबाये उन्हें देख रहा था।

—हो न अव्वल? मुबारक! मेरी मिठाई न भूलना!—मुन्शी बोला।

लेकिन उन दोनों का अब वहाँ ठहरना मुश्किल हो रहा था। बिना कोई जवाब दिये मुन्नी वहाँ से भाग खड़ा हुआ और उसके पीछे-पीछे मन्ने भी। रास्ते में दोनों ने अपने कार्डों का मिलान किया।

—गणित में तुम्हें कम नम्बर मिले हैं,—मुन्नी ने कहा।

—हाँ, गणित में मैं मुसलमान हूँ। अरिथमेटिक में मेरा बस नहीं चलता। ख़ैरियत कहो कि ज्योमेट्री बचा लेती है।—मन्ने बोला।

—पहले तो ऐसा नहीं था? बात यह है कि तुम अपना बहुत-सा समय साहित्य-अध्ययन में व्यतीत कर देते हो!—और मुन्नी ठहाका मारकर हँसा।

मन्ने पहले तो चौंका, पर फिर वह भी ज़ोर से हँस उठा। सहसा उसे मिडिल स्कूल की एक घटना याद आ गयी। टीचरों की मीटिंग हो रही थी। उनके दर्ज़े के टीचर ने विद्यार्थियों से कहा था कि आप लोग बाहर मैदान में जाकर पढ़िये। लेकिन लड़के बाहर जाकर खेलने-कूदने और शोर मचाने लगे। तब मन्ने ने अपने टीचर से शिकायत की—पण्डितजी, विद्यार्थी अपना मूल्यवान् समय व्यर्थ व्यतीत कर रहे हैं!—सुनकर टीचर उसका मुँह ताकने लगे। जब क्लास लगी तो मुसलमान होते हुए भी इतनी शुद्ध हिन्दी बोलने के कारण उसकी प्रशंसा करते हुए टीचर ने यह बात सारी क्लास को सुनायी। और तब से लड़के यही वाक्य बोलकर उसको चिढ़ाने लगे।

—उसका तो चस्का पड़ गया है,—वह बोला—अरिथमेटिक में मन ही नहीं लगता। अब तो मनाता हूँ, कब इससे पिण्ड छूटे। ख़ैर, तुम्हारे अव्वल आने की मुझे बेहद ख़ुशी है!—मन्ने ने कहा—देखा, कैलास कैसे देख रहा था!

—उसका कार्ड तो हमने देखा नहीं,—मुन्नी बोला।

—वो दिखाता ही नहीं,—मन्ने बोला—मुन्शीजी तो कह रहे थे, उसे तरक़्क़ी मिली है।

—प्राइमरी स्कूल के बड़े पण्डितजी की याद है?

—छोड़ो, यार!

खण्ड में पहुँचे तो बिलरा हाथ में फूल के कटोरे में मिठाई लिये खड़ा था। मुन्नी ने अब्बा को सलाम किया। मन्ने के अब्बा दुआ देकर बोले—बैठिये आप लोग!

उनके पलँग के सामने एक खटिया इसी बीच बिछा दी गयी थी। मुन्नी उस पर बैठने में झिझका, तो मन्ने भी उसका मुँह देखता ठिठका रहा। ज़मींदार के सामने कोई बनिया चारपाई पर न बैठता था। इसके पहले इतने वर्षों के बीच भी कभी मुन्नी उनके पास न आया था। आज भी शायद वह न आता, लेकिन ख़ुशी की रौ में यों ही वह मन्ने के साथ चला आया था। चले आने के बाद ही उसे अनुभव हुआ कि यह उसने क्या किया? दरअसल वह इस बात से डरता था कि कहीं मन्ने के अब्बा ने उसे पीढ़ी पर बैठने के लिए कह दिया, जैसा कि वह बनियों को कहते हैं (छोटी जाति के लोग तो उनके सामने फ़र्श पर ही बैठते हैं।) तो क्या होगा, मुन्नी अपने स्वाभिमान की रक्षा उस समय कैसे करेगा? इसी कारण वह उनके पास जान-बूझकर ही कभी न आता

था। इसके पहले केवल एक बार वह उनके पास जाने को मज़बूर हुआ था। उसे वह घटना आज भी अच्छी तरह याद है, हमेशा याद रहेगी।....

शाम को तालाब के किनारे मैदान में वे फुटबाल खेल रहे थे। एक बार उसका पैर खाली पड़ गया और वह धड़ाम से गिर पड़ा। उठने के थोड़ी देर बाद ही उसके दाहिने पैर का अँगूठा दर्द करने लगा, लेकिन उसने किसी को कुछ बताया नहीं। घर आकर माई से कहा, तो उसने हल्दी-चूना गर्म करके उस पर कई बार छोपा। लेकिन रात-भर दर्द होता रहा। गर्म-गर्म हल्दी से थोड़ा आराम मिलता, लेकिन ठण्डी होते ही दर्द फिर शुरू हो जाता। सुबह को माई ने कहा—कोई नस इधर-उधर हो गयी है, जाकर किसी से बैठा लाओ।

गाँव में दो ही बैंठानेवाले थे। एक गर्जन मेहतर और दूसरे मन्ने के अब्बा। लोग कहते थे, गर्जन बड़े हरहट्टपन से बैठाता है, दर्द की परवाह नहीं करता। उसके यहाँ जाने की हिम्मत उसकी न पड़ी और मन्ने के अब्बा के यहाँ जाने का साहस तो बहुत कम लोगों में था, क्योंकि वह ज़मींदार थे। लेकिन सुना जाता था कि वह बहुत मुलायमियत से बैठाते हैं, दर्द नहीं होता। उसने सोचा, मन्ने से कहे और उसके साथ ही उसके अब्बा के पास चले। फिर जाने क्या हुआ कि वह अकेले ही चल पड़ा।

सुबह की सफ़ेदी छायी हुई थी, अभी किरण न फूटी थी। पहुँचा, तो खण्ड का दरवाज़ा बन्द था। वह ज़रा दूर ही सहन में खड़े हो दरवाज़ा खुलने का इन्तज़ार करने लगा।

पास की घेराई से उनका चरवाहा हाथ में घड़े लेकर निकला, तो मुन्नी ने पूछा—मियाँ साहब देर से उठते हैं क्या?

—नहीं, बहुत सबेरे उठते हैं। इबादत कर रहे होंगे। तुम्हें का काम है?

पैर का अँगूठा दिखाया हुआ वह बोला—बैठवाना है।

उसने ज़रा अचरज से उसकी ओर देखा, फिर शायद तुरन्त ही उसे ख़याल आ गया कि वह मन्ने बाबू का दोस्त है, तब बोला—थोड़ी देर रुक जाओ, अभी दरवज्जा खोलकर वे टहलने निकलेंगे।

वह खड़ा-खड़ा मन-ही-मन घबराता रहा कि जाने क्या हो। दरवाज़ा खुला तो वह सचमुच बहुत घबरा गया, मुँह से बकार ही न फूटा, आँखें संकोच से ज़मीन में गड़ गयीं।

उन्होंने ही कहा—आदाब अर्ज़ है! कहिये, आज सूरज पच्छिम में निकलेगा क्या?

वह तो हक्का-बक्का हो उठा। सिर उठाकर देखना भी मुश्किल।

—अरे वाह! यह क्या बात है? आइये अन्दर!—उन्होंने हँसते हुए कहा, लेकिन वह टस-से-मस न हुआ। वैसे ही धरती को घूरता रहा।

आप इतना शर्माते हैं, मुझे मालूम न था। ख़ैर, आप हमारे यहाँ आये, मुझे बेहद ख़ुशी हुई। अब फ़रमाइये, मैं आपकी क्या ख़िदमत कर सकता हूँ?

लड़खड़ाते स्वर में उसने कहा—मेरे पाँव का अँगूठा...

—ओह, तो यह बात है?—उन्होंने व्यस्त होकर कहा—बैठिये, बैठ जाइये!

वह पैर आगे करके वहीं बैठ गया। उन्होंने बैठकर अँगूठे को अपने हाथ की एक अँगुली से धीरे-धीरे दबा-दबाकर देखते हुए कहा—कोई ख़ास बात नहीं है। आप ज़रा अच्छी तरह बैठ तो जाइये।

वह पाँव आगे फैलाकर चूतड़ पर बैठ गया।

—मेरी ओर देखिये,—अँगूठा पकड़कर उन्होंने कहा।

उसने सकुचायी और शर्मायी हुई आँखें उठायीं, तो वे मुस्कराते हुए बोले—आप यहाँ आये, इसके लिए मैं आपका क़तई शुक्रगुज़ार नहीं...

वह बेबूझ की तरह देखता रहा। उसे इसका भी ख़याल न रहा कि उनकी अँगुलियाँ उसके पैर के अँगूठे के साथ कौन-सा खेल खेल रही हैं।

वे कहते गये—आपके पास दस अँगुलियाँ हैं, लेकिन मैं शुक्रगुज़ार सिर्फ़ एक अँगुली का हूँ, इस अँगूठे का, जिसकी वज़ह से आप हमारे यहाँ आये, बाक़ी नौ का नहीं....

और जैसे मुन्नी की जान ही निकल गयी...अँगूठे में कहीं चट-से कुछ बोल उठा और ज़ोर से अँगूठा पकड़े वह चिल्ला उठे—बिलरा! बिलरा!

हाथें में कहनी तक सानी लगाये उनका चरवाहा घेराई से भागा-भागा आया, तो वे चिल्लाते हुए बोले—अन्दर से कोई कपड़ा लाओ!

वह ज़रा देर में अन्दर से बाहर आकर बोला—सरकार, कोई कपड़ा नहीं है।

—अजब नामाक़ूल आदमी है!—उसी स्थिति में अँगूठा पकड़े ही वे चिल्लाये—अन्दर कोई कपड़ा ही नहीं दिखता तुझे?

—एक लुंगी टँगी है...

—ला, ला, वही ला!...मेरे पास एक समझदार आदमी होना चाहिए! ये उजबक...

बिलरा बाँह पर लुंगी लटकाये हुए आ खड़ा हुआ, तो वे बोले—अबे, खड़ा-खड़ा मुँह क्या ताकता है? फाड़के एक चौड़ी पट्टी दे मुझे!

—यह नयी लुंगी...

—अबे, फाड़ता है जल्दी कि...

चर्र से लुंगी फटने की आवाज़ आयी।

पट्टी बाँधकर वे बोले—ज़रा देर हो ही गयी। क्या बताऊँ, मुझे भी पहले ख़याल न आया कि पट्टी की ज़रूरत पड़ेगी। आपको अपने पास पाकर मैं भी जैसे अपना आपा खो बैठा! ख़ैर, देखिये, क्या होता है। कल भी आप सुबह आइयेगा, एक बार और देख लूँगा। आइयेगा न?

उसने सिर हिलाया।

—मन्ने मियाँ के क्या हाल-चाल हैं?

बाप बेटे के बारे में किसी से कुछ पूछे? उसने कुछ न कहा।

—अरे, एक बात तो मुँह से निकालिये!

—मन्ने की कलाई टूटी थी, तो आपने ही क्यों न बैठा दी? मऊ क्यों ले गये थे?—वह किसी तरह बोला।

वे हँसने लगे। बोले—आपको नहीं मालूम, उसकी एक हड्डी टूट गयी थी। मुझे डर था कि कहीं मैं अच्छी तरह न जोड़ सका, तो...समझे न? आपका तो ज़रा-सा...

—अब मैं जा रहा हूँ।

—बैठियेगा नहीं?

उसने सिर हिलाया।

—तो ज़रा रुकिये,—वे अन्दर गये और मुट्ठी में कुछ लेकर बाहर आये।

लेकिन वह रुका नहीं, भाग खड़ा हुआ और वे चिल्लाते रहे—अरे सुनिये!...सुनिये!...

—अरे, बैठते क्यों नहीं?—अब्बा बोले—कि आज भी भागने का इरादा है?— और वे ज़ोर से हँसकर बोले—इनकी एक बार की एक बात सुनायें?

मुन्नी पानी-पानी होकर बोला—सुनायेंगे तो सच ही भाग जाऊँगा!

—तो फिर बैठिये!

मन्ने ने उसका हाथ पकड़कर खटिया पर बैठा दिया, तो अब्बा बोले—लाओ, भाई, मिठाई मुन्नी साहब को दे दो, यही अपने हाथ से बाँटकर सबको खिलायेंगे। चलिये, सबसे पहले आप कैलसिया को दीजिये।

कैलसिया! मुन्नी की नज़र अभी उस पर पड़ी ही न थी। उसने चकित होकर आँखें उठायीं, तो सुनायी पड़ी एक रुपहली आवाज़—इन लोगन की जोड़ी देखकर मेरी आँखें जुड़ा जाती हैं!

मुन्नी ने उसकी ओर देखा, तो उसकी आँखें झपक गयीं। पहले ही परिचय, पहली ही दृष्टि में वह उसका प्रशंसक बन गया। जैसी उसने कल्पना की थी, वही

साकार रूप। कैलसिया सुन्दर है, कैलसिया साहसी है और अब यह भी मालूम हुआ कि वह मधुर भी है।

—लेकिन इसी गाँव में कितने आदमी हैं,—बिलरा बोला—जो इनका साथ फूटी आँखों नहीं देख पाते। जाने कैसी-कैसी कुचराई करते रहते हैं....

—अरे, उसकी परवाह न करो, भइया!—कैलसिया बोली—अब मुझी को लेकर कैसी-कैसी बातों का ढोल नहीं पीटा जाता....

—कैसी बातों का?—मुस्कराते हुए अब्बा ने कहा—ज़रा मैं भी तो सुनूँ?

—आप का नहीं जानते?—शर्माकर आँखें झुकाती वह बोली—आपको भी जैसे यह सब सुनकर बड़ा मज़ा आता है!

—वाह! मज़े की बात में मज़ा क्यों न आये? ज़रा बता तो, लोग क्या कहते हैं? तू तो जानती ही है, मुझसे कोई कुछ नहीं कहता।

—किसकी हिम्मत है जो आपसे कोई कुछ कहेगा? ज़बान न खींच लेंगे आप!

—किसी की ज़बान मैं क्या खींच लूँगा?....फिर किसी की ज़बान खींच लेने से ही क्या कोई बात रोकी जा सकती है? सच, बता न, मैं भी सुनना चाहता हूँ!

—दुत!—उसने आँखें मटकाकर कहा।

—दुत क्या? जो बात गाँव के सैकड़ों लोग कहते हैं, उसे कहने में दुत क्या?

—पाप लगेगा!

—नहीं, तुझे पाप नहीं लगेगा, बल्कि मन में कुछ होगा, तो कहने से वह भी निकल जायगा।

—का कहते हैं!

—तो कह ही डाल!

—इन लोगन के सामने आप मुझसे का कहलवाना चाहते हैं?

—ये क्या अब बच्चे रह गये हैं? इनसे अब कुछ छुपाकर भी क्या छुपाया जा सकता है? फिर छुपाया ही क्यों जाय? क्यों न इन्हें यह सब जानने-समझने का मौक़ा दिया जाय। इन्सानी फ़ितरत जब तक ये नहीं जानेंगे, क्या करेंगे? फिर मन्ने साहब को तो एक अदीब बनना है। इनके लिए तो यह-सब जानना बहुत ज़रूरी है। और फिर इन्हें भी इसी गाँव में रहना-सहना है। इन्हें गाँव की फ़ितरत जाननी ही चाहिए। वर्ना बाद में इन्हें बड़ा दुःख उठाना पड़ेगा।...तू बता, कैलसिया, इनके सामने ही बता! मुझे इसमें कोई ऐब नहीं दिखायी देता। अकेले में तो शायद यह-सब तुझसे मैं पूछ भी न सकूँ!...बोल!

कैलसिया अँगुलियाँ एक-दूसरे में उलझने लगी। कसमसाकर उसने कई साँसें लीं। फिर भी बोल न फूटा।

—वाह! कचहरी में तो तेरी ज़बान कैंची की तरह चलती हैं और यहाँ ऐसा जता रही है, जैसे मुँह में ज़बान ही नहीं!

—वह बात ही ऐसी है, मियाँ। आप नहीं जानते तो मैं का कहूँ।

कैलसिया हैरान थी कि मियाँ को यह क्या हो गया है? क्यों बच्चों की तरह ज़िद कर रहे हैं? उन्हें गाँव की ऐसी कौन-सी बात है, जो न मालूम हो? फिर उसी के मुँह से ये क्यों सब सुनना चाहते हैं, वह भी इन लोगों के सामने? मियाँ के मन में क्या है? गाँव की वह नीच जाति की लड़की है, गँवार लड़कियों से भी गँवार। एक बात कहने-समझने की लियाक़त भी उसमें नही। थाने में, कचहरी में वह कैसे क्या बोल आयी, वह-सब वह ख़ुद समझने बैठे, तो न समझ पाये। मियाँ के साथ, सामने वह खड़ी होती है, तो न जाने कौन-सी शक्ति उसमें कहाँ से आ जाती है, जाने कैसे सरस्वती उसकी जिरू पर विराजती है और वह फर-फर बोलने लगती है। लोग हैरान हो-होकर उसका मुँह निहारते हैं। आज गाँव में, जवार में, ज़िले में कौन नहीं जानता? वह एक कलंकित लड़की है। कलंक का दाग़ लग जाने पर आँख उठाना भी कठिन हो जाता है। उस दिन गाँव की लड़की होकर भी जो घूँघट उसके मुँह पर गिरा था, वह फिर कभी उठेगा, ऐसा वह सोच भी न सकती थी। लेकिन उसके बाद इन्हीं मियाँ के कारण जाने वह लोक-लाज, वह भय कहाँ चला गया? थाने पर पालकी से वह उतरी, तो क्या वह वही कलंकित कैलसिया थी? कैसे फर-फर वह सारा बयान लिखा गयी। कैसे बाज़ार में आध सेर मिठाई डोली में बैठी-बैठी अकेले खा गयी, पास ही माई थी, बापू थे, जाने कितने अपनी बिरादरी के लोग थे, किसी का मुँह भी न छूआ। अस्पताल में कैसी बेझिझक होकर उसने मुआयना करवाया। डोली में बैठते ही और यह जानकर कि मियाँ घोड़े पर उसके पीछे-पीछे आ रहे हैं, कैसा एक नशा-सा उसके दिल-दिमाग़ पर छा गया था। इतने बड़े मियाँ ने उस चमार की लड़की के लिए, जिसके माथे पर कलंक का टीका लग गया था, जिसके लिए आँख उठाना भी कठिन था, जो गाँव की नज़रों में हमेशा के लिए गिर गयी थी, पालकी मँगवायी, उसके पीछे-पीछे दौड़े...ओह, क्या यह सब कभी कोई सपने में भी सोच सकता था।... नशा न चढ़े तो क्या हो? टिटिहरी को आसमान के बराबर घोंसला मिल गया हो जैसे! रात के समय जब पालकी गाँव में पहुँची, तो कौन उसके मन में बैठा कह रहा था कि मियाँ उसे अपने घर में ही उतारेंगे? लेकिन जब वह डोली पर से उतरी तो देखा, यह तो उसी का माटी का घिरौंदा है। उसके जी में आया कि पलटकर फिर तुरन्त पालकी में बैठ जाय और कहारों से कहे कि उसे मियाँ के पास पहुँचा दो, किसकी हिम्मत है जो उसकी बात टाल जाय! लेकिन उसी क्षण उसने पाया कि मियाँ का घोड़ा वहाँ कहीं नहीं है और उसका नशा अचानक टूट गया और वह कटे पेड़ की तरह माई की अँकवारी में गिर पड़ी।

रात-भर उसे लगा कि वह अजनबी घर में है, आस-पास के लोगों से उसका कोई नाता नहीं, ताड़ की चटाई पर लाकर यह किसने उसे पटक दिया? कितने ही औरत-मर्द उसे घेरे रहे। उसकी महीन साड़ी छू-छूकर देखते रहे। बार-बार कहते रहे, कैसा भाग्य है इसका, मियाँ ने इसका हाथ थाम लिया!...यह कैसी चमक आ गयी है इसके चेहरे पर!...यह तो पहचानी ही नहीं जाती!...कितनी सुन्दर दिखायी देती है!... जैसे उसके कलंक की बात सब भुला बैठे हों, जब वह ख़ून से लथपथ घूँघट काढ़े...लेकिन अब वही उस बात को क्यों याद करे?....

सुबह हुई तो सचमुच उसे अपना वह घर काटने लगा। और सचमुच वह निकल पड़ी। माई ने पूछा—कहाँ?

उसने कैसे कह दिया—मियाँ के यहाँ!

और वह शेरनी की तरह उसी तेलियाने से निकली, आँखें फाड़े सामने देखते, बेग़म चाल से। ऐसा लगता था कि धरती स्वयं उठ-उठकर उसके पाँवों की मनुहार कर रही है, लेकिन वह है कि अपने पाँवों से धरती को ठोकर मारती जा रही है! उसकी वह नयी, बारीक धोती....आज लोगों की नज़रें उसी पर फिसलती रहीं।

•

कैलसिया के जी में आया कि वह चिल्लाकर कहे, मियाँ, तुम्हीं ने कैलसिया को ऐसा बना दिया! लेकिन उसने ऐसा कहा नहीं। इतने दिनों में ही मियाँ को वह जान गयी है। किसी की किसी भी बात का जवाब दिये बिना वे नहीं रहते। न कोई लिहाज़, न शर्म; न झिझक, न डर। और ज़बान क्या है, जैसे पहाड़ी नदी! लोग कानों से नहीं सुनते, आँखों से उनका मुँह ताकते हैं। ऐसा आईने की तरह साफ़ और शीशम की तरह सीधा और पहाड़ की तरह अडिग और शेर की तरह बेग़म और आसमान की तरह बड़ा व्यक्तित्व...एक चमार की लड़की के साथ चलते हुए...संसार के आठों आश्चर्य क़दम-क़दम पर झुककर जैसे सलाम बजाते हैं। किसकी हिम्मत है कि उनके सामने मुँह खोले....और उस दिन....

मियाँ ज़िले से रात को लौटे थे। सुबह वह आयी, तो उन्होंने सिरहाने के लिपटे बिस्तर के नीचे से निकालकर दो फल दिये।

चिकने-चिकने, सुन्दर-सुन्दर, गोल-गोल फलों को हाथ में लेकर वह बोली—ये कौन फल हैं?

—सेब,—मियाँ ने कहा—खाकर देखो।

वह एक मुँह के पास ले जाकर काट ही रही थी कि दरवाज़े पर साइकिल टिकाकर एक युवक ने कहा—सलाम!—और अन्दर आ गया और उसे घूर-घूरकर देखने लगा और वह सेब कैलसिया के दाँतों में ऐसे दबा रहा, जैसे छूट ही न रहा हो।

अब क्या था। मियाँ ज़रा मुस्कराये और तपाक से बोल उठे—क्या देख रहे हो, तुम्हारी अम्माँ है!

वह तो मारे लाज के अन्दर भाग गयी। जाने उस युवक पर क्या बीती। बस, मियाँ का चित कर देनेवाला ठहाका देर तक गूँजता रहा।

वह बेसाख़्ता हँस पड़ी। यह प्रसंग जब कभी, जहाँ कहीं उसे याद आता है, वह इसी तरह हँस पड़ती है। इसमें कौन-सा भाव रहता है, वह नहीं जानती, बस मन आप ही हँस पड़ता है, पागल की तरह! और ऐसी बेबात की हँसी सुनकर कौन चकित न हो।

मन्ने, मुन्नी, बिलरा चकित होकर उसकी ओर देखने लगे। उसकी हँसी थमने ही को न आ रही थी। कोई लड़की भी भला मर्दों के सामने इस तरह हँसती है? लेकिन नहीं, वह लड़की ही है, उसने आँचल उठाकर मुँह ढँक लिया, और उन्होंने देखा कि उसकी पुष्ट छातियाँ उसकी झूली के बटन तोड़े दे रही हैं। और उसी तरह मुँह ढँके ही वह बोल गयी—लोग कहते हैं, मियाँ कैलसिया से फँसे हुए हैं!

—और तुम्हें शर्म लगती है!—मियाँ ने मुस्कराकर कहा।

झट आँचल मुँह से हटाकर वह आँखें फाड़कर बोली—मुझे काहे की सरम? मेरे मुँह पर कोई कहकर तो देखे! उसकी इज़्ज़त न उतार दूँ तो मेरा नाम कैलसिया नहीं।

—बाप रे बाप! तुझसे बात करते तो अब मुझे भी डर लगता है! ना-ना, इसीलिए बुज़ुर्ग लोग कह गये हैं कि....

—छोटे को मुँह नही लगाना चाहिए!—कैलसिया ने बात पूरी कर दी और फिर उसी तरह हँस पड़ी।

—नहीं-नहीं,—मियाँ बोले—मैं तो कह रहा था कि औरत की आँख से शर्म न जाय!

और चमार की लड़की अचानक गम्भीर हो गयी। बोली—सरम तो चली गयी! लेकिन, मियाँ, आप ही ने तो उस दिन कहा था कि कैलसिया, जो चला जाय, उसके लिए दु:ख न मनाना चाहिए, आगे कुछ न जाय, ऐसी कोसिस करनी चाहिए।...अपने भगवान की यह बात मैंने गाँठ से बाँध ली है। अब कुछ भी न जायगा, कुछ भी नहीं! किसी की हिम्मत नहीं जो मुझसे कुछ भी छीन ले सके! अब वह कैलसिया नहीं रही, वह मर गयी! यह नयी कैलसिया जनमी है, जो अपने भगवान् के सिवा किसी को नहीं जानती, किसी को नहीं मानती।...—और उसकी आँखें मुँद गयीं।

और मुन्नी और मन्ने को लगा, जैसे वे किसी मन्दिर में बैठे हों।

लेकिन मियाँ बोले—यह मुसलमान का घर है, रे कैलसिया! तू यहाँ भगवान्-वगवान का नाम न ले!...ले, मिठाई खा। कब से बिलरा कटोरा लिये खड़ा है।

और कैलसिया की तन्द्रा टूट गयी। बोली—अरे, मैं तो भूल ही गयी थी! मुन्नी बाबू, दो मिठाई!—और उसने हाथ फैला दिये।

मुन्नी किसी का भी इस तरह हाथ फैलाना बर्दाश्त नहीं कर पाता। बोला—क्या मैं ही एक अछूत हूँ यहाँ?—और हँस पड़ा—रख बिलरा कटोरा पलँग पर, जिसको खाना होगा, आप ही निकालकर खायगा!

—अरे-रे, ऐसा मत कीजिये, साहब!—अब्बा बोले—आप कैलसिया को नहीं जानते, यह सब सफ़ाचट कर जायगी! और कहीं हलवाई को मालूम हो गया, तो कटोरे का दाम भी मुझे चुकाना पड़ेगा! आप जानते नहीं, किसी के हाथ से अपने हाथ में लेकर खाने में भी एक मज़ा आता है।

कैसे हैं यह मन्ने के अब्बा? क्या किसी को भी छोड़ना नहीं जानते?...गाँव के लोग इनसे आतंकित रहते हैं। गाँव के ये सबसे बड़े ज़मींदार हैं। ज़मींदार नाम ही आतंक का है। लेकिन कैसे हैं ये मन्ने के अब्बा?...कैलसिया एक चमार की लड़की है...यह बिलरा उनका चरवाहा है...यह मुन्नी गाँव के एक मामूली बनिये का लड़का है...और यह मन्ने है उनका बेटा...भावी ज़मींदार, जिसका आतंक लोगों ने न माना, तो ताश के पत्तों के महल की तरह एक फूँक में सब ढह जायगा। बीस साल की ज़िन्दगी इसी गाँव में मुन्नी की भी हुई...एक काम तो मन्ने के अब्बा करते, जिससे उनका आतंक सिद्ध होता। छोटे-छोटे ज़मींदारों, इनके भाई-बन्दों के रोज़-रोज़ कितने-कितने ज़ोर-ज़ुल्म के क़िस्से सुनने में आते हैं, लेकिन आतंक सबसे अधिक इन्हीं का है। इसी आतंक के बल पर इनकी ज़मींदारी चल रही है, रोब माना जाता है। और यह भी जैसे उस आतंक को तोड़ना नहीं चाहते। न किसी से मिलते हैं, न बात करते हैं। नमाज़ और तसबीह..

मुन्नी ने देखा, कैलसिया अब भी हाथ फैलाये हुए थी। बोली—बाबू, यह तो हमारी आदत हो गयी है, मन में बुरा नहीं लगता, न यही समझते हैं कि यह बुरा है...

—बल्कि मन करता है,—मियाँ मुस्कराकर बोले—कि कोई अपने हाथ से दे और हम खायँ!...मन्ने साहब की अम्माँ जब तक ज़िन्दा रहीं, मैं हमेशा ऐसा ही करता था। जब कोई चीज़ वे लातीं, मैं हाथ फैला देता था। वह डाँटतीं, यह क्या आदत है तुम्हारी? और मैं कहता, तुम अपने हाथों की मिठास से मुझे महरूम रखना चाहती हो?....

तभी बाबू साहब आ गये। उनके आते ही समस्या हल हो गयी। मन्ने के अब्बा अपनी बात तोड़कर बोले—लीजिये, पुजारीजी आ गये! इन्हीं के हाथ से आप लोग परसाद लीजिये!

सबने बाबू साहब को सलाम किया।

पलँग पर उनके पास ही बैठते हुए बाबू साहब ने कहा—क्या बात है, मियाँ बहुत ख़ुश नज़र आते हैं?

—कब से आयी मिठई आपकी राह देख रही है!—मियाँ ने हँसते हुए कहा।

—किसी अच्छे आदमी का मुँह देखकर आज चला था!—बाबू साहब बोले—लेकिन बात क्या है? ऐसे ही मिठाई आयी है, या कोई ख़ास....

—नहीं, ख़ास बात ही है, बल्कि दो बातें हैं!—मियाँ ने कहा।

—अच्छा! तब तो दो बार मिठाई मिलनी चाहिए! बातें भी ज़रा सुन लूँ।

—एक तो यह है कि मन्ने साहब के पास होने की आज ख़बर आयी है...

—मुबारक! लेकिन यह तो कोई ख़ास बात हुई नहीं, इनको तो पास होना ही था। दूसरी बात सुनाइये!

—दूसरी बात यह है कि कैलसिया ने इनके पास होने की ख़बर सुनकर कहा, मियाँजी, तब तो मिठाई खिलाइये!

—हाँ, यह ज़रूर ख़ास बात है!—कहकर बाबू साहब हँस पड़े। बोले—यह कैलसिया भी एक ही बेवकूफ़ है, ऐसी-वैसी मालूली चीज़ों के लिए मुँह खोला करती है! यह नहीं होता कि एक ही बार मियाँ से कोई ऐसी चीज़ माँग ले कि ज़िन्दगी-भर की छुट्टी हो जाय!—और वे फिर हँसने लगे।

कैलसिया भी आँचल से मुँह ढाँक कर हँस पड़ी। मियाँ उसकी ओर देख रहे थे। बोले—बाबू साहब, कोई ग़लत बात नहीं कह रहे....

कि कैलसिया ने आँख झुकाये ही, हाथ उठाकर अँगुली से सामने दीवार की ओर संकेत किया।

सब लोग उसकी ओर देखने लगे। शीशे में मढ़ी एक छोटी-सी तख़्ती टँगी थी। सुन्दर अक्षरों में यह सुभाषित लिखा था—

माँगत-माँगत मान घटे, अरु प्रीत घटे नित के जाये से।
ओछे की संगत बुद्धि घटे, अरु क्रोध घटे मन के समझाये से।।

बाबू साहब हँसकर बोले—तोते की तरह मियाँ ने तुम्हें तो पाठ पढ़ा दिया, लेकिन ख़ुद अपना पाठ भूल गये! इसीलिए लोग कहते हैं, इनकी मति बौरा गयी है!

मियाँ भी हँसने लगे। बोले—अच्छा, आप तो इन लोगों की बातों के चक्कर में आकर मिठाई ख़राब न कीजिये! उठिये, बिलरा कब से मिठाई लिये खड़ा है।

—खड़ा है?—बाबू साहब ने उठते हुए कहा—यह तो मैंने देखा ही नहीं, ला, ला रे, बिलरा!

—देखियेगा, पलँग से छू न जाय!—मियाँ ने हँसते हुए कहा।

—आपकी संगत से और क्या होगा? एक धरम-करम रह गया था, देखते हैं, अब वह भी ख़तरे में है।.... अरे बिलरा, दौड़कर बग़ल के बनिये के यहाँ से लोटा मँजवाकर पानी तो ला।

•

बाबू साहब! प्रेमी को जब भी बाबू साहब की याद आती है, एक ही शब्द उसके मुँह से निकलता है—फ़रिश्ता! फ़रिश्ता!..

दरवाज़े पर तभी ठक-ठक की आवाज़ हुई और फिर—प्रेमी! प्रेमी! प्रेमी!—की पुकार।

प्रेमी की तन्द्रा टूटी। उसके दिमाग़ ने एक झटका खाया। पुकार आती जा रही थी—प्रेमी! प्रेमी। दरवाज़ा खोलो!

यह पाण्डे है। अनमना-सा उठकर, सिटकनी खिसकाकर दरवाज़ा खोल दिया।

पाण्डे ने अन्दर आकर कहा—अँधेरे में क्यों पड़े हो?

प्रेमी ने कोई उत्तर न दिया। उसने बिजली का बटन दबा दिया और चारपाई पर जा बैठा। उसका सिर झुका हुआ था।

उसके बग़ल में बैठकर पाण्डे ने कहा—यार, वह बात सही है। कल पण्डितजी ने मुझे अपने घर पर बुलाया था। कल ही तुमसे बतानेवाला था, लेकिन बता न सका! तुमको यह जानकर कितना दुःख होगा, यही सोचता रहा।

प्रेमी ने आँखें उठाकर उसकी ओर देखा, लेकिन बोला कुछ नहीं। फिर उसी तरह सिर झुका लिया।

—पण्डितजी ने मुझे विषय बता दिया है। मैं तुम्हें बता देना चाहता हूँ। शायद इससे तुम्हारे प्रति होनेवाला अन्याय कुछ कम हो जाय।

—नहीं-नहीं!—प्रेमी ने ज़ोर से सिर हिलाकर कहा—मुझे जानने की कोई ज़रूरत नहीं। अन्याय इससे कम न होगा, बल्कि उसका भार मेरे सिर पर आ पड़ेगा। मैं यह नहीं सह सकता!

—लेकिन मुझे तो बिना बताये शान्ति नहीं मिलेगी,—पाण्डे ने दुःखी स्वर में कहा—मेरे ही लिये तुम सुन लो!

—नहीं, पाण्डे, तुम मुझे मत बताओ!—प्रेमी ने झुँझलाकर कहा—अपनी शान्ति के लिए मेरी शान्ति नष्ट न करो। उस स्थिति में मैं प्रतियोगिता में कभी भी भाग न लूँगा, यह समझ रखो। मुझे पारितोषिक की कोई चिन्ता नहीं। मैं तो यों ही बोलना चाहता था। बात यहाँ तक बढ़ जायगी, मैं न जानता था। ख़ैर, मैं तुम्हारा कृतज्ञ हूँ।

तुम्हारे-जैसे इन्सान पर मुझे गर्व है। तुमने मुझे आज जीत लिया, मैं तुम्हें हमेशा याद रखूँगा!

—मुझे बनाओ मत!—पाण्डे ने मर्माहत स्वर में कहा—इसमें मेरी कोई बढ़ाई नहीं, बड़ाई तुम्हारी है, जिसे दग़ा दे जाना मेरे लिये असम्भव था। जो तुम्हें नहीं जानता, तुमसे जल सकता है; लेकिन जो तुम्हें जानता है, उसका सिर तुम्हारे सामने झुके बिना नहीं रह सकता। तुम जिस स्थिति में रहते हो, वह कम विकट नहीं है। वास्तव में तुम सच्चे इन्सान हो और हैवानों के विरुद्ध अपने आदर्श के लिए संघर्ष कर रहे हो। तुम...

—नहीं-नहीं, यह अन्तर इतना बड़ा नहीं है!—प्रेमी ने उसकी बात काटकर कहा—एक सीढ़ी ऊपर-नीचे हम ज़रूर हैं, लेकिन सीढ़ियों पर रपटन बहुत है। ऊपर चढ़ना बहुत कठिन है, नीचे फिसलना बहुत आसान। जिन लोगों ने मेरा हाथ पकड़कर इस सीढ़ी पर ला खड़ा किया है, आज उनका सहारा मुझे न रहे, तो पता नहीं, फिर कहाँ जा गिरूँ। अभी मेरी अपनी कोई ताक़त नहीं, लेकिन यह चाह ज़रूर है कि मैं गिरूँ नहीं। तुम्हारे-जैसे लोगों से मुझे सहारा मिलता है। तुमने आज जो काम किया है, उसका महत्त्व तुम अपने लिये कुछ न समझो, यह हो सकता है, लेकिन इसका महत्त्व मेरे लिये कितना बड़ा है, यह तुम नहीं जान सकते। फूल बेचारे को क्या मालूम कि उसका सौन्दर्य एक मनुष्य के मन-प्राण के लिए क्या महत्त्व रहता है। प्रकृत गुण की यही विशेषता है, जो किसी भी संस्कारगत गुण में नहीं पायी जाती। मैं ऐसे ही एक फूल के बारे में सोच रहा था, जब तुमने दरवाज़ा खटखटाया। कहो तो तुम्हें भी कुछ सुनाऊँ, उसके विषय में?

—तुम ख़ुद भी तो एक फूल से कम नहीं हो, तुम्हें अगर यह मालूम होता कि तुम्हारी हस्ती क्या है, तो तुम यह-सब मुझसे न कहते। तुम्हारी स्थिति में रहकर मेरे लिये तो जीना मुश्किल हो जाता। तुम्हें क्या मालूम नहीं कि मुसलमान तुम्हें काफ़िर कहते हैं, हिन्दू तुम्हें धूर्त मुसलमान कहते हैं और कुछ ऐसे लोग भी हैं, जो तुम्हें रँगे सियार या चमगादड़ के नाम से याद करते हैं।

—मालूम है, लेकिन उनकी लांछनाओं को मैं कोई महत्त्व ही नहीं देता, इसलिए उनकी बातों का मुझ पर कोई प्रभाव ही नहीं पड़ता। आज का वातावरण ही कुछ ऐसा बन गया है कि सर्वसाधारण के लिए उसके ऊपर उठकर कोई बात करना कठिन है। तुम्हारे पण्डितजी ने जिस मनोवृत्ति का परिचय दिया है, हमारे मौलाना भी उससे ऊपर नहीं हैं। फिर लड़कों की बात कौन करे! आज अगर लड़कों को यह बात मालूम हो जाय कि तुमने पण्डितजी की बात मुझे बता दी है, तो वे तुम्हें भी शायद ग़द्दार के नाम से याद करें। इसलिए मेरी और तुम्हारी परिस्थिति में कोई विशेष अन्तर नहीं है। सच पूछो तो हमारे-तुम्हारे-जैसे सभी लोगों की यही स्थिति है। निष्पक्ष आचरण ही आज कटहरे में खड़ा है और साम्प्रदायिक द्वेष का बोलबाला है। इस बाढ़ की

प्रबल धारा में कितने बह जायँगे; कितने रह जायँगे, कौन जानता है? लेकिन जो रह जायेंगे....

तभी पर्दा उठा और वियोगी की आवाज़ आयी—भई प्रेमी, चलते हो रेस्तराँ?—और पाण्डे पर उसकी निगाह पड़ी तो बोला—आप भी यहीं हैं! वाह, हम लोग तो तुम दोनों को लेकर लड़ रहे थे कि प्रतियोगिता में अव्वल कौन आयेगा, और तुम लोग यहाँ चोंच में चोंच डाले बैठे हो? मिली जोड़ छुटेगी क्या?

और वह ज़ोर से हँस पड़ा और उसके साथ ही उसके हाथ की कटोरी का घी छलक उठा।

—देखो, देखो, अपना घी बचाओ!—पाण्डे बोला—सुना गया था कि कल तुमने एक पाव मलाई खायी!—और वह भी ज़ोर से हँस पड़ा।

—मैं जितना भी खाऊँ-पीऊँ, उससे कुछ बनने-बिगड़ने का नहीं! मैं तो आल्सो रैनवालों में हूँ। सुहागिन वो जिसे पिया चाहे! लेकिन, बेटा, इसे मैं कोई मर्दानगी नहीं समझता! प्रेमी की बात ही और है। मैं तो इसकी प्रशंसा करता हूँ।

—भाई वियोगी,—प्रेमी बोला—मुझे तो बख़्शो!

—नहीं, आज मैं आपको छोड़नेवाला नहीं!—वियोगी बोला—भगवान् क़सम, आज मैंने एक ऐसी फड़कती हुई चीज़ लिखी है कि सुनोगे तो कहोगे! चलो, उठो!

—मैं तो एक शर्त पर चलने को तैयार हूँ,—पाण्डे बोला।

—क्या ?—वियोगी ने पूछा।

—अगर तुम अपना घी खिलाओ!

—यह नहीं होने का!—प्रेमी बोला—इसी डर से तो यह मेस में शामिल नहीं होता।

—और तुम किस डर से मेस में शामिल नहीं होते?—वियोगी ने प्रेमी से पूछा।

—गोश्त के!—पाण्डे बोला।

सभी ज़ोर से हँस पड़े।

—तो चलो,—वियोगी ने कहा।

—मेरी शर्त मान लो!—पाण्डे बोला—मैं चलने को तैयार हूँ।

—यार, तुम क्यों टाँग अड़ाते हो, मैं तो प्रेमी से कह रहा हूँ।

—अच्छा, तो आज मेरे ख़िलाफ़ मोर्चा बनाने की तैयारी है!—पाण्डे बोला—जाओ, भाई प्रेमी, इसी बहाने आज तुम्हें इनका घी तो खाने को मिले!—और वह हँस पड़ा।

प्रेमी जानता था, रेस्तराँ में आज किस तरह की बातें होंगी। वह बोला—नहीं,

अभी तो मैं नहाया-धोया भी नहीं। तुम चलो, मैं आता हूँ।

वियोगी चला गया तो पाण्डे बोला—बड़ा ही निरीह प्राणी है, बाल बढ़ा रहा है।

—वियोगी है, सुध न रहती होगी!—प्रेमी बोला।

दोनों हँस पड़े

—इसके वियोगी नाम की भी एक कहानी है, पाण्डे, सुनोगे?

—जाने दो! आजकल उपनामों की सभी कहानियाँ एक-सी ही होती हैं। कई सुन चुका हूँ।

—मैं तो इस पर एक लेख लिखने की सोच रहा हूँ।

—ज़रूर लिखो, बड़ा दिलचस्प होगा।

तभी खोजता-खोजता पाण्डे के मेस का नौकर आ बोला—आपकी थाली लग गयी है, लाऊँ।

—हाँ,—कहकर पाण्डे उठा। बोला—तो मैं क्या करूँ? मेरे जी में आता है कि मैं प्रतियोगिता में भाग ही न लूँ।

—नहीं-नहीं, तुम ऐसा हरिगज़ न करना!...फ़िलहाल तुम जाकर खाना खाओ। फिर बातें होंगी।—पाण्डे के कन्धे को थपथपाते हुए प्रेमी ने उसे बाहर पहुँचा दिया।

•

मन बहुत खिन्न था। कुछ भी करने को जी नहीं हो रहा था। उसने दरवाज़ा फिर बन्द कर दिया और मेज़ पर जा बैठा। दो दिन पहले आयी बाबू साहब की चिट्ठी उठा ली और पढ़ने लगा।...बाबू साहब! बाबू साहब!...

उस समय वह दसवें में पढ़ रहा था। एक शाम अचानक गाँव से बिलरा ज़िले के स्कूल में आया और कहा कि बाबू साहब ने बुलाया है, तुरन्त चलिये।

मन्ने ने पूछा—क्या बात है? ऐसी मेरी क्या ज़रूरत पड़ गयी?

बिलरा सिर झुकाकर बोला—और मुझे कुछ नहीं मालूम। आप तुरन्त चल पड़िये। आख़िरी मोटर छूटने का बख़त हो गया है। बाबू साहब ने कहा था, साथ ही लेकर आना, देर बिलकुल न करना।

वह चल पड़ा। मोटर में भी उसने एकाध बार बिलरा से कुछ जानना चाहा, लेकिन वह कुछ न बोला, चुपचाप, उदास, सिर लटकाये बैठा रहा।

क़स्बे में मोटर रुकी तो बाबू साहब खड़े मिले। उन्होंने उसका हाथ पकड़कर नीचे उतारा।

सलाम करने के बाद उसने पूछा—क्या बात है, बाबू साहब? इस तरह आपने मुझे क्यों बुलाया?

सिर झुकाये बाबू साहब ने कहा—घर चलिये,—और उन्होंने क़दम बढ़ा दिया।

वह पीछे-पीछे चल रहा था। उसकी समझ में कुछ भी न आ रहा था, मन जाने कैसा हो रहा था, जाने क्या बात है। कोई कुछ बताता क्यों नहीं? रास्ते में कई बार उसका मन तड़पा कि बाबू साहब से वह पूछे, लेकिन वह पूछ न सका। बाबू साहब से उसका अपना कोई ख़ास सम्बन्ध न था। छुट्टियों में एकाध बार वह उनके यहाँ हो आता, बाबू साहब ख़ुद जो जी में आता सुना जाते। वह उनसे खुला न था, अपनी ओर से शायद ही कभी कुछ कहता। बाबू साहब भी बिलरा की ही तरह उदास, मौन, सिर लटकाये चल रहे थे।

घर पहुँचते ही सब-कुछ मालूम हो गया। सुबह अचानक अब्बा के दिल की धड़कन बन्द हो गयी थी। सुनकर वह काठ हो गया। एक बूँद आँसू भी उसकी आँख से न निकला। वह इस तरह ख़ामोश होकर बैठ गया, जैसे हमेशा के लिए गूँगा हो गया हो।

तीन-तीन बहनें और बेवा बुआ उससे लिपट-लिपटकर बिलख रही थीं और बिरादरी और मुहल्ले की कितनी औरतें उन्हें समझा रही थीं। लेकिन मन्ने को जैसे कुछ भी दिखायी न पड़ रहा था, कुछ भी सुनायी न पड़ रहा था। वह ख़ामोश था और एकटक शून्य में निर्भाव आँखों से ताक रहा था। फिर सहसा उसने दोनों हाथों से मुँह ढाँक लिया।

थोड़ी देर बाद ही पट्टीदार जुब्ली मियाँ ने वहाँ आकर कहा—उठो, चलो, सब तैयारी हो चुकी है। बिरादरी बाहर खड़ी इन्तज़ार कर रही है। मय्यत सुबह से पड़ी है और अब रात होने को आयी। वक़्त बरबाद करना ठीक नहीं।

उसने अन्दर-ही-अन्दर ताक़त और हिम्मत बटोरने की कोशिश की और उठ खड़ा हुआ।

बाहर भीड़ लगी थी। अँधेरे में कई लालटेनें थोड़े-थोड़े प्रकाश का घेरा बनाये सहन और मसजिद में इधर-उधर दिख रही थीं। मसजिद से लोगों के वज़ू करने, कुल्ले और खँखारने की आवाज़ें आ रही थीं। ओसारे में वह ज़रा देर के लिए ठिठका और एक बार इधर-उधर देखा। बाबू साहब लपककर उसके पास आये और उसके कन्धे पर हाथ रख दिया।

जुब्बी ने कहा—जनाज़े की नमाज़ होने जा रही है! शामिल होना हो तो चलो, जल्दी वज़ू करो।

मन्ने को नमाज़ में कोई दिलचस्पी नहीं थी। बहुत हुआ तो ईद में वह अब्बा के साथ नमाज़ पढ़ने ईदगाह चला जाता था। जुब्ली मियाँ की बात उसने समझी। दूसरा

कोई मौक़ा होता तो वह उनसे भी समझता। धर्म के रीति-रिवाज़ों को लेकर अक्सर हम-उम्रों से उसकी झड़प हो जाती।

अपनी बात कहकर तेज़ी से जुब्ली मसजिद की ओर चला गया, तो बाबू साहब ने कहा—चलिये, जनाज़े की नमाज़ पढ़िये।

उसने बाबू साहब के मुँह की ओर एक बार देखा और धीरे से ओसारे से उतरकर मसजिद की ओर बढ़ा। बाबू साहब साथ-साथ चलते रहे।

मसजिद के दरवाज़े पर जनाज़ा रखा था। लालटेन की धुँधली रोशनी उस पर पड़ रही थी। उसके जी में आया कि एक बार पुकारे, अब्बा! लेकिन उसे याद नहीं कि कभी इस प्रकार उसने अब्बा को पुकारा हो। अब्बा उसे कितना प्यार करते थे। लेकिन उससे, उसी से क्या, सबसे कितना अलग-अलग रहते थे, जैसे उनकी दुनिया ही सबसे अलग हो। वीरान खण्ड में वे अकेले पड़े रहते, न घर से कोई वास्ता, न दूसरों से। गाँव में किसी के यहाँ जाते-आते भी नहीं।

बाबू साहब का हाथ फिर उसके कन्धे पर आ पड़ा और वह मसजिद में दाख़िल हो गया।

नमाज़ के बाद लोग निकले और जनाज़ा उठा। मन्ने और बाबू साहब एक ओर और जुब्ली और कोई एक अन्य दूसरी ओर।

बड़े दरवाज़े पर फिर नमाज़ हुई और फिर क़ब्रगाह पर।

आख़िरी दीदार के मौक़े पर आख़िर मन्ने की आँखों से आँसू ढुलकने लगे। बाबू साहब का एक हाथ उसके कन्धे पर था और दूसरा अपनी आँखों पर। मन्ने का कलेजा ख़ामोश चीख़ों से फटा जा रहा था, अब्बा जा रहे हैं!...अब्बा जा रहे हैं!...

लाश क़ब्र को सौंप दी गयी। फिर एक लालटेन लटकायी गयी...देख लो, एक बार और जानेवाले को देख लो! यह आख़िरी बार है, फिर कभी न देख पाओगे? धरती हमेशा के लिए उसे अपनी गोद में छुपा लेगी!....

मन्ने झुका, तो उसके जी में आया, वह कूदकर अब्बा से जा लिपटे। कितनी बार उसके जी में आता था कि वह अब्बा से लिपट जाय, लेकिन उसे याद नहीं कि कभी वह अपने अब्बा से लिपटा हो। अम्माँ की मौत का उसे कुछ भी अच्छी तरह याद नहीं, लेकिन इतना उसे ज़रूर याद है कि अम्माँ के जाने के बाद अब्बा बिलकुल ही बदल गये थे। बहनों का भी यही अनुभव था और उसका अपना भी। वे उन्हें बुलाकर कभी प्यार न करते, कभी कोई मीठी बात न करते...क्यों, अब्बा क्यों अचानक इस तरह बदल गये? क्या वे जानते थे कि इतनी ही उम्र में मर जायँगे और अगर उन्होंने हमें प्यार दिया, तो हमें बहुत दुःख होगा? अब्बा! अब्बा! क्या यह सच है? या आप ख़ुद प्यार से डरते थे कि आप हमारा प्यार पा लेंगे तो हमसे ज़ुदा होते आपको वैसा ही दुःख होगा, जैसे अम्माँ से ज़ुदा होते? अब्बा! अब्बा! अपनों के

सम्बन्ध को क्या इस तरह बहलाया जा सकता है?....अब्बा! अब्बा! यह कितना अच्छा होता कि तुम हमें प्यार कर लेते, मन भरकर प्यार कर लेते, हम तुम्हें प्यार कर लेते, कोई हसरत न रखते!...अब्बा! अब्बा? मैं तुम्हारी लाश से ही एक बार क्यों न लिपट लिया? अब्बा! अब्बा! तुमसे हमें क्यों डर लगता था? तुमने यह डर क्यों हमारे दिलों में पैदा किया था? इसका क्या राज़ था, अब्बा?

बाबू साहब के एक हाथ ने उसके कन्धे को खींचा और दूसरे ने उसके हाथ में मिट्टी थमा दी।

क़ब्र पुर गयी।

साईं ने मन्ने के पास आकर कहा—चलिये, बाबू, घर पर भी कुछ रस्में पूरी करनी होंगी। बड़ी रात हो गयी।

मन्ने क़ब्र को ताक रहा था, उसकी आँखों से झर-झर आँसू बह रहे थे।

साईं ने एक बार फिर कहा। फिर जुब्ली ने उसका हाथ पकड़कर कहा—चलो, अब यहाँ क्या खड़े हो? बिरादरी इन्तज़ार कर रही है। बहुत देर हो गयी!

मन्ने उसी तरह क़ब्र को ताकता खड़ा रहा।

आख़िर बाबू साहब बोले—आप लोग चलिये, मैं इन्हें लेकर आता हूँ।

धीरे-धीरे सब लोग चले गये। क़ब्रगाह में सन्नाटा छा गया। मन्ने उसी प्रकार खड़ा रहा, बाबू साहब उसी प्रकार खड़े रहे।

एक ओर से अपने पाँवों से सूखे पत्तों को चरमराते हुए एक और प्राणी उनके पास आ खड़ा हुआ। बाबू साहब ने उसकी ओर देखा और होंठों में ही कहा—कैलसिया, तू कहाँ थी?

कैलसिया ने कोई जवाब न दिया। उसने आगे बढ़कर क़ब्र पर सिर पटक दिया और दोनों हाथ फैलाकर, क़ब्र से लिपटकर, फूट-फूटकर रोने लगी।

मन्ने के जी में कब से आ रहा था कि वह भी ऐसा ही करे, अब्बा की क़ब्र से लिपटकर रोये....इतना रोये....इतना रोये कि...लेकिन वह वैसा न कर सका। और कैलसिया! कैलसिया शायद अब्बा के उसकी अपेक्षा कहीं ज़्यादा नज़दीक थी। ओह! ओह!

कैलसिया बिलख रही थी—मियाँ! मैं तुमको कन्धा भी न दे सकी! मैं तुमको मिट्टी भी न दे सकी! मियाँ, मैं औरत क्यों हुई? मियाँ, मैं चमार क्यों हुई? मियाँ! मियाँ! मियाँ!—और वह अपना सिर बार-बार क़ब्र पर पटकने लगी।

मन्ने मन-ही-मन जैसे चीख़ उठने को हुआ, कैलसिया, तू उन्हें कन्धा न दे सकी, उन्हें मिट्टी न दे सकी, लेकिन तू उनकी क़ब्र से लिपट तो सकती है! और मैं, उनका बेटा? मैंने कन्धा भी दिया है, मिट्टी भी दी, लेकिन मैं उनकी क़ब्र से लिपट

नहीं सकता। जाने कहाँ, मन में कैसी एक दहशत बैठी हुई है कि अगर मैंने ऐसा किया, तो जाने अब्बा क्या कर बैठें।

सूखे पत्ते सन्नाटे को खड़खड़ाते हुए गिर रहे थे। गहन अन्धकार में केवल कुछ आहों, कुछ मूक और कुछ अस्फुट स्वरों का प्रकाश था। इसी प्रकाश में तीन प्राणी चार प्राणियों को देख रहे थे, या कौन जाने, एक प्राणी अपने तीन प्राणियों को, जो उसके जीवन में सबसे अधिक नज़दीक थे, देख रहा था।

•

मन्ने घर से खण्ड की ओर जब चला, तो रात जाने कितनी बीत चुकी थी।

बाहर सहन में छोटी चौकी पर बाबू साहब लेटे थे। और दरवाज़े पर लालटेन रखे, कुहनियों में सिर डाले बिलरा ज़मीन पर बैठा था।

आहट पाकर बाबू साहब थके स्वर में बोले—कौन है?

—मैं हूँ,—मन्ने ने कहा।

बिलरा सुनकर चट उठ खड़ा हुआ और एक ओर होकर चूतड़ की धोती झाड़ने लगा।

मन्ने ने कहा—बाबू साहब, आपने कुछ भोजन किया?

—इच्छा नहीं है। आपको आराम करना चाहिए।—बाबू साहब ने जमुहाई लेते हुए कहा।

—नहीं, ऐसे आप कैसे रहेंगे? बिलरा, बाबू साहब के लिए...

—नहीं, नहीं, कोई ज़रूरत नहीं। आप आराम कीजिये।—बाबू साहब ने हाथ हिलाकर कहा—ऐसे मौक़े पर हम लोगों के यहाँ उपवास करने का रिवाज़ है। आप और कुछ न सोचिये।

मन्ने से बाबू साहब का यह पहला साबिक़ा था। थोड़ी देर पहले के मन्ने में और इस समय के मन्ने में कितना फ़र्क़ आ गया था! ....मन्ने बाबू अपना कर्त्तव्य समझते हैं, ऐसे में भी उन्हें अपने कर्त्तव्य का ज्ञान है! बाबू साहब कुछ आश्वस्त हुए।

लालटेन उठाकर, भिड़ा दरवाज़ा ठेलकर मन्ने अन्दर घुसा। अब्बा की चारपाई उसी तरह पड़ी थी। सिरहाने लिपटा हुआ बिस्तर वैसे ही पड़ा था। दीवारों पर सुभाषित उसी तरह टँगे थे....वह पैताने खड़ा हुआ हर चीज़ देख रहा था और उसे लग रहा था कि जैसे हर चीज़ आज अब्बा के बदले उसे पाकर हैरत से उसकी ओर देख रही हो और उसे पहचानने की कोशिश कर रही हो!...उसने आगे बढ़कर अन्दर का दरवाज़ा खोलना चाहा, तो पाँव किसी से टकरा गये। उसने चौंककर नीचे देखा, ज़मीन पर कैलसिया पड़ी थी। अब्बा के जूतों पर उसका सिर पड़ा था। वह गहरी नींद में

सो रही थी। मन्ने कुछ देर तक उसे देखता रहा, कुछ सोचता रहा।...मन्ने के अब्बा न रहे, बाबू साहब के दोस्त न रहे, लेकिन इस कैलसिया के वह कौन थे? यह चमार की जवान लड़की यहाँ पड़ी है, जैसे किसी से रूठकर ज़मीन पर पड़ी-पड़ी सो गयी हो। आज इसे कोई मनानेवाला नहीं, कोई उठानेवाला नहीं। आज जैसे उसे मालूम हो गया हो कि उसका अधिकार अब्बा की सिर्फ़ एक ही चीज़ पर रहा गया है और वह उसे बड़े जतन से किसी मूल्यवान् वस्तु की तरह सिर के नीचे दबाये सो रही है कि कहीं नींद में उसकी वह चीज़ कोई खींच न ले!...उसके जी में आया कि वह कैलसिया को उठाकर चारपाई पर सुला दे और उसे बता दे कि उसके प्रति जो भी उसके कर्त्तव्य होंगे, वह उन्हें निबाहेगा, अब्बा की किसी भी ज़िम्मेदारी को वह छोड़ेगा नहीं।...लेकिन तभी वह सहम उठा। क्या अब्बा के बराबर उसमें शक्ति और साहस है?....समझ-बूझ है?...दुनिया और ज़िन्दगी का ज्ञान है?...उसने अभी देखा ही क्या है? जाना ही क्या है, समझा ही क्या है?....वह जवान लड़की...इसे वह क्या जानता-समझता है?

तभी बिलरा की आवाज़ बाहर से आयी—बाबू, कैलसिया सो गयी है का? उसे उसके घर पहुँचा आऊँ।

और बौखलाकर मन्ने ने कहा—हाँ, सो गयी है। इसे जाकर पहुँचा आ।

बिलरा अन्दर आया और बिना किसी झिझक के कैलसिया का हाथ पकड़कर उसे उठाने लगा—कैलसिया! कैलसिया! उठ, घर चल!...अरे, तुझे नींद आ गयी, रे?...उठ अभागी!—और उसने उसकी बाँह पकड़कर खींची!

कैलसिया कसमसाकर उठ बैठी और चिहाकर देखा।

—चल-चल, घर चल! तुझे कैसे नींद आ गयी, रे?—बिलरा बोला।

और कैलसिया को जैसे फिर कुछ याद आ गया, वह सहसा फूट-फूटकर रोने लगी।

—अरी, उठ री! बाबू कब से खड़े हैं!—बिलरा बोला।

कैलसिया ने आँख उठाकर देखा और उठ खड़ी हुई और एक क्षण ऐसे खड़ी रही, जैसे वह मन्ने से कोई एक बात सुनना चाहती हो और फिर आँचल से आँखें ढँकती दरवाज़े से बाहर हो गयी।

वह चली गयी। कमरा जैसे बिलकुल सूना हो गया। मन्ने सोच रहा था और मन-ही-मन कट रहा था। उसने कुछ कहा क्यों नहीं?...लेकिन वह कहता क्या?...कुछ भी, एक बात, एक शब्द, कुछ भी। वह चली गयी, चली गयी! अब्बा चले गये, तो वह यहाँ क्यों रहती, कैसे रहती? बिलरा कुछ सोचकर ही तो उसे लिवा ले गया है। अब्बा रहते, तो क्या बिलरा बाहर से उसे घर पहुँचा आने की बात कहता?...अब्बा

से कैलसिया के क्या सम्बन्ध थे? कैलसिया क्या कुछ सोचकर, यहाँ आकर सो गयी थी?...मन्ने ने अब्बा के जूतों की ओर देखा और सहसा उसे लगा, जैसे यह राम की खड़ाऊँ हो...अभी इस पर कैलसिया का सिर पड़ा था। उसने बड़े सम्मान से उन जूतों को उठाकर देखा और कमरे के कोने में पड़े पानदान और फ़र्शी के पास उन्हें रख दिया।

फिर चारपाई की ओर पलटा। लेकिन उस पर बैठने की उसे हिम्मत नहीं हुई। उसने चारपाई को, उसके सिरहाने बड़े सलीके से लपेटकर रखे बिस्तर को देखा। अब्बा रहते तो इस बिस्तर को फैलाकर इस पर सोये रहते। यह चारपाई, यह बिस्तर जैसे अब्बा के इन्तज़ार में हैं, लेकिन आज अब्बा नहीं आये, वह अब कभी नहीं आयेंगे। क्या यह चारपाई और यह बिस्तर सदा इसी तरह पड़े-पड़े अब्बा का इन्तज़ार करते रहेंगे?....अब्बा! आप रहते तो आज यहाँ क्या होता! और आप नहीं हैं, तो यहाँ क्या है? मैं यहाँ की हर चीज़ के लिए अजनबी हूँ, यहाँ की हर चीज़ मेरे लिये अजनबी है। कोई किसी को नहीं पहचान रहा है। एक आपके बिना जैसे सब-कुछ बदल गया है। जो मैं कल था, आज न रहा। जो ये कल थे, आज न रहे। मैं आज अनाथ हूँ, ये आज अनाथ हैं। अब्बा! अब्बा! आप हमें इस तरह, इतनी जल्दी अचानक क्यों छोड़ गये?...

लालटेन की रोशनी जैसे रो रही हो। चारपाई-बिस्तर जैसे कराह रहे हों। पानदान, फ़र्शी, जूते जैसे आह भर रहे हों। सुभाषितों से जैसे आँसू टपक रहे हों। मुसल्ला जैसे रो-रोकर कह रहा हो, भाई, अब मुझ पर नमाज़ कौन पढ़ेगा?...

मन्ने ने आँखें पोंछीं और लालटेन लिये आँगन में चला गया। घड़े को हिलाकर देखा। पानी भरा हुआ था। अब्बा पाँचों वक़्त की नमाज़ पढ़ते थे।

बधने में पानी उँड़ेलकर उसने वज़ू किया। मुसल्ला उतारकर उसने बरामदे की चौकी पर डाला और नमाज़ पढ़ने लगा।

नमाज़ पढ़ने के बाद लालटेन उठाकर वह फिर कमरे में दाख़िल हुआ, तो लगा, जैसे सिरहाने का बिस्तर बोल उठा हो, अब मुझे फैलाओ। उसने झुककर बिस्तर फैलाया। तकिया उठाकर, चादर उठायी, तो लद से कोई चीज़ गिरी। उसे लगा, जैसे वह चीज़ बोल उठी हो, अब्बा तो इस तरह चादर नहीं उठाते थे कि मैं नीचे गिर पड़ूँ? ज़रा सम्हालकर!

उसने झुककर देखा, फ़र्श पर एक नोट बुक पड़ी थी। उसने चादर ज्यों-की-त्यों छोड़कर नोट बुक उठायी और लालटेन के पास बैठकर उसे देखने लगा।

पहले पृष्ठ पर बड़ी ही सुन्दर अरबी लिपि में लिखा था :

बिस्मिल्लाहिर्रहमानिर्रहीम

उसने अगला पृष्ठ खोला। उसी लिपि में लिखा हुआ था :

...कैलसिया के मुक़द्दमे का फ़ैसला हो गया। ख़ुदा ने ठीक ही मुलज़िम को सज़ा दिलायी। मेरा फ़र्ज ख़त्म हुआ। अगर अपील होगी तो मैं मुक़द्दमे की पैरवी नहीं करूँगा। जो हो, अब उससे मेरा कोई मतलब नहीं। हाँ, कैलसिया की शादी अब ज़रूर और जल्दी कहीं करा देनी चाहिए।

अगले पृष्ठ के बीच में उसी लिपि में यह शेर दर्ज था :

बिगड़ी है कुछ ऐसी कि बनाये नहीं बनती
इससे है ये ज़ाहिर कि यही हुक्मे ख़ुदा है

इस शेर को कई बार पढ़कर उसने पन्ना पलटा, लेकिन आगे के सभी पन्ने ख़ाली थे। वह फिर वही शेरवाला पन्ना पलटकर वह शेर पढ़ने लगा :

बिगड़ी है कुछ ऐसी कि बनाये नहीं बनती
इससे है ये ज़ाहिर कि यही हुक्मे ख़ुदा है

क्या यह शेर अब्बा ने आज सुबह ही लिखा था?

—मन्ने बाबू, हमसे कुछ पूछ रहे हैं क्या?—बाहर से बाबू साहब की आवाज़ आयी।

—नहीं,—खड़े होते हुए मन्ने ने कहा—आप अन्दर आ जाइये, बाबू साहब। बाहर कितना अँधेरा है!

—यह अन्दर का अन्धकार है, मन्ने बाबू,—उठते हुए बाबू साहब ने कहा—इसमें कोई रोशनी काम नहीं करती!

दरवाज़े पर बिलरा से बाबू साहब का पाँव टकरा गया, तो वे बोले—बिलरा, अभी तू बैठा ही है का, रे? अरे, तू का सती हो रहा है, बे? जा, सार में सो रह।

—बिलरा लौट आया क्या?—बाहर लालटेन दिखाता मन्ने बोला।

अन्दर आते हुए बाबू साहब बोले—यह कहीं गया था क्या?

—कैलसिया को पहुँचाने गया था,—मन्ने ने कहा।

—कैलसिया चली गयी? कब? मैं भरम गया था क्या?—बाबू साहब बोले—उसे आपने कुछ कहा?

—नहीं।...

—नहीं? ओह!...उसे...उसे...ख़ैर।....यह बिस्तर किसने छुआ?—बिस्तर की ओर देखते हुए बाबू साहब ने शंकित होकर पूछा—आपने?

—जी हाँ, मैं ही फैला रहा था।—मन्ने ने अपराधी की तरह कहा।

—इसे एहतियात से छुइयेगा। यह मियाँ का बिस्तर ही नहीं, एक फ़क़ीर की झोली भी है। जाने इसके सिरहाने उन्होंने क्या-क्या रखा हो, डाकख़ाने की पास बुक, रुपया-पैसा, ज़रूरी काग़ज़ात....

तीजा के बाद जब घर-बाहर की भीड़-भाड़ ख़त्म हो गयी, सर-सम्बन्धी चले गये, तो मन्ने के लिए सब ओर एक भयानक सन्नाटा छा गया। क्या करे, क्या न करे की परिस्थिति में उसका अनुभवहीन दिल-दिमाग़ छटपटाने लगा। खण्ड में कभी अब्बा की चारपाई पर वह बैठ जाता, कभी बाहर सहन में निकलकर, दोनों हाथ पीछे बाँधे, सिर लटकाये टहलने लगता, कभी अन्दर आँगन में उसी तरह घूमता। चेहरे पर परेशानी, आँखों में वहशत, मन-प्राण में अकुलाहट और होंठों पर अब्बा का वही शेर—

बिगड़ी है कुछ ऐसी कि बनाये नहीं बनती...

जैसे अब्बा कुल सरमाया यह एक शेर ही उसके लिए छोड़ गये हों। इस शेर को वह कई बार गुनगुना चुका था, लेकिन कोई ऐसा मतलब वह इससे न निकाल पा रहा था, जिससे उसे कुछ सुकून हासिल होता, आगे का कोई रास्ता दिखायी पड़ता, कुछ रोशनी मिलती, कुछ साहस, कोई आशा बँधती। उसका ख़ुदा में कोई विश्वास न था, 'हुक्मे ख़ुदा' उसकी समझ के बाहर की बात थी। शेर की पहली पंक्ति ज़रूर एक माने रखती थी। ऐसी स्थिति ज़रूर आदमी की ज़िन्दगी में आ सकती है, लेकिन उसे 'हुक्मे ख़ुदा' समझकर ओढ़-बिछाकर सो रहने के क्या माने? उस परिस्थिति से लड़ना, उस पर क़ाबू पाना, उससे निकलने का संघर्ष करना आदमी का काम है, न कि उसे 'हुक्मे ख़ुदा' मानकर हाथ-पाँव डाल देना?...तो वह क्या करे? क्या करे? जो परिस्थिति उसके सामने है...

घर में तीन कुँवारी बहने हैं, दो उससे बड़ी और एक उससे छोटी; दो शादी की उम्र पार कर चुकी हैं और तीसरी भी अपनी उम्र पर आ चुकी है। बुआ कहती हैं, अब्बा तीनों लड़कियों के दहेज के सामान बनवाकर रख गये हैं, ज़ेवरात, बर्तन, कपड़े, फ़र्नीचर, सब। बस, लड़के ठीक करके उनकी शादी कर देनी है। बाबू साहब कहते हैं, मियाँ ने बहुत कोशिश की, लेकिन उनके मन-लायक़ कोई एक भी लड़का न मिला। रिश्तेदारियों में वे लड़कियों को न देना चाहते थे। वे कहते थे, ऐसा करने से वे उनकी ज़मीन-जायदाद नोच-खसोट लेंगे, मन्ने के लिए कुछ भी न बचेगा, उल्टे उसे तरह तरह की परेशानियाँ उठानी पड़ेंगी, लोग उसकी ज़िन्दगी तबाह करके छोड़ेंगे। वे चाहते थे कि ख़ुद कमाते-खाते लड़के मिलते, जिन्हें उनकी ज़मीन-जायदाद का कोई लोभ न होता। उन्होंने बहुत कोशिश की, लेकिन वैसे लड़के मिले नहीं और लड़कियाँ अभी तक बिनब्याही रह गयीं। लोग भुनभुनाते रहते, ऐसी जवान

लड़कियाँ घर में डाले हुए हैं! रिश्तेदार अलग उनसे नाराज़ थे। लेकिन मियाँ किसी की किसी बात की परवाह न करते थे।...वे अपने मन के राजा थे, अपने मन की करते थे।...अब न वो रहे, न वो बातें रहीं, उनके साथ उनकी बातें गयीं।

सियाहा से पता चलता है कि उनके पास क़रीब दो सौ बीधा ज़मीन है, जिससे क़रीब चार हज़ार रुपये सालाना लगान वसूल होता है और गाँव में उनकी तीन आने ज़मींदारी है।...दो साधारण बैल हैं। अपनी भी कुछ खेती होती है, जिससे घर के ख़र्च का अनाज निकल आता है। तीन पट्टीदार हैं, जिनमें ज़नाना घर बँटा हुआ है। बुआ कहती है, वे उन्हें एक आँख नहीं भाते, उनकी हालत अच्छी नहीं है, बेच-खुचकर अपना बहुत-कुछ खा चुके हैं, अब मन्ने की ज़मीन-जायदाद पर उनकी आँखें गड़ी हैं। उनसे बहुत होशियार रहना चाहिए। उनमें जुब्ली सबसे ज़्यादा ख़तरनाक, मक्कार और डाही है।

नक़द के नाम पर डाकख़ाने की पासबुक में क़रीब एक हज़ार रुपये जमा हैं, बस।

मन्ने सोचता था (मन्ने ही क्या सारा गाँव ही सोचता था), अब्बा बहुत बड़े आदमी हैं, उनके पास लाखों रुपया है। गाँव तो अब भी वही सोचेगा, लेकिन आज मन्ने को मालूम हो गया कि वह कितने पानी में है। उसे आश्चर्य हुआ कि अब्बा के पास इतना ही रुपया था। बाबू साहब कहते हैं, उनके पास रुपया आता कहाँ से? दादा के ज़माने में जब पट्टीदारों में झगड़ा हुआ था और अलग्योझा हुआ था, तो नक़द के नाम पर दादा को कुछ भी न मिला था। जुब्ली के दादा का ही उस समय चिराग़ जलता था। मन्ने के दादा सीधे और शरीफ़ आदमी थे, ज़मींदारी से पैसा कमाना न जानते थे। लगान से जो चार-एक हज़ार की सालाना आमदनी होती थी, वह ख़र्च में ही पार हो जाती थी। नक़द के नाम पर उन्होंने मियाँ के लिए कुछ भी न छोड़ा था। मियाँ भी कुछ वैसे ही निकले। ज़मींदारी का फ़ायदा उठाकर जुब्ली आज अपना सारा ख़र्चा निकाल लेता है, लेकिन मियाँ के लिए ज़मींदारी से एक पैसा भी कमाना हराम था। पैसा कहाँ से जमा होता ? बँधी-बँधायी जो आमदनी है, उससे तो ख़र्चा चलना ही मुश्किल है।

मन्ने ने पूछा—बाबू साहब, ऐसा भी तो हो सकता है कि रुपये की कमी के ही कारण अब्बा मेरी बहनों की शादी न कर सके?

—हो सकता है,—बाबू साहब ने कहा—ऐसा भी हो सकता है। लेकिन ज़रूरत पड़ने पर उन्हें रुपया मिल सकता था। उनका मान बहुत था। जवार के कुछ बहुत ही बड़े आदमियों के यहाँ उनका रसूख था। यही कैलसिया के मुक़द्दमे की बात ले लीजिये। इसमें मामूली ख़र्चा तो न हुआ होगा। लेकिन ख़र्च के डर से वे किसी ज़रूरी मामले में पीछे हटनेवाले आदमी न थे, वे किसी-न-किसी तरह इन्तज़ाम कर ही लेते थे।

—लेकिन मैं क्या करूँ?—परेशान होकर मन्ने बोला—मेरी तो कुछ समझ में ही नहीं आ रहा है। तीन-तीन बहनों की शादी करनी है। अगर मैं पढ़ूँगा तो मेरे ख़र्चे का सवाल है और यह भी सवाल है कि जगह-जायदाद की देख-भाल कौन करेगा, मैं तो बाहर रहूँगा?

—जहाँ तक आपकी पढ़ाई के ख़र्च का सवाल है, मियाँ ने उसका पक्का इन्तज़ाम कर रखा है। उनकी यह मंशा थी कि आप जहाँ तक पढ़ सकें, पढ़ें। आपकी पढ़ाई में कभी कोई खलल न पड़ेगा। आप सियाहा ग़ौर से देखेंगे तो आपको पता चलेगा कि आपके हर महीने के ख़र्च के लिए एक या दो मातबर असामी छोड़े गये हैं। वे पहली तारीख़ को आप ही मियाँ के पास पैसे दे जाते थे और मियाँ आपको साठ रुपये का मनीआर्डर कर देते थे। सो, इस सवाल के बार में आपको चिन्ता करने की ज़रूरत नहीं पड़ेगी। दूसरा सवाल लड़कियों की शादी का है। बुआ ने आपको बताया ही होगा कि मियाँ दहेज का सारा सामान कर गये हैं। नक़द जो ख़र्च होगा, उसका इन्तज़ाम भी हो जायगा। मैं हूँ न! आप उसकी चिन्ता न करें, वक़्त आने पर देखा जायगा और यही नहीं, अभी से उसके लिए इन्तज़ाम किया जायगा। मुमकिन हो तो बहुत सादे ढंग से ये शादियाँ की जायँगी। मियाँ की बात मियाँ के साथ गयी। वे तो ये शादियाँ बड़ी शान से करना चाहते थे। कहते थे, ज़रूरत पड़ेगी, तो कुछ ज़मीन भी बेंच देंगे, उनका जो हिस्सा है, उन पर ही ख़र्च कर देंगे। वे जो चाहते, कर सकते थे, बड़े दिलवाले आदमी थे। लेकिन आप तो वह-सब नहीं कर सकते।

—और यहाँ की देख-भाल कैसे होगी? जुब्ली मियाँ कह रहे हैं, उन पर सब छोड़ दूँ। बुआ का कहना है, वह मक्कार आदमी है, सब हड़प जायगा। उस पर कुछ भी नहीं छोड़ा जा सकता। वह तो ताक लगाये बैठा है।...बुआ पूछती हैं, क्या तुम्हारा पढ़ना बहुत ज़रूरी है? उनका कहना है कि अब तुम घर-बार सम्हालो। तुम्हारे दादा और अब्बा ने तो स्कूल का मुँह ही नहीं देखा था। उन्हें डर है कि मेरे यहाँ न रहने से सब बरबाद हो जायगा। मेरी समझ में नहीं आता कि मैं क्या करूँ।...बाबू साहब, इस समय आपके सिवा मुझे अपना कोई दिखायी नहीं देता। अब आप ही मेरे लिये कोई रास्ता बताइये। अब्बा की जगह मैं आप ही को जानता-समझता हूँ। मुझे और किसी पर न भरोसा है, न विश्वास है। मुझे अभी कुछ अनुभव नहीं, लेकिन मैं इतना जानता हूँ कि बुआ जो कहती हैं, वह ग़लत नहीं है। जुब्ली मियाँ पर मैं कुछ भी नहीं छोड़ सकता। इस हालत में यही तो हो सकता है कि मुझे अपनी पढ़ाई छोड़नी पड़े। बाबू साहब, इसका मुझे जीवन-भर दुःख रहेगा। मैं पढ़ाई नहीं छोड़ना चाहता।

—आप पढ़ाई मत छोड़िये!—बाबू साहब ने दृढ़ स्वर में कहा—मियाँ कहते थे कि आपको ऊँची-से-ऊँची तालीम दिलायेंगे और आपको इस क़ाबिल बना देंगे कि आप चाहें तो कहीं भी आज़ाद ज़िन्दगी बसर कर सकें। इस गाँव के गन्दे माहौल

से वे आपको दूर देखना चाहते थे। वे कहते थे कि आप बहुत बड़े अदीब बनेंगे और उनके ख़ानदान का नाम रोशन करेंगे। किसी रिसाले में आपकी कोई चीज़ निकली थी, उसे पढ़कर उन्होंने मुझे सुनाया था। उस वक़्त उनका चेहरा देखते बनता था। मारे ख़ुशी के वे फूले न समा रहे थे।

—लेकिन यहाँ के इन्तज़ाम का क्या होगा?—मन्ने ने पूछा।

—यहाँ का इन्तज़ाम कोई बड़ी बात नहीं है,—बाबू साहब ने कहा—आप उसकी फ़िक्र न करें। फ़सल कटने के बाद, गर्मियों का वक़्त ही वर-वसूली और बर-बन्दोबस्त का होता है। उस समय आपकी गर्मियों की छुट्टी होती ही है। बाक़ी समय जो थोड़ा-बहुत छिट-पुट काम होगा, उसके लिए हम हैं न।

मन्ने की समस्या हल हो गयी। एक कैलसिया की बात रह गयी। अब्बा ने लिखा है, उसकी शादी ज़रूर करा देनी चाहिए। उसने चाहा कि उसकी बात भी छेड़े, लेकिन वह हिचक गया। कैलसिया जो उसके सामने खण्ड से चली गयी थी, फिर कभी न आयी थी। जाने वह क्या सोचती है। शायद सोचती हो कि मियाँ न रहे तो उसका यहाँ कौन रहा?...उसने सोचा, शायद बाबू साहब ही कुछ कहें, लेकिन उन्होंने भी कुछ न कहा, तब वह भी टाल गया।

बाबू साहब बोले—एक बार असामियों को अपने सामने बुला लें, जो कुछ कहना-सुनना हो, उनसे कह दें और उन्हें पर-पहचान लें। आगे उनसे बराबर का वास्ता है। बिलरा से आप कह दें, वह एक-एक को जानता है, सबको इकट्ठा कर देगा।

उस दिन सुबह ही से असामी आना शुरू हुए। देखते-देखते सारा खण्ड भीतर-बाहर भर गया। चेहरे उसे कुछ पहचाने-से लगे, लेकिन उनमें से कभी किसी से उसने कोई बात की हो, उसे याद नहीं। उनमें ज़्यादातर कोइरी, भर और चमार थे। देह पर कपड़े के नाम पर एक मैली-कुचैली धोती, बाक़ी सब नंग-धड़ंग, काले-कलूटे। मियाँ की प्रशंसा में सबके मुँह से शब्द झर रहे थे। सभी दुःखी थे।

मन्ने अब्बा की चारपाई पर आगे सियाहा खोले बैठा था। एक-एक का नाम पढ़कर अपने पास बुलाता। वह आकर सिर झुकाकर सलाम करता। मन्ने सिर उठाकर देखता। एक-आध बात करता और कहता, अब अब्बा की जगह बाबू साहब हैं, वे जैसा कहें, करना पड़ेगा।

असामी सिर झुकाकर कहता—जैसा सरकार का हुकुम!

मन्ने कहता—जाओ,—और दूसरा नाम पुकारता।

सभी एक तरह के हैं, एक ही तरह की बातें करते हैं। इनमें से किसी एक को ढूँढ़ निकालना मुश्किल है।

लेकिन यह ख़त्म हो जाने के बाद बाबू साहब ने कहा—इनमें एक-से-एक भरे पड़े हैं! सब तरह के इन्सान आपको मिल जायँगे, एक-से-एक बढ़कर शरीफ़ और एक-से-एक बढ़कर बदमाश। मियाँ आदमी पहचाननेवाले थे। कभी-कभी इनकी बड़ी ही दिलचस्प कहानियाँ सुनाते थे।

मन्ने ने बताया—अब्बा ने सियाहा में असामियों के बारे में भी लिखा है, कि कौन कैसा है, उसके साथ कैसा व्यवहार करना चाहिए।

—अच्छा?

—जी हाँ! और उन्होंने ईद, मुहर्रम वग़ैरा त्योहारों के लिए भी असामी छोड़ रखे हैं।

—उनका सब इन्तज़ाम ही ऐसा था, पक्के उसूल के आदमी थे, आप एक पर्चा बनाकर, हिन्दी में हमें लिखकर दे दें।

—बहुत अच्छा।

—गर्मियों की छुट्टी में मुन्शीजी को बुलायेंगे। वे आपकी जगह-ज़मीन की पड़ताल करा देंगे। कहाँ आपका कौन-सा खेत है, कौन सी बाग़-बावली है, सब आपको जान लेना चाहिए। यह दुनिया बड़ी अजीब है, कब, कौन मौक़ा पाकर कहाँ दबा बैठेगा, कोई नहीं जानता।

और मन्ने पढ़ने स्कूल चला गया। बाबू साहब उसके पीछे फ़क़ीर बन गये। अपने घर से, काम-काज से जैसे उनका सब नाता ही टूट गया। वे मन्ने के ही होकर रह गये। वे आते और खण्ड में उसी चारपाई पर बैठते, जो ज़रूरी काम होते, निबटाते। बिलरा को खेती के बारे में सहेजते। बुआ से घर के बारे में पूछवाते, जब जिस चीज़ की घर में ज़रूरत पड़ती, मँगवाकर पहुँचवाते। घर में सबके मुँह पर बाबू साहब-बाबू साहब, बाहर सबके मुँह पर बाबू साहब-बाबू साहब! जब कोई ज़रूरत पड़ती, बाबू साहब!

मन्ने अब्बा को बहुत कम ख़त लिखता था, लेकिन बाबू साहब को वह बराबर लिखता। देखने में मन्ने की समस्या हल हो गयी थी, लेकिन मन्ने की आँखें जिस स्थिति में खुली थीं, उसकी मानसिक व्याकुलता की कोई सीमा न थी। बाबू साहब ने उसे बहुत समझाया कि वह कोई चिन्ता न करे, बस मन लगाकर पढ़े। कभी यह न सोचे कि उसके अब्बा नहीं हैं। वह सब-कुछ सम्हाल लेंगे। लेकिन चिन्ता ऐसी थी कि उसका पीछा ही न छोड़ रही थी। तीन-तीन बहनों की शादी करनी है और घर में रुपया नहीं। साल में क़रीब चार हज़ार की आमदनी, उसी में सब ख़र्च, घर का, उसकी पढ़ाई का, इज़्ज़त-आबरू का, बीमारी-हिमारी का....कैसे क्या होगा? उसे चिन्ता न होती तो क्या होता?

पढ़ने बैठता है तो उसका मन भटक जाता है। वह घर के बारे में ही सोचने लगता है। कैसे क्या होगा? बेचारे बाबू साहब क्या कर सकते हैं? उसकी वे क्या मदद कर सकते हैं, कैसे मदद कर सकते हैं?

बाबू साहब हर चिट्ठी में ताक़ीद करते कि वह कोई चिन्ता न करे। इस समय उसका केवल एक कर्त्तव्य है और वह है, पढ़ना। वह निश्चिन्त होकर पढ़े। लेकिन उससे पढ़ा न जाता।

मुन्नी उसकी यह हालत देखता, तो मन-ही-मन कुढ़ता। पूछने पर मन्ने उसे कुछ बताता नहीं। मुन्नी की समझ में कुछ भी न आता। वह बाबू साहब को चिट्ठी लिखता कि मन्ने बहुत उदास रहता है, पढ़ने में उसका जी ही नहीं लगता। बाबू साहब फिर वैसी ही चिट्ठी लिखते। लेकिन अपने को मन्ने समझाने में असमर्थ था। अब्बा का शेर वह बराबर गुनगुनाता रहता—

बिगड़ी है कुछ ऐसी कि बनाये नहीं बनती...

उस दिन उसे इस शेर के कोई माने न मिलते थे और उसने सोचा था कि यह क्या कि परिस्थिति को हुक्मे ख़ुदा समझकर आदमी अपना हाथ-पाँव तोड़कर बैठ जाय?... लेकिन आज जैसे इस शेर का मतलब समझ में आ गया हो। वह सोचता, अब्बा ठीक ही कह गये हैं—

बिगड़ी है कुछ ऐसी कि बनाये नहीं बनती.....

और इम्तिहान में वह फ़ेल हो गया। उसने अपनी हालत ऐसी बना ली कि लोग देखते और तरस खाते।

बाबू साहब मन-ही-मन कुढ़ते। मुन्नी मन-ही-मन दुःखी रहता। लेकिन कोई कुछ कर न पा रहा था। मन्ने ऐसा ख़ामोश, ऐसा निराश, ऐसा पस्त हिम्मत हो गया था कि वह किसी से कोई बात ही न करता था। ठण्डी साँसें भरता, सिर के बाल नोचता, फटी-फटी आँखों से देखता और वह शेर पढ़ता—

बिगड़ी है कुछ ऐसी कि बनाये नहीं बनती....

आख़िर बाबू साहब से जब न सहा गया, तो उन्होंने एक दिन कहा—यह आपको क्या हो गया है ? आप मुझसे तो बताइये!—और उठकर उन्होंने खण्ड का दरवाज़ा बन्द कर दिया।

मन्ने सिर झुकाये बैठा रहा।

—बोलिये, आपको क्या तकलीफ़ है?—बाबू साहब ने कहा।

मन्ने ने एक बार फटी-फटी आँखों से उनकी ओर देखा और सिर झुका लिया।

बाबू साहब कड़ककर बोले—तो सुनिये! इसका मतलब यह है कि मैं आपका कोई नहीं, आपको मेरी बातों पर विश्वास नहीं!

—बाबू साहब!—आख़िर मन्ने का बोल फूटा—ऐसा मत कहिये?

—ऐसा न कहूँ तो कैसा कहूँ? आपकी हालत देखकर सारा गाँव हँसता है और मेरा ख़ून सूखता है। आपसे मैं आज सब-कुछ साफ़-साफ़ कह लेना चाहता हूँ! आप मुझसे कहीं ज़्यादा पढ़े-लिखे और समझदार हैं। आप अब कोई कच्चे नहीं, जो किसी बात को समझ नहीं सकते। मैंने आपसे कितनी बार कहा कि आप कोई भी चिन्ता न करें, पढ़ाई पर ध्यान दें, लेकिन आपने अपने को पागल बना लिया और फ़ेल हो गये। इसका क्या मतलब है? मैंने आपसे कहा कि यह न समझिये कि अब्बा न रहे, मैं हूँ। आप सारी ज़िम्मेदारी मुझ पर छोड़ दीजिये और जैसे पहले रहते-सहते थे, रहें-सहें। लेकिन आप पर मेरी बातों का कोई असर नहीं हुआ। इसका मतलब यही तो हुआ कि आपने मेरी किसी बात पर भी विश्वास नहीं किया?

—नहीं, बाबू साहब! आप ऐसा मत कहिये!—मन्ने रोकर बोला—आप सब जानते हुए...

—लेकिन आप यह क्यों नहीं सोचते कि आपके चिन्ता करने से तो दूर, आपके जान देने से भी कोई समस्या हल नहीं हो सकती?...बाबू, यह ज़िन्दगी बड़ी सख़्तगीर है। परिस्थितियों के हवाले अगर आपने अपने को छोड़ दिया, तो गये! परिस्थितियों पर क़ाबू पाने का नाम ज़िन्दगी है। धैर्य से, शान्ति से, ठण्डे दिल से, हिम्मत से लड़ते रहने का नाम ज़िन्दगी है। मियाँ की यही सबसे बड़ी ख़ूबी थी। वे किस स्थिति में हैं, कभी किसी को मालूम न हो सका। उनका कहना था, बाबू साहब, अपनी कमज़ोरी का इज़हार आपकी ज़िन्दगी की सबसे बड़ी हार है। घर में आप चना भुनाकर खाइये, लेकिन इस एहतियात से कि उसकी गन्ध पड़ोस तक न जाय।...और आज क्या हो रहा है? ताली बजने में अब कितनी देर रह गयी है? आप कुछ सोचते हैं? अक़्लमन्द के लिए इशारा काफ़ी है!—और बाबू साहब का सिर रंज से झुक गया।

—बाबू साहब, मैं क्या करूँ? मेरी समझ में कुछ नहीं आता...

—इस तरह आपकी समझ में कुछ भी नहीं आयेगा। आप घुल-घुलकर जान भी दे देंगे, तो भी नहीं आयेगा। इस तरह समझने की यह बात ही नहीं है। लेकिन आपको मेरी बात तो समझनी चाहिए। मैं क्षत्री हूँ, एक बार मेरे मुँह से जो बात निकल गयी, उसके पीछे मेरी जान भी चली जाय, तो चिन्ता नहीं। मैंने आपसे कहा था कि आप सारी अपनी ज़िम्मेदारी मुझ पर छोड़ दीजिये, इसका मतलब समझना क्या बहुत मुश्किल है? अगर मुश्किल है तो एक बार फिर सुन लीजिये! मैं क्षत्री हूँ और कहता हूँ कि जब तक मैं ज़िन्दा हूँ, आप पर कोई ज़रब न आने दूँगा! आपकी हर मुसीबत को मैं झेलूँगा! मियाँ के ख़ानदान पर कोई उँगली उठाये, जब तक मेरे तन में जान है, बर्दाश्त न कर सकूँगा! आप मुझ पर भरोसा रखें और यह सूरत उतार फेंकें! मियाँ की आबरू मेरी आबरू है! आप मुझे जानते नहीं, मियाँ मुझे जानते थे—

रघुकुल रीति सदा चलि आई।
प्रान जाहिं बरु बचन न जाई।।

उठिये! मुझे मालूम न था कि आप इस उम्र में भी ऐसे बच्चे हैं। मुझे ख़ुद ही कभी यह सब कहना पड़ेगा, मैंने कब सोचा था! ख़ैर।

●

प्रेमी को हँसी आ गयी। मन की सारी खिन्नता धुल गयी थी। वह मेज़ से उठा और कपड़े पहनकर रेस्तराँ के लिए निकला। दरवाज़ा बन्द कर सड़क पर आया, तो सन्नाटा छा चुका था। हॉस्टल की कुछ खिड़कियों से रोशनी झाँक रही थी। कॉलेज के फाटक को बन्द कर, गोरख़ा चौकीदार ड्यूटी पर खड़ा हो फक-फक बीड़ी खींच रहा था। बगल की फिरकी घुमाकर वह अन्दर घुमा। वह सोच रहा था, सचमुच उस समय वह कितना कच्चा, कितना भावुक, कितना कमज़ोर था! बाबू साहब ने उसे न सम्हाला होता, तो उसकी नाव किस घाट लगती। जिस स्थिति को देखकर ही उसके हाथ-पाँव फूल गये थे, उसका मुक़ाबिला वह क्या करता। लेकिन बाबू साहब ने किस हिम्मत से उसकी एक-एक समस्या को हल कर दिया! जैसे वे जानते हों कि जब तक ये समस्याएँ उसे घूरती रहेंगी, उसका दिमाग़ ठिकाने नहीं रह सकता।

अगली गर्मी आते-न-आते उन्होंने दो बहनों के रिश्ते तय कर दिये। लड़के रिश्तेदारियों के ही थे। कोई बहुत अच्छे न थे, लेकिन यह मीन-मेख निकालने का मौक़ा न था। उन्होंने कहा, आँधी में घाट नहीं देखा जाता, जहाँ भी सम्भव हो, नाव को किनारे लगा दिया जाता है।

लेकिन जुल्बी से यह भी न देखा गया। मन्ने से जला-भुना तो वह बैठा ही था। शादी के मामले में भी मन्ने ने जब उससे कोई राय-बात न की और न कोई सहायता ही माँगी, तो आग में जैसे घी पड़ गया। उसका ख़याल था कि बाबू साहब भले ही और सब काम सम्हाल लें, लेकिन निकाह-शादी ऐसे काम हैं, जो भाई-बिरादरी की मदद के बिना नहीं होते। उसने सोच रखा था कि ऐसे अवसर पर ही मन्ने को वह अपने चंगुल में फँसायेगा। लेकिन जब ताब बहुत आगे बढ़ गयी और मन्ने उसके पास एक बार भी न आया, तो उसे लगा, जैसे उसके हाथ का तोता ही उड़ा जा रहा हो। उसने अब दौड़-धूप शुरू कर दी। जहाँ रिश्तेदारियाँ लगी थीं, वहाँ जाकर पहले तो उसने जड़ ही मार देने की कोशिश की। लेकिन वहाँ के लोग तो बहुत पहले ही से इन रिश्तों के लिए लालायित थे, अब सुअवसर आने पर किसी के बहकावे में न आ सकते थे। जुब्ली वहाँ से अपना-सा मुँह लेकर वापस आया, तो उसने दूसरा पैंतरा

भाँजा, बिरादरीवालों को भड़का दिया। बिरादरी का सरगना तो वह था ही! निकाह की तारीख़ नज़दीक आ गयी, तो उसने बिरादरी की एक गुप्त बैठक बुलायी और लोगों से कहा कि चूँकि मन्ने ने ये रिश्ते बिना उनकी राय-बात के तय किये हैं और रिवाज़ के मुताबिक़ उन्हें बटोरकर इत्तिला देने की भी तकलीफ़ नहीं उठायी, इसलिए बिरादरी को वे रिश्ते मंज़ूर नहीं। बिरादरी को भी यह बात खली कि एक हिन्दू के चक्कर में पड़कर मन्ने बिरादरी को कुछ समझ ही नहीं रहा है, यह तो सरासर उनका अपना अपमान है। इसे वे बर्दाश्त नहीं कर सकते। इस मौक़े पर वे ज़रूर तानेंगे।

औरतों से होकर जब बात बुआ तक पहुँची, तो उन्होंने अपना सिर पीट लिया। उन्होंने तुरन्त मन्ने को बुलाया। बोलीं—बेटा, यह तुमने क्या किया? कुल एक हफ़्ता बारात आने को रह गया, दो-दो बारातें साथ आ रही हैं, और तुमने अभी तक बिरादरी को इत्तिला तक नहीं दी। लोग हमारी नाक काटने को तैयार बैठे हैं। वे तान देंगे तो कैसे क्या होगा? जब से यह सुना है, हमारे तो हाथ-पाँव फूल रहे हैं!

बेवकूफ़ की तरह उनका मुँह तकते हुए मन्ने ने कहा—हमें यह सब कहाँ मालूम था? तुम्हें बताना चाहिए था? अब क्या किया जाय?

—तुम अभी जाकर जुब्ली से बात करो। शाम को बिटोर करो और उन्हें इत्तिला दो और उनकी मदद माँगो। सब काम छोड़कर यह काम करो! ओफ़! यहाँ लड़कियाँ माँझे में बैठी हैं, उधर बिरादरी तनी बैठी है! औरतों ने भी हमारे यहाँ आना-जाना बन्द कर दिया। है! कैसे क्या होगा? यह बड़ी भारी ग़लती हो गयी!

मन्ने ने बाबू साहब से यह-सब कहा, तो उन्होंने कहा—बुआ ठीक कह रही हैं। बिरादरी को ज़रूर इत्तिला देनी चाहिए थी।...लेकिन एक बात मैंने और सुनी है। जुब्ली मियाँ हमारे रिश्तेदारों के यहाँ भी दौड़-धूप आये हैं। उन्होंने रिश्ते काटने की भी पूरी कोशिश की है। इससे मालूम होता है, दाल में कुछ काला ज़रूर है। वे आपके पट्टीदार हैं, शायद आपको नीचा दिखाना चाहते हैं। इसलिए ज़रा चौकन्ना होकर काम करने की ज़रूरत है। आप शाम को बटोर कीजिये। कहने को तो न रह जाय कि आपने जानकर कोई परवाह न की।

—आप भी बटोर में रहेंगे न?—मन्ने ने चिन्तित होकर कहा।

—कहाँ-कहाँ मैं आपके साथ रहूँगा? बिरादरी की बटोर में बाहर का आदमी नहीं रहता। आपको घबराने की ज़रूरत नहीं। जो होगा, देखा जायगा। लेकिन आप अपना सम्मान बनाये रखें। अनुचित बात पर आपको झुकाने की कोई कोशिश करे, तो हरगिज़ न झुकें। जुब्ली मियाँ की चाल समझकर ही अपना मुहरा उठायें।

शाम को बटोर हुई। मन्ने को बड़ा ताज्ज़ुब हुआ कि बात इस तरह शुरू हुई, जैसे वह कोई अपराधी हो और लोग उसे सज़ा देने के लिए इकट्ठा हुए हों।

उसने कहा—मैं लड़का हूँ। मुझे रस्म-रिवाज़ कुछ मालूम नहीं था। अब मालूम हुआ है तो यह बटोर इत्तिला देने के लिए बुलायी है।

इमाम की तरह जुब्ली बोला—तुम इतने बड़े हो गये। ज़िले के बड़े स्कूल में पढ़ते हो। यह कैसे समझा जा सकता है कि ये मामूली रस्म-रिवाज़ भी तुम्हें मालूम न हो?

एक दूसरे ने ताव में आकर ताना मारा—अरे साहब, बड़े आदमी के लड़के हैं, इन्हें बिरादरी की क्या परवाह!

एक तीसरे ने रद्दा जमाया—परवाह न थी, तो यह बटोर क्यों की? ये अपने घर में ख़ुश, हम अपने घर में ख़ुश!

एक चौथे ने कहा—नये ज़माने के आदमी हैं, सब रस्म-रिवाज़ तोड़ना चाहते हैं!

एक पाँचवाँ बोला—तोड़ना चाहते हैं, तो तोड़ें न! हम देख लेंगे, ये शादियाँ कैसे होती हैं!

और फिर चारों ओर काँव-काँव होने लगी। मन्ने का दिमाग़ भन्ना उठा। उसकी समझ में कुछ भी न आ रहा था। उसके जी आया कि वह वहाँ से भाग खड़ा हो। कैसे जाहिलों के बीच वह आ पड़ा है! कोई उसकी बात समझने की कोशिश नहीं करता, सब अपनी ही हाँके जा रहे हैं, उसे बोलने भी नहीं देते।

आख़िर जुब्ली ने शान्ति स्थापित की और जज की तरह कहा—मन्ने, लोग जो कह रहे हैं, ठीक ही कह रहे हैं। बिरादरी के बाहर निजात नहीं। तुमने जो बिरादरी की तौहीन की है, वह कोई मामूली ग़लती नहीं। तुम्हें लड़का समझकर, अपना समझकर मैं यही कहना चाहता हूँ कि तुम बिरादरी से अपनी ग़लती के लिए माफ़ी माँग लो। मैं बिरादरी से मिन्नत करूँगा कि वह इस बार तुम्हें माफ़ कर दे। ग़लती चाहे जितनी बड़ी हो, लेकिन यह तुम्हारी पहली है और माफ़ी के क़ाबिल है।

इतना-सब हो जाने के बाद जुब्ली का यह फ़ैसला सुनकर मन्ने को जैसे आग ही लग गयी। वह भड़क उठा—भाई साहब, आप मेरे बड़े भाई और घर के बुज़ुर्ग हैं। क्या आपका कोई फ़र्ज़ नहीं था? मुझे कोई बात मालूम न हो तो क्या आपको बताना न चाहिए था? लेकिन नहीं, आप मुझे क्यों बताते? आपको तो मुझे नीचा दिखाने की साज़िश से ही फ़ुरसत नहीं थी। आपकी एक-एक हरकत का मुझे पता लग गया है, और मुझे इसका बेहद रंज है कि आप भाई की तरह मेरी मदद नहीं, दुश्मन की तरह मुझे ज़िच देना चाहते हैं। लेकिन यह होने का नहीं, आप यह समझ रखें! आप बिरादरी को ही नहीं, सारी दुनिया को भड़काकर मेरे ख़िलाफ़ कर सकते हैं, लेकिन मैं किसी भी ग़ैर-इन्साफ़ी के सामने अपना सिर झुका दूँगा, यह बात आप अपने ख़ाबो-ख़याल में न लायें! मैं कहना चाहता हूँ कि मेरा कोई ज़ुर्म नहीं और इसलिए, मेरी ओर से माफ़ी माँगने का कोई सवाल ही नहीं उठता। भाई साहब की

इस ग़ैरइन्साफ़ी के सामने सिर झुकाने से मैं क़तई मज़बूर हूँ! आगे आप लोगों की जो मर्ज़ी।

तीन बित्ते के उस लौंडे की यह बात सुनकर तो बिरादरी को जैसे साँप सूँघ गया। मारे ग़ुस्से के जुब्ली का चेहरा तमतमा रहा था। और सब उल्लू की तरह उसी का मुँह ताक रहे थे। जुब्ली का ख़याल था कि उसके इस नाटक से मन्ने पर उसका रोब जम जायगा, उसे मालूम हो जायगा कि उसका क्या स्थान है और उसके बिना मन्ने का कोई काम नहीं हो सकता। लेकिन मन्ने ने तो जैसे उसकी बिसात ही उलट दी। आख़िर उसने कहा—अगर तुम मज़बूर हो तो बिरादरी भी मज़बूर है! आज से बिरादरी अपने सब ताल्लुक़ात तुमसे क़ता करती है!

थोड़ी देर के लिए सन्नाटा छा गया। लोगों को यह न मालूम था कि बात यहाँ तक पहुँच जायगी। आख़िर मन्ने भी बिरादरी का मातबर आदमी था, बल्कि सबसे बड़ा ज़मींदार था।

मौलवी साहब ने अपनी दाढ़ी पर हाथ फेरा, खोदनी से कान खुजलाये और बोले—बिरादरी और मुखिया का फ़ैसला सर-आँखों पर। लेकिन एक अर्ज़ मेरी है। आप लोग तो जानते ही हैं कि मन्ने बाबू मेरे शागिर्द हैं और इनके घर से मेरे दूसरी तरह के भी ताल्लुक़ात हैं। इसलिए मेरी अर्ज़ थी कि आप लोग मुझे इजाज़त दें कि कम-से-कम इस मौक़े पर मैं मन्ने बाबू के साथ रह सकूँ?

एक दूसरा बोला—मैं भी इसी तरह की इजाज़त का ख़ाहिशमन्द हूँ।

एक तीसरा बोलने को हुआ, तो जुब्ली बौखला उठा। वह चिल्लाकर बोला—बिरादरी का फ़ैसला हमने सुना दिया! इसके ख़िलाफ़ जो भी कोई कुछ करेगा, अपनी ज़िम्मेदारी पर करेगा!—और वह उठ खड़ा हुआ।

बुआ को यह-सब मालूम हुआ, तो वह रोने लगीं। बोलीं—बाबू, तुमने यह क्या किया? अपने ही लोग शादी में शामिल न होंगे, तो शादी कैसी? यह जुब्ली अपने ही जिस्म का हिस्सा है, अपना ही ख़ून है। लोग सुनेंगे तो मुँह पर थूकेंगे कि शादी के मौक़े पर तो दुश्मनों को भी पूछा जाता है और यहाँ...

मन्ने को यह सुनकर ग़ुस्सा आ गया। बोला—इतना ही वह प्यारा है, तो, बुआ, तुम भी उसके साथ चली जाओ, मुझे छोड़ दो!

बुआ सन्नाटे में आ गयीं। मन्ने यह क्या बोल रहा है? ऐसे मौक़े पर बुआ उसका साथ छोड़ दें? वह माथ पीटती हुई बोलीं—बेटा, तू मेरी बात नहीं समझता। ऐसे मौक़े पर आदमी को झुककर ही रहना चाहिए। ब्याह-शादी अकेले कर लेना किसी के बूते की बात नहीं। हज़ार काम होते हैं, उन्हें करने के लिए हज़ार हाथ होने चाहिए!

—देखो, कैसे होता है!—मन्ने बोला—तुम चुपचाप देखो!

—लेकिन, बाबू...

—कुछ नहीं! ग़ैरइन्साफ़ी के सामने मैं सिर नहीं झुका सकता! किसी मूज़ी के हाथ का खिलौना बनकर मैं ज़िन्दा नहीं रहना चाहता!—और वह घर के बाहर हो गया।

खण्ड में चौकी पर बैठे मौलवी साहब लिफ़ाफ़ों में दावतनामे भर रहे थे। बाबू साहब गम्भीर होकर चारपाई पर बैठ गये थे। उन्होंने मन्ने से कहा—आलमारी में पत्तों की बही होगी, निकाल दीजिये और स्कूल के अपने साथियों के पते भी मौलवी साहब को लिखा दीजिये।

मन्ने समझ गया कि मौलवी साहब से बाबू साहब को सब मालूम हो गया है। वह उनका मुँह देखने लगा, तो बाबू साहब फिर बोले—आपने बिलकुल ठीक किया। अपने चार-छह साथियों को तुरन्त बुला लीजिये। सब हो जायगा।

—हो कैसे नहीं जायगा?—मौलबी साहब बोले—किसी का कोई काम रुकता है!

बही निकालकर वह पते बोलने लगा। मौलवी साहब लिखने लगे।

अचानक एक पते पर मन्ने रुक गया। बोला—बाबू साहब, यह उर्वशी कौन है?

—यह एक तवायफ़ है। मियाँ कभी-कभी उसके यहाँ जाया करते थे। ख़ुशी के मौक़ों पर उसे बुलाना वे कभी भी न भूलते थे। उसे आप ज़रूर दावत दें। वह आकर नाचेगी। बारात में रौनक़ रहेगी।

मन्ने उनका मुँह ताकता रहा, तो कुछ समझकर वे बोले—वैसी कोई बात नहीं। उर्वशी बहुत अच्छा गाती है। मियाँ की ग़ज़लें सुनने का शौक़ था। आप उसका नाम लिखवाइये।

मन्ने के कई साथी आ गये और उन्होंने काम बाँटकर अपने-अपने हाथ में ले लिये। सब इन्तज़ाम बाक़ायदा हो गया। और एक दिन दो छोटी-छोटी बारातें आ पहुँचीं। शाम को एक-एक कर दोनों लड़कियों के निकाह हुए। रात को दस्तरख़ान बिछे। उर्वशी का मन मोहनेवाला नाच तम्बू में हुआ। दूर खड़े-खड़े और मन-ही-मन पेंच-ताव खाते हुए जुब्ली और उसकी बिरादरी के लोग तमाशा देखते रहे और यहाँ सब काम ऐसी ख़ूबसूरती से निपट गये कि सबके मुँह पर वाह-वाह!

आनन-फ़ानन में शादियाँ हो गयीं। लड़कियाँ अपने-अपने घर चली गयीं। मन्ने चकित था कि जिस काम को वह इतना भारी समझता था, कैसे चट-पट पूरा हो गया!

बाबू साहब ने कहा—आदमी में हौसला होना चाहिए। दुनिया में कोई काम मुश्किल नहीं होता। एक लड़की और रह गयी है, लेकिन उसके लिए अभी वक़्त है, इत्मीनान से उसकी शादी की जायगी।

मन्ने की हिम्मत खुल गयी। जब किसी बात से वह परेशान नहीं होता। उसके अन्दर यह विश्वास जड़ जमा चुका है कि कोई ऐसी समस्या नहीं जो हल न हो सके।

बाबू साहब सदा उसकी आँखों के सामने रहते हैं और वह सोचता है कि दुनिया में ऐसे भी इन्सान हैं, जिन्हें याद कर आदमी को साहस और शक्ति मिलती है, विश्वास और प्रेरणा मिलती है, सुख और राहत मिलती है।

•

रेस्तराँ खाली हो चुका था। एक ओर की मेज़ पर मैनेजर खाना खा रहा था। उसने उसे देखते ही बड़े सम्मान के साथ अपनी ही मेज़ पर बुला लिया और उसके लिए नौकर को खाना लगाने का आदेश दिया।

यह मैनेजर भी एक ही आदमी है। मनुष्यता में इसका ऐसा अटूट विश्वास है कि कभी किसी लड़के से पैसों के लिए तक़ाज़ा नहीं करता। क्रान्तिकारियों और विद्यार्थियों के बड़े-बड़े क़िस्से इसके पास हैं। जब भी मौक़ा मिलता है, सुनाने लगता है—एक थे मनोहर साहब! तीन महीने तक उनका रुपया ही नहीं आया। मुझसे उधार लेकर वे फ़ीस देते थे। खाना तो हमारे यहाँ खाते ही थे। इम्तिहान ख़त्म हुआ, तो बिना किसी इत्तिला के चलते बने। लड़कों ने कहा, खा-पीकर, ले-देकर रफ़ूचक्कर हो गये। लेकिन, साहब, मुझे विश्वास था, वे मेरी नेकी नहीं भूलेंगे और भूल ही जायँगे तो मुझे दुःख न होगा, क्योंकि मैंने एक अच्छा काम ही किया था। और जानते हैं, साहब, फिर क्या हुआ?....पूरे सात साल बाद उनका एक बीमा मेरे पास पहुँचा, चार सौ रुपये का। उसमें एक ख़त भी था। उन्होंने लिखा था...

प्रेमी उसके ये क़िस्से बड़े चाव से सुनता था, गोकि कुछ लड़कों का कहना यह था कि मैनेजर ये क़िस्से गढ़-गढ़कर इसलिए सुनाता है कि लड़कों में नैतिकता जगी रहे और कोई उसका पैसा न मारे।

प्रेमी ने बैठते ही कहा—सुनाइये, मैनेजर साहब, क्या हालचाल हैं?

मैनेजर बोला—क्या सुनाऊँ, प्रेमी साहब,....मुझे बहुत दुःख होता है। जब प्रोफ़ेसर ही ऐसे हो गये हैं तो देश का...

—छोड़िये, मैनेजर साहब, ऐसी बातें बार-बार कहने-सुनने की नहीं होतीं। अच्छे-बुरे कहाँ नहीं होते? मैं तो कहता हूँ कि दस प्रोफ़ेसर नहीं, एक आप...

—आप यह क्या कहते हैं?—चकित होकर मैनेजर बोला।

—मेरा यह ख़याल है कि यहाँ लड़के आपके संसर्ग में आकर जो सीखते हैं, वह प्रोफ़ेसरों से नहीं! प्रोफ़ेसरों को हम भूल जायँगे, लेकिन आपको नहीं। आप जैसे इन्सानों को ही देखकर लड़के इन्सान बनते हैं...

—आपको आज यह क्या सूझी है, प्रेमी साहब?—मैनेजर जैसे बौखलाकर बोला—मैं इस छोटे रेस्तराँ का मालिक...

—इससे क्या होता है? किसको यह मालूम नहीं कि आप फ़र्स्ट क्लास एम. ए. और एल-एल. बी. हैं। आप राजनीतिक कारणों से तीन बार जेल जा चुके हैं। यहाँ लड़कों के बीच जो आप **रेस्त**राँ खोलकर बैठे हैं, इसका उद्‌देश्य...

मैनेजर हो-होकर ज़ोर से हँस पड़ा।

—आप तो, प्रेमी साहब, मज़ाक करते हैं! लीजिये, आपका खाना लग गया। शुरू कीजिये।—कहकर मैनेजर फिर हँस पड़ा—प्रतियोगिता में आपको सुनने मैं ज़रूर आऊँगा। आपसे मुझे बड़ी-बड़ी आशाएँ हैं। आप एक बड़े साहित्यकार हो सकते हैं...

—बस-बस, मैनेजर साहब! थोड़ी चटनी मँगवाइये। आपकी बात हज़म करने के लिए...

दोनों ज़ोर से हँस पड़े।

मैनेजर बोला—आज हमारे देश को आप-जैसे आदमियों की ही ज़रूरत है। साम्प्रदायिकता के ज़हर को अगर हमने दूर न किया तो हमारी आज़ादी की लड़ाई मज़-हबों की लड़ाई में डूब जायगी और...प्रेमी साहब, कल एक मेरा बहुत ही पुराना साथी आ रहा है। वह एक मशहूर क्रान्तिकारी है। मेरी बड़ी इच्छा थी कि आप उससे मिलते।

—ज़रूर-ज़रूर, मैनेजर साहब! उनसे मिलकर मुझे बेहद ख़ुशी होगी।

—लेकिन यह बात किसी को मालूम न हो। आप तो जानते ही हैं....

—मैं कुछ भी नहीं जानता, मैनेजर साहब, मैं इस मामले में बिलकुल ही कोरा हुँ। मेरा एक लड़कपन का साथी है, उसे इन बातों में बड़ी दिलचस्पी है। उसने कभी-कभी वैसा कुछ साहित्य मुझे भी पढ़ने को दिया है। मुझे वह साहित्य बहुत अच्छा लगता है, पढ़कर जाने कैसा एक जोश रग-रग में लहरें लेने लगता है और फिर मुझे डर लगने लगता है।...मैनेजर साहब, मेरी घरेलू स्थिति बड़ी ख़राब है। घर का मैं अकेला आदमी हूँ। यह तो हमारे एक बाबू साहब हैं, जिनकी कृपा से मैं पढ़ रहा हूँ, वर्ना मेरे लिये तो घर छोड़ना भी असम्भव था।

—आपके वे साथी कहाँ हैं?—उत्सुकता से मैनेजर ने पूछा।

—वह मद्रास चला गया है। वह बहुत ही ग़रीब घर का लड़का है, लेकिन उसे मालूम न था कि वह ग़रीब है। वह सोचता था कि पिताजी के पास इतना पैसा है कि उसकी पढ़ाई चलती रहेगी। लेकिन हाई स्कूल पास करने के बाद उसने आगे पढ़ने के लिए कहा, तो उसके पिताजी ने सब स्थिति खोलकर उसके सामने रख दी और कहा, बेटा, यह तुम इतना कैसे पढ़ गये, हम तुम्हारा ख़र्चा कैसे जुटा सके, यही आश्चर्य की बात है। अब हमारी स्थिति ऐसी नहीं कि तुम्हारी आगे की पढ़ाई का इन्तज़ाम कर सकें। अब तुम कुछ करो-धरो। कोई नौकरी कर लो और हमारी कुछ

मदद करो।...वह मेरे पास आकर रोने लगा। उसके सब सपने चूर-चूर हो गये थे। वह पढ़ने में बहुत तेज़ था। उसकी कितनी ही कविताएँ, कहानियाँ और लेख पत्र-पत्रिकाओं में छप चुके थे। लेकिन मैं क्या कर सकता था। इस वाक़या के एक साल पहले मेरे वालिद का इन्तक़ाल हो गया था और उनके जाने के बाद मुझे मालूम हुआ था कि मेरी स्थिति भी कुछ बेहतर नहीं। मेरे जी में बहुत आया कि मैं उसकी कुछ मदद करूँ, लेकिन मैं मजबूर था। मैं उसके आँसू न पोंछ सका और वह आज मद्रास में कोई मामूली नौकरी कर रहा है। उसकी रचनाएँ कभी-कभी पत्र-पत्रिकाओं में दिखायी पड़ जाती हैं। जब भी मुझे उसकी याद आती है, मुझे अपनी पढ़ाई एक गुनाह लगती है। मैं सोचता हूँ, मैंने उसकी मदद क्यों न की? आख़िर मैं कैसे पढ़ रहा हूँ? अगर मैं सचमुच चाहता, उसे सहारा देता, तो क्या मेरे साथ-साथ वह भी न पढ़ लेता? यहाँ हम ट्यूशन कर सकते थे।...लेकिन मुझमें शायद साहस न था, या मुझे या उसे कोई अनुभव न था कि इस तरह भी पढ़ाई हो सकती है। कॉलेज की पढ़ाई का मतलब हमारे लिये बनारस इलाहाबाद की ख़र्चीली पढ़ाई थी। वह तो यहाँ आने के बाद मालूम हुआ कि कितने ही ग़रीब लड़के यहाँ बिना घर की मदद पाये, ट्यूशनें और पार्ट टाइम काम करके भी पढ़ लेते हैं।...वह पढ़ सकता था, मैनेजर साहब, लेकिन मैं क्या बताऊँ? मुझे लगता है कि यह मेरी ही ग़लती है, जो वह न पढ़ सका। वह बड़ा ही स्वाभिमानी और संकोची जीव है। एक बार भी मुँह खोलकर उसने मुझसे कुछ नहीं कहा, किसी की मदद लेना उसके स्वभाव के विरुद्ध है, कोई उसे ग़रीब कहे, यह उसे असह्य था। इसी कारण मैंने कुछ भी नहीं कहा। लेकिन मुझे लगता है कि मैं बहुत स्वार्थी हूँ, सच्चा दोस्त नहीं। मुझे कुछ करना चाहिए था। मुझे ताज़िन्दगी इसका अफ़सोस रहेगा। उसकी प्रतिभा...

—हमारे यहाँ अधिकतर प्रतिभाओं की यही दशा है, प्रेमी साहब!—मैनेजर बोला—यहाँ जैसे हर बीज पत्थर के नीचे दबा है। दबकर उसका सड़-गल जाना कोई आश्चर्य की बात नहीं, आश्चर्य तो इसका है कि कैसे कोई बीज पत्थर तोड़कर एक विशाल वृक्ष बन जाता है। कौन जाने, आपके मित्र...

—मैं उससे निराश नहीं हूँ, मैनेजर साहब! वह एक दिन ज़रूर चमकेगा! लेकिन ताज़िन्दगी अफ़सोस मुझे इस बात का रहेगा कि जिसने मुझे इन्सानियत का पहला सबक़ सिखाया, मैं उसकी कोई मदद न कर सका, शायद मैं कर सकता था।—कहते-कहते उसकी आँखें भर आयीं।

मैनेजर कई क्षण तक ख़ामोश उसकी ओर देखता रहा। कॉलेज की घड़ी ने ग्यारह बजाये, टन, टन...

—अरे, आपकी थाली तो अभी योंही पड़ी है! खाइये, प्रेमी साहब!—मैनेजर जैसे परेशान होता हुआ बोला।

—अब खाया न जायगा, मैनेजर साहब,—प्रेमी ने एक ठण्डी साँस ली और उठ खड़ा हुआ।

वह अपने कमरे में आकर बिस्तर पर पड़ गया। उसका मन ख़ूब रोने को हो रहा था। मुन्नी की याद बहुत आ रही थी। हाई स्कूल पास करने के बाद जब उसकी पढ़ाई रुक गयी, वह बेकार हो गया, तो कितना दु:खी था। घर में मामूली काम-धाम था, जिसे उसके पिता और बड़े भाई करते थे। मँझले भाई बेकार ही थे। यहाँ उसके लिए कोई काम न था। पिता बार-बार कहते थे, वह कोई नौकरी ढूँढ़ ले। बेकार रहकर कब तक भार बना रहेगा? अचानक ऐसी परिस्थिति के चक्कर में पड़कर जैसे उसके होशो-हवास ही गुम हो गये थे। वह बिलकुल चुप और उदास हो गया था। अख़बार में 'वाण्टेड' देखकर वह अर्जियाँ देता और इन्तज़ार करता, लेकिन कहीं से कोई जवाब न आता और वह और चुप और उदास और निराश हो जाता। हाई स्कूल उसने प्रथम श्रेणी में पास किया था, लेकिन उसकी कहीं पूछ नहीं थी। एक साल ऐसे ही बीत गया, तो 'वाण्टेड' पर से उसका विश्वास ही उठ गया, उसने अर्ज़ियाँ देना भी बन्द कर दिया। मन्ने उसकी यह हालत देखता और मन-ही-मन रोता। वह बार-बार सोचता कि क्या वह उसके लिए कुछ नहीं कर सकता? उसके कई रिश्तेदार रेलवे में नौकर थे। चुपके-चुपके वह उनके यहाँ गया था, उनसे मुन्नी के लिए कोशिश करने को कहा था, लेकिन उसका भी कोई नतीजा न निकला था। दरअसल उन्होंने उस हिन्दू लड़के में कोई दिलचस्पी न ली। उनका कहना था कि हज़ार-पाँच सौ वह ख़र्च करे, तो शायद कुछ बन जाय। उनका ख़याल था कि भले मुन्नी के घरवालों के पास पैसा न हो, मन्ने के पास है और वह अपने दोस्त के लिए ख़र्च कर सकता है। उन्हें क्या मालूम कि मन्ने की स्थिति क्या है।

और इसके बाद बहनों की शादी का झमेला खड़ा हो गया और मन्ने कुछ दिनों के लिए मुन्नी को बिलकुल ही भूल गया। इन झंझटों से पार हुआ तो जुलाई आ गया। बाबू साहब उसे कॉलेज भेजने की तैयारी करने लगे, लेकिन वह ख़ुद ही हैरान था कि कैसे क्या होगा। शादियों में वह तीन-चार हज़ार का ऋणी हो गया था। बाबू साहब ने कहाँ से इस ऋण का प्रबन्ध किया था, उसे नहीं मालूम, लेकिन उसे मालूम.था कि यह ऋण उसे ही भरना है। उसने यह बात बाबू साहब से कही तो उन्होंने कहा—आप इसकी चिन्ता न करें, सब हो जायगा। आपकी ज़मीन-ज़मींदारी की ही आमदनी से धीरे-धीरे यह क़र्ज़ा पट जायगा। अब बस आपकी पढ़ाई का ही ख़र्चा रह गया है, घर में तो कोई ख़र्च है नहीं, बुआ और एक बहन के खाने-पीने से कहीं अधिक तो घर की खेती से आ जाता है। जो हो, अभी आपका काम यह-सब देखना नहीं है, आप अपना ध्यान बस पढ़ाई में लगाइये।

मन्ने के मन में आया कि वह बाबू साहब से मुन्नी के बारे में कोई बात करे, लेकिन वह कर न सका। एकाध बार उसके मन में उठी कि क्यों न वह कुछ खेत बेच दे, लेकिन यह बात सोचना भी जैसे उसे अपराध लगा। सारे गाँव में किरकिरी हो जायगी। मन्ने की हालत ख़राब है, वह खेद बेच रहा है! सारी साख हवा हो जायगी। हर तरफ़ से उसकी ओर उँगली उठेगी।

नहीं, बाबू साहब उसका यह प्रस्ताव किसी भी हालत में स्वीकार नहीं करेंगे।

फिर भी उसने मुन्नी से कहा—मेरे साथ इलाहाबाद चलो।

मुन्नी ने सिर झुकाकर उत्तर दिया—मैं वहाँ जाकर क्या करूँगा?

मन्ने ने कहा—और कुछ नहीं, तो इतना तो है ही कि वह बड़ी जगह है, शायद वहाँ तुम्हें कोई काम मिल जाय।

—ख़र्च के लिए पैसा कहाँ है?—मुन्नी ने पूछा।

—तुम उसकी चिन्ता मत करो, वहाँ मेरे साथ रहना।—सहमते हुए मन्ने ने कहा।

—नहीं, यह कैसे हो सकता है?

—क्यों नहीं हो सकता? मेरे साथ रहने में तुम्हें क्या आपत्ति हो सकती है?

—कहीं भी बेकार क्यों रहा जाय?

इस पर मन्ने क्या कहता? मन्ने के पास अपने पैसे का बल रहता, तो शायद वह कहता, क्या मेरा पैसा तुम्हारा नहीं? तुम चलो और कॉलेज में नाम लिखाओ। लेकिन उसके पास पैसा था कहाँ? फिर भी उसने कहा—मैं चाहता हूँ कि जब तक तुम्हें कोई काम न मिले, तुम मेरे साथ रहो।—मन्ने के मन में कहीं कुछ कचोट रहा था, वह इसी कचोट के कारण अधिक नहीं तो कुछ भी करना चाहता था। मित्र के प्रति अपने कर्त्तव्य का पालन वह न कर पा रहा था, उसके लिए जिस त्याग की आवश्यकता थी, उसे पूरा करना उसके बस की बात न थी। फिर भी इस कर्त्तव्य का ज्ञान उसे था और वह इस ज्ञान को, जैसे भी हो, बहलाना चाहता था। वह सोचता था, शायद आगे कोई रास्ता निकल आये।

मुन्नी ने कहा—यों तुम्हारे साथ रहने में मुझे ख़ुशी ही होती। लेकिन मैं सोचता हूँ कि अब हमारा साथ-साथ रहना नहीं हो सकता। मेरा रास्ता अलग है, तुम्हारा अलग। ये रास्ते शायद अब कभी भी एक-दूसरे से न मिलें!—उसका गला भर आया—शायद इतने दिनों तक ही हमारा साथ था। ऐसा हम कब सोचते थे, लेकिन यह ज़िन्दगी बड़ी कठोर है, किसको कहाँ ले जाकर फेंक देगी, कौन जाने!

मन्ने की आँखों से झर-झर आँसू गिरने लगे। भावावेश में वह बोला—नहीं, यही सोचकर हम एक साथ रहने की कोशिश तो नहीं छोड़ देंगे! तुम मेरी एक बात, सिर्फ़ एक बात मान लो, तुमने कभी भी मेरी कोई बात नहीं टाली, आज सिर्फ़ एक बात मेरी मान लो, तुम मेरे साथ इलाहाबाद चलो!

—उसके बाद?—मुन्नी ने जैसे कठोर होकर कहा—जो परिस्थिति मेरे सामने दिखायी देती है, उससे मैं आँखें कैसे मूँद लूँ?

—आगे जो होगा, देखा जायगा। इस समय तो मैं सिर्फ़ एक बात के लिए तुमसे कह रहा हूँ!—मन्ने उसी आवेग में बोल रहा था।

—तुम्हारे पास पैसा है, शायद तुम परिस्थिति पर क़ाबू पा सकते हो, लेकिन मैं...—मुन्नी मन्ने का उड़ता रंग देखकर अचानक चुप हो गया।

मन्ने के दिल पर जैसे कोई भारी चोट लगी। उसने आज तक मुन्नी से यह न बताया था कि उसकी आर्थिक स्थिति कैसी है। उसके जी में आया कि अभी वह सब-कुछ बता दे, लेकिन फिर कुछ सोचकर वह इस विषय में चुप ही रहा। लोगों की तरह मुन्नी का भी ऐसा सोचना स्वाभाविक ही है। मुन्नी का यह ख़याल वह क्यों तोड़े? उसे अपना ही क्या कम दुःख है, जो वह अपना भी उसके में जोड़ दे। उसे कम-से-कम अपनी ओर से तो आश्वस्त रहने दे कि उसे कोई तकलीफ़ नहीं, उसके पास पैसा है।...एक पीड़ा उसके मन में हँस उठी। फिर भी वह बोला—अगर मेरे पास पैसा है, तो उसे तुम अपना ही समझो। जो हो, तुम इलाहाबाद मेरे साथ चलो!—मन्ने को अब जैसे ज़िद हो गयी। वह अन्धा हो चुका था।

मुन्नी ने कोई छुटकारा न देखा, तो उसका मन रखने के लिए कह दिया—मैं कोशिश करूँगा।

मुन्नी ने अपनी माँ से इलाहाबाद जाने की बात कही। बाप से कहने की उसमें हिम्मत न थी। माई ने कैसे उसके लिए पच्चीस रुपये का इन्तज़ाम कर दिया, उसे नहीं मालूम।

कॉलेज की शानदार इमारत, सैकड़ों लड़कों की भीड़...ख़ुशी में दमकते उनके चेहरे...और जाने मुन्नी को क्या हुआ कि उसने मन्ने का साथ छोड़ दिया। वह जाने कहाँ-कहाँ बिना जाने-समझे दिन-भर शहर में मँडराता रहा। शाम को थका दिल-दिमाग़ लिये वह लौटा, तो मन्ने को फाटक पर ही इन्तज़ार में खड़ा पाया।

देखते ही मन्ने बोला—तुम कहाँ चले गये थे?

मुन्नी ने अपना सवाल किया—सब हो गया?

—हाँ, हास्टल में कमरा भी मिल गया।

—तो कमरे में ही चलो।

कमरे में चार चारपाइयाँ पड़ी थीं। प्रश्न की दृष्टि से मुन्नी ने मन्ने की ओर देखा, तो वह बोला—फ़र्स्ट इयरवालों को इसी हास्टल में जगह मिलती है, यह फ़ोर सीटेड कमरा है। पता नहीं और तीन कौन होंगे।...हाँ, यह तो बताओ, दिन में तुमने खाना....

—मैं तो इस वक़्त भी खाना खाकर आया हूँ,—मुन्नी ने कहा।

—ऐसा तुमने क्यों किया? मैं तो तुम्हें खोजता रहा...

—देखो, तुम मुझसे इस तरह का कोई सवाल न पूछोगे! मैं तुम्हारा कोई मेहमान नहीं हूँ!—मुन्नी ने कठोरता से कहा।

मन्ने अवाक्, ज़रा देर बाद बोला—ऐसा तुम क्यों कहते हो?

—मैं बिलकुल ठीक कह रहा हूँ। मेरे चक्कर में तुम बिलकुल न रहो। मैं कोई बच्चा नहीं हूँ। तुम अपना काम देखो।—उसी लहजे में मुन्नी बोला।

—यह क्या हुआ है तुम्हें?—चकित मन्ने ने पूछा।

—कुछ नहीं हुआ है,—जो मुन्नी के मन पर आज गुज़री थी, वह कोई बताने की चीज़ न थी। फिर सहसा वह सम्हल गया। यह क्या कर रहा है वह? बोला—अगर तुम चाहते हो कि मैं तुम्हारे साथ रहूँ, तो जैसे मैं चाहूँ रहने दो।

मुन्नी को यह अचानक क्या हो गया, मन्ने के लिए समझना मुश्किल था। इस तरह का व्यवहार तो उसने कभी भी न किया था। मन्ने का मुँह लटक गया। वह ख़ामोश हो गया।

मुन्नी निखहरे पलँग पर लेट गया। मन्ने सिर झुकाये बैठा रहा। ख़ामोशी छायी रही।

•

एक महीने तक यह ख़ामोशी न टूटी। मुन्नी की हालत देखने लायक़ हो गयी थी। दाढ़ी बढ़ी हुई, मुँह लटका हुआ, आँखों में उदासी, चिन्ता और निराशा। वह कोई बात न करता। जाने दिन-भर कहाँ रहता। शाम को वापस आता तो एक-न-एक किताब साथ लाता और रात में देर-देर तक पढ़ता रहता और फक-फक बीड़ी खींचता। मन्ने का मन कटता रहता। उसकी हालत देखकर वह अन्दर-ही-अन्दर रोता, लेकिन कुछ कहने की, पूछने की उसकी हिम्मत न होती। शाम को वह उसका इन्तज़ार करता रहता, आता तो कहता, चलो खाना खा लो।

मुन्नी कहता—मैं खाना खाकर आया हूँ।

और फिर ख़ामोशी छा जाती।

मुन्नी सुबह नहा-धोकर जाने लगता, तो मन्ने नाश्ते के लिए पूछता। मुन्नी उसकी ओर एक क्षण के लिए देखता और कहता—नाश्ता मैं नहीं करता,—फिर अपने हाथ की किताब उसकी ओर बढ़ाकर कहता—यह किताब पढ़ोगे?

मन्ने किताब ले लेता और मुन्नी चला जाता।

वे किताबें एंगिल्स, मार्क्स, लेनिन या स्तालिन की हुआ करतीं। एक दिन उसने देखा, तो एक किताब पर 'यूथ लीग स्टडी सर्किल' की मुहर लगी थी। उसकी बड़ी इच्छा हुई कि वह वहाँ जाय और देखे कि वह कैसी संस्था है, जहाँ मुन्नी जाता है

और जहाँ से ऐसी-ऐसी किताबें लाता है।

लेकिन उसी दिन शाम को जब मुन्नी लौटा, तो बोला—मैं कल जा रहा हूँ।

—कहाँ?—मन्ने ने चकित होकर पूछा।

—मद्रास।

—क्यों ? क्या बात है, मुझे बताओ, इतनी दूर...

—वहाँ एक नौकरी मिल गयी है।

—कैसी नौकरी!

—'समाज सेवा आश्रम' नामक वहाँ कोई संस्था है, हिन्दी पढ़ाने का काम है। वेतन मिलेगा तीस रुपया।

—तीस रुपया और मद्रास?

—नौकरी नहीं है, कहते हैं, सेवा है, समाज की सेवा, राष्ट्रभाषा की सेवा!—और मुन्नी ज़ोर से ठहाका लगाकर हँस पड़ा।

बहुत दिनों के बाद वह हँसा था। मन्ने को ऐसा लगा, जैसे कोई बुत अचानक हँस पड़ा हो। वह उसकी ओर आश्चर्य से देखता रहा।

—इस तरह क्या देखते हो? मैं आज ख़ुश हूँ। चलो, आज साथ-साथ खाना खायेंगे। कहते हैं, ऐसा सेवा-कार्य, जिसमें उदर-पोषण की भी व्यवस्था हो, किसी को सौभाग्य ही से मिलता है!—और वह फिर हँस पड़ा।

लेकिन खाना उन दोनों में से किसी से भी न खाया गया। उठकर कमरे में चले आये।

मन्ने ने कहा—तो कल ही चले जाओगे?

—हाँ, टिकट और राह-ख़र्च मिल गया है।

—माँ-बाप से मिलने घर नहीं जाओगे? इतनी दूर जा रहे हो...

मन्ने सोचता था, माँ-बाप इस मामूली नौकरी पर उसे इतनी दूर न जाने देंगे।

—नहीं, अब तो सीधे मद्रास जाना है।

—सुनेंगे तो वे क्या सोचेंगे?

—कुछ नहीं सोचेंगे। बल्कि ख़ुश ही होंगे, कुछ तो काम कर रहा हूँ!

—नहीं, तुम मिलकर जाओ, जाने फिर कब आना हो।

मुन्नी को भी इसका ख़याल था, लेकिन उसे डर भी था कि कहीं वे उसे रोक न लें और अब वह रुकनेवाला न था। बोला—इन बातों में क्या रखा है?...पिछले कुछ महीनों के अनुभवों ने मुझे ऐसी कठोर धरती पर ला पटका था कि हर चीज़ से मेरी आस्था ही उठी जा रही थी। दोस्त, माँ-बाप, भाई-बहन...संसार, संसार के

रिश्ते, जीवन, जीवन के आदर्श...जैसे सब-कुछ थोथे हों, कहीं कुछ न हो। एक मैं अकेला था, जंगल के अन्धकार में घिरे हुए एक मुसाफ़िर की तरह, जिसे कोई रास्ता न मिल रहा हो। चीख़ना बेकार था, क्योंकि कोई सुननेवाला न था। आँखों के सामने छाया हुआ अन्धकार, लगता था, जैसे अब मुझे लीलकर ही दम लेगा!...ओह, बेकारी कितना बड़ा अभिशाप है! यह इन्सान को मुर्दा बना देता है!....यह अच्छा हुआ कि मैं तुम्हारे कारण यहाँ आ गया। उस संयोग को भी मैं कभी न भूलूँगा, जिससे यूथ लीग से मेरा सम्पर्क हुआ। उसका मन्त्री बहुत ही अच्छा आदमी है। वह मुझे पढ़ने को किताबें देता था, मुझसे बातें करता था। किताबें पढ़ने और उसकी बातों से ही अपनी परिस्थिति का ज्ञान मुझे हुआ, मुझे मालूम हुआ कि यह जंगल क्या है, यह अन्धकार क्या है, और मैं क्यों यहाँ घिर गया हूँ। मुझे मालूम हुआ कि यह जंगल बहुत बड़ा है, यह अन्धकार चारों ओर फैला हुआ है और यहाँ लाखों-करोड़ों लोग मेरी ही तरह घिरे हुए हैं। इन लाखों-करोड़ों को, जो अलग-अलग घिरे हुए हैं और जो यह समझे हुए हैं कि वे अकेले ही हैं, अगर यह अहसास हो जाय कि वे लाखों-करोड़ों हैं, जिनकी स्थिति एक है, जिनका मार्ग, मुक्ति-मार्ग एक है, लक्ष्य एक है और वे अपना हाथ बढ़ाकर एक-दूसरे का हाथ थाम लें और आगे बढ़ें तो यह जंगल साफ़ हो सकता है, यह अन्धकार दूर हो सकता है, यह परिस्थिति बदली जा सकती है...अपने ही जैसे लाखों-करोड़ों का अहसास...तुम समझ सकते हो, यह कितनी बड़ी शक्ति है...जैसे अकेले अपने में ही करोड़ों की शक्ति का अहसास!...यह एक ऐसी किरण है, जिससे सूरज की आँखें भी चौंधिया जायँ!...उसी मन्त्री ने मेरी इस नौकरी की व्यवस्था की है। सुनकर मुझे हँसी आये बिना न रही। सोचकर मुझे अब भी हँसी आती है। लेकिन उसने कहा, यह तो एक आवश्यक आधार है, जनता और काम कहाँ नहीं हैं। तुम जाओ! सेवा-कार्य और उदर-पोषण हमारी व्याख्या नहीं है, वह तो उनकी है, जिन्होंने आदमी माँगा है और जो चाहते हैं कि इस सुनहरी व्याख्या से आदमियों के दिलों में लगी हुई आग बुझ जाय। फिर भी उसका उपयोग तो हम अपने ही क्षेत्र की तरह करेंगे।

गाड़ी के समय से कुछ पहले ही वे स्टेशन पहुँच गये। थोड़ी देर तक वे ख़ामोश प्लेटफ़ार्म के शोर में टहलते रहे। फिर अचानक मुन्नी को जाने क्या हुआ कि वह बोला—मैं घर होकर ही जाऊँगा। चलो, टिकट बदल लें।

मन्ने की समझ में मुन्नी की बहुत-सी बातें आज न आ रही थीं। एक ऐसी ही बात यह भी थी। मन्ने के दिल-दिमाग़ में तो आज एक ही बात गूँज रही थी, मुन्नी जा रहा है, दूर, बहुत दूर! जाने फिर कब मिले, मिले, न मिले...वह अपनी बातें ही लिये हुए गोता लगा रहा था, मुन्नी की बातें उसकी समझ में कैसे आतीं!

लेकिन उसने उसकी यह बात सुनी तो जैसे उसका सिर धारा से ऊपर आ गया। एक आशा की कौंध से उसकी आँखें चमक उठीं। बोला—मैंने तो कितनी बार कहा...

—क्या करें, मन नहीं मानता। यह मन...—और वह चुप हो गया, जैसे आगे की बात कहने के लिए भाषा में शब्द ही न हों और उसने बढ़कर बेंच पर से अपना तह किया हुआ दरी-तकिया उठा लिया।

घर से उसका एक संक्षिप्त पत्र आया। उसकी एक-एक बात मन्ने को आज भी याद हैं—

...सुनकर बाबूजी ने आँख न मिलायी।

कल चला जाऊँगा।

आज शाम को बाबूजी फूट पड़े—यह तो वही हुआ न, जैसे दशरथजी ने राम को वन भेज दिया!...

माई की मैं क्या लिखूँ....

दूसरा भाग

पढ़े फ़ारसी बेचे तेल, देखो जी क़ुदरत्त का खेल!

गाँव के हर आदमी की ज़बान पर यही फ़िक़रा था। जब भी किसी की नज़र मन्ने पर पड़ जाती, अनायास यह फ़िक़रा उसके होंठों पर आ जाता। मन्ने सुनता तो मन-ही-मन झुँझला उठता। बाबू साहब सुनते तो मन-ही-मन कटकर रह जाते। मन्ने ने कब सोचा था कि इतना पढ़-लिखकर भी आख़िर उसे गाँव में ही सड़ना पड़ेगा, सब पढ़ना-लिखना बेकार हो जायगा। बाबू साहब ने कब सोचा था कि मन्ने की यह गति होगी। उन्होंने तो सोचा था, उनकी तो जीवन की सबसे बड़ी साध थी कि मन्ने पढ़-लिखकर एक दिन कोई बड़ा अफ़सर बनेगा, किसी शहर में शानदार बँगले में रहेगा, मोटर पर चढ़ेगा, बड़ा रोब होगा, बड़ा रुतबा होगा, बड़ा मान होगा, बड़ी ठाठदार ज़िन्दगी होगी। लोग देखेंगे, तो अदब से सिर झुकायेंगे। चारों ओर प्रशंसा होगी। चारों ओर से बड़े-बड़े ख़ानदानों से उसकी शादी के रिश्ते आयेंगे। बड़ी धूम-धाम से उसकी शादी होगी। बाबू साहब साफ़ा बाँधकर, हाथी पर चढ़कर, अल्लम-बल्लम, बाजे-गाजे और आतिशबाज़ियों के साथ बारात के आगे-आगे, मन्ने के पिता की तरह जायेंगे और लौटने पर मन्ने से कहेंगे—बेटा, अब तुम्हारा सब-कुछ ठीक हो गया। तुम अफ़सर बन गये, तुम्हारी शादी हो गयी, तुम्हारी ज़िन्दगी सुधर गयी, तुम्हारा भविष्य सँवर गया। अब मेरे करने को कुछ भी शेष न रह गया। अब मुझे छुट्टी दो, कुछ रामभजन करूँ।....—बाबू साहब उस अवसर पर मन्ने को सदा की तरह आप न कहकर तुम कहेंगे और बेटा कहकर पुकारेंगे!

और मन्ने ने सोचा था कि पढ़-लिखकर जब उसे कोई अच्छी नौकरी मिल जायगी, तो वह बाबू साहब से कहेगा—अब्बा, मैं जो-कुछ बना हूँ, आप ही ने बनाया है। आपने मेरे लिये जो-कुछ किया है, उसे मैं एहसान का नाम दूँ, तो मेरे-जैसा कोई नाअहल बेटा नहीं। अब मैं अपने-पैरों पर खड़ा हो गया। आपकी कृपा से अब मुझे कोई कमी नहीं। अब आप इस ज़मीन-जायदाद को अपना ही समझिये, इससे मेरा कोई मतलब नहीं। आपने मुझे जो दिया है, वही मेरे लिये ज़रूरत से ज़्यादा है। अब्बा, ना न कीजिये! मैं आपको कुछ दे रहा हूँ, ऐसा न समझिये। आपके ऋण से जीवन-भर मैं उऋण न हो पाऊँगा!...—मन्ने सदा की तरह इस अवसर पर उन्हें बाबू साहब न कहकर अब्बा कहेगा और उनके चरणों की रज माथे से लगायेगा।

लेकिन वह अवसर ही न आया। दोनों ताकते-के-ताकते रह गये। घटनाएँ कुछ इस तरह घटीं कि दोनों की आशाएँ मिट्टी में मिल गयीं।

कोई ऐसा दिन न जााता, जब मन्ने एक-न-एक बार अपने अतीत को स्मरण न करता। यह कुछ वैसा ही था, जैसे कोई रोगी अपने बिस्तर पर पड़ा-पड़ा अपने स्वास्थ्य के दिनों को याद करता है और बराबर यह सोचने का प्रयत्न करता है कि कब और कैसे वह इस रोग के चंगुल में फँस गया।

मन्ने को याद आता है...इण्टरमीडिएट के पहले वर्ष के अन्त में कॉलेज-पत्रिका का वार्षिक अंक निकला था। उसमें सबसे दिलचस्प जो चीज़ थी, वह यह कि दूसरे वर्ष के छात्रों और पहले वर्ष के कुछ प्रमुख छात्रों को उपाधियाँ मिली थीं। इस सूची में मन्ने का भी नाम था। उसे उपाधि मिली थी 'हिन्दी-उर्दू के बीच की कड़ी'।

दूसरे वर्ष के अन्त में पत्रिका के वार्षिक विशेषांक में उसे उपाधि मिली थी, 'साहित्य : मेरा भविष्य!'

बी० ए० के प्रथम पर्ष में उसे 'भावी नेता' की उपाधि मिली थी और दूसरे वर्ष में 'उज्ज्वल भविष्य' की। एम० ए० प्रथम वर्ष में उसे 'महान् पार्लियामेण्टेरियन' की उपाधि मिली थी और दूसरे वर्ष...दूसरे वर्ष की कहानी बड़ी दर्दनाक है...शायद वहीं, शायद वहीं मन्ने इस रोग के चंगुल में फँसा था...लेकिन नहीं, शायद उससे पहले, बहुत पहले ही रोग का एक कीटाणु...

•

इण्टरमीडिएट दूसरे वर्ष की परीक्षा देकर वह गर्मी की छुट्टियों में घर आया था। तीन-चार दिन तक तो वह ख़ूब सोया, दिन सोया, रात सोया, जैसे महीनों से वह सोया ही न हो, हरदम उसकी आँखों में नींद भरी रहती। जब परीक्षा के कड़े परिश्रम की थकान मिटी, होश-हवास दुरुस्त हुए, तो उसके ध्यान में आया कि बाबू साहब कुछ उदास हैं, उखड़े-उखड़े-से मालूम होते हैं। इस बीच वह उनसे कई बार मिला था, लेकिन कोई विशेष बात न हुई थी, उनकी ओर उसने ध्यान से देखा भी न था। बाबू साहब ने भी हर बार यही कहा था—आप आराम कर लीजिये। फिर बातें होंगी। आप बहुत थके हुए मालूम होते हैं।

खण्ड के जिस कमरे में अब्बा की चारपाई पड़ी रहती थी, वह बहुत ही छोटा और बिलकुल किसी किसान की कोठरी की तरह था। मन्ने जब भी छुट्टियों में घर आता था, इसी कमरे में, अब्बा की चारपाई पर ही बैठकर ज़मीन-जायदाद का काम देखता था। जो कोई मिलने आता, उसी कमरे में वह उससे मिलता। मन्ने के पास आने-जाने-वालों की संख्या काफ़ी थी। दूर-दूर से स्कूल या कॉलेज के साथी उससे

मिलने आते, रिश्तेदारों में तो बराबर कोई-न-कोई आता ही रहता। कानूनगो, थानेदार या पटवारी उस हलक़े में आते, तो उसी के यहाँ ठहरते, गाँव के लोग और असामी वग़ैरह तो थे ही। मन्ने सबकी ख़ातिर करता, सबसे बातें करता। अब उसकी मिलनसारी और मधुरता की प्रशंसा करते।

बाबू साहब ने देखा कि यह कमरा अब मन्ने के लायक़ नहीं रहा। मियाँ की बात दूसरी थी, वे किसी से मिलना-जुलना ज़्यादा पसन्द न करते, कभी-कभार ही उनके पास कोई दिखायी देता। रिश्तेदारों से भी वे कोई ख़ास मतलब न रखते थे। लेकिन अब वैसा न था। मन्ने जब तक रहता, एक भीड़-सी लगी रहती। गाँव के लोगों का ही नहीं रिश्तेदारों और उसके सभी परिचितों का ख़याल था कि मन्ने बहुत पैसेवाला है, शायद यही कारण हो कि लोग उससे उसी तरह चिपटे रहते थे, जैसे गुड़ के ढेले से चींटे।

जो हो, लेकिन बाबू साहब ने उस कमरे की बग़ल में, सामने का हिस्सा तोड़वाकर एक अच्छा-सा कमरा बनवा दिया था। सामने एक दरवाज़े के दोनों ओर बड़े-बड़े जँगले और आँगन में खुलता एक दरवाज़ा। एक अच्छा पलँग, एक बढ़िया तख्त, चार कुर्सियाँ और दो स्टूल भी उस कमरे के लिए उन्होंने बनवा दिये थे।

बाबू साहब चाहते थे कि गर्मियों की छुट्टी में मन्ने के आने के पहले ही यह कमरा मुक़म्मिल हो जाय, लेकिन आख़िरी समय, जब दीवारों पर करनी चलनी थी, एक ऐसी बात हो गयी कि वह काम रह ही गया, बाबू साहब की दिलचस्पी जैसे अचानक ही जाती रही। वे खिन्न हो उठे।

सुबह का समय था, उसी कमरे में पलँग पर मन्ने बैठा था और सामने के तख्त पर बाबू साहब।

मन्ने ने कहा—बाबू साहब, यह कमरा आपने बनवा दिया, बहुत अच्छा किया। बैठने-उठने के लिए एक कमरे की बहुत ज़रूरत थी।

बाबू साहब सिर झुकाये ख़ामोश बने रहे।

मन्ने ने थोड़ी देर तक उनके बोलने का इन्तज़ार किया, उन्हें ध्यान से देखता रहा। फिर दीवारों को देखते हुए बोला—बस, एक ही काम इसमें बाक़ी रह गया है। करनी चल जाय और सफ़ेदी हो जाय, तो कमरा हँस उठे। फिर अब्बा के कमरे में जो सुभाषित लगे हुए हैं, उन्हें इसी कमरे में लाकर टाँग दूँ।

बाबू साहब वैसे ही चुप्पी साधे रहे।

मन्ने को अबकी उनकी चुप्पी खटकी। उसने उनके चेहरे से भाँपने की कोशिश की, लेकिन किसी बात की सुनगुन हो, तब तो कुछ समझ में आये। वह फिर बोला—यह दो दिन में तो हो जायगा न, बाबू साहब? आप यह भी करा दीजिये।

अबकी सिर नीचे किये ही बाबू साहब बोले। उनके स्वर में एक अजनबीपन, एक खीज की गन्ध-सी थी—अब तो आप आ ही गये हैं, करा लीजिये।

बाबू साहब की यह बात! तीन बरसों के साथ में यह पहली बार बाबू साहब के मुँह से ऐसी बेलस की बात निकली थी। मन्ने एकदम सन्नाटे में आ गया। वह बड़ी देर तक अनबूझ आँखों से बाबू साहब का झुका चेहरा देखता रहा। लेकिन बाबू साहब ने अपनी आँखें न उठायीं। उनका नथुना फड़क-सा रहा था। आख़िर मन्ने जैसे अबस होकर बोला—बाबू साहब!—और आगे बोलने के लिए जैसे उसके पास कोई शब्द ही न हो, उसका गला बैठ गया।

बाबू साहब ने अबकी सिर उठाया, लेकिन मन्ने से जैसे वे आँख ही न मिलाना चाहते हों। रूखे स्वर में बोले—भर पाये बाबू साहब!

कोई बहुत ही गम्भीर बात है, वर्ना बाबू साहब इस मुद्रा में! उनके मुँह से ऐसी बात! जिन बाबू साहब ने उसे पुत्रवत् समझकर, उससे बड़े होकर भी कभी उसे आज तक तुम कहकर नहीं पुकारा; जिन बाबू साहब का साया उसके सिर पर न होता, तो जाने आज वह क्या होता; जो बाबू साहब सदा उसके उज्ज्वल भविष्य के सपने देखते रहते हैं; जो बाबू साहब उसे लेकर ही अपना घर-द्वार, काम-काज त्यागकर उसके द्वार पार धूनी रमाये बैठे हैं, वही, बाबू साहब आज ऐसी बात कहें, ऐसे स्वर में! ज़रूर कोई बहुत ही गम्भीर बात हुई है, कुछ अनहोनी घटी है।

अब मन्ने के सिर झुकाने की बारी थी, जैसे उसी से कोई अक्षम्य अपराध हो गया हो। आँखें नीचे गाड़े ही मन्ने काँपते स्वर में बोला—आपको अब्बा की सौगन्ध! बाबू साहब, पूरी बात कहिये! अगर मुझसे कोई ग़लती हुई हो...अगर मैंने आपकी शान के ख़िलाफ़ कुछ कहा-किया हो...

—आप करें या आपके असामी, उसमें क्या फ़र्क पड़ता है?—तेज़ आवाज़ में जैसे बाबू साहब फट पड़े—आपका काम क्या हमने इसलिए सम्हाला है कि भर-चमार भरे बाजार में मेरा पानी उतारें?

—क्या हुआ? किसने आपका अपमान करने का साहस किया?—बात समझते ही मन्ने की पस्ती जाती रही। वह तैश में आकर बोला—आपका अपमान मेरा अपमान है, बल्कि मेरे अब्बा का अपमान है! किसकी शामत आयी है, आप बताइये तो! मैं तो ख़्वाब में भी नहीं सोच सकता कि मेरा कोई भी आदमी आपसे आँखें तक मिलाने का साहस करेगा!....बाबू साहब, मुझे दुःख इस बात का है कि आप अब तक ख़ामोश क्यों रहे, आपने उस कमबख़्त को ज़िन्दा क्यों छोड़ा? आप मेरे अब्बा की जगह पर हैं, अब्बा की सारी ताक़त आपके हाथ में है। मुझे बेहद अफ़सोस है कि आप ख़ुद मुझसे यह बात कहते हैं! बताइये, वह कौन बदमाश है, उसने कौन-सी बेहूदा हरकत की है?

बाबू साहब का चेहरा सुर्ख़ हो रहा था, ग़ुस्से के मारे उनके नथुने फड़क रहे थे, आँखें उबल-सी रही थीं। बोले तो जीभ लटपटा रही थी।

मन्ने की पढ़ाई के ख़र्च के लिए अब्बा के वक़्त ही से बीस मातबर, ख़ैरख़्वाह, स्वामिभक्त असामी चुनकर रख छोड़े गये थे। अब्बा के रजिस्टर में एक ख़ास जगह उनके नामों की सूची थी और उनमें से हर एक के बारे में नोट लिखे हुए थे, जिनमें उनकी ख़ैरख़्वाही और मातबरी का वर्णन किया गया था कि ये ख़ास आदमी हैं, इनके साथ पुश्तों के ताल्लुक़ात हैं, ये हमेशा वक़्त पर काम आते हैं, इनका बराबर ख़याल रखा जाय और जब भी, जो भी ज़रूरत इन्हें पड़े, इनकी हर तरह मदद की जाय, इन्हें हमेशा अपना आदमी समझा जाय और इनके साथ अपनों-सा व्यवहार किया जाय।

इनमें से हर आदमी के आगे महीने के नाम लिखे थे और रुपये की एक रक़म लिखी थी।

बाबू साहब का अब तक का अनुभव था कि जब जिस असामी की बारी आती, वह उस महीने की पहली तारीख़ को अपनी रक़म बाबू साहब के यहाँ आप ही जमा कर जाता और बाबू साहब दूसरे दिन वह रक़म मन्ने को मनीआर्डर कर देते। इसमें कभी कोई दिक़्क़त पेश न आती, कभी कोई व्यवधान न पड़ता, जैसे हर असामी इसको अपना सबसे बड़ा और पहला फ़र्ज़ समझता हो और उसे पूरा करना सबसे अधिक आवश्यक। अब्बा का यह पक्का इन्तज़ाम मन्ने की पढ़ाई की गारण्टी था और यह इस तरह चलता था कि किसी ग़ैर को या गाँव के दूसरे लोगों को इसका बिलकुल पता न था।

मई की पहली तारीख़ को जमुना भर की बारी थी। बाबू साहब कमरा बनवाने में रात-दिन एक किये हुए थे। दस मई को मन्ने आनेवाला था। बाबू साहब की उत्कट इच्छा थी कि उसके आने के पहले वह कमरा बिलकुल तैयार हो जाय।

शाम हो गयी, तो उन्हें एकाएक ख़याल आया कि आज पहली तारीख़ है और रुपया नहीं आया। रुपया तो सुबह ही आ जाना चाहिए था, ऐसा ही हमेशा से होता आया है। क्या बात हुई कि आज रुपया अभी तक नहीं आया? वे चिन्तित हो उठे। उन्होंने मज़दूरों को छुट्टी दी, कल के लिए ताक़ीद की और खण्ड के सहन में ही चारपाई डालकर बैठ गये।

बिलरा गगरे में पानी भरकर लाया और बाबू साहब से नहा लेने के लिए कहा।

बाबू साहब ने कहा—अभी ज़रा रुक जा। एक आदमी का इन्तज़ार है।

बाबू साहब के हाथ में पैसा नहीं। यह दौनी का समय था, किसान खलिहान उठने पर ग़ल्ला बेचेंगे तो लगान की वसूली शुरू होगी, तब पैसा-ही-पैसा हो जायगा।

जमुना की बारी है, वह मातबर आदमी है। कभी आज तक उसने गड़बड़ नहीं की। अबकी उसे क्या हो गया? कहीं भूल तो नहीं गया है? आजकल किसानों का होश कहाँ ठिकाने रहता है, खुले खलिहान में पड़ा धन जब तक घर में न आ जाय, न दिन चैन, न रात नींद।

उन्होंने बिलरा को पास बुलाकर पूछा—जमुनवा गाँव में तो है?

बिलरा भी भटोलिया (भर-टोली) का ही रहनेवाला है। बोला—है तो गाँव में ही। बाकी का बतायी, बेचारा बड़ा परेसान है। एक ही तो लड़का है उसके, वह आज पनरह-बीस दिन से बुखार में पड़ा है। बुखार उतरने का नाम ही नहीं लेता, आँख नहीं खुलती, बिलकुल लट गया है। क़स्बे के हकीम की दवा करा रहा है। गाँव-क़स्बा एक किये है। कई बार हकीमज़ी आकर देख गये हैं। लेकिन कोई फ़ायदा नहीं हो रहा। दोनों बेकत के चेहरे पर हवाई उड़ रही है। दौनी का बख़त है, बड़ी बेकसी में पड़े हैं।

बाबू साहब का माथा ठनका, तभी तो, तभी तो! लेकिन चारा क्या है? बोले—ज़रा उसको बुला तो ला।

बिलरा ने लौटकर बताया—जमुना क़स्बा गया है। उसकी औरत से कह आये हैं।

बाबू साहब की चिन्ता बढ़ गयी। छुट्टी होनेवाली न होती, तो कुछ देर-सबेर भी रुपया जाता। लेकिन अब काम कैसे चलेगा?...जाने किसका-किसका देना होगा? कहीं जमुना सच ही रुपया न लाया, तो कैसे बनेगा?...फिर दूसरा ख़याल आया, नहीं, ऐसा नहीं हो सकता। जमुना ने रुपया अलग छोड़ रखा होगा। वह जानता है कि उसका रुपया किस काम आता है। वह ग़फलत नहीं कर सकता, वह ज़िम्मेदार आदमी है, कभी उसने धोखा नहीं दिया।...अगर कोई बात होती, तो ज़रूर कह जाता।

नहा-धोकर वे बड़ी देर तक वहीं चारपाई पर बैठे-बैठे जमुना का इन्तज़ार करते रहे। बैठे-बैठे थक गये, तो अँगौछा सिरहाने रख लेट गये। पुरवा रसे-रसे बह रहा था। दिन-भर की थकी देह अलस रही थी। रह-रहकर आँखें झिप जाती थीं। फिर भी वह ज़रा-ज़रा देर बाद की पगडण्डी की ओर देख लेते थे। किसी के आने की आहट होती, तो तुरन्त उठकर बैठ जाते थे।

जमुना न आया, बिलरा बैलों को नाँदों से उकड़ाकर, सार का दरवाज़ा बन्द कर, बाबू साहब की चारपाई के पास आ ज़मीन पर बैठ गया। बाबू साहब अपने घर चले गये होते, तो वह भी अब खाने-पीने घर जाता। लेकिन अब मालिक के रहते वह कैसे चला जाता? जाने कौन काम पड़ जाय? फिर भी अब बैठना उसे खल रहा था। दिन-भर का थका माँदा, दोपहर को आध सेर सत्तू घोलकर खाया था, भूख चमक

आयी थी और पेट में मीठी-मीठी-सी चुभन हो रही थी। काम पूरा हो जाने पर एक मिनट भी रुकना काट खाता है। अभी नहाना-धोना बाक़ी ही था।

बड़ी देर तक बाबू साहब सुगबुगाये नहीं, तो आख़िर वही बोला—मालूम होता है, जमुनवा अभी क़स्बे से नहीं लौटा। हकीम-डागदर की बात ठहरी, कहीं मरीज देखने चले गये होंगे और जमुनवा उनकी राह देख रहा होगा। लौटा होता तो अब तक ज़रूर आ गया होता।

बाबू साहब ने कहा—तू जाकर एक बार और देख आ, काम बड़ा ज़रूरी है!

कसमसाकर उठते हुए बिलरा बोला—हम तो कहते थे, आप दिन भर के थके-हारे हैं, घर जाकर खा-पीकर आराम करते। जमुनवा जैसे ही लौटेगा, हम उसे आपके घर ही भेज देंगे।

—नहीं, तुम अभी आकर हमें ख़बर दो, फिर जाना। तुम समझते नहीं, कितना ज़रूरी काम है।—बाबू साहब उठकर बैठते हुए बोले—जाओ, देर मत करो।

बिलरा चला गया, तो बाबू साहब फिर लेट गये। उनकी चिन्ता बढ़ गयी थी, फिर भी थकान और नींद के मारे अब वह ठीक तरह से कुछ सोच न पा रहे थे। रात काफ़ी गुज़र चुकी थी। हवा तेज़ हो गयी थी। लोगों की आवा-जाही बन्द हो गयी थी। सार से रह-रहकर बैलों की गहरी-गहरी साँसें फों-फों के स्वरों में सुनायी पड़ जाती थीं। बाबू साहब की नाक कब बजने लगी, उन्हें नहीं मालूम।

बिलरा लौटा, तो बाबू साहब को उस दशा में देखकर उसका सारा क्षोभ जाता रहा। बेचारे थके-हारे, भूखे-प्यासे निखहरी चारपाई पर सो रहे हैं। किसके लिए ये अपनी देह को साँसत में डाले हुए हैं? न हीत-परीत, न कुछ मिलना-न जुलना। अपना घर-बार छोड़कर दूसरे के लिए इस तरह कौन फकीर होता है?

वह बोला—सरकार!

बाबू साहब ऐसे चिहुँककर उठ बैठे, जैसे सोकर उन्होंने कोई अपराध कर दिया हो। खाँसकर बोले—नहीं आया क्या?

—आ गया है। कहा है, कल भोरे मुलाकात करेगा। लड़के की हालत अच्छी नहीं है। औरत रो रही है।—कहते हुए बिलरा ज़मीन पर बैठ गया।

बाबू साहब ज़रा देर ख़ामोश रहकर बोले—अच्छा, तू जा।

—आप उठें तो चारपाई अन्दर रखके ताला लगा दें,—बिलरा बोला—आपको भी आज बड़ी बेर हो गयी।

—अब आज यहीं सो रहेंगे। देह अलसा गयी है। जाने को मन नहीं करता। हमारी गोजी सिरहाने रख दे, ताला बन्द करके चाभी दे दे।—कहते हुए बाबू साहब फिर लेट गये।

—और खाना-पीना?—बिलरा ने चिन्ता प्रकट करते हुए कहा—ऐसे ही सो रहेंगे का?

—हाँ,—आँख मूँदते हुए बाबू साहब बोले—कुछ खाने-पीने को मन नहीं करता।

—ऐसे ही कैसे सो जायेंगे?—बिलरा ने ज़ोर देकर कहा—कहिये तो दयाल हलवाई के यहाँ से पूड़ी बनवाकर ला दें।

—नहीं, तू अब जा। हम सिर्फ़ सोयेंगे। अब कल देखा जायगा।—कहकर बाबू साहब ने करवट बदल ली।

—ई तो अच्छा नहीं लगता, सरकार, कि आप बिना खाये-पिये ही सो जायँ। ...न हो, कुछ मर-मिठाई ही ला दें।

—नहीं, कुछ भी मन नहीं करता। तू जा, हमें सोने दे।

मन मसोसकर बिलरा रह गया। गोजी लाकर सिरहाने दीवार से टिका दी और दरवाज़े में ताला लगा, चाभी बाबू साहब के हाथ में थमाकर बोला—तो जायँ?

—हाँ, सुबह ज़रा जल्दी आना। न हो, जमुनवा की ओर से होते आना।

—बहुत अच्छा।

बिलरा चला गया।

बाबू साहब के मन में आया कि ख़ुद वह उसी वक़्त जमुना के वहाँ जायँ और समझ लें कि क्या बात है। लड़का बीमार है, तो क्या उसके पास यहाँ आने का भी समय नहीं?..लेकिन फिर यह सोचकर कि जो हो, रात को तो कुछ होगा नहीं। सुबह, जैसा होगा, देखा जायगा। नींद का हमला बहुत तेज़ था। दिमाग़ कुछ काम न दे रहा था। उन्होंने सो जाना ही ठीक समझा।

सुबह की सफ़ेदी अभी धपी ही थी कि बिलरा उठ बैठा। रात उसे अच्छी नींद नहीं आयी थी। रह-रहकर बाबू साहब के बेखाये-पिये सो रहने की बात उसके मन में कसक उठती थी। उसके घर में घी और आटा होता, तो वही पूड़ी छनवाकर बाबू साहब को खिला आता। मोटे, उसिने चावल का भात और अरहर की पतली दाल रात उसके गले में अटक-अटक गयी थी। औरत ने कई बार उससे पूछा था—ई का हुआ है तुम्हें? कौर-कौर पर लोटा-लोटा भर पानी चढ़ा रहे हो?

—कुछ नहीं, अनतिया की माई।...बाबू साहब आज बेखाये-पिये सो गये।—बिलरा ने न जाने कैसा मुँह बनाकर कहा—बड़ा मोह लगता है। ऐसा बेलौस आदमी हमने नहीं देखा। दूसरे पर अपने को निछावर करना इसी को कहते हैं!

—घर काहे नहीं गये? हमारे यहाँ की रसोई खाते तो...

—अरे, हमारे यहाँ की कच्ची रसोई वह कैसे खायेंगे? घी-आटा होता...

—घी तो सूँघने के लिए भी नहीं है! आटा तो पैंचा माँग भी लाती।...लेकिन अब तो गाँव में सोता पड़ गया है।

—जाने दो, ई तो मन में एक बात उठी थी। उनको खाना होता तो हमने तो हलवाई के यहाँ से बनवाकर लाने को कहा था। उन्होंने ही मना कर दिया। जाने दे, कभी-कभी ऐसा होता है कि सब-कुछ रहते हुए भी मुँह में दाना नहीं पड़ता।

—जाने, किसका मुँह आज देखा था बेचारे ने!

फिर रात-भर बिलरा इसी बात को लेकर अपनी नींद ख़राब करता रहा, इसे क्या कहा जाय! थोड़ी देर पहले ही ज़रा देर होने की सम्भावना देख वह बाबू साहब पर क्षुब्ध हुआ था और उसके थोड़ी देर बाद ही उसका हृदय उनके लिए पानी-पानी हो उठा था। हमारे यहाँ कितने लोग बेखाये-पिये नहीं सो जाते! कौन किसके लिए अपनी नींद ख़राब करता है, दर्द महसूस करता है? बिलरा-जैसे लोगों के लिए तो यह साधारण-सी बात है। बेचारों की ज़िन्दगी में जाने कितने ऐसे दिन आते-जाते रहते हैं। फिर उस छोटी-सी, साधारण बात के लिए बिलरा-जैसे छोटे, साधारण इन्सान को इतनी बड़ी परेशानी क्यों? काश, बाबू साहब भी उसी की तरह छोटे, साधारण इन्सान होते!...

बिलरा की यह मूक, अप्रकट भावना क्या बाबू साहब-जैसे लोगों तक कभी पहुँचेगी? यह वही बाबू साहब तो हैं, जो उससे काम लेने में ज़रा भी रू-रियायत नहीं करते, उसकी सुविधा-असुविधा का कभी ख़याल नहीं करते, ज़रा-ज़रा में उसे डाँट देना गाली दे देना तो साधारण-सी बात!

वह उठकर जमुना के पास पहुँचा। जमुना बाहर ज़मीन पर अँगौछा बिछाकर, कमर में धोती लपेटे सोया पड़ा था। गैंडे की तरह मज़बूत, मूरत की तरह सुडौल और सूअर की तरह काला उसका शरीर धरती पर ऐसा लग रहा था, जैसे गड़हे में भैंसा बोह ले रहा हो। सों-सों उसकी नाक बज रही थी।

बिलरा के जी में आया कि वह उसे उसी तरह सोया छोड़ दे। कैसा निचिन्त पड़ा है। जाने कब सोया हो!

उसने घर के दरवाज़े की ओर नज़र उठायी। एक पल्ला उढ़का था और दूसरा खुला। अन्दर अन्धकार छाया था। उसने पास जाकर झाँका। खटोले पर लड़का शायद सो गया था। नीचे धरती पर उसकी माँ निखहरे नींद में अचेत पड़ी थी।

वह जमुना के पास आकर फिर खड़ा हो गया। हाथ की लाठी को उसने कई बार योंही-सा धरती पर बजाया कि शायद आहट पा जमुना आप ही उठ बैठे। लेकिन जमुना तो मुर्दे की तरह निरभेद पड़ा था। जाने कितने दिनों की उखड़ी नींद आज जमकर आयी थी और जमुना को चित कर गयी थी।

बिलरा का मन फिर उसे जगाने को न हुआ। सो लेने दो, जाने नींद टूटने पर फिर उस पर क्या बीते!

आस-पास से लोगों के खँखारने और थूकने की आवाज़ें आने लगी थीं। लोग दिशा-फ़रागत के लिए पोखरे की ओर जा रहे थे। गाँव जाग रहा था। बिलना को जल्दी बैलों को खिला-पिलाकर तैयार कर खलिहान में ले जाना था। साले आजकल मिचरा-मिचराके सानी-भूसा खाते हैं और दौनी में हबक-हबककर अन्न पर मुँह मारते हैं। जौ और गेहूँ साले खाने को तो जाने कितना खा लेते हैं, लेकिन पचाने के नाम पर छेरना शुरू कर देते हैं। धौरा कितना हरक गया है।

वह तेज़ी से खण्ड की ओर जा रहा था। सोच रहा था, बाबू साहब ज़रूर जमुनवा के बारे में पूछेंगे, गया था उसके पास? वह कह देगा, गया था, लेकिन वह घर पर नहीं था, शायद दिसा-फरागत के लिए निकल गया है।

दूर से ही सहन में बाबू साहब टहलते हुए नज़र आये। भूखे पेट नींद जल्दी ही उचट गयी होगी।

वह कतराकर, सार के दरवाज़े पर जाकर, खड़ा हो टेंट से चाभी निकालने लगा कि बाबू साहब की आवाज़ आयी—जमुनवा के यहाँ गया था?

—जी, सरकार। वह मिला नहीं, सायद दिसा-फरागत के लिए निकल गया था।

—नाँद भरके, बैलों को लगाके, जल्दी जाकर उसे देख और पकड़ ला।

बाबू साहब की ओर बिलरा ने आँख चुराकर तेज़ निगाह से देखा। बाबू साहब की आवाज़ बड़ी करख़्त थी, झुँझलाहट भी उसमें स्पष्ट थी। सुबह-सुबह, राम-नाम की बेला, बाबू साहब की आँखें लाल हो रही थीं, भगवान् ख़ैर करे!

बाबू साहब की चिन्ता अब क्षोभ में बदल गयी थी। ख़ाली पेट क्षोभ और ग़ुस्से के कीटाणुओं में जाने कहाँ की शक्ति और आग भर देता है। बाबू साहब का तन-मन जैसे फुँका जा रहा था। वे एक बिफ़रे शेर की तरह जैसे पिंजड़े में चक्कर लगा रहे थे। रह-रहकर उनकी घनी मूँछें काँप-काँप जाती थीं।

—बिलरा अभी तक तेरा सानी-पानी नहीं हुआ? जा, जल्दी उसे पकड़ ला!—बाबू साहब जैसे चीख़ पड़े।

सुबह हो गयी थी, पछुआ घूम गया था। पगडण्डी पर लोगों की आवा-जाही शुरू हो गयी थी।

बिलरा भागमभाग जमुना के पास पहुँचा। जमुना उठकर बैठा था। बिलरा बोला—चलो, बाबू साहब से मिल लो।

—चलो, हम आते हैं। ज़रा बेरा तो होने दो—जम्हुआई लेता जमुना बोला।

—नहीं, अभी चलो!—बिलरा ज़िद करके बोला—बाबू साहब इन्तिजार कर रहे हैं। उनसे बात कर लो, फिर कुछ करना। उनका मिजाज कुछ गरम मालूम देता है।

—गरम तो ज़रूर होगा, मगर हम का करें?—जमुना सिर झुकाकर बोला—हम पर जो पड़ी है, भगवान मुदई को भी न दिखायें!

—पता नहीं, का बात है, कल साँझ ही से जमुनवा-जमुनवा की उन्होंने रट लगा रखी है। चलकर तू मिल ले, मेरी जान छूटे।

—तेरी जान तो छूट जायगी, लेकिन हमारी? का बतायें, अकल कुछ काम नहीं करती।—उठकर, अँगौछा, झाड़कर कन्धे पर रखते हुए जमुना ने कहा—लड़के की बीमारी ने तो हमारी बधिया ही बैठा दी। ख़ैर, चलो, बाबू साहब से मिल लें। मिले बिना कैसे काम चलेगा।—कहकर उसने दरवाज़े की ओर बढ़कर अन्दर झाँका और बोला—अभी बेख़बर सो रहे हैं। चलो, तब तक हो ही आयें। जागने पर तो फिर वही टण्टा शुरू हो जायगा।

आगे-आगे जमुना, पीछे-पीछे बिलरा। दोनों के सिर झुके हुए। जमुना का इसलिए कि देखो, का होता है? पहली बार ऐसा मौक़ा पड़ा है और बिलरा का इसलिए कि जाने बेचारे जमुना पर का बीते! बाबू साहब का मिजाज गरम है।

दोनों को दूर से ही देखकर बाबू साहब चारपाई पर बैठ गये। उनकी मनोदशा और भी बिगड़ गयी थी। जमुना की चाल से ही उन्हें शंका हो गयी थी कि दाल में ज़रूर कुछ काला है। चिन्ता, उसके ऊपर भूख और उसके ऊपर क्रोध...और सबसे ऊपर यह कि इतना होने पर भी काम बनता दिखायी नहीं देता।

आगे बढ़कर बिलरा सिर झुकाये ही सार में घुस गया। जमुना ने सिर झुकाकर और हाथ उठाकर सलाम किया और खड़ा हो गया।

गदहे की तरह गिरीह जीव जमुना का चेहरा इस समय देखने लायक़ था। लगता था, जैसे सौ जूते पड़े हों और उसने चुपचाप, खड़े-खड़े, आँख मूँदे सब सह लिया हो। उसका रोआँ-रोआँ गिरा था और आँखें शर्म से, दुःख से झुकी थीं, गला सूख रहा था, कोई बात निकल नहीं रही थी।

अब बाबू साहब को कोई सन्देह न रहा गया। अब तक वे अन्धे हो चुके थे। आग सहसा भड़क उठी। कड़ककर बोले—क्या आकर खुत्थ की तरह खड़ा हो गया? तेरा मुँह देखने के लिए बुलाया है क्या?

सूखी, सहमी आवाज़ में, सिर झुकाये ही जमुना बोला—का बतायें, सरकार! हम बिपदा में पड़ गये, हाथ खाली हो गया है...

—हूँ!—बाबू साहब की आँखों में जैसे ख़ून उतर आया। स्वर में ऐंठ लाते हुए चिल्लाकर बोले—बड़ा मातबर है! बड़ा ईमानदार है! बड़ा इज़्ज़तदार है!...ऐसा था

तो तूने दो-चार दिन पहले आकर क्यों न बताया? अब बाबू के पास तेरा सिर जायगा?—वे क्रोध से उन्मत्त हो रहे थे। बासी मुँह झाग-झाग हो रहा था।

उनको बिजली की तरह कड़कती आवाज़ सुनकर बिलरा दरवाज़े पर आ सहमी आँखों से झाँकने लगा। सामने पगडण्डी पर जाने-आनेवाले लोग ठिठककर खड़े हो, आँखें फाड़-फाड़कर उधर देखने लगे।

जमुना को जैसे काठ मार गया। ज़िन्दगी-भर की उसकी कमाई जैसे क्षण भर में लुट गयी हो। उसकी आँखों से टप-टप आँसू चूने लगे। अच्छे घोड़े को एक चाबुक और भले आदमी को एक बात! दुःख के मारे जमुना का शरीर जैसे पानी-पानी होकर बहा जा रहा हो। जिस दरबार में उसे आज तक इज़्ज़त मिली, जहाँ कभी एक बात नहीं कही गयी, वहीं आज...जमुना की आँखों के सामने मियाँ नाच उठे, वे होते...वे होते, तो आज इस मौक़े पर उसकी मदद करते, इस तरह उसका पानी न उतारते...

—बोलता क्यों नहीं, हरामी?—बाबू साहब खड़े होकर चीख़ पड़े, जैसे बैठे-बैठे वह उतनी ज़ोर से न चीख़ पाते।

गदहे की कोख में जैसे पैना घोंप दिया गया हो। जमुना मर्माहत होकर मुड़ा और पाँव आगे बढ़ाया कि पीछे से लपककर बाबू साहब ने उसकी गर्दन पकड़ ली—ऐसे तू नहीं जा सकता! बोलकर जा कि आज...

झटका देकर, अपनी गर्दन छुड़ाकर, आँखें गिरोरकर जमुना बोला—हाथ मत लगाइये। जो आपने कहा, वही बहुत है।

—वही बहुत नहीं! अभी तो...—बाबू सहाब ने फिर लपककर उसका हाथ पकड़ना चाहा, लेकिन वह फलाँगकर दूर जा खड़ा हुआ।

लोगों की भीड़ समीप घिर आयी। बाबू साहब काँपते हुए चीख़े—बिलरा!

लेकिन जमुना को अब कोई पकड़ न सकता था। गदहे की दुलत्ती सहने की शक्ति किसमें है! उसकी आँखों से चिनगारी छूट रही थी, वह चीख़े जा रहा था—हमारा लड़का मर रहा है...और यह...न हमारा ठाकुर, न मालिक, हमारा पानी उतार रहा है! बड़ा आया जिमीदार के सिर पर चढ़कर मूतनेवाला!...आन के भतार पर तेल बुकवा!...—और वह पलट-पलटकर जलती आँखों से बाबू साहब की ओर देखता, बड़े-बड़े डग नापता पगडण्डी पर चला गया। लोग हक्के-बक्के देखते रह गये, कभी बाबू साहब को, कभी जमुनवा को। लोगों की समझ में न आ रहा था कि आख़िर हुआ क्या, देवता बाबू साहब का यह कौन-सा रूप है और गऊ जमुनवा को यह क्या हो गया?

बाबू साहब हाथ पर माथा झुकाये चारपाई पर बैठे थे, जैसे घड़ों पानी उन पर पड़ गया हो। कैसे आँख उठायेंगे अब? धरती फट जाती, तो अच्छा होता। लोगों के शब्द उनके कानों में गर्म सीसे की तरह पड़ रहे थे—दूसरे के बल पर इन्हें इस तरह

नहीं कूदना चाहिए!...अरे भाई, कोई बात थी, तो मालिक को आ जाने देते, ख़ुद हाथ उठाने का हक़ इन्हें कहाँ से मिलता है?.... जमुनवा का लड़का पनरहियन से बीमार है, ऐसे में तो दुश्मन भी अपनी दुश्मनी भूल जाता है, और इन्हें देखो, मरने पर कोंदों दल रहे हैं!...और देखो न जमुनवा को, कैसा गऊ आदमी है और आज...चींटी भी ऐसे में काट खाती है, भाई!...

और बिलरा किंकर्त्तव्यविमूढ़-सा दरवाज़े के पास खड़ा था।

बाबू साहब के अपमान की यही कहानी थी। बाबू साहब ने ख़ुद यह कहानी सुनायी, तो इसका क्या रूप हो गया, किस बात पर ज़ोर पड़ा, कौन-सी बात हल्की हो गयी, यह समझना कोई कठिन बात नहीं। और मन्ने पर ठीक ही इसका प्रभाव पड़ा। वह होशो-हवास खो बैठा, क्रोध से अन्धा हो गया। बाबू साहब से कहीं अधिक उसकी आँखें लाल हो उठीं, जैसे बाबू साहब पर एक पड़ा हो, तो उस पर सौ। जमुना की ओर से कुछ सुनने की बर्दाश्त उसमें न रही। जमुना के अतीत को वह भुला बैठा। उसने एकतरफ़ा डिग्री दे दी। और चीख़कर बोला—उसे अभी पकड़कर बुलवाइये, बाबू साहब!...ओह, उसकी ऐसी हिम्मत! कुत्तों से उसकी बोटी-बोटी न नुचवा दी, तो मैं अपने बाप का बेटा नहीं!—और उसने ज़ोर से पुकारा—बिलरा!

आवाज़ से ही बिलरा सहम गया और समझ गया कि कुछ गड़बड़ी हुई है। जमुनवा के काण्ड के समय से ही वह बराबर सहमा-सहमा रहता है, पता नहीं कब उसकी गर्दन रेत दी जाय।...बाबू साहब के कहने पर भी उसने जमुनवा को नहीं पकड़ा था। किसी को क्या मालूम कि उसकी जगह कोई और होता, तो भी उसे उस हालत में वह न पकड़ पाता, ना, पकड़ने को मन ही न होता, और मन होता भी तो क्या वह किसी अकेले के बस का था!...मियाँ कभी भी यह-सब काम बिलरा से न लेते थे। उनके ज़माने में एक पियादा था, वही यह-सब काम करता था। मियाँ के बाद पियादे का काम भी उसी से लिया जाने लगा। उससे यह-सब होता नहीं। क्या करे? इस पेट के लिए, देखें, अभी का-का करना पड़ता है।

सहमा हुआ जाकर खड़ा हुआ तो मन्ने बोला—जा, चौकीदार को तुरन्त बुला ला!

बिलरा की जान-में-जान आयी। बच गया! लेकिन आसार अच्छे नहीं दिखायी पड़ते। कैसे गुरेरकर देखा था मन्ने बाबू ने। कुछ-न-कुछ होकर ही रहेगा आज!

मन्ने बाबू का गुरेरकर देखना कैसा अस्वाभाविक लगता है, जैसे खरगोस के कन्धे पर किसी को तलवार दिखायी दे जाय। सफेद रंग, छरहरा बदन, खबसूरत चेहरे से हमेसा सराफ़त टपकती रहती थी। देखकर मन में एक खुसी होती थी। कैसे नर्मी से, हँसकर हमेसा बात करते थे। कभी ग़ुस्सा नहीं, कभी कोई कड़वी बात नहीं।

और आज...आज उनकी आँखें कैसी डरावनी दिखायी देती थीं, चेहरा कैसा भयानक हो गया था!...आदमी अपने खबसूरत चेहरे को भी काहे बिगाड़ लेता है?

मालूम होता है कि बाबू साहब ने उस दिन की सभी बातें उन्हें बतायी हैं। इसी से उनका दिमाग़ ख़राब हो गया है। हँसुआ अपनी ही ओर तो खींचता है। मन्ने बाबू जमुनवा की ओर से थोड़े ही कुछ सुनेंगे। बेचारा जमुनवा, वह परेसान न होता, दु:ख में न होता, तो वैसा बेवहार करता? दु:ख में आदमी सहानुभूति चाहता है, और जब उसके बदले उसे गाली मिलती है, तो उसका दिमाग़ ख़राब न हो, तो का हो? बीमार आदमी कितना चिड़चिड़ा हो जाता है!...लेकिन मन्ने बाबू काहे को यह-सब सुने-समझेंगे? परयागराज में पढ़ते हैं, कितना बड़ा दिमाग़ है, फिर भी यह छोटी-सी बात, जो उसके-जैसा गँवार आदमी भी समझ सकता है, वो नहीं समझेंगे, कितने अफसोस की बात है! का छोटे आदमी का सुख-दु:ख, मान-अपमान धियान देने की कोई चीज़ नहीं? बड़े आदमी की बात ही बात है और छोटे आदमी की बात कोई बात ही नहीं? आदमी इस तरह अन्धा काहे हो जाता है?...बाबू साहब उस दिन बेखाये-पिये सो गये, तो उसे कितना दु:ख हुआ! वह भी तो कितनी ही बार बेखाये-पिये सो जाता है, बाबू साहब या मन्ने बाबू सुनें, तो का उन्हें तकलीफ होगी? सायद न हो। ऐसा होता तो का बेचारे दु:खी जमुनवा के साथ उन्हें सहानुभूति न होती?...बेचारे का लड़का मर गया, इकलौता लड़का!..बिलरा की आँखों में आँसू भर आये।...अब जाने उस पर का बीते! हे भगवान्, उसकी रच्छा करो! जिमीदार चाहे जितना भी सरीफ हो, वह जिमीदार ही है! गेहुँअन का बच्चा गेहुँअन ही होता है! उसके ख़ून ही में जहर भरा होता है! कब किसको डस ले, का कहा जा सकता है। हे भगवान्!...

चौकीदार को नये कमरे में पहुँचाकर बिलरा सार में चला आया। खलिहान में दौनी हो रही थी। पनपियाव लेने वह खण्ड में आया था। आते ही यह हुकुम उसे मिला था। उसका मन कड़वा हो रहा था, दिल-ही-दिल में वह सहमा हुआ था। बाबू साहब से पनपियाव माँगने की हिम्मत न हो रही थी। साथ ही वह यह भी जानना चाहता था कि चौकीदार किसलिए बुलाया गया है, उसे जो सन्देह है, क्या वह ठीक है?

और नये कमरे से आवाज़ आयी—चन्नन, हमने तुम्हें एक बहुत ही ज़रूरी काम से बुलाया है!

—हुकुम कीजिये, सरकार! हमें तो जैसे ही हुकुम मिला, आ हाजिर हुए! सरकार मज़े में तो रहे?

—हाँ, लेकिन यहाँ आकर जो-कुछ सुना है, उससे सब मज़ा किरकिरा हो गया है। तुम कहाँ थे उस वक़्त, जब जमुनवा....

—उस रात को, सरकार, थाने पर हमारी डिउटी लगी थी। गाँव वापस आये, तो सब मालूम हुआ। हमने उसी बख़त जाकर जमुनवा को बहुत डाँटा था।...का

बतायें, सरकार, सरकार के दरबार का आदमी है, नहीं तो...

—उसे तुम हमारा आदमी कहते हो? हमारा आदमी होता, तो हमारे ही साथ ऐसी बदमाशी करता?...तुम जाकर उसे अभी पकड़ लाओ। हम उससे अब ख़ुद ही निबटेंगे!

—बहुत अच्छा, सरकार! अभी लाकर हाजिर करते हैं!

बिलरा ने सार के दरवाज़े से झाँककर देखा, चन्नन ऐसे अकड़कर चल रहा था, जैसे किसी बहुत ही महत्त्वपूर्ण काम पर वह जा रहा हो। लेकिन थोड़ी दूर जाते ही उसकी चाल साधारण हो गयी। बिलरा के मुँह से सहसा ही निकल गया, एक ही साला है यह चन्नन भी!

चन्नन एक साधारग चौकीदार था। तनख़्वाह पाता था तीन रुपये और साल में एक नीली पगड़ी और एक खाकी कुर्ता, लेकिन रहता था काफ़ी आराम से। थानेदारों, सिपाहियों और मुखिये (अगर वह दमदार हुआ तो) के हुकुम बजाते-बजाते उसके पाँव घिस जाते थे, लेकिन वह इतना बड़ा पालिटिशियन और डिप्लोमेट था कि सारा गाँव उसकी अँगुली पर नाचता था। क्या बड़े, क्या छोटे, क्या ज़मींदार, क्या किसान, सभी से फ़ायदा उठा लेता था और तारीफ़ यह कि सब यह समझते थे कि वह अपना आदमी है। उसकी चालें इतनी गहरी और पेंचदार होतीं, उसका व्यवहार इतना महीन होता, उसकी बातचीत इतनी बुद्धिमत्तापूर्ण होती कि साधारणतया उसकी गहराई में पैठ, उसे समझ लेना किसी के लिए भी कठिन होता। कभी वह पकड़ में भी आ जाता, तो दाँव देकर इस तरह साफ़ निकल जाता कि लोग देखते रह जाते। एक ही शातिर आदमी था, गाँव में उसका कोई मुक़ाबिल न था। बड़ों-बड़ों के वह छक्के छुड़ा देता था।

पिछले वर्ष गर्मियों की बात है। मुन्नी एक महीने की छुट्टी पर मद्रास से गाँव आया था। एक दिन सुबह धोती बग़ल में दबाये वह पोखरे पर नहाने जा रहा कि रास्ते में ही चन्नन मिल गया। उसने बड़े अदब से झुककर सलाम किया—बाबू, एक बड़ी खुसी की बात है!

मुन्नी ने अचकचाकर उसकी ओर देखा। उसके जैसे साधारण आदमियों को चन्नन सलाम करे, यह एक अनसुनी बात थी। उसका माथा ठनका। बोला—क्या बात है?

—बाबू, ज़िले के कुछ बड़े लोग आये हैं आपको देखने!—चन्नन एक षोडशी की तरह मुस्कराकर, शर्माकर बोला—आपकी सादी के सिलसिले में!

मुन्नी ने दूसरा झटका खाया। बोला—बड़े आदमी मेरे यहाँ क्यों सम्बन्ध करने आने लगे? तुम्हें ग़लतफ़हमी हुई है। तुम्हें लाला के यहाँ जाना चाहिए!

—नहीं, बाबू, उन लोगन ने आपका नाम लेकर हमें आपको बुलाने को भेजा

है! वो लोग आपको देखना चाहते हैं, आपसे बात करना चाहते हैं। चलिये तो!—दाँत चियारकर वह बोला।

मुन्नी को अब हँसी आ गयी। बोला—कौन लोग हैं, ज़रा सुनूँ तो!

—अफसर लोग हैं, बाबू! थाने से थानेदार को लेकर आये हैं! हाजीजी की कोठी में उतरे हैं! चलिये!

—ऐसा था, तो उन्हें हमारे घर आना चाहिए था, पिताजी से बात करना चाहिए था?—मुन्नी ने अब उसे घेरना चाहा।

—वो तो जायेंगे ही, लेकिन पहले आपको देख तो लें। पसन्द आ जाने पर वे लोग आपके यहाँ उठ आयेंगे। ऐसा वो लोग कहते थे, बाबू! चलिये, चलिये!

उसकी उत्सुकता देखकर मुन्नी को फिर हँसी आ गयी। बोला—अभी नहाने जा रहा हूँ। नंग-धड़ंग मुझे देखकर वो लोग क्या सोचेंगे! तुम चलो, मैं नहा-धोकर, सज-सँवरकर दिखाने लायक़ होकर आता हूँ!—मुन्नी ने चुहल की।

चालाक चन्नन ताड़ गया। बोला—वाह, बाबू! अरे, आपको सजने-सँवरने की का ज़रूरत है। आप तो ऐसे ही इतने अच्छे लगते हैं कि का कहा जाय! आप चलिये तो! बस एक छन उनके सामने चलकर खड़े हो जाइये! चलिये!

उसके पिण्ड छुड़ाना कठिन समझ मुन्नी ने आख़िर सोचा, चल के देख ही लें, क्या बात है।

हाजीजी की कोठी नयी बनी है। रिटायर जेलर ने यह कोठी बनवायी है और दो बार हज कर आया है। गाँव में नयी क़िस्म की यह पहली कोठी है। बैठका कोच और कुर्सियों से सज़ा है।

कोठी के बरामदे में चौकी पर पाँच सिपाही बैठे थे। उन्हें देखते ही मुन्नी का माथा ठनक गया। उसने पीछे-पीछे आते हुए चौकीदार की ओर देखा, तो वह बोला—बैठके में वो लोग हैं, चलिये।

बैठके के दरवाज़े पर पाँव रखते ही मुन्नी ठिठक गया। अन्दर सामने के कोच पर ही जो तीन व्यक्ति बैठे दिखायी दिये, उनमें से एक जिले का सी. आई. डी. सुपरिण्टेण्डेण्ट, दूसरा सी. आई. डी. इन्स्पेक्टर और तीसरा पुलिस सुपरिण्टेण्डेण्ट था।

सी. आई. डी. सुपरिण्टेण्डेण्ट ने उसे देखते ही कहा—आइये, आइये!

उसके फूले हुए चेहरे और शैतानी आँखों की ओर देखते हुए मुन्नी अन्दर दाख़िल हुआ। फिर इधर-उधर देखा, तो दरबार भरा हुआ था। गाँव का मुखिया लाला एक ओर पीढ़ी पर बैठा था और दूसरी ओर दूसरा मुखिया नूर मुहम्मद एक कुर्सी पर, नूर मुहम्मद की बग़ल में एक कुर्सी पर दारोग़ा बैठा था।

मुन्नी एक कुर्सी की ओर बढ़ा, तो नूर मुहम्मद बोल उठा—उस पीढ़ी पर बैठो!

मुन्नी की आँखें लाल हो उठीं। वह जानता था कि नूर मुहम्मद यह बात अवश्य कहेगा। पीढ़ी, कुर्सी और चारपाई का भेद जो गाँवों में है, वह अच्छी तरह जानता था। ज़मींदार के सामने चारपाई पर या कुर्सी पर बैठने का अधिकार केवल उसके सजातीय लोगों को ही प्राप्त है। यहाँ की पूरी ज़मींदारी पहले मुसलमानों के हाथ में थी। गाँव का कोई भी अन्य जाति का आदमी उनके सामने कुर्सी या चारपाई पर न बैठ सकता था। यह भी सुना जाता है कि पहले किसी अन्य जातिवाले को चारपाई या कुर्सी बनवाने का अधिकार ही नहीं था। फिर यहाँ के बनियों में कुछ बड़े-बड़े महाजन हो गये, तो उन्होंने घर के अन्दर सोने के लिए चारपाइयाँ और पलँग बनवाये, लेकिन उनमें भी यह साहस न था कि खुले-आम बाहर चारपाइयाँ डालकर बैठते या सोते। फिर मुसलमान ज़मींदार कमज़ोर हो गये, उन पर महाजनों का क़र्ज, लद गया, महाजन खेत और ज़मींदारी रेहन रखने लगे, तो यह क़ानून कुछ और ढीला हो गया। महाजन अब बाहर भी चारपाइयाँ डालने लगे, लेकिन कोई मुसलमान ज़मींदार उधर से गुज़रता, तो तुरन्त चारपाइयाँ उठा दी जातीं। मुन्नी को ही क्या, सब आत्मसम्मानियों को यह बात बेहद खलती थी। इसी कारण एक-दूसरे के यहाँ आना-जाना आत्मसम्मान के विरुद्ध समझा जाता था।

लाला तीन आने का आज ज़मींदार था, उसके पास सौ बीघे के ऊपर खेत थे। लेकिन उसकी हीन भावना अभी तक न गयी थी। वह आज भी मुसलमान ज़मींदारों के सामने पीढ़ी पर ही बैठता था। उसका मन इस बात को आसानी से स्वीकार कर लेता हो, ऐसी बात नहीं। वह अब हर तरह से मुसलमान ज़मींदारों को तंग करता था, लेकिन उनके सामने पड़ता, तो दुम दबा लेता था।

मुन्नी बिफ़र गया। बोला—क्या आप लोगों ने मेरा अपमान करने के लिए यहाँ बुलाया है?

नूर मुहम्मद बोल उठा—इसमें बेइज़्ज़ती का कोई सवाल नहीं। गाँव का यह क़ायदा है। ज़माने से चला आता है लाला को देखो, पीढ़ी पर बैठे हैं। इनकी इसमें कोई बेइज़्ज़ती नहीं और तुम्हारी बेइज़्ज़ती हो जायगी? लाला से भी बढ़कर तुम्हारी इज़्ज़त है क्या? तम्बाकू-नमक बेचनेवाले का लड़का...

—चुप रहो! तुम्हारे जैसे जाहिल से मैं इज़्ज़त की तारीफ़ करना नहीं सीखना चाहता!—मुन्नी फट पड़ा।

नूर मुहम्मद की यह सरासर तौहीन थी। उसका चेहरा तमतमा उठा। वह कुछ बोलने ही वाला था कि पुलिस सुपरिण्टेण्डेण्ट बोल पड़ा—नहीं-नहीं, आप कुर्सी पर ही तशरीफ़ रखिये!

—नहीं, मैं यहाँ अब एक क्षण भी नहीं रुकना चाहता! यह मक्कार, ग़द्दार नूर

मुहम्मद, जिसके पास अपना घर भी रहने को नहीं, कांग्रेसियों के ख़िलाफ़ मुख़बिरी करते-करते आज मुखिया बन गया है, तो सोचता है कि यह जिसकी चाहे बेइज़्ज़ती कर सकता है!—कहकर मुन्नी पलट पड़ा।

पुलिस सुपरिण्टेण्डेण्ट ने उठकर उसका हाथ पकड़ लिया और कहा—आप नाराज़ न होइये। कुर्सी पर बैठिये!—और उसने मुन्नी को अपने सामने एक कुर्सी पर बैठाते हुए नूर मुहम्मद से कहा—आप ज़रा देर के लिए बाहर चले जाइये।

चुटीले साँप की तरह लहराता हुआ नूर मुहम्मद कमरे से बाहर हो गया, तो लाला भी उठकर बाहर चला गया। वह पीढ़ी पर बैठे और उसके सामने ही यह मुन्नी कुर्सी पर, यह सरासर उसकी तौहीन थी!

मुन्नी कुछ शान्त हो गया, तो सी० आई० डी० सुपरिण्टेण्डेण्ट बोला—वाह साहब, वाह!

मुन्नी सम्हल गया। अगला मोरचा उसके सामने था।

पुलिस सुपरिण्टेण्डेण्ट बोला—अगर नूर मुहम्मद की जगह कोई आपकी बिरादरी का होता, तो...

—आपने देखा नहीं, नूर मुहम्मद के पीछे-पीछे लाला भी चला गया? आप इसका मतलब नहीं समझते?—मुन्नी शान्त स्वर में बोला—यहाँ बिरादरी का, धर्म का प्रश्न नहीं है। मूल प्रश्न है, बड़े और छोटे का, धनी और ग़रीब का। यह कमबख़्त नूर मुहम्मद आज इतराया हुआ है, इसे अपनी सही हक़ीक़त नहीं मालूम, वर्ना उसमें और मुझमें कोई फ़र्क़ नहीं। लेकिन लाला और उसमें फ़र्क़ है। ख़ैर छोड़िये, यह बात। आप लोगों ने मुझे बुलाया था....

—हाँ, साहब,—सी. आई. डी. इन्स्पेक्टर बोला—आप किसी बालेश्वर सिंह को जानते हैं?

—हाँ, ज़रूर जानता हूँ, क्रान्तिकारी बालेश्वर सिंह को ज़िले का कौन आदमी नहीं जानता?—मुन्नी ने चट जवाब तो दे दिया, लेकिन तुरन्त मन में आया, यह ऐसा सवाल क्यों पूछ रहा है?

—उनसे आपका क्या सम्बन्ध है?

मुन्नी अब चौकन्ना हो गया था। बोला—कोई नहीं।

—आपका उनसे कबका परिचय है?

—ज़िले के स्कूल में पढ़ते थे, तभी से।

—आपसे इनका परिचय कैसे हुआ?

—मुझे याद नहीं।

—फिर भी, कुछ तो ज़रूर याद होगा?

—एक जलसे में उनका गाना सुनकर मैं मुग्ध हो गया था। फिर स्कूल के एक कवि-सम्मेलन में उनके निकट आने का सौभाग्य प्राप्त हुआ। इस कवि-सम्मेलन की व्यवस्था का भार मुझी पर था।....तभी से वो मेरे कमरे में भी आने लगे। वह कभी-कभी मेरे कमरे में ही रात को रह जाते थे। बड़े जोशीले गाने सुनाते थे और क्रान्तिकारियों की रोमांचकारी कहानियाँ कहने में तो वह बड़े ही दक्ष थे।

—आख़िरी बार वह आपको कब मिले?

—मद्रास में।

—आपके पास कै दिन ठहरे?

—एक रात।

—क्या खाया?

—रात को बारह बजे मेरे पास आये थे। उस वक़्त मेरे पास खाने के लिए चन्द केलों के सिवा कुछ न था। वो बड़े भूखे थे, सब केले खा गये।

—फिर?

—फिर क्या?

—उनसे उस रात क्या-क्या बातें हुईं?

—कोई बात नहीं हुई, वे बहुत थके थे, सो गये। और सुबह चार बजे ही, बिना मुझे जगाये, जाने कहाँ चले गये।

—फिर उनसे आपकी मुलाक़ात कब हुई?

—कभी नहीं।....लेकिन आप ये सवाल...

—आप .जवाब देते जाइये! आपका काम यह पूछना नहीं है। आप जानते हैं, न हम कौन हैं?

—अच्छी तरह! आप सी. आई. डी. इन्स्पेक्टर हैं। आप टाउन क्लब की ओर से हाकी टोर्नामेण्ट में खेलते थे। आप बहुत अच्छे खिलाड़ी थे, मुझे याद है। और आप....

—बस, तो ठीक है। आप हमारे सवालों के ज़वाब देते जाइये!...अब आप यह बताइये कि मन्ने बाबू से आपके क्या सम्बन्ध हैं?

—वो मेरे दोस्त हैं।

—उनके साथ आप खाते-पीते भी हैं?

—जी, हाँ।

—लेकिन आप हिन्दू, हैं, वो मुसलमान?

—मैं आदमी-आदमी में कोई नहीं फ़र्क़ समझता!

—बड़े क्रान्तिकारी विचार हैं आपके! लेकिन अभी आप नूर मुहम्मद...

—उसके काले कारनामों से मुझे नफ़रत है!...

—लेकिन लाला...

—उसकी शोषक वृत्ति से मुझे नफ़रत है!...

—हूँ!...अच्छा, यह बताइये, बालेश्वर सिंह और मन्ने बाबू के बीच क्या सम्बन्ध है?

—यह मैं नहीं जानता।

—आपके वो दोस्त हैं, कुछ तो जानते ही होंगे।

—वो ज़मींदार हैं। उनका बालेश्वर सिंह से क्या सम्बन्ध हो सकता है?

—ज़मींदार होने से क्या होता है? उनके भी विचार आपकी ही तरह हैं!....

—यह आप उन्हीं से पूछें तो अच्छा है। इधर मैं उनसे दूर ही रहा हूँ।

—पहले का बताइये। ज़िले के स्कूल में जब आप लोग पढ़ते थे...

—जैसा मेरा सम्बन्ध था, वैसा ही उनका।

—ठीक!—उसने 'विशाल भारत' की एक प्रति निकालकर मुन्नी की ओर बढ़ाते हुए कहा—'क्रान्तिकारी और स्वतन्त्रता का आन्दोलन' लेख आपका ही लिखा है?

—जी!

—और भी किसी क्रान्तिकारी से आपका परिचय है?

—नहीं!

—फिर आपने यह लेख कैसे लिखा ?

—अध्ययन करके...

इन्स्पेक्टर ने सुपरिटेण्डेण्ट की ओर देखा, तो उसने सिर हिलाया। मुन्नी बोला—अब मुझे इजाज़त हो तो मैं नहा आऊँ?

—ज़रूर, लेकिन हम आपसे कुछ और बातें भी जानना चाहते हैं। आप कितनी देर में नहाकर लौटेंगे?

—कम-से-कम दो घण्टे में।

—इतनी देर तक आप नहाते हैं?

—चार घण्टे भी लग सकते हैं। आजकल पानी में उतरने पर बाहर निकलने को किसका मन करता है। आप इन्तज़ार कर सकें....

—हम तो महीनों आपका इन्तज़ार कर सकते हैं!

—अच्छा, तो मैं जाता हूँ।

मुन्नी बाहर निकला, तो सोचा, साला चन्नना मिले, तो उसकी ज़रा ख़ातिर की जाय। लेकिन वह वहाँ कहीं था ही नहीं।...

छह महीने तक मुन्नी गाँव में नज़रबन्द रहा, एक मामूली बात के लिए!

बालेश्वर सिंह एक रेल-डकैती के सिलसिले में गिरफ़्तार हो गये थे। उनके पास एक डायरी और एक किताब बरामद हुई थी। डायरी में मद्रास की उस रात मुन्नी के यहाँ केले खाने का ज़िक्र था और किताब पर मन्ने का नाम था। मन्ने के एक पुलिस रिश्तेदार ने उसे बचा लिया था, उसी से ये-सब बातें बाद में मालूम हुईं। छह महीने तक एक सिपाही मुन्नी पर चौबीसों घण्टे पहरा दे रहा था।

छह महीने तक चन्नना उसे दिखायी न दिया। बालेश्वर सिंह का केस रफ़ा-दफ़ा हो गया, तो मुन्नी की नज़रबन्दी टूटी और एक दिन अचानक क़स्बे के रास्ते में बल्लम लिये हुए चन्नना से मुन्नी की भेंट हो गयी।

मुन्नी कुछ बोले, इसके पहले ही चन्नना ने सिर झुकाकर सलाम किया। कहा—बाबू, हमें बड़ी मेहनत करनी पड़ी आपके दरवाज्जे में पुलिस हटवाने में!

—लेकिन वो जो मेरी शादी....

—अरे, बाबू, का बतायें! अफसर लोगन की बात!...राम किरिये, उन लोगन ने वही बात हमसे कही थी!..हमको अगर मालूम होता कि कोई ऐसी-वैसी बात है तो भला हम आपको अगाह न कर देते?

—स्साला!—मुन्नी के जी में आया कि उसके मुँह पर थूक दे, लेकिन चन्नना का मुँह देखकर आगे न वह कुछ कर सका और न कह सका। चन्नना का मुंह देखने लायक़ था। जैसे ऐसा निरीह प्राणी संसार में कोई दूसरा न हो। लगता था, जैसे अब रो ही देगा।

—बाबू, हमने राम की किरिया खायी, फिर भी आप विश्वास नहीं करते?—उसने भर्राये गले से कहा—आगे कभी मौक़ा पड़े, तो हमारा काम देखियेगा!—और उसने झुककर मुन्नी का पाँव पकड़ लिया। बोला—आप जानते नहीं, बाबू, गाँव में जितने मुसलमान हैं, सब गद्दार हैं। देश की आज़ादी के लिए काम करनेवाले आपके भाई के मुक़द्दमें में पुलिस की ओर से इन्हीं लोगन ने गवाही दी थी और अब आपको भी गिरफ़्तार कराने के फिराक में हैं।

—मुझे मालूम है!—मुन्नी ने कहा—लेकिन तू जो करता है, वह भी मुझे मालूम है! भला चाहता है तो अपना रास्ता देख! भाग जा!

—लीजिये, बाबू, आप तो ख़ामख़ाह के लिए हम पर नाराज़ हैं। जो हो, हम हिन्दू हैं, मुसल्लों का साथ कभी न देंगे। बख़त आयेगा, तो आप देखेंगे, बाबू!—आगे क़दम बढ़ाता हुआ चन्नना बोला।

मुन्नी के आग लग रही थी। यह साला अपने को बहुत बड़ा डिप्लोमेट लगाता है। अन्धों में काना राजा बना फिरता है! उसका जी चाहा, क्यों न इसका दिमाग़ ठीक कर दें। लेकिन फिर मन में आया, इस कमबख़्त के मुँह क्या लगना। यह समझता ही क्या है?

चार डग आगे बढ़कर चन्नना बोला—आज उस सिपाही पर बड़ी डाँट पड़ी, जो आप पर तैनात था। दारोगा साहब कह रहे थे, उल्लू का पट्ठा छै महीने उस छोकरे के पीछे पड़ा रहा और नाम को भी एक बात न निकाल सका, न बना सका। हमको सन्देह है, बाबू, कि फिर कोई जाल बिछाया जायगा। आप होसियार रहें!

—जा-जा! बड़ा कहीं का हमारा हितैषी बना है!—मुन्नी ने उसे झाड़ दिया।

और फिर मुन्नी को जो मालूम हुआ, उससे हमेशा के लिए सिद्ध हो गया कि चन्नना कोई मामूली कमीना नहीं!

इधर मुन्नी को होशियार कर गया और उधर उसके ख़िलाफ़ जाल बिछाने में भी उसी का पहला हाथ था। उसके सबसे नज़दीक के अफ़सर बेचारे पर इस तरह डाँट पड़े और वह ख़ामोश बैठा रहे, यह कैसे मुमकिन था?

मुन्नी जिस दिन मद्रास के लिए रवाना होनेवाला था, उसके पिछली शाम की बात है।

सदा की तरह मुन्नी और मन्ने शाम को सैर के लिए निकले थे। पूस का महीना था। मुन्नी और मन्ने की तरह शाम भी उदास थी। आसमान में अभी रंग खिले ही न थे कि अँधेरे ने अपनी कूँची फेर उसका चेहरा काला कर दिया और ओस ने उसकी आँखों को धुँधला बना दिया। दोनों मित्र तालाब के किनारे भींगी दूब पर बैठे थे और दुःखी मन से बातें करते जा रहे थे। जाने फिर कब मिलना हो!

कभी इन्होंने मन-ही-मन सोचा था कि एक साथ पढ़े-लिखेंगे, एक साथ कहीं नौकरी करेंगे और एक साथ ही सारी ज़िन्दगी बितायेंगे। लेकिन ज़िन्दगी शुरू होने के पहले ही परिस्थितियों ने उन्हें अलग कर दिया और अब उनके बीच दूरी भी कोई साधारण न थी।

मन्ने का स्वर रह-रहकर भींग जाता था। मुन्नी उसे सान्त्वना देने का प्रयत्न कर रहा था, जोकि उसका मन भी कम भारी न था।

जाने कितनी रात वहाँ बैठे-बैठे बीत गयी। दोनों में से किसी का भी मन उठने को न हो रहा था। कल मुन्नी मद्रास चला जायगा, मन्ने अकेला पड़ जायगा। फिर कौन आता है यहाँ अकेले सैर करने!

उनकी यह सैर गाँव में मशहूर थी। दोनों गाँव में रहते तो इस सैर में कभी नाग़ा न पड़ता। शाम को कभी किसी को इनमें से किसी की ज़रूरत पड़ती, सो उसे गाँव

का कोई भी आदमी सीधे तालाब का रास्ता बता देता। बचपन में उन्होंने इसी तालाब के किनारे गेंद खेला था। यह खेल हर छुट्टी में हाई स्कूल तक बराबर चलता रहा था। तब गाँव के अधिकतर पढ़नेवाले लड़के इस खेल में शामिल होते थे। अब सब बड़े हो गये। कितने दर्जा चार पास करके और कितने मिडिल पास करके अपने दु:खड़े-धन्धे में फँस गये। हाई स्कूल तक बहुत कम पहुँच सके, उसके आगे तो बस एक-दो। सभी बिछुड़ गये। सभी की याद आज भी आती है। किसी से भेंट हो जाती है, तो बात करते जाने कैसा-कैसा लगता है। आज कितना अन्तर आ गया है! उनके जीवन-स्तरों में कितनी भिन्नता आ गयी है! कोई किसान बन गया है, तो कोई तेली और कोई बनिया। कोई प्राइमरी स्कूल का मास्टर हो गया है, तो कोई पटवारी या ज़िला कचहरी में क्लर्क। फिर भी जैसे सबको अपने वे बचपन के दिन याद हों। मिलते हैं, तो आँखों में एक ऐसी चमक आ जाती है, जैसे बादलों में से कोई तारा झाँक जाय। वही प्रेम, वही ख़ुशी! सब उन दिनों को याद करते हैं और साथी होने का दावा करते हैं। फिर भी आज उनमें जो अन्तर आ गया है, उसे कौन दूर कर सकता है! वे दिन भी थे, जब सब अपने को बराबर समझते थे, ग़रीब-अमीर, बड़े-छोटे में क्या भेद है, इसका ज्ञान किसी को न था।

दोनों पुराने वक़्तों में जैसे खो गये थे। कैसी-कैसी बातें याद आ रही थीं और मन में हूक उठ रही थी। ओह, यह ज़िन्दगी कितनी कठोर है, कितनी कड़वी!

उठने के पहले मुन्नी ने एक बहुत पुरानी तुकबन्दी सुनायी, जो उसने बचपन की याद में किन्हीं ऐसे ही क्षणों में जब छठवीं या सातवीं में वह पढ़ रहा था, लिखी थी। मन्ने को उसकी कुछ पंक्तियाँ आज भी याद हैं और ऐसे क्षणों में वह उन्हें होंठों में ही गुनगुना उठता है—

आओ फिर ताज़ा करें गुज़रा ज़माना एक बार
आओ फिर गा लें मधुर बचपन का गाना एक बार
--- --- --- --- ---
आ खिलौनों की नुमायश फिर सजा लें एक बार
बाँसुरी वो बाँस की ला फिर बजा लें एक बार
--- --- --- --- ---
आ खुरच धरती घिरौंदे फिर बनायें एक बार
आ उड़ाकर धूल उसमें फिर नहायें एक बार
--- --- --- --- ---
ठीकरे तू कर जमा मैं चुन रहा तिनके यहाँ
आज मन्दिर भी हमारा फिर रहे बनके यहाँ...

उठे, तो मन्ने ने कहा—चलो, ज़रा उस कुएँ पर भी चलें, वर्ना वह कहेगा कि मुन्नी जाते समय मुझसे बिदा लेने भी नहीं आया!

बरसात के दिनों में जब तालाब समुन्दर बन जाता, चारों ओर पानी-ही-पानी हो जाता, तो किनारे डोड़हा साँपों से और बिच्छुओं से भर जाते। कहीं बैठने के लिए सुतबस जगह न मिलती, तो मन्ने और मुन्नी इसी कुएँ की ऊँची जगत पर आ बैठते। यह भी ज़मीन की सतह तक पानी से भरा रहता और इसमें भी साँप और छोटी-छोटी बेंगुचियाँ तैरती हुई दिखायी पड़तीं। कभी-कभी जब किसी साँप के मुँह में पड़ा मेंढक आर्त्तनाद करता, तो दोनों का मन दया से भर आता और वे उठकर ढेला मार-मारकर साँप के मुँह से उसे छुड़ाने का प्रयत्न करते।

गर्मी के दिनों में इस कुएँ पर पुर चलते। शाम को उन्हें प्यास लगती, तो चौने में खड़े होकर, किसी की भरी कूँड़ मोहरे पर रुकवाकर, झुककर चुल्लू-चुल्लू पानी पीते। इस पर अधिकतर लोहे की कूँड़ चलती, इसलिए मन्ने को कोई मना न करता।

इस कुएँ को भी भुलाना मुश्किल है, जैसे उनके इतिहास में इसका भी एक महत्त्वपूर्ण स्थान बन गया हो और उस शाम तो....

मन्ने बिलकुल दाँती पर जा खड़ा हुआ और शेरवानी के नीचे से एक देशी पिस्तौल निकालकर बोला—मुन्नी, जानते हो यह क्या है?

मुन्नी पिस्तौल देखकर पहले ही अचकचा गया था। सहमकर बोला—क्यों? यह तो कोई पुरानी पिस्तौल है।

—हाँ,—कहते हुए मन्ने ने उसे कुएँ में फेंक दिया।

कुएँ के अन्दर ऐसी आवाज़ गूँज उठी कि चारों ओर का शान्त, भींगा वातावरण चौंक-सा उठा।

मुन्नी ने व्याकुल होकर पूछा—यह तुमने क्या किया?

मन्ने के होंठों पर एक करुण, मन्द मुस्कान आ गयी, ठीक आसमान के पाँचवीं के चाँद की तरह, जो ओस के पर्दे से अपना अस्तित्व दिखाने का व्यर्थ-सा प्रयास कर रहा था। बोला—बैठो, बताता हूँ। इस पिस्तौल से तुम्हारी ज़िन्दगी बाल-बाल बच गयी आज!

मुन्नी ऐसे बैठ गया, जैसे उसके पाँव अचानक नि:शक्त हो गये हों, उसके कानों में जैसे ठायँ-ठायँ कुछ बज रहा हो और उसके दिमाग़ में जैसे बिजली की धारा प्रवाहित हो रही हो। वह वहशत-भरी आँखों से मन्ने की ओर देखता रह गया।

मन्ने को जैसे ही महसूस हुआ कि उसकी बात का ग़लत मतलब भी हो सकता है, तो चट बोला—अरे नहीं, वैसा क्या कभी भी सम्भव है! तुम वैसी कोई बात मन में न लाओ। मैं तो तुम्हें एक बड़ी ही दिलचस्प बात सुनाने जा रहा हूँ। कैसे अहमक़ हो तुम! क्या तुम यह समझ बैठे कि मैं तुम्हें इस पिस्तौल से मारनेवाला था और

इस डर से कि कहीं सचमुच ही मैं इसे तुम पर न चला दूँ, इसे कुएँ में फेंक दिया है! हा-हा-हा!—मन्ने अट्ठहास कर उठा।

मुन्नी का मन धीरे-धीरे शान्त हो गया। सूखे गले से वह बोला—बाप रे बाप! कैसी बात मन में उठी थी! थू:!—और उसने ज़ोर से थूक दिया।

—सुनो!—मन्ने बोला—यह पिस्तौल जुब्ली के दादा के ज़माने की थी। तुम जानते हो, जुब्ली के दादा पिण्डारा (पिण्डारियों के राज्य) के दीवान थे?

—हाँ, सुना है,—मुन्नी विकल स्वर में बोला—तुम मुझसे कुछ न पूछो, बस कहते जाओ!

—कल तक मुझे इस पिस्तौल का कुछ भी पता न था। कल सुबह-ही-सुबह, जैसे बड़ी जल्दी में हो, जुब्ली मेरे पास खण्ड में आया और बैठते ही बोला, मेरे वालिद कहते हैं, तुम्हारे वालिद के पास मेरे दादा की एक पिस्तौल है। उसे ढूँढ़कर मुझे अभी दो। उसकी एक सख़्त ज़रूरत पड़ गयी है।

—मैंने कहा, मुझे तो उसके बारे में कुछ नहीं मालूम, ढूँढ़कर बताऊँगा।

वह बोला, अभी मेरे सामने ढूँढ़ों न! तुम्हारे वालिद का सब सामान तो इसी खण्ड में है। कहीं-न-कहीं पिस्तौल भी ज़रूर ही पड़ी होगी। उठो, जल्दी करो, मुझे अभी ज़रूरत है!

—मैंने ज़रा ग़ौर से उसकी ओर देखा, तो मेरा माथा ठनक गया। बोला, उस पुरानी पिस्तौल की क्या ऐसी ज़रूरत पड़ गयी? होगी भी कहीं, तो अब तक सड़-गल गयी होगी, भला वह किस काम आयेगी?

—जैसी भी हो, जिस हालत में भी हो, मुझे वही चाहिए! उठो, ढूँढ़कर दो। जुब्ली पर जैसे एक-एक छन भारी पड़ रहा हो।

—मेरी समझ में कुछ आ नहीं रहा था कि क्या बात है? मैंने कुछ-न-कुछ उसके मुँह से निकलवाना ज़रूरी समझा। बोला, क्या काम है, आप बताइये पहले, तभी मैं उठूँगा।

—तुम्हें बताने-लायक़ बात नहीं है, वह बोला, तुम ढूँढ़कर दो!

—अब मैं भी ज़िद पर आ गया। बोला, जब तक आप बतायेंगे नहीं, मैं नहीं उठूँगा!

—उठो, वह बोला, ज़िद मत करो लड़कों की तरह।

—जैसी आपकी ज़िद, वैसी ही मेरी। मैं बोला, जब तक आप बतायेंगे नहीं, मैं उठने का नहीं!

—हुँ:! वह बोला, यह ख़ूब रही! भई, मैं अपनी चीज़ तुमसे माँग रहा हूँ, इसमें तुम्हारा क्या आता-जाता है? मैं उसे चूल्हे में झोंकूँगा, उससे तुम्हारा मतलब?

—मतलब क्यों नहीं है? अब्बा जो-कुछ छोड़ गये हैं, सबसे मेरा मतलब है! मैंने कहा, मैं उनकी रखी हुई कोई चीज़ उठाकर किसी को कैसे दे सकता हूँ?

—लेकिन वो तो मेरी चीज़ है, उसने बिगड़ते हुए कहा, तुम नाहक़ बहस न करो। चलो, उठकर उसे ढूँढ़ो। नहीं, मैं ही ढूँढ़ लेता हूँ। कहकर वह उठ खड़ा हुआ।

—नहीं, आप ऐसा नहीं कर सकते! मैंने भी उतने ही ज़ोर से कहा—आप अन्दर नहीं जा सकते! आख़िर इस बात का क्या सबूत है कि वह आपकी ही चीज़ है?

—मेरे अब्बा कहते हैं कि तुम्हारे अब्बा किसी ज़रूरत से उसे माँगकर लाये थे। तब से उन्हीं के पास है।

—आपके अब्बा के कहने ही से तो मैं नहीं मान लूँगा कि वह आप लोगों की चीज़ है! मै। तहक़ीक़ात करूँगा, समझूँगा, बूझूँगा, तब किसी नतीजे पर पहुँचूँगा। मैंने कहा, अगर वह आपकी चीज़ होगी, तो अब्बा कहीं-न-कहीं ज़रूर लिख गये होंगे। मैं देखकर आपको बताऊँगा। आप तो जानते ही हैं कि अदना-से-अदना चीज़ के बारे में भी अब्बा कुछ-न-कुछ लिख गये हैं। आप लोगों के बारे में भी वो कुछ लिखकर छोड़ गये हैं। मैं ऐसे ही आपकी बात नहीं मान लूँगा?

—वाह, वह नर्म पड़ा, तुम तो ज़रा-सी बात को अफ़साना बनाये डाल रहे हो! अरे, भई, वह एक बेकार-सी चीज़ है, किसी मसरफ़ की नहीं।

—फिर उसके लिए आप इतने परेशान क्यों हैं?

—एक ज़रूरत पड़ गयी है।

—वही तो मैं जानना चाहता हूँ।

—विवश होकर आख़िर वह बोला, मुझे क्या ज़रूरत होनी थी उसकी, मीर साहब को ज़रूरत है।

—मीर साहब का नाम सुनते ही मैं चौंक गया। मेरी शंका शायद ठीक ही थी। तुम जानते हो न, तुमपर जो सिपाही तैनात था, उसी को लोग मीर के नाम से पुकारते हैं! बोला, उन्हें क्या ज़रूरत पड़ गयी? कहाँ हैं वो?

—मेरी बैठक में हैं।

—तो आप चलिये। मैं ढूँढ़कर, उन्हें बुलाकर उन्हें ही दे दूँगा।

—मुझे क्यों नहीं देते? इसमें क्या फ़र्क़ पड़ता है?

—फ़र्क़ है। मैं मीर साहब से बात किये बिना आपको या उनको नहीं दे सकता। आप चलिये। मैं ढूँढ़कर ख़ुद लेकर आता हूँ। चन्नना भी वहीं है क्या?

—हाँ।

—अच्छा तो आप जाइये। मैं आता हूँ।

—विवश होकर वह चला गया, तो मैंने बिलरा को बुलाकर कहा, देख, जुब्ली मियाँ के दरवाज़े पर चन्नना बैठा है, उसे चुपके से ज़रा बुला तो ला। ध्यान रखना, अन्दर बैठके में सिपाही बैठा है, जुब्ली मियाँ अभी गये हैं, किसी को कुछ मालूम न हो।

—चन्नना मेरा नाम सुनते ही आ गया। उसके कमरे में दाख़िल होते ही मैंने उठकर दरवाज़ा बन्द कर लिया और उसे आँगन में ले जाकर पूछा, मीर साहब आज कैसे आये हैं?

—एक दक़्क़ाक़ साला चन्नना! उसके चेहरे पर एक शिकन तक न आयी। साफ़ बोल गया, राम किरिये, सरकार, हमें कुछ नहीं मालूम! हमें अभी जुब्ली मियाँ ने बुलवा भेजा था। मीर साहब से तो हमारी भेंट भी नहीं हुई अभी तक।

—अब मैंने रोब से काम लिया। उस साले को मैं ख़ूब पहचानता हूँ। बोला, देख, चन्नना! मीर साहब का तो इसमें कुछ नहीं बिगड़ेगा, लेकिन साले, मैं तेरी सारी चौकीदारी निकालकर ही दम लूँगा! यह न भूल कि तू मेरी ही ज़मीन में रहता है! साले, किरिया खाते तुझे शर्म नहीं आयी? अभी जुब्ली मियाँ मुझसे सब बता गये, और तू...

—सरकार, उसने एक ही झड़प में दाँत चियार दिये और बकने लगा, जुब्ली मियाँ की ही यह कारिस्तानी है, सरकार! हमारा इसमें कोई दोस नहीं। हम तो सरकार के ग़ुलाम हैं, आप जो कहें...

—कहता जा, मैं कड़ककर बोला, ज़रा तेरी भी तो सुन लूँ। देखूँ, तू अब भी झूठ बोलता है या सच? मैंने फिर उसे बुत्ता दिया।

—वह भूत की तरह बकने लगा, बात यह है, सरकार, कि मीर साहब की तरक्की खटाई में पड़ गयी है। उनका अगले महीने हेड कांस्टेबिली का चानस है। लेकिन दरोगा साहब का कहना है कि छह महीने तक एक के पीछे पड़ा रहा और कोई बात न निकाल सका, न पैदा कर सका, ऐसे आदमी की वह सिफारिस नहीं कर सकते।

—फिर ?

—फिर जुब्ली मियाँ ने उन्हें एक चाल बतायी।

—क्या ?

—वो तो आपको बता ही चुके हैं।

—ज़रा तुम्हारे मुँह से भी सुनूँ?

—यही कि उनके पास एक पुरानी पिस्तौल है। किसी तरह वो मुन्नी बाबू के घर रखवा देंगे और दूसरे दिन खाना-तलाशी होगी और मुन्नी बाबू को...समझ गये न?

—सच?—मुन्नी चौंक उठा—क्या यह सच है?...

—बिल्कुल!—मन्ने बोला—मैंने हर बात जैसी-की-तैसी तुमसे कही है।...मुझे जो शंका हुई थी, वह बिलकुल ठीक निकली। जब मालूम हुआ, तो मैं भी तुम्हारी तरह सन्नाटे में आ गया था। ये दरिन्दे कब क्या कर गुज़रेंगे, क्या कहा जा सकता है। ग़ुस्से से मेरा तन-बदन फुँकने लगा, लेकिन मसलहतन मैंने अपने-आपको क़ाबू में रखा और दरवाज़ा खोलकर चन्नना को बाहर कर दिया और उससे स्पष्ट शब्दों में कह दिया कि अगर किसी को यह बात मालूम हुई कि मैंने तुमसे इसके बारे में कुछ पूछा था, तो तेरी चमड़ी क़ायम न रहेगी, समझ रखना!

—वह चला गया, तो मुझे खटका हुआ कि अभी शायद चन्नना ने कुछ बातें दबा ली हों। चन्नना और सोलहों आने सच बात बता दे, असम्भव! ऐसा करने लगे, तो वह अपने बाप का बेटा नहीं! लेकिन इसके पहले कि उसके बारे में कुछ किया जाय, यह ज़्यादा ज़रूरी था कि पिस्तौल का पता लगाकर हथिया लिया जाय। कहीं ऐसा न हो कि पिस्तौल मेरे पास न होकर जुब्ली के ही पास हो। दरवाज़ा फिर बन्द करके मैं पिस्तौल ढूँढ़ने लगा। नीचे के दोनों कमरों और ऊपर के कोठे का चप्पा-चप्पा छान डाला। अब्बा की हर आलमारी और बक्सा देख डाला, लेकिन कहीं भी पिस्तौल नहीं मिली अब मुझे भय हुआ कि कहीं जुब्ली को ग़लतफ़हमी तो नहीं हो रही कि पिस्तौल मेरे पास है? कहीं उसी के पास पिस्तौल न हो। अब्बा किसी की चीज़ रखनेवाले आदमी न थे, इसलिए यह सन्देह और भी पक्का हो गया कि हो-न-हो पिस्तौल जुब्ली के ही पास है, उसके अब्बा को याद नहीं।

—अब मैं अब्बा के रजिस्टरों का बस्ता उठा लाया। सोचा, शायद किसी कापी में कहीं पिस्तौल का ज़िक्र हो। अब्बा अपनी ज़िन्दगी की हर ख़ास बात दर्ज कर गये हैं, साथ ही अपने वारिस के लिए हर ज़रूरी हिदायत भी दे गये हैं। डायरी वे बराबर लिखते थे। इन रजिस्टरों और डायरियों में हमारे ख़ानदान का पूरा इतिहास भरा पड़ा है। उन्हें ध्यान से पढ़कर उनकी हर बात, हर हिदायत अच्छी तरह मैं समझ लूँ और उन पर आचरण करूँ, तो मेरा हर काम अच्छी तरह से चलता रहे। यह ज़मींदारी का काम जितना ख़तरनाक है, उतना ही पेचीदा। बड़ी समझ-बूझ से काम लेने की ज़रूरत होती है। अब्बा की तरह शायद ही दुनिया में कोई आदमी मिले, जो अपने पारिस के लिए इस तरह की बातें तहरीर कर जाय।

—ख़ैर, तो देखते-देखते, सच ही एक डायरी में एक जगह पिस्तौल का ज़िक्र मिल गया। मैं बड़ी उत्सुकता से उसे पढ़ने लगा—

....मर्द का काम यह है कि दोस्ती करे, तो दोस्ती निभाये, और दुश्मनी करे, तो दुश्मनी निभाये, याने दोस्त बनकर दुश्मनी न करे और दुश्मन बनकर दोस्ती न दिखाये। ऐसा करना नामर्दों का काम है। मर्द वह जो दोस्त के लिए जान दे दे; मर्द वह जो दुश्मन से आमने-सामने लड़े, उसकी पीठ में छुरा न भोंके।

...यह भाई साहब जो शीतल महाजन के साथ कर रहे हैं, यह सिर्फ़ नामर्दी है। उन्हें उससे दुश्मनी है, तो आमने-सामने लड़ें और उसे ज़िच दें। यह क्या कि उसे धोखा देकर नीचा दिखायें। लेकिन आमने-सामने लड़ने की उनमें हिम्मत नहीं है, क्योंकि वे जानते हैं कि उसकी पीठ पर मैं हूँ।

....आज दारोग़ा से जो बात मालूम हुई है, उससे मेरा सिर भिन्ना रहा है। जी में आता है कि अभी चलकर भाई साहब से दो-दो बातें करूँ!...आख़िर इस दुश्मनी की क्या वज़ह है? शीतल महाजन से मेरा बर-व्यवहार चलता है, भाई साहब चाहते हैं कि उनके साथ भी वह बर-व्यवहार चलाये। शीतल महाजन उस दिन कहता था कि आपके भाई साहब आये थे। लड़की की शादी के मौक़े पर पाँच हज़ार रुपया माँगते थे, मैंने टाल दिया। उन पर इत्मीनान नहीं होता। कई छोटी-छोटी रक़में पहले ही खाये बैठे हैं। महाजनी का यह कोई तरीक़ा नहीं। बहुत बिगड़कर गये हैं। कहते थे, तुम्हें देख लूँगा! मुझे डर है कि वह कोई-न-कोई बदमाशी मेरे साथ ज़रूर करेंगे। इस माने में वे गाँव में कितने बदनाम हैं, आप जानते ही हैं। ख़ामख़ाह के लिए लोगों को परेशान करते रहते हैं! अरे भाई, बर-व्यवहार में कौन-सी ज़बरदस्ती! जहाँ मन पसरेगा, हम व्यवहार करेंगे, जहाँ खटका देखेंगे, वहाँ क्यों अपनी रक़म गढ़े में फेकेंगे?

....और अब इस तरह वह महाजन का पानी उतारने पर तुले हुए हैं, तो मेरा भी कोई फ़र्ज होता है।

....मैं उनकी पिस्तौल उनके कमरे से उठा लाया हूँ।

—आगे की तारीख़ में लिखा था—

...पिस्तौल ग़ायब होने का पता भाई साहब को लग गया है। सबसे पूछ रहे हैं सबको डाँट रहे हैं। लेकिन किसी को पता हो तब तो बताये।

...आख़िर मैंने उन्हें अपने यहाँ बुलाया और पूछा—आप उस बेकार की पिस्तौल के लिए क्यों इतने परेशान हो रहे हैं? आख़िर वह है किस काम-लायक़?

वे बनने लगे—अब्बा की निशानी है, उसे मैं जान के पीछे रखता था। तुम्हें कुछ मालूम है क्या?

हँसकर मैंने कहा—कुछ मालूम तो है, लेकिन जब तक आप नहीं बतायेंगे कि उसकी क्या ज़रूरत है, मैं कुछ भी पता न दूँगा।

—उसकी ज़रूरत की क्या बात है,—वे मेरी ओर शक की नज़र से देखते हुए बोले—तुमने कोई शरारत तो नहीं की है?

—करूँ भी तो इसमें क्या बुराई है?—मैंने फिर हँसकर कहा—क्या उस पर मेरा कोई हक़ नहीं?

—अच्छा, तब तो तुम्हीं मेरे कमरे से उठा लाये हो! लाओ, दो, मुझे उसकी ज़रूरत है। फिर तुम्हें ही दे दूँगा।—वह हाथ बढ़ाते हुए बोले।

—पहले आप बताइये कि उसकी क्या ज़रूरत है?

—अच्छा, लाये हो न तुम्हीं? पहले यह बता दो!

—नहीं, पहले आप बताइये, उसकी क्या ज़रूरत पड़ गयी?

—नहीं, बताने-लायक़ बात नहीं। तुम पिस्तौल दे दो, कल तुम्हें ख़ुद ही मालूम हो जायगा कि उसका क्या इस्तेमाल हुआ?

—आप शीतल महाजन के ख़िलाफ़ उसका इस्तेमाल करना चाहते हैं न?

वे चौंक उठे बोले—तुम्हें कैसे मालूम ?

—मुझे सब मालूम हो गया है। कल दारोग़ा से मुलाक़ात हुई थी...

—ओह, तब तुमसे क्या छुपाना?

—लेकिन यह मर्दों का काम नहीं! किसी की पीठ में छुरा भोंकना...

—क्या बेकार की बात करते हो। सीधी उँगली घी न निकले, तो आदमी क्या करे?

—दूसरे के बर्तन से आख़िर ज़बरदस्ती कोई घी निकाले ही क्यों?

—तुमसे उसका बर-व्यवहार है न, इसीलिए तुम ऐसी बातें कर रहे हो! लेकिन तुम एक बात भूलते हो। इन्हीं महाजनों के पेट में हमारी कितनी ज़मींदारी घुस गयी, यह मालूम है न? जो थोड़ी-बहुत बच गयी है, वह भी जल्दी ही चली जायगी। ये हिन्दू हमें भिखारी बनाने पर तुले हैं, तो क्यों न हम भी अपने हथकण्डों का इस्तेमाल कर अपना उल्लू सीधा करें? एक जमाना था कि इन हिन्दुओं में किसी की हिम्मत न थी कि हममें से किसी से आँखें मिला सके और आज अकड़कर सामने से निकलते हैं। यह-सब देखकर भी क्या तुम्हारे सीने में आग नहीं धधकती।

—क्यों धधके? आपसे क्या उन्होंने आपकी ज़मीन-ज़मींदारी ज़ोर-ज़ुल्म से छीनी है? आप ख़ुद ऐयाशी में अपना सब-कुछ फूँक दें तो इसमें उनकी क्या ग़लती? आप बेंचने पर मज़बूर हैं और उनके पास पैसा है, वे ख़रीदते हैं। कल आप ज़मींदार थे, तो आप उन पर हुकूमत करते थे, कल वो ज़मींदार होंगे, वो आप पर हुकूमत करेंगे। यह तो मामूली-सी बात है। इसमें हिन्दू-मुसलमान का सवाल कहाँ उठता है?

—वे दिन आने के पहले ही मैं मर जाना बेहतर समझूँगा! तुम ज़िन्दा रहना और उनकी हुकूमत सहना!...ख़ैर, मैं तुमसे कोई बहस नहीं करने आया था। तुम मेरी पिस्तौल दे दो। और मेरे रास्ते में रुकावट मत बनो।

—यह नहीं हो सकता! मेरे रहते आप शीतल को इस तरह नीचा नहीं दिखा सकते। उसने आपका कुछ नहीं बिगाड़ा।

—मैं भी उसका कुछ बिगाड़ना नहीं चाहता। मुझे पाँच हज़ार रुपयों की ज़रूरत है, वो मुझे दे दे।

—आप पर उसे भरोसा नहीं, वो नहीं देगा।

—कल उसके यहाँ पिस्तौल बरामद होगी और बाँधकर मेरे दरवाज़े लाया जायगा, तो आप ही पाँच हज़ार उगल देगा। तुम देखना, लाओ मेरी पिस्तौल!

—मैं नहीं देता!

—भाई के सामने एक काफ़िर की तरफ़दारी कर रहे हो?

—यहाँ इन्सानियत का सवाल है। किसी को भी इस तरह जाल में फँसाना मैं इन्सानियत की तौहीन समझता हूँ!

—बड़े फ़रिश्ता बने हो, तो तुम्हीं रुपये मुझे दे दो न!

—मेरे पास होता तो मैं आपको दे देता। आप जानते हैं...

—मैं यहाँ के सब मुसलमानों की हालत जानता हूँ। बस लिफ़ाफ़ा रह गया है।...ख़ैर, तुम मेरी पिस्तौल दो।

—मैं नहीं देता!

—तो फिर मैं क्या करूँ, तुम्हीं बताओ! तुम्हारी भतीजी की शादी का सवाल है।

—इस जालसाज़ी से बेहतर है कि आप दिन-दहाड़े उस पर डाका डालिये!

—हुँ,—वे बमक उठे—तू आस्तीन का साँप है! तू मेरा भाई नहीं, दुश्मन है!...मैं तुझसे भी निबटूँगा!—और वे चले गये।...

—आगे दस तारीख़ों तक पिस्तौल का कोई ज़िक्र नहीं,—मन्ने बोला—उसके बाद फिर ज़िक्र मिल—

....कुछ नहीं हुआ। अब इस आग में कोई दम नहीं। यह राख होकर ही रहेगी!

.....खण्ड के भीतर बड़े कमरे के दायीं ओर एक छोटा कमरा है। उसमें जाने क्या-क्या कूड़ा-करकट भरा हुआ है। उसी में एक टूटे काठ के बक्से में वह पिस्तौल रख दी है, और तहरीर कर दी है कि आगे जो भी मेरी जगह पर आये, उसके काम आये। मेरे भाई साहब की दुश्मनी बरक़रार रहेगी, उसकी निशानी यह पिस्तौल है। लेकिन यह पिस्तौल एक और बात की भी निशानी है कि मेरा वारिस इस निशानी को मेरी एक क़ीमती मिल्कियत की तरह समझे और उसकी हिफ़ाज़त करे!...

—तो क्या यह पिस्तौल तुम्हें वही मिली?—मुन्नी ने पूछा।

—हाँ,—मन्ने बोला—उसे पाकर इतमीनान हो गया कि जुब्ली अब इसका इस्तेमाल नहीं कर सकता। उसे वहीं जैसा-का-तैसा छोड़कर मैंने कमरा बन्द कर दिया और उस पर ताला जड़ दिया। आँगन में आकर मैं हाथ धो ही रहा था कि बाहर

दरवाज़े की कुंडी खटकी। मैंने हाथ पोंछकर अपने को संयत किया और दरवाज़ा खोला, तो मीर खड़ा था।

—मीर बेचारा बहुत सीधा आदमी है। पुलिस विभाग के लायक़ नहीं, तुम तो जानते ही हो। जब वह यहाँ तुम पर तैनात था, तुम कहीं इधर-उधर गाँव में ही चले जाते, वह छटपटाने लगता था। मुझसे आकर पूछता था, वे कहीं बाहर तो नहीं चले गये? मैं मज़ाक में उससे कहता कि हाँ, ज़िले पर गया है! तो वह और घबरा उठता। कहता, देखिये, बस, वे मेरी नौकरी का ख़याल रखें और जो जी में आये करते रहें। कहीं भी जाना हो तो मुझे इत्तिला दे दें।...छह महीने तक वह गाँव में पड़ा रहा और कुछ भी न कर सका। दूसरा कोई होता, तो रोज़ एक-न-एक वारदात खड़ी कर देता। यही वज़ह है कि बेचारे का रिटायर होने का वक़्त आया और अभी हेड कांस्टेबिल भी न बन सका।

—मैंने कहा, मीर साहब, यह आपको क्या सूझी?

—उसने कहा, यह मेरी सूझ नहीं। आप सोच सकते हैं कि मेरे दिमाग़ में इतनी बारीक बातें आ सकती हैं?

—तो फिर यह नायाब सूझ किसकी है? मैंने पूछा।

—चन्नना की। उसी ने मुझसे कहा कि वह नूर मुखिया की मदद से ज़रूर कुछ-न-कुछ करेगा। फिर यहाँ जुब्ली साहब को शामिल किया गया और पूरा नक़्शा तैयार हो गया। अब मालूम हुआ कि पिस्तौल तो आपके पास है।...मिली वह? चन्नना ने ज़िम्मा लिया है कि वह मुन्नी के घर में पिस्तौल पहुँचा देगा। मिल गयी हो तो मुझे दे दें।

—मीरा साहब, आप समझते हैं कि आप मुझसे यह क्या कह रहे हैं?

—मैं समझता हूँ। मुझे तो जैसे ही मालूम हुआ कि पिस्तौल आपके पास है, मैंने जुब्ली मियाँ से कहा कि फिर तो जाने दीजिये यह-सब! लेकिन उन्होंने कहा कि मुन्नी से आपकी दोस्ती है तो क्या हुआ, एक मुसलमान के लिए आप इतना भी न करेंगे! आख़िर आप तो कुछ कर नहीं रहे हैं, करेंगे तो हमीं-सब। फिर यह किसे मालूम होगा कि किसने यह सब किया।

—और आप पिस्तौल लेने मेरे पास चले आये! आप सचमुच बड़े भोले हैं, मीर साहब?...मुझे यह समझने में अब ज़रा भी मुश्किल नहीं पड़ रही कि आप भी इस जाल में फँसाये ही गये हैं। सच तो यह है कि आपके बहाने चन्नना, नूर और जुब्ली अपना कारनामा दारोग़ा को दिखाना चाहते हैं। आप जाइये, मीर साहब! आख़िरी वक़्त में आप अपने दामन पर क्यों एक बेगुनाह के ख़ून का धब्बा लगाना चाहते हैं! आपने तरक़्क़ी नहीं की, आपने दूसरे कांस्टेबिलों की तरह दौलत पैदा नहीं की, लेकिन आपने जो नाम पैदा किया है, वह कोई मामूली दौलत नहीं! लोग आपको नेक सिपाही के

नाम से याद करते हैं और बहुत दिनों तक याद करते रहेंगे। आप दीन-ईमानवाले आदमी ही बने रहें, मैं यही चाहता हूँ।

—वह बेचारा सिर झुकाकर माफ़ी माँगने लगा। उसने यह भी कहा कि मैं उसकी ओर से तुमसे भी माफी माँग लूँ।

—कितने कमीने लोग हैं!—मुन्नी बोला—एक नेक इन्सान को भी...

—इनकी कमीनगो की कहानियाँ तुम सुनोगे तो...

—जाने दो, न सुनना ही अच्छा है। लेकिन पिस्तौल को तुमने कुएँ में क्यों फेंक दिया?

— क्या यह भी तुम्हें बताना पड़ेगा? अब्बा यह सही ही लिख गये हैं कि यह पिस्तौल एक ऐसी चीज़ की निशानी है जो बड़ी क़ीमती है लेकिन मेरा ख़याल है कि उन्होंने इसे जतन से छुपाकर जो रख दिया, यह उनकी ग़लती थी। असल में वह चीज़ क़ीमती है, यह निशानी नहीं। इसे वे उसी वक़्त कुएँ में फेंक देते, तो आज यह नौबत ही नहीं आती। और आज सब-कुछ समझकर भी अगर मैं इसे कुएँ के हवाले न करता तो आगे जाने यह फिर किस-किस पर सितम ढाती। मैं यहाँ रहता नहीं, जुब्ली एक ही शातिर आदमी है, इसे वह ज़रूर ढूँढ़ निकालता। आज इसे कुएँ के सिपुर्द करके मुझे इत्मिनान हो गया कि आगे कम-से-कम इसकी वज़ह से किसी बेगुनाह का गला नहीं रेता जायगा।...चलो, अब चला जाय। रात बहुत बीत गयी।

•

लौटकर चन्नना आया, तो ग़ुस्से में मन्ने की आँखें लाल थीं, रोआँ-रोआँ गनगना रहा था। बोला—नहीं आता, सरकार!

—नहीं आता?—मन्ने चीख़ पड़ा—तुम उसे पकड़कर क्यों नहीं लाये?

—वो हमारे पकड़ने के बस का है, सरकार? ज़रा हाथ लगाया, तो बोला, हाथ बढ़ाया, तो तोड़के रख देंगे।..कई लोग जमा हो गये थे। सबके सामने उसने हमें बेइज़्ज़त करके रख दिया! मैं का बताऊँ, सरकार! आपका आदमी न होता...

—फिर वही बत तुमने कही?—मन्ने बिगड़ उठा—स्साले, तू बिलकुल झूठ बोल रहा है। उसकी हिम्मत कि बुलाने पर न आये?

चन्नना रोने लगा। बोला—एक ओर उस अदना आदमी ने हमें बेइज़्ज़त किया, इधर सरकार गाली दे रहे हैं। हम पर विश्वास न हो तो सरकार किसी और को भेजकर पुछवा लें।

—तू भाग जा यहाँ से! तेरी राय की हमें ज़रूरत नहीं!—मन्ने ने डाँटकर कहा।

चन्नना भींगी बिल्ली की तरह वहाँ से चम्पत हो गया।

—बाबू साहब, क्या सच ही ऐसा हो सकता है?—मन्ने ने सिर झुकाकर कहा—हम बुलायें और जमुनवा न आये, यह कैसे मुमकिन है?

—सब-कुछ मुमकिन है!—बाबू साहब तो अन्धे हो गये थे। जमुनवा का सारा अतीत उनकी आँखों के सामने से तिरोहित हो गया था। उन्हें अपने अपमान के सिवा कुछ दिखायी न दे रहा था। बोले—जो मेरा अपमान कर सकता है, आपका नहीं कर सकता?...अच्छा हुआ कि आपने अपनी आँखों ही देख लिया!

—अब क्या किया जाय?—मन्ने ने वैसे ही सिर झुकाये कहा।

—जैसा आप समझें,—बाबू साहब ने कहा—लेकिन एक बात समझ लें कि एक सरकश को अपने क़ाबू में न किया, तो कल सभी इसी तरह उठ खड़े होंगे। नर्मी से ज़मींदारी नहीं सम्हलती। आपके बुलाने पर कोई असामी न आये, यह कोई मामूली बात नहीं!

—फिर क्या किया जाय?—सोचते हुए मन्ने बोला—आप अभी टोले जायँ। वहाँ से अपने चार जवानों को बुला लायें। देखें, यह साला कैसे नहीं आता है।

बाबू साहब लाठी उठाकर चले गये।

मन्ने का दिमाग़ ख़राब हो गया था। बाबू साहब का अपमान, ख़ुद उसका अपमान...जमुनवा-जैसा आदमी ही ऐसा करने लगे, तो फिर दूसरे असामियों का क्या ठिकाना?...अब्बा ने जमुनवा के बारे में लिखा है...जाने दो, उसे याद करना बेकार है। अब्बा ताक़तवर आदमी थे। उनका सारे गाँव पर रोब था। सब उनसे बचते थे, कोई सिर उठाने की हिम्मत न करता था। मुझे कौन क्या समझता है। मुझमें है ही क्या?...कुछ होता तो यह जमुनवा ही....नहीं, इस मामले को सख़्ती से निपटाना ही होगा।...बाबू साहब का अपमान...नहीं, यह बर्दाश्त करने की बात नहीं...इससे धाक उखड़ जायगी और फिर धाक ही न रही, तो और क्या रह जायगा? है ही क्या? मुझे तो अपनी हक़ीक़त मालूम है; गाँववाले भले कुछ न जानें।...बाबू साहब क्षुब्ध हैं....अगर वे सच ही बिगड़ गये और सब-कुछ छोड़कर चले गये, तो मेरा क्या बनेगा?...आख़िर मेरे कारण वे क्यों अपमानित हों? फिर यह सिर्फ़ उनके अपमान का ही सवाल नहीं है, उनके दबदबे का भी सवाल है। असामियों में उनकी किरकिरी हो गयी तो फिर वे क्या कर पायेंगे, उनकी कौन सुनेगा?

ज़िन्दगी में पहला ऐसा मौक़ा आया था। ऐसे मौक़े पर क्या करना चाहिए, कैसे करना चाहिए, उसे कुछ भी मालूम न था। ज़मींदार का वह लड़का था, लेकिन ज़मींदारी के हथकण्डों का उसे कोई ज्ञान न था। अब्बा हमेशा उसे दूर-दूर रखते थे। वे चाहते थे कि उनका बेटा अदीब बने। वह ख़ुद कुछ भी बनना चाहता था, लेकिन ज़मींदार नहीं। इसमें उसे कोई दिलचस्पी न थी। लेकिन जैसे सहसा ही सब-कुछ

उलट-पलट गया। अब्बा चल बस और सब कुछ उसी के सिर पर पहाड़ की तरह आ पड़ा।...वह क्या करता? उसके सामने चारा ही क्या था? अब्बा अगर सब-कुछ लिख न गये होते, तो वह कैसे क्या-क्या करता, समझना कठिन है। बाबू साहब अगर उसकी सहायता को न आते, तो वह क्या करता? शायद पढ़ाई छोड़ देनी पड़ती और इसी ज़मींदारी के दुष्चक्र में पड़कर ज़िन्दगी ख़त्म हो जाती। बाबू साहब के बड़े एहसान हैं...और उन्हीं बाबू साहब का इस कमबख़्त जमुनवा ने अपमान कर दिया!...

लेकिन अब वह करेगा क्या? चौकीदार के बुलाने पर भी जमुनवा नहीं आया। इतना वह जानता है कि जमुनवा को जैसे भी हो यहाँ लाना पड़ेगा। बाबू साहब जवानों को बुलाने गये हैं। वे जमुनवा को पकड़ लायेंगे। उनके सामने जमुनवा की एक न चलेगी, सीधे से न आयेगा तो वे उसे बाँधकर यहाँ ला पटकेंगे। लेकिन उसके बाद क्या होगा? मन्ने उसके साथ कैसा सलूक करेगा?...बाबू साहब से उसने क्यों न पूछ लिया कि उसे क्या करना होगा? लेकिन उस वक़्त किसी बात का उसे होश ही कहाँ था? बाबू साहब की बात सुनकर वह अन्धा हो गया था और उस समय अगर जमुनवा उसके सामने पड़ जाता, तो वह उसके ऊपर एक दरिन्दे की तरह टूट पड़ता और उसकी बोटी-बोटी नोंच लेता...लेकिन कहीं जमुनवा भी अपना हाथ उठा देता तो?...ज़ाहिर है, जहाँ तक शारीरिक शक्ति का सम्बन्ध है, जमुनवा के एक हाथ का भी वह नहीं....

मन्ने के पास नैतिक साहस है, सिद्धान्त की शक्ति है। नीति के स्तर पर वह किसी से भी लोहा ले सकता है, सिद्धान्त के स्तर पर वह किसी से भी लड़ सकता है। लेकिन यह किस स्तर की लड़ाई है? जमुनवा के साथ उसकी यह कैसी लड़ाई है? ज़मींदार और असामी की? मालिक और ग़ुलाम की? राजा और प्रजा की?

तो वह ज़मींदार है, मालिक है, राजा है!...मन्ने की अन्तरात्मा व्यंग से हँस पड़ी, वह ज़मींदार है! मालिक है! राजा है!...और जमुनवा असामी है, ग़ुलाम है, प्रजा है!

लेकिन इन दोनों के बीच लड़ाई का आधार क्या है?

...तुम्हारी नीति, तुम्हारे सिद्धान्त के पास इस प्रश्न का उत्तर है, मन्ने? इस लड़ाई को तुम किसी भी प्रकार, किसी भी नीति अथवा सिद्धान्त से जोड़ सकते हो, मन्ने?

.....जमुनवा की एक पक्ष के रूप में मानने को तैयार हो, मन्ने?

..मन्ने, अगर तुम इन्सान हो, तो नैतिकता और सिद्धान्त के नाम पर तुम्हें इन प्रश्नों के उत्तर देने पड़ेंगे। बिना ये उत्तर दिये तुम जमुनवा से कोई लड़ाई नहीं ठान सकते।

....जमुनवा ने बाबू साहब का अपमान किया, एक यही आधार इस लड़ाई का है न?

.....लेकिन निरीह जमुनवा ने, जो कल तक तुम्हारा वफ़ादार असामी था, जिसके बारे में अब्बा लिख गये हैं कि उसे अपना आदमी समझा जाय, यह अपराध क्यों किया?

....इसका उत्तर कौन देगा?

....बाबू साहब?

....तुम?

....नहीं! इस प्रश्न का उत्तर केवल जमुनवा दे सकता है!

....तुम उसके विरुद्ध कुछ भी करने से पहले उससे पूछोगे?

....बाबू साहब के सामने उसे खड़ाकर तुम यह सवाल उससे पूछोगे? है इतना नैतिक साहस तुममें?

मन्ने को लगा कि उसका इन्सान कटहरे में खड़ा है और जमुनवा उसकी ओर अँगुली उठाकर यह सवाल कर रहा है।...उसका दिमाग़ चकरा उठा। उसकी नैतिकता थर्रा उठी। उसके सिद्धान्त काँप उठे। उसकी इन्सानियत सहम गयी।

....मन्ने, अब तक तुमने कई लड़ाइयाँ लड़ी हैं, कॉलेज में, समाज में। उन लड़ाइयों को लड़ते समय तुम्हारे मन में कभी कोई दुविधा न उठी। न्याय, सत्य, नैतिकता, सिद्धान्त की इन लड़ाइयों ने तुम्हें अदम्य उत्साह, अपार शक्ति तथा अटूट विश्वास प्रदान किया है। गर्व से तुम्हारा माथा सदा ऊँचा रहा है। तुमने किसी भी अन्याय के सामने अपना सिर नहीं झुकाया है, किसी असत्य को तुमने स्वीकार नहीं किया है, किसी अनीति के सामने झुके नहीं, कभी तुमने अपना सिद्धान्त नहीं छोड़ा। कितने जोश से यह शेर तुम पढ़ते हो :

यह सर जो सलामत है दीवार को देखूँगा
या मैं रहूँ ज़िन्दाँ में या वो रहे ज़िन्दाँ में

और आज?

....आज ज़रा-सी बिछलन पर तुम्हारे पाँव रपटे जा रहे हैं। ज़रा-सी बात पर तुम अन्धे होकर सत्य और न्याय का गला घोंटने जा रहे हो। एक कमज़ोर आदमी पर तुम अपनी ताक़त दिखाने जा रहे हो। एक निस्सहाय व्यक्ति को, बिना उसकी बात सुने, बिना उसका पक्ष समझे दण्ड देने जा रहे हो। उसकी सारी वफ़ादारी को भुलाकर उस पर अमानुषिक अत्याचार करने जा रहे हो। बाबू साहब के साथ पक्षपात या स्वयं अपने साथ पक्षपात क्या पक्षपात नहीं? दीवार क्या बाहर ही खड़ी है, तुम्हारे अन्दर कोई दीवार नहीं? बाहर से सर टकराने की तमन्ना तुम मन में पाले हुए हो, लेकिन इन अन्दर की दीवारों से?...एक साधारण-सा स्वार्थ ही कि अगर बाबू साहब

छोड़ गये, तो तुम्हारी पढ़ाई खटाई में पड़ जायगी, तुम्हें पछाड़े जा रहा है, तो आगे क्या होगा? इस छोटी-सी दीवार से ही टकराकर तुम्हारा सर ख़ून-ख़ून हुआ जा रहा है, तो तुम उन बड़ी-बड़ी दीवारों से, जो तुम्हारे अन्दर और बाहर खड़ी है, जिनकी ताक़तों का अभी तुम्हें पूरा-पूरा ज्ञान नहीं, जिनका निर्माण सदियों से मानव की पाशविक प्रवृत्तियों ने किया है, जिनकी नींवें हमारे मन में, समाज में, बहुत गहरे तक गड़ी हैं, क्या खाकर सिर टकराओगे?

....जीवन में यह तुम्हारी पहली साधारण परीक्षा है। तुम्हारा सारा आदर्श, सिद्धान्त, शक्ति, नीति और वह-सब, जो तुममें अच्छा है, आज कसौटी पर है! इसमें ही अगर तुम असफल हो गये, खरे न उतरे, तो आगे क्या होगा, इसकी कल्पना तुम आज नहीं कर सकते। यह ज़िन्दगी बड़ी सख़्तगीर है, बड़ी पेचीदा है, इसका नाम ही एक मुसलसल इम्तिहान है और इन इम्तिहानों में अधिकतर लोगों को असफलताएँ ही हाथ लगती हैं...

मन्ने लेटे-लेटे सोच ही रहा था कि बाहर एक शोर-सा हुआ। वह उठकर दरवाज़े पर आया। सामने बिफरे बाघ की तरह कन्धे पर लाठी ताने बाबू साहब आगे-आगे आ रहे थे और उनके पीछे-पीछे चार लठैतों के बीच घिरा हुआ जमुनवा वैसे ही शर्म से सिर झुकाये आ रहा था, जैसे सिपाहियों के बीच अपराधी! मन्ने से वह दृश्य देखा न गया। वह अन्दर चारपाई पर जा बैठा। इस दृश्य की कल्पना उसने कब की थी? और आज वही इस दृश्य का सूत्रधार बना है! उसने हथेली पर माथा टेक दिया।

दूसरे दरवाज़े से सब अन्दर आ गये, तो दरवाज़ा बन्द करने की आवाज़ आयी।

बाबू साहब मन्ने के पास आकर बोले—वह आ गया।

अब?

मन्ने ने सिर उठाया। आवाज़ गले से फूट नहीं रही थी। किसी तरह हकलाकर बोला—मुझे आप क्या कहते हैं?

—चलकर उसे जूते से पीटिये! उसे मालूम हो जाय कि उसके ऐसे व्यवहार का क्या नतीजा होता है!—बाबू साहब की आँखों में ख़ून चमक रहा था।

—वह आपका अपराधी है, आप ही...

—नहीं, वह आपका अपराधी है, वर्ना मेरा उससे क्या सम्बन्ध?—बाबू साहब ऐंठकर बोले—उठिये, कमज़ोरी न दिखाइये। कमज़ोर हाथों से ज़मींदारी नहीं चलती। उठिये, आपके हाथ से उसे चोट नहीं लगेगी, आप उसके मालिक हैं। मेरे हाथ से उसे बहुत चोट लगेगी, मैं उसके सिर ग़ैर हूँ। उठिये!

—बाबू साहब!—जैसे मिमियाकर मन्ने बोला—आप यह क्या कहते हैं? मैं ...मैं...

—यही करना था, तो आपने उसे क्यों पकड़वा मँगाया? क्या अब आप ख़ुद मेरा अपमान...

मन्ने उठ खड़ा हुआ। उसे लगा, जैसे उसका सिर हवा में उड़ने लगा है। वह दौड़कर आँगन में गया और पैर से जूता निकालकर पटापट जमुनवा के सिर, मुँह, गर्दन, पीठ पर बरसाने लगा।

कोई विरोध नहीं। जमुवना सिर झुकाये आँखें मूँदे ऐसे बैठा था, जैसे वह माटी का लोंदा हो।

मन्ने मारते-मारते थक गया, तो हाथ में जूता लिये ही कमरे में आ चारपाई पर धम्म से गिर पड़ा। उसके हाथ का जूता काँप रहा था, उसकी पिण्डलियाँ थरथरा रही थीं, उसकी आँखों के आगे अँधेरा छा रहा था और साँस हफर-हफर चल रही थी।

जमुनवा कब चला गया, बाबू साहब ने कब मन्ने के हाथ से जूता लेकर नीचे रख दिया, उसे नहीं मालूम।

बड़ी देर के बाद उसे होश आया। उसने आँखें खोलीं, तो सामने पीढ़ी पर बाबू साहब बैठे थे। उसने फिर आँखें मूँद लीं।

—मुझे मालूम होता कि आप इतने कमज़ोर हैं, तो...

मन्ने ने आँखें खोलीं और हाथ उठाकर देखा, हाथ पहले ही की तरह काँप रहा था।

बाबू साहब ने लपककर उसका हाथ थाम लिया। बोले—इस हाथ को बड़े-बड़े काम करने हैं! इस ज़रा-सी बात पर ही यह काँपने लगे, तो...

—बाबू साहब,—मन्ने आँखें मूँदकर साँस की आवाज़ में बोला—आप जाइये। इस समय मुझे अकेले छोड़ दीजिये।

—यह कैसे हो सकता है?—बाबू साहब हँसकर बोले—आप अभी तक बच्चे ही रहे। ज़र, ज़मीन और ज़न कमज़ोर हाथों में नहीं रहते। आप सयाने हुए। आज नहीं तो कल सब आपको ही सम्हालना होगा। इस तरह आप कमज़ोरी दिखायेंगे तो सब-कुछ, जो बाप-दादा छोड़ गये हैं, आपके हाथों से सरक जायगा। ये असामी, जो आपके सामने दुम दबाकर, सिर झुकाकर खड़े होते हैं, आप पर ग़ुर्राने लगेंगे और जिसे जो मिलेगा, धर दबायेगा! जुब्ली मियाँ को देखिये, हालत बिलकुल ख़राब है, लेकिन ज़मींदारी कमाना वे जानते हैं। इसी कमाई से उनका ख़र्चा चलता है। आपकी कमज़ोरी ही के कारण आपकी ज़मींदारी का भी वही फ़ायदा उठाते हैं। आपके कई खेत उन्हीं के क़ब्ज़े में हैं। हर घड़ी उनके दरवाज़े पर भीड़ लगी रहती है। कोई-न-कोई टण्टा हमेशा खड़ा किये रहते हैं और एक को दबा, दूसरे को उभार अपना उल्लू सीधा किया करते हैं। और एक आप हैं कि पढ़ाई के रुपयों के भी लाले पड़ रहे हैं। हम क्या कर सकते हैं? आपकी तरह हम तो मामलों के अन्दर दख़लन्दाज़ी

नहीं कर सकते।.... कम-से-कम छुट्टियों में तो आप ज़मीन-जायदाद के कामों में दिलचस्पी लिया कीजिये।...मुन्शी राम-जीवन लाल से मैंने बातें की हैं। आप जब कहें, उन्हें बुला दें। वे आपके खेतों की पड़ताल करा देंगे। बड़े बुज़ुर्ग और तजुर्बेकार आदमी हैं, गाँव की राई-रत्ती से वाक़िफ़ हैं।... आपका नुक़सान हमसे नहीं देखा जाता...

ये सारी बातें मन्ने के कान में गर्म सीसे की तरह पड़ रही थीं। आख़िर अधिक सहना असम्भव हो गया, तो तड़ककर उसने आँखें खोलीं और बोला—बाबू साहब, यह-सब मुझसे नहीं होग, नहीं होगा! और उसने फिर आँखें मूँद लीं।

बाबू साहब हँस पड़े। बोले—यह ज़िन्दगी बड़ी सख़्तगीर है! भावुक व्यक्तियों को यह पीसकर रख देती है!...ख़ैर, मैं जा रहा हूँ। खलिहान में ओसावन लगा है। आप मेरी बातों पर सोचिये।...हाँ, आँगन में वे जवान बैठे हैं, उन्हें कुछ देना होगा न!

—आप जो चाहिए, कीजिये,—मन्ने आँखें मूँदे ही बोला—इस समय मुझे छोड़ दीजिये।

यह बाबू साहब का कौन-सा रूप आज मन्ने ने देखा है? फ़रिश्ते के अन्दर यह शैतान कहाँ छुपा बैठा था?..छिः, मन्ने! यह तेरे मुँह से बाबू साहब के लिए कैसी बात निकल रही है? क्या तू सच ही बिलकुल बच्चा है? तेरा दुःख, तेरी ख़ुशी, तेरी नाराज़गी क्या बच्चों की ही तरह है? अभी एक बात पर तू किसी को अपने सिर पर बैठा लेता है और अभी एक बात पर तू किसी को पैरों-तले रौंदने लगता है। तू अभी किसी को फ़रिश्ता बना देता है, अभी किसी को शैतान।...इन्सान को समझना क्या इतना आसान है? क्या एक बात, एक काम से ही इन्सान को समझा जा सकता है?...अगर यही बात है, तो अपने बारे में तेरा क्या ख़याल है?....तेरा आज का यह काम...तू भला किस शैतान से कम है?...जमुनवा से जाकर पूछ, वह तेरे बारे में इस समय क्या सोच रहा है?....और मन्ने की विचारधारा सहसा टूट गयी। जिस उँगली को उसने बाबू साहब की ओर उठाया था, वही उँगली उसकी ओर घूम गयी, तो वह ख़ामोश हो गया। अपने बारे में, अपनी दुर्बलताओं और बुराइयों के बारे में सोचना कितना कठिन काम है! डाक्टर के हाथ से अपना फोड़ा चिरवा लेना उतना कठिन नहीं, लेकिन अपने ही हाथ से अपना फोड़ा चीरना पड़ जाय, तो?....

....मन्ने, तुम्हारे अनुभव सच ही बिलकुल कच्चे हैं। तुमने अभी दुनिया बिलकुल ही कम देखी है। तुम्हारे सिद्धान्तों, तुम्हारी नैतिकताओं, तुम्हारी अच्छाइयों में अभी कोई दम नहीं। ज़रा-से में सब टूट-फूटकर रह जाता है। भावुकता के आईने में अभी तक तुमने जो-कुछ देखा है, जीवन का सत्य उसके परे है। यह आईना तोड़कर जीवन

के सत्यों से जब तक सीधे आँख न मिलाओगे, तुम सपनों के संसार में ही विचरा करोगे और ज़रा-ज़रा-सी बात पर तुम बच्चों की तरह हँसते-रोते रहोगे, ख़ुश-नाराज़ होते रहोगे...पढ़ाई में तुम भले ही तेज़ हो, विवादों में भले ही तुम पुरस्कार प्राप्त कर लो...लेकिन आज यह बात तय हो गयी कि ज़िन्दगी का एक इम्तिहान भी अभी तुम पास नहीं कर सकते। ज़िन्दगी वह किताब नहीं, जिसे तुम बाज़ार से ख़रीद लाओ और पढ़कर, रटकर, उस पर किये गये सवालों का जवाब देकर पास हो जाओ। ज़िन्दगी वह किताब है, जिसमें इतने सफ़हे हैं कि आज तक कोई गिन न सका, और जिसके सफ़हों की तायदाद हमेशा बढ़ती रहती है। हर नया इन्सान जो इस संसार में आता है, उसके सामने यह किताब बन्द पड़ी रहती है। इन्सान जब पहली बार आँख खोलता है, उस किताब की जिल्द का एक कोना-भर ही देखकर हैरत में पड़ जाता है। इसका आवरण ही देखने और समझने के लिए एक ज़िन्दगी चाहिए। और तुमने अभी इसका क्या देखा है? समझ लो कि आज तुमने इस किताब का पहला अक्षर देखा है और उसी से तुम इतने मर्माहत हो उठे हो और अपने ही सामने इतने गिर गये हो। फिर आगे क्या होगा, क्या होगा?

मन्ने दिन-भर चारपाई पर पड़ा रहा। मन-ही-मन, इसी तरह की बहुत-सी बातें सोचता रहा। उसे कोई प्रकाश दिखायी न दे रहा था। कई बार उसके मन में आया था कि वह अभी चलकर जमुनवा से माफ़ी माँग ले...बाबू साहब नाराज़ हों तो हों, उसे वह भले ही छोड़ दें, लेकिन दिल में पश्चात्ताप की आग लिये वह कैसे जी सकेगा? फिर....फिर....क्या होगा?....बाबू साहब उसे छोड़कर चले जायेंगे। सारा भार उसी पर पड़ जायगा। उसकी पढ़ाई ख़त्म हो जायगी। आगे की ज़िन्दगी के सारे सपने धरे-के-धरे रह जायेंगे।...और फिर क्या वह अपने इस दिल-दिमाग़ से, इस नातजुर्बेकारी से अपनी ज़मीन-जायदाद को सम्हाल पायेगा?...नहीं, नहीं! तो फिर?

गाड़ी इसी तरह थोड़ी दूर चलकर ठप्प हो जाती। जितना वह सोच सकता था, सोच रहा था, लेकिन हर बार उसकी गाड़ी इसी तरह ठप्प पड़ जाती थी, उसका दिमाग़ जवाब दे देता था। जंगल की आग में घिरे एक हिरन की तरह उसकी हालत हो रही थी, कहीं कोई रास्ता दिखायी न पड़ता था....

रह-रहकर वह अपने दोनों हाथों को देखता, एक हाथ काँपता रहता और दूसरे पर एक निशान एक तारे की तरह चमकता रहता। एक हाथ में एक निरपराध का ख़ून लगा है और दूसरे हाथ पर दोस्ती और मुहब्बत का एक निशान है। कितना फ़र्क़ है इन दोनों हाथों में! लगता है, जैसे तारे की चमक मद्धिम पड़ गयी हो, उस पर ख़ून का छींटा, पड़ गया हो।...मन्ने! मन्ने! यह तुमने क्या किया?

कई बार छोटी बहन ने ज़नाने से उसे खाना खाने के लिए कहलवाया, लेकिन मन्ने ने हर बार यही कहला दिया कि उसकी तबीयत ठीक नहीं, आज वह खाना नहीं खायेगा।

दोपहर की छुट्टी में खलिहान से बाबू साहब आये थे। उसे उस वक़्त तक उसी हालत में देखकर उन्होंने कहा था—यह क्या? अभी तक आप ऐसे ही पड़े हैं? उठिये, नहा-धोकर खाना खाइये।

लेकिन कुहनी से मुँह छुपाये मन्ने वैसे ही पड़ा रहा। उसने एक बात न कही।

तब जैसे परेशान होकर बाबू साहब ने कहा था—ऐसा समझता तो आपसे कुछ भी न कहता। फिर काहे को यह-सब होता। मुझे मालूम न था कि आपका दिल इतना कमज़ोर है। वर्ना मैंने जैसे आपके लिए इतना-सब किया, यह अपमान भी चुप मारकर झेल लेता!—और वे वाहर चले गये थे।

मन्ने को फिर एक झटका लगा था। बाबू साहब यह क्या कह गये?...यही तो अभी उसे सबक़ दे रहे थे कि..और अभी फिर यह क्या कह गये? इन्हें भी समझना आसान नहीं...शायद किसी को भी समझना आसान नहीं। वह ख़ुद अपने को कहाँ समझ पाता है! कौन इस बात पर यक़ीन करेगा कि उसने अभी-अभी एक आदमी को, बिना उससे एक बत किये जूते से पीटा है?...यह बात अगर कॉलेज तक पहुँच जाय?...मन्ने पर फिर वही कुंठा की स्थिति छा गयी और उसे लगा कि कहीं चुल्लू-भर पानी मिले तो वह डूब मरे। और कोई रास्ता नहीं, यह मुँह अब दिखाने-लायक़ नहीं रहा।

ये बाबू साहब कह रहे थे कि वे उसके लिए अपमान भी झेल लेते। और उसने अभी उन्हें शैतान कहा था। ओफ़! वह किस भूल-भुलैया में डाल दिया गया है कि कहीं कोई ओर-छोर दिखायी नहीं पड़ता। जिधर भी वह चलता है, थोड़ी दूर चलने पर ही मालूम होता है कि उसने ग़लत रास्ता पकड़ लिया है।...मन्ने, यह ज़िन्दगी ही एक भूल-भुलैया है, इसका कोई रास्ता सीधा नहीं जाता, बल्कि इसका कोई रास्ता ही नहीं, रास्ता तो इन्सान को बनाना पड़ता है। एक रास्ते पर वह असफल होता है, तो दूसरा रास्ता गढ़ता है और उस पर चलता है...और फिर अक्सर ऐसा भी होता है कि इन्सान ज़िन्दगी-भर रास्ते ही गढ़ता रहता है और उन पर चलता रहता है और अन्त में वह पाता है कि वह कहीं भी नहीं पहुँचा।

....मन्ने, हो सकता है कि तुम भी कहीं न पहुँचो। पहली ही पीढ़ी पर जब तुम्हारा यह हाल है, तो पहाड़ पर तुम क्या चढ़ोगे?...लेकिन कोई बात नहीं, शर्त रास्ता ढूँढ़ने की है, उस पर चलने की है, लेकिन आज तो तुम जैसे इससे भी इनकार कर रहे हो।...मन्ने, यह समझ लो कि इससे इनकार ज़िन्दगी का रास्ता नहीं, मौत का रास्ता है और ऐसी मौत का मतलब होता है, कुछ नहीं, कुछ नहीं...क्या तुम कुछ भी नहीं, मन्ने?

फिर यह शेर तुम्हारे लिये क्या मने रखता है, जिसे तुमने एक दिन बहुत बड़ा शेर कहा था, जिसे तुम वक़्त पड़ने पर गुनगुनाते हो, ज़ोर-ज़ोर से पढ़ते हो—

यह सर जो सलामत है दीवार को देखूँगा
या मैं रहूँ ज़िन्दाँ में या वो रहे ज़िन्दाँ में

.... नहीं, मन्ने, तुम एक बात को ही ज़िन्दगी और मौत का सवाल मत बना लो। इस बात को तुम एक दीवार ही समझो और इससे भी सर टकराने का साहस बाँधो और आगे बढ़ो। एक ही ठोकर पर तुम इस तरह मुँह के बल गिर पड़ोगे, तो इस दुर्गम पथ पर आगे कैसे बढ़ोगे?....

कई दिन तक मन्ने गुम-सुम बना रहा। सिर्फ़ खाना खाने के लिए वह सिर झुकाये ज़नाने में जाता और लौटकर खण्ड में पड़ रहता। रास्ते में एक बार भी वह आँख न उठाता, उसे लगता कि चारों ओर से उस पर अँगुलियाँ उठी हुई हैं और उसे आँखें घूर रही हैं उसका ख़याल था कि गाँव में चारों ओर थू-थू हो रही होगी; जो भी सुनता होगा, उसके मुँह से गालियाँ निकल रही होंगी।....

बाबू साहब से भी वह आँख न मिलाता। वे आते, थोड़ी देर चुपचाप बैठते और चले जाते। वे भी कुछ न कहते। दोनों के बीच जैसे एक दीवार खिंच गयी हो। दोनों जैसे अपने-अपने विचारों की चक्कियों में घुमर-घुमर पिसे जा रहे हों। दोनों जैसे आपने को एक-दूसरे के सामने अपराधी समझते हों।

एक दिन दोपहर का समय था। मन्ने खाना खाकर खण्ड में आ गया था और दरवाज़ा बन्द करके लेटा हुआ था। उसे इस समय मुन्नी की बहुत याद आ रही थी। वह सोच रहा था कि इस समय मुन्नी अगर उसके पास होता, तो उसे इस मन:स्थिति से निकलने में उससे बड़ी सहायता मिलती। वह बातें करता, उसके सामने सारी परिस्थिति रखता और उससे सम्मति माँगता। हो सकता है कि यह-सब जानकर वह उस पर बहुत बिगड़ता कि यह उसने क्या किया? वह उसे डाँटता कि मालूम होता है, तुम भी इन्हीं-सब ज़मींदारों की राह पर चलोगे! तुममें भी कहीं दरिन्दों का ख़ून है, जिसने समय आने पर अपना रंग दिखा दिया। मैं तुम्हारे बारे में ऐसा नहीं सोचता था। मैं तो सोचता था कि और कुछ भले न हो, कम-से-कम एक शरीफ़ इन्सान बनोगे, गाँव के सामने एक मिसाल रखोगे कि पढ़े-लिखे, समझदार आदमी कैसे होते हैं। लेकिन तुमने तो मेरी सारी उम्मीदों पर पानी फेर दिया!...

मन्ने चाहता था कि इस समय कोई उसे डाँटनेवाला ही मिल जाता...कि तभी दरवाज़े पर दस्तक की आवाज़ आयी।

मन्ने ज़रा चौंककर उठ बैठा। इस समय कौन आ सकता है? बाबू साहब आजकल दोपहर को ही अपने घर चले जाते हैं। बिलरा भी खाना खाने घर गया होगा।

फिर दस्तक हुई, तो उसने उठकर कुण्डी खोली और दरवाज़ा खोलते हुए बोला—कौन है?

—सलाम, बाबू!

—कैलसिया! तू?—मन्ने के मुँह से निकला और उसके चेहरे पर एक लू का थपेड़ा-सा लगा।

—हाँ, अन्दर तो आ जाने दीजिये! मैं तो खड़ी-खड़ी यहाँ झुलस गयी!—कैलसिया बोली और इसका इन्तज़ार किये बिना क मन्ने दरवाज़े से हटे, वह अन्दर घुसने लगी, तो मन्ने आप ही हटकर चारपाई पर बैठ गया।

कैलसिया उसके सामने फ़र्श पर बैठती हुई बोली—हमें नहीं आना चाहिए था का?

—नहीं, आना क्यों नहीं चाहिए?—मन्ने आँखें नीचे किये हुए बोला—लेकिन तेरा तो तीन साल से कुछ पता ही नहीं था।

—का करते?—कैलसिया ने आँखें चमकाकर कहा—आपने घर से निकाल दिया, तो हम कहाँ रहते?

मन्ने की आँखों के सामने उस रात का दृश्य नाच गया। उस समय उसने क्या समझकर वैसा किया था, मन्ने जानता है, लेकिन यह किसी को घर से निकालने की तरह था, यह तो उसके दिमाग़ में आज तक नहीं आया था। बोला—नहीं, ऐसा समझकर तो मैंने तुझे उस रात तेरे घर नहीं भेजवाया था!

—तो का समझकर आपने वैसा किया था?—पलकें उठाकर कैलसिया बोली।

मन्ने जैसे सकते में आ गया। क्या जवाब दे इसका? यह लड़की उससे बड़ी है, इसे ऐसी बातों की उससे ज़्यादा समझ होनी चाहिए। क्या यह नहीं समझती कि उसने वैसा क्यों किया था? उसने आँखें उठाकर उसकी ओर देखा, नहीं, कैलसिया के मुखड़े पर कोई विकर नहीं है। वह तो सीधे उससे आँखें मिलाकर यह सवाल पूछ रही है।

मन्ने को सहसा ऐसा लगा कि कमरे का वातावरण बिल्कुल बदल गया है। जिस कमरे में आज कई दिनो से उसके प्राण घुट रहे थे, जहाँ वह न जाने किन-किन यातनाओं में पड़ा हुआ तड़प रहा था, वही कमरा इस समय कैसा दिख रहा है! वह स्वयं जैसे इस समय सब-कुछ भूले जा रहा है, जैसे बहुत दिनों का चढ़ा हुआ बुखार उतर रहा हो।

इस लड़की के बारे में वह बहुत-कुछ बाबू साहब से सुन चुका है। इस लड़की को लेकर अब्बा के बारे में बहुत-सी बातें गाँव की हवा में आज भी मँडरा रही हैं। इस लड़की ने गाँव को एक अमर कहानी दी।....इसमें ज़रूर कोई ऐसी चीज़ है, तभी तो पाँव रखते ही इसने यहाँ की हवा बदल दी!

यह लड़की उसके सामने बैठी है। इतने क़रीब से उसने उसे कभी नहीं देखा। उसके मन में आया कि इस कहानी बननेवाली लड़की को ध्यान से देखे और समझे कि आख़िर इसमें क्या है?

नहीं, वैसी कोई असाधारण बात तो इसमें नहीं है। हाँ, चेहरे पर एक असाधारण सख़्ती ज़रूर है, आँखों में एक असाधारण रोब ज़रूर है...और...और तो कुछ भी दिखायी नहीं देता। इसके दिल-दिमाग़ की बात क्या कही जा सकती है, उसे देखना समझना क्या कोई साधारण बात है। हो सकता है, यह लड़की दिल-दिमाग़ से ही असाधारण हो, वर्ना...

मन्ने के मन में आया कि उसके सवाल का वह कोई जवाब दे दे, लेकिन फिर सहसा उसे लगा कि, नहीं, ऐसा करना मुश्किल है। इस लड़की के साथ झूठ वह नहीं बोल सकता, लाग-लपेट की बात वह नहीं कर सकता। वर्ना जाने क्या हो! क्या जाने उठकर तुरन्त चली जाय और इस समय वह चाहता था कि वह न जाय, यहाँ कुछ देर तक रहे, उससे कुछ बातें करे। कैसा अच्छा लग रहा है! जैसे लू-धूप में एक मंज़िल मारने के बाद कोई अमराई में पहुँच गया हो।

बोला—उस वक़्त मेरा दिमाग़ ठीक नहीं था। तुम्हारी हालत देखकर शायद मेरा दिमाग़ और ख़राब हो जाता। इसीलिए फ़िलहाल तुझे भेज देना ही बेहतर समझा। सोचा था, इत्मिनान होने पर तेरे बारे में सोचूँगा और कुछ करूँगा।

—और आज तक इत्मिनान नहीं हुआ! अभी तो आपने कोई ख़बर न ली!—आँखें तिरछी करके कैलसिया बोली।

—नहीं, ऐसी बात तो नहीं,—नीचे देखता, कुछ सोचता हुआ-सा मन्ने बोला—तेरा ध्यान बराबर मुझे बना रहा और मैं सोचता भी रहा कि तेरे बारे में क्या किया जाय।

—लेकिन कुछ सोच न पाये?—मन्द हँसी हँसकर कैलसिया बोली—बहुत मुश्किल बात थी न?

—कैलसिया,—अपने को हीन-सा अनुभव करता मन्ने बोला—मुझमें अब्बा का दम-ख़म नहीं। फिर भी, तेरे बारे में मैं कुछ करना चाहता था। लेकिन तभी मालूम हुआ कि तू बिना किसी से कुछ कहे-सुने गाँव छोड़कर जाने कहाँ चली गयी।...

—और आपको छुट्टी मिल गयी?—हँसकर कैलसिया बोली। फिर सहसा उदास हो गयी—उतने दिन हम गाँव में रहे, आपने एक बार भी ख़बर न ली। आदमी घर के कुत्ते को भी इस तरह कहीं बिसराता है!..और हमने सोच लिया, मियाँ के साथ ही इस घर से हमारा नाता टूट गया!—उसकी आँखें भर आयीं—मियाँ आपके अब्बा थे, बाबू साहब के दोस्त थे, और न जाने किनके-किनके का-का थे!...हम सोचते हैं, वे हमारे कौन थे, उनका हमारे साथ कौन-सा नाता था?....सब के लिए वो कुछ-न-कुछ छोड़ गये, हमारे लिये उन्होंने का छोड़ा?—और उसकी आँखों से झर-झर आँसू बहने लगे।

मन्ने के लिए सहना कठिन हो गया। वह क्या कहे, उसके साथ जो व्यवहार किया था, यह उसी का तो स्पष्टीकरण था।...अब्बा रहते, तो उन्होंने इसकी शादी करा दी होती। इनकी शादी में कौन अधिक ख़र्च होता है। दो-चार सौ बहुत होते हैं। फिर भी यह छोटा-सा काम वह नहीं कर सका। अब्बा ने जिसके लिए हज़ारों के वारे-न्यारे कर दिये, वह दो-चार सौ के लिए सोच-विचार करता रहा।...अब्बा के लिए कोई काम मुश्किल न था। जाने वे कैसे सब करते थे। मेरे लिये तो घर का और अपना ख़र्च जुटाना ही मुश्किल पड़ जाता है।...लेकिन, मन्ने! आख़िर तू सब करता है या नहीं? तूने दो-दो बहनों की शादी की...तू घर का और अपनी पढ़ाई का ख़र्च चलाता है...तीसरी बहन की शादी की तुझे चिन्ता है...एक कैलसिया के लिए ही तुझे इतना सोचना-विचारना क्यों पड़ा? इसका जवाब तू कैलसिया को न दे, अपने को ही दे न! इस भावुकता से क्या लाभ? जो सही बात है, तू उसे ही स्वीकार कर और इस कैलसिया से कह दे कि वह जो समझती है, वही ठीक है, मियाँ से चाहे जो भी सम्बन्ध उसका रहा हो, मन्ने के साथ उसका कोई भी सम्बन्ध नहीं, उस पर उसकी कोई भी ज़िम्मेदारी नहीं। वह मज़बूर है।...

आँखें पोंछकर कैलसिया ही बोली—बाबू, आप और कुछ न सोचें। कैलसिया चाहे जो हो, वो लोभी नहीं। मियाँ से उसने कभी कोई चीज़ नहीं चाही। जब तक वो रहे, उसे किसी चीज़ की ज़रूरत नहीं पड़ी, कभी उसने किसी बात की चिन्ता ही नहीं की। उसे लगता था कि सारी दुनिया ही उसकी है।...लेकिन वो चले गये, तो अचानक ही, आपने हमें घर भेज दिया। हमें लगा कि कैलसिया की नाव बीच मँझधार में डूब गयी। उसका कोई नहीं। जिस पेड़ पर लतर फैली थी, वही जब गिर पड़ा, तो लतर का का रह गया? उसने समझ लिया कि उसका कुछ नहीं, वह अनाथ हो गयी...वह बेवा हो गयी, वह बेसहारा हो गयी।...उसने समझ लिया कि...—और कैलसिया फफक-फफककर रो पड़ी, उसका कण्ठ अवरुद्ध हो गया।

मन्ने के लिए वहाँ बैठना मुश्किल हो गया। जो वातावरण कैलसिया के आने से सहसा हल्का हो गया था, अब इतना भारी हो गया कि मन्ने के लिए साँस लेना भी कठिन हो गया। उसे लग रहा था कि कोई उसे सूए से घोंप रहा है और वह कोई भी बचाव करने में अपने को असमर्थ पा रहा है।

आँखों पर आँचल रखकर कैलसिया ही फिर बोली—और जब कई महीने बीत गये और आपने यह ख़बर भी न ली कि कैलसिया ज़िन्दा है, या मर गयी, तो हमने सोच लिया कि मियाँ के कोई बेटा नहीं, जो मियाँ की बनायी हुई एक लड़की की खोज ख़बर ले और वह एक रात घर छोड़कर डूब मरने के लिए निकल पड़ी...

—कैलसिया!—जैसे मन्ने की सहन-शक्ति सीमा पर आकर पट से टूट गयी हो, वह तड़पकर बोला—कैलसिया! मुझे माफ़ कर दे! मियाँ का बेटा समझकर ही तू मुझे माफ़ कर दे! मैं तेरे आगे बेहद शर्मिन्दा हूँ! अब्बा का गुनहगार तो हूँ ही!

—नहीं-नहीं, हमारे आगे आप सरमिन्दा काहे को होंगे?—सिर हिलाती हुई कैलसिया बोली—हम आपको माफ करनेवाले या आपकी ग़लती बतानेवाले कौन होते हैं? आपसे हमारा नाता ही कौन-सा है? आप हमें या हम आपको जानते ही कहाँ हैं? वो तो बात आयी, तो जाने का-का मुँह से निकल गया। मियाँ की बात मियाँ के साथ ही चली गयी!..हम तो यही सोचते हैं कि उन्हीं के साथ हम भी काहे नाहीं मर गये? अब तो मरा भी नहीं जाता! गये थे कि नदी में डूबकर जान दे देंगे। लेकिन मियाँ ने ही जैसे हमारा हाथ पकड़कर रोक दिया, बोले, इसीलिए हमने तुझे बनाया था? आज ऐसी बुजदिली कहाँ से तुझमें आ गयी? हमें भूल गयी का? यह काहे नहीं सोचती कि मरने के बाद भी हमारी रूह तेरे साथ है? तू हिम्मत से काम ले और जी! जब तक तू ज़िन्दा रहेगी, हम मरकर भी ज़िन्दा रहेंगे, काहे कि तुझे देखकर लोग हमें ज़रूर याद करेंगे!...और हम एक रात मोतिया के साथ कलकत्ता चले गये। वहाँ चटकल में सिलाई करते हैं। जिनगी एक तरह से अच्छी ही कट रही है।

मन्ने ने एक बार फिर उसे ग़ौर से देखा। मन्ने की लज्जा को जैसे कैलसिया ने ही अपने ऊपर ओढ़ लिया था और फिर उसके होंठों पर एक मुस्कान वापस आ गयी थी। अद्भुत है यह औरत! अभी रो रही थी, अभी मुस्करा रही है! मन्ने के लिए उसे समझना आसान नहीं!...गाँव की कई रंगवों की औरतें कलकत्ता में अपने मर्दों के साथ रहती हैं और चटकल में काम करती हैं। तर-त्यौहार या बर-बियाह में आती हैं, तो उन्हें देखते ही बनता है। दाँतों में काली या लाल मिस्सी पर बत्तीसी चमकती है, होंठ चौबीसों घण्टे पान से रचे रहते हैं, चेहरे पर जैसे चमकीला कोलतार पुता रहता है, बारीक साड़ी, चाँदी के भारी-भारी गहने और लपर-लपर बातें। देखकर ही कोई कह सकता है कि कलकतिया हैं। लेकिन इस कैलसिया को कोई कलकतिया कैसे कहे? इसमें तो कोई भी वैसी चीज़ नहीं। कैसी सीधी और साफ़-सुथरी दिखायी देती है! चेहरे के रंग और चमक में कोई फ़र्क़ नहीं पड़ा है, कलकत्ते के पानी का जैसे कोई असर ही नहीं।

कैलसिया ही आगे बोली—नौकरी मिलने में तो वहाँ देर न लगी। लेकिन लोग-बाग़ जब हमें तंग करने लगे, तो जी उचाट हो गया। हमें डर कोई नहीं था, लेकिन वैसे में काम करना बड़ा कठिन लग रहा था। गाँव के लोगों से कहा, तो वे हँसने लगे। बोले, अभी यहाँ तुझे कोई जानता नहीं, इसीलिए छेड़-छाड़ करते हैं। जान लेंगे तो सब ख़ामोश हो जायेंगे। तू किसी बात की फिकर न कर!...और फिर जाने कैसे हमारे और मियाँ के बारे में तरह-तरह की कहानियाँ वहाँ फैल गयीं। लोग जैसे चिहा-चिहाकर हमारी ओर देखने लगे। फिर हमारे पास से वैसे ही दूर हट गये, जैसे आग की लपट से आदमी हाथ खींच लेता है। और हमने सोचा, मियाँ यहाँ भी हमारी मदद कर रहे हैं!...सोचा था, फिर कभी गाँव में कदम न रखेंगे। लेकिन मियाँ का थान हमें

खींच ही लाया। कल दोपहर को आये थे। साँझ को दरगाह गये थे। वहाँ मियाँ की कबुर का कोई निसान ही नहीं मिला, बाबू, का आप उनकी कबुर भी पक्की नहीं करवा सकते, थे? का सच ही आप लोग चाहते हैं कि मियाँ का कोई निसान न रह जाय?...यह आपने नया कमरा बनवा लिया है, उनका कमरा भी आपने छोड़ दिया?...जरा हम उनका कमरा देख लें?

यह गँवार, नीच जाति, चमार की बेटी क्या मन्ने के लिए एक चुल्लू पानी भी नहीं छोड़ेगी? कैसे मीठी छुरी से यह उसे हलाल करती जा रही है! उसकी सारी अक़्ल इसके आगे कहाँ गुम हो गयी है? क्या सच ही वह अब्बा का बेटा कहलाने-लायक़ नहीं है? क्या सच ही वह ऐसा नाशुक्रा है?...जमुनवा...कैलसिया...यहाँ तक कि अब्बा को भी वह भुला बैठा?

—उठिये!—खड़ी होकर कैलसिया बोली और आँगन की ओर पैर बढ़ा दिया।

अब्बा के कमरे के बाहर मन्ने रुक गया और कैलसिया अन्दर चली गयी। कमरे के फ़र्श पर जैसे महीनों से झाड़ू न चला था, गर्द-ग़ुबार अटा पड़ा था। एक कोने में भूसा रखा हुआ था। दीवारों को नोनी चाट रही थी। कमरे में कहीं कोई चीज़ नहीं थी। कैलसिया की बरसती आँखें चारों ओर देख रही थीं और जाने क्या खोज रही थीं। सिसकती हुई बोली—यह हाल है उनके कमरे का! इसे हम अपने हाथ से साफ़ करते थे। मियाँ न रहते थे, तो अपने आँचल से इसे बुहारते थे!..अब तो यहाँ उनकी कोई चीज़ भी दिखायी नहीं देती। कौन कहेगा कि यहाँ कभी मियाँ रहते थे?...यहाँ उनकी चारपाई पड़ी रहती थी....यहाँ जाये नमाज़ रहता था....वहाँ...हाँ-हाँ, वह तो अभी उसी तरह टँगी है, कुरान! मियाँ की सायद यही एक चीज़ अपनी थी, और कुछ नहीं, कुछ नहीं!—उसकी आवाज़ अचानक साफ़ हो गयी—बाबू! यह चीज़ आप हमको दे देंगे? इसे ज़रा आप उतार दीजिये! हमारा हाथ वहाँ तक नहीं पहुँचता। ओह, मियाँ कितने लम्बे थे!

मन्ने की रूह जैसे थर्रा उठी। फिर भी जाने कहाँ से शक्ति पाकर वह कमरे के अन्दर गया और जल्दी से किताब उतारकर, उसके हाथ में थमाकर, वह उस कमरे से निकलकर, अपने कमरे में आ चारपाई पड़ गया और सुबक-सुबककर रोने लगा।

बड़ी देर के बाद कैलसिया आँचल में किताब छुपाये उसके कमरे में आयी, तो मन्ने आँख पोंछता हुआ उठ बैठा।

कैलसिया बोली—अब जा रहे हैं, बाबू,—उसका गला भारी था—यह उनकी एक निसानी लिये जा रहे हैं, यह आपके किसी काम की नहीं। कहा-सुना माफ कीजियेगा।—और उसने दरवाज़े की ओर क़दम बढ़ाया।

—ज़रा सुनो,—मन्ने ने जाने कहाँ से साहस बटोरकर कहा, जैसे इस वक़्त न कह सका, तो जाने फिर कभी मौक़ा मिले, न मिले। दिल-दिमाग़ की चाहे जो भी

स्थिति हो, यह मौक़ा भी अगर मन्ने ने खो दिया, तो वह अपना मुँह स्वयं को भी दिखाने-योग्य नहीं रह जायगा।

—कहिये!—कैलसिया रुककर, शंकित-सी बोली—इसे भी आप हमें नहीं देंगे का?

—नहीं,—यह वार भी झेलकर मन्ने बोला—तुम जो भी चाहो, यहाँ से ले जा सकती हो।...मुझे एक और बात कहनी है। ज़रा देर के लिए बैठ जाओ।

कैलसिया जहाँ-की-तहाँ बैठ गयी, तो मन्ने जैसे एक ही वार में जल्दी से कह देना चाहता हो, बोला—तू शादी कर ले, कैलसिया!

कैलसिया ठठाकर हँस पड़ी।

रहा-सहा मन्ने का अस्तित्व भी जैसे उसके अट्टहास में डूब गया। उभ-चुभ-सा करता हुआ मन्ने फिर भी जैसे तिनका पकड़कर जल्दी से बोला—अब्बा का यह तुम्हारे लिये हुक्म है। यह काम वे मेरे ज़िम्मे सौप गये हैं। यह बात वे अपनी क़लम से लिख गये हैं, कैलसिया!

—मियाँ का करजा हम जिनगी-भर न उतार पायेंगे, बाबू!—सहसा गम्भीर होकर कैलसिया बोली—अब एक तो उधार आप पर रहे!—और वह उठ खड़ी हुई।

—कैलसिया!—गिड़गिड़ाकर मन्ने बोला—क्या तू मेरे लिये एक भी रास्ता न छोड़ेगी?

—भगवान आपको खुस रखे, बाबू!—गद्गद स्वर में कैलसिया बोली—अपने मुँह से कह दिया और हम पा गये!...रही सादी करने की बात। तो हमें यही कहना है कि अगर मियाँ रहते और हमसे कहते, तो सायद उनका मुँह देखकर हम कर लेते, फिर चाहे जो भी हम पर बीतती। लेकिन अब,—उसने दृढ़ता से सिर हिलाकर कहा—लिखा न बिधि बैदेहि बिबाहू!...हमारे लिये मियाँ की याद ही बहुत है!—और वह गोली की तरह सन्न-से बाहर निकल गयी।

इतनी देर के बाद खुले दरवाज़े से लू की एक लपट आ मन्ने का मुँह जैसे झुलस गयी। लेकिन इस वक़्त उसमें इतनी भी ताब न थी कि वह उठकर दरवाज़ा ही बन्द कर ले।

दूसरे दिन मन्ने ने बिलरा को बुलाकर डाँटा—क्यों बे, अब्बा के कमरे में तू झाड़ू नहीं लगाता?

—इधर फुरसत नहीं मिली, सरकार!—गर्दन खुजलाते हुए बिलरा ने कहा।

—चल, अभी साफ़ कर!

—बहुत अच्छा, सरकार!

लेकिन दूसरे ही क्षण बिलरा आकर बोला—सरकार, कमरा तो साफ़ है।

—ऐं?—कहकर मन्ने ने जाकर देखा, तो सच ही कमरा साफ़ था। वह अचकचा-सा गया, फिर तुरन्त सम्हलकर बोला—यह भूसा क्यों रखा है यहाँ?

—पुराना भूसा इतना बच गया था, सरकार! नये के लिए जगह...

—हटा इसे अभी!—और फिर जाने कैसा एक करुण भाव चेहरे पर लिये वह अपने कमरे में आ गया और पुकारा—बिलरा!

—जी, सरकार!—दौड़कर आते हुए बिलरा बोला।

—कैलसिया आयी है, बे!—जैसे यों ही मन्ने बोला।

—जी, सरकार, कल हमारे यहाँ चिनिया बादाम और नारियल लेकर आयी थी। मियाँ का नाम ले-लेकर बहुत रो रही थी, सरकार!

—हमें तो उसने कुछ भी नहीं दिया,—फिर जैसे योंही मन्ने बोला हो।

—आपको...आपको, सरकार,—ही-ही हँसता हुआ बिलरा बोला—आपके लिए कोई बड़ी चीज़ लायी होगी, सरकार!

—हमारे बारे में कुछ नहीं कहती थी?

—बात करने का मौक़ा नहीं मिला, सरकार,—बिलरा बोला—वो सरकार के बारे में कुछ पूछ ही रही थी कि कई लोग आ गये और जमुनवा की बात चल पड़ी...

—जमुनवा की?—शंकित होकर मन्ने बोल पड़ा।

—आपको नहीं मालूम, सरकार?—बिलरा जैसे कोई बहुत बड़ी बात बता रहा हो, इस तरह बोला—वह साधू हो गया, सरकार!

—साधू हो गया?—मन्ने को जैसे सनाका हो गया, मुँह ही सूख गया।

—हाँ, सरकार!—बिलरा और भी गम्भीर होकर बोला—वो तो कल साँझ से ही अँचला बाँध के गोपालदास की मठिया में पड़ा है। उसकी औरत ऐसे रो रही है कि सुनकर छाती फटती है। कई लोग जमुनवा को समझा-बुझाकर वापस लाने गये थे, लेकिन वह नहीं आया, और न किसी से एक बात की। कुछ बोलता ही नहीं, सरकार! मंगलदास कहते हैं कि यह मौनी बाबा होगा, कभी बोलेगा नहीं, और अगर कभी कुछ बोल देगा, तो वह बरम्हा की लकीर हो जायगी!

वह रुककर मन्ने का मुँह देखने लगा, तो हथेली पर माथा टेककर वह बोला—तू कहता जा।

—अब हम का कहें, सरकार,—अचानक ही दुःखी होकर बिलरा बोला—लोग तरह-तरह की बातें कर रहे हैं। कोई कहता है, सरकार ने उसे पकड़ बुलवाया था, जाने उसके साथ का किया कि उसका मन संसार से बिरक्त हो गया, भले घोड़े को एक चाबुक और भले आदमी को एक बात! जमुनवा पानीदार आदमी था, जब उसका पानी ही उतर गया, तो वह कैसे रहता संसार में?—उसने फिर मन्ने की ओर देखा

और आगे कहा—ऐसा कहनेवालों में सिवचरना सबसे आगे था। वही कई आदमियों को लेकर हमारे यहाँ आया था पूछने कि सरकार ने जमुनवा के साथ कैसा सलूक किया? हमने तो, सरकार, उसे डाँट दिया! सरकार के साजने (दण्ड देने) से कोई असामी संसार छोड़ दे, यह तो वही हुआ, जैसे धोबी का गदहा डण्डा खाकर जंगल भाग जाय!...अरे भाई, सच बात ये है कि जमुनवा को उसके लड़के का गम खा गया!

—लड़के का ग़म?—मन्ने चौंककर बोला।

—हाँ, सरकार, उसका लड़का मर गया न?

—कब ?

—वो तो आपके आने के तीन-चार रोज पहले ही मर गया था।

—तो तुमने हमें क्यों न बताया?

—सरकार ने हमसे पूछा ही कहाँ? हम आप होकर सरकार को कैसे बताते?

—बिलरा!—मन्ने ज़रा ज़ोर से बोल पड़ा—तू तो यहाँ था, सच-सच बता कि जमुनवा ने बाबू साहब के साथ वैसा सलूक क्यों किया? वह तो वैसा आदमी नहीं था। तुझसे तो उसकी बातें हुई होंगी, तू उसकी बिरादरी का आदमी है।

बिलरा सहम उठा। उसकी जीभ जैसे तालू से सट गयी। वह मन्ने को इस तरह फैली-फैली आँखों से देखने लगा, जैसे उसकी समझ में न आ रहा हो कि सरकार यह का पूछ रहे हैं।

—डरो नहीं,—मन्ने ने नम्र होकर कहा—हम पूछते हैं, बताओ! सब सही-सही हम जानना चाहते हैं। तुम्हारा कुछ नहीं बिगड़ेगा इसका विश्वास रखो!

बिलरा ने ज़बान से होंठ तर किये और किसी तरह कहा—बाबू साहब ने तो बताया ही होगा।

—हाँ, उन्होंने बताया था। लेकिन जितनी बातें तुम्हें मालूम होंगी, उन्हें कैसे हो सकती हैं? ग़रीब की बात ग़रीब ही बेहतर समझता है, हमा-सुमा क्या समझ सकते हैं। हम सब बातें तफ़सील से जानना चाहते हैं। तू बेधड़क बता। एक बात भी झूठ न कहना। हम तेरे सामने बैठे हैं, इस वज़ह से कोई लाग-लपेट की बात न करना। तुझे सौगन्ध है!

बिलरा ने ग़ौर से मन्ने को देखा और जब उसे तसल्ली हो गयी कि सच ही सरकार सब-कुछ जानना चाहते हैं, तो वह वहीं बैठ गया और पूरी कहानी सिर नीचे कर सुना गया। और अन्त में बोला—हमारा जवान लड़का मर जाय, अगर हमने इसमें एक भी बात झूठ कही हो, सरकार! और जब सरकार ने जान बखसी है, तो इतना हम और भी कहना चाहते हैं कि सरकार ने जमुनवा के साथ इन्साफ किया

होता, तो आज वह साधू नहीं होता। सरकार कासी-परयागराज में पढ़ते हैं, ख़ुद ही समझ सकते हैं कि जमुनवा-जैसा आदमी जो इस हालत में पड़ गया, तो उसका दिल न टूट जाता, तो का होता? उस पर भी कसम है भगवान की कि उसने एक लफज भी सरकार के ख़िलाफ़ कहा हो!

सिर झुकाये ही धीमे स्वर में मन्ने ने कहा—अच्छा, बिलरा, अब तू जा।

यह कैसे जाल पर उसके पाँव पड़ गये हैं कि एक फन्दे से छुड़ाने की कोशिश करता है, तो दूसरे में पाँव जकड़ जाते हैं? क्या विधाता ने उसके जीवन की सारी यातनाओं का कोष इसी छुट्टी में खाली करने की ठान ली है? क्या उसकी आत्मा बिलकुल कुचलकर ही रहेगी? क्या उसकी आज तक की अर्जित सारी शक्ति निचुड़ जायगी? क्या उसकी सारी नैतिकता, मानवीयता, सिद्धान्तवादिता और विद्रोही प्रवृत्तियाँ दम्भ मात्र थीं कि पहली परीक्षा ही में वह एकदम नंगा होकर रह गया?

मन्ने पश्चात्ताप की अग्नि में जल रहा था। ये ऐसे अपराध थे, जिनका कोई प्रायश्चित नहीं। उसके घोर अपराधों के स्मारक-स्वरूप जमुनवा और कैलसिया और अब्बा मीनार की तरह हमेशा उसके सामने खड़े रहेंगे और शर्म के मारे उसकी आँखें कभी भी उनकी ओर नहीं उठेंगी। जीवन-भर उसके दिल में काँटे चुभते रहेंगे।

अदना-सा बिलरा, अपढ़, उजड्ड, नासमझ होते हुए भी जिस सहानुभूति और समझ के साथ किसी की स्थिति को हृदयङ्गम कर सकता है, वह नहीं कर सकता। एक इन्सान के नाते बिलरा उससे कहीं महान है। एक साधारण-सा स्वार्थ, एक व्यर्थ की आत्म-प्रतिष्ठा, अपने अभिभावक का एक अकिंचन अपमान ही जब उसे इस प्रकार क्षुब्ध, नीच और अन्धा बना सकता है, इन छोटी-छोटी दीवारों को ही वह नहीं लाँघ सकता, तो इस्पाती, चट्टानी दीवारों से वह क्या सर टकरायेगा?...मन्ने! इन हौसलों के तू क़ाबिल नहीं! मियाँ को तू अब्बा कहने-लायक़ नहीं, जिन्होंने धूल का कण उठाकर माथे से लगाया और उसे हीरा बनाकर दुनिया को दिखा दिया!...कैलसिया...जमुनवा और न जाने कितने उनके बनाये हीरे हैं, जो तेरे स्पर्शमात्र से कलुषित हो रहे हैं!...तू कुछ गढ़ेगा क्या, उनकी गढ़ी हुई मूर्तियों को भी तोड़े डाल रहा है!...

दुःख, पश्चात्ताप, क्षोभ, निराशा, दुर्बलता और कुण्ठा में घिरे हुए मन्ने की वही दशा थी, जो धोबी के हाथ में पड़ने पर मैले-फटे कपड़े की होती है, जिसे वह गुस्से में आ-आकर पाट पर पटकता है और जो जितना ही पटका जाता है, साफ़ कम होता है और फटता ज़्यादा है।

आख़िर घबराकर मन्ने ने सोचा, वह यह माहौल ही क्यों न कुछ दिनों के लिए छोड़ दे, कहीं चला जाय, कहीं भी...

बाबू साहब ने इधर कई दिनों से उसके पास आना छोड़ दिया था। वह ख़ुद भी नहीं चाहता था कि बाबू साहब से उसका आमना-सामना हो। जाने उसके मुँह से क्या निकल जाय और क्या हो जाय! लेकिन बिना उनसे कहे वह कहीं जा भी कैसे सकता था?

एक दिन दोपहर को उसने बिलरा को भेजकर बाबू साहब को बुलवाया।

बाबू साहब आकर सिर नीचे किये पीढ़ी पर बैठने लगे, तो मन्ने ने अपने पास चारपाई पर बैठने का संकेत करते हुए कहा—यहाँ बैठिये, यहाँ!

—ठीक है,—फँसे गले से कहते हुए बाबू साहब पीढ़ी पर ही बैठ गये और बोले—कहिये, किसलिए बुलाया है?

मन्ने थोड़ी देर के लिए ख़ामोश हो गया। उसे यह समझते देर न लगी कि बाबू साहब नाख़ुश हैं। हमेशा की तरह उनका चेहरा नहीं है, उस पर एक उदासी-सी छायी है, आँखों में रंज का रंग है। उसके जी में आया कि पूछे कि वह नाख़ुश हैं क्या, लेकिन फिर सोचा कि इससे बात बढ़ सकती है, बाबू साहब भरे-भरे-से हैं, उन्हें इस समय छेड़ना ठीक नहीं, ख़ुद उसकी भी मन:स्थिति वैसी ही है। जाने फिर बात कहाँ पहुँचे।

काफ़ी देर तक सोचने के बाद वह सीधे ही बोला—मेरा मन नहीं लगता, मैं कहीं घूम आना चाहता हूँ।

मुँह लटकाये ही बाबू साहब बोले—मुझे मालूम है। लेकिन यह काम का समय है, आप कहीं नहीं जा सकते। खलिहान उठने का समय आया। ग़ल्ले-भूसे का हिसाब समझिये। फिर वसूली-तहसीली शुरू हो जायगी। उसके बाद बर-बन्दोबस्त का सवाल, उठेगा। काम सामने रहेगा, तो मन आप ही लगेगा।

यह बाबू साहब क्या कह रहे हैं? ऐसा तो उन्होंने पहले कभी भी नहीं कहा। वह कुछ करने को भी कहता, तो बाबू साहब कहते, ऐसे कामों में आप अपना वक़्त बरबाद न कीजिये, कुछ पढ़िये-लिखिये, जो आगे काम आये!..क्या बाबू साहब किसी निर्णय पर पहुँच गये हैं? क्या बाबू साहब उसे छोड़नेवाले हैं? घबराकर उसने पूछना चाहा कि ऐसा वे क्यों कह रहे हैं? लेकिन फिर ख़याल आया, यह मधुमक्खी के छत्ते को छेड़ने की तरह होगा। फिर शब्दों के डंक को न वह बरदाश्त कर सकेगा, न बाबू साहब....और जो कल होनेवाला है, शायद आज ही हो जाय!

बहुत सोचकर वह शान्त स्वर में बोला—बाबू साहब, मेरा मन अभी बहुत कमज़ोर है, मुझे इस काम का कोई भी तजुर्बा नहीं।

बाबू साहब की आवाज़ सख़्त हो गयी। आँखें उठाकर वे बोले—काम से तजुर्बा होता है और तजुर्बे से मन को बल मिलता है!...मुन्शीजी के यहाँ आज आदमी भेजा था। कल सुबह से ही वे आने लगेंगे। सब ज़रूरी बातें वे आपको समझ देंगे।—और बाबू साहब उठ खड़े हुए।

और मन्ने कुछ कहे-कहे कि वे कमरे से बाहर निकल गये और मन्ने दरवाज़े की ओर ताकता रह गया।

बाबू साहब चले गये। बाबू साहब तो इस तरह उसके पास से कभी भी नहीं गये...और मन्ने को लगा, जैसे बाबू साहब हमेशा के लिए चले गये, वे फिर वापस नहीं आयेंगे...और मन्ने एक दलदल में फँसा जा रहा है, उसका रहा-सहा धैर्य भी छूटा जा रहा है और उसकी आँखों के सामने अँधेरा छाता जा रहा है।

रात बड़ी बेचैनी में कटी। मन्ने ने क्या सोचा था और क्या हो रहा है। जैसे परिस्थिति ही उसके हाथ से निकल गयी हो, उस पर उसका क़ाबू ही न रह गया हो। अब परिस्थिति ही उसे हर नाच नचायेगी, जैसे मदारी बन्दर को नचाता है। वह कुछ भी नहीं कर पायगा। उसकी हस्ती परिस्थिति की चक्की में पिसकर चूर-चूर हो जायगी, वह मिट जायगा...इसी जाल में उलझकर मर जायगा, जैसे इस गाँव के हज़ारों-लाखों लोग मर गये....

नींद नहीं आ रही थी। रह-रहकर वह व्याकुल होकर उठ बैठता, घड़े से ढाल-ढालकर पानी पीता, मुंह पर पानी के छींटे देता, सिर धोता और फिर चारपाई पर आ पड़ता और आँखें मूँदता, तो फिर उन्हीं भयंकर विचारों में डूबने-उतराने लगता।

रह-रहकर परेशान हो-हो वह आँखें खोल देता। चारों ओर सन्नाटा। कहीं कोई स्वर नहीं, कोई आहट नहीं, हवा बन्द। सूने खेत, ख़ामोश पगडण्डी, गाँव सो गया है, अपना सारा सुख-दुःख भूलकर गाँव सो गया है, सुबह उठकर फिर अपने दुःखड़े-धन्धे में लग जायगा। इस गाड़ी की एक ही लीक है। इसी पर जाने कब से यह गाड़ी चल रही है और जाने कब तक चलती रहेगी।

मन्ने गाँव को छोड़कर इस लीक से हटना चाहता था।....और आज लगता है कि गाँव उसे छोड़नेवाला नहीं है, वह उसे अपनी लीक से हटने नहीं देगा! और मन्ने को सहसा ऐसा लगा कि ख़ामोश, निरीह-सा सोया पड़ा गाँव एक विकराल राक्षस हो, उसकी नींद जैसे ही खुलेगी, वह उसे अपने ख़ूँख़्वार जबड़े में दबोच लेगा और उसकी हड्डी-पसली को चबा-चबाकर खा जायगा...यही यह आज तक करता आया है...यही यह आगे भी करता रहेगा...इससे छुटकारा पाना असम्भव है!..

फिर क्या होगा, पढ़-लिखकर क्या होगा? जब इसी घिरौंदे में चक्कर काटकर जीवन बरबाद कर देना है, तो ज्ञान-अर्जन से क्या लाभ? यहाँ के लिए तो अभी ही वह ज़रूरत से ज़्यादा पढ़ा-लिखा है, अधिक पढ़कर क्या होगा?...जाने दो, जो हो रहा है, होने दो। आख़िर जब कुछ किया ही नहीं जा सकता, तो दिमाग़ ख़राब करने से क्या फ़ायदा—

हो गयीं ग़ालिब बलाएँ सब तमाम
एक मर्गे-नागहानी और है

...वाह, मन्ने, वाह! ज़िन्दगी अभी शुरू ही नहीं हुई और मौत का यह राग! अगर ज़िन्दगी और मौत के बीच इतना ही फ़ासला है, तो फिर ज़िन्दगी क्या है? और अगर ज़िन्दगी कुछ है, तो यह क्या इतनी आसानी से अपने को मौत के हवाले कर देगी?...नहीं, ज़िन्दगी हर क्षण मौत से लड़ने का नाम है! इसी ख़ूँख़्वार लड़ाई में ज़िन्दगी निखरती है—

बहुत मुश्किल है दुनिया का सँवरना
तेरी ज़ुल्फ़ों का पेचा-ख़म नहीं है

....मन्ने, यह ज़िन्दगी कोई नदी नहीं, जो आप ही पहाड़ से गिरकर मैदान से बहती हुई समुन्दर में जा मिले। ज़िन्दगी एक नहर है, जिसके लिए धरती का चप्पा-चप्पा काटना पड़ता है और उसमें पानी बहाना पड़ता है। ज़िन्दगी जंगल के बीच से निकाली हुई एक पगडण्डी है!...जरा सोचो तो, जंगल में एक पगडण्डी कैसे निकलती होगी? जो भयंकर जंगल को देखकर किनारे ही खड़ा हो गया, वह जंगल से पगडण्डी क्या निकालेगा?

...मन्ने, तुम्हारे उस प्यारे शेर का मतलब यही तो है। सर को सलामत रखना शर्त है और सर का दूसरा नाम ही तो ज़िन्दगी है!...

और मन्ने, उठकर बैठ गया और वह शेर गुनगुनाने लगा और उसकी आवाज़ बुलन्द हो गयी और वह उठकर खड़ा हो गया और एक पागल की तरह चीख़-चीख़कर 'यह सर जो सलामत है दीवार को देखूँगा...यह सर जो सलामत है...' बार-बार यही मिसरा पढ़ने लगा।

सन्नाटे में दरारें पड़ गयीं। अन्धकार में जैसे प्रकाश का बिगुल बज उठा। सोता गाँव जैसे मुर्ग़ की बाँग से गूँजने लगा—

यह सर जो सलामत है दीवार को देखूँगा!...

सुबह की हवा ने मन्ने के गालों को छुआ, तो उस पर रतजगे, परेशानी या थकान का कोई चिह्न नहीं था, ठीक उसी तरह, जैसे मंज़िल पर पहुँचकर आदमी रास्ते की परेशानियाँ भूल जाता है।

शीतल-मन्द बयार ने उसे निमन्त्रण दिया और वह तालाब की ओर सैर के लिए निकल पड़ा। उजाला फूट रहा था और बयार उल्लास, उत्साह और स्फूर्ति बिखेर रही थी और मन्ने मस्त होकर वही मिसरा गुनगुनाता हुआ टहल रहा था।

तालाब का पानी सूख गया था और वह चटियल मैदान की तरह मीलों तक फैला हुआ था। जगह-जगह सब्ज़ों के चप्पे वैसे ही दिखायी पड़ रहे थे, जैसे सुबह के आसमान में बादलों के टुकड़े। इन सब्ज़ों पर बैठना कितना अच्छा लगता है! मुन्नी और वह कितनी-कितनी देर तक इन सब्ज़ों पर बैठते थे और सुबह-शाम की छटा निहारते थे!

पूरब में जब लाली फूटती है और आसमान तरह-तरह के रंगों से गुलज़ार हो जाता है, तो ऐसा लगता है, जैसे तालाब के ऊपर परियाँ होली खेल रही हों और तरह-तरह के रंग उड़ा रही हों।

सब्ज़े पर बैठा मन्ने मुग्ध होकर आसमान का रंग देख रहा था। ये रंग, ये दृश्य कितनी बार उसने देखे हैं, फिर भी हर बार ऐसा लगता है,जैसे वह नया ही कुछ देख रहा हो। इन चिर नवीन दृश्यों से आँखों को कितना सुख मिलता है, हृदय में कैसा उल्लास भर उठता है!....

—नमस्ते, मोली साहेब!

मन्ने की पीठ की ओर से आवाज़ आयी और अचकचाकर वह मुड़ा, तो हाथ में लोटा लिये, कमर में सिर्फ़ धोती बाँधे कैलास खड़ा-खड़ा हँस रहा था।

—नमस्ते, पण्डितजी! आइये! बैठिये!—हँसता हुआ मन्ने बोला।

ज़रा दूर ही बैठते हुए कैलास ने कहा—यहाँ बैठकर आप क्या कर रहे हैं?

—यह सवाल आप कितनी ही बार पूछ चुके हैं,—हँसकर मन्ने बोला—क्या सच ही आपको यहाँ कुछ भी दिखायी नहीं पड़ता?

—यहाँ देखने को क्या चीज़ है?—जैसे हैरत में आकर कैलास बोला—मुन्नी था, तो हम यह समझते थे कि आप लोग यहाँ एकान्त में बैठकर बातें करते हैं। जब वह चला गया, तो आपको यहाँ अकेले बैठे देखते हैं। हमारी समझ में नहीं आता कि अकेले आप यहाँ क्या करते हैं।

—समझ लीजिये कि झख मारते हैं! लेकिन आप...

—हम तो यहाँ दिसा-फरागत के लिए आते हैं,—हँसकर कैलास बोला—कितनी साफ़ जगह है!

मन्ने हँसी न रोक सका। बोला—चलिये, यह तालाब आपके किसी काम तो आता है!

—कहिये, मुस्लिम लीग में आपको कौन-सी जगह मिली?—वक्र मुस्कान के साथ कैलास बोला।

—मुस्लिम लीग?—चौंककर मन्ने बोला।

—बनिए मत, हमें सब मालूम है!—कैलास बोला—गाँव में मुस्लिम लीग की अस्थापना हो गयी है। रज्जाक मियाँ सदर चुने गये हैं और जुब्ली मियाँ सेक्रेटरी। 'अलामान' अख़बार का चन्दा कल डाकख़ाने से भेजा गया है।

—फिर आपने कौन-सा अख़बार मँगाया?

—हमें मँगाने की क्या ज़रूरत है? 'आर्य नवयुवक सभा' की ओर से 'आर्य मित्र' तो आता ही है। अब चन्दा करके 'आज' भी हम लोग मँगाते जा रहे हैं।

—मुझे भी पढ़ने को दीजियेगा?

—चन्दे में शामिल हों, तो क्यों नहीं मिलेगा? लेकिन आप तो 'लीडर' मँगाते ही हैं।

—'आज' भी देख लेंगे, क्या हर्ज है।

—अब तो 'अलामान' भी आपको पढ़ने को मिलेगा!

—उसे भी पढ़ लेंगे, क्या हर्ज है?

—सुने हैं, रज्जाक मियाँ कहे हैं कि हिन्दुओं को नाकों चने चबवा देंगे।

—मैंने तो कुछ नहीं सुना।

—आप क्यों सुनने लगे? एक ही थैली के चट्टे-बट्टे तो हैं!

—आप जैसा समझिये!

—सुने हैं, जल्दी ही कोई जलसा होने जा रहा है और गाजी महमूद धरमपाल को बुलाया जा रहा है। जलसे की जगह को मक्का के दिरस्यों से सजाया जायगा, शामियाने के चारों ओर रेत बिखेरी जायगी, खजूर के पेड़ लगाये जायेंगे, ऊँट बाँधे जायेंगे!

—और?

—और हिन्दुओं को भर पेट गालियाँ दी जायँगी!

—फिर आप लोग क्या करने जा रहे हैं?

—उसी समय हम लोग भी एक जलसा करेंगे और रामचन्द्र देहलवी को बुलायेंगे...

—तब तो ख़ूब मज़ा रहेगा!

—जो मज़ा रहेगा, आप लोग देखेंगे ही! हम शास्त्रार्थ के लिए ललकारेंगे!

—तब तो और भी मज़ा रहेगा! भेंड़ाओं की लड़ाई हम भी देखेंगे!

—देखेंगे या शामिल रहेंगे?

—शामिल होकर मुझे अपना सिर नहीं फोड़वाना!

—सिर तो हम फोड़ेंगे ही, हम छोड़नेवाले नहीं!

—नहीं, साहब छोड़ेंगे क्यों? आप लोग किस बात में कम हैं!

—तो उनसे कह दीजियेगा!

—आप ही जाकर कह आइये न! आपके मुँह से ही ये बातें अच्छी लगेंगी और फिर आपका असर भी ज़्यादा होगा!

—हर मुहल्ले में हम जवान तैयार कर रहे हैं...

—फिर क्या पूछना है।...अब मेरी राय है कि कुछ और बात की जाय। कहिये, आपके पर्चे कैसे हुए?

—बहुत अच्छे नहीं हुए। सेकेण्ड किलास आ जाता, तो अच्छा था। इंजीनियरिंग में प्रवेसा पा जाते।

—तो क्या इंजीनियरिंग करेंगे आप?

—हाँ, अब यही राय हो रही है। बड़ा मान है इंजीनियरों का! बाबू रामाधार प्रसाद को आप जानते हैं? पटने के अपनी ही बिरादरी के हैं। इंजीनियरी पास करके सत्रह सौ की नौकरी कर रहे हैं!

—आप तो आई. सी. एस. में बैठनेवाले थे। याद है, आपकी उम्र एक साल ज़्यादा हो रही थी, जिसे कम करवाने के लिए जिले के एक रईस बनारस इन्स्पेक्टर के पास गये थे?

—हाँ, लेकिन अब इंजीनियर ही बनेंगे! आपका क्या इरादा है?

—अभी से क्या बतायें।

—सुने हैं, आप वकील बनेंगे?

—मेरा अभी कुछ भी इरादा नहीं है।

—यह मुन्नी मद्रास में क्या कर रहा है?

—ठीक-ठीक कुछ मालूम नहीं मुझे।

—यह क्यों नहीं कहते कि बताते सरम आती है? सुने हैं, कोई तीस रुपल्ली की नौकरी कर रहा है!

—करते होंगे। लेकिन आप उनकी कविताएँ, कहानियाँ और लेख पत्र-पत्रिकाओं में नहीं देखते?

—उन्हे क्या देखना है? लेखकों को कुछ पैसा तो मिलता नहीं।

—पैसा ही सब-कुछ है क्या?

—और क्या? मुन्नी के पास पैसा होता, तो वह आगे पढ़ता। कितना तेज़ था! पैसे के न होने से ही तो उसकी ज़िन्दगी बर्बाद हो गयी।

—यह आप कैसे कह सकते हैं? मेरा तो ख़याल है कि गाँव में वही एक ऐसा है, जो अपने साथ-साथ गाँव का नाम भी रोशन करेगा।

—खाक करेगा!....आप सुने हैं, उसका बड़ा भाई कांग्रेसी हो गया है?

—सुना है, यह तो बहुत अच्छा है। देश की आज़ादी की लड़ाई...

—घर में दिया जलाकर मसजिद में जलाया जाता है, यह घराना अब बरबाद होकर ही रहेगा?

—और आप घी का चिराग़ जलायेंगे!....अच्छा, अब मैं चलूँगा। धूप निकल आयी।...

कैलास से मिलना अच्छा ही हुआ। ऐसे आदमियों से मिलकर अनायास ही मन्ने की नैतिक शक्ति बढ़ जाती है, वह अपने को ऊँचा समझने लगता है। जो हो, मन्ने जितना भी गिर गया हो, लेकिन ऐसे मामले में तो वह झुकना नहीं जानता, साम्प्रदायिकता का ज़हर तो उसकी रगों में नहीं!

यह कैलास है। कितना ज़हर, कितनी संकीर्णता है इसमें! बनारस हिन्दू यूनिवर्सिटी में पढ़ता है, इंजीनियर बनेगा और उसके विचार ऐसे हैं! कमबख़्त का शीन-क़ाफ़ भी दुरुस्त नहीं, कोई कोमल भावना छू तक नहीं गयी, कोई सौन्दर्य-बोध नहीं, इन्सानियत का नाम नहीं। कहता है, इंजीनियर बनेगा, ख़ूब रुपया कमायेगा...हुंः! कितना रुपया है इन कमबख़्तों के पास, फिर भी धन की भूख नहीं मिटी! धन कमाने के सिवा और कोई जीवन का उद्देश्य नहीं। पक्का बनिया है कमबख़्त! पढ़-लिखकर, इंजीनियर बनकर भी कमर में धोती बाँधे, तोंद दिखाता हुआ यह घूमेगा। अभी कितना मोटा हो गया है।...मुन्नी से यह कितना जलता है, उसके किसी गुण की क़ीमत नहीं इसके आगे। हीन भावना से प्रताड़ित यह धन्नासेठ का बेटा, देखेंगे, क्या बनता है।...

मन्ने खण्ड में पहुँचा, तो बड़े उत्साह में था। बाबू साहब आ गये थे। वह बड़े व्यस्त-से दिखायी दे रहे थे। मन्ने की चारपाई सहन से उठाकर कमरे में डाल दी गयी थी और उस पर अच्छी तरह बिस्तर बिछा दिया गया था। बिस्तर के सामने, दीवार से सटाकर दो कुर्सियाँ रखी हुई थीं। कमरा अच्छी तरह साफ़ कर दिया गया था।

बाबू साहब बोले—आप जल्दी कपड़े-वोपड़े बदलकर तैयार हो जायँ। सभी काग़ज-पत्तर इकट्ठा करना है। मुन्शीजी आ ही रहे होंगे।...हाँ, ज़रा क़ायदे से पेश आइयेगा उनके साथ। बुज़ुर्ग आदमी हैं, आपके दादा के ज़माने के। बड़े एहसान हैं उनके इस गाँव पर। सब उनकी इज़्ज़त करते हैं, उन्हें बड़ा समझते हैं, सलाम करते हैं!...हाँ, टोपी लगाना न भूलियेगा...

मन्ने ठीक-ठाक होकर घर से लौटा, तो खण्ड के दरवाज़े पर एक छोटी, दुबली घोड़ी खड़ी थी। ज़ीन की जगह उसकी पीठ पर एक फटी दरी तहाकर डाली हुई थी और उसे मैले निवाड़ से कसा गया था। मन्ने समझ गया, मुन्शीजी आ गये हैं। उसने अपने सिर की रामपुरी टोपी ठीक की और अन्दर घुसकर चारपाई पर बैठे हुए मुन्शीजी की तरफ़ मुख़ातिब हो, अदब से सिर झुकाकर और हाथ उठाकर कहा—आदाब करता हूँ!

हड़बड़ाकर खड़े होते हुए मुन्शीजी बोले—तस्लीम! तस्लीम, हुज़ूर! तशरीफ़ रखिये!

—आप उठ क्यों गये!—मुन्शीजी का हाथ पकड़कर उन्हें बैठाते हुए मन्ने बोला—आप तशरीफ़ रखिये!...यह तकिया ले लीजिये और आराम से बैठिये!—और एक कुर्सी मुन्शीजी के पास खींचकर बैठता हुआ बोला—रास्ते में कोई तकलीफ़ तो नहीं हुई?

तकिये पर टेक लगा, अधलेटे-से हो, मुन्शीजी दम लेकर बोले—अब तकलीफ़ के सिवा क्या होना है, हुज़ूर। हमारे सामने के पैदा हुए लोग चले गये और हम एँड़ियाँ

रगड़ रहे हैं।...आपके दादा हुज़ूर का हमने बिस्मिल्लाह कराया था, आपके अब्बा हज़ूर के हाथ में हमने क़लम पकड़वाया था और आज हुज़ूर...—उनका गला भर आया, आँखें भर आयीं—हुज़ूर, जाने अभी क्या-क्या इन आँखों को देखना बदा है। दिल टूट गया है, बीनाई जवाब दे रही है, फिर भी इस लागर जिस्म को ढोने के लिए मज़बूर हूँ। ज़ईफ़ी क्या बला है, हुज़ूर नहीं समझ सकते। क्या अच्छा होता कि मैं भी अपने जमाने के लोगों के साथ ही चला जाता! ये दिन तो देखने को न मिलते!—और मुन्शीजी की आँखों से झर-झर आँसू बहने लगे, वे ख़ामोश हो गये।

मन्ने का मन भी भर आया। वह क्या कहे, कुछ समझ में नहीं आ रहा था। आख़िर उसने पुकारा—बिलरा! बिलरा!—और दरवाज़े पर जा खड़ा हुआ—बाबू साहब कहाँ चले गये? मुन्शीजी के नाश्ते का इन्तज़ाम...

—हो जायगा, हो जायगा,—मुन्शीजी बोले—बाबू साहब तो अभी कहीं गये हैं। आप तशरीफ़ रखिये, मेरे सामने बैठिये! मैं अपनी आँखें तो ठण्डी कर लूँ! ख़ुदा आपकी उम्र दराज़ करे और मैं हुज़ूर की आँखों के सामने जल्दी-से-जल्दी आँखें मूँद लूँ, अब तो यही तमन्ना है।

—ऐसी बात ज़बान पर न लाइये।—बैठते हुए मन्ने बोला—ख़ुदा पूरे सौ साल की ज़िन्दगी आपको अता करे।

—अब सौ साल में क्या बाक़ी रह गया है, हुज़ूर। आपके मुँह में घी-शक्कर। सात साल ही तो बाक़ी रह गये हैं।

—अच्छा? लेकिन ख़ुदा के फ़ज़ल से आपकी सेहत तो बहुत अच्छी है। आपको देखकर कोई नहीं कह सकता कि आपकी उम्र सत्तर से ज़्यादा है।

—यह गेहूँ और गोश्त की करामात है, हुज़ूर। अब तो दाँत कमज़ोर हो जाने की वज़ह से रोटी और एक कटोरे शोरवे पर ही क़नात करना पड़ता है। लेकिन कभी वक़्त था कि दो-दो सेर गोश्त हम एक बैठकी में सफ़ाचट कर जाते थे।

—अच्छा?

—और क्या?...जब हम यहाँ आते थे, तो आपके दादा हुज़ूर इसी खण्ड में बकरा कटवाते थे। पास के गाँव से पकाने के लिए हिन्दू नाऊ बुलवाया जाता था। हम और आपके दादा हुज़ूर खाने पर बैठते, तो नाऊ हमारा खाना देखता और देखते-देखते देग़ साफ़ हो जाता।—मुन्शीजी एक हल्की हँसी के साथ आगे बढ़े—वो भी एक ज़माना था, हुज़ूर। याद आता है, तो बस मर जाने को जी चाहता है। अब क्या रह गया, हुज़ूर?...उनकी बातें उन्हीं के साथ चली गयीं। आपके अब्बा हुज़ूर में तो वो बात नहीं थी। वो फ़क़ीर आदमी थे, खाने-पीने का उन्हें कतई शौक़ न था। फिर भी जब हम आते, तो हमारे लिये वह सब इन्तज़ाम कराते। लेकिन अकेले खाने में वो मज़ा न आता। यह-सब साथ माँगता है, हुज़ूर। पता नहीं, हुज़ूर का मेज़ाज कैसा

है। पड़े तो आप बिलकुल अपने दादा हुज़ूर पर ही हैं, वही चेहरा, वही रंगत, वही डील-डौल। अब मेज़ाज की ख़ुदा जाने। हम तो पहली बार हुज़ूर का नयाज़ हासिल कर रहे हैं। लेकिन सुना है कि आपने भी दादा हुज़ूर की ही तरह बड़ा दिल-दिमाग़ पाया है, मज़हबी तंगदिली या तअस्सुब आप में भी नहीं है, दोस्ती करना और दोस्ती निबाहना आप भी जानते हैं।...जो हो, हमारी एक बात आप गिरह बाँध रखें कि ज़िन्दगी में खाया-पिया ही काम आता है और ख़ुदा जिसे दे, उसे इस मामले में कभी किफ़ायतशारी से काम नहीं लेना चाहिए।

तभी बाबू साहब ने कमरे में दाख़िल होकर कहा—मुन्शीजी, माफ़ कीजियेगा, ज़रा देर हो गयी। अब उठकर नाश्ता कर लीजिये, फिर कुछ और होगा। ज़रा आँगन में चलने की तकलीफ़ कीजिये।

—बहुत अच्छा, हम तो आपका इन्तज़ार ही कर रहे थे,—चारपाई से उतरते हुए मुन्शीजी मन्ने की ओर मुख़ातिब हुए—तो उठिये, हुज़ूर।

—मुझे माफ़ करें, मुन्शीजी, मैं अभी-अभी नाश्ता करके आया हूँ।—खड़े होकर बड़ी नम्रता से मन्ने बोला।

—वाह, मेरा इन्तज़ार भी आपने...

—नहीं, मुन्शीजी, मुझे यह मालूम नहीं था कि आप इतने सवेरे तशरीफ़ लायेंगे, वर्ना....

मुन्शीजी हँस पड़े। बोले—देखा, बाबू साहब? ये कहते हैं....

—अभी लड़के हैं, मुन्शीजी,—बाबू साहब बोले—आप तशरीफ़ लाइये।

अन्दर आँगन में एक छोटी चौकी लगी थी। उस पर बड़ी छिपुली में आध सेर के क़रीब हलुआ रखा था। बिलरा ने झुककर लोटे के पानी से मुन्शीजी के हाथ धुलवाये और मुंशीजी चौकी पर आराम से बैठकर नाश्ता करने लगे।

मन्ने दरवाज़े पर खड़ा उन्हें देख रहा था। नाटा क़द, भरा हुआ जिस्म, ज़रा कालिमा लिये लाल चेहरा, उठी पेशानी पर कुछ शिकनें, भौंहों के बाल सन के रेशे की तरह सफ़ेद, छिदरी बरौनियों के साथ चुचके आम के छिलके की तरह पपनियाँ, कुछ धँसी-धँसी-सी, छोटी-छोटी, सीसे के रंग की आँखें, भुने पापड़ की तरह मुहाँसों, तिलों और छोटे-बड़े गढ़ों से भरे हुए गाल, छोटी, ज़रा दबी हुई नाक, छोटा मुँह, दाँतों के न रहने से ज़रा-ज़रा अन्दर को घुसे हुए मोटे-मोटे होंठ, छोटी-छोटी, सफ़ेद, छिदरी मूँछें और साफ़, ज़रा लटकी-सी ठुड्डी। महीन धोती पर मलमल का कुरता, जिससे उनकी छाती के सफ़ेद बाल और जनेऊ और उनके बदन का सफ़ेद रंग झलक रहा था।

वे हाथ से हलुआ उठा-उठाकर खा रहे थे और उनके सिर की मलमल की टोपी, जिसके किनारे-किनारे ज़रा चौड़ी ननगिलाट की गोट लगी थी, जैसे

धीरे-धीरे हिल रही थी और कभी-कभी ऐसा भी लगता था कि उनके मुँह से कुछ टपक-सा पड़ता है, जिसे वे तुरन्त अपनी जीभ की नोक से झेल लेने की कोशिश करते हैं।

—बड़ा लज़ीज़ हलुआ है,—मुन्शीजी होंठ चाटते हुए बोले—कहाँ बनवाया, बाबू साहब?

—पड़ोस के बनिये के यहाँ ख़ुद बैठकर बनवाया है! घर से घी लेता आया था।

—तभी तो!—मुन्शीजी हाथ रोककर बोले—बाबू साहब! हमारे देखने में दो ही क़ौमें खाना बनाना और खाना जानती हैं, एक ख़ानदानी मुसलमान और दूसरे ख़ानदानी कायस्थ। लेकिन जहाँ तक हलवे, पुए, पूड़ी, खीर, बखीर की बात है, ख़ानदानी बनियों का कोई मुक़ाबिला नहीं कर सकता। लेकिन, बाबू साहब, सच पूछिये तो, ये-सब क्या खानों में कोई खाने हैं। इनसे जिस्म पर चाहे जितनी चर्बी चढ़ा लीजिये, लेकिन ताक़त, ख़ुदा का नाम लीजिये!—कहकर जैसे अचानक कुछ याद आ जाने से वे हँस पड़े और बोले—क़स्बे के हमारे हकीम साहब हैं न, उनके यहाँ एक दफ़ा एक कलकत्ते का मारवाड़ी इलाज कराने आया। देखने में ऐसा, मानो हाथी का बच्चा हो। बैठा तो तख़्त चरमरा उठा। हफर-हफर हाँफ रहा था। हकीम साहब ने पूछा, क्या बात है? उसने कहा, आपका नाम सुनकर कलकत्ते से आये हैं। हम सब लोग उसकी ओर हैरत से देखने लगे। हकीम साहब बोले, वहाँ तो एक-से-एक बढ़कर डाक्टर हैं, आप हमारे यहाँ क्यों तशरीफ़ लाये? वह बोला, हकीम साहब, यों देखने में मुझे कुछ नहीं हुआ है। लेकिन आपको क्या बतायें, रात में सौ-सौ दफ़ा मुझे पेशाब करने उठना पड़ता है। जिस्म में कोई ताक़त महसूस नहीं होती और...हकीम साहब ने उसे रोककर पूछा, आप रात में सोते वक़्त कितना दूध पीते हैं? वह बोला, एक सेर। हकीम साहब बोले, ख़ूब मलाईदार न? जी हाँ, चार सेर दूध औटकर एक सेर बनाया जाता है, वह बोला। इस पर हकीम साहब ने पूछा, और दिन-भर में रसगुल्ला आप कितना खा लेते हैं? वह अचकचाया, तो हकीम साहब ने अपनी बात साफ़ की, मेरा मतलब मीठे से है, हलुवा, खीर, बखीर, लड्डू...इस पर हँसकर वह बोला, अजी, यह तो सब हम लोगों की खाज ही है। यह सुनना था कि जाने हकीम साहब को क्या हुआ कि ग़ुस्से से उनका चेहरा लाल हो उठा। बोले, आपके मेदे में दवा के लिए जगह नहीं है! आप यहाँ से तशरीफ़ ले जाइये! वह हैरान होकर उनकी ओर देखते हुए बोला, जी, इतनी दूर से हम आये हैं।...तो हम क्या करें? हकीम साहब उस पर बिगड़ उठे, आपका एक ही इलाज है, वह यह कि आपको जेल में बन्द कर दिया जाय और सात साल तक एक दाना भी खाने को न दिया जाय, है मंजूर? वह हक्का-बक्का होकर उनकी ओर देखने लगा, तो वे बोले, नहीं न! फिर जाइये और ख़ूब राबड़ी-मलाई उड़ाइये।—और मुन्शीजी इतने ज़ोर से हँस पड़े कि उन्हें खाँसी आ गयी।

बिलरा ने गिलास का पानी बढ़ाया, तो बोले—गर्म हलवा खिलाकर पानी पिलाता है, मेरे गले से तुझे दुश्मनी है क्या? चल, हाथ धुला।

मुन्शीजी आकर चारपाई पर बैठे, तो बाबू साहब बोले—पान मँगवायें न?

—पान क्या होता है? यह तो हमने जाना ही नहीं! अब काम की बात कीजिये। लाइये गाँव का नक़्शा...अरे हाँ, मेरी घोड़ी....

बाबू साहब वहीं से चिल्लाये—अरे बिलरा! मुन्शीजी की घोड़ी को दाना भूसा दे!

बाबू साहब ने नक़्शा लाकर मुन्शीजी के पास रख दिया, तो वे बोले—इस नक़्शे को देखकर मुझे वो पुराने दिन याद आ रहे हैं।...हुज़ूर, आप आला तालीम हासिल कर रहे हैं।... आपने हिन्दोस्तान और दुनिया की तवारीख़ें पढ़ी होंगी, क्या आप अपने इस गाँव की तवारीख़ के बारे में भी कुछ जानते हैं?

मन्ने ने सिर हिलाकर कहा—नहीं, मुझे कुछ नहीं मालूम, लेकिन मैं जानना ज़रूर चाहता हूँ?

—ज़रूर जानना चाहिए। जब तक आपको इसकी जानकारी न होगी, तब तक आप अपने गाँव को समझ ही नहीं सकते, अपने पुरुखों को जान ही नहीं सकते हैं। तो इसके पहले कि हम लोग नक़्शा लेकर आपके खेतों की पड़ताल के लिए निकलें, मैं आपको इन खेतों की मुख़्तसर कहानी सुनाता हूँ। आप दानिशमन्द आदमी हैं, थोड़े से भी ज़्यादा समझियेगा।

•

—आपके दादा हुज़ूर के पहले की बात है। इस गाँव पर लिलकर के बाबुओं का क़ब्ज़ा था। यहाँ के किसान तीन कोस चलकर बाबुओं को लगान चुकाने जाते थे। जिस वक़्त का यह जिक्र है, सुगन्धराय की अमलदारी थी। वह बड़ा जाबिर और ज़ालिम ज़मींदार था। लोग उसका नाम सुनकर थर-थर काँपते थे।...वह एक बार हाथी पर चढ़कर अपने पचास लठबन्दों के साथ गाँव में आया और सब असामियों को इकट्ठा करके ऐलान किया कि आज से लगान की दर ड्योढ़ी की जा रही है। इस गाँव की ज़मीन बहुत ज़रख़ेज है। यहाँ के असामियों ने अभी तक हमें धोखा दिया है। अब हमने अपनी आँख से सब देख लिया है और अपने मुँह से यह ऐलान कर रहे हैं, जिसे इनकार हो हमारे सामने आये।

—ज़ालिम सुगन्धराय के सामने आने की किसकी हिम्मत थी! उसका बाघ की तरह बड़ी-बड़ी मूँछोंवाला चेहरा और बड़ी-बड़ी, लाल-लाल आँखें ही देखकर डर लगता था। कोई उसके सामने नहीं आया, तो उसने कहा, तो हम यह समझकर यहाँ से जाते हैं कि हमारी बात सबको क़ुबूल है। फिर अगर किसी ने किसी तरह का उज्र किया, तो उसका सिर तोड़ दिया जायगा!

—वह चला गया, तो लोग फिर इकट्ठे हुए! महाजनों को भी बुलाया गया। चारों ओर यही आवाज़ उठ रही थी कि यह तो सरासर ग़ैरइन्साफ़ी है, ज़ुल्म है! हमें योंही इसे बरदाश्त नहीं कर लेना चाहिए! कुछ-न-कुछ ज़रूर करना चाहिए!

—क्या किया जाय? चारों ओर से आवाज़ें उठीं।

—सुगन्धराय का हुक्म मानने से इनकार कर दिया जाय!

—कौन है? कौन है? यह बात किसने कही है? चारों ओर से शोर हुआ।

—बीच मजमें में एक जवान उठ खड़ा हुआ।

—ग़ुलाम हैदर! ग़ुलाम हैदर! चारों ओर फुसफुसाहटें हुईं।

—बला का ख़ूबसूरत, क़द्दावर, बहादुर नौजवान ग़ुलाम हैदर बोला, आप लोग हैरत से मेरी ओर क्या देखते हैं? आप सब लोग जब यह समझते हैं कि सुगन्धराय सरासर ग़ैरइन्साफ़ी और ज़ुल्म कर रहा है, तो इसका इलाज उसके साथ लड़ने के अलावा और क्या है?

—लड़ाई, सुगन्धराय से लड़ाई?

—हाँ लड़ाई!—ग़ुलाम हैदर जोश में आकर चिल्लाया—ज़ुल्म और ग़ैरइन्साफ़ी के ख़िलाफ़ लड़ने के सिवा कोई चारा नहीं!

—लेकिन, मेरे बच्चे! एक बुज़ुर्ग बोले, हम सुगन्धराय से किस बूते पर लड़ेंगे? वह हमारा ज़मींदार है, हम उसकी रियाया हैं; उसके पास ताक़त है, हम कमज़ोर हैं; उसके पास धन है, हम ग़रीब हैं। हम क्या खाकर उसके साथ लड़ाई मोल लेंगे? यह तो कुछ वही बात हुई, बेटे, कि भेड़ें भेड़िये से लड़ाई ठानने की बात करें!

—लेकिन हम भेंड़े नहीं, इन्सान हैं! ग़ुलाम हैदर बोला, वह हमारा ज़मींदार है, तो हमसे वाजिब लगान ले। हमने इससे कभी इनकार नहीं किया! लेकिन जब वह इस तरह धाँधली करता है, लगान बेवज़ह ड्योढ़ा-दूना करता है और अपनी ताक़त के सामने हमें झुकाना चाहता है, तो हमारा भी इन्सान के नाते यह फ़र्ज होता है कि हम उसकी मुख़लिफ़त करें। जहाँ तक ताक़त का सवाल है, हमें इस बात से इन्कार नहीं कि उसके पास बहुत ताक़त है, लेकिन क्या सिर्फ़ इसी वज़ह से हम अपना सिर उसके ज़ुल्म और ग़ैरइन्साफ़ी के सामने झुका देंगे? अगर यही बात है तो हमारा यहाँ इकट्ठा होना बेसूद है। लेकिन नहीं, हम यहाँ कुछ सोच-समझकर ही इकट्ठा हुए हैं। हमारा ख़याल है कि अगर गाँव से और अपने अहीरों के नेहता के टाले से हमें पाँच सौ जाँबाज़ जवान मिल जायँ तो हम सुगन्धराय से लोहा ले सकते हैं और इस ग़ैरइन्साफ़ी और ज़ुल्म को ख़तम कर सकते हैं। तीन कोस से वह हमारे गाँव में आकर कैसे लड़ता है, हम देखेंगे! शर्त गाँव के एके का है। इसे पूरे गाँव का मामला समझा जाय और गाँव इसके लिए जो भी क़ुर्बानी दरकार हो, देने के लिए तैयार हो, तो हम समझते हैं कि आख़िरी फ़तह हमारी होगी और यह भी ग़ैरमुमकिन नहीं कि एक दिन

हम अपने गाँव के मालिक बन जायँ।... और जो हमारे बुज़ुर्ग ने धन की बात उठायी है, तो हम अर्ज़ करना चाहते हैं कि हमारे गाँव में भी कम धन नहीं है। हमारे ये मुअज़्ज़िज़ महाजन अगर अपनी एक-एक थैली खोल दें, धन-ही-धन हो जाय! गाँव की इज़्ज़त के काम इनका धन न आया, तो फिर किस काम आयेगा?

—हम इसके लिए तैयार हैं, गाँव के सबसे बड़े महाजन नरायन भगत ने ऐलान किया, इस मामले में जितने धन की ज़रूरत पड़ेगी, हम देंगे!

—यह वही नरायन भगत हैं,—मन्ने बोला—जिनके नाम पर आज भी गाँव का एक मोहाल क़ायम है?

—जी हुज़ूर, यह वही नरायन भगत हैं। ये गाँव के सबसे बड़े महाजन थे। गाँव में इन अकेले के पाँच देशी चीनी के कारख़ाने चलते थे। कुछ मिलाकर महाजनों के यहाँ तीस कारख़ाने थे। इस छोटे-से गाँव में कभी तीस-तीस कारख़ाने चलते थे, आज कोई सोच भी नहीं सकता। कारखानों की बड़ी-बड़ी भट्ठियों से धुआँ उठकर यहाँ के आसमान में छाता, तो लंकाशायर का मंज़र पेश होता! सैकड़ों मज़दूर कारखानों में काम करते, गुड़ की बड़ी मण्डी इमली-तेल लगती। दूर-दूर से ब्यौपारी चीनी और छोआ ख़रीदने आते। बैलगाड़ियों की भीड़ लगी रहती। गाँव में हमेशा चहल-पहल रहती है। देखकर लगता कि कोई बड़ी कारोबारी जगह है। यहाँ की चीनी दूर-दूर तक मशहूर थी। कानपुर और आगरा की मण्डियों में यहाँ की चीनी की बड़ी इज़्ज़त थी। और वहाँ से होकर यहाँ की चीनी गुजरात और राजस्थान तक पहुँचती थी। सुना जाता था कि मारवाड़ियों और गुजरातियों को यहाँ की चीनी के सिवा कोई दूसरी चीनी रुचती ही नहीं थी। ख़ैर।

मुन्शीजी असली कहानी पर आये—तो ग़ुलाम हैदर की रहनुमाई में गाँव सुगन्धराय से मोरचा लेने की तैयारी में लग गया। यह तय हुआ कि बढ़ी हुई दर पर कोई भी लगान अदा न करे।...आख़िर वसूली-तहसीली का वक़्त आया और चला गया और इस गाँव से एक आदमी का भी लगान न पहुँचा, तो सुगन्धराय ने अपना एक प्यादा गाँव में भेजा। लोगों ने इकट्ठा होकर उस प्यादे से कह दिया कि पुरानी दर पर जब चाहें हम लगान देने को तैयार हैं। सुगन्धराय जब चाहें, पुरानी दर पर गाँव का पूरा-पूरा लगान एक मुश्त जमा कर दिया जायगा। लेकिन बढ़ी हुई दर पर हम लगान देने के लिए तैयार नहीं। प्यादे ने कहा, कुछ लोग चलकर मालिक से बात कर लें। इस पर ग़ुलाम हैदर ने कहा कि हम लोग तैयार हैं, लेकिन इसके लिए ज़रूरी है कि सुगन्धराय इस बात की ज़िम्मेदारी लें कि हममें से जो भी उनसे मिलने जायेंगे, उनमें से किसी का बाल बाँका न होगा।

—प्यादे ने जाकर ये बातें सुगन्धराय को सुनायीं, तो वह बौखला उठा। उसने उसी वक़्त गाँव पर धावा बोलने और ग़ुलाम हैदर को गिरफ़्तार करने का हुक्म अपने

जवानों को दिया और ख़ुद तलवार बाँधकर, हाथी पर चढ़कर लट्ठबन्द जवानों के आगे-आगे चल पड़ा।

—गाँववालों ने प्यादे के पीछे-पीछे ही अपना एक जवान ख़बर लेने के लिए लिलकर भेज दिया था। उसने दौड़ते हुए आकर ग़ुलाम हैदर को जब यह ख़बर दी, तो उसने गाँव-भर में ताशा पिटवा दिया और तुरन्त एक आदमी को नेहता के टोले पर भिजवाया कि जवान लाठी लेकर इसी दम गाँव के पूर्वी सीवाने पर पहुँच जायँ, सुगन्धराय गाँव पर धावा बोलने आ रहा है।

—या अली और जय महावीरजी के नारों से सारा गाँव गूँज उठा। जिस जवान को भी देखो, लाठी लिये भागा-भागा आ रहा है और दल में शामिल हो रहा है।...या अली और जय महावीरजी के नारे देते हुए ग़ुलाम हैदर की रहनुमाई में गाँव के जवानों का दल सीवाने की तरफ़ चला, तो बूढ़ों और औरतों की आँखों में भय और आशंका नाच रही थी और होंठों से दुआएँ झर रही थीं, भगवान इन्हें इसी तरह वापस लाये!...ख़ुदा इन्हें फ़तहयाब करे!

—कौतुक से बच्चे लपक-लपककर अपने बाप या भाई के साथ जाने को मचलते, तो माएँ या आजियाँ या बाबा उन्हें पकड़कर गोद में उठा लेते और कहते, अभी तू छोटा है, मेरे लाल! बड़ा होना तो तू भी जाना!

—सीवाने पर ख़ूब जमकर लाठियाँ चलीं। सुगन्धराय ने यह न सोचा था कि इस तरह गाँववाले सीवाने पर ही उसके आदमियों से भिड़ जायेंगे, वर्ना वह और आदमियों को लेकर चलता। इस समय तो बराबर का जोड़ था और यह कहना मुश्किल था कि कौन किसको मार भगायेगा। पटापट बिजली की तेजी से अन्धाधुन्ध दोनों ओर से लाठियाँ चल रही थीं। खोपड़ियाँ खुल रही थीं और हड्डियाँ टूट रही थीं। जवान गिर रहे थे!...इसी बीच जाने ग़ुलाम हैदर को क्या सूझी कि वह अपने दल को छोड़कर, दुश्मनों के बीच से रास्ता बनाकर आगे बढ़ा और हाथी पर खड़े, नंगी तलवार हाथ में खींचे सुगन्धराय पर उछलकर लाठी चला दी। उसकी लाठी निशाना चूककर हाथी के मस्तक पर पड़ी और हाथी बिगड़कर चिल्हका और ग़ुलाम हैदर की ओर लपका। और ग़ुलाम हैदर ने हुमककर उस पर फिर लाठी चलायी, तो हाथी ने लाठी अपनी सूँड़ में पकड़ ली। अब ग़ुलाम हैदर लाठी छुड़ाने के लिए हुमक-हुमककर ज़ोर मार रहा है और हाथी उसे अपनी ओर घसीट रहा है, जैसे दोनों में रस्साकशी हो रही हो। यहीं ग़ुलाम हैदर से ख़ता हो गयी, वह लाठी छोड़कर अपने दल में भाग आता, तो बाज़ी उसी के हाथ में थी, लेकिन वह ऐसा न करके हाथी से ही जूझता रहा। नतीजा यह हुआ कि सुगन्धराय के चार आदमियों ने घेरकर ग़ुलाम हैदर को पकड़ लिया। निहत्था ग़ुलाम हैदर क्या करता और उसका पकड़ा जाना था कि उसके साथियों का साहस छूट गया और वे गाँव की ओर भाग खड़े हुए।

—ग़ुलाम हैदर को गिरफ़्तार कर और अपने मरे और ज़ख़्मी जवानों को लेकर सुगन्धराय वापस लौट गया।...इस लड़ाई में गाँव के सात लोग मारे गये थे। सीवाने पर जो सात मज़ार हैं, वे उन्हीं के हैं।

—तभी लोग उन्हें शहीद मर्द कहते हैं क्या?—मन्ने बोला।

—जी हाँ, उनमें चार हिन्दू और तीन मुसलमान थे, लेकिन सभी वहाँ एक साथ दफ़नाये गये। हिन्दू लोग वहाँ पूजा करते थे। और मुसलमान लोग फ़तिहा पढ़ते थे। वहाँ चार पीपल के पेड़ और तीन खजूर के पेड़ लगाये गये, वे आज भी हैं।.. अब आगे सुनिये।

—गाँव का बिटोर हुआ। जो जवान मारे गये थे, उनका तो दुःख था ही, लेकिन सबसे बड़ा दुःख ग़ुलाम हैदर को लेकर था, जिसे पकड़कर सुगन्धराय ले गया था। उसे छुड़ाने का सवाल गाँव के सामने था। महाजनों ने राय दी कि सुगन्धराय पर फ़ौजदारी चलायी जाय। अभी आदमी आजमगढ़ भेजे जायँ। सबसे अच्छा वकील किया जाय। ज़रूरत समझी जाय, तो आगरे से बैरिस्टर बुलाया जाय। जो भी ख़र्चा लगेगा वे देंगे।

—तो क्या उस वक़्त आज़मगढ़ ज़िला था?—मन्ने ने पूछा।

—हाँ, ज़िला आज़मगढ़ था और हाईकोर्ट आगरा। उस वक़्त रेल या मोटर का नाम न था। लोग अस्सी मील पैदल चलकर आज़मगढ़ मुक़द्दमा लड़ने जाते थे। हाईकोर्ट तक जाने की किसी में हिम्मत न थी।

—महाजनों ने मारे गये जवानों के घरवालों की परवरिश की ज़िम्मेदारी ले ली, ऊपर के मुक़द्दमे का ख़र्चा भी सँभाल लिया। लोगों ने उनकी फ़राख़दिली की बहुत तारीफ़ की और उनकी राय मान ली। लेकिन एक आदमी ने कहा, फ़ौजदारी ज़रूर चलायी जाय, लेकिन आप यह जानते हैं कि मुक़द्दमों के फ़ैसले में कितने दिन लग जाते हैं, तब तक सुगन्धराय ग़ुलाम हैदर की क्या हालत कर देगा, कौन जाने! हो सकता है कि वह उसे मार डाले। इसलिए इस वक़्त सबसे ज़रूरी काम यह है कि ग़ुलाम हैदर को छुड़ाने का कोई उपाय किया जाय।

—उसे छुड़ाने का क्या उपाय हो सकता था! सब ख़ामोश होकर सोचने लगे, लेकिन किसी नतीजे पर न पहुँच पाये। सुगन्धराय के पास किसी का जाना शेर की गुफा में जाने के बराबर था।

—तभी जाने कहाँ से मनबसिया आकर मजमे के किनारे खड़ी हो गयी और बोली, हम हैदर को छुड़ाने की तरकीब कर सकते हैं।

—सब लोग चिहाकर उसकी ओर देखने लगे। एक देवी की तरह मनबसिया सिर उठाये खड़ी थी। नेमा के टोले की इस ग्वाले की जवान लड़की के बारे में गाँव में एक अफ़वाह फैली थी कि इसके किसी क़िस्म के ताल्लुक़ात ग़ुलाम हैदर के साथ

हैं और वह बदनाम भी हुई थी, लेकिन इस वक़्त वह ख़ूबसूरत लड़की जैसे और भी ख़ूबसूरत लग रही थी, उसके चेहरे का जलाल देखते ही बनता था।

—एक आदमी ने कहा, लड़की की जात, यह मुश्किल काम तू कैसे करेगी? ज़रा हम भी तो सुनें।

—यह-सब आप लोगों के सुनने की बात नहीं है, मनबसिया ने कहा, आप लोग हमें बस इजाज़त दे दें, बाकी हम देख लेंगे।

—लोगों में बातचीत हुई और यह तय हुआ कि मनबसिया के बाप से राय ले ली जाय। एक आदमी बोला, तू इस वक़्त अपने घर जा, हम तेरे बाप से पूछकर कुछ तय करेंगे?

—उनसे इजाज़त लेकर ही हम आये हैं, मनबसिया बोली, अब आप लोगों की इजाज़त की ही ज़रूरत है।

—तू अकेली जायगी? एक आदमी ने पूछा।

—हाँ।

—यह कैसे हो सकता है?

—आप लोग किसी दुबिधा में न पड़ें। हमें बस इजाज़त दे दें। भगवान की किरिपा होगी, तो हम ज़रूर छुड़ा लायेंगे।

—फिर भी लोगों ने तय किया कि मनबसिया के पीछे-पीछे एक जवान छुपकर जाय।...मनबसिया दूसरे दिन रवाना हो गयी। उसके साथ गये नौजवान ने शाम को लौटकर इत्तला दी कि मनबसिया ने क़स्बे में जाकर ढेर-सारी चूड़ियाँ ख़रीदीं और उन्हें एक दौरी में सजाकर, चुड़िहारिन के भेस में छिपकर गाँव में दाख़िल होने के पहले एक बाग़ में रुककर उससे कहा कि तुम इसी बाग़ में शाम तक हमारा इन्तज़ार करो, हम सुगन्धराय की ज़नानी कोठी में जा रहे हैं। शात तक हम वापस न आयें, तो तुम गाँव लौट जाना, हमारा इन्तज़ार मत करना।

—दूसरे दिन सुगन्धराय का पियादा फिर गाँव में आ धमका और उसने अपने मालिक का ऐलान सुनाया कि अगर बढ़ी हुई दर पर पूरे गाँव का लगान पहुँचा दिया जाय, तो ग़ुलाम हैदर रिहा कर दिया जायगा। पहले तो पियादे को देखकर लोग जोश में आ गये कि ग़ुलाम हैदर के बदले इसे पकड़कर गाँव में रख लिया जाय, लेकिन बुज़ुर्गों ने जब समझाया कि ऐसा करना ग़ुलाम हैदर के लिए और भी ख़तरनाक साबित हो सकता है और मनबसिया को भी अपना काम पूरा करने में रुकावट पड़ सकती है, तो लोगों ने यह ख़याल तर्क कर दिया। महाजनों को जब यह बात मालूम हुई, तो वे नरायन भगत के यहाँ जमा हुए और यह राय-बात हुई कि अगर ऐसी ही बात है, तो क्यों न इस बार लगान अदा करके ग़ुलाम हैदर को छुड़ा लिया जाय? उसकी

जान रुपये की वज़ह से क्यों ख़तरे में पड़ी रहे? वह बचकर आ जाय, तो फिर आगे की सोची जाय।

—नरायन भगत के यहाँ फिर टाट पड़ी और सब लोग जमा हुए। बहुत देर की बात-चीत के बाद प्यादे को बुलाकर यह कह दिया गया कि गाँव का पूरा लगान एकमुश्त अदा कर दिया जायगा, लेकिन सुगन्धराय बतायें कि ग़ुलाम हैदर को छोड़ने की क्या गारण्टी है? कहीं ऐसा तो नहीं होगा कि सुगन्धराय लगान भी ले लें और ग़ुलाम हैदर को भी न छोड़ें? इसके लिए किसी दूसरे गाँव या क़स्बे के किसी मातबर आदमी को ज़ामिन मानने के लिए क्या सुगन्धराय तैयार हैं?

—प्यादा चला गया। लेकिन गाँव अब पहले से भी ज़्यादा परेशान था। ग़ुलाम हैदर के साथ अब मनबसिया की भी चिन्ता लोगों को लगी थी। मनबसिया के माँ-बाप घण्टे-घण्टे में गाँव में मनबसिया की खोज-ख़बर लेने आते थे और अपनी परेशानी जाहिर करते कि जाने का हुआ। मनबसिया उनकी अकेली लड़की थी, उसकी ज़िद पर माँ-बाप ने उसे भेज दिया था, लेकिन अब पछता रहे थे कि कहीं उसकी यह ज़िद उसकी जान ही लेकर न रहे।

—लेकिन उसी रात आधी रात के बाद गाँव में शोर हुआ कि ग़ुलाम हैदर और मनबसिया गाँव में आ गये! रात में ही जैसे दिन की चहल-पहल हो गयी! ग़ुलाम हैदर और मनबसिया को देखने के लिए सारा गाँव ख़ुशी से पागल होकर टूट पड़ा। जैसे सातों शहीद अचानक ही ज़िन्दा हो गये हों!

—लोग उनसे हर बात जानने के लिए उतावले हो रहे थे। लेकिन ग़ुलाम हैदर की हालत ठीक नहीं थी, उसका अंग-अंग सूजा हुआ था, उसके लिए बैठना भी मुश्किल हो रहा था, उससे बोला भी नहीं जाता था। लोग उसे छू-छूकर देखते थे और जो मन में आता था, पूछते थे, लेकिन वह कुछ जवाब न देता था, बस ख़ुशी में मुस्करा देता था और मनबसिया की ओर इशारा कर देता था।

—आख़िर मनबसिया ने ही पूरी दास्तान सुनायी, जो इस तरह थी:—

—दासा भैया को बाग़ में छोड़कर हम गाँव में घुसे और सीधे सुगन्धराय की ज़नानी कोठी में जा पहुँचे और आवाज़ दी कि चुड़िहारिन आयी है, चूड़ी पहन लें और दालान में माथे से दौरी उतारकर बैठ गये। आनन-फ़ानन में कई औरतें और लड़कियाँ वहाँ पहुँच गयीं और चूड़ियाँ देखने लगीं। अपनी-अपनी पसन्द की चूड़ियाँ चुनकर उन लोगों ने अलग कीं। हमने सबको भर-भर बाँह चूड़ियाँ पहना दीं। चूड़ियाँ पहनाते वक़्त हम यह जानने की कोशिश करते रहे कि कौन मालकिन हैं। पूछने की हिम्मत न थी। लेकिन यह जानना मुश्किल न हुआ कि उनमें से कोई भी मालकिन नहीं थीं, क्योंकि वे सभी चूड़ियाँ पहन-पहनकर खिसक गयीं, किसी ने दाम की बात न की। हम पैर फैलाकर वहीं बैठ गये और आगे की सोचते रहे कि कैसे काम बने।

बड़ी देर के बाद एक लौंड़ी आयी और हमसे कहा, चलो, रानीजी बुला रही हैं, अपना पैसा ले लो।

—रानीजी के कमरे के दरवाज़े पर हमें छोड़कर वह चली गयी। हम अन्दर जाकर खड़े हो गये और हाथ उठाकर रानीजी को सलाम किया। रानीजी एक बड़े पलँग पर रेशमी तकियों के सहारे अधलेटी बैठी थीं। उन्होंने हमें देखकर कहा, तू तो नयी मालूम होती है, कभी पहले यहाँ नहीं आयी।

—हमने सिर झुकाकर कहा, हाँ, रानीजी, हमने नया-नया यह काम शुरू किया है। अब हमेशा आयेंगे।

—कितनों को तूने चूड़ियाँ पहनायीं, कितने पैसे हुए तेरे?

—दरवाज़े की ओर देखकर हमने कहा, रानीजी पैसे की बात हम बाद में करेंगे, पहले जान बख़्शें तो एक बात कहें?

—कह, तुझे क्या कहना है?

—पहले जान आप बख़्शें, फिर हम बात कहेंगे।

—तुझे क्या कहना है, जो तू जान बख़्शवा रही है?

—रानीजी, हम आपसे कुछ माँगेंगे नहीं, एक काम है, जिसमें हमें आपकी मदद चाहिए। आप जान बख़्शें तो हम आगे कहें।

—चल, कह, हमारे रहते यहाँ इस कोठी में तेरा कोई बाल भी बाँका नहीं कर सकता!

—रानीजी, आप हैदर को छुड़ाने में हमारी मदद करें। आप दयालु हैं!

—कौन हैदर? उसे किसने पकड़ा है? रानीजी उठकर बैठती हुई बोलीं, हमें कुछ नहीं मालूम कि तू किसके बारे में कह रही है?

—हमने उन्हें सब बताया, तो वे बोलीं, यह तो बड़ा मुश्किल काम है। हमें तो यह भी मालूम नहीं कि उसे कहाँ बन्द किया गया है।

—रानीजी, आप चाहें तो अभी मालूम हो जायगा। आपके लिए क्या मुश्किल है!

—रानीजी ठुड्डी हाथ पर रखे हुए बड़ी देर तक सोचती रहीं। उनकी बड़ी-बड़ी, काली-काली आँखों में कई रंग आते-जाते रहे, उनके सुन्दर मुखड़े पर तरह-तरह के भाव बनते-मिटते रहे। अन्त में उन्होंने कहा, अच्छा, तू अपना सामान लेकर तो आ।

—हम सामान लेकर आये, तो रानीजी दरवाज़े पर खड़ी थीं। उन्होंने बग़ल के कमरे की ओर इशारा करके कहा, तू चलकर उस कमरे में बैठ। हम बाहर से ताला लगा देंगे। तू घबराना नहीं। हम पता लगाकर, कोई उपाय बन पड़ा तो तुझे बतायेंगे।

—हमने भय खाकर रानीजी के मुखड़े की ओर देखा, लेकिन वहाँ कोई धोखे का भाव नहीं था। हम कमरे में घुस गये और रानीजी ने बाहर से ताला लगा दिया।

—अँधेरे कमरे में हम साँस रोके चुपचाप पड़े रहे और सोचते रहे कि आगे जाने क्या हो!

—दोपहर के वक़्त ताला खुला और रानीजी ने एक थाली में खाना और लोटे में पानी देकर कहा, अभी कुछ पता नहीं लगा, तू खाना खा ले। फिर हम आयेंगे। और वह ताला बन्द करके चली गयीं।

—हमसे खाना खाया न जा रहा था। जाने क्यों रुलाई फूट रही थी। जाने हैदर किस हालत में हो, उसे खाना भी मिल रहा हो, या नहीं।... रानीजी कितनी अच्छी हैं!

—शाम को फिर दरवाज़ा खुला। रानीजी ने बताया कि उसका पता लग गया है। उसे इसी कोठी के पीछे के बाग़ में पेड़ से बाँधकर रखा गया है। इस कोठी से बाग़ में जाने का कोई रास्ता नहीं है। ऊपर खिड़की से हम उसे देख आये हैं। बिलकुल खिड़की के नीचे ही है। बड़ा सजीला जवान है, देखकर हमें तो बड़ा मोह लगता है! हमने खिड़की से उसके लिए रोटी फेंकी, तो उसने बँधे हाथों से लोककर खायी। शायद उसे खाना भी नहीं दिया जा रहा है। अब उसे कैसे छुड़ाया जाय? बड़ी मुश्किल है! बाग़ के चारों ओर ऊँची-ऊँची दीवारें हैं, और अन्दर जाने के लिए एक ही फाटक है, जो बाहर से बन्द रहता है। पता नहीं, उसकी रखवाली पर कोई तैनात भी है या नहीं।....हम पता लगाकर बतायेंगे। आज रात अब तू यहीं रह, कल देखा जायगा।... फिर थाली की ओर देखकर वे बोलीं, अरी, तूने खाना नहीं खाया?

—खाया नहीं जाता, रानीजी।

—नहीं, तू किसी बात की फ़िक्र न कर, वह छूट जायगा। कल कोई तदबीर निकाली जायगी। तुझे न जाने क्या-क्या करना पड़े। अच्छी तरह खा-पीकर तू सो जा। कोई ज़रूरत हो तो उधर किनारे जगह है। वहाँ पानी वग़ैरह रखा है। रात में दरवाज़ा खुला रहेगा। रात में नीचे कोई नहीं रहता, सब ऊपर चले जाते हैं फिर भी ज़रा होशियारी से रहना और घबराना नहीं।

—सुबह रानीजी ने फिर ताला लगा दिया। दोपहर का खाना देने आयीं, तो बोलीं, वहाँ उसके पास कोई नहीं रहता। वह अकेले है, आज रात को कुछ किया जायगा। बाग़ की चाभी उड़ाने की हम कोशिश करेंगे।

—शाम को रानीजी हमारे हाथ में चाभी थमाती हुई बोलीं, यह चाभी है, अब तू समझ! रात को हम तुझे कोठी के बाहर पहुँचा देंगे। तू ताला खोलकर बाग़ में दाख़िल हो जाना और....

—आधी रात के बाद रानीजी ने हमें एक चाकू दिया और कोठी से बाहर लाकर कहा, कामयाब हो जाना, तो खिड़की पर एक कंकड़ फेंक देना, हम समझ जायेंगे।

—और हमने बाग़ में जाकर हैदर के बन्द काटे और भागे-भागे गाँव पहुँचे।

—वाह!—मन्ने बोला—बड़ी बहादुर लड़की थी!

—हाँ,—मुन्शीजी बोले—इस गाँव की तवारीख़ में वह हमेशा ज़िन्दा रहेगी! ग़ुलाम हैदर को बचाकर उसने गाँव को बचा लिया! ग़ुलाम हैदर के इस तरह वापस आ जाने से गाँव ने अपनी हार को फ़तह में तबदील कर लिया। ग़ुलाम हैदर पर बड़ी मार पड़ी थी, उससे गाँववालों के नाम एक ख़त लिखाने की कोशिश की गयी थी कि गाँववाले बढ़ी हुई दर से लगान अदा कर दें, लेकिन ग़ुलाम हैदर ने ऐसा करने से इनकार कर दिया था और सुगन्धराय ने जो भी ज़ुल्म उस पर तोड़ा उसने सह लिया था। उसे भीतर-ही-भीतर शदीद चोट पहुँचायी गयी थी। दूसरा कोई होता, तो शायद ही फिर उठता। लेकिन ग़ुलाम हैदर ने दूसरे दिन से ही अपना मोर्चा सम्हाल लिया। डर था कि सुगन्धराय फिर गाँव पर हमला करेगा, इसलिए ग़ुलाम हैदर जवानों का दल बनाने में जुट गया। इधर सुगन्धराय पर फ़ौजदारी भी ठोंक दी गयी।

—लेकिन पहली तारीख़ पड़ने के बाद ही मालूम हुआ कि सुगन्धराय ने यह गाँव अपनी लड़की को दहेज में दे दिया है। गाँव पर क़ब्ज़ा करने में नाकामयाब होने की वज़ह से ही सुगन्धराय ने ऐसा किया था, गाँववालों को यह मालूम हुआ, तो उनका मनसूबा और बढ़ गया। ग़ुलाम हैदर ने ऐलान किया कि अब हमारी लड़ाई खड़सरा (सुगन्धराय की लड़की की शादी इसी गाँव में हुई थी) के बाबुओं के साथ चलेगी। उन्हें लगान देने का कोई सवाल ही नहीं उठता, हम गाँव पर हर्गिज़-हर्गिज़ उनका क़ब्ज़ा न होने देंगे! देखना है, चार कोस से आकर खड़सरा के बाबू कैसे गाँव पर क़ब्ज़ा करते हैं! सुगन्धराय ने अपनी जो बला खड़सरा के बाबुओं पर टाली है, यह उनके लिए भी बला ही साबित होगी!

—खड़सरा के एक बाबू अपने पाँच प्यादों के साथ पहली बार गाँव में आये, तो उनकी ख़ूब ख़ातिर की गयी, लेकिन ग़ुलाम हैदर ने उनसे साफ़-साफ़ कह दिया कि सुगन्धराय ने गाँव के सात जवानों को मारा है, उनसे हमारी फ़ौजदारी चल रही है, जब तक हम उनसे निपट नहीं लेते, हम किसी को लगान नहीं देंगे और न किसी को ज़मींदार मानेंगे! और अगर आप लोगों ने भी सुगन्धराय की ही तरह ज़ोर-ज़बरदस्ती की, तो हम मुक़ाबला करेंगे और सुगन्धराय की ही तरह आप लोगों को भी धूल चाटनी पड़ेगी!

—खड़सरा के बबुआन बनिया टाइप के लोग थे। वे लोग तिजारत ज़्यादा करते थे और ज़मींदारी कम। एक महीने के अन्दर ही सुना गया कि उन्होंने गाँव को मासूमपुर के क़ाज़ियों के हाथ बेंच दिया। यह ख़बर मिली, तो गाँव के लोग इकट्ठा हुए।

क़ाज़ियों का जवार में बड़ा दबदबा था। इधर सबसे बड़े ज़मींदार वही लोग थे। उनके ख़ानदान में कई लोग बड़े-बड़े अफ़सर भी थे। बड़े रोब, दबंगई और ताक़त से वे लोग ज़मींदारी चलाते थे। सोचने की बात यह थी कि उनका गाँव एक कोस पर ही था और गाँव और मासूमपुर के बीच में बस नेहता का टोला था, जो गाँव का ही एक हिस्सा था, इतने क़रीब के ताक़तवर दुश्मन से कैसे लोहा लिया जायगा?

—बुज़ुर्गों ने कहा कि क़ाज़ी लोग पुरानी दर पर लगान लेने के लिए तैयार हों, तो हमें उनकी हुकूमत मान लेनी चाहिए, ख़ामख़ाह के लिए शेर के मुँह में हाथ डालने से क्या फ़ायदा? आख़िर सुगन्धराय से हमारी लगान की दर की ही तो लड़ाई थी।

—ग़ुलाम हैदर ने कहा कि यह ठीक है कि हमारी लड़ाई की बुनियाद यही थी। लेकिन अब हमारी लड़ाई की नवइय्यत बदल गयी है। अब सवाल लगान की दर का नहीं, सवाल यह है कि यह गाँव हमारा है या किसी ज़मींदार का? अगर मेरा यह सवाल ग़लत है, तो मैं यह समझूँगा कि हमारी लड़ाई ही बेमानी थी, हमारे सात नौजवानों की शहादत बेकार थी, ख़ुद मैंने जो ज़ुल्म सहे, वे बिला मक़सद थे।

—जवानों में शोर उठा, नहीं-नहीं! हम गाँव पर अब किसी का क़ब्ज़ा नहीं होने देंगे, भले ही इसके लिए हमें अपनी जान देनी पड़े!

—बुज़ुर्गों ने कहा, अगर ऐसी बात है, तो हम क्या कह सकते हैं? लड़ना तुम लोगों को है, भोगना तुम लोगों को है! हमारी दुआएँ तुम्हारे साथ हैं! तुम लोग जैसा चाहो करो। लेकिन नेहता के अहीरों की राय ज़रूर ले लो, पहला मोरचा उन्हीं को सम्हालना होगा।

—उन्हीं को क्यों सम्हालना होगा, सारा गाँव सम्हालेगा!

—फिर भी उनसे राय ले लो कि वे तैयार तो हैं?

—नेहता के अहीर योंही लगान देना न जानते थे। सुगन्धराय भी उन्हें तरह दे जाता था, ताकि वे उसके ख़िलाफ़ न जायँ। असल में गाँव के सबसे मज़बूत लोग ये ही अहीर थे। सुगन्धराय से मोरचा लेने के बाद उनकी हिम्मत और भी बढ़ गयी थी, लगान देना अब उनके लिए ज़ुर्माने की तरह था। सो, वे तो तैयार ही थे। ग़ुलाम हैदर के साथ गाँव से नौजवान उनसे सलाह लेने गये, तो उन्होंने उनकी पीठ ठोंकी और कहा कि वे हमेशा हर बात में आगे-आगे रहेंगे!

—एक हफ़्ते के बाद क़ाज़ी ख़ादिमुलहक़ मरवटिया के एक मिसिर जवान के साथ गाँव में आ धमके। क़ाज़ी की पालकी गाँव के बाहर पच्छिम की मसजिद के पास रुकी। क़ाज़ी पालकी से उतरकर मसजिद के चबूतरे पर रूमाल बिछाकर बैठ गये और मिसिर लोगों को इकट्ठा करने के लिए गाँव में घुसा।

—मिसिर सारा गाँव घूमकर क़ाज़ी के पास लौटा, तो वहाँ एक आदमी भी नहीं पहुँचा था।

—लोग पहुँचे थे ग़ुलाम हैदर के दरवाज़े पर। महाजनों को भी बुला लिया गया था और नेहता आदमी भेज दिया गया था।

—बातचीत करके यह तय हुआ कि ग़ुलाम हैदर, नरायन भगत और नेहता के चौधरी क़ाज़ी से मिलें और बात करें।

—नेहता के चौधरी आ गये, तो तीनों मसजिद पर क़ाज़ी से मिलने चले।

—लोगों के न आने से क़ाज़ी का सफ़ेद चेहरा तमतमाया हुआ था और ग़ुस्से से आँखें लाल हो रही थीं। वह बार-बार चिकन की सफ़ेद अचकन में लगे बड़े-बड़े सोने के बटनों को नोच रहा था।

—सलाम-दुआ की गुंजायश नहीं थी। जैसे ही तीनों वहाँ पहुँचे, क़ाज़ी फट पड़े, और लोग कहाँ हैं?

—ग़ुलाम हैदर बोला, गाँव की ओर से हमीं आये हैं।

—लेकिन हमने सबको बुलाया था? हमारा प्यादा घर-घर घूम चुका है?

—जो बात आपको करनी हो, हमीं से कीजिये, ग़ुलाम हैदर बोला।

—तुम कौन हो?

—मुझे लोग ग़ुलाम हैदर कहते हैं।

—अच्छा, तो तुम्हीं ग़ुलाम हैदर हो?

—जी।

—हुं! कहकर क़ाज़ी ने घूरकर ग़ुलाम हैदर को देखा और कहा, तो तुम्हीं गाँव के सरगना हो?

—जी नहीं, ग़ुलाम हैदर बोला, मैं तो गाँव का एक अदना ख़ादिम हूँ, हमारे रहनुमा तो ये बुज़ुर्ग हैं!

—यह कौन है? क़ाज़ी ने उँगली उठाकर नरायन भगत की ओर इशारा किया।

—ग़ुलाम हैदर के तो जैसे आग लग गयी। तीख़ा होकर बोला, मासूमपुर के क़ाज़ी लोग अपनी ज़बान के लिए जवार में मशहूर हैं लेकिन आज देखता हूँ कि....

—क्या मतलब?

—मतलब यह है कि आप जिनकी ओर उँगली उठाकर यह ज़बान बोले हैं, वे आपके चचा की उम्र के हैं! सिर्फ़ एक मामूली धोती पहने, नंगी देह लिये ये खड़े हैं, तो क्या इसी से आपने इन्हें कोई ऐरा-ग़ैरा समझ लिया है?

—ओह! तो तुम हमें बोलना सिखाने आये हो!

—इनके लिए हम इस तरह की ज़बान सुनने के आदी नहीं!

—तुम्हें मालूम है, हमने यह गाँव ख़रीद लिया है और यहाँ का हर बशर हमारी रियाया है?

—जी नहीं!

—क्या मतलब?

—क्या मासूमपुर के क़ाज़ी को हमें इन लफ़्ज़ों का मतलब बताना होगा?

—तो तुम हमसे ज़बान लड़ाने आये हो? गिरोरकर देखते हुए क़ाज़ी ने कहा, क़ाज़ी लोग सिर्फ़ ज़बान के ही मालिक नहीं हैं, वे ताक़त के भी मालिक हैं और यह जानते हैं कि तुम्हारे-जैसे लोगों को कैसे ठीक किया जाता है!

—ग़ुलाम हैदर के मुँह पर हाथ रखते हुए नरायन भगत बोले, क़ाज़ीजी, आपने हमारा गाँव कितने में ख़रीदा है, ज़रा मालूम तो हो?

—दस हज़ार में! क़ाज़ी ने माथा उठाकर कहा, तो उनकी लखनउआ टोपी पीछे गिर पड़ी और मिसिर ने उसे झट-से उठाकर उनके सिर पर रख दिया।

—तो आपको दस हज़ार ही चाहिए न? नरायन भगत ने ऐसे कहा, जैसे यह रक़म दस कौड़ी के बराबर हो!

—क़ाज़ी जैसे एक झटका खा गये। फिर सम्हलकर, हकलाते हुए बोले, हम गाँव...बेचने के लिए...नहीं आये हैं!...फिर लहजा मज़बूत करके बोले, हम यह बताने आये हैं कि हमने गाँव ख़रीद लिया है! अब यह गाँव हमारा है और हमें पिछले दो सालों का लगान चाहिए! पिछले दो सालों से इस गाँव ने किसी को लगान नहीं दिया है!

—यह गाँव हमारा है! बिफरकर ग़ुलाम हैदर बोला, इसे बेचने या ख़रीदने का हक़ किसी को नहीं! हम एक कौड़ी लगान किसी को नहीं देंगे!

—क़ाज़ी को जैसे बिच्छू ने डंक मार दिया हो, वे उछलकर उठ खड़े हुए और चिल्लाकर बोले, चलो, मिसिर, चलो! ये क़ाज़ी लोगों को अभी नहीं जानते! और लपककर वे पालकी में जा बैठे।

—पालकी चली गयी और गाँव में फिर वही नक़्शा तैयार होने लगा, जो सुगन्धराय से मोरचा लेने के वक़्त बना था।

—दूसरे दिन सुबह ही मालूम हुआ कि गाँव के बाहर दक्खिन ओर नेहता और गाँव के बीच के बाग़ में क़ाज़ी के आदमी नींव खोद रहे हैं, क़ाज़ियों की यहाँ छावनी बनेगी। गाँव में शोर हो गया, यह छावनी के लिए नींव नहीं ख़ुद रही, गाँव पर क़ाज़ियों की हुकूमत की नींव पड़ रही है! इसे हर्गिज़-हर्गिज़ नहीं होने देना चाहिए।

—कई जवान उधर जाकर, घूम-फिरकर देख आये। क़रीब पचास आदमी काम पर जुटे थे। बड़ी तेजी से काम हो रहा था। जितनी जल्दी हो सके, वे छावनी खड़ी कर देना चाहते थे। मरवटिया का मिसिर हाथ में लाठी लिये निगरानी कर रहा था।

—मरवटिया के मिसिरों की लाठी मशहूर थी। मरवटिया क़ाज़ियों का ही गाँव था। क़ाज़ियों के यहाँ मरवटिया के मिसिर ही कारिन्दे थे, उनकी लाठी ही क़ाज़ियों की ताक़त थी, जिनका मुक़ाबिला जवार में कोई भी नहीं कर सकता था।

ग़ुलाम हैदर गाँव के नौजवानों को तैयार करके नेहता पहुँचा और वहाँ यह स्कीम बनायी गयी कि गाँव की ओर से पहले जवान आकर क़ाज़ी के आदमियों से उलझेंगे, फिर नेहता के जवान अपनी ओर से पहुँचेंगे और क़ाज़ी के आदमियों को दोनों ओर से घेरकर पीस दिया जायगा।

—गाँव के जवान लाठियाँ लेकर बाग़ में पहुँचे, तो क़ाज़ी के पचासों आदमी लाठी लेकर खड़े हो गये। वे कोई साधारण राज या मज़दूर नहीं थे; सभी मरवटिया के मिसिर थे, राज और मज़दूर बनकर लड़ाई के लिए तैयार होकर आये थे।

—लाठियाँ बज उठीं। गाँव के पाँच सौ जवानों ने उन्हें लखेद लिया। वे भागते-भागते दक्खिन की परती पर पहुँचे, तो सामने नेहता के अहीरों को लाठियाँ लिये तैयार खड़ा पाया। अब किधर भागें? दोनों ओर से तड़ातड़ लाठियाँ उन पर बरसने लगीं। लेकिन यह उनकी चाल थी। गाँव से दूर परती को उन्होंने लड़ाई की जगह चुनी थी। थोड़ी ही देर में देखा गया कि टिड्डी के दल की तरह पच्छिम से क़ाज़ियों के गाँव से लाठियाँ लिये हज़ारों जवान भागे आ रहे हैं। ग़ुलाम हैदर ने देखा, तो उसका होश फ़ाख़्ता हो गया। अब अपनी ग़लती उसकी समझ में आयी। गाँव से इतनी दूर आकर उन्होंने अच्छा नहीं किया, अब तो परती के मैदान में वे घेरकर सबको मार डालेंगे। लेकिन यह सोचने का वक़्त नहीं था। उसने अपने दल को अहीरों के साथ मिल जाने का हुक्म दिया और उसके दोनों दलों ने लाठियाँ चलाते-चलाते ही पूरब का पल्ला सम्हाल लिया।

—आनेवाले क़ाज़ी के जवानों ने धरती पर ख़ून की धाराएँ और मिसिरों की तड़पती हुई लोथें देखीं, तो उनका ग़ुस्सा दुगुना हो गया। वे पागल होकर ग़ुलाम हैदर के दल पर टूट पड़े।

—हवा में कौंदे लपकने लगे। तड़-तड़ लाठियाँ चल रही थीं। फट-फट खोपड़ियाँ फूट रही थीं। चट-चट हड्डियाँ टूट रही थीं।

—तायदाद में ग़ुलाम हैदर के और उनके दल में एक और पाँच का फ़र्क़ था। नतीजा सामने था। ग़ुलाम हैदर और उसके जवानों के सामने मरने और मारने के सिवा कोई चारा नहीं था। भागने का कोई रास्ता नहीं था। भागने पर मौत तै थी।

—जान हथेली पर लेकर लड़नेवालों का मुक़ाबिला आसान नहीं होता। क़ाज़ी के जवानों के छक्के छूट रहे थे। ग़ुलाम हैदर की लाठी बिजली की तरह चारों ओर कौंध रही थी। वह बढ़-बढ़कर लाठी चला रहा था। उसकी फुर्ती आज देखते बनती थी। कितनी लाठियों को उसकी अकेली लाठी काट रही थी, गिनना मुश्किल था!

—धरती पर पानी की तरह लोहू बह रहा था, लेकिन कोई दल पीछे हटने का नाम नहीं ले रहा था।

—दुनिया की तवारीख़ बताती है कि ग़ुलाम हैदर-जैसे बहादुरों को, जो हार के मुँह में भी आख़िरी दम तक लड़ते हैं, जस मिला है, लेकिन जीत नहीं। क़ाज़ी के जवान जब समझ गये कि ग़ुलाम हैदर ही उस दल की रूह है, तो वे उसी पर जूझ पड़े। उस वक़्त ग़ुलाम हैदर वैसे ही लड़ रहा था, जैसे महारथियों के बीच में घिरा हुआ अभिमन्यु और आख़िर उसकी भी वही गति हुई।

—ग़ुलाम हैदर का गिरना था कि उसके दल की हिम्मत छूट गयी और वे भाग खड़े हुए। लेकिन क़ाज़ी के आदमियों ने उनका पीछा नहीं किया। वे भी अब लस्त हो गये थे। ग़ुलाम हैदर को मारकर ही जैसे उन्होंने जग जीत लिया था।

—इस लड़ाई में गाँव के सत्ताइस जवान खेत गये थे। गाँव का रहनुमा ग़ुलाम हैदर मारा गया था। गाँव पर मातम छा गया था। सबके मुँह पर हार ने स्याही पोत दी थी।

—रात को नारायन भगत के दरवाज़े पर टाट पड़ी। लेकिन किसी के मुँह से कोई बात निकल नहीं रही थी। सबका मुँह लटका हुआ था और सबकी आँखों में आँसू भरे थे। तभी लोगों ने अचरज से देखा, ग़ुलाम हैदर की बूढ़ी बेवा माँ ग़ुलाम हैदर के पाँच साल के लड़के का हाथ थामे मजमे के किनारे आ खड़ी हुईं और दुपट्टा आँखों पर रखती हुई रुँधी हुई आवाज़ में बोलीं, आप लोग इस तरह ख़ामोश क्यों हैं? कोई बात कीजिये, कोई तरकीब निकालिये? मेरे बेटे ने गाँव को आज़ाद करने का जो काम शुरू किया था, उसके न रहने से उसका काम रुक गया, तो उसकी रूह को चैन नसीब नहीं होगा! उसकी जगह लेनेवाला अगर गाँव में कोई नहीं रह गया है, तो यह उसका लड़का लुत्फ़ेहक़ है, इसे मैं आप लोगों को गाँव के नाम पर सुपुर्द करती हूँ!

—ग़ुलाम हैदर की बूढ़ी माँ की यह बात सुनकर लोगों में सुगबुगाहट हुई। एक आदमी ने उन्हें बाइज़्ज़त टाट पर बैठाया। एक बुज़ुर्ग लुत्फ़ेहक़ को अपनी गोद में लेकर बोले, लुत्फ़ेहक़ ग़ुलाम हैदर की निशानी ही नहीं, गाँव की अमानत है, इसे गाँव पालेगा, पोसेगा और बड़ा करेगा और एक दिन यह ज़रूर ग़ुलाम हैदर की जगह लेगा और गाँव की रहनुमाई करेगा!...लेकिन फ़िलहाल दानाई इसी में है कि सब्र से काम लें और कुछ दिन ख़ामोश रहकर अपनी ताक़त बढ़ायें। दुश्मन जाबिर है, इस तरह उससे भिड़ जाने का नतीज़ा बरबादी के सिवा कुछ नहीं हो सकता!...ग़ुलाम हैदर और गाँव के शहीदों के दाग़ हमेशा गाँव के दिल पर बने रहेंगे। ग़ुलाम हैदर और गाँव के जवानों ने अपना ख़ून और जान देकर जिस पौधे को लगाया और सींचा है, वह कभी मुर्झायेगा नहीं! एक दिन ऐसा ज़रूर आयेगा, जब यह पौधा सरसब्ज होकर बड़ा

होगा और इसके साये में गाँव आज़ादी और आराम की साँस लेगा! फ़िलहाल हमें परती पर जाकर अपने शहीदों की लाश लानी चाहिए और उनका क़फ़न-दफ़न करना चाहिए।

—परती पर एक साथ ही सब शहीदों की लाशों को चिता के सुपुर्द कर दिया गया!...अब भी हर साल उस जगह पर कातिक सुदी सप्तमी को एक चिता बनाकर जलायी जाती है। लेकिन, अफ़सोस! गाँव हर साल यह चिता तो जलाता है, लेकिन अब इसका महातम लोग भूल गये हैं, ग़ुलाम हैदर और अपने शहीदों को लोग भूल गये हैं, उनकी क़ुर्बानियों को भूल गये हैं...और आज यहाँ के हिन्दू-मुसलमान कुत्तों की तरह आपस में ही लड़ रहे हैं। मैं यह देखता हूँ और ख़ून के आँसू रोता हूँ! काश, यहाँ के हिन्दू-मुसलमान अपने पुरखों को याद करते और उनकी निकाली राह पर चलते!...अब आगे जो भी मैं कहूँगा, वह-सब मेरा आँखों देखा है, उसमें इस नाचीज़ का भी एक हिस्सा रहा है।

मुन्शीजी ज़रा देर चुप रहकर बोले—क़ाज़ियों की छावनी गाँव में बन गयी और गाँव पर उनकी अमलदारी क़ायम हो गयी। मरवटिया का वही मिसिर गाँव का कारिन्दा मुक़र्रर किया गया था।

—बीस साल बीत गये। क़ाज़ियों को लगान वक़्त पर पहुँचता रहा और कोई वारदात नहीं हुई। क़ाज़ियों ने भी कुछ समझकर गाँव के साथ अपना व्यवहार और ज़मींदारों से अच्छा ही रखा।

—लेकिन बड़े क़ाज़ी ख़ादिमुलहक़ जब मरे और उनकी जगह उनके बड़े लड़के क़यामुलहक़ ने ज़मींदारी सम्हाली, तो एक बार फिर सब नक़्शा बदल गया। नया ख़ून था, तजुर्बे कम थे, उन्होंने इस गाँव पर भी नये तौर-तरीक़े लागू करना शुरू किया।

—उस साल ईद कातिक के महीने में पड़ी थी। क़ाज़ी का हुक्म आया कि ईद की सुबह गाँव का सारा दूध और हर चीनी के कारख़ाने के पीछे बीस-बीस सेर रास चीनी और दस-दस रुपये पहुँचाये जायँ!

—मरवटिया के मिसिर ने गाँव में घूम-घूमकर क़ाज़ी का यह हुक्म सुनाया और कहा कि सारा सामान सीधे मासूमपुर पहुँचाना होगा।

—कारखानों की साल तमामी का यह वक़्त था। किसी के पास पाँच-दस सेर घर-ख़र्चे की चीनी से ज़्यादा न थी। वह चीनी साल-तमाम होते-होते ख़राब हो जाती थी, इसलिए कोई भी इसे रोकता नहीं था। अब क्या किया जाय? लोगों में राय-बात हुई और तय पाया गया कि जो चीनी हो भेज दी जाय, आगे जो होगा देखा जायगा।

—एक बैलगाड़ी पर लदवाकर चीनी, दूध और तीन सौ रुपये एक आदमी के मारफ़त ईद की सुबह भेज दिये गये।

—तीन घण्टे के बाद मरवटिया के मिसिर ने आकर बताया कि चीनी कम भेजी गयी है, इसलिए क़ाज़ी ने आदमी को बाँध रखा है। उसे छुड़ाना हो तो बाक़ी चीनी भेजी जाय!

—क़ाज़ी ने ऐसा करके गाँव में वही नक़्शा तैयार कर दिया, जो एक बार सुगन्धराय के ज़माने में हुआ था। लुत्फ़ेहक़ अब जवान हो गया था। उसने लोगों को बड़के दरवाज़े पर इकट्ठा किया। यह जगह ग़ुलाम हैदर की माँ ने अपने घर के सामने बनवायी थी। एक बड़े चबूतरे पर वे ग़ुलाम हैदर के नाम पर ताज़िया रखती थीं। उनके मरने के बाद भी लुत्फ़ेहक़ की माँ ने यह रस्म जारी रखी। उस जगह को लोग बड़का दरवाज़ा कहने लगे थे, शायद इसलिए कि लोग ग़ुलाम हैदर को बड़ा आदमी समझते थे।

—लुत्फ़ेहक़ ने कहा, क़ाज़ी के ज़ुल्म की चक्की अब चल पड़ी है। परसों पारस का बकरा मिसिर उठा ले गया, कल हमारे खेत के पर से बबूल का पेड़ काट लिया गया और आज हमारे आदमी को बाँध लिया गया है!..हम लोग कब तक ख़ामोश बने रहेंगे? अगर हम लोग इसी तरह सहते गये, तो एक दिन...

—नरायन भगत के बेटे देवी भगत ने कहा, नहीं-नहीं, अब हम ये ज़ुल्म बरदाश्त नहीं करेंगे!..लेकिन पहला काम अपने आदमी को छुड़ाना है। हम क़स्बे से चीनी ख़रीदकर भेजे देते हैं। हमारा आदमी छूटकर आ जाय, तो...

—तो हमें आप लोग इजाज़त दीजिये! जवानों की ओर से लुत्फ़ेहक़ बोला, हमारे अन्दर भी गाँव के शहीदों का ख़ून है! हम अपने शहीदों को फिर ज़िन्दा करेंगे, क़ाज़ी से लड़ेंगे और गाँव को आज़ाद करके शहीदों का अधूरा काम पूरा करेंगे!

—ज़रूर! ज़रूर! चारों ओर से आवाज़ें उठीं।

—लेकिन यह काम अबकी इस तरह करना है, एक बुज़ुर्ग बोले, कि हमें हार न खानी पड़े। सिर्फ़ ताक़त नहीं, अक़्ल से भी काम लेना होगा। पहले की लड़ाइयों से सबक़ लेना होगा और दूसरे गाँवों को भी अपनी लड़ाई में शामिल करना होगा। जल्दी में आकर आग में कूदना कोई दानाई नहीं!

—ठीक-ठीक! नक़्शे आप लोग बनाइये, लड़ेंगे हम! लेकिन लड़ाई के सिवा अब कोई चारा नहीं।

—लेकिन जवान अपने को क़ाबू में न रख सके। रात हुई, तो गाँव में हंगामा मच गया। मालूम हुआ कि जवानों ने क़ाज़ी के पाँच प्यादों को छावनी में बन्द करके फूँक दिया है!

—बात यह हुई कि गाँव के झुकने से आज प्यादों का मन बढ़ गया था। शाम को रामचीज़ भर की लड़की परत्ती पर से कड़रा बीनकर लौट रही थी। छावनी के पास से वह गुज़री, तो एक प्यादे ने उसे छेड़ा। लड़की कड़रे की खाँची वहीं फेंककर

भाग खड़ी हुई और आकर अपने बाप से सब कहा। रामचीज़ भागा-भागा लुत्फ़ेहक़ के पास गया। लुत्फ़ेहक़ तो भरा हुआ बैठा ही था। यह बात मालूम हुई तो उसके आग लग गयी। वह उसी दम उठ खड़ा हुआ और अपने बीस साथियों को लेकर छावनी पर पहुँचा और प्यादों को छावनी के अन्दर बन्द करके उसमें आग लगा दी।

—जवानों ने लड़ाई का बिगुल फूँक दिया था। अब उन्हें डाँटने-फटकारने से क्या होता? उसी रात आनेवाली सुबह के मोरचे की पूरी तैयारी कर लेनी थी। आस-पास के गाँवों को सहायता के लिए आदमी दौड़ाये गये। ...लुत्फ़ेहक़ आधी रात को मेरे पास पहुँचा। उस वक़्त मैं इस परगने का पटवारी था। मेरे दिमाग़ का लोग लोहा मानते थे। बड़े-बड़े ज़मींदार मेरा पाँव पूजते थे। कितने ही बड़े-बड़े मोरचे मैंने अपने दिमाग़ की ताक़त से सर किये थे। लुत्फ़ेहक़ ने अपनी टोपी उतारकर मेरे पाँव पर रख दी और गिड़गिड़ाकर कहा कि, मुन्शीजी, आप हमारी इस इन्साफ़ की लड़ाई का क़ानूनी मोरचा सम्हाल लें! हमसे जो भी हो सकेगा, आपको नज़र करेंगे!

—मैं उसी रात उसके साथ गाँव के लिए रवाना हो गया।

—गाँव के सभी बुज़ुर्ग और महाजन मेरा इन्तज़ार कर रहे थे। देबी भगत के बैठके में हमारी बात शुरू हुई। जवानों को अपनी लड़ाई की तैयारी के लिए छोड़ दिया गया।

—बुजुर्गों ने कहा, अबकी हम हर बात में पहल करना चाहते हैं। क़ाज़ी को किसी भी मामले में आगे नहीं जाने देंगे, उसे हमेशा बचाव की ही हालत में रखेंगे। हरदिया, नेमा का टोला, बड़ी किशोर, धूरी का टोला, चेतन किशोर...वग़ैरा गाँव हमारी मदद के लिए अपने जवान भेजने को तैयार हो गये हैं। मरवटिया के बड़े मिसिर हरदत्त भी इस बात पर राज़ी हो गये हैं कि अबकी क़ाज़ी की ओर से लड़ने के लिए उनके गाँव का एक बशर भी नहीं जायगा। कल सुबह से ही गाँव के दक्खिन ओर जवान अपना मोरचा सम्हाल लेंगे। वे वहाँ पूरे एक हफ़्ते तक बने रहेंगे। उनके खाने-पीने के इन्तज़ाम के लिए गाँव के पाँचों हलवाई तैनात कर दिये गये हैं, पाँच कड़ाहे एक साथ चढ़ेंगे और बराबर पूड़ी उतरती रहेगी।...अब क़ानूनी मोरचा सम्हालना आपका काम है। इसके एवज़ में आप जो भी चाहें, हम देने को तैयार हैं!

....देबी भगत ने कहा, रुपये की कोई कमी हम न होने देंगे, इसका ज़िम्मा हमारा है! मुन्शीजी, बस आप हमारी क़ानूनी मदद करें और आज़मगढ़ हमारे साथ चलकर क़ाज़ी पर मुक़द्दमा दायर कर दें।

दूसरे दिन थोड़ी रात रहते ही हम बैलगाड़ियों पर चल पड़े। गाड़ी पर पर्दा लगा दिया गया और गाड़ीवान से कह दिया गया कि मासूमपुर के पास से गाड़ी गुज़रे और कोई पूछे कि कौन जा रहा है, तो वह कह दे कि ज़नानी सवारियाँ हैं। उस वक़्त रास्ता बस एक ही था, और वह मासूमपुर से ही होकर था।

—हमें जो डर था, आगे आया। मासूमपुर के पास जैसे ही गाड़ी पहुँची, रोक दी गयी। किसी ने पूछा, कौन जा रहा है? गाड़ीवान ने कहा, ज़नानी सवारियाँ हैं। उसने पूछा, किसके घर की सवारियाँ हैं? गाड़ीवान ने कहा, क़स्बे के नूरुद्दीन बाबू के घर की सवारियाँ हैं। मैंने जेब में पड़ी हुई कुछ रेज़कारियों को खनकाया, ताकि सुननेवालों को मालूम हो कि चूड़ियाँ बज रही हैं। फिर उसने गाड़ीवान को आगे जाने का हुक्म देते हुए पूछा, सवारियाँ जायेंगी कहाँ? गाड़ीवान ने कहा, कादीपुरे!

—हम बच गये। आज़मगढ़ जाकर हमने वहाँ के सबसे बड़े बैरिस्टर को किया और उसके सामने सारा मामला रखकर मैंने वह मशहूर लटका सुनाया, जिसे रास्ते में ही मैंने गढ़ा था और जिसे मैं फ़ौजदारी की बुनियाद बनाना चाहता था—

घूरन की बेटी बबूरन
बबूरन की बेटी बीबी सेमा
मारिन हैं, काटिन हैं
गली-गली घसीटिन हैं
फिर जाने कहाँ ले जाके
फेंक दिहिन हैं

—बैरिस्टर मेरा मुँह ताकने लगा, तो मैंने उसे समझाया, घूरे की बेटी बबूल, समझते हैं न?

—बैरिस्टर ने सिर हिलाया।

—और बबूल की बेटी बीबी सेमा?

—हाँ, बैरिस्टर ने कहा।

—उसे क़ाज़ियों ने मारा है, काटा है और घसीटा है और ले जाकर जाने कहाँ फेंक दिया है।

—वाह-वाह! बैरिस्टर दंग होकर ज़ोर-ज़ोर से हँसने लगा और बोला, क्या दिमाग़ पाया है आपने, मुन्शीजी! हम आपके सामने अपना सिर झुकाते हैं! लटके में आपने एक बात भी झूठ नहीं कही है, फिर भी क्या संगीन मतलब निकाला है आपने! बड़ी शान से क़तल का मुक़द्दमा चलेगा और आप लोग ज़रूर जीत जायेंगे!

—मुक़द्दमा दायर कर, उसी दम कारकुनों को दे दिलाकर, सम्मन जारी कराके हम लोग वापस लौटे। गाँव आकर मालूम हुआ कि क़ाज़ी की ओर से एक चिरई का पूत भी छावनी या प्यादों की ख़बर लेने नहीं आया था। गाँव की ख़ुशी का ठिकाना न था! जवानों का जोश देखते बनता था!

—बाद में मालूम हुआ कि क़ाज़ी ने भी गाँव के पच्चीस आदमियों पर आगज़नी और क़तल का मुक़द्दमा दायर कर दिया है। यह जानकर ख़ुशी ही हुई, क्योंकि

उसका मतलब था कि क़ाज़ी ताक़त आज़माने की बात छोड़कर क़ानून के पास जाने को मज़बूर हुआ था। क़ानूनी लड़ाई वह हमसे जीत नहीं सकता था।...इसी बीच खड़सरा के बाबुओं से मिलकर हमने एक और बात भी ढूँढ़ निकाली। सुगन्धराय ने गाँव लड़की को दहेज में दे तो दिया था, लेकिन उसके चिट्ठे पर गाँव का कहीं नाम ही नहीं था। अब हमने क़ाज़ियों पर एक और मुक़द्दमा चलाया कि उनका गाँव ख़रीदना ग़ैरकानूनी है। खड़सरा के बाबुओं को गाँव बेचने का कोई हक़ नहीं था, क्योंकि गाँव उनका था ही नहीं।

—अब जमकर कानूनी लड़ाई शुरू हुई। तीन साल तक मुक़द्दमा चलता रहा आख़िर हम जीत गये। क़ाज़ी क़यामुलहक़ को फाँसी की सज़ा हुई और गाँव पर उनकी अमलदारी मंसूख कर दी गयी। क़ाज़ी को जब इसका पता चला, तो वह जाने कहाँ ग़ायब हो गया, पकड़ा ही नहीं गया।

—इस तरह गाँव आजाद्र हुआ। उस वक़्त गाँव में जो ख़ुशी का आलम था, वह बयान के बाहर है। एक ही दिन जैसे ईद और होली का त्योहार आन पड़ा हो और सब हिन्दू-मुसलमान मिलकर एक साथ मना रहे हों, ऐसा नज़्ज़ारा था। शहीदों के मज़ारों पर फूल चढ़ाये गये। हिन्दुओं ने सत्यनारायण की कथा कहलायी और मुसलमानों ने मिलाद। महाजनों ने गाँव-भर को भोज दिया।

—अब गाँव के इन्तज़ाम का सवाल उठा। सारा गाँव जमा हुआ और एक राय से लुत्फ़ेहक़ को गाँव का नम्बरदार बना दिया गया। उसे ही गाँव का ज़मींदार मान लिया गया। तीन आने की ज़मींदारी नरायन भगत के नाम पर एक मोहाल क़ायम करके देबी भगत को दी गयी और एक आना हमारे नाम कर दी गयी। लेकिन साथ ही यह भी तय हुआ कि कोई किसान सरकारी लगान बीस आने बीघे से ज़्यादा किसी को नहीं देगा, सब किसान अपने-अपने खेत के मालिक हैं। सिर्फ़ मेरे लिये यह तय हुआ कि गाँव के सोलहवें हिस्से का मैं मालिक हूँगा और मैं जैसा चाहूँ, उसका इन्तज़ाम करूँ, लेकिन गाँव के बाहर किसी के हाथ न बेचूँ। मेरा हिस्सा बड़ी ख़ुशी से थोड़ा-थोड़ा करके किसानों ने देकर पूरा कर दिया। लेकिन मैंने उन्हें ही फिर लौटा दिया और कह दिया कि वही उन्हें जोते-बोयें और साल के अन्त में जो भी मुनासिब समझें, मेरा हिस्सा दे दें। महाजनों ने अलग से ऐलान किया कि मुन्शीजी को उनकी तरफ़ से हर साल एक बोरा चीनी और दो टीन ठोपारी पहुँचायी जायगी। क़ाज़ी की छावनी की मरम्मत कराके उसे मठिया बना देने की बात भी तै हुई। यही मठिया अब गोपालदास की मठिया के नाम से मशहूर है।

दम लेकर मुन्शीजी बोले—हुज़ूर, आज उस दिन को याद करता हूँ, तो लगता है कि कोई हसीन ख़्वाब देख रहा हूँ। कैसे थे वे लोग, कैसे थे वे हिन्दू-मुसलमान, जिन्होंने ऐसे गाँव की नींव डाली! एक ऐसा नमूना उन्होंने पेश किया था कि लोग सुनते तो अचरज करते और देखते, तो रश्क करते! सारा गाँव जैसे एक कुनबा हो!

—जब तक लुत्फ़ेहक़ रहा, गाँव अमन-चैन की बंशी बजाता रहा। लेकिन वह बहुत थोड़ी ज़िन्दगी लेकर इस दुनिया में आया था। वह अपने दो लड़कों, अब्दुलहक़ और ऐनुलहक़, को छोड़कर चल बसा। ये लड़के बड़े हुए, तो अब्दुलहक़ ने अपने बाप का काम सम्भाला और ऐनुलहक़ इस परगने में क़स्बे के अन्दर नया थाना खुलने पर उसमें मुन्शी हो गया।...अंग्रेज़ी हुकूमत का शिकंजा अब कसने लगा था।...थाने के मुन्शी भाई ने अब्दुलहक़ को शह दिया और लोगों ने देखा कि अब्दुलहक़ एक ज़मींदार से भी बदतर सलूक गाँववालों के साथ करने लगा।...बीघे पर बीस आने सरकारी लगान के बदले वह बीस-बीस रुपये सख़्ती से वसूल करने लगा, गाँववालों ने उज्र किया, तो उसके भाई ने थाने से सिपाही भेजकर कइयों को पकड़वा मँगाया और उन्हें थाने में अपने सामने ही पिटवाया।

—आप सोच सकते हैं कि यह सब देख-सुनकर गाँववालों की क्या हालत हुई होगी। गाँववाले अब क्या करें, उनकी समझ में न आ रहा था। गाँववालों को क्या मालूम था कि अब्दुलहक़ और एनुलहक़ अपने बाप-दादा को भूल जायेंगे और अपने गाँव की तवारीख़ को नज़रन्दाज करके ऐसे कमीने बन जायेंगे? ऊपर से उन्होंने एक और भी काम किया, जिससे गाँव का एका टूट गया, हिन्दू-मुसलमान अलग-अलग हो गये और फ़िरकेवाराना ख़ानाजंगियाँ शुरू हो गयीं। उन्होंने मुसलमानों के साथ अपनों-सा और हिन्दुओं के साथ दुश्मनों-सा व्यवहार करना शुरू कर दिया।...

—उस वक़्त गाँव में एक और ख़ानदान तरक़्क़ी करके ऊपर आ गया था। उस ख़ानदान में दो भाई थे, असग़र अली और सिराजुद्दीन!

—ये तो हमारे दादा...—मन्ने बोला।

—हाँ, असग़र अली ही आपके दादा हुज़ूर थे और सिराजुद्दीन जुब्ली मियाँ के दादा थे। सिराजुद्दीन बड़े ही ख़ूबसूरत, आन-बान और दिमाग़वाले आदमी थे। न जाने किस तरह वे पिंडारा के नवाब के यहाँ पहुँच गये और वहाँ दीवान बन गये। उनका दीवान बनना था कि इस ख़ानदान का सितारा चमक उठा। वह बड़ी शान से पिस्तौल बाँधकर, अरबी घोड़े पर चढ़कर और कई अर्दलियों और सिपाहियों के साथ गाँव में आते थे। उनकी आमद की ख़बर मिलती, तो गाँव सहम उठता था। उनके सामने रास्ते में कोई गाँववाला पड़ जाता, तो उसे सिपाही कोड़े से पीटते थे। उनके रास्ते में, किसी गली-कूचे में कोई गन्दगी मिलती, तो उसके पास के घरों के लोगों को पीटा जाता था। इसीलिए वे जब भी आते थे, गाँव के गली-कूचे साफ़ हो जाते थे, जैसे आज किसी गवर्नर के आने पर शहर की सड़कें साफ़ हो जाती हैं। उन्होंने अपना अजब दबदबा क़ायम कर रखा था।

—अब उनकी और अब्दुलहक़ की छनने लगी और इन दो कमबख़्तों ने मिलकर फ़िरक़ापरस्ती का बीज गाँव में बो दिया। मुसलमानों को उन्होंने अलग कर लिया और उन्हें यह नुस्ख़ा पिलाया कि मुसलमानों की क़ौम हुक्मराँ क़ौम है, गाँव

पर उनकी अमलदारी है, हिन्दू उनकी रियाया हैं और उनके साथ उन्हें रियाया का ही बर्ताव करना चाहिए!..और फिर वह भी वक़्त आया, जब चारपाई पर बैठने या सलाम न करने या रास्ते से न हटने पर अब्दुलहक़ ने कितने ही हिन्दुओं को पिटवाया। पुलिस की ताक़त उसकी पीठ पर थी, गाँव के मुसलमान उसके साथ थे। अब कोई उसका क्या बिगाड़ सकता था।...लेकिन ऐसा करते-करते वह ख़ुद बिगड़ गया। एक नम्बर का बदमाश, ज़ालिम और फ़िरक़ापरस्त बन गया। गाँव की बहू-बेटियों की इज़्ज़त ख़तरे में पड़ गयी। किसी का भी पानी उतारने से वह न हिचकता। हिन्दू उससे नफ़रत करने लगे। महाजन उसके दुश्मन बन गये। लेकिन इस वक़्त भी गाँव में एक फ़रिश्ता था, जो गाँव को बरबादी से बचाये हुए था, वे थे आपके दादा हुज़ूर असग़र अली। हिन्दुओं और महाजनों के साथ उनके ताल्लुक़ात बहुत अच्छे थे, वे उनकी ओर से हमेशा अब्दुलहक़ और सिराजुद्दीन से लड़ते रहते थे। वे कोई भी ज़ुल्म-ज़्यादती करते थे, तो सरे आम वे उनकी मुख़ालिफ़त करते थे। एक तरह से वे दोनों क़ौमों को टकराने से बचाये हुए थे। उनमें ख़ुदपरस्ती नाम को भी न थी, इसलिए दोनों क़ौमें उनकी इज़्ज़त करती थीं और उनकी बात मानती थीं। अब्दुलहक़ और सिराजुद्दीन उन्हें कोसते रहते थे, लेकिन खुलकर उनकी मुख़ाफ़ियत करने की हिम्मत उनमें न थी। आपके दादा हुज़ूर ही अपना पूरा घर सम्हालते थे, उन्हीं के हाथ में ख़ानदान की बाग़डोर थी और सिराजुद्दीन बड़े भाई से दबते थे। सिराजुद्दीन साल में एक-दो बार ही गाँव में आते थे, एक-दो हफ़्ते रहते थे और हुड़दंग मचाकर चले जाते थे। अकेले अब्दुलहक़ पर आपके दादा हुज़ूर बहुत भारी पड़ते थे, क्योंकि अब्दुलहक़ भले ही नम्बरदार बन गया था और मुसलमान लोग उसे नवाब कहके पुकारते थे, लेकिन उसके पास दौलत अभी नहीं थी। दौलत आपके दादा हुज़ूर के पास थी, वे मुसलमानों में महाजन थे। महाजनों की तरह वे देशी चीनी के पाँच-पाँच कारख़ाने चलाते थे। सिराजुद्दीन पिंडारा से रुपया भेजते थे और आपके दादा हुज़ूर उसे अपने रोज़गार में लगाते थे। हमरोज़गार होने की वज़ह से उनका और महाजनों का बराबर का साथ था। अब्दुलहक़ इसीलिए उनकी मुख़ालिफ़त से डरता था। वह जानता था कि उनसे मुख़ालिफ़त की नहीं कि सारे महाजन उनके साथ मिल जायेंगे और अपनी दौलत की ताक़त से उसे पीस डालेंगे। सो, वह छोटी क़ौमों के किसानों और मज़दूरों को ही सताकर सब्र कर लेता था।

—जैसा मैंने आपको बताया, सिराजुद्दीन बड़े दिमाग़वाले आदमी थे, उनकी नज़र बहुत दूर तक देखती थी। सात साल बाद जब वे पिंडारा नवाब के यहाँ से रुख़सत होकर कई गाड़ियों पर माल-असबाब और थैलियों मोहरें और एक तवायफ़ लेकर गाँव वापस आये, तो उनकी नज़र सीधे गाँव की ज़मींदारी पर पड़ी। अब्दुलहक़ एक नम्बर का ऐयाश और शराबी हो गया था, उसे हमेशा रुपयों की कमी पड़ी रहती थी। ग़रीब आदमियों से जो वह ऐंठ पाता था, वह उसकी ऐयाशी और शराब के लिए

कैसे पूरी पड़ती! सो, वह सिराजुद्दीन से क़र्ज लेने को मजबूर हुआ। सिराजुद्दीन खुले हाथों सरख़त पर उसे क़र्ज़ देने लगे। और जब यह रक़म हज़ारों तक पहुँच गयी, तो एक दिन उन्होंने अब्दुलहक़ को मज़बूर किया कि तहसील पर चलकर गाँव उनके नाम रजिस्टरी करा दे, वर्ना वे क़ानून की मदद लेंगे और ख़ामख़ाह के लिए उसकी छीछालेदर होगी, गाँव में डुगडुगी पिट जायगी। अब्दुलहक़ ने यह क़र्जा सबसे छुपाकर लिया था, यहाँ तक कि अपने भाई तक कोई हवा न लगने दी थी। अब क्या करता, भाई से भी कैसे कहता और कहकर भी क्या करता, इतना बड़ा क़र्ज़ा चुकाना उसके भाई के बस की बात न थी। चुनाँचे उसने सिराजुद्दीन के पैर पकड़ लिये और गिड़गिड़ाकर कहा कि गाँव का अपना हिस्सा मैं आपके नाम रजिस्टरी करा देता हूँ, लेकिन कुछ खेत आप हमारे बच्चों के लिए बख़्श कर दें! आप जानते हैं, यह ख़बर जब भाई को लगेगी, तो वह हमसे अपना रिश्ता क़ता कर लेगा और हम भूखों मर जायेंगे। सिराजुद्दीन ने यह बात मान ली।

—अब क्या था, सिराजुद्दीन का नंगा नाच गाँव में शुरू हो गया। पहले ही गाँव में उनका रोब-दाब कम न था, अब तो वे गाँव के मालिक ही थे, उनको रोकनेवाला कौन था। आपके दादा हुज़ूर ने मुख़ालिफ़त की, तो उन्होंने साफ़ कह दिया कि आप अपना रोज़गार सम्हालिए, ज़मींदारी से आपका कोई मतलब नहीं, इसमें किसी तरह की आपकी मुख़ालिफ़त मैं बर्दाश्त नहीं कर सकता। और अगर आप नहीं मानेंगे, तो मज़बूर होकर मुझे आपसे रिश्ता क़ता करना पड़ेगा।

—बेचारे आपके दादा हुज़ूर क्या करते। वे सिराजुद्दीन के ज़ुल्म देखते रहे और ख़ून के आँसू पीते रहे और सिराजुद्दीन से गिड़गिड़ाकर कहते रहे कि ऐसा न करो, ऐसा न करो! यह मत भूलो कि इन हिन्दुओं और महाजनों ने गाँव के लिए बड़ी-से-बड़ी क़ुर्बानियाँ दी हैं! ये महाजन न होते, तो आज यह गाँव भी क़ाज़ियों के हाथ में होता और तुम भी उनकी रियाया होते! लेकिन सिराजुद्दीन कुछ भी सुनने को तैयार नहीं थे। उन्होंने अब्दुलहक़ का लगाया लगान ही न बहाल रखा, बल्कि हर हिन्दू घर के पीछे आठ आने और हर कारख़ाने के पीछे दस रुपये साल परजई भी लगा दी, गुड़ की मण्डी से आये गुड़ पर फ़ी बोरा एक आना और गाँव के बाहर जानेवाली चीनी पर फ़ी बोरा एक रुपया टैक्स भी लगा दिया और बेगार लेना भी शुरू कर दिया। ये सब बातें उन्होंने ऐसी सख़्ती से लागू कीं कि गाँव त्राहि-त्राहि कर उठा।

—हिन्दू और महाजन आपके दादा हुज़ूर का मुँह ताकते थे और आपके दादा हुज़ूर मुँह छुपाते फिरते थे। आख़िर जब उनसे न सहा गया, तो एक दिन वह भी आया, जब उन्होंने सिराजुद्दीन से अलग होने का ऐलान कर दिया। महाजनों के इसरार का यह नतीजा था। उनका यह ख़याल था कि इस तरह सिराजुद्दीन की ज़मींदारी बँट जायगी, तो उसकी ताक़त आधी हो जायगी और कुछ तो राहत मिलेगी।

—लेकिन सिराजुद्दीन ने कह दिया कि, ख़ुशी से आप अलग हो जायँ। जो आपके पास है, आप रखें और जो मेरे पास है, मेरे पास रहेगा।

—इस पर आपके दादा हुज़ूर ने कहा कि, नहीं, ख़ानदान की सब मिल्कियत मुश्तर्क़ा है, आधा-आधा हम बाँटेंगे!

—लेकिन सिराजुद्दीन इससे इनकार कर गये। उन्होंने कहा कि आज जो कुछ है, सब उनका ख़ुद का पैदाकर्दा है, यह तो उनकी इनायत है कि वे भाई साहब को घर से नहीं निकाल देते!

—अब क्या था, आपके दादा हुज़ूर के आग लग गयी। गोकि उनका सुभाव बिलकुल महाजनों की तरह मीठा और नरम था, फिर भी वे इसे बरदाश्त न कर सके और उन्होंने सिराजुद्दीन को ज़िन्दगी में पहली बार फटकारकर कहा कि, मैं भी उन्हीं बाप का बेटा हूँ, जिनके तुम हो, अगर अपना हिस्सा मैंने तुमसे न लिया, तो मैं अपनी मूँछ मुड़वा दूँगा!

—और देबी भगत ने फिर मुझे बुला भेजा। मैं आपको यह बात बताना भूल गया कि अब्दुलहक़ ने गाँव के मेरे और नरायन भगत के नाम के हिस्सों को भी हड़प लिया था। लेकिन मैंने कोई कच्ची कौड़ी न खेली थी, पटवारी था, इसी दस्त की सय्याही में सारी उम्र कटी थी, गाँव के काग़ज़ों में मैं बराबर अपना और नरायन भगत का नाम लिखता आया था। अब एक साथ ही तीन इस्तग़ासे दाख़िल हुए। एक मेरा, एक देबी भगत का और एक आपके दादा हुज़ूर का। मुक़द्दमा शुरू हुआ और सात साल तक चलता रहा।

ज़िले से हम तीनों क़िते मुक़द्दमे जीत गये, तो सिराजुद्दीन हाईकोर्ट पहुँचे, लेकिन वहाँ भी उन्हें मुँह की खानी पड़ी।

—अब गाँव में पाँच मोहाल हो गये, छह आने ऐनुलहक़, तीन-तीन आने ग़ौसअली और सिराजुद्दीन, तीन आने नरायन भगत और एक आना रामजियावन लाल। एक तरह से देखा जाय, तो सिराजुद्दीन की कमर तोड़ दी गयी, ख़ुद उनके भाई मुख़ालिफ़ और बराबर के हिस्सेदार हो गये, महाजन भी ज़मींदार हो गये। लेकिन इससे भी सिराजुद्दीन का नशा हिरन नहीं हुआ। वे बौखला-बौखलाकर बकते रहे, ये बनिया-बक्काल (अपने भाई को भी वह बनिया ही कहने लगे) क्या खाकर ज़मींदारी चलायेंगे, काग़ज़ पर उनका नाम भले रहे, अमलदारी तो हमारी रहेगी, हुक्म तो हमारा चलेगा, डंका तो हमारा बजेगा!

—उनका यह कहना एक हद तक सही भी था। ख़ुद आपके दादा हुज़ूर और देबी भगत हमारे पास आये। आपके दादा हुज़ूर ने कहा, मुन्शीजी, आपने हमें ज़मींदार तो बना दिया, लेकिन हमसे ज़मींदारी चलेगी कैसे? हम तो इसका अलिफ़-बे भी नहीं जानते। सिराजुद्दीन घायल बाघ हो रहा है। उसने मुझे हिन्दुओं का तरफ़दार और काफ़िर कहकर मुसलमानों को अपनी ओर कर लिया है और फ़िरक़ापरस्ती का ज़हर

बो रहा है। वह हमारे सम्हाले नहीं सम्हलने का। आप इस पटवारीगीरी से इस्तीफ़ा दे दीजिये, और हमारे गाँव में चलकर हमारी ज़मींदारी सम्हालिये और सिराजुद्दीन का मुक़ाबिला कीजिये। हमें ज़मींदारी से कुछ नहीं लेना, हमारा रोज़गार ही बहुत है।

—मैंने उन्हें दिलासा देकर रुख़सत किया कि मैं उनकी बातों पर ग़ौर करूँगा और हो सका तो ज़रूर उनकी ख़िदमत करूँगा। मैंने ज़मींदारी के कुछ गुर भी उन्हें बताये, लेकिन उन्होंने हँसकर टाल दिये।

—और एक महीने के अन्दर ही एक बड़ी संगीन वारदात हो गयी।

—वह क्या?—मन्ने चौंककर बोल उठा। मुन्शीजी की शिक्षाप्रद, रोचक कहानी वह अब तक एक बच्चे की ही तरह जल्दी-से-जल्दी सुन लेना चाहता था। इसीलिए बहुत बार कुछ कहने का मन हुआ तो भी वह ख़ामोश ही बना रहा। लेकिन इस बार वह चौंके बिना न रह सका। इसका कारण यह था कि अपने दादा के बारे में एक वारदात की कहानी उसने बचपन में एक बार अम्माँ से सुनी थी और रोने लगा था। उसे सन्देह हुआ कि कहीं यह वही वारदात न हो।

—आप चौंके क्यों, हुज़ूर? क्या आपने उस वारदात के बारे में कुछ सुना है?...यह वही वारदात है, जिसने यहाँ के हिन्दू-मुसलमानों को हमेशा के लिए एक-दूसरे का जानलेवा दुश्मन बना दिया! यह वही वारदात है, जिसने गाँव में वह ज़हर का बीज बोया था, जो आज पेड़ बन गया है और जिसके ज़हरीले साये में इस गाँव के हिन्दू-मुसलमान बच्चे पलकर बड़े हुए हैं और एक-दूसरे का गला टीपने के लिए हमेशा तैयार बैठे रहते हैं! यह वही वारदात है, जिसने गाँव को तबाह कर दिया, जिसने आगे चलकर गाँव के एक हिस्से पर दूसरे गाँवों के ज़मींदारों को लाकर बैठाया! और सबके ऊपर यही वारदात है, जिसने इस गाँव के एक फ़रिश्ते को निगल लिया!—कहते-कहते मुन्शीजी का गला भर आया। वे बोलते गये—इस गाँव की कहानी का यही सबसे दर्दनाक हिस्सा है! लेकिन कमबख़्त इस गाँव के हिन्दू और मुसलमानों के दिलों में कहानी का यह दर्दनाक अन्त दर्द नहीं, सिर्फ़ ग़ुस्सा, नफ़रत, दुश्मनी और बदले का जज़्बा पैदा करता है, उनके ख़ून में जहर घोलता है!...लेकिन कोई मेरे दिल से पूछे! कोई मेरी ज़बान से सुने!...सुनिये, सुनिये, हुज़ूर! आपने इसे ज़रूर सुना होगा, इस गाँव का कोई हिन्दू-मुसलमान बच्चा नहीं, जिसकी घुट्टी में यह कहानी न पिलायी जाती हो! फिर भी एक बार आप मेरे मुँह से सुनिये! यहाँ के हिन्दू इसे और तरह से सुनाते हैं, मुसलमान इसे और तरह से सुनाते हैं। लेकिन मैं इसे आपको ऐसे सुनाऊँगा, जैसे एक इन्सान को सुनाना चाहिए, एक-एक हरफ़ सही सही, इसलिए कि मुझे इस गाँव से मुहब्बत है, जिसके पुरखे बहादुर थे, आज़ादी-पसन्द थे और अपनी आज़ादी के लिए अपना सब-कुछ क़ुर्बान कर देनेवाले थे, जो मेल-मुहब्बत और एके की क़ीमत जानते थे, जो न हिन्दू थे, न मुसलमान थे, सिर्फ़ इन्सान थे और जो हिन्दू होकर अपने शहीदों को दफ़नाना जानते थे और मुसलमान

होकर अपने शहीदों को चिता को सौंपना जानते थे; जो हिन्दू होकर मुसलमानों की ईद मनाते थे और मुसलमान होकर हिन्दुओं की होली मनाते थे, जो हिन्दू होकर मुसलमानों के मज़ार बनवाते थे और मुसलमान होकर हिन्दुओं की मठिया बनवाते थे।...आज भी इस गाँव में उन कारनामों के कुछ निशान बाक़ी हैं। आज भी शहीदों के मज़ार हैं, लेकिन उन पर फ़ातिहा पढ़ने अब सिर्फ़ मुसलमान जाते हैं, उनका कहना है कि यहाँ सभी-के-सभी मुसलमान शहीद दफ़नाये गये थे। आज भी साल में एक बार परती पर चिता जलायी जाती है, लेकिन अब वहाँ सिर्फ़ हिन्दू जाते हैं, उनका कहना है कि यहाँ सिर्फ़ हिन्दू शहीद जलाये गये थे। आज मठिया पर कोई मुसलमान सीधा या अँचला नहीं भेजता, आज मज़ार पर किसी फ़क़ीर को कोई हिन्दू खाना नहीं देता। आज होली पर भूले से कोई हिन्दू किसी मुसलमान पर रंग डाल दे, तो बलवा हो जाय; ईद पर आज भले कोई मुसलमान हिन्दू के गले मिले, तो कौन जाने वह छुरा कलेजे में घुसेड़ दे।...हाय-हाय! यह गाँव क्या था और क्या हो गया! रोना आता है, हुज़ूर, सिर्फ़ रोना आता है! आज सिर्फ़ वाहिद मैं इस गाँव की तवारीख़ का गवाह हूँ। जी में आता है, कहीं मेरा कोई हमउम्र मिलता, तो उससे गले मिलकर इस गाँव का नाम ले-लेकर मैं वैसे ही रोता, जैसे दो बेटे माँ के मरने पर रोते हैं!—मुन्शीजी ने कुर्ते के दामन से अपनी आँखें ढाँप लीं और ख़ामोश हो गये।

मन्ने का रोम-रोम गद्‌गद हो रहा था...अगले जमाने के हैं ये लोग...क्या दिल पाया था उन लोगों ने!

मुन्शीजी ने एक गिलास पानी माँगा। खोया-खोया मन्ने उठा और आँगन से गिलास में डालकर पानी लाया और मुन्शीजी उसके हाथ से लेकर ग़ट-ग़ट पी गये। मन कुछ शान्त हुआ तो उन्होंने एक बार गिलास की ओर देखा और एक बार मन्ने की ओर!

मन्ने को जैसे होश आया, यह उसने क्या किया? उसने घबराकर मुन्शीजी की ओर देखा, लेकिन मुन्शीजी हो-हो कर हँस पड़े और बेअख़्तियार बोल उठे—बरख़ुरदार!

इश्क़ में हर शे उलटी नज़र आती है
लैला नज़र आता है मजनूँ नज़र आती है

कोई बात नहीं, बरख़ुरदार, कोई बात नहीं! बच्चों और बूढ़ों का कोई मज़हब नहीं होता! इन्सान का कोई मज़हब नहीं होता! और सच पूछो तो बच्चे और बूढ़े ही बेहतरीन इन्सान होते हैं! हो-हो! हो-हो! जो कभी तुम्हारे दादा ने नहीं किया, जो कभी तुम्हारे अब्बा ने नहीं किया, वह तुमने कर दिखाया! हो-हो! हो-हो! तुम कितने प्यारे बच्चे हो! तुम बिलकुल अपने दादा मरहूम पर पड़े हो! वह भी ऐसे ही भोले थे, ऐसे ही प्यारे थे! उन्हें मैं कभी भी नहीं भूल सकता!...ग़ुलाम हैदर, नरायन भगत, मनबसिया, लुत्फ़ेहक़, देबी भगत वग़ैरा से कहीं बड़ी जगह उन्होंने मेरे दिल में घेर

रखा है!...सुनो! मैं कहानी पूरी कर दूँ। कहानी का यह अन्त मेरे लिये वैसे ही है, जैसे पुरोहित के लिए सतनरायन की कथा के बाद आरती...

ज़रा ख़ामोश रहकर, जैसे याद करके वे बोले—आपके दादा हुज़ूर को गाँव में हिस्सा तो मिल गया, लेकिन ख़ानदान की और किसी चीज़ में उन्हें कोई हिस्सा नहीं मिला। सिराजुद्दीन सब हड़प गये और आपके दादा हुज़ूर ने सब्र कर लिया। हमने हक़ के लिए उनसे लड़ने को कहा, तो वे बोले, जाने दीजिये, क्या करना है सब लेकर? एक ही तो मेरा लड़का है, उसके ग़ुजारे के लिए मेरे पास बहुत है। क़ायदे से रहेगा, तो उसे कोई तकलीफ़ नहीं होगी।...बैठका छिन गया था, इसलिए उन्होंने यह मामूली-सा खण्ड बनवाया। यहीं बैठकर उनके काग़ज़ात मैंने मुरत्तब करवाये थे। वे बार-बार यही कहते थे, मुंशीजी, यह-सब हमसे नहीं होने का!

—उधर सिराजुद्दीन ने मुसलमान जवानों का एक दल बनाया और अब्दुलहक़ को उसका सरदार बना दिया। हर ओर से अपना मोरचा मज़बूत करके उन्होंने अपना खेल शुरू किया।...अब्दुलहक़ अपने पाँच जवानों को लेकर गुड़ की मण्डी में टैक्स वसूलने गया। ब्यौपारियों ने इनकार किया, तो उसने एक ब्यौपारी को थप्पड़ लगा दिया। फिर क्या था, हो-हल्ला शुरू हो गया। सारा गाँव इकट्ठा हो गया। उधर से सिराजुद्दीन पहुँचे, इधर से आपके दादा हुज़ूर के साथ मैं पहुँचा। सभी महाजन भी वहाँ आ गये थे। सिराजुद्दीन की बौखलाहट उस वक़्त देखने बनती थी। वे चिल्ला रहे थे, यह मण्डी हमारी जगह में है! हम बिना टैक्स वसूल किये नहीं रहेंगे!

—मैंने उनके सामने जाकर कहा, यह तो काग़ज़ देखने से मालूम होगा कि मण्डी किसकी ज़मीन में है। मेरा ख़याल है कि यह मुश्तर्क़ा ज़मीन है और इसपर हम पाँचों का हक़ है। आप हमारे साथ चलिये हम, आपको समझाते हैं।...

—लेकिन वे कुछ सुनने के लिए तैयार नहीं थे। वे चिल्ला रहे थे, हमें टैक्स न मिला, तो हम मण्डी लुटवा देंगे!

—अब तक ख़ामोश खड़े आपके दादा हुज़ूर मारे ग़ुस्से के काँपने लगे। बोले, सिराजुद्दीन! यह न भूलना कि जिस माँ का दूध तुमने पिया है, उसी का मैंने भी! पागल होकर जो ज़बान पर आये, तू मत बक! जिस दिन यह मण्डी लूटी जायगी, उस दिन इस गाँव में या तो तू रहेगा या मैं!

—देबी भगत ने उनका बाज़ू थामकर कहा, भाई साहब, ख़ामख़ाह के लिए आप अपना दिमाग़ ख़राब मत कीजिये। सिराजुद्दीन मियाँ से निबटने की ताक़त हममें है। वे ज़रा आज़माकर तो देखें! इन्हें अपने अस्सी घर मुसलमानों की ताक़त का ज़ोम है तो हमारे छह सौ घर हैं! हम नहीं चाहते कि इस तरह की फ़िराक़वराना ख़ानाजंगी इस गाँव में शुरू हो, लेकिन सिराजुद्दीन मियाँ अगर इसी के लिए उधार खाये बैठे हैं, तो हमें भी मज़बूर होकर...

—नहीं-नहीं, देबी! तुम भी इसकी तरह पागल मत बनो! जब तक मैं ज़िन्दा हूँ, गाँव में यह नहीं होने दूँगा! और कहीं अगर तुम लोग पागल हो ही गये, तो तुम दोनों के बीच मेरी लाश होगी!...सिराजुद्दीन! कुछ तो इस गाँव के माज़ी का ख़याल कर! कुछ तो अपने पुरखों के नाम पर शर्म कर! क्यों तू गाँव को बरबाद करने पर तुला हुआ है? ख़ुदा ने तुझे क्या नहीं दिया है, जिसके लिए तू इन्हें परेशान कर रहा है? हुकूमत का नशा बहुत बुरा होता है, सिराज! इससे महकूम ही बरबाद नहीं होते, एक दिन हुक्मराँ भी बरबाद होकर रहता है। जा, तू घर जा!

—लाल-लाल आँखें दिखाते, जाते हुए सिराजुद्दीन ने कहा, आज हम चले जाते हैं, लेकिन यह कहे जाते हैं कि टैक्स लिये बिना हम नहीं रहेंगे।

—और एक दिन सिराजुद्दीन अपनी कर ही गुज़रे!..सुबह हो रही थी, क़िरन अभी नहीं फूटी थी। बीस ब्यौपारियों का कारवाँ अपने बैलों पर गुड़ के बोरे लादे पच्छिम ओर से पोखरे के पास से गाँव में दाख़िल हो रहा था कि अचानक पोखरे के भींटे के पीछे से मुसलमान जवानों का गिरोह नमूदार हुआ और ब्यौपारियों पर टूटकर ताबड़-तोड़ लाठियाँ बरसाने लगा।...गाँव में जब हल्ला हुआ और लोग वहाँ पहुँचे, तो सभी ब्यौपारी गिरे हुए थे। किसी की खोपड़ी खुल गयी थी, किसी के हाथ टूट गये थे, किसी की टाँगें टूट गयीं थीं..ख़ून की धाराएँ बह रही थीं...गुड़ के बोरे ग़ायब थे। इधर-उधर खड़े बैल चिहा-चिहाकर, आँखें फाड़-फाड़कर देख रहे थे।

—लोगों के ग़ुस्से का ठिकाना न रहा।

—मुसलमान के नाम पर सिर्फ़ आपके दादा हुज़ूर वहाँ एक ओर गर्दन झुकाये हुए खड़े थे। देबी भगत ने उन्हें देखा, तो उनके पास जाकर बोले, देख रहे हैं, भाई साहब, देख रहे हैं?

—आपके दादा हुज़ूर ने झुकी हुई गर्दन हिलाकर, बझे हुए गले से कहा, नहीं देबी, मुझे कुछ दिखायी नहीं देता, मौत की तारीकी के सिवा मुझे कुछ भी दिखायी नहीं देता। मैं कुछ न कर सका, कुछ न कर सका। मैं तुम लोगों को मुँह दिखाने लायक़ नहीं रहा।...और झर-झर उनकी आँखों से आँसू बहने लगे और आँसू चुलाते ही वे गाँव की ओर चल पड़े। देबी भगत उनकी ओर देखते रहे, वे उनसे यह भी न पूछ सके कि अब वे लोग क्या करें?

—मेरे यहाँ ख़बर आयी, तो मेरा दिल दहल गया। भागा इस खण्ड में पहुँचा, तो आपके दादा हुज़ूर यहाँ नहीं थे, देबी भगत के साथ कई महाजन बैठे हुए थे। उन्होंने बताया कि वे भाई साहब का इन्तज़ार बड़ी देर से कर रहे हैं। उनके ज़नाने में उन्होंने कई बार ख़बर भिजवायी है, लेकिन वे अभी तक नहीं आये, न कोई ख़बर ही उन्होंने भेजवायी है।...अब आप बुलाइये उन्हें, मुन्शीजी!

—मैंने भी अपने नाम से रुक्क़ा भेजवाया, लेकिन कोई नतीजा नहीं हुआ। न आये, न कोई ख़बर ही भेजवायी।

—उनके सदमे की बात हम समझते थे, लेकिन हमारे बुलाने पर वे न आयें, यह बात हमारी समझ में नहीं आती थी। देबीभगत बार-बार उनकी बात दुहराते थे कि वे गाँव को मुँह दिखाने-लायक़ नहीं रहे...और हम लोगों का माथा बार-बार ठनकता था कि कहीं सच ही तो उन्होंने मुँह छुपाने की नहीं ठान ली है?....लेकिन ऐसा वे कैसे कर सकते हैं? क्या वे जानते नहीं कि उनकी हमें इस वक़्त ज़रूरत है, बिना उनसे मशविरा लिये कैसे कुछ किया जा सकता है और बिना कुछ किये रहा भी कैसे जा सकता है?

—आख़िर बहुत सोच-विचार के बाद हमने तय किया कि उनके ज़नाने ही चलकर उनसे मिला जाय। हम बीस-पच्चीस आदमी चल पड़े। गलियों में जो भी हिन्दू मिले, हम लोगों के साथ हो लिये और इस तरह उनके दरवाज़े पर पहुँचते-पहुँचते एक ख़ासी भीड़ जमा हो गयी।

—अपने बैठके से निकलकर सिराज़ुद्दीन ने भीड़ देखी, तो बौखलाकर बोला, आप लोग यहाँ क्या करने आये हैं?

—मैंने कहा, हम लोग भाई साहब से मिलने आये हैं। ज़रा उन्हें आप ख़बर करा दें।

—मैं आप लोगों का कोई नौकर नहीं, जो ख़बर करवाता फिरूँ! सिराजुद्दीन बिगड़कर बोले, यह उनके मिलने की जगह नहीं, हमारा मुश्तर्क़ा ज़नाना है, आप लोगों को नहीं मालूम ?

—मालूम है, मैंने कहा, लेकिन हमें उनसे मिलना है!

—मिलना है तो उनके खण्ड में जाइये, यहाँ आप लोग क्यों आये?

—खण्ड में वे नहीं मिले, इसीलिए यहाँ आये हैं!

—यहाँ भी वे नहीं मिलेंगे। आप लोगों को मालूम नहीं कि उन्होंने घर से बाहर न निकलने का क़स्द किया है?

—नहीं, हम लोगों को कुछ नहीं मालूम ।

—तो मुझसे सुन लीजिये कि अब वे घर से बाहर नहीं निकलेंगे। अब आप लोग फ़ौरन यहाँ से चले जाइये!

—नहीं, हम उनसे मिले बिना नहीं जायेंगे! वे अगर बाहर आकर हमसे नहीं मिल सकते, तो हम ख़ुद अन्दर जाकर उनसे मिलेंगे!

—सिराजुद्दीन गरजकर बोले, आप लोग ऐसा नहीं कर सकते! किसी ने दरवाज़े पर पाँव बढ़ाया, तो मैं उसे बन्दूक से उड़ा दूँगा!

—मुझे भी ताव आ गया। बोला, बन्दूक से उड़ानेवालों को अभी हमें देखना है, सिराजुद्दीन मियाँ! आपने ब्यौपारियों को नहीं पिटवा दिया, गुड़ के बोरों को नहीं लुटवा लिया, आप समझते हैं कि जो भी चाहे आप कर सकते हैं? आप लाइये बन्दूक़, मैं अन्दर जाता हूँ!

—देबी भगत ने कहा, मैं भी चलूँगा!

—लेकिन मैंने उन्हें रोक दिया। तभी घर का दरवाज़ा खुला और परेशानहाल छोटे मियाँ, आपके अब्बा हुज़ूर बाहर आये और मेरा हाथ पकड़कर कहा, चलिये, मुन्शीजी, अब्बाजान को आप समझाइये!

—सिराजुद्दीन अपने बैठने के दरवाज़े पर खड़े-खड़े होंठ चबा रहे थे और मैं छोटे मियाँ के साथ अन्दर घुस गया।...

—क्या देखता हूँ कि आपके दादा हुज़ूर एक कमरे में पलँग पर औंधा मुँह तकिये में गड़ाये पड़े हैं और सिसक रहे हैं। मैंने सलाम किया, तो उन्होने उसी तरह मुँह किये कहा, मुन्शीजी, आपको मुँह दिखाने-लायक़ मैं नहीं रहा! सिराजुद्दीन ने मेरे मुँह पर वह कालिख पोती है कि मैं किसी को मुँह दिखाने-लायक़ नहीं रहा! अब मेरी लाश ही इस घर से बाहर निकलेगी और मेरी तो ख़ुदा से यही इल्तिजा है कि वह कुछ ऐसा करे कि कोई मेरी लाश भी न देखने पाये!

—भाई साहब!...

—नहीं, मुन्शीजी, वे गिड़गिड़ाकर बोले, आप मुझसे कुछ भी न कहें! जो मैंने आपसे कहा है, वह मेरी रूह की आवाज़ है, वह मेरी आख़िरी बात है!...

—लेकिन बाहर देबी भगत खड़े हैं, मैंने भाई साहब को जबरन रोककर कहा, सभी महाजन खड़े हैं, सैकड़ों हिन्दू खड़े हैं। सब आपसे मिलना चाहते हैं, आपसे मशविरा करना चाहते हैं कि इस मामले में क्या किया जाय?

—मैं कुछ नहीं कह सका, मुन्शीजी, तड़पकर वे बोले, मैं किसी को भी कोई मशविरा देने लायक़ नहीं रहा! आप उनसे कह दीजिये कि वे समझ लें कि ग़ौसअली मर गया। मर गया, मुन्शीजी, ग़ौसअली मर गया! वर्ना वह ज़िन्दा रहता, तो यह होता, जो आज हुआ है? और वे बिलख-बिलखकर रोने लगे।

मैंने उन्हें ढाढ़स बँधाने के लिए कुछ कहा, तो वे रोते हुए ही बोले, मुन्शीजी, आपने बड़ी मेहरबानियाँ की हैं मेरे साथ, आज आपकी बात मानने से मैं इनकार कर रहा हूँ, इसे माफ़ कर दीजियेगा! मेरा एक लड़का है, उसे मैं आपके सुपुर्द करता हूँ, अगर यह एक इन्सान बना, तो मेरी रूह को ख़ुशी होगी!..अब आप जाइये, मुन्शीजी, आपके सामने मेरी रूह और भी बेचैन हो रही है! देबी भगत को, सबको मेरा सलाम कह दीजियेगा! सलाम!

—मैं कमरे से बाहर निकला, तो पर्दे के पीछे से आपकी दादी हुज़ूर की रोनी आवाज़ आयी, मुन्शीजी, आप उन्हें समझाइये! हम तो बरबाद हो जायेंगे!

—मैं क्या कहता ? फिर भी उन्हें तसल्ली देना तो ज़रूरी था। कहा, आप सब्र से काम लीजिये। अभी तो उन्हें समझाना नामुमकिन है, लेकिन घाव खोठियाने पर शायद वे आप ही सम्हल जायँ।...

—वापस लौटकर देबी भगत को जब मैंने सब बतलाया, तो वे आँखों में आँसू भरकर बोले, मुन्शीजी, सिराजुद्दीन मियाँ ने यह हमें दूसरी चोट दी है! पहली चोट तो हम सह लेते, लेकिन यह चोट...

—हिन्दू बिगड़े हुए थे। देबी भगत के दरवाज़े पर सब जमा थे। नेहता के अहीर और हरदिया के छत्री भी पहुँचे हुए थे। हम वहाँ पहुँचे, तो मालूम हुआ कि बस वे देबी भगत के हुक्म का इन्तज़ार कर रहे हैं, सिराजुद्दीन मियाँ को खड़े-खड़े लूट लेने को तैयार बैठे हैं।

—लेकिन देबी भगत ने बड़ी संजीदगी से उन्हें समझाकर कहा कि नहीं, ऐसा करके हम भाई साहब के मुँह पर एक परत ओर कालिख नहीं पोतेंगे। सिराजुद्दीन मियाँ और उनके साथियों को हम क़ानून के सुपुर्द करेंगे!

—और एक बार फिर हम इस्तग़ासा दाख़िल करने जिले पर पहुँचे। सिराजुद्दीन और अब्दुलहक़ के साथ पचास और मुसलमान नौजवानों पर डाका डालने का मुक़द्दमा चलाया गया।...

—सिराजुद्दीन और अब्दुहलक़ के साथ बाईस लोगों को सज़ा हुई, सात महीने से लेकर छह साल तक क़ैद की। फ़ैसला सुनकर देबी भगत के साथ मैं गाँव वापस आया तो मालूम हुआ कि दो दिन पहले ही आपके दादा हुज़ूर की वफ़ात हो गयी थी।...आप समझ सकते हैं कि हमें कितना रंज हुआ! हम उनकी मिट्टी में भी शामिल न हो सके। देबी भगत को ऐसा धक्का लगा कि वे रास्ते में ही बैठ गये और मेरी ओर पागल की तरह आँखें फाड़कर देखने लगे। मैंने उन्हें हाथ से पकड़कर उठाया, तो लड़खड़ाती आवाज़ में बस वे इतना बोले सके, मुन्शीजी, भाई साहब, अपना क़ौल पूरा कर गये! अपना आख़िरी दीदार भी हमें नसीब नहीं होने दिया!...और वे एक बच्चे की तरह फूट-फूटकर रो पड़े।

कहकर मुन्शीजी लेट गये। उनके चेहरे पर उस वक़्त झुर्रिया-ही-झुर्रियाँ दिखायी पड़ रही थीं!..कमरे की हवा इतनी भारी हो गयी थी कि मन्ने का दम घुट रहा था। उसे लग रहा था कि जैसे किसी ने बहुत भारी बोझ उसके सिर पर रख दिया हो।

थोड़ी देर बाद मुन्शीजी आँखें मूँद ही, साँस की आवाज़ में बोले—यह था आपका गाँव और ये थे आपके दादा हुज़ूर! अब यह गाँव है और आप हैं!—फिर काँखते हुए-से उठे और हाथ में नक़्शा लेते हुए बोले—चलिये, अब बिस्मिल्लाह किया जाय।

तीसरा भाग

बारह बरस के बाद घूरे का भी भाग्य पलटता है। यही कहावत सती मैया के चौरे के विषय में चरितार्थ हुई।

गाँव के पच्छिम ओर, आबादी के क़रीब दस बीघे खेत पार कर और उत्तर ओर आबादी से एक दस कट्ठे का खेत छोड़कर यह चौरा है। इसके पच्छिम ओर एक छोटे-से मैदान में गाँव का छोटा-सा बाज़ार हफ़्ते में दो दिन मंगलवार और शुक्रवार को लगता है। इसके उत्तर ओर एक गड़हा है, जो बरसात में भरकर अपना पानी बाज़ार के मैदान में और गाँव से आनेवाले उत्तर के रास्ते पर फैला देता है। ततब लोग घुटने-भर पानी हेलकर गाव से इधर आते हैं और बाज़ार पच्छिम ओर हटकर पास ही के प्राइमरी स्कूल की बग़ल में लगने लगता है। कातिक-अगहन में इस गड़हे के पानी से आस-पास के कुछ खेतों की सिंचाई होती है और जाड़े में ही यह गड़हा सूख जाता है। गाव से एक और पगडण्डी उत्तर के रास्ते के ठीक समानान्तर चौरे के दक्खिन से आकर बाज़ार के मैदान में मिल जाती है। बाज़ार के दक्खिन और पूरब के कोने पर एक बड़ी-सी मसजिद है, जिसे सिराजुद्दीन मियाँ ने बनवाया था। इस मस्जिद और चौरे के बीच एक बरगद का झंगार पेड़ है, जिसके साये में जाड़ों में ईख पेरने का कोल्हू और ईख का रस पकाकर गुड़ बनाने के लिए बड़ा-सा चूल्हा गड़ता है और गर्मियों में एक छोटा-सा खलिहान बसता है और बारहों महीने आस-पास के किसानों के ढोर बँधते हैं।

दो साल पहले तक इस स्थान का यही नक़्शा था। मसजिद में शायद ही कभी कोई नमाज़ पढ़ता दिखायी देता। गाँव में ही जब दो मसजिदें थीं तो यहाँ गाँव से बाहर कोई नमाज़ पढ़ने क्यों आये? रात में ईद-बक़रीद के सिवा कभी चिराग़ भी नहीं जलता। इसकी हालत भी अच्छी नहीं थी। दीवारें चारों ओर नीचे से खदर गयी थीं, लाहौरी ईंटों से लाल-लाल चूरा इस तरह झरता रहता था, जैसे मसजिद ख़ून के आँसू रोती हो और अपने बनानेवाले को याद करती हो, जिसने उसे इसलिए बनाया था कि बाहर से कोई आनेवाला गाँव में दाखिल हो, तो उसकी नज़र इस पर पड़े और वह समझे कि यह गाँव मुसलमानों की ही अमलदारी है, और ज़रा आगे बढ़कर जब उसकी नज़र सती मैया के नाचीज़ से चौरे पर पड़े तो वह समझे कि इस गाँव में हिन्दू भी हैं, लेकिन उनकी हालत वही है, जो शानदार मसजिद के सामने इस अदना चौरे की है।

यह चौरा अदना ही तो था। सात फ़ुट लम्बा, सात फ़ुट चौड़ा और पाँच फ़ुट ऊँचा एक चबूतरा और उस पर आठ फ़ुट ऊँची, तीन ओर से ढँकी हुई एक मेहराब। पूरब ओर द्वार की तरह खुला है, जिससे चबूतरे के बीच में सती मैया के प्रतीक-स्वरूप एक काला पिण्ड दिखायी देता है! बस! किस ज़माने में गाँव के किस कुल की वधू यहाँ सती हुई थी और किसने यहाँ यह चौरा बनाया था, आज गाँव के किसी भी आदमी को नहीं मालूम। जाने कितनी वर्षा, धूप और ठण्ड खाकर यह चौरा काला हो गया था। बरसात में इस पर काई जम जाती और छोटी-छोटी घासें उग आतीं और इस पर से काला-काला पानी बहा करता। गर्मी में इस पर से काले-काले पपड़े उभरकर झरते और इसके पास से गुज़रने पर एक ऐसी गन्ध आती, जैसे लकड़ी की राख सड़-गलकर धूप पड़ने पर बफारा छोड़ती हो।

पगडण्डी से गुज़रनेवाले लोगों की दृष्टि भी इस परित्यक्त चौरे पर कभी नहीं पड़ती। लेकिन बलिहारी है औरतों की कि जिनके कारण लगन के दिनों में कभी-कभी यहाँ भी रौनक़ हो जाती। सच कहा जाय, तो पुराने कर्म-काण्ड, रीति-रिवाज़, संस्कार-परम्परा औरतों के दम से ही क़ायम हैं। इनका अपना अलग स्कूल है, जहाँ बचपन में ही माँएँ और दादियाँ इनकी घुट्टी में यह सब डाल देती हैं और इन्हें इस तरह दीक्षित कर देती हैं कि जीवन-भर ये उन्हीं लीकों पर चलती रहती हैं, ज़रा भी टस-से-मस नहीं होतीं, जैसे ज़रा भी इधर-उधर हुईं नहीं कि प्रलय आ जायेगा, जैसे इन्हीं के धर्माचरण पर तो यह पृथ्वी टिकी है और उसमें कहीं भी व्यवधान हुआ तो सर्वनाश! मर्द इन मामलों में दख़ल नहीं देते, दख़ल वे बर्दाश्त ही नहीं कर सकतीं। और औरतें अपने दम पर उस-सबको ज़िन्दा रखे हुए हैं, बाबा आदम के ज़माने से अब तक, भले ही उनके उन कर्म-काण्डों का जीवन में कोई उपयोग न हो, उनसे कुछ बनता-बिगड़ता न हो। वह-सब वैसे ही चलता रहता है, जैसे सुबह होने पर सूरज उगता है, जैसे उसमें कोई परिवर्तन होने ही वाला नहीं।

मन्ने को याद है। बचपन में तड़-तड़ा-तड़, तड़-तड़ा-तड़ ताशे की आवाज़ सुनकर वह सती मैया के चौरे की ओर भागता था। आगे-आगे ताशा बजाता चमार और उसके पीछे सिर पर साफ़ा बाँधे, आँखों में मोटा काजल लगाये, गले में सोने का मोटा गोप और कई लड़ियों की सिंकड़ी, कानों में कुण्डल, शरीर पर जामा और पीली धोती पहने एक हाथ में कजरौटा और दूसरे में काला छाता लिये, कलाइयों में कंगन और अँगुलियों में कई-कई अँगूठियाँ चमकाते और महावर लगे पाँवों में सलीमशाही या लुधियाने के लाल-लाल जूते डाँटे हुए दूल्हा और उसके पीछे पीली साड़ी और हरी गोटवाली साटन की लाल चादर ओढ़े हुए हुलस-हुलसकर दौड़ती हुई-सी उसकी माँ और उससे ज़रा दूरी पर औरतों का गिरोह, धराऊँ, रंग-बिरंगे कपड़ों में लदर-फदर चलता हुआ और गाता हुआ :

धीरे चलऽऽ हम हाऽरी ए रघुबर..

सती मैया के चौरे पर पहुँचकर चमार एक ओर खड़ा हो और भी ज़ोर-ज़ोर से ताशा पीटने लगता। दूल्हा, उसकी माँ और सिर पर पूजा का सामान और मौर दौरी में लिये नाउन चौरे के द्वार पर खड़े हो जाते। औरतों का गिरोह पास ही पाँवों पर बैठ जाता। चारों ओर लड़के-लड़कियों की भीड़ जमा हो जाती और पगडण्डी पर या बरगद के पेड़ के नीचे बड़े लोग ठिठकर तमाशा देखने लगते।

नाउन दौरी सिर से उतारकर चबूतरे पर रख देती। माँ उसमें से पानी-भर-लोटा निकालकर सती मैया को स्नान कराती। फिर पूजा की थाली निकालकर, उसमें से बारी-बारी दूध, हल्दी और अक्षत लेकर सती मैया पर चढ़ाती। फिर सिन्होरा निकालकर सात बार सती मैया पर सिन्दूर का अँगुली के बराबर-बराबर टीका करती। और तब अपने दूल्हे बेटे का सिर दोनों हाथों से पकड़कर चबूतरे पर टिका देती और स्वयं दोनों हाथों में अपना आँचल ले, सात बार चौरे को छूकर माथे से लगाती और कहती—हे सती मैया, मेरे बेटे की जोड़ी सलामत रखना!

और फिर वह औरतों का गिरोह गाते-बजाते पोखरे की ओर कक्कन छुड़ाने और मौर सिराने चला जाता।

बस, यही एक रौनक़ थी, जो गाँव के हिन्दू दूल्हे या दुल्हन को लेकर सती मैया के चौरे के पास लगन के दिनों में हो जाती।..फिर यह भी देखा गया कि बिना दूल्हे के भी औरतों का गिरोह सती मैया की पूजा करने चला जा रहा है। पूछने पर मालूम होता कि दूल्हा शर्म के मारे नहीं आया, माँ उसके बदले उसका साफ़ा ही लिये पूजा करने जा रही है। जो हो, औरतें पूजा करने से बाज़ नहीं आतीं, लड़के पढ़-लिखकर भले ही उनके साथ पूजा करने जाने में शरमाने लगें, लेकिन औरतों की पूजा कैसे रुक सकती है? दूल्हा नहीं, तो दूल्हे का साफ़ा तो है! उनकी पूजा किसी-न-किसी तरह, किसी-न-किसी रूप में चलती ही रहेगी।

सती मैया के चौरे के साथ गाँव का कल तक यही सम्बन्ध था। और आज, जाने कितने ज़माने के बाद, इसका भाग्य जागा है!

●

रहमान जुलाहा हाथ जोड़े मन्ने के सामने खड़ा था और कह रहा था—बाबू! मेरा तो पाँच सौ रुपया पानी में बह गया!...मुझे यह मालूम होता, तो काहे को मैं यह ज़मीन जुब्ली मियाँ से ख़रीदता और चहारदीवारी खड़ी करता?....रातोंरात हिन्दुओं ने मेरी दीवार तोड़ दी और सती मैया के पास मेरी दीवार की ईंटों से ही चबूतरा बनाकर मेरी ज़मीन घेर ली है।...मैं तो मर जाऊँगा, बाबू!

मन्ने ने लापरवाही से कहा—तो हमारे यहाँ तुम क्या करने आये हो? जुब्ली मियाँ से तुमने ज़मीन ख़रीदी है, उन्हीं के पास जाकर कहो! मैं क्या कर सकता हूँ?

—फ़ारम पर उनसे मिलकर ही आया हूँ, बाबू। वो कहते हैं कि इस मामिले में वो कुछ नहीं कर सकते। गाँव पर हिन्दुओं का राज है, वे जो चाहे, कर सकते हैं, उनके मुक़ाबिले में खड़े होने की ताक़त हममें नहीं है। मैंने कहा, तो मेरा रुपया ही आप वापस कर दीजिये। मुझे हिन्दू-मुसलमानों से क्या लेना है?...मैं दीनवाला आदमी हूँ, बाबू, ख़ुदा की इबादत और अपना छोटा-मोटा कपड़े का रोजगार, बस, यही दो काम हैं मेरे। न किसी के लेने में, न किसी के देने में। पाँचों वक़्त का नमाज़ पढ़ता हूँ और पीठ और सिर पर कपड़ों का बोझ लादकर बाज़ार-बाज़ार घूमकर बेचता हूँ। बड़ी मशक्कत की कमाई है, बाबू! आप मेरा रुपया ही वापस करवा दीजिये। नहीं बनेगा मेरा आँगन, दो कोठरियों में अब तक जैसे जाड़ा-गर्मी-बरसात काटते रहे हैं, हमारे बच्चे वैसे ही आगे भी काट लेंगे। इस पर वो बोले, चील के घोंसले में मांस ढूँढ़ने आये हो? अब तक क्या तुम्हारा रुपया रखा हुआ है? मैंने कहा, तो मैं क्या करूँ, बाबू? आपकी और हिन्दुओं की ग़ैरइन्साफ़ी चुपचाप सह लूँ? वो बोले, मेरी ग़ैरइन्साफ़ी का कोई सवाल ही नहीं उठता, मैंने वो ज़मीन तुम्हारे नाम रजिस्टरी कर दी है। तुममें दम हो तो ज़मीन पर क़ब्ज़ा करो, हिन्दुओं से मुक़द्दमा लड़ो। गाँव पर भले ही हिन्दुओं की हुकूमत हो, कानून पर अभी उनकी हुकूमत नहीं है, कानून तुम्हारे साथ ज़रूर इन्साफ़ करेगा।...अब, बाबू, आप ही बताइये, मुझमें इतना दम कहाँ कि मैं मुक़द्दमा लड़ूँ सारा गाँव एक ओर और मैं अकेला?

—यह तो उनकी सरासर ज़्यादती है। लेकिन रजिस्टरी कराने से पहले तुमने देख लिया था कि वह ज़मीन उन्हीं की है?—मन्ने ने पूछा।

—जी बाबू, पटवारी का इन्दराज मेरे पास है। वो तो दो साल पहले ही, जब मैंने मसजिद की बग़ल की ज़मीन उनसे ली थी, जुब्ली मियाँ यह ज़मीन भी लेने को मुझसे कह रहे थे, लेकिन उस वक़्त रुपया मेरे पास नहीं था। दो साल में पेट काटकर रुपया जमा किया, तो अबकी इस ज़मीन की रजिस्टरी करायी है। पटवारी भी साथ तहसील गया था। पचास रुपया उसने भी लिया। क्या करता, बाबू, आँगन के बिना बच्चों को बड़ी तकलीफ़ थी, गर्मी में उसिना जाते थे। सोचा था, चहारदीवारी खड़ी करके आड़ कर लेंगे, तो बच्चे गर्मी में वहीं सोयेंगे। ईंट ख़रीदकर मेहनत-मजूरी ख़र्च करके चहारदीवारी खड़ी करायी, तो यह हश्र हुआ! अब मैं क्या करूँ, बाबू? आप ही मेरा इन्साफ़ कीजिये, बाबू! और मैं किसके पास जाऊँ?

—तुमने काम शुरू कराया था, तो किसी ने रोका था?—मन्ने ने पूछा।

—जी हाँ, कैलास बाबू, किसन बाबू, जयराम, रामसागर, समरनाथ और हमारे पड़ोस के महाजन के लड़के हरखदेव रोकने आये थे।

—उन्होंने क्या कहा था?—मन्ने ने अब कुछ दिलचस्पी से पूछा।

रहमान का मन बढ़ा। झोंझ की तरह लटकी बड़ी दाढ़ी में हाथ फेरते और कनखी से मन्ने की ओर देखते हुए उसने कहा—उन्होंने कहा कि यहाँ तुम दीवार खड़ी नहीं

कर सकते। यह बाज़ार का रास्ता है।..मैं मधुर आदमी हूँ, बाबू, लड़ाई-झगड़े से दूर ही रहता हूँ। मैंने हाथ जोड़कर कहा कि रास्ता तो यहाँ से सती मैया के चौरे तक पड़ा हुआ है। मैंने पटवारी से इन्दराज लिया है, जुब्ली मियाँ से यह ज़मीन रजिस्टरी करायी है। आप लोग ग़रीब पर रहम कीजिये। आप लोगों के सहारे ही तो आप लोगों के गाँव में बसा हूँ।...इस पर हरखदेव ने नींव के पास पाँव का अँगूठा रखते हुए कहा, यहाँ तक तो सतीवाड़े की ही ज़मीन है, इसके बाद रास्ता शुरू होता है। जुब्ली मियाँ का इस ज़मीन पर कोई अधिकार नहीं, वो रजिस्टरी कैसे करा सकते हैं? उनसे जाकर तुम समझो और यह चहारदीवारी बनाना बन्द करो। मैं तो यह सुनकर हक्का-बक्का रह गया, बाबू! कुछ सोचकर मैंने कहा, ऐसा है तो ज़रा आप लोग ठहरिये, मैं जुब्ली मियाँ को यहीं बुला लाता हूँ, उन्हीं से आप लोग बात करियेगा। मैं नया आदमी हूँ, मुझे क्या मालूम है? इस पर कैलास बाबू बोले, उनसे हमें बात करने की कोई ज़रूरत नहीं। तुम जानो और तुम्हारा काम! और वे लोग चले गये। मैं दौड़ा-दौड़ा जुब्ली मियाँ के पास पहुँचा। उनसे सब कहा तो वो बोले, तुम उन लोगों की बनरघुड़की में मत आओ, चुपचाप अपना काम करवाओ। और हमने काम लगा दिया। पाँच दिन तक कोई वहाँ पूछने तक नहीं आया और आज रात...

—तुमने रात को ही जुब्ली मियाँ को क्यों नहीं पकड़ा?

—रात की बात पूछते हैं, बाबू?—डबडबाकर रहमान बोला—सहन में पहली ही बार हम सोये थे। पहली नींद भी अभी पूरी न हुई थी कि हल्ला सुनकर हमारे घर में भड़भड़ाकर जाग उठी। मुझको जगाया, तो गैस की रोशनी में मेरी आँखें चौंधिया गयीं। चार-चार पेट्रोमाक्स जल रहे थे, बाबू! सौ के क़रीब आदमी थे। टप-टप मेरी चहारदीवारी से हाथो-हाथ ईंटें तोड़ रहे थे। होश हुआ, तो कुछ शक्लें पहचान में आयीं और फिर सब-कुछ समझ में आ गया। मैंने जल्दी बच्चों को घर में किया कि किसन की आवाज़ आयी, रहमान! तुमने एक लफ़्ज़ भी ज़बान से निकाली, तो समझ लेना! चुपचाप अपने घर में घुस जाओ। और कल अपने मालिकों से कह देना कि पाकिस्तान का रास्ता नापें। अगर वे यों नहीं जाते, तो एक-एक को बेइज़्ज़त करके हम पार्सल कर देंगे!...बाबू, उसके कन्धे पर लाठी थी और उसके पीछे और कई लोग लाठियाँ लिये हुए खड़े थे। एक ओर रामसागर के कन्धे पर बन्दूक की नली गैस की बत्ती में चमक रही थी। डर के मारे मेरी तो पुलपुली काँप उठी। मेरा पैर उठ ही नहीं रहा था। वह तो मेरी घरवाली ने मेरा हाथ पकड़कर मुझे घर के अन्दर घसीट लिया और अन्दर से दरवाज़ा बन्द कर दिया।

—हुँ!—सिर हिलाते हुए मन्ने बोला—तो यह सब बातें तुमने जुब्ली मियाँ से कहीं?

—जी, बाबू! सुनकर वो मुझे समझाने लगे कि यह सब बातें मैं किसी से भी न कहूँ।

—क्यों?

—कह रहे थे, यह-सब सुनकर मुसलमान घबरा जायेंगे।

—हुँ, घबरा जायेंगे! मज़ा मारे ग़ाज़ी मियाँ, मार खाय डफ़ाली!—नफ़रत से मुँह बनाकर मन्ने ने कहा—अच्छा, तुम जाओ।

—मैं क्या करूँ, बाबू?

—मुझे कुछ सोचने-समझने का मौक़ा दो!...हाँ, तो सतिवाड़े का चबूतरा बन गया है?—जैसे चौंककर मन्ने बोला।

—जी, बाबू, वह तो रातोंरात तैयार हो गया था। सुबह मैंने अपना दरवाज़ा खोला, तो...

—अच्छा, तुम जाओ। ज़रा ठीक-ठीक सब पता लगा लूँ। फिर सोचा जायगा कि क्या करना मुनासिब है?

—फिर मैं क्या करूँ, बाबू?

—तुम...तुम अभी जाओ।...लेकिन...हाँ, तुम ग्राम-सभापति के पास जाकर सब बताओ। वो कहें, तो एक दरखास्त भी दे दो।

—बहुत अच्छा, बाबू! लेकिन आप ज़रा ख़याल रखियेगा, बाबू! आप ही का आसरा है! जुब्ली मियाँ को तो मैं देख चुका। मेरे साथ ग़ैरइन्साफ़ी हुई है, बाबू! आप...

—तुम जाओ, रहमान!—बात काटकर मन्ने बोला—यह एक बड़ा ही नाज़ुक मामला है, बहुत सोच-समझकर इसमें हाथ डालना होगा। तुम सभापतिजी से जाकर मिलो।

—बहुत अच्छा, बाबू! मैं अभी सभापतिजी से जाकर मिलता हूँ। बन्दगी!

—बन्दगी!

रहमान चला गया, तो मन्ने के मुँह से आप ही निकल गया, यह होने ही वाला था, यह होने ही वाला था! लेकिन उन्होंने जो यह मोरचा खोला है, बहुत सोच-समझ कर खोला है।...सती मैया का चौरा...हिन्दुओं की धार्मिक भावनाओं को भड़काया जायगा...मुसलमानों के ख़िलाफ़ उन्हें उभाड़ा जायगा...अपढ़, गँवार लोग भेड़ों की तरह भड़कानेवालों के पीछे आँख मूँदकर चलेंगे और फिर जाने क्या हो। मज़हब का मसला बड़ा नाज़ुक होता है, एक भी ग़लत क़दम उठ गया, तो...

तभी बद्दे घर से नाश्तेदान में नाश्ता लेकर निकला, तो उस पर नज़र पड़ते ही जाने मन्ने को क्या हुआ कि वह ज़ोर से चीख़ पड़ा—कहाँ जा रहे हो? भाई साहब को नाश्ता पहुँचाने? चलो, चलो! बोरिया-बिस्तर बाँधो, पाकिस्तान चलने की तैयारी करो!

बद्दे हक्का-बक्का होकर मन्ने का मुँह ताकने लगा। उसकी समझ में न आ रहा था कि मन्ने भाई यह क्या कह रहे हैं? गाँव का कोई भी मुसलमान पाकिस्तान जाने की बात कर सकता है, लेकिन मन्ने भाई? यह घाट का पत्थर अपनी जगह से आज कैसे हट गया? उसने पास जाकर, आँखों में आशंका लिये हुए पूछा—क्या बात है, मन्ने भाई?

—बात पूछते हो? जाकर सतिवाड़े पर देखो! कुछ सुना नहीं क्या तुमने?

—नहीं, मैं तो अभी घर से निकल राह हूँ। मुझे कुछ भी नहीं मालूम! क्या हुआ है वहाँ?

—क़ब्र ख़ुदी है हमारे-तुम्हारे लिये!—तैश में आकर मन्ने बोला—जाकर अपने भाई साहब से बोलो कि ज़रा भी ग़ैरत उनमें बाक़ी है, तो मुँह न चुरायें! यह न समझें यह-सब उस ग़रीब जुलाहे पर ही बीतकर रह जायगा! यह आग फैलेगी और उन्हें भी जलाकर राख कर देगी!

—क्या हुआ है, मन्ने भाई!—परेशान होकर बद्दे बोला—आप साफ़-साफ़ हमें बताइये!

—जाकर अपने भाई साहब से पूछो! बड़े मज़े किये हैं, उन्होंने इस गाँव में! अब एक साथ सब निकलने का वक़्त आ गया है! जाओ, जाकर उनसे मेरी ये सब बातें कह दो और उन्हें तुरन्त यहाँ भेजो। बहुत लूटा है उन्होंने गाँव को, अब गाँव उन्हें लूटने की तैयारी कर रहा है! वही नहीं, गाँव के सभी मुसलमानों को ख़त्म करने का नक़्शा बन गया है! जाओ, जाकर उनसे कह दो कि इस मामले को वो कोई मामूली न समझें, यह हमारी जड़ खोदकर रख देगा। मैं अपनी आँखों के आगे सब देख रहा हूँ! जाओ, जाकर उनसे कह दो। यह आराम से नाश्ता करने का वक़्त नहीं है! हमारी हस्ती ख़तरे में है!

नाश्तेदान वहीं रखकर बद्दे भाग खड़ा हुआ। उस तरह भागते हुए देखकर मन्ने को उस स्थिति में भी हँसी आये बिना नहीं रही। वह चारपाई से उठकर टहलने लगा और सोचने लगा, यह होने ही वाला था, होने ही वाला था! कैलास अपनी हार से बौखलाया हुआ है। हुँः! पाकिस्तान भेजेंगे! कमबख़्त ने सारी पढ़ाई-लिखाई को भाड़ में झोंक दिया है! सती मैया के चौरे के बहाने गँवारों को भड़काकर हमारे ख़िलाफ़ करना चाहता है! जनता की अन्धी धार्मिक भावनाओं को छेड़कर अपन उल्लू सीधा करना चाहता है! अरे, लड़ना था, तो सामने आकर लड़ता! लड़ा तो था ग्राम-सभापति का चुनाव, क्यों नहीं जीत लिया? जनता ने उसे उठाकर फेंक दिया, तो उसका बुखार इस तरह निकालने जा रहा है! पहले कितना कहा, समझौता कर लो, सब लोग मिल-जुलकर, एक मत से ग्राम-सभापति को चुन लें, मतदान की ज़रूरत ही न पड़े। लेकिन क्यों वह मानने लगा? कितने ज़ोर से उसने कहा था, १९८

मुसलमान वोटरों से १४५६ हिन्दू वोटर समझौता करें? क्या बात करते हैं, मोली साहब?...स्साला मोली साहब कहता है! जैसे मुसलमानों का प्रतिनिधि बनकर उससे बात करने गया था मैं! फिर कहाँ गये उसके हिन्दू वोटर? क्यों हार गया वह? वह कोइरी का लड़का क्यों जीत गया? इंजीनियर होकर भी यह-सब समझने की वह कोशिश नहीं करेगा। कोशिश करेगा अब साम्प्रदायिक दंगा कराने की। थू:! कमबख़्त की मोटी अक़्ल में यह बात भी नहीं आती कि उस कोइरी के नाचीज़ लौंडे को १५२२ वोट कैसे मिल गये? हुँ:! समझता था, सब हिन्दू उसे ही वोट देंगे, क्योंकि वह महाजन का लड़का है, पढ़ा-लिखा है, इंजीनियरी पास है। यह नहीं समझता कि क़ानून ने ज़मींदारों को ख़त्म कर दिया, तो ज़माना महाजनी की भी कमर तोड़ रहा है। किसानों, मज़दूरों और ग़रीबों में वर्ग-चेतना की किरण फूट रही है, वे कोइरी के लौंडे के मुक़ाबिले में उसे वोट नहीं दे सकते, वे अपनी ही तरह के एक ग़रीब-गँवार आदमी में उससे कहीं अधिक विश्वास करते और बराबर कहते हैं कि...ग़रीब का दु:ख ग़रीब ही समझ सकता है, बाबू लोग क्या समझेंगे? इन लोगों की हुकूमत में किस रय्यत को सुख मिला है? वोट लेने के वक़्त दाँत निपोरते हैं और चुन लिये जाने पर हुकूमत करते हैं! रहे हैं न राधे बाबू पाँच बरस तक ग्राम-सभापति! क्या-क्या रंग न दिखाये उन्होंने! क्या थे और क्या हो गये!..सत्याग्रह...जेल..पाँच-पाँच बरस तक जेल में रहे। बयालीस में दस साल की सज़ा हुई, घर लूटकर नीलाम पर चढ़ा दिया गया था, ख़ानदान बरबाद हो गया, बैल गया, साथ में पाँच हाथ का पगहा भी ले गया! ...देश आज़ाद हुआ, तो ग्राम ने उन्हें नेता मान लिया। ग्राम-पंचायत का संगठन हुआ, तो गाँव ने एक मत से उन्हें ग्राम-सभापति चुन लिया। कौन था गाँव में, जिसने उनके बराबर देश के लिए त्याग किया हो, यातनाएँ झेली हों! लेकिन जैसे ही ग्राम-सभापति बने, क्या चोला बदला उन्होंने! और तो और, कितनी लड़कियों को उन्होंने नासा, है कोई गिनती! वह तो कहो कि जेल और देश के काम ने उन्हें दुनियादारी से बिलकुल बेगाना बना दिया था, वर्ना देखते उनके करिश्मे! दूसरे गाँवों के सभापतियों की तरह वे भी मालोमाल हो जाते, मालोमाल! अच्छा हुआ कि बाप-दादा का जो-कुछ भी बचा हुआ था, खा-पकाकर नैनीताल चले गये। सुना है, वहाँ उन्हें सरकार से पच्चीस एकड़ ज़मीन मिली है, अब जोत-बोकर खा-पका रहे हैं! अच्छा ही हुआ, गाँव का तो पिण्ड छोड़ा उन्होंने।...और अब फिर ग्राम-पंचायत के चुनाव का समय आया है, तो कैलास बाबू खड़े हुए हैं ग्राम-सभापति के लिए! एजनीयर साहबे! बर-ब्यौपार का दीवाला निकल गया, जिमीदारी आप चली गयी। एजनीयरी पास करके भी गाँव के इस्कूल में अस्सी रुपल्ली पर मास्टरी करते हैं और पेट सेते हैं, वो भी इस्कूल कमिटी की मेहरबानी पर, नहीं इसपेट्टर ने कितनी बार लिखा है कि बिना टरेनिंगवाले मास्टरों को निकालो। अब वही एजनियर साहब ग्राम-सभापति बनना चाहते हैं!...क्यों, भाइयों, वह ग्राम-सभापति क्यों बनना चाहते हैं? कौन-सा लड्डू रखा है इसमें

एजीनियर साहब के लिए?...बाप रे बाप! ज़रा-सा समझा-बुझा देने पर मुनेसरा भर कैसा लेक्चर देता था चुनाव की मीटिंगों में! कैलास ने क्या सच ही उसकी कोई बात कहीं नहीं सुनी? यह कैसे हो सकता है कि उसने न सुनी हो? फिर भी कुछ नहीं सोचता, कुछ नहीं समझता। साम्प्रदायिक भावनाओं को उभाड़कर अपना उल्लू सीधा करना चाहता है। थू:! मुँह की खायेगा, बे-मुँह की! अब न तेरी चलेगी, न मेरी; चलेगी उनकी! अब तो वे अपना भला-बुरा समझने लगे हैं। तू उन्हें बेवक़ूफ नहीं बना सकता, कम-से-कम मेरे रहते नहीं बना सकता!..हम तो डूबेंगे सनम, तुमको भी ले डूबेंगे!...

और यह जुब्ली मियाँ! इस मौक़े पर वह क्यों भींगी बिल्ली बनने का स्वाँग रच रहा है, ख़ूब अच्छी तरह मालूम है। बेटा मेरे ख़िलाफ़ दाँव लगा रहे हैं!...कहेंगे, ग्राम-सभापति के चुनाव में जो मैंनें किया, यह उसी का नतीजा है! और मुसलमानों को मेरे ख़िलाफ़ भड़कायेंगे कि महाजनों से बैर बेसहकर मैं उनकी जड़ खोदने पर उतारू हूँ! और ख़ुद जाकर कैलास की चापलूसी करेंगे और कहेंगे कि मन्ने ही नहीं मानता, वर्ना मुसलमान तो महाजनों की रियाया बनकर भी रहने को तैयार हैं। याने ख़ुद दोनों तरफ़ से मीठे बने रहेंगे और मुझे चक्की के दो पाटों में पिसने के लिए छोड़ देंगे! ख़ूब समझता हूँ, बेटा! वैसा बुद्धू अब मैं नहीं रह गया हूँ! तुम्हारी यह रंगे सियार की चाल मैं नहीं चलने दूँगा!...कैसे आज़ादी के पहले लीग का झण्डा कन्धे पर लहराते फिरते थे! मीटिंगों में कैसे उछल-उछलकर कांग्रेस और हिन्दुओं को गाली देते थे, पाकिस्तान ज़िन्दाबाद के नारे लगाते थे, मसजिद में पानी पीते थे!...कैसे 'क़ोमे नेजात' मनाया था, मुसलमानों के घर-घर जाकर काले झण्डे बाँधे थे!...बड़े दरवाज़े के नीम के पेड़ पर कैसी फुर्ती से चढ़कर पुलुंगी पर हरा झण्डा बाँधा था कि देखकर लोग समझें कि लीग की कितनी ताक़त है इस गाँव में!...और जिस दिन आज़ादी मिली, पाकिस्तान बना...गाँव में जशन मनाया गया, राधे बाबू के गले में हार पहनानेवालों में पहले आदमी भी यही थे! कैसे दाँत निपोरकर उनसे बात करते थे, जैसे अचानक ही वे बिलकुल बदल गये हों, जैसे अचानक ही आज पहचाना हो कि राधे बाबू ही उनके बाप-दादा हैं, जिन्हें १९४२ में उन्होंने फ़रारी की हालत में पकड़वाया था, नूर के साथ कई मुसलमान नौजवानों को लेकर उनका घर लूटा था, खटिया, मचिया, किवाड़-चौखट, बिस्तर-चटाई तक न छोड़ी थी, उनके भाई मुन्नी पर वारण्ट कटवाया था, उनके बूढ़े बाप को सता-सताकर उनसे रुपये वसूले थे और सभी महाजनों पर प्युनिटिव टैक्स लगवाये थे और क़स्बे के मुसलमानों को उनके घर पर नीलामी बोली बोलने के लिए बुलवाया था! वह तो जब मैं सख़्ती से पेश आया और धमकी दी कि कोई भी मुसलमान बोली बोला, तो ठीक नहीं होगा, तो क़स्बे के मुसलमान लौट गये और एक दूसरे महाजन ने नाम की बोली बोलकर घर छुड़ा लिया।...कैसे घूर-घूरकर नूर और यह जुब्ली मेरी ओर उस दौरान में देखते

थे, जैसे धमका रहे हों, कि जब चाहें, तुम्हें भी पकड़वा सकते हैं, हो किस ख़याल में तुम?...और फिर एक दिन चुपके से इसी जुब्ली ने गाँव के कई मुसलमानों के साथ अपने बड़े बेटे को पाकिस्तान रवाना कर दिया। वहाँ उसका पाँव जम जाय, इसका इन्तज़ार है...फिर ख़ुद भी एक-दो-तीन! तब तक जैसे हो, जूता खाकर या चाटकर यहाँ रह लो, जो बिक सके; बेंचकर नक़दी इकट्ठा कर लो!...गाँव का एक मुसलमान पूरबी बार्डर पर माल इधर-उधर करने का ब्यौपार करता है, उससे साँठ-गाँठ लगा रखी है...सब समझता हूँ, बच्चू! लेकिन तुम्हारी एक न चलने दूँगा! जाना हो तो जाओ! तुम्हें रोकता कौन है? लेकिन हमारी ज़िन्दगी दोज़ख करके तुम यहाँ से दफ़्फान होओ, यह मैं नहीं होने दूँगा! तुम्हारी एक-एक बखिया उधेड़कर रख दूँगा, मुसलमानों के सामने भी और हिन्दुओं के सामने भी! नातक़ा बन्द कर दूँगा, मियाँ! तुम हो किस फेर में? मैं अब वह मन्ने नहीं हूँ, जिसकी ज़मींदारी मूस-मूसकर तुम खाया करते थे और मैं तरह दे जाता था, यह सोचकर कि ऐसी ज़लालत तुम्हीं को मुबारक!...नहीं, मियाँ, इस गाँव में रहकर अब मन्ने भी मोहरे लड़ाना सीख गया है और तुमसे बेहतर! कोई कोदों देकर उसने एम०ए० तक नहीं पढ़ा है!..

एम० ए०!...मन्ने को जैसे सहसा एक धक्का लगा!..मन्ने! तुम एम० ए० तक पढ़े हो, तुम्हारी क्या-क्या महत्त्वाकांक्षाएँ थीं! कैसे-कैसे स्वप्न थे!...अदीब...नेता...अफ़सर...पार्लियामेण्टेरियन...वकील..एक साफ़ ज़िन्दगी...एक सफल जीवन और आज तुम्हारी ज़ेहन में ये कैसी-कैसी बातें आ रही हैं! तुम किस पैराये में सोच रहे हो, तुम किस नज़रिये से मसलों को देख रहे हो, तुम्हारे ये कैसे मन्सूबे हैं, तुम्हारी यह कैसी नीति है, तुम्हारे ये कैसे काम हैं? तुम्हारी सारी पढ़ाई, तुम्हारी सारी क़ाबलियत आज किस काम में आ रही है? तुम आज कैलास को कोस रहे हो, जुब्ली को गाली दे रहे हो, उन्हें चित करने के मन्सूबे गाँठ रहे हो।...तुम आज असफल इंजीनियर और पढ़-लिखकर भी **बुद्धू** कैलास की खिल्ली उड़ा रहे हो..तुम आज ख़ुदपरस्त, दुनियादार, धूर्त जुब्ली पर कीचड़ उछाल रहे हो। लेकिन आज ख़ुद तुम क्या हो; यह भी कभी सोचते हो? तुम कैलास से किस अर्थ में अच्छे हो? तुम जुब्ली से किस माने में बेहतर हो? तुम नूर, जयराम, हरखदेव, किसन, समरनाथ, राधे और उन-जैसे इस गाँव के सैकड़ों लोगों से किस प्रकार अलग हो?...मन्ने! तुम क्या थे, और क्या हो गये? तुम्हारे मुँह से आज तुम्हारा कोई स्कूल, कालेज या यूनिवर्सिटी का साथी ये बातें सुने, तुम्हें इस रूप में देखे, तो क्या वह कह सकेगा कि यह वही मन्ने है जो...जो...

मन्ने हाथों से मुँह ढँककर चारपाई पर बैठ गया दिल में एक दर्द चिल्हक उठा और उसकी मुँदी आँखों के सामने जैसे अतीत नदी की तरह बहने लगा।..ऐसे कितने ही अवसर उसके जीवन में आये हैं और सदा ऐसा ही होता है, जैसे सब-कुछ खोकर भी, सब-कुछ भूलकर भी एक दर्द कहीं रह गया है, जो नहीं जाता, नहीं जाता!..जैसे

हड्डी की दबी हुई चोट पुरवा चलने पर उभर आती है, वह दर्द ऐसे अवसरों पर टीसने लगता है और मन्ने आह-आह कर उठता है।..

•

मन्ने को इस गाँव ने पीस डाला, उसके व्यक्तित्व को दबोच दिया और उसे ऐसे जाल में फँसा दिया कि उसने जितना ही उससे छूटने के लिए हाथ-पाँव मारा, उतना ही उलझता गया, उतना ही धँसता गया और आख़िर वह दिन भी आया, जब वह ख़ुद भी उस जाल का एक हिस्सा बन गया, गाँव का एक अंश बन गया, वहाँ की मिट्टी ने उसे वैसे ही अपने में जज़्ब करना शुरू किया, जैसे वह किसी लाश को सड़ा-गलाकर अपने तत्वों में ही बदल लेती है।

मन्ने क्या सचमुच लाश बनता जा रहा था? उसमें जीवन नहीं था, प्राण नहीं था, शक्ति नहीं थी, जिससे वह गाँव की धरती से रस खींचता और उससे अपने जीवन को अंकुरित करता, विकसित करता, पल्लवित और पुष्पित करता और अपने फूलों और फलों से उस धरती को पाट देता? मन्ने सोचता, तो उसके सामने ग़ुलाम हैदर, लुत्फ़ेहक़, मनबसिया, मुन्शी रामजियावन लाल, नरायन भगत, उसके दादा, उसके अब्बा और कैलसिया आ खड़े होते, जो इसी धरती से जन्मे थे; इसी गाँव में पल-पुसकर बड़े हुए थे; जिन्होंने किसी स्कूल का मुँह न देखा था; साहित्य, राजनीति, पालिसी और डिप्लोमेसी का नाम न सुना था; जो गँवार थे, सीधे थे, अज्ञानी थे, गाँव के बाहर की दुनिया से अपरिचित थे; फिर भी अमर हो गये, गाँव में मिटने के बजाय गाँव को बना गये, इस मिट्टी में सड़ने-गलने के बजाय इस मिट्टी का सिंगार बन गये, गाँवदारी के जाल में फँसने के बजाय गाँव के जाल काट गये, गाँव को आजाद करा गये, गाँव का शानदार इतिहास लिख गये, अपने व्यक्तित्व का निशान छोड़ गये! क्यों? क्यों? क्यों? इसलिए कि उनमें जीवन था, प्राण था, शक्ति थी। धारा उन्हें बहा नहीं सकती थी, बल्कि वे बीच धारा में खड़े होकर उसके रुख़ को बदल देते थे। मिट्टी उन्हें सड़ा न सकती थी, बल्कि मिट्टी का जीवन-रस वे खींचते थे। गाँवदारी का जाल उन्हें फँसा न सकता था, क्योंकि सच्चे नेतृत्व की योग्यता उनमें थी, वे गाँव के पीछे नहीं, गाँव के आगे-आगे चलते थे। धरती उन्हें ग़ुलाम न बना सकती थी, बल्कि धरती पर वे राज करते थे!

और मन्ने? मन्ने में क्या कुछ भी नहीं था? क्या वह धारा में तिनके की तरह बह गया? क्या उसने अपने को एक लाश की तरह ही मिट्टी के हवाले कर दिया? नहीं-नहीं, ऐसा कैसे कहा जा सकता है? मन्ने में कुछ था ज़रूर, मन्ने योंही नहीं बह गया, मन्ने योंही नहीं सड़ गया, बिना लड़े उसने एक इंच भी ज़मीन नहीं छोड़ी है, वह पूरी ताक़त से लड़ा है, अकेले लड़ा है और आज भी लड़ रहा है..लेकिन एक

कीड़ा आज भी उसके शरीर में है, जो बराबर उसकी रगों में रेंगा करता है, जो बार-बार उसे कोंच-कोंचकर कहता रहता है, तू क्यों अपने को इस जाल में फँसाकर अपने हाथ-पाँव तोड़वा रहा है, तू क्यों यहाँ अपनी ज़िन्दगी सड़ा रहा है, अपना वक़्त ख़राब कर रहा है, अपनी योग्यता का दुरुपयोग कर रहा है, अपना भविष्य बिगाड़ रहा है? यह कीड़ा ही है, जो गाँव को पूर्ण रूप से उसका जीवन-क्षेत्र नहीं बनने देता। और मन्ने है कि वह गाँव छोड़ नहीं पाता। यह द्वन्द्व ही कदाचित् उसे धीरे-धीरे खाये जा रहा है, कमज़ोर किये जा रहा है।...ग़ुलाम हैदर या नरायन भगत या उसके दादा में यह द्वन्द्व कहाँ था?...मन्ने का संघर्ष उनसे कहीं गहरा है। मन्ने की परिस्थितियाँ उनसे कहीं विकट हैं। आज गाँव में बारह ग्रेजुएट हैं, पच्चीसों इण्टरमीडिएट और हाई स्कूल पास हैं। आज राजनीति, पालिसी, डिप्लोमेसी, वर्ग-संघर्ष जैसे शब्द गाँव के अनाड़ी भी बोलते ही नहीं, जीवन में उनका उपयोग करते हैं। आज गाँव आज़ादी के बाद का हिन्दुस्तान बना हुआ है, जहाँ गाँधी और दादा को बड़ा माना जा सकता है, उनकी पूजा की जा सकती है, उनके महान् ऐतिहासिक कार्यों की प्रशंसा की जा सकती है, उनसे प्रेरणा ली जा सकती है, लेकिन उनकी तरह काम नहीं किया जा सकता, उनकी तरह सफलता और अमरता प्राप्त करना कठिन है। अब लोग वे न रहे, परिस्थितियाँ वे नहीं रहीं। मन्ने यह समझता है। मन्ने अपने जीवन और कार्यों की आत्मपरक व्याख्या करने की सामर्थ्य रखता है। वह आज भी शर्मिन्दा नहीं है, वह आज भी हारा नहीं है, टूटा नहीं है, वह अब भी लड़ रहा है और जीवन के अन्तिम क्षण तक लड़ने की तमन्ना रखता है। वह आज भी उसी गर्व के साथ कभी होंठों में, कभी धीरे-धीरे, कभी ज़ोर-ज़ोर से और कभी चिल्लाकर यह शेर पढ़ता है—

यह सर जो सलामत है दीवार को देखूँगा
या मैं रहूँ ज़िन्दाँ में या वो रहे ज़िन्दाँ में

और मन्ने की पस्ती ख़त्म हो जाती है, कुण्ठा टूट जाती है, निराशा समाप्त हो जाती है और वह उसी जोश से फिर मैदान में आ जाता है। उसे कोई अफ़सोस नहीं रहता कि उसका कोई पुराना साथी अब उसे नहीं पहचानेगा, क्योंकि उसकी बातें बदल गयी हैं, उसका रवय्या बदल गया है, मसलों को देखने के उसके नज़रिये बदल गये हैं, वह नैतिकता और आदर्श से गिर गया है, उसके कोई सिद्धान्त नहीं रहे। वह क्या करे, लकड़बग्घे किसी पर हमला करें, तो क्या वह नैतिकता, आदर्श और सिद्धान्तों को शहद लगाकर चाटे? फिर भी यह कौन कह सकता है कि वह जीवन-संघर्ष से कभी कतराया है, वह न्याय और सत्य के लिए लड़ा नहीं है? कौन कहता है कि उसमें और जुब्ली-कैलास-जैसे लोगों में कोई अन्तर नहीं? उसका उन लकड़बग्घों से क्या मुक़ाबिला है? वह उनकी तरह कमीना, ख़ुदपरस्त, धूर्त, फ़िर्क़ापरस्त, तंगदिल, वक़्तपरस्त और ग़द्दार नहीं है। उसका जीवन इसका गवाह है...लेकिन, काश, उसकी रगों में वह कीड़ा न रेंगता, वह सम्पूर्ण रूप से इस गाँव

का हो जाता, या काश, वह यह गाँव ही छोड़ देता!...लेकिन वह इन दोनों में से एक भी काम कर नहीं पाता, और न, इतने दिन रहने के बाद भी; एक तरह से इस जीवन का अभ्यस्त हो जाने पर भी, यह स्वीकार करने के लिए वह तैयार है कि वह मज़बूरी से गाँव में नहीं रह रहा।

उसका सब सोचा हुआ एक ओर धरा रखा है और वह एक दूसरी ही तरह का जीवन जीने को विवश है। इस विवशता का आरम्भ कहाँ हुआ था, पहली बार उसने कब अपनी ज़मीन छोड़ी थी? बहुत सोचने पर भी वह उस स्थान, उस समय का पता नहीं लगा पाता। एक ही साथ कितनी घटनाएँ घट गयीं, उनमें से कौन पहली थी और कौन अन्तिम, किसका प्रभाव उसके जीवन पर कितना पड़ा, क्या कहा जा सकता है? कदाचित् सभी घटनाओं ने मिलकर ही उसके जीवन के साथ षड्यन्त्र किया और उसे फाँस लिया और वह विवश हो गया।...

बाबू साहब और उसके बीच में जो दीवार खिंची थी, उसे जमुनवा ने साधू होकर पक्का कर दिया। बाबू साहब ने जब सुना, तो उन्हें पहली बार यह अनुभव हुआ कि उनसे एक बहुत बड़ी ग़लती हो गयी। सब धान बाईस पसेरी ही नहीं बिकता। जमुनवा पानीदार आदमी था, उसके लिए एक बात ही काफ़ी थी। उन्होंने उसका पानी उतारकर जो अपने माथे पर कलंक का टीका लगाया, वह कभी मिटनेवाला नहीं। ऊपर से इस काण्ड का प्रभाव जो मन्ने पर पड़ा, उससे भी वे अनभिज्ञ न थे। माया मिली न रामवाली स्थिति में पड़कर जैसे उन्हें इस सबसे विराग-सा हो गया। उनके मन में यह बात उठी कि आख़िर किसलिए यह-सब पाप वे अपने सिर पर लें? गुनाह बेलज़्ज़त से फ़ायदा?

मुन्शीजी एक हफ़्ते में खेतों की पड़ताल कराके चले गये, तो एक दिन बाबू साहब ने मन्ने से कहा—बाबू, गर्मी की छुट्टियों में आप यहाँ रहते ही हैं, यही समय वसूली-तहसीली का होता है, आप कर लिया कीजिये। आपसे जो बचा-खुचा रहेगा, हम बाद में वसूल कर लेंगे। घर का जो थोड़ा-बहुत काम रहता है, उसे तो मैं देखता ही हूँ।

—मन्ने का माथा ठनक गया। उसने शंकित होकर उनकी ओर देखा, तो वे बोले—बात यह है, बाबू, कि अब मेरे खाने-पीने पर घरवालों की नज़र पड़ने लगी है। शायद वे यह समझने लगे हैं कि मैं बिलल्ला हो गया, काम किसी का करता हूँ और खाता उनकी कमाई हूँ। सो, अब वे मुझे घर के खूँटे से बाँधना चाहते हैं। सुना है, मेरी शादी...—और बाबू साहब शर्मिन्दा-से होकर चुप लगा गये।

शंकित मन्ने ने अब चकित होकर उनकी ओर देखा। बाबू साहब चालीस पार कर गये हैं, ये बड़ी-बड़ी मूँछें हैं! इस उम्र में शादी करेंगे? फिर भी उसने प्रसन्नता का भाव चेहरे पर लाकर कहा—यह तो बड़ी ख़ुशी की बात है, बाबू साहब! आप ज़रूर शादी कीजिये! देर आयद दुरुस्त आयद! घर तो आपको बसाना ही चाहिए!

बाबू साहब आँखें झुकाये हुए, मन्द-मन्द मुस्कराते हुए बोले—यह उमर है घर बसाने की, बाबू?...लेकिन उन लोगों को क्या कहूँ, बाबू, आपको ग़ैर समझते हैं। उन्हें क्या मालूम कि आपसे मुझे कितनी मुहब्बत है! आपको एक बेटे की तरह हमने जाना-माना है, एक बेटे को लेकर जितनी साधें एक बाप को होती हैं, आपको लेकर मुझे रही हैं, उन्हें क्या मालूम, बाबू? लेकिन अब देखता हूँ कि एक भी पूरी न होगी। लोगों से देखा नहीं जाता। तरह-तरह की बातें उड़ाते हैं।...जाने दीजिये, दुनिया में किसकी साधें पूरी हुई हैं, जो मेरी होंगी। भगवान् आपको सुखी रखें, अब तो यही एक साध रह गयी है!

—ऐसी बातें मुँह से न निकालिये, बाबू साहब!—मन्ने भी जैसे आर्द्र होकर बोला—मैंने भी आपको अब्बा की ही तरह जाना-माना है, आपको लेकर मैंने भी अपने मन में कुछ साधें पाल रखी हैं! अभी मैं क्या बताऊँ, कहा जाता है कि सोचा हुआ कभी होता नहीं। लेकिन मैं निराश नहीं हुआ हूँ, मैं कभी निराश नहीं होता, बाबू साहब! आप दो-चार साल तक मेरी मदद और कीजिये। मेरी पढ़ाई पूरी हो जाय, फिर तो मैं सब देख लूँगा।

—उसकी आप फ़िक्र मत कीजिये, बाबू! लोगों के कहने से कहीं किसी का मन बदलता है। आपकी पढ़ाई नहीं रुकने दूँगा, बाबू!..

पहले की तरह दिलचस्पी न रहते हुए भी बाबू साहब ने अपनी बात पूरी की। सच बात तो यह है कि बाबू साहब खेती-गृहस्थी का काम करने लायक़ रह ही नहीं गये थे, उनका शरीर और स्वभाव बदल गया था, शरीर से कोई मोटा और मेहनत का काम न हो सकता था, स्वभाव महीन हो गया था। मियाँ की दोस्ती और मन्ने के काम ने उनके दिमाग़ में हुकूमत की बू भर दी थी। घरवालों ने सोचा था कि वे भी उन्हीं की तरह हल चलायेंगे, खेत काटेंगे, ढेकुल खींचेंगे, लेकिन बाबू साहब से यह-सब पार लगने-वाला नहीं था। महीन धोती और कुर्ता पहनने से मन भी महीन हो जाता है। शादी होने के बाद, ज़िम्मेदारी लदने के बाद भी जब उनके घरवालों ने देख लिया कि बाबू साहब धोबी के कुत्ते की तरह न घर के रहे न घाट के, तो वे और भी चिढ़ गये। कभी खेत पर वे बीया डलवाने भी जाते और उनकी धोती पर कहीं मिट्टी लग जाती, तो उन्हें अँगुली से मिट्टी झाड़ते देखकर उनकी आँखों में ख़ून उतर आता, जैसे कि बाबू साहब ने उस तरह मिट्टी न झाड़ी हो, उनके मुंह पर थूक दिया हो! यह कमबख़्त जब मिट्टी से ही इतनी नफ़रत करता है, तो धरती की सेवा क्या करेगा? और उन लोगों ने जैसे बाबू साहब की ओर से सब्र कर लिया। लेकिन बाबू साहब जानते थे कि इस सब्र का आख़िरी नतीजा क्या होगा, इसलिए उन्होंने अब पैसा पैदा करने की कोई सबील बैठानी ज़रूरी समझी।...और जुब्ली ने जब एक दिन उनसे कहा कि, बाबू साहब, आप मन्ने का काम सम्हालते ही हैं, मेरा भी सम्हाल लें, तो मैं इधर से आजाद होकर खेती-बारी में और ध्यान लगाऊँ, बिना इसके अब गुजारा

नहीं होगा, बड़े भैया तो गोरखपुर के ही होकर रह गये, कोई ख़बर ही नहीं लेते, छोटे भाई को अब कहीं नौकरी पर भेजना चाहता हूँ, तो बाबू साहब तुरन्त तैयार हो गये। तय यह हुआ कि जो भी वे वसूल कर लेंगे, उसका दस फ़ीसदी मेहनताने के तौर पर उन्हें मिलेगा। जुब्ली मियाँ की वसूली दो हज़ार से ज़्यादा की न थी, फिर भी आमदनी का एक ज़रीया तो निकला और उसके बाद तो देखा-देखी और कुछ छोटे-मोटे मुसलमान ज़मींदारों ने भी, जो जुब्ली मियाँ के भाई या ऐनुलहक़ के लड़कों से खेत या ज़मींदारी ख़रीदकर ज़मींदार बन गये थे और अब पुलिस में या और कहीं कोई छोटी-मोटी नौकरी कर रहे थे, बाबू साहब को अपनी वसूली का काम सौंप दिया। इस तरह बाबू साहब का कारोबार चल गया, घरवालों का मुँह पोंछने के लिए कुछ आमदनी भी वह करने लगे, इससे उनके घरवालों को कुछ दिलासा हुआ, चलो, कुछ तो कर रहे हैं।

इसी बीच एक बात और भी हुई, जिससे बाबू साहब का पाया मज़बूत हो गया। उनके गाँव का एक बरई भागकर पूरब चला गया था। वह आसाम में जाने कैसे ग़ल्ले का कारोबार जमाकर, बहुत रुपया कमाकर गाँव घूमने आया, तो गाँव में एक शोर मच गया। बहुत-से लोग उसकी ओर लपके, लेकिन गाँव में उसे एक ही आदमी ऐसा दिखायी दिया, जो उसके मिलने-जुलने लायक़ हो, वह थे बाबू साहब। रात-दिन वह बाबू साहब के साथ लगा रहता, उनके घर पर उठता-बैठता, उनके 'इलाक़े' पर उनके साथ जाता। उसकी एक जेब में कैप्स्टन सिगरेट का टिन पड़ा रहता और दूसरी में चाँदी के डिब्बे में पान की गिलौरियाँ। जिससे भी भेंट होती, वह चट सिगरेट-पान निकालकर पेश करता। बाबू साहब कहते—पी लो, पी लो, भाई, यह केप्टन सिगरेट है, यहाँ किसी को मयस्सर नहीं!—और पीनेवाला ख़ुशामद और ख़ुशी की नज़र से कभी बरई और कभी बाबू साहब की ओर देखकर सिगरेट की ऐसी टान लगाता, जैसे गाँजा का दम लगा रहा हो। और कोई भी स्वाद न मिलने पर भी कह उठता—बाह, बाबू सिरीनरायन, बाह! चलो तुम्हारे करते यह भी पी लिया, गीध का जनम छूट गया!

और सिरीनरायन बरई 'सिरीनरायन बाबू' होकर 'केप्टनवाला बाबू' बन गया। कहीं भी किसी की नज़र उस पर पड़ जाती, तो दूर से ही पुकारता—ओ केप्टनवाले बाबू! एक सफेदवाली बीड़ी हमें भी चिखाना!

और सिरीनरायन सचमुच सिगरेट निकालकर उसे ऐसे देता, जैसे बीड़ी ही दे रहा हो।

अँगुलियों के गाँसे में सिगरेट दबाकर, मुट्ठी बन्द कर चिलम की तरह मुट्ठी का मुँह अपने मुँह से लगाकर वह कहता—अब, बाबू, ज़रा इसे माचिस भी दिखा दो।

सिरीनरायन माचिस जलाकर सिगरेट पर दिखाता और वह पहला ही दम इस तरह लगाता कि आधी सिगरेट झुक से ख़त्म।

—बाह-बाह!—धुएँ की लम्बी सुरसुरी छोड़ता हुआ वह बोलता—का खसबूदार धुआँ है, बाबू! आप यही बीड़ी हमेसे पीते हो, बाबू?

—हाँ,—जैसे बोलकर हमसान कर रहा हो, इस तरह सिरीनरायन बोलता।

—दिन-रात मिलाकर भला कितना भी जाते होंगे?

—यह टीन खरच हो जाता है।

—इसमें कितना होता है, बाबू?

—पचास।

—पचास ? पचास पी जाते हो?

—पीते नहीं, पिला देते हैं। हम तो पान खाते हैं।

—पिला देते हैं? बाह! भला यह टीन मिलता है कितने में, बाबू?

—मिलता है तिनेक रुपये में।

—तो तीन रुपये का धुआँ तुम पिला देते हो, बाबू?—पपनियाँ टाँगकर वह बोलता—बाह, बाबू, बाह! आदमी हो, तो तुम्हारे जैसा!

और सिरीनरायन हँसता हुआ आगे बढ़ जाता।...

बाबू साहब कहते—सिरी बाबू, काहे को बन्दरों को अदरख चखा रहे हो? ये खैनी खानेवाले और तमाकू पीनेवाले क्या जानें सिगरेट की इज़्ज़त? उस पर भी केप्टन! इस तरह पैसा बरबाद न करो, भाई! तुम तो पीते नहीं।

हँसकर सिरी कहता—कुछ बरबाद नहीं होता, बाबू साहब! पैसे की कोई कमी है? आप देखते नहीं कि इसी सिगरेट की बदौलत सिरिया बरई को लोग सिरीनरायन बाबू कहते हैं! वर्ना कौन पूछता हमको! दस-पाँच दिन के लिए गाँव आये हैं, पचीस-पचास फूँककर चले जायेंगे, लोग किसी बहाने याद तो करेंगे! जिनगी में और का है, बाबू साहब!

—सो तो तुम ठीक ही कहते हो, सिरी बाबू, लेकिन जानते हो, पीठ पीछे ये लोग क्या कहते हैं?

—क्या कहते हैं?

—जाने दो, सुनने-लायक़ नहीं। यहाँ के लोग एक ही हरामख़ोर हैं।

—फिर भी?

—कहते हैं, बरई के लौंडे के पास दो पैसा हो गया है, तो फुटानी छाँटता फिरता है। केप्टन टानता है, केप्टन!

—कहने दीजिये, बाबू साहब। पीठ-पीछे तो लोग राजा को भी गाली देते हैं। मेरे सामने तो यहाँ के बड़े-बड़े लोग भी पूँछ हिलाते हैं, और सिगरेट की भीख माँगते

हैं। बड़ा सन्तोश होता है, बाबू साहब, वह देखकर। रात को बड़ी अच्छी नींद आती है। एक दुःख है, तो इसी बात का कि आपकी हम कुछ सेवा नहीं कर पाते। न आप हमारी सिगरेट ही पीते हैं और न....

—नहीं-नहीं, सिरी बाबू, तुम इसका दुःख मत मनाओ। सच कहते हैं, तुम्हारी सिगरेट हमें बिलकुल नहीं जमती। ज़िन्दगी-भर बीड़ी पीते आये, आदत पड़ गयी है। मुन्नी बाबू या मन्ने बाबू बहुत इसरार करके कभी-कभी सिगरेट पिलाते हैं, लेकिन हमें कुछ मज़ा ही नहीं मिलता। हमें तो बस बीड़ी में ही मज़ा आता है। न हो, तुम हमारे लिये बीड़ी रखा करो, लेकिन दुःख मत मनाओ। तुम बहुत अच्छे हो, सिरी बाबू, बहुत सीधे और बहुत भोले! तुम्हारी बात को टालना आसान नहीं। लेकिन गाँववालों से बचना, ये तरी देखकर वैसे ही झुकते हैं, जैसे गुड़ के ढेले पर मक्खी। और मतलब निकल जाने के बाद वैसे ही खिसक जाते हैं, जैसे पुरइन के पात से पानी की बूँदें!

—यह हम जानते हैं, बाबू साहब,—सिरी कहता—लोगों ने हमारा घर खोन खाया है। किसी को बीये के लिए रुपया चाहिए, तो किसी को बैल के लिए; किसी को लड़की की शादी के लिए रुपया चाहिए, तो किसी को घर की मरम्मत के लिए; किसी को दवा के लिए रुपया चाहिए, तो किसी को खाने के खरचे के लिए!... किसकी-किसकी बतायें आपको! सब अपना दुःखड़ा रोते हैं और हमारा पाँव तक पकड़ लेते हैं। छतरी-बाम्हन होकर बरई का पाँव पकड़ते हैं, बाबू साहब! मन ख़राब हो जाता है। बाबू साहब, आप काटने के लिए तैयार हों, तो, जी में आता है, यहाँ हज़ार-पाँच सौ बो दें। हमें तो रहना नहीं!

बाबू साहब सुनकर हँसते। फिर सहसा ही उदास होकर कहते—नहीं, सिरी बाबू, रुपये की फ़सल मैं नहीं काट सकता! रुपये की क़दर जिस दिन करने लगूँगा, आदमी की क़दर मेरी नज़र में नहीं रह जायगी। इसी रुपये की बदौलत एक बार मैं पागल हो गया था, उसकी निसानी जमुना दास है। फिर सियार तरकुल के नीचे नहीं जायगा। मियाँ ने भी एक बार तुम्हारी ही तरह कहा था, बाबू साहब, हम आपके लिए कुछ करना चाहते हैं। जानते हो, मैंने उनको क्या जवाब दिया था? मैंने कहा था, मियाँ आपकी दोस्ती से बढ़कर कोई क़ीमती चीज़ मेरे लिये नहीं! आप और कुछ करके इसकी क़ीमत न घटाइये!

सुनकर सिरी चुप हो जाता, उदास भी।

बाबू साहब कहते—सिरी बाबू, तुम उदास क्यों हो गये?

—अब का बतायें, बाबू साहब?—सिर झुकाकर सिरी कहता—हम भी आपके लिए कुछ करना चाहते थे, बाबू साहब। हम देख रहे हैं कि आपको यहाँ बड़ी तकलीफ है। आपको निजी खरचे के लिए अपने भाइयों का मुँह देखना पड़ता है। हमारे पास बहुत रुपया है, बाबू साहब। अगर आपके लिए कुछ न किया, तो मलाल ही

रह जायगा! आप-जैसे आदमी को हमारे रहते तकलीफ नहीं होनी चाहिए। न हो, आप हमारे साथ आसाम चलिये, वहाँ आराम से रहिये!

—तुम्हारी बड़ी मेहरबानी है, सिरी। लेकिन मुझे कोई तकलीफ नहीं। और अब तो कुछ रुपया भी पैदा कर लेता हूँ। तुम कोई मलाल मत करो। दोस्ती के बीच में रुपय-पैसे को मत डालो।

—जो भी हो, आप इतना समझ लें कि हमारे सामने भी रुपये की कोई क़दर नहीं है। जो भी हमारे पास है, उसे अपना ही समझिये और जब भी कोई ज़रूरत पड़े, हमें याद कीजिये। मौक़े पर भी आपने हमें याद न किया, तब तो सचमुच हमें बहुत तकलीफ होगी।

बाबू साहब हँसकर चुप लगा जाते।

और फिर जाने सिरी ने लोगों से क्या कहना शुरू किया कि अब लोग बाबू साहब का घर खोन खाने लगे...बाबू साहब, सिरी बाबू से ज़रा सिफारिश कर दें!... आपका एहसान न भूलेंगे!..रुपये का बन्दोबस्त न हुआ, तो बीया कहाँ से ख़रीदेंगे, खेत परती रह जायगा, बाबू साहब!...बाबू साहब, गुड़ बेंचकर हम रुपया लाकर आपके ही हाथ में रख देंगे!...बाबू साहब, ज़रा सिरी बाबू से कह देते, हमारे लड़के को अपने साथ लेते जाते। यहाँ बिलल्ला हुआ जा रहा है!..

नाकों दम कर दिया लोगों ने। बाबू साहब लाख कहते कि, भाई, हमारे हाथ में कुछ नहीं। सिरी मुझसे पूछकर या मेरी बात मानकर कोई काम करनेवाला नहीं। लेकिन कोई काहे को मानने लगा। लोग उनके पीछे ही पड़ गये, जैसे किसी वरदान देनेवाले मशहूर साधु-संन्यासी के पीछे पड़ जाते हैं।

आख़िर एक दिन परेशान होकर बाबू साहब ने कहा—सिरी बाबू, यह रोग तुमने मेरे पीछे क्यों लगा दिया है? क्यों मुझे सबसे रुसवा कराना चाहते हो?

सिरी बोला—हम क्या करें? हमने तो लोगों से यही कहा है कि बाबू साहब का ही सब कुछ है, वही जो चाहें करें।

—यह तुमने क्या किया, सिरी बाबू?—बाबू साहब एक उलझन में पड़कर बोले—तुम जल्दी यहाँ से चले जाओ, सिरी! यह सब मुझे अच्छा नहीं लगता!..

सिरी सचमुच ही दूसरे दिन चला गया। बाबू साहब उसे क़स्बे में मोटर के अड्डे तक पहुँचा आये। लेकिन उसके जाने से क्या होना था। लोगों को यह पक्का विश्वास था कि सिरी उनके पास काफ़ी धन रख गया है और गाँव में और घर के लोगों में उनकी प्रतिष्ठा अनायास ही बढ़ गयी।

जो भी मिलता, कहता—ख़ूब जादू की छड़ी फेरी, बाबू साहब, आपने सिरी पर! लेकिन अकेले-अकेले हजम नहीं होगा, बाबू साहब! बाँट-चूटकर खाइये, बाँट-चूटकर।

बाबू साहब क्या कहते, मुस्कराकर रह जाते।

घर में उनका आदर बढ़ गया। उनके खाने-पीने की ओर विशेष ध्यान दिया जाने लगा। लेकिन कोई कहता नहीं। सब सोचते, घर में रुपया है, तो जायगा कहाँ, बख़त पर निकलेगा ही।

मन्ने का अब थोड़ा ही काम बाबू साहब के ज़िम्मे रह गया था। गर्मी की छुट्टियों में मन्ने ख़ुद वसूली-तहसीली करता और बर-बन्दोबस्त कर साल-भर के ख़र्चे के लिए रुपया लेकर यूनिवर्सिटी चला जाता। वहाँ रुपया यह डाक़ख़ाने में जमा कर देता और महीने-महीने ज़रूरत-भर का निकाल लेता। उसने अब अपनी ज़िम्मेदारी पूरी तरह समझ ली थी और उसे ख़ुशी से ओढ़ भी लिया था। अब वह हास्टल में नहीं रहता, दो-चार लड़कों के साथ डेरा लेकर रहता और मामूली होटल में खाना खाता। बराबर दो-दो, तीन-तीन ट्यूशने करता और दौड़-धूपकर अपनी फ़ीस भी माफ़ करा लेता। बहुत सोच-समझकर, हाथ दबाकर ख़र्च करता, सिनेमा वग़ैरा से परहेज करता और एक पैसा भी बेकार ख़र्च न करता। उसके साथी उसे 'सूफ़ी' कहकर चिढ़ाते, तो वह मुस्कराकर रह जाता। उसे अपनी छोटी बहन की शादी की फ़िक्र थी, जो एक-दो साल से ज़्यादा न टाली जा सकती थी।

यूनिवर्सिटी में उसे एक दूसरी ही स्थिति का सामना करना पड़ा था। कालेज में हिन्दी-उर्दू में झगड़ा था और यहाँ उर्दू-उर्दू में ही उसे झगड़ा दिखायी दिया। उर्दू-विभाग के अध्यक्ष और अधिकतर प्रोफ़ेसर शिया थे और यह बात मशहूर थी कि हर हालत में शिया लड़कों को ही अधिक नम्बर मिलता है, शिया-उर्दू के आगे सुन्नी-उर्दू हर्गिज़-हर्गिज़ आगे नहीं बढ़ सकती। एक तो करैला, दूसरे नीम चढ़ा, उस साल उर्दू-विभाग के अध्यक्ष का साला अहमद हुसेन भी क्लास में था। उर्दू में सुन्नी मन्ने की क़िस्मत पहले ही से बुक हो चुकी थी। मन्ने को यह-सब मालूम हुआ, तो उसे बहुत दुःख हुआ। पहले से मालूम होता, तो शायद वह इस यूनिवर्सिटी में दाख़िल ही न होता या उर्दू ही न लेता। अंग्रेजी उसकी बहुत अच्छी न थी, एक इतिहास में अच्छा नम्बर पाकर वह क्या कर लेता? उर्दू से ही तो उसका डिवीज़न बननेवाला था, लेकिन अब हो ही क्या सकता था।

यूनिवर्सिटी और ट्यूशनों के बाद उसके पास बहुत कम समय बच रहता। शाम को एक घण्टा लायब्रेरी में बैठकर पत्रिकाओं और अख़बारों को पढ़ता तो उसकी आदत ही बन गयी थी, उसे वह छोड़ न सकता था। शेष समय का उपयोग वह पाठ्य पुस्तकों के अध्ययन में करता। इस तरह यूनिवर्सिटी के दूसरे कार्यक्रमों में भाग लेने के लिए उसके पास समय ही न रह गया था। यूनिवर्सिटी के अपने घण्टे समाप्त होते ही वह बकटुट डेरे की ओर भागता।

फिर भी कुछ ऐसी बात थी कि दर्ज़े का कोई भी साथी, जो उससे बात करता, उससे प्रभावित हुए बिना नहीं रहता। साहित्य और राजनीति की उसकी समझ इतनी गहरी थी कि सबको उसका लोहा मानना पड़ा। प्रोफ़ेसर भी उसकी इज़्ज़त करते। फिर

भी वह यूनिवर्सिटी के किसी भी अदारे की किसी भी जगह के लिए, साथियों के बहुत इसरार के बावजूद, चुनाव लड़ने के लिए तैयार न हुआ। इसके लिए न तो उसके पास पैसा था और न समय! अपनी ज़िन्दगी में वह किसी भी तरह की ढील न आने देना चाहता था। पूरी सख़्ती से अपने दिल-दिमाग़ पर क़ाबू रख वह पढ़ाई पूरी कर लेना चाहता था। अपनी स्थिति की उसे पूरी जानकारी थी और उसके मन में सही तौर पर ही यह सन्देह आ बैठा था कि शायद वह अपनी पढ़ाई पूरी न कर सके। इसलिए अपनी ओर से वह एक भी चूक न करना चाहता था और सदा सावधान रहता था।

लेकिन उसके जीवन में परिस्थितियों का विधान जैसे पहले ही से हो चुका था। उसके लाख सावधान रहने के बावजूद भाग्य-लेख की तरह ऐसी परिस्थितियाँ आती रहतीं, जिन्हें बदलना या अपने अनुकूल करना उसके बस की बात नहीं थी। वह चाहे जितना हाथ-पाँव पटकता, इन परिस्थितियों से निस्तार नहीं पाता, वह कुछ इस तरह घिर जाता कि लाचार उसे फँसना ही पड़ता, और जब फँसना ही पड़ता, तो वह दिल कड़ा करके एक ज़िद्दी की तरह आँख मूँदकर अपने को उस परिस्थिति में झोंक देता, ताकि यह बला टले, और वह आगे की राह बनाये। उसे तब क्या मालूम था कि आगे की राह पीछे का जीवन ही बनाता है; जीवन की राह वह राह नहीं, जिसे जब चाहो, जिस मोड़ से बदल लो और नयी राह पर उसे डाल दो।

मन्ने आज सब समझता है, फिर भी उसे यह नहीं लगता कि परिस्थितियों का वह दास रहा है। आज भी उसके मन में कहीं यह बात बैठी हुई है कि अन्तिम लड़ाई में वह ज़रूर जीतेगा, एक-एक ईंट चुनकर जो दीवार उसके सामने खड़ी हुई है, उसे वह एक दिन अवश्य तोड़ गिरायेगा और दुनिया को दिखा देगा कि एक-एक क़दम जो वह पीछे हटा था, वह उसकी दुर्बलता या पराजय का द्योतक नहीं था, बल्कि ऐसा करके वह शक्ति संचय कर रहा था, ताकि अन्तिम लड़ाई में वह विजयी हो सके।

उसने सोचा था कि पढ़ाई पूरी होने तक बाबू साहब उसकी ज़मीन-जायदाद का काम सम्हाल देंगे और निश्चिन्त होकर वह अपनी पढ़ाई पूरी कर लेगा। लेकिन जब जमुना का काण्ड हो गया और बाबू साहब ने उसके काम से हाथ खींचने का संकेत किया, तो चाहे वह परेशान जितना हुआ हो, उसने एक बार भी बाबू साहब से यह नहीं कहा कि उसे वे इस तरह मँझधार में क्यों छोड़ रहे हैं। उसने जब समझ लिया कि अब कोई चारा नहीं, तो सारा काम स्वयं अपने हाथ में ले लिया और पूरे मनोयोग से उसे सम्हालने भी लगा!..और लोगों ने चकित होकर देखा कि भले इस काम के लिए वह नया हो, वह काम करना जानता है। असामी उससे मिलते ही यह समझ गये कि वह कोई कच्ची गोलियाँ नहीं खेले है, आख़िर ज़मींदार का बेटा है। उसने झूठी शान को ताक कर रखकर हर असामी को अपने पास बुलाया और उसके साथ

सम्मानपूर्वक बातचीत की और स्पष्ट शब्दों में उससे कहा कि वह अभी लड़का है, उसे इस काम की कोई समझ नहीं, इसलिए कोई उसे लगान-वसूली के मामले में तंग न करे; जब करे, पक्का वादा करे, पाँच दिन में इन्तज़ाम होनेवाला हो, तो उससे दस दिन का वादा करे, लेकिन झूठा वादा न करे, वादे से टले नहीं और बार-बार तक़ाज़ा का मौक़ा न दे।..सब लोग यही समझें कि वे लगान नहीं दे रहे हैं, बल्कि उसकी पढ़ाई में मदद कर रहे हैं।...उन्हें जो भी तकलीफ़ हो, उससे साफ़-साफ़ कहें, वह दूर करने की हर कोशिश करेगा, उनकी हर तरह मदद करेगा, और उनके दुःख-सुख में बराबर शामिल रहेगा।

जो भी असामी उसके पास से जाता, ख़ुश होकर जाता और चार आदमियों से उसकी तारीफ़ें करता।

लाला से जो उसकी पुश्तैनी दुश्मनी चली आ रही थी, उसे भी उसने दूर करने की कोशिश की। वह एक दिन सीधे उनकी कोठी में जा पहुँचा। लाला ने देखा, तो उन्हें पहले तो विश्वास ही नहीं हुआ कि ऐसा हो सकता है। लेकिन मन्ने ने जब उन्हें बड़े अदब के साथ सलाम किया, तो आप ही उनके मुँह से सलाम निकल गया और बड़े सम्मानपूर्वक उन्होंने उसे चारपाई पर बैठाया और कहा—आप कुछ जलपान करेंगे?

—नहीं, इस वक़्त माफ़ कीजिये!—मन्ने ने नम्रतापूर्वक कहा—नाश्ता करके ही चला हूँ। आप भी बैठ जाइये। मैं एक ज़रूरी काम से आया हूँ।

—ठीक है, लेकिन यह कैसे हो सकता है कि आप हमारे यहाँ आयें और सूखे मुँह चले जायँ। कम-से-कम पान से तो आपको कोई गुरेज़ न होगा?

—यह आप क्या कहते हैं? मैं तो आपके यहाँ खाना भी खा सकता हूँ?—मन्ने ने हँसकर कहा।

—तो ज़रूर खाइये!—लाला ने हाथों को उलझाते हुए कहा—इससे बढ़कर इज़्ज़त की बात हमारे लिये क्या हो सकती है?

—बहुत अच्छा, एक दिन आपके यहाँ ज़रूर खाऊँगा। फिलहाल आप पान ही मँगवा दें। लेकिन आप बैठ तो जायँ।

लाला खड़े-ही-खड़े एक लड़के को तुरन्त पान लाने के लिए आवाज़ देकर पैताने बैठने लगे, तो खड़े होकर, उनका हाथ पकड़ते हुए मन्ने ने कहा—यह आप क्या कर रहे हैं? मुझे आप दोज़ख़ में न डालिये!—और ज़बरदस्ती उन्हें सिरहाने बैठाकर वह ख़ुद पैताने बैठ गया और बोला—मैं आपका वक़्त ज़ाया न करके सीधे ही बात शुरू करता हूँ। मुझे उम्मीद है कि आप मेरी बात का बुरा न मानेंगे! और अगर मुझसे कोई ग़लती हो जाय, तो मुझे भी कैलास ही समझ कर माफ़ कर देंगे!

—यह आप क्या कहते हैं? आप-जैसे दानिशमन्द आदमी से कोई ग़लती होगी, इसकी उम्मीद मुझे नहीं। आप बेख़ौफ़ अपनी बात कहिये।

—मैं कहना यह चाहता था कि अब्बा गये, उनके साथ उनकी बातें गयीं। अब मैं चाहता हूँ कि हमारा-आपका जो लेना-देना हो, हम ले-दे लें। ख़ामख़ाह के लिए लकीर क्यों पीटें? आख़िर बक़ाया लगान के मुक़द्दमें में आपका भी ख़र्च होता है और हमारा भी।

—आप बिलकुल बजा फ़रमाते हैं, मुझे इसमें क्या उज्र हो सकता है? वह तो आपके वालिद मरहूम थे, जो न हाथ से लेना जानते थे, न देना। उन्हें कचहरी ही में लेना-देना अच्छा लगता था।

—उनकी बात आप छोड़िये। अब मैं तैयार हूँ।

—तो मैं भी तैयार हूँ। आपको इस मामले में मुझसे किसी शिकायत का मौक़ा नहीं मिलेगा।

—बस, यही कहने मैं आया था,—उठते हुए मन्ने ने कहा—अब मुझे इजाज़त दीजिये।

—अरे, पान तो खा लीजिये!—व्यस्त होते हुए लाला बोले और उन्होंने लड़के को पुकारा, लेकिन कोई आवाज़ नहीं आयी।

—फिर कभी खा लेंगे। आप कोई ख़याल न करें। मुझे ज़रा जल्दी है। आज माफ़ कर दें!

—यह कैसे हो सकता है?—उठते हुए लाला ने कहा—मैं ख़ुद देखता हूँ।—और वे ज़नाने की ओर बढ़े, तो मन्ने ने उनका हाथ पकड़कर कहा—आप मेहरबानी करके तकलीफ़ न कीजिये। मैं वादा करता हूँ कि फिर कभी आकर ख़ुद पान खाऊँगा। इस वक़्त ज़रा जल्दी में हूँ। सलाम!

—बड़ा अफ़सोस है, ख़ैर, आप आना न भूलें!—लाला ने जैसे लाचार होकर कहा।

—नहीं-नहीं, यह कैसे हो सकता है?—और मन्ने चला आया।

गाँव में शोर मच गया कि मन्ने लाला के यहाँ गया था। इस अनहोनी पर जैसे किसी को विश्वास ही नहीं हो रहा था। जिसके अब्बा ने अपनी सारी ज़िन्दगी जिन लाला की सूरत देखना हराम समझा, वही लाला के घर गया था! यह कैसे मुमकिन हुआ? घर में जैसे कुहराम मच गया था, जुब्ली चीख़-चीख़कर आसमान सिर पर उठाये हुए था कि मन्ने ने ख़ानदान की नाक कटवा दी, अपने अब्बा की क़ब्र पर लात मार दी! इसने हमें मुँह दिखाने के क़ाबिल न रखा!..

बाबू साहब को मालूम हुआ तो दौड़े-दौड़े आये और पूछा—क्या यह सच है? क्या आप सच ही लाला के दरवाज़े पर गये थे?

मन्ने ने बिना किसी हिचक के कहा—हाँ, गया था। इसमें मैं कोई बुराई नहीं देखता।

—लोग क्या कह रहे हैं, आपको मालूम है?—सिर झुकाकर बाबू साहब ने कहा।

—मालूम है!—मन्ने ने दृढ़ स्वर में कहा—लोगों का कहना-सुनना तो लगा ही रहता है। हमें भी तो अपना फ़ायदा-नुक़सान देखना है!

—तो मियाँ ने क्या ख़ामख़ाह के लिए....

—यह मैं कैसे कह सकता हूँ?—मन्ने बात काटकर बोला—मियाँ के बराबर न मुझमें हिम्मत है, न ताक़त। उनकी शान उनके साथ गयी। मैं उनकी बैसाखी लगाकर कब तक खड़ा कर सकता हूँ?...हर तीसरे साल लाला हम पर बक़ाया लगान का मुक़द्दमा दायर करें और हर तीसरे साल हम उन पर। बीसियों बार कचहरी दौड़ें, सौ-दो सौ रुपये ख़र्च हों और ऊपर से तीन साल का लगान एक साथ अदा करना पड़े ही। इस झंझट से क्या फ़ायदा? मैंने आज निपटारा कर दिया। हर साल हमारा-उनका हिसाब-किताब हो जाया करेगा।

—हुँ!—बाबू साहब ने जैसे मुँह चिढ़ाया—और बाप-दादा की बात की कोई क़ीमत ही नहीं? अच्छे वारिस हैं आप!

—बाबू साहब!—मन्ने समझता हुआ बोला—इन बातों में क्या रखा है? वह जमाना और था, वे लोग और थे, हम उनकी राह पर नहीं चल सकते, बाबू साहब! आपसे तो कुछ छुपा नहीं है। आप ही बताइये, हम इस क़ाबिल हैं कि एक पैसा भी बेकार ख़र्च कर सके? दूसरी बातें छोड़िये।

—आपसे बहस में मैं नहीं जीत सकता,—बाबू साहब जैसे रूठकर कमरे से बाहर जाते हुए बोले—आपके-जैसा मैं पढ़ा-लिखा आदमी नहीं! आप जैसा चाहे, करें!

बाबू साहब चले गये, तो ज़रा देर के लिए वह चिन्ता में पड़ गया। क्या सचमुच उसने ऐसा काम किया है कि और तो और बाबू साहब भी बुरा मान जायँ? उसने बहुत सोचा, लेकिन इसी नतीजे पर पहुँचा कि उसने कोई अनुचित काम नहीं किया है। दरअसल ये लोग भी पुराने ज़माने के ही हैं। लीक को छोड़ना इनके बस की बात नहीं। जैसा चलता आया है, उसमें ज़रा भी रद्दोबदल इन्हें पसन्द नहीं। इसके लिए कोई क्या करे?

और मन्ने निश्चिन्त हो गया। जिस बात को वह उचित समझता, उसका कोई कितना भी विरोध करे, वह माननेवाला न था। उस पर अड़ जाना उसका स्वभाव था, चाहे उसके लिए उसे जो भी झेलना पड़े। उसे अटूट विश्वास था कि उसके विरोधी उसकी बात के औचित्य को एक-न-एक दिन अवश्य स्वीकार कर लेंगे। और

अक्सर ऐसा ही होता भी। इससे उसका आत्मविश्वास बहुत बढ़ गया था और आवश्यकता पड़ने पर वह अपनी बात दबंगई के साथ भी सामने रखने से नहीं हिचकता था।

कालेज का लोकप्रिय विद्यार्थी मन्ने, जो कालेज के हर सामूहिक कार्यक्रमों में सबसे आगे बढ़कर हिस्सा लेता था, यूनिवर्सिटी में दाख़िल होते ही अचानक इस तरह बदल गया, तो इसके पीछे भी उसकी वही भावना काम कर रही थी। एक विद्यार्थी के लिए अपने को इस तरह बदल लेना कोई साधारण काम नहीं। उसके कॉलेज से आये साथी उसे इस रूप में देखते, तो आश्चर्य करते। कोई-कोई तो उस पर फब्तियाँ कसने से भी बाज़ न आते, कंजूस कहते, बेशऊर कहते, लेकिन मन्ने पर इसका कोई असर नहीं पड़ता। वह हँसकर टाल देता, कभी उनकी बात का जवाब न देता। मन्ने ने कितनी कोशिश से अपने मन को मारा, यह वही जानता है। सभी कार्यक्रमों से अपने को अलग कर, अच्छे रहन-सहन का लोभ संवरण कर, ट्यूशन से कुछ पैदा कर, अपने लिये जो उसने रास्ता बनाया, वह कम तकलीफ़देह न था। लेकिन उसने बड़ी मजबूती से अपने को क़ब्ज़े में रखा और तनिक भी झुकने न दिया। इसका कारण यही था कि इस समय वह इस तरह की ज़िन्दगी को ही अपने लिये उचित समझता था, अब पहले की तरह वह रह ही नहीं सकता था।

बड़े दिन की छुट्टियाँ पास आयीं, तो गोरखपुर से जुब्ली के बड़े भाई ज़िल्ले मियाँ का ख़त आया कि मन्ने वहाँ से होकर ही गाँव जाय। एक बहुत ही ज़रूरी काम के सिलसिले में उससे बातें करनी हैं।

मन्ने को यह पत्र पाकर आश्चर्य के साथ शंका भी हुई। ज़िल्ले मियाँ के विषय में वह बहुत नहीं जानता था, लेकिन जो भी जानता था, उससे उन्हें वह अच्छा आदमी नहीं समझता था। उसे पक्का सन्देह था कि वे उससे जलते हैं। उसकी किसी भी तरह की भलाई वे सहन नहीं कर सकते। अब्बा के मरने के बाद ख़ानदान के वही सबसे बड़े आदमी थे, लेकिन उन्होंने उसकी कोई ख़बर तक नहीं ली और न उसकी बहनों की शादी में ही कोई मदद की। वे उसे कभी ख़त भी नहीं लिखते थे। अचानक उन्हें उसकी क्या ज़रूरत पड़ गयी, यह सोचने की बात थी।

उसे आज भी उनको लेकर बचपन की कई बातें याद हैं। ज़िल्ले मियाँ एक शहज़ादे की तरह बड़ी शान से रहते थे। वे बड़े शानदार कपड़े पहनते और बड़ी शान से बातें करते थे। उनका रोब देखने की ही चीज़ थी! वे शाहाना खाना खाते थे। उन्हें कुत्तों और मुर्ग़ों का बड़ा शौक़ था। जाड़ों में वे अपने कुत्तों को दुशाले ओढ़ाते थे, ऐसे दुशाले, जो गाँव में किसी को देखने को भी मयस्सर न हों। वे कोई काम न करते। दिन-भर कुछ ख़ुशामदियों के साथ ग़प्पें लड़ाते, शतरंज या ताश खेलते। बहुत हुआ तो बन्दूक उठाते और तालाब की चिड़ियों या हारिलों या हिरनों के शिकार पर निकल जाते और अक्सर ऐसा होता कि जितना शिकार वे न लाते, उससे अधिक की कारतूसें फूँक आते।

वे किसानों से गाली के नीचे बात न करते थे और उनकी बदमाशियों के कितने ही क़िस्से लड़कों में भी प्रचलित थे। उनमें से एक-दो को तो लड़के कभी भूल ही नहीं सकते।

एक बार की बात है कि पोखरे के सामने के मैदान में दोपहर की छुट्टी होते समय एक नट और नटी ने आकर अपना सामान उतारा और यह शोर मच गया कि ये कठपुतली का नाच दिखानेवाले हैं, आज रात को गाँव में ये नाच दिखायेंगे। छुट्टी की ख़ुशी भूलकर लड़कों ने उन्हें चारों ओर से घेर लिया। देखते-देखते वहाँ लोगों की भीड़ लग गयी। नट-नटी बिलकुल काले थे और उनके शरीर पर बहुत कम कपड़ा था। शरीर इतना सुन्दर और सुडौल था कि देखने से आँखें तृप्त न होतीं, मन होता कि बराबर देखे ही जाओ, जैसे आबनूस की दो आदमक़द मूर्तियाँ हों, दोनों एक-दूसरे से बढ़कर!

नटी ने पड़ाव का सब सामान ठीक करके एक आदमी से पूछा—यहाँ सबसे बड़ा आदमी कौन है?

उस आदमी ने कहा—बड़े तो यहाँ कई हैं, लेकिन इस-सबका शौक़ ज़िल्ले मियाँ को है। उनके यहाँ नाच हो, तो तुम लोगों को अच्छी-ख़ासी आमदनी हो सकती है। बड़े शाहख़र्च आदमी हैं।

फिर वे खाना बनाने में जुट गये, तो लड़कों को भी अचानक अपनी भूख की याद आ गयी और धीरे-धीरे सब खिसक गये।

गर्मियों के दिन थे। दोपहर को दो घण्टे की छुट्टी होती थी। लेकिन उस दिन खाना खाकर भागे-भागे सब आ पहुँचे। देखा तो नटी नहीं थी, और नट नीम के पेड़ के नीचे बेख़बर सो रहा था। फिर भी लड़के उसे ही घेरे खड़े रहे और झाँक-झाँककर बोरे में भरी कठपुतलियों को देखते रहे।

तभी लू के एक झोंके की तरह नटी हाथ में एक कठपुतली लिये हुए मसजिद की ओर से भागती हुई आती दिखायी दी। हाँफती-काँपती, ग़ुस्से से लाल-लाल आँखें लिये वह नीम-तले आकर ताबड़-तोड़ नट को जगाकर बोली—उठ, चल, जल्दी यह गाँव छोड़!—और सामान सिर पर उठाने लगी।

—बौखलाया हुआ नट अनबूझ की तरह बोला—का बात है? का हुआ? तू ऐसा काहे कह रही है?

—यह बदमास गाँव है!—नटी नथुने फड़काती हुई बोली—उठा सामान, देर मत कर! एक घड़ी भी हम यहाँ नहीं रुकेंगे!

—कुछ बता भी तो!—नट छाती के बाल खुजलाता हुआ बोला—का हुआ?

—उसने हमें पकड़ लिया था! बड़ी मुश्किल से जान छुड़ाकर भागे हैं!—चल, जल्दी कर!

नट की भौंहें काँप उठीं। उसने लाल-लाल आँखों से गाँव की ओर देखा और ज़मीन पर ढेर-सा थूक थूक दिया।

जल्दी-जल्दी में सब लाद-फाँदकर वे चलते बने। लड़के उदास हो गये। ज़िल्ले मियाँ को उन्होंने बड़ी गालियाँ दीं, जिनकी वजह से वे कठपुतलियों का नाच नहीं देख पाये। वहाँ इकट्ठे हुए लोग भी इस बात में लड़कों से पीछे न रहे।

मन्ने से लड़कों ने कहा—तुम्हारा भाई बड़ा बदमाश है। उसने नटी को पकड़कर सब गुड़ गोबर कर दिया। वह नटी को क्यों पकड़ रहा था? नट को मिल जाता, तो वह उसे फाड़कर रख देता! साले ने नाच न होने दिया!

मन्ने क्या जवाब देता?

एक बार ज़िल्ले मियाँ शिकार से लौटे, तो एक घोड़पड़ार का बच्चा पकड़कर लाये। बड़ा प्यारा बच्चा था, लड़कों के लिए तमाशा बन गया। लड़के उसे चारों ओर से घेरकर खड़े होते, तो वह उन्हें ऐसी आँखों से देखता, जैसे मेले की भीड़ में कोई खोया बच्चा हर आदमी का मुँह देखता है। लोगों ने सुना कि ज़िल्ले मियाँ ने घोड़पड़ार का बच्चा पाला है, तो अचरज में पड़ गये। कुत्ते-बिल्ली, तोते-मोर, चूहे-खरगोश और नेवले तक को पालनेवाले मिल जायेंगे, यहाँ तक कि क़स्बे के मन्दिर का फक्कड़ बाबा बन्दर को कन्धे पर लिये घूमता है, लेकिन घोड़पडार को कोई पालता हो, ऐसा न तो कहीं देखा गया, न सुना गया।

और ऊपर से सुना यह भी गया कि ज़िल्ले मियाँ उसे पाल-पोसकर बड़ा करेंगे और बैल के साथ हल में जोतेंगे। हिन्दुओं ने जब यह सुना, तो कुलबुलाने लगे। घोड़पड़ार (नील गाय) को वे गाय की तरह मानते हैं। कई बार तो घोड़पड़ार मारने के कारण ही मुसलमान शिकारियों के साथ लाठी चलने की नौबत आ जाती है। और यहाँ ज़िल्ले मियाँ घोड़पड़ार को हल में जोतेंगे!

दो साल के अन्दर घोड़पड़ार बड़ा ऊँचा, जवान हो गया, तो सच ही एक सुबह लोगों ने देखा कि खेत में एक बैल के साथ उसे नाँधकर हल में चलाने की कोशिश की जा रही है। जिसने जहाँ सुना, वहीं से भागा-भागा आया। लड़कों की भीड़ लग गयी। घोड़पड़ार कन्धे पर जुआठ रखने ही न देता, बिदक-बिदककर भाग खड़ा होता और पकड़-पकड़कर हलवाहा उसे पल्ले पर लगाने की कोशिश करता। लड़के ज़ोर-ज़ोर से ताली बजा रहे थे और ज़िल्ले मियाँ मेंड़ पर खड़े-खड़े हँस-हँसकर तमाशा देख रहे थे और लड़कों को डाँट रहे थे।

इतने में जाने कहाँ से रास्ता चलते दस-बारह क्षत्रिय कन्धे पर बड़ी-बड़ी लाठियाँ लिये वहाँ आ प्रगट हुए। घोड़पड़ार की दुर्गति देखकर उनकी आँखों में ख़ून उतर आया। एक ने आगे बढ़कर हलवाहे को डाँटा कि क्यों घोड़पड़ार को तंग कर रहा है, छोड़ दे!

हलवाहा उसका मुँह ताकने लगा, तो ज़िल्ले- मियाँ आगे अकर बोले—तुमसे क्या मतलब? अपना रास्ता देखो! मेरा घोड़पड़ार है, चाहे मैं उसका जो करूँ।

अब क्या था। उनमें से कई एक साथ बोल पड़े—कहाँ से ख़रीदकर लाये हो कि कहते हो, घोड़पड़ार तुम्हारा है? बनियों का यह गाँव है कि लोग खड़े-खड़े तुम्हारा यह तमाशा देख रहे हैं। क्षत्रियों के गाँव में अगर तुम इस तरह की कोई हरकत करते, तो घोड़पड़ार के बदले तुम्हें ही हल में नाँध दिया जाता! छोड़ो इसे, वर्ना लाठियाँ बज जायेंगी!—और आगे बढ़कर वे घोड़पड़ार को जुए से छुड़ाकर आगे-आगे हाँकते हुए चल पड़े।

लड़के उछल-उछलकर ज़ोर-ज़ोर से तालियाँ पीटने लगे।

ज़िल्ले मियाँ के चेहरे पर हवाइयाँ उड़ रही थीं। वे ग़ुस्से में चीख़ रहे थे—मेरी बन्दूक़ लाओ! मैं इन्हें भूनकर रख दूँगा!

लेकिन वहाँ उनकी बात सुननेवाला कोई नहीं था। हलवाहा भीड़ में घुस गया था।

मन्ने ने जब होश सम्हाला, तो ज़िल्ले मियाँ की सारी शान मिट्टी में मिल चुकी थी। कुत्ते और मुर्ग़े बिक गये थे। उनके हिस्से के सारे खेत रेहन होकर लाला या दूसरे मुसलमानों या दूसरे गाँवों के महाजनों के पास चले गये थे। बेचारे की हालत बड़ी ख़राब थी। भाइयों से रोज़ ही खाने-पीने के मामले तक में झगड़ा होता। आख़िर ज़िल्ले मियाँ जब घर के पुश्तैनी सामान भी औने-पौने में बेचने लगे, तो घरेलू झगड़ा अपनी सीमा पर पहुँच गया और उनके भाइयों ने अलग हो जाने का ऐलान कर दिया।

तब मज़बूर होकर उन्हें गाँव छोड़ना पड़ा। वे अपने बाल-बच्चों को लेकर अपनी ससुराल गोरखपुर चले गये। वहाँ कोशिश कर-कराके वे एक क़साईख़ाने के मुन्शी हो गये। इस नौकरी में तनख़्वाह बहुत मामूली थी, लेकिन सुना जाता कि ऊपरी आमदनी बहुत काफ़ी होती, फ़ी बकरा चार आने से लेकर रुपये तक दस्तूरी मिलती, गोश्त की तो रेल-पेल रहती ही। बारह बजे जब वे क़साईख़ाने से लौटते, तो उनकी शेरवानी की जेबें रेज़कारियों से भरी रहतीं। लेकिन बचाने के नाम पर एक पैसे की क़सम थी। खाने-पीने में सब स्वाहा! लड़के आवारा घूमते या रिश्तेदारों के यहाँ आश्रय लेते और वे बेशर्मी से पुलाव और मुर्ग़मुसल्लम उड़ाते। वे सिर्फ़ खाने-पीने के लिए ही पैदा हुए थे। उनके पेट की ज्वाजा कभी शान्त होनेवाली नहीं थी और ख़ुदा ने शायद यही सोचकर उन्हें क़साईख़ाने का मुन्शी बना दिया था।

मन्ने जब गोरखपुर पहुँचा, तो ज़िल्ले मियाँ ने उसका ख़ूब सत्कार किया। उन्होंने एक गुंजान मुहल्ले में एक बहुत ही मामूली खपरैलोंवाला घर किराये पर ले रखा था। घर निहायत गन्दा था, ऐसा मालूम होता था कि झाड़ू तक न लगती हो। फ़र्श पर, दीवारों पर गर्द जमी थी। चारों ओर बीड़ी के जले हुए टुकड़े, दियासलाई की जली

हुई तीलियाँ, पीके, पान की सीठियाँ और मुर्ग़ियों और कबूतरों की बीटें बिखरी पड़ी थीं। सामान के नाम पर तीन-चार खाटें, एक छोटा तख़्त, कुछ मामूली बिस्तरें, दो मिट्टी के घड़े और अल्मोनियम के कुछ बर्तन थे। ज़िल्ले मियाँ, भाभी और उनके लड़कों के शरीर के कपड़ों पर भी घर की दशा की ही छाप थी।

लेकिन दस्तरख़ान पर जब दोपहर का खाना चुना गया, तो ऐसा मालूम हुआ, जैसे गँदले बादलों के बीच पूरा चाँद चमक गया हो। बिल्लौरी बर्तनों में तरह-तरह के उम्दा, मुरग्गन खाने उस घर के, उस माहौल के बिलकुल बरक्स थे। भाभी ने धराऊँ कपड़े निकाल लिये थे, लेकिन ज़िल्ले मियाँ ख़ून के धब्बे लगे, तंग मोहरी के पाजामे और पैसे और बीड़ी के बण्डल से लटक आयी जेबवाली गन्दी क़मीज़ में ही दस्तरख़ान पर लापरवाह-से बैठे थे।

खाना शुरू करने के पहले मन्ने ने जैसे दबकर कहा—भाई साहब, आपने इतनी ज़हमत क्यों की?

ज़िल्ले मियाँ ठठाकर हँस पड़े। मन्ने ने अनुभव किया कि सब-कुछ बदल गया, लेकिन उनकी हँसी नहीं बदली। यह हँसी संसार से एक सोलहों आने निश्चिन्त प्राणी की थी। ज़िल्ले मियाँ की यह हँसी गाँव में मशहूर थी, दूर-दूर तक गूँजती थी, और सुननेवालों के मुँह से आप ही निकल जाता था, यह ज़िल्ले मियाँ की हँसी है! सब-कुछ चला गया, लेकिन ज़िल्ले मियाँ की यह हँसी नहीं गयी। मन्ने उनका मुँह तकने लगा।

बोले—जहमत कोई नहीं की गयी है! यही मेरी ज़िन्दगी है!

—लानत है इस ज़िन्दगी पर!—भौंहें सिकोड़कर भाभी बोलीं—घर में तुम क्या खाते हो, यह कौन देखता है! ज़िस्म पर...

—तुम चुप रहो, मेरा खाना ख़राब मत करो!—ज़िल्ले मियाँ गुर्राये।

—चुप तो हूँ ही! बच्चे भीख माँगेंगे, तब तुम्हारी इज़्ज़त...

—मैं कहता हूँ, ख़ामोश रहो!—ज़िल्ले मियाँ का बड़ा चेहरा जैसे बाघ की तरह खूँखार हो उठा।

मन्ने ने देखा, हँसी ही की तरह उनके जिस्म पर भी कोई आँच नहीं आयी है। पहले ही की तरह तगड़ा, मज़बूत और जमा हुआ।

बोले—तुम बिस्मिल्लाह करो, जी!

मन्ने ने जैसे सहमकर लुक़्मा उठाया और ज़िल्ले मियाँ ने जब खाना शुरू किया, तो मन्ने के लिए यह एक देखने लायक़ मंज़र था, जैसे भूखा बाघ मनचाहा शिकार पाकर उस पर टूटा हो। मन्ने अपना खाना ही भूल गया। भाभी उसका ख़याल न करतीं, तो शायद वह भूखा ही रह जाता।

कई गिलौरियाँ पान दबाकर, ओसारे में खाट पर पड़ जब ज़िल्ले मियाँ बीड़ी-पर-बीड़ी धौंकने लगे, तो उनकी बगल में खाट पर बैठकर मन्ने बोला—भैया, किसलिए आपने मुझे याद किया?

—दो-चार रोज़ रुको,—आँख मूँदते हुए वे बोले—क्या जल्दी है, बतायेंगे।

मन्ने उनके मिज़ाज से वाक़िफ़ था। वह उठकर अन्दर भाभी के पास चला गया।

भाभी उसे बहुत मानती थीं। उनके मन में मन्ने के लिए बड़ी इज़्ज़त और मुहब्बत थी। इस वज़ह से ही गाँव में वह कई बार अपने घरवालों की झिड़कियाँ सुन चुकी थीं। मन्ने को यहाँ अपने पास पाकर वे बहुत ख़ुश थीं। उन्होंने पानदान से पान बनाकर उसे देते हुए कहा—बाबू, तुम तो मुझे भूल ही गये! उनका ख़त न जाता, तो शायद अपने मन से तुम कभी भी नहीं आते!

—क्या करें, भाभी?—मन्ने ने शर्मिन्दा होकर कहा—तुमसे मेरा क्या छुपा है! ख़ुदा न करे, कोई अपने घर का अकेला हो!

—सच बताना, कभी मेरी याद आती थी?—भावुक होकर, स्नेहसिक्त स्वर में भाभी बोलीं।

—हाँ, बराबर आती है!—मुस्कराकर मन्ने बोला—तुम-जैसी हसीन और ख़ुशएख़लाक़ भाभी को भुलाना क्या मेरे बस की बात है!

—झूठ!—लाल होकर भाभी बोलीं—बनाओ मत!

—नहीं, भाभी, बिलकुल सच कहता हूँ!—मन्ने संजीदा होकर बोला—तुम्हें जब भी देखता हूँ, यही ख़्याल आता है कि यह हीरा कहाँ कीचड़ में पड़ गया।

—इसका ज़िक्र न करो, बाबू!—रुआँसी होकर भाभी बोलीं—इस कमबख़्त ने मेरी तो ज़िन्दगी ख़राब की ही, बच्चों की भी इसे कोई फ़िक्र नहीं। इतना कमाते हैं कि रखा जाय, तो रखने की जगह न मिले, लेकिन सब पेट को चढ़ जाता है। खाने के सिवा और किसी बात का शौक़ ही इन्हें नहीं। पेटू की तरह खाना और भैंसे की तरह सोना, यही दो काम इनके रह गये हैं।...सुन रहे हो न उनकी नाक की आवाज़!

मन्ने हँस पड़ा। फिर बोला—भाभी, तुम्हीं कुछ क्यों नहीं करतीं?

—मैं सब करके हार गयी, मेरी एक नहीं चलने देते!—भाभी हारे हुए स्वर में बोलीं—और सच पूछो, तो मैंने भी अब सब उम्मीदें छोड़ दी हैं। मेरे भी सब शौक़ मर गये हैं। घर की हालत देखते हो न! झाड़ू तक देने को जी नहीं करता। जैसे मेरी ज़िन्दगी भी सड़ गयी हो और मुझे भी हराम जानवर की तरह यह सड़ाँध ही प्यारी हो गयी हो!—कहते-कहते उनकी आँखों से आँसू टपकने लगे।

—भाभी, यह तो बहुत बुरी बात है!—मन्ने उदास स्वर में बोला—घर की हालत देखकर मुझे सख़्त ताज्जुब हुआ था। मैंने सोचा था, शायद भाभी यहाँ नहीं रहतीं. वर्ना मेरी भाभी...

—वह मर गयी, बाबू!—फफककर भाभी बोलीं—किसी काम में भी मेरा जी नहीं लगता। मैं उनके लिए सिर्फ़ एक बावर्ची रह गयी हूँ। पता नहीं, अब खाना भी...सच बताना, बाबू, खाना अच्छा बना था?

—यह भी क्या पूछने की बात है, भाभी?

—पूछने की क्यों नहीं है?—भाभी जैसे तड़पकर बोलीं—काम में मन न लगता हो, तो ऐसा शक़ होना लाज़िमी है। बाबू, कभी-कभी तो मुझे यह भी डर लगता है कि कहीं मेरे हाथ का खाना ख़राब होने लगा, तो...

—भाभी!—मन्ने ज़ोर से बोल पड़ा—ऐसी बात मुँह से न निकालो!

भाभी ने दुपट्टे से आँखें पोंछ लीं। एक करुण मुस्कान उनके होंठों पर उभर आयी। जैसे सब भूलकर बोलीं—जाने दो, जो आयेगा देखेंगे। ख़ामख़ाह के लिए तुम्हें परेशान कर बैठी। अब अपनी कहो, ख़ैरियत से रहे न, बाबू?

मन्ने के मन में अनायास यह भाव उठा कि वह भाभी की आँखों और होंठों को चूम ले और कहे, भाभी, तुम पहली औरत हो, जिसने मुझे बताया कि औरत क्या होती है! तुम्हारे लिये मुझे ताज़िन्दगी एक अफ़सोस रहेगा, लेकिन साथ ही मुझे यह फ़ख़्र भी रहेगा कि तुम-जैसी औरत से मैंने मुहब्बत का पहला सबक़ लिया!

लेकिन मुँह लटकाकर बोला—हाँ, ज़िन्दा हूँ।

—लेकिन ये कपड़े क्या पहन रखे हैं?—भाभी ने उसे ग़ौर से देखते हुए कहा—बाल इतने छोटे क्यों करवा रखे हैं? कांग्रेसी बन गये क्या?—और वे इस तरह हँस पड़ीं, जैसे दो ही क्षणों में उनकी कायापलट हो गयी हो।

हैरत से उनकी ओर देखते हुए मन्ने ने चुहल की—क्यों? देखकर नफ़रत होती है न?

—नहीं, और ज़्यादा मुहब्बत होती है!—जैसे ललककर भाभी बोलीं—देखकर जी में आता है कि तुम्हारे सिर में तेल लगा-लगाकर तुम्हारे बालों को बढ़ा दूँ और बाज़ार जाकर तुम्हारे लिये अच्छे-अच्छे कपड़े लाऊँ और अपने सामने दर्ज़ी से सिलवाकर तुम्हें अपने हाथों से पहनाऊँ और तुम्हें देखूँ!...काश!—और उनके मुँह से एक ठण्डी साँस निकल गयी।

मन्ने के चेहरे से होकर जैसे एक सरसराहट गुज़र गयी। उसके दिल में एक गुदगुदी हुई और फिर सहसा ही जैसे वह भर आया। उसके जी में आया, वह कहे, भाभी, तुम मेरी माँ हो!

लेकिन एक क्षण ख़ामोश रहकर, उसने भाभी से आँखें मिलाकर कहा—भाभी, तुम बहुत अच्छी हो!

भाभी फिर वही हँसी हँस पड़ीं। और फिर सहसा जाने उन्हें क्या याद आ गया कि हँसी ऐसे रुक गयी, जैसे अचानक उनकी गर्दन टूट गयी हो।

भौंचक होकर मन्ने बोला—क्या बात है, भाभी? तुम अचानक इस तरह....

भाभी के चेहरे पर जैसे जादू फिर गया हो, वह तुरन्त आश्वस्त होकर, झूठी खाँसी खाँसकर, गला साफ़ करके बोलीं—बाबू, उसे बड़े-बड़े बाल पसन्द हैं। वह कपड़ों की बेहद शौक़ीन है। वह...

—वह कौन, भाभी?—चकित, शंकित और उत्सुक होकर मन्ने ज़ोर से बोल पड़ा।

कनखियों से उसकी ओर देखती हुई, होठों पर मन्द मुस्कान लिये भाभी धीरे से बोलीं—वही तुम्हारी होनेवाली, और कौन?

—भाभी!—मन्ने अवसन्न-सा होकर चीख़ पड़ा—यह तुम क्या कह रही हो? कौन मेरी होनेवाली है? मुझे शादी-वादी नहीं करनी है!

—इस तरह घबराओ नहीं, बाबू—स्थिर स्वर में समझाती हुई-सी भाभी बोलीं—ऐसे बच्चों की तरह बौखलाओगे, तो तुम्हारा तो शायद कुछ न बिगड़े, लेकिन तुम्हारी मँझली बहन की ज़िन्दगी बरबाद हो सकती है।

—क्या मतलब?—शंकित दृष्टि से भाभी की ओर देखते हुए, मन-ही-मन सहमकर मन्ने बोला।

—क्या सचमुच तुम कुछ नहीं समझते?—भाभी ने भौंहें सिकोड़कर कहा।

—नहीं, भाभी, तुम्हारी क़सम, मैं कुछ नहीं समझता!—परेशान स्वर में मन्ने बोला।

—तो सुनो!—भाभी ने पान की सीठी उगालदान में गिराकर कहा—वह मेरी भतीजी और तुम्हारे बहनोई, ताहिर की बड़ी भाँजी है। जिस दिन ताहिर मियाँ का रिश्ता तुम्हारी बहन से हुआ, उसी दिन तुम्हारा रिश्ता इस लड़की से पक्का हो गया था।

—यह ग़लत है!—मन्ने तैश में आकर बोला।

—तुम्हारा बचपना न गया, बाबू!—भाभी झिड़कती हुई-सी बोलीं—तुम ज़रा धीरे से बात करो। उनकी नींद खुल गयी और उन्होंने हमारी बातें सुन लीं, तो जानते हो न उनका मिज़ाज!....ख़ैर, यह सही है कि उस वक़्त तुमसे इस रिश्ते के बारे में बात नहीं हुई थी, लेकिन यहाँ लोगों ने यह जोड़ बैठा ली थी।...अब जाल फैला दिया गया है। पूरा नक़्शा तैयार करके तुम्हें यहाँ बुलाया गया है। ताहिर मियाँ भी आये हुए हैं। वे मुझसे कह चुके हैं कि अगर तुमने यह रिश्ता क़बूल न किया, तो तुम्हारी बहन....इसलिए, बाबू, तुम सोच-समझकर बात करना। इसका ताल्लुक़ सिर्फ़ तुम्हारी ज़िन्दगी से नहीं है, तुम्हारी बेकस बहन की ज़िन्दगी का भी सवाल हैं।

मन्ने अवाक् रह गया। वह एकटक भाभी का मुँह ताकने लगा।

भाभी ने आँखें झुकाकर कहा—यों, लड़की अच्छी है, हसीन है, बाएख़लाक़ और मुहज़्ज़ब है। कुछ पढ़ी-लिखी भी है और घर-गिरस्ती के काम-धाम में भी

माहिर है। मुझे तो एतराज़ की कोई बात नहीं दिखायी देती। आख़िर कहीं-न-कहीं तो तुम्हें शादी करनी ही है। रिश्ते की जानी-पहचानी लड़की घर आये, यह क्या अच्छा नहीं है?

बझे गले से मन्ने बोला—लेकिन, भाभी, अभी तो मैं अपनी शादी की सोच भी नहीं सकता। मेरी पढ़ाई अभी अधूरी है। मुझे अपनी छोटी बहन की शादी करनी है। तुम जानती हो, मेरी हालत..

तभी बाहर दरवाज़े पर से आवाज़ आयी—ज़िल्ले! हो अन्दर?

सुनकर भाभी सकपकाकर बोलीं—यह तो भाई साहब की आवाज़ है! तुम ओसारे में चलकर बैठो। मैं उन्हें अन्दर बुला लूँ।—और वह लपककर दरवाज़े की ओर बढ़ीं।

भाभी के भाई साहब ने दूर से ही मन्ने को देखकर बड़े तपाक से कहा-अस्सलाम अलेकुम!

मन्ने उठकर खड़ा होते हुए बोला—वलेकुमसलाम।

भाभी अपने भाई साहब से बोलीं—ये मन्ने बाबू हैं हमारे!

—जानता हूँ, जानता हूँ!—वे बोले—तुम्हारे बताने की कोई ज़रूरत नहीं।

फिर मन्ने की ओर मुख़ातिब हुए—तुम कब आये, भाई?

—सुबह,—मन्ने ने अनमना होकर संक्षिप्त उत्तर दिया।

भाभी की ओर देखकर उन्होंने पूछा—यह ज़िल्ले कितना सोता है, भाई? जब आता हूँ, इसे सोया हुआ ही पाता हूँ। उठाओ इसे।

लेकिन ज़िल्ले मियाँ को उठाने की ज़रूरत नहीं पड़ी। उनकी आँखें आप ही खुल गयीं। जम्हाई लेते हुए उठकर बैठ गये और भाभी के भाई साहब पर नज़र पड़ी, तो बोले—आप देर से आये हैं क्या, मामू?—फिर तुरन्त मन्ने की ओर देखकर एक बुज़ुर्ग की तरह बोले—मन्ने, मामू को सलाम किया?

मामू ही बोले—हाँ, सलाम-दुआ हो चुकी है। तुमसे एक बात कहने आया था।

—फ़रमाइये!—बीड़ी सुलगाते हुए ज़िल्ले मियाँ बोले।

—आज शाम को तुम लोग हमारे यहाँ चाय पिओ।

हँसकर ज़िल्ले मियाँ बोले—चाय ही क्यों? हम रात का खाना भी आपके ही यहाँ खायेंगे!

—ज़रूर, ज़रूर, खाना भी खाओ!—उठते हुए मामू बोले—अच्छा, अब मैं चलूँगा। चार बजे तुम लोग आ जाओ।

—अरे, ज़रा देर तो बैठिये!—फिर भाभी की ओर देखकर ज़िल्ले मियाँ बोले—भई, तुम खड़ी-खड़ी मुँह क्या देख रही हो? मामू को पान तो दो!

भाभी अन्दर कमरे में भागीं, लेकिन उनके कान बाहर ही लगे थे, शायद कोई बात छिड़े।

बाहर सब लोग ख़ामोश थे। भाभी ने पान लाकर दिये। मामू ने लापरवाही से मुँह में पान दबाये और सलाम करके चलते बने।

ज़िल्ले मियाँ अब हँसकर बोले—यह-सब तुम्हारी ही तुफ़ैल में है, मन्ने बाबू! वर्ना मुझे तो ये लोग छठे-छमासे भी याद नहीं करते!—और वे अपनी हँसी हँस उठे।

मन्ने के अन्दर का क्षोभ जैसे भभक पड़ा। उसका चेहरा लाल हो गया। उसके जी में आया कि इस हैवानी हँसी हँसते हुए चेहरे को नोंचकर रख दे! भाभी ने उसका चेहरा देखा, तो सहमकर उसके सामने आकर बोलीं—चलो, तुम अन्दर चलकर थोड़ा आराम कर लो। रात को गाड़ी में जगे होगे।

मन्ने ने आँखें उठाकर भाभी का सहमा हुआ चेहरा देखा और उठकर अन्दर कमरे में चला गया।

मन्ने को लग रहा था कि वह अकेला चारों ओर से घिर गया है, बचने की कोई राह नहीं। आँखें मूँदे, खाट पर वह चुपचाप पड़ा था, लेकिन उसके अन्दर जैसे कोहराम मचा हो, उसका दिल जैसे भुभुर में पड़ी मछली की तरह तपड़ रहा हो। रह-रहकर बेकस बहन और शैतान ताहिर सामने आ खड़े होते और वह आँखें मूँद लेने की कोशिश करता।

किस सायत में उसने अपनी बहन की शादी इस कमबख़्त से की! बाद में जब उसका चरित्र खुला, तो मन्ने को उसकी सूरत से नफ़रत हो गयी। जाने क्यों उसे बराबर यह डर लगा रहता कि यह कमबख़्त कभी-न-कभी ग़बन ज़रूर करेगा, और जेल जायगा। साठ रुपये का एक पोस्ट मास्टर दो सौ रुपये ख़र्च करेगा तो कहाँ से? जाने किस शान में ऐंठता फिरता है! कपड़े पहनेंगे लाट साहब की तरह और करनी जौ-भर की नहीं! ससुराल में आयेंगे, तो यही चाहेंगे कि सब लोग हाथ बाँधे दामाद के सामने खड़े रहें और उनका हुक्म बजाया करें। खाने को चाहिए रोज़ पुलाव और मुर्ग़मुसल्लम! नहीं तिनककर भाग खड़े होंगे और दुनिया-जहान से शिकायत करते फिरेंगे और बहन पर सितम तोड़ेंगे, तुम्हारा भाई निहायत ही ग़ैरमुहज़्ज़ब और कंजूस है!...ठेंगा खिलाते हैं हम! अरे मेहमान की तरह आओ और मेहमान की तरह दो-चार रोज़ रहकर चले जाओ, तो ठीक है, हम तकलीफ़ उठाकर भी तुम्हारी ख़ातिर करने को तैयार हैं। लेकिन यहाँ तो जब तक तर मिलता रहेगा, अर्ज़ियाँ भेज-भेजकर छुट्टियाँ बढ़ाते जायेंगे और महीनों तक सर पर सवार रहेंगे। फिर कौन करे तुम्हारी ख़ातिर? इतना पैसा होता, तो एक बात भी थी, लेकिन यहाँ तो जो है, उसी से सब धरम-करम चलाना पड़ता है। और फिर तुम रिश्तेदार काहे के हो, जो उनकी स्थिति नहीं समझोगे और बारम्बार धौंस जमाकर मेहमानी कराओगे! जाओ जहन्नुम में तुम!...

—बाबू, ज़रा सिर सीधा करो, तेल लगा दूँ।

आँख खोलकर मन्ने ने देखा, भाभी हाथ में तेल की मलिया लिये उस पर झुकी हुई थीं। उसने फिर आँख मूँदकर कहा—रहने दो, भाभी। तुम भैया से कह दो, मैं शाम की गाड़ी से जा रहा हूँ।

—वो तो कहीं बाहर चले गये,—उसके सिर पर हाथ रखती हुई भाभी बोलीं—तुम शाम को क्यों चले जाओगे?

—मैं अभी इस झंझट में नहीं पड़ सकता, भाभी!

—इससे छुटकारा नहीं, बाबू!—तेल थोपती हुई भाभी बोलीं—लड़की तुम्हारे ही भरोसे सयानी हो गयी है। वे लोग और इन्तज़ार नहीं कर सकते। और एक बात तुमसे और बता दूँ, वह भी तुम्हें अपना दूल्हा मान चुकी है, तुम्हारी ही माला जपती रहती है।

—यह तुमने ख़ूब कही, भाभी! जान-न पहचान, मियाँ-बीबी सलाम!

—सच कहती हूँ, बाबू! वह तो रात-दिन मेरी जान खाये रहती है, फूफू एक बार उन्हें बुलाओ, मैं देख तो लूँ!...तुम्हारे बारे में उसे पूरी जानकारी है और सच पूछो तो तुम्हारी वज़ह से उसका दिमाग़ भी ऊँचाई पर उड़ने लगा है।

—दुत!

—दुत नहीं, बाबू! तुम्हारी क़सम, जो झूठ बोलूँ! कहती है, इतना पढ़ा-लिखा, इतना बड़ा ज़मींदार हमारे रिश्तेदारों में कौन है?

—भाभी, बच्चों की तरह मुझे बहलाओ नहीं! मैं तुम्हारे इस लल्लो-चप्पो में आनेवाला नहीं! मैं अपनी हालत जानता हूँ। मैं अभी इस झंझट में पड़कर अपनी ज़िन्दगी बरबाद नहीं करना चाहता!

—कौन कहता है कि तुम अपनी ज़िन्दगी बरबाद करो? अरे, फ़िलहाल निकाह कर लो...

—अम्माँ!—तभी ओसारे से आवाज़ आयी।

—आओ, एख़लाक़, देखो, तुम्हारे चाचा जान आये हैं!

—आओ, बेटे, मेरे पास आओ!—मन्ने ने हाथ बढ़ाते हुए कहा।

—सलाम, चचा जान!—आँखें झपकाते हुए आठ साल के मासूम एख़लाक़ ने हाथ उठाकर कहा।

लेटे-ही-लेटे अपनी गोद में उसे बैठाकर मन्ने उसकी पीठ पर हाथ फेरने लगा।

—यह अपनी फूफू के साथ रहता है,—भाभी ने ठण्डी साँस लेकर कहा।

एख़लाक़ का मासूम, प्यारा पर उदास चेहरा देखकर मन्ने के दिल में जैसे कुछ टीस गया।

—बड़ा एक़बाल तो बिलकुल लोफ़र हो गया है,—भाभी उदास स्वर में बोलीं—कई-कई दिन तक उसका पता ही नहीं चलता।

—आप लोग चलिये,—एख़लाक़ बोला—वहाँ चाय पर आप लोगों का इन्तज़ार हो रहा है। अम्माँ, आपके लिए बाजी ने डोली भेजी है।

—अबे, तू उसे बाजी ही कहता रहेगा? वो तेरी चची जान हैं न?—भाभी ने मुस्कराकर कहा।

एख़लाक़ ने शर्माकर गर्दन झुका ली।

—नहीं, बेटे, तेरी अम्माँ झूठ बोल रही हैं!—मन्ने चट बोला।

—झूठ काहे को कहूँगी?—भाभी हँसकर बोलीं—जो कल होनेवाला है, उसे आज ही कहने में क्या बुराई है?

—इससे तो यही मालूम होता है, भाभी, कि तुम भी इस साज़िश में शामिल हो?—मन्ने ने सिर हिलाते हुए कहा—जो हो, हँसुआ अपनी ही ओर खींचता है!

—चलो, अम्माँ, देर हो रही है!—एख़लाक़ बोला।

—अरे, अपने अब्बा को तो आने दे!—भाभी ने उसे झिड़का।

—वो तो वहीं हैं, अम्माँ! आप लोग चलिये!—एख़लाक़ ने अम्माँ का हाथ पकड़कर कहा।

—उठो, बाबू, कपड़े बदल लो।—उसके सिर से हाथ खींचते हुए भाभी ने कहा।

—तुम जाओ, मैं नहीं जाता!—करवट बदलकर मन्ने बोला।

—अब तुम मेरी शामत क्यों बुलवाना चाहते हो, बाबू?—भाभी गम्भीर होकर बोलीं—तुम्हारी समझ में नहीं आता कि अब तुम्हें वहाँ ले जाने की ज़िम्मेदारी मेरी है?

मन्ने ने घूमकर उनकी ओर देखा और जैसे हारकर उठ बैठा। बोला—चलो, कपड़े तो सुबह ही बदले थे।

—अरे, शेरवानी और टोपी तो पहन लो!—भाभी ने ज़रा झिड़ककर कहा।

—नहीं, मैं ऐसे ही चलूँगा!—उठकर मन्ने बोला और एख़लाक़ का हाथ पकड़कर कमरे से बाहर निकल आया।

जिसके दरवाज़े पर डोली जाकर रुकी, वह घर बहुत मामूली खपरैल का था। सहन में ही एक छोटी मेज़ और उसके चारों ओर कुर्सियाँ लगी थीं। मेज़ पर सफेद काढ़ा हुआ मेज़पोश था। कुर्सियों पर मामू, ताहिर और ज़िल्ले बैठे हुए थे। एक कुर्सी पर मन्ने भी बैठ गया बांगड़ू की तरह। ताहिर को वह कभी सलाम नहीं करता था। उठते ही उसने देखा कि उसकी कुर्सी का मुँह दरवाज़े की ओर था, जिसपर मामूली एक टाट का पर्दा लटक रहा था।

थोड़ी ही देर में मामू और ताहिर उठकर घर के अन्दर चले गये और एक आठ साल की गोरी, हसीन, पतली लड़की हाथ में पान की तश्तरी लिये, शर्माती हुई-सी ज़िल्ले मियाँ के सामने आ खड़ी हुई।

—अरे, पहले अपने दूल्हे भाई को पेश करो!—ज़िल्ले मियाँ ने कनखियों से मन्ने की ओर देखते हुए कहा।

हरा दुपट्टा अपने लाल होठों से दबाती हुई, दूसरी ओर मुँह फेरकर लड़की बोली—आप ही दे दीजिये!

यह ग़लत बात है! चलो, अपने हाथ से दो!—ज़िल्ले मियाँ ने मीठी झिड़की के साथ कहा—तुम तो ऐसे शर्मा रही हो, जैसे इनसे तुम्हारी ही शादी होने को हो!

—जाइये!—तुनककर लड़की मेज़ पर तश्तरी रखकर भाग खड़ी हुई।

हँसकर ज़िल्ले मियाँ बोले—देखा तुमने नमूना? यह उसकी छोटी बहन है और वह भी हू-ब-हू इसी साँचे में ढली है!

मन्ने सिर झुकाये ख़ामोश बना रहा। यहाँ वह कुछ भी न बोलेगा, यह सोचकर आया था।

लौंडी चाय, दो क़िस्म के हलवे औ उबाले हुए अण्डे रख गयी। ताहिर और मामू भी आ गये। लोगों ने खाना शुरू किया, लेकिन मन्ने हाथ रोके बैठा रहा।

मामू ने हलवे की तश्तरी बढ़ाते हुए कहा—लो, भाई, इस तरह क्यों बैठे हो?

—मेरी तबीयत ठीक नहीं है। पानी पी लूँगा।—मन्ने ने कहा।

तब उन्होंने अण्डे की तश्तरी उसके सामने करके कहा—एक अण्डा तो लो।

—लो, भाई!—ज़िल्ले ने कहा—क्यों तकल्लुफ़ कर रहे हो?

मन्ने ने सिर उठाया, तो टाट के पर्दे के पीछे एक गुलाबी दुपट्टा लहराता हुआ चला गया। झट आँखें नीची करके बोला—नहीं, मैं चाय ले लूँगा,—वह चाय बनाते हुए बोला—गो चाय भी मुझे माफ़िक नहीं पड़ती।

ताहिर ज़िल्ले मियाँ से बोला—क्यों, कुछ बात हुई?

—यह तो कुछ बोलता ही नहीं,—ज़िल्ले मियाँ बोले—मालूम होता है, शर्मा रहा है।

—तुम घर के बड़े हो,—मामू बोले—तुम्हारे सामने ये क्या बोलें? सब-कुछ तो तुम्हें ही करना है। तुम्हीं बोलो!...

ज़िल्ले मियाँ अपनी हँसी हँस पड़े। टाट का पर्दा हिला। बोले—अब वह ज़माना नहीं रहा। आप लोग इसी से पूछिये।

—अच्छा, भाई, तुम्हीं बोलो,—ताहिर बोला—तुम्हें कोई एतराज तो नहीं होना चाहिए।

मन्ने ने जहर की आँख से ताहिर को देखा।

मुँहफट ताहिर बोला—इस तरह मत देखो, साफ़-साफ़ बोलो! आख़िर हमारा तुम पर हक़ है!

मन्ने इस आवाज़ को समझता था। मन ही-मन वह उबल उठा। लेकिन नर्म आवाज़ में बोला—अभी मैं कुछ नहीं कह सकता।

—तो फिर कब कहोगे?—ताहिर बोला।

—यह तुम्हारी ज़्यादती है, ताहिर,—ज़िल्ले मियाँ बोले—तुम तो हथेली पर सरसों उगाना चाहते हो! भाई, शादी-ब्याह का मामला है, कुछ सोचने के लिए वक़्त तो चाहिए ही!

—इसमें सोचना क्या है?—ताहिर बोला—घर की लड़की है, जैसे चाहे शादी करे। चाहे तो कुछ भी ख़र्च न करे। हमारी ओर से कोई शिकायत न होगी।

—ठीक है। फिर भी आदमी को सैकड़ों बातें सोचनी होती हैं,—ज़िल्ले मियाँ बोले—ख़ामख़ाह के लिए तुम लड़के को परेशान मत करो। वह कब इनकार करता है!

—बहुत अच्छा,—ताहिर बोला—फिर आप ही समझियेगा!

—मुझे तो अब माफ़ कीजिये, मैं चलूँगा,—खड़े होते हुए मन्ने ने कहा।

उठते हुए ज़िल्ले मियाँ बोले—मैं भी चलता हूँ।

मन्ने गाँव पहुँचा, तो उसे ताज़्ज़ुब हुआ, उसके रिश्ते का शोर घर में और गाँव में उससे पहले ही पहुँच गया था। यह ज़िल्ले मियाँ की कारस्तानी थी। उन्होंने जुब्ली को ख़त लिख दिया था और जुब्ली ने यह ख़बर फैला दी थी।

बाबू साहब ने पूछा—क्या यह सच है, आप गोरखपुर गये थे?

मन्ने कुछ न बोला, तो बाबू साहब बोले—यह रिश्ता मुझे पसन्द नहीं! मैं तो किसी बड़े घर का सपना देख रहा हूँ!

—पसन्द तो मुझे भी नहीं, बल्कि अभी तो यह सवाल मेरे सामने है ही नहीं। लेकिन देखता हूँ कि मज़बूरी है।

—क्यों? मज़बूरी किस बात की है?—बाबू साहब अचकचाकर बोले।

मन्ने ने उनके सामने नक़्शा खोला, तो वे ख़ामोश हो गये, जैसे उनका सपना टूट गया हो। उनकी आँखों में एक हसरत उभर आयी और फिर वे उदास हो गये।

कई दिन तक मन्ने परेशान रहा। वह जितना सोचता, जैसे सोचता, एक ही नतीजे पर पहुँचता। इसी बीच ज़िल्ले मियाँ, भाभी, ताहिर और बहन की चिट्ठियाँ भी आ गयीं। सब जैसे एक ही बात, एक ही आवाज़ से उसके कानों में चीख़ रहे थे। और

मन्ने ने जब देख लिया कि इससे छुटकारा नहीं, आज नहीं तो कल, कल नहीं तो परसों, उसे यह करना ही होगा, तो उसने अपने स्वभाव के अनुसार आँख मूँदकर ख़त लिख दिया, रिश्ता मुझे मंज़ूर है, जब चाहें तारीख़ की ख़बर दे दें।

कौन एक उलझन पाले? जो होना हो, जल्दी ही हो जाय। लेकिन उसे क्या मालूम कि यह उलझन से छुटकारा नहीं था, बल्कि यह तो ज़िन्दगी-भर के लिए एक उलझन उसके गले बँधने जा रही थी।

उधर से वापसी डाक से ख़त आया। दस दिन की तारीख़।

जिसने सुना, ताज़्जुब किया। मन्ने शादी करने जा रहा है या मज़ाक? कहीं कोई बात नहीं, चीत नहीं, तर-तैयारी नहीं और मन्ने की शादी होने जा रही है! इस घराने में पहले भी शादियाँ हुई हैं, यह मन्ने कैसे, क्या करने जा रहा है?

बिरादरी में बात उठी; जो मिला, उसी ने पूछा और मन्ने ने एक ही जवाब दिया—सिर्फ़ मेरी शादी होने जा रही है और कुछ नहीं!

लोग सोचते, यह पागल तो नहीं हो गया है?

एक-एक दिन बीतता गया, लेकिन कुछ नहीं, कहीं कुछ नहीं। न उसने किसी को बुलाया, न कुछ किया।

संयोग से मुन्नी छुट्टी लेकर गाँव आया और उसे यह मालूम हुआ, तो वह हैरत में पड़ गया। यह कैसे मुमकिन हो सकता है कि मन्ने शादी करे और उसे ख़बर तक न दे?

मिला, तो पूछा—क्यों, भाई, यह सच है?

—हाँ, तुम बारात में चलोगे न?

—यह भी पूछने की ज़रूरत है क्या? लेकिन...

—कुछ नहीं, बस, तुम देखते जाओ!

तारीख़ के दो दिन पहले लोगों ने आँखें फाड़कर देखा, मन्ने धुली हुई हाफ़ पैण्ट, क़मीज़ और पुराना जूता पहने शादी कराने जा रहा है! गले में एक माला है, बायें हाथ की कानी अँगुली में मेहँदी लगी है और उसके साथ मुन्नी और सिर पर एक सूटकेस और एक बिस्तर लिये एक आदमी, बस! लोगों ने अपना माथा ठोंक लिया। खण्ड के सहन में खड़े-खड़े बाबू साहब एकटक देखते रहे और उनकी आँखों से टप-टप आँसू चूते रहे और उनके सामने से जैसे घोड़े-हाथियों और अल्लम-बल्लम से सजी हुई एक बारात अन्तरिक्ष में तिरोहित हो गयी।

क़स्बे तक पैदल आकर उन्होंने स्टेशन तक के लिए एक्का किया और दूसरे दिन सुबह गोरखपुर ज़िल्ले मियाँ के घर जा धमके।

ज़िल्ले मियाँ क़साईख़ाने जाने के लिए बाहर निकल ही रहे थे कि दरवाज़े पर खड़े एक्के से मन्ने और मुन्नी को उस रूप में उतरते हुए देखा। उन्हें जैसे काठ मार

गया। उनके दिमाग़ में उस वक़्त एक ही बात कौंधी कि शायद ये मुल्तवी कराने आये हैं।

मन्ने के औसारे में चढ़ते ही परेशान होकर बोले—मन्ने, क्या बात है? तुम...

—कोई बात नहीं,—कहकर मन्ने मुन्नी को ओसारे के कमरे में छोड़कर अन्दर घुस गया।

भाभी ने देखा, तो उन्हें जैसे अपनी आँखों पर विश्वास ही नहीं हुआ। वे आँख मलकाती रह गयीं।

पीछे-पीछे ज़िल्ले मियाँ आकर बोले—देखती हो, कुछ समझ में ही नहीं आ रहा है!

—वही तो,—हकलाकर भाभी बोलीं—बाबू!...

मन्ने ने एक व्यंग भरी मुस्कान के साथ गले की सूखी माला और नाख़ून की मेहँदी को दिखाकर कहा—यह समझना क्या इतना मुश्किल है कि मैं शादी कराने आया हूँ? क्या सभी लोगों ने यह नहीं कहा था कि मैं जैसे चाहूँ...

—किसी के कहने से क्या तुम अपनी नाक कटा लोगे?—ज़िल्ले मियाँ ग़ुस्से से जलकर बोले—यहाँ तो मूसलों ढोल बज रहा है और आप हैं कि...

—भाई साहब!—उन्हीं की तरह तैश में आकर मन्ने बोला—इस वक़्त अगर एक भी बात किसी के मुँह से मुझे सुनायी पड़ गयी, तो मैं सीधे वापस चला जाऊँगा, समझ रखिये!

ज़िल्ले मियाँ की बोलती बन्द हो गयी, लेकिन उनके नथुने फड़क रहे थे। अपनी लाल-लाल आँखों से वे इधर-उधर ऐसे देखने लगे, जैसे किसको पायें और नोच खायें!

भाभी मन्ने का हाथ पकड़कर उसे खाट पर बैठाती हुई बोलीं—तुम आराम से बैठो। कोई कुछ न कहेगा।—फिर ज़िल्ले मियाँ की ओर देखकर बोलीं—तुम जाओ अपने काम पर।

—अब जाना हो चुका!—जेब से पान का डिब्बा और सुपारी-ज़र्दे का बटुआ निकालकर खाट पर पटकते हुए बोले—मैं वहाँ जा रहा हूँ। उन्हें ख़बर तो कर दूँ। वे लोग ख़ासी बारात का इन्तज़ाम कर रहे हैं।

वे चले गये, तो भाभी मन्ने के सामने आ खड़ी हुईं और अधिकार के स्वर में बोलीं—जो किया सो अच्छा किया! लेकिन अब तुम्हारे मुँह से एक लफ़्ज भी निकला, तो मेरा-तुम्हारा रिश्ता ख़त्म! इस वक़्त से जो मैं चाहूँगी वही होगा!

मन्ने ने सिर उठाकर जाने कैसी आँखों से भाभी का मुँह देखा; भाभी की आँखें भरी हुई थीं। उसने सिर झुका लिया!

थोड़ी देर में चाय की प्याली उसे थमाते हुए भाभी बोलीं—और कोई है?

—मुन्नी है,—बझे गले से मन्ने बोला।

—उनके खाने-पीने का...

—सब चलेगा।

दोपहर तक ज़िल्ले मियाँ न लौटे, तो खाना-पीना ख़त्म करके भाभी ने डोली मँगायी और जाने कहाँ चली गयीं।

मुन्नी की समझ में कुछ भी न आ रहा था। उसने कई बार मन्ने से पूछना चाहा था, लेकिन मन्ने ने बात बदल दी थी। कहा था—यह मसला ऐसा नहीं, जिसमें तुम्हारे-जैसा कोई समझदार आदमी सर खपाये!

रात को भाभी घर लौटीं, तो साथ में मन्ने को दूल्हा बनाने का सारा सामान ले आयीं।

सुबह उन्होंने उसे दूल्हा बनाया। बच्चे की तरह मन्ने बैठा रहा। उसे उन्होंने कपड़े पहनाये, जूता पहनाया, इत्र लगाया, माला पहनायी। ज़िल्ले मियाँ ने साफ़ा बाँधा, नाऊ ने सेहरा।

भाभी ने बलैया लेकर कहा—मेरा दूल्हा देखकर कौन बारात और बाजा-गाजा ढूँढ़ेगा?

ज़िल्ले मियाँ मुस्कराये। उन्होंने बाहर पाँच-सात बारातियों को भी इकट्ठा कर लिया था।

बाहर आकर मन्ने ने मुन्नी से कहा—तुम आराम से कमरे में बैठकर सिगरेट पिओ और किताब पढ़ो। मैं शाम तक लौट आऊँगा।

तीन टाँगों पर बारात चली।

वहाँ सब मुक़म्मल इन्तज़ाम था। बड़ी लड़की थी, बाप अपनी ज़िन्दगी में पहली शादी करा रहा था। बिसात के बाहर उसने पाँव फैला रखा था। लेकिन मन्ने को लेकर शिकायत का एक लफ़्ज भी किसी के मुँह से नहीं निकला। दूल्हे पर ही सब लट्टू थे।

दोपहर के बाद सबसे पहले भाभी की डोली घर पहुँची। मुन्नी से वे पर्दा करती थीं। लेकिन उस वक़्त ख़ुशी से ऐसी बेहाल हो रही थीं कि मुन्नी के कमरे के सामने बिना नक़ाब के ही खड़ी होकर बोलीं—तुम्हारा दोस्त रुख़सती कराके यहीं आ रहा है! उसके लिए मुझे एक कमरा ठीक करना है!—और ज़मीन पर दुपट्टा सहराती वे एक अल्हड़ की तरह घर में घुस गयीं।

मन्ने रुख़सती कराके यहाँ क्यों ला रहा है? रुख़सती ही करानी थी, तो वह दुलहिन को गाँव ले चलता। लेकिन उसने तो कहा था कि रुख़सती नहीं करायेगा।

यह सब क्या गोरखधन्धा है? मुन्नी की समझ में कुछ भी नहीं आ रहा था। अब तक वह बिलकुल ख़ामोश रहा था, लेकिन अब जैसे उसके अन्दर एक खीज पैदा हो रही थी और वह सोच रहा था, ख़ामख़ाह के लिए वह उसके साथ आ गया!

थोड़ी ही देर बाद टाँगे पर मन्ने और ज़िल्ले मियाँ आ पहुँचे। उनके पीछे-पीछे कामदार ओहार से ढँकी हुई डोली आयी। फिर कई आदमी सिर पर दहेज के सामान लिये हुए आ धमके। मुन्नी के मन में एक बार आया कि वह बढ़कर बधाई दे, वह कमरे से निकलकर दरवाज़े पर आया भी, लेकिन फिर जाने क्या मन में आया कि वह अन्दर जाकर खाट पर बैठ गया।

भाभी ने ओसारे से नीचे उतरकर डोली से दुलहिन को उतारा और उसे अन्दर ले गयीं। मन्ने टाँगे से उतरकर सीधे मुन्नी के पास आकर खाट पर बैठ गया और ज़िल्ले मियाँ दहेज के सामान अन्दर रखवाने लगे, पलँग, बिस्तर, लेहाफ़, बक्से, बर्तन...

—तुमने मुझे मुबारकबाद भी नहीं दिया?—हँसकर मन्ने ने कहा।

—यार, तुमने मेरा मन खट्टा कर दिया! यह-सब जो तुम कर रहे हो, मेरी समझ में कुछ नहीं आ रहा है! आख़िर...

—अरे, यह तो समझ में आ रहा है न कि मेरी शादी हो गयी?—मन्ने बोला—तुम्हारे सामने ही डोली उतरी है!

—यह तुम्हारी ही डोली उतरी है, सहसा विश्वास नहीं होता!—मन्ने बोला—तुमने तो कहा था, रुख़सती नहीं करायेंगे?

—हाँ, मैंने ग़लत नहीं कहा था,—मन्ने बोला—लेकिन जब मेरी शुरू से आख़िर तक चली और उन लोगों ने सब-कुछ नज़रन्दाज़ करके एक लफ़्ज भी न कहा, तो उनकी भी एक बात तो माननी ही पड़ती। वह भी मैं नहीं मान रहा था, लेकिन भाभी ने कहा, कि सब हो गया, तो यह एक रस्म क्यों रह जाय, उनकी भी तो एक मान लो। मैंने कहा, घर पर कोई तैयारी नहीं है, इस तरह रुख़सती कराके कैसे ले जा सकता हूँ? इस पर भाभी बोलीं, मेरे मुँह से न कहलाओ, बाबू, जो तैयारी करके तुम शादी कराने आये थे, वह हमने देख लिया! अब रुख़सती के लिए जो तैयारी कराओगे, वह भी हम देखेंगे! घर के लिए रुख़सती नहीं करा सकते, तो हमारे यहाँ ही रुख़सती कराके यह रस्म पूरी कर लो। डोली हमारे यहाँ ही उतर लेगी! इन ग़रीबों ने पूरी तैयारी की है, फिर दुबारा इन्हें ज़हमत में क्यों डालोगे?...फिर मैं क्या करता?

—क्यों? एक काम तो तुम कर ही सकते थे!—क्षुब्ध होकर मुन्नी बोला।

मन्ने उसका मुँह ताकता हुआ बोला—क्या?

—उन्हीं से एक चुल्लू पानी माँगकर, उसमें डूबकर मर सकते थे!—मुन्नी ने बिगड़कर कहा—सोचते होगे, बड़ा इन्क्लाब किया है! लेकिन मैं कहता हूँ, तुम एक

नम्बर के चुग़द हो! कोई काम क़ायदे से करना तुमने सीखा ही नहीं! अगर तुम्हारे घर कोई इस तरह शादी कराने आ जाय और इसी तरह रुख़सती कराये, तो तुम्हें कैसा लगेगा? अरे कमबख़्त! तेरा दिल सूख गया है, तो क्या इसीलिए दुनिया रेगिस्तान बन जायगी? कम-से-कम उस लड़की के अरमानों का तो तुझे कुछ ख़याल होना चाहिए था, जिसे तूने दुलहिन का रुतबा अदा किया है!

मन्ने वहाँ से उठकर ओसारे में आ गया और दोनों हाथ पीछे बाँधकर टहलने लगा। मुन्नी से इस तरह की बातें सुनने की उम्मीद उसे नहीं थी। मुन्नी ने ज़िन्दगी में कभी भी उसे इस तरह नहीं झिड़का था। लेकिन आश्चर्य है कि मन्ने को उसकी बात बुरी नहीं लगी थी। सच कहा जाय, तो वह यही चाहता भी था। ससुरालवालों के सद्व्यवहार से वह इतना लज्जित था कि कहीं उसके मन में यह इच्छा कुलबुला रही थी कि उसकी इस बेहूदा हरकत पर कोई उसे डाँटे। यह काम यहाँ दो ही कर सकते थे, एक थीं भाभी और दूसरा था मुन्नी। दुलहिन भाभी की भतीजी थी, इसलिए उनकी कोर दबती थी, वह यह काम सरलता से नहीं कर सकती थीं। मुन्नी को सब बातें मालूम नहीं थी, मन्ने ने उसे कुछ भी बताया ही नहीं था, इसलिए उसकी ओर से यह काम पूरा होगा, इसकी भी उसे उम्मीद नहीं थी। लेकिन अचानक मुन्नी वही कर बैठा, तो उसका मन जैसे उसकी झिड़की को चुभला-चुभलाकर रस लेने लगा। उसे समझनेवाला मुन्नी से बढ़कर दुनिया में कोई दूसरा नहीं है। बताने से क्या होता है, जिसने किसी के दिल को समझ लिया, उसे और क्या समझना शेष रह जाता है?...मन्ने क्या सचमुच ही सूख गया है? फ़र्ज़ का मतलब क्या उसके लिए सिर्फ़ फ़र्ज़ रह गया है?...नहीं-नहीं! मन्ने का मन जैसे चीख़ उठा और उसके जी में आया कि सिर के सारे बाल नोंच डाले और दुनिया से पूछे कि मैं क्या करूँ? क्या करूँ?

उसने दरवाज़े से झाँककर मुन्नी को देखा। मन में आया कि जाकर अपनी सारी मजबूरियाँ उसके सामने खोलकर रख दे और उसी से पूछे, मैं क्या करूँ? तुम्हीं बताओ, मैं क्या करूँ?...लेकिन नहीं, बेकार है। मुन्नी भी शायद यहाँ उसे समझने से इनकार कर दे...यह मौक़ा ही कुछ और होता है, जिसके पीछे सदियों से एक भावना काम करती चली आ रही है, तर्क का यहाँ सवाल ही नहीं उठता। उसे ज़रूर लोग कंजूस मक्खीचूस कहते होंगे, शायद मुन्नी भी....

या रब न वो समझे हैं न समझेंगे मेरी बात
दे और दिल उनको जो न दे मुझको ज़ुबाँ और

उसके सामने से एक झुण्ड लड़कियाँ टाँगे से उतरकर, मुस्कुराती, हँसती, शर्माती, आँखों से खुशियाँ छलकाती, रंग-बिरंगे दुपट्टे लहराती घर में घुस गयीं। उन्हीं में वह 'नमूना' भी थी, नन्हीं लड़की दरवाज़े में घुसते-घुसते कैसी एक शोख़ निगाह उस पर फेंक गयी! शादी! ये...नज़्ज़ारे!...ये खुशियाँ,...लानत है, मन्ने, तुम पर!

भाभी बोसीदा घर के उस टूटे-फूटे कमरे को क्या ठीक कर सकती थीं। उनसे झाड़ते-पोंछते जो बना, किया और उसी में दहेज में आये पलँग-बिस्तर को लगाकर उसे सुहाग रात का कमरा बना दिया गया।

खाने-पीने के बाद भाभी ने जब मन्ने को उस कमरे में पहुँचा दिया, तो उसके कानों में मुन्नी के वे शब्द गूँज उठे, कम-से-कम उस लड़की के अरमानों का तो मुझे ख़याल होता, जिसे तूने दुलहिन का रुतबा अता किया है!...मन्ने ने वह कमरा देखा...और उस सुर्ख़ दुपट्टे का घूँघट देखा और अनायास ही उसे अपना घर याद आ गया। गाँव में जुब्ली के बाद शायद सबसे बड़ा, सबसे शानदार उसी का घर है। बड़े-बड़े सजे हुए कमरे हैं। बड़े-बड़े ख़ूबसूरत पलँग हैं, जिनपर दिलकश चाँदनियाँ टंगी रहती हैं....मन्ने के जी में आया कि आँखें ढाँककर वह रो पड़े...लेकिन यह सुर्ख दुपट्टे का घूँघट किसी की अँगुलियों का इन्तज़ार कर रहा है...आज सुहाग रात है...फूल से लदी डाल की तरह सिर झुकाये दुलहिन बैठी है कि कोई आये और इन फूलों की ख़ुशबू अपनी साँसों में भर ले और अपनी साँसों से इन फूलों को और ख़ुशबूदार बना दे...और सहसा जैसे मन्ने बदल गया। उसकी आँखों के सामने से जैसे एक पर्दा हट गया। अब वह कमरा न था, वह लालटेन न थी...वहाँ पूनों का चाँद खिला हुआ था और फूलों से लदी एक डाल थी और वह था....

सुबह चाय पर बैठे, तो मन्ने ने कहा—भाभी कहती है, जब सब हो गया, तो अब एक चौथी की ही रस्म क्यों रह जाय? उनकी यह ख़ाहिश है कि यह रस्म मैं अपने गाँव से ही करूँ। मैंने कहा, वहाँ कोई इन्तज़ाम नहीं, तो कहती हैं, जाकर कर आओ, फिर आकर दुलहिन को ले जाना। तुम्हारी क्या राय है?

मुन्नी ने मन्ने की ओर घूरकर देखा। मन्ने के लाख दबाने की कोशिश करने पर भी उसके दिल की ख़ुशी दब न रही थी, वह कहीं-न-कहीं से उमड़कर छलक ही पड़ती थी, कभी होंठों पर, कभी आँखों में, कभी गालों पर...

—इस तरह क्या देख रहे हो?—जैसे शर्माकर मन्ने बोला।

—देख रहा हूँ कि किसी की राय लेने की सद्‌बुद्धि तो तुम्हें भगवान् ने दी! इसके लिए उन्हें शत-शत धन्यवाद!—और मुन्नी अपनी हँसी रोक न सका।

मन्ने झेंपकर बायें हाथ की अँगुली की अँगूठी को दाहिने हाथ की दो अँगुलियों से घुमाते हुए बोला—मज़ाक मत करो! आठ बजे गाड़ी है और सात बज रहे हैं!

—मुझे क्या आपत्ति हो सकती है?—फिर फुसफुसाकर मुन्नी बोला—लेकिन सच-सच बताओ, क्या तुम्हारी ही भाभी ने तुमसे यह कहा है या इसमें कुछ मेरी भाभी..

—दुत!—मन्ने बनकर बोला—बेकार की बात मत करो! उठो, चलने की तैयारी करो!

एक्के पर स्टेशन पहुँचे, तो मन्ने कुछ अनमना होकर बोला—मुन्नी!

मुन्नी ने उसके स्वर में चौंककर कहा—क्या बात है?

—कुछ नहीं, लो यह रुपया, टिकट ले लो।

मुन्नी ने उसके हाथ से रुपया लेते हुए उसे ग़ौर से देखकर कहा—कोई बात तो है!

दूसरी ओर मुँह फेरकर मन्ने ने कहा—नहीं।

मुन्नी खिड़की की ओर बढ़ा, तो फिर वही अनमना स्वर आया—मुन्नी!

मुन्नी पलटकर, ज़रा सख़्त होकर बोला—क्या मुन्नी-मुन्नी की रट लगा रखी है? बात क्यों नहीं कहते?

ज़रा देर चुप रहकर मन्ने धीमे स्वर में हकलाकर बोला—सोचता हूँ..फिर आकर ले ही जाना है, तो क्यों न साथ ही...

—हूँ!—मुन्नी के मुँह से आप ही निकल गया। उसके जी में तो आया कि ज़ोर का एक थप्पड़ उसके मुँह पर दे मारे कि उसके होश हमेशा के लिए ठिकाने पर आ जायँ, लेकिन उसका उदास मुँह देखकर उसे तरस आ गया। बोला—तुम तो कहते थे, वहाँ इन्तज़ाम करना है?

—जैसे अब चलकर करेंगे, वैसे तब, क्या फ़र्क पड़ता है?

—और यह बात तुम पहले ही सोचते, तो क्या फ़र्क़ पड़ जाता? ख़ैर, चलो वापस!

ज़रा देर रुककर, जैसे कुछ और भी सोच रहा हो, मन्ने बोला—ज़रा रुककर चलें तो कैसा? गाड़ी छूट जाने दो।

—हूँ!—सिर हिलाकर मुन्नी बोला—और वहाँ चलकर कहेंगे कि गाड़ी छूट गयी! बहुत अच्छा, शाहेवक़्त! आपका जो हुक्म! लेकिन इसी बीच आगे की भी सोच लें, तो अच्छा, वर्ना....

मन्ने ने उसके मुँह पर हाथ रखकर कहा—चुप!

रुख़सती कराके मन्ने शाम को गाँव पहुँचा। उसके दूसरे दिन दरवाज़े पर रोशन चौकी बजी और दावत भी हुई, ऐसी कि बिरादरीवालों को बारात में न जाने का कोई ग़म नहीं रह गया।

पिछली रात दुलहिन ने कहा था—आपका घर तो बहुत बड़ा है। आपका यह कमरा कितना शानदार....

और मन्ने ने उसका हाथ अपने हाथ में लेकर कहा था—आपका नहीं, हमारा कहो! आज से तुम इस घर की रानी हो!

भाभी ने जैसा कहा था, महशर वैसी ही थी। चार-पाँच दिन की सुहबत में ही उसने अपनी मुहब्बत, ख़िदमत और पुरख़ुलूस बर्ताव से मन्ने को जीत लिया था और

उसके दिल में एक ऐसी मिठास और गुदगुदी भर दी थी कि मन्ने को अपना जीवन बड़ा ही मधुर और रोमांचक लग रहा था। आश्चर्य की बात यह थी कि महशर ने भी अपने घरवालों की तरह उसके शादी करने के अजीब व ग़रीब तौर-तरीक़ों के बारे में भूले से भी शिकायत का एक लफ़्ज़ अपने मुँह से न निकाला था। और यही बात थी कि मन्ने की शर्मिन्दगी और भी बढ़ गयी थी और उसने अपने उस व्यवहार का प्रायश्चित्त करने की मन में ठान ली थी। यही वज़ह थी कि उसके सिर में तेल लगाते वक़्त दबी ज़बान से जब उसकी प्यारी बीवी ने कहा था कि उसे बड़े बाल अच्छे लगते हैं, तो मन्ने ने बिना चींचपड़ के वादा कर लिया था कि अगली बार जब वे मिलेंगे, तो वह पायेगी कि उसके बाल बडे-बड़े हो गये हैं। इसी तरह कपड़ों के बारे में भी उसने उसकी बात मान ली थी। मन्ने ने समझ लिया था कि महशर को ज़ेवर का शौक़ नहीं, लेकिन कपड़ों का और अच्छे-अच्छे खानों का शौक़ ज़रूर है। महशर ने कहा था—अब्बा की आमदनी कोई ज़्यादा नहीं, लेकिन हम बचपन से ही अच्छा खाते और पहनते आये हैं। आप इसका ख़याल रखेंगे और ख़ुद भी अच्छा पहने-खायेंगे, तो मुझे बेहद ख़ुशी होगी। और आपकी मुहब्बत के सिवा मैं कुछ नहीं माँगती!

और मन्ने ने कहा—तुम्हारी ख़ुशी ही मेरी ख़ुशी है। मैं तुम्हें ख़ुश रखने की हर मुमकिन कोशिश करूँगा।

—जब तक आपकी पढ़ाई पूरी न हो जाय और आप कहीं सिलसिले से न लग जायँ, अच्छा हो कि आप मुझे मैके में ही रहने दें! हम शहरी ज़िन्दगी के आदी हैं, यहाँ इतने बड़े और शानदार घर में भी आपके बिना दिन कटना मुश्किल हो जायगा।—महशर ने कहा।

मन्ने तो यह चाहता ही था। उसने कहा—ऐसा ही होगा। आख़िर तो हमें शहर में ही रहना है। बस, चन्द बरसों की बात है।

और मन्ने बराबर ख़त लिखने और गर्मियों की छुट्टी में ससुराल आने का वादा कर यूनिवर्सिटी चला आया।

यहाँ आकर वह फिर अपनी पुरानी ज़िन्दगी में वापस आ गया, वही रहन-सहन, वही तौर-तरीक़े। हाँ, बालों पर कुछ तवज्जह ज़रूर देने लगा। इसमें ज़्यादा ख़र्चे का कोई सवाल नहीं था। ससुराल से मिले कपड़ों को हिफ़ाज़त से बकस में बन्द करके रख दिया, ताकि ज़रूरत पर काम आयें।

लेकिन मन्ने को यह समझते देर न लगी कि एक बड़ा रोग पैदा हो गया है और उसके इलाज के लिए उसे बराबर कुछ-न-कुछ ख़र्च करते रहना पड़ेगा।

हर दूसरे-तीसरे दिन महशर के लम्बे-लम्बे, रंगीन ख़त आते, मुहब्बत, याद और जुदाई के शेरों से भरे हुए और जवाब में वैसे ही लम्बे ख़तों की माँग होती। थोड़े

दिनों तक तो मन्ने ने बड़े चाव से ख़त पढ़े और बड़े जोश से ख़त लिखे। लेकिन बाद में उसे लगने लगा कि दोनों ओर के मजमून और शेर दुहराये जाने लगे हैं और मन्ने की दिलचस्पी कम होने लगी, जोश उतरने लगा। महशर के ख़त में अब फ़रमाइशें भी आने लगीं, रुपये की, कभी कपड़े की, कभी रेसालों और नावेलों की।

एक बार एक लम्बे ख़त के अन्त में महशर ने लिखा कि अम्माँ मामू के यहाँ गाँव में तशरीफ़ ले जा रही हैं और मुझे भी साथ चलने को कह रही हैं। शादी के बाद पहली बार मैं ननिहाल जाऊँगी और जाड़े के दिन हैं और मेरे पास कोट नहीं है। आप वापसी डाक से उम्दा मखमल मय अस्तर बज़रीये पार्सल रवाना करें और सिलाई के और मामू के यहाँ के आदम-रफ़्त के लिए एक माक़ूल रक़म भी बज़रीये तार भेजें। मनिआर्डर मिलने में तो बड़ी देर लग जायगी और मुझे अभी कोट भी सिलवाना है।

मन्ने ने पढ़ा, तो पहले तो उसे लगा कि इस इबारत के पहले का पाँच सफ़हों का मुहब्बतनामा बिलकुल लग़ो है। अगर ऐसा न होता, तो इतने पुरख़ुलूस मुहब्बतनामे के अन्त में यह इबारत न होती। लेकिन फिर उसे लगा कि वह महशर के साथ ग़ैर इन्साफ़ी कर रहा है, बेचारी को क्या मालूम कि कितनी मुश्किलों से मैं यहाँ पढ़ रहा हूँ और अब तक उसकी छोटी-मोटी ज़रूरतों को पूरा करता रहा हूँ। वह तो समझती है कि मैं बड़ा ज़मींदार हूँ और मेरे पास इफ़रात रुपये हैं और मैं जितना चाहूँ, ख़र्च कर सकता हूँ। और उसे अफ़सोस हुआ कि जब वह नयी दुलहिन होकर अपनी सभी बातें मुझसे कह गयी, तो मैंने, ऐसा फक्कड़ होकर भी, क्यों नहीं उसे समझा दिया कि, मेरी जान, तुम घर को न देखो, मेरी ज़मींदारी की बातें मत सुनो, दरअसल मैं एक मुफ़सिल इन्सान हूँ। ज़मींदारी की मेरी आमदनी इतनी भी नहीं कि मैं आराम से रह सकूँ और पढ़ सकूँ और मुझे अभी अपनी एक बहन की शादी करनी है..और मैं ट्यूशनें करके कुछ रुपये कमाने की कोशिश करता हूँ कि किसी तरह कुछ रुपये बचा सकूँ और होटल का मामूली खाना खाता हूँ और बहुत मामूली कपड़े पहनता हूँ। इसलिए, मेरी जान, तुम अपने अरमानों को कुछ बरसों के लिए मुल्तवी रखो और एक वफ़ादार बीवी की तरह मेरी मदद करो। जब मैं एम. ए. कर लूँगा और किसी अच्छी नौकरी पर लग जाऊँगा, तो फिर चाहे तुम जितना ख़र्च करना और चाहे जैसे रहना, सब-कुछ तुम्हारा ही होगा। फ़िलहाल तुम यही समझो कि तुम्हारी शादी नहीं हुई है। और पहले जैसे अपने अब्बा के घर में रहती थी, वैसे ही रहना है।

हाथ में ख़त लिये हुए मन्ने बड़ी देर तक उदास बैठा रहा और अफ़सोस करता रहा और सोचता रहा कि क्या करे? शादी के वक़्त के अपने व्यवहार का प्रायश्चित्त करने की उसने ठानी थी, लेकिन अब वह देख रहा था कि यह बड़ा महँगा सौदा है, उसके लिए यह करना बिलकुल नामुमकिन है। उसके जी में आया कि वह एक ख़त लिखे और उसमें सारी बातें विस्तार से लिख दे और महशर को समझा दे। और

उसने काग़ज़-क़लम उठायी, कुछ लिखा भी, लेकिन फिर उसकी क़लम रुक गयी और उसने मुँह में ही कहा—अच्छा, एक बार और सही...

दूसरे दिन उसने डाकख़ाने से रुपये निकाले और बाज़ार में जाकर कितनी ही दूकानें छान डालीं। फिर एक सस्ता, लेकिन देखने में अच्छा टुकड़ा ख़रीद लिया और उसी दिन कपड़े के पार्सल में ही पच्चीस रुपये के नोट डालकर रवाना कर दिया। मन इतना खिन्न था कि ग़ुस्से के मारे ख़त नहीं लिखा। सोचा, शायद ऐसा करने से महशर की समझ में कुछ आ जाय।

लेकिन हफ़्ते के अन्दर ही वहाँ से पहली बार एक मुख़्तसर ख़त आया, जिसमें कपड़े की उम्दगी पर बेहद ख़ुशी ज़ाहिर की गयी थी और लिखा गया था कि मेरी एक गोंइया को यह कपड़ा बेहद पसन्द आया है। यहाँ बाज़ार में ऐसा कपड़ा नहीं मिलता, हम सारा बाजार छानकर अभी लौटे हैं। आप तुरन्त इस कपड़े की दर लिखें, ताकि मेरी गोंइया आपके पास रुपये रवाना कर दे और आप उसके लिए भी कपड़ा भेज दें।

ख़त पढ़कर मन्ने को ताज़्ज़ुब हुआ कि अबकी महशर ने यह कैसा ताजिराना ख़त लिखा है। फिर उसे ख़याल आया कि कहीं ऐसा लिखकर उसने यह उम्मीद तो नहीं की है न कि मैं उसकी गोंइया के लिए भी मख़मल ख़रीदकर भेज दूँ और उसकी शाबाशी का हक़दार बनूँ? उसने ख़त एक बार फिर ग़ौर से पढ़ना शुरू किया, लेकिन बीच में ही यह सोचकर रुक गया कि मैं ख़ामख़ाह के लिए इसमें कोई मतलब ढूँढ़कर अपने को परेशानी में क्यों डालूँ? और उसने भी एक मुख़्तसर ही ख़त लिख दिया कि कपड़ा छह रुपये फ़ी गज़ के हिसाब से है। रुपये भेजने की बात उसने जान-बूझकर न लिखी।

और उधर से फिर मुख़्तसर ही ख़त आया, आपका ख़त पढ़कर मैं हैरत में आ गयी और शर्मिन्दगी से मेरी गर्दन झुक गयी! क्या आपने मुझे इसी कपड़े के क़ाबिल समझा? ख़ैर, अब तो कोट बन गया। मैंने अपनी गोंइया से कह दिया है कि यह अठारह रुपये गज़ का है। देखें, वह रुपये भेजती है, या नहीं। लेकिन मेहरबानी करके कपड़े की यह दर किसी और को न बता दें, वर्ना मुझे बड़ी शर्मिन्दगी उठानी पड़ेगी मेरी नाक कट जायगी!...

मन्ने के जीवन में यह इस तरह का पहला अनुभव था। वह दंग रह गया! कैसी है यह महशर? यह तो बड़ी बेढब लड़की मालूम होती है। इसका मिज़ाज तो बिलकुल मेरे बरक्स है। यह तो क़ीमत पर जाती है, चीज़ पर नहीं; यह तो दिखावा पसन्द करती है, असलियत नहीं! और उसे उस दिन बड़ा दुःख हुआ और उसने सोचा कि इस लड़की को बड़े ग़ौर से देखना-समझना होगा और ख़ूब सोच-समझकर ही इसके साथ व्यवहार करना पड़ेगा, वर्ना यह तो मेरा नक़्शा ही बदल देगी।

इसी दुःख के कारण उसने उसे ख़त लिखा, तुम्हारी शर्मिन्दगी का मुझे बेहद

अफ़सोस है। लेकिन इस वक़्त तुमसे माफ़ी माँगने के सिवा और क्या कर सकता हूँ? आइन्दा इस बात का ख़याल रखूँगा। फ़िलहाल मेरे इम्तिहान बहुत नज़दीक आ गये हैं। इधर पढ़ाई कुछ हुई नहीं, अब भी पढ़ने में मन न लगाया,तो कहीं नाव डूब ही न जाय। इसलिए तुम बराबर ख़त लिखती रहो, लेकिन जवाब न दे सकूँ, तो बुरा न मानना और मेरी मज़बूरी समझकर माफ़ करना।

लेकिन मन्ने का मन पढ़ाई में न लग रहा था। उसका मन दो-चित हो गया था। उसके सिर पर हमेशा एक चिन्ता सवार रहने लगी थी। महशर की समस्या हमेशा उसके सामने खड़ी रहती। यह समस्या कोई ऐसी-वैसी न थी कि जैसा वह अब तक करता आया था, इसे भी ऐसे या वैसे फट से निबटाकर आगे बढ़ जाता। उसने यह कब सोचा था कि शादी के तुरन्त बाद यह समस्या उठ खड़ी होगी। उसने तो सोचा था कि लोग मज़बूर करते हैं, तो शादी करके छुट्टी पाओ। फिर पढ़-लिखकर किसी वसीले से लगेगा, तो जीवन में प्रवेश करेगा। लेकिन एक-एक करके जो घटनाएँ घटती गयीं, उनका अवश्यम्भावी परिणाम कदाचित् यही था। यदि वह हमेशा की तरह अपने को क़ाबू में रखता और दूसरों की परवाह किये बिना अपने निर्णय पर डटा रहता, तो शायद अभी यह समस्या नहीं उठती।

रुख़सती के मामले में उसका झुकना ही जैसे ज़हर हो गया और फिर तो वह झुकता ही चला गया और उस-सबका नतीजा उसके सामने था।...शायद उन लोगों की यही योजना थी कि मछली ज़रा चारा तो चुगे, सिर फँसनें में क्या देर लगती है। भाभी भी शायद उनकी इस साज़िश में शामिल थीं। अगर भाभी ज़ोर देकर न कहतीं, तो काहे को यह होता? किसकी हिम्मत थी, जो मुझसे कोई बात कहता?...आख़िर गुरूघण्टालों ने उसके गले में यह पगहा डाल ही दिया।...

मन्ने झुँझला-झुँझलाकर बार-बार यह सोचता और लोगों को कोसता, लेकिन एक जगह आकर उसकी यह सब बकवास बन्द हो जाती और उसे लगता कि नहीं, दूसरे किसी को दोषी ठहराना सरासर ग़लत है। उसके-जैसे हठी और अपने निर्णय के पक्के आदमी से किसी के लिए अपनी बात मनवा लेना सरल नहीं। सच्ची बात तो यह है कि शादी हो जाने के बाद स्वयं उसके मन में कहीं लड्डू फूटे थे और....

बात छुपाकर या दबाकर मन्ने दूसरों के सामने अपने को बरी कर सकता है, पर अपने सामने उसे सिर झुकाना ही पड़ेगा। लेकिन इसमें शर्मिन्दा होने या पश्चात्ताप करने की कौन-सी बात है? यह तो एक स्वाभाविक बात है, इसका न होना ही अस्वाभाविक होता। आख़िर मन्ने भी तो इन्सान है, जवान है...

लेकिन यह जो ख़र्चे की समस्या उठ खड़ी हुई है, मशहर के चरित्र की जो परतें खुल रही हैं...वह क्या करे, कैसे क्या करे?

जो करे, जैसे करे, अब तो उसे करना ही पड़ेगा, इससे मुक्ति नहीं।

लेकिन इस परिणाम पर पहुँचकर मन्ने और भी छटपटाने लगता और सोचता

कि फिर तो नाव डूबी ही। उसकी पढ़ाई...बहन की शादी....

मन्ने के साहस को क्या हुआ, संघर्षशीलता को क्या हुआ, उसके उस प्यारे शेर को क्या हुआ?...क्या सब योंही कहने को था, भावुकता में बहने को था कि एक ही चोट पर, कदाचित् ठेठ जीवन की पहली ही मंज़िल पर वह यों लड़खड़ा उठा?...अभी शादी हुए छह महीने भी नहीं हुए, साल-दो साल की बात तो दूर, और वह यों बूढ़ों की तरह ख़र्चे का हिसाब लगाने लगा?...अरे कमबख़्त, अपनी जवानी की तो शर्म कर! तेरी यह ज़मींदारी आख़िर किस काम आयेगी? तेरे खेत किस मर्ज़ की दवा है? क्या तू इन्हें शायद लगाकर चाटेगा? आख़िर तुझे तो नौकरी करनी है, शहर में रहना है?

और मन्ने के मन में यह बात उठती तो वह थर्रा उठता, जैसे उसके दादा और अब्बा लाल-लाल आँखें लिये उसके सामने आ खड़े होते, जैसे गाँव के लोग अँगुली उठा-उठाकर कहते सुनायी पड़ते—बिकने लगी, अब इसकी भी ज़मींदारी बिकने लगी! एक दिन इसकी भी वही हालत होगी, जो ज़िल्ले की हुई!..

मन्ने कान मूँद लेता, आँखें बन्द कर लेता और चीख़ उठता—नहीं-नहीं, यह वह नहीं होने देगा! चाहे जो हो, जो हो...

और वह साहस बटोरता।...अभी ही वह इतना परेशान क्यों हो? लाठी कपारे भेंट नहीं बाप-बाप चिल्लाय! तुह! यह भी कोई बात हुई? देखा जायगा, देख जायगा! दुनिया में ऐसी कौन-सी मुश्किल है, जिसका हल नहीं।..और खड़े होकर वह कमरे में टहलने लगता और वह शेर गुनगुनाने लगता और फिर दीवारों की ओर अँगुली उठा-उठाकर जैसे उन्हें सुनाते हुए ज़ोर-ज़ोर से पढ़ने लगता—

यह सर जो सलामत है दीवार को देखूँगा!...

और धीरे-धीरे जब मन स्थिर हो जाता, तो वह पढ़ने बैठ जाता।

लेकिन इस-सबका जो परिणाम हुआ, वह यह कि उसकी परीक्षा बिगड़ गयी।

परीक्षा में जो उसने किया था, उससे उसका मन खिन्न था और वह सीधे गाँव चला जाना चाहता था। किताबें उठाकर वह बक्से में रख रहा था, तो उसकी दृष्टि मुन्नी और महशर के ढेर-सारे पत्रों पर पड़ी, जो परीक्षा के दौरान में आये थे और जिनमें से एक को भी उसने नहीं पढ़ा था। यह सोचकर उन्हें एक-पर-एक रखता गया था कि परीक्षा समाप्त होने पर पढ़ेगा और जवाब देकर ही यहाँ से कूच करेगा। लेकिन परीक्षा अच्छी न होने के कारण उसे उनका होश ही न रहा। अब भी एक बार उसके मन में आया कि इन्हें वह गाँव लेता चले, वहीं से इनका जवाब देगा। लेकिन फिर वह उनमें से एक-एक का अन्तिम पत्र खोलकर पढ़ने लगा।

मुन्नी ने उम्मीद की थी कि परीक्षा में वह अपना रिकार्ड क़ायम रखेगा और यह शिकायत की थी कि न तो उसने भाभी को अभी तक उसे दिखाया और न उसके

बारे में कुछ लिखा ही।

महशर ने मुलाक़ात की उम्मीद में अपने धड़कते दिल की तस्वीर ही उतार दी थी। उसने अपनी कैफ़ियत इस अन्दाज़ और सच्चाई से बयान की थी कि मन्ने बेक़ाबू हो गया और उसका भी दिल उससे मिलने को मचल उठा। और ताज़्ज़ुब की बात यह थी कि अबकी महशर ने कोई फ़रमाइश न की थी।

मन्ने गोरखपुर के लिए चल पड़ा। रास्ते-भर वह एक शेर के एक ही मिसरे को बार-बार गुनगुनाता रहा—

फिर मुझे ले चला वहीं ज़ौक़े-नज़र को क्या करूँ...

अबकी उसने यह निश्चय कर लिया था कि महशर को ज़रूर-ज़रूर अपनी हालत से वाक़िफ़ करा देगा और उसे फ़िलहाल सब्र से काम ले अपनी ख़ाहिशों को दबाकर रखने की सलाह देगा। उसे विश्वास था कि अगर सब-कुछ समझाकर वह उसे कहेगा, तो वह ज़रूर मान जायगी और आगे उसकी फ़रमाइशों और शौक़ों को लेकर उसे परेशान न होना पड़ेगा।

लेकिन उस ग़रीब घर में उसका ऐसा शानदार स्वागत-सत्कार हुआ, महशर और उसकी बहनों और उसकी गोइयों ने उसके चारों ओर ऐसे रंगीन और रूमानी वातावरण का निर्माण किया और उसके दूसरे रिश्तेदारों ने इस क़दर उसे पुरतकल्लुफ़ और ठाटदार दावतों से दबा दिया कि मन्ने की ज़बान से, हमेशा सजग रहने के बावजूद, वह बात न निकल सकी। वह अपनी बात उससे कहकर उसकी ख़ुशियों में खलल डालने की हिम्मत ही न कर सका। दरअसल जो नक़्शा इस समय उसके सामने उपस्थित हुआ, उसकी वह कल्पना ही नहीं कर सका था। उसने तो सोचा था कि जैसे वह अपने बहनोइयों का स्वागत-सत्कार करता है, दो-तीन दिन तक अच्छी तरह मेहमानदारी करता है और फिर उनसे लापरवाह होकर उनके साथ घर के आदमी की तरह व्यवहार करने लगता है, वैसा ही यहाँ भी होगा और उसे महशर से कुछ गम्भीर और आवश्यक बातें करने का अवसर मिलेगा। लेकिन यहाँ तो उनके ग़रीब होने के बावजूद, जैसे उनकी मेहमानदारी का कहीं अन्त ही नहीं दिखायी पड़ रहा था, जैसे कौन-कौन जाने क्या-क्या उसे खिलाने, कैसे-कैसे उसे ख़ुश रखने, उसका मनोरंजन करने और क्या नहीं उस पर न्यौछावर करने को तैयार था, जैसे सब उसे हथेलियों पर लिये हुए थे, उसका मुँह तकते रहते थे, और बेबात की बात पर भी बार-बार माफ़ी माँगते थे कि वे उसके लायक़ कुछ कर नहीं पाते!

और महशर का तो पूछना ही क्या था। वह तो चाँद और सितारों की दुनिया में तितली की तरह उड़ती रहती थी। उसके होठों से हमेशा गुलाब की पंखुरी की तरह हँसी झरती रहती थी। उसकी बड़ी-बड़ी आँखें खुशियों की चमक से ऐसी भरी-भरी रहती थीं कि देखकर अन्देशा होता कि इनकी पलकें कैसे बन्द होंगी? उसके सुर्ख-

सुर्ख गालों से जैसे उल्लास की किरणों फूटती रहती थीं। उसकी हर्ष-विरूलता देखने की ही चीज़ थी, जैसे वह ख़ुशियों के नशे में धुत हो और उसे मन्ने के सिवा और किसी बात का होश ही न हो!..और उसकी नन्हीं-नन्हीं सालियों और कमसिन और जवान गोइयों की छेड़-छाड़, चुहल और मज़ाक और रंग-बिरंगे दुपट्टों के रंगीन सायों में खुशियों की चमक लिये हुए उनके मुस्कराते, हँसते, खिलखिलाते, शरमाते और लजाते हसीन चेहरे..मन्ने को लगता कि वह एक परिस्तान का अकेला शहज़ादा है...

मन्ने को रह-रहकर अफ़सोस होता कि वह इस रंगीन नज़्ज़ारे का मात्र एक दर्शक ही क्यों है? काश, वह भी ख़ुशियों की इस दुनिया में आकर उन्हीं की तरह बावला हो जाता, उन्हीं की तरह दीन-दुनिया को भूलकर, अपने को भूलकर, इस ख़ुशियों की सतरंगी धारा में अपने को बहा देता!

लेकिन उसकी तरह के अपनी स्थिति के प्रति सदा सजग, भविष्य के प्रति क्षण चिन्तित रहनेवाले, अपने कर्त्तव्यों और उत्तरदायित्यों को हमेशा सामने रखनेवाले और हर स्थिति में अपने को सदा वश में रखने का प्रयत्न करनेवाले युवक के लिए यह सम्भव न था। वह इस धारा में नहीं बह सकता था। फिर भी जो सम्भव था, उसने किया, उसने किसी को यह अनुभव न होने दिया कि वह इस-सबका केवल दर्शक है, उसने किसी को यह एहसास न होने दिया कि इस फूल से लदे बाग़ में भी एक काँटा उसके दिल में चुभकर सब गुड़ गोबर किये दे रहा है...और उसने महशर से अपने मन की एक बात भी नहीं कही। उस समय उसकी ख़ुशी को छेड़ना उसे वैसे ही लगा, जैसे कोई गुलाब के फूल पर बैठी तितली के परों को दीयासलाई की जलती तीली दिखा दे!

अपने अब्बा और अम्माँ की उसे अक्सर याद आती थी, लेकिन इस मौक़े पर जो उनकी याद आयी, वैसी शायद ज़िन्दगी में फिर कभी नहीं आयी। काश, वे ज़िदा होते, उसके सिर पर होते और उसे अपनी स्थिति का कोई ज्ञान न होता, इतने कर्त्तव्यों का भार उसके सिर पर न होता और अपने भविष्य की उसे चिन्ता न होती...वह भी महशर की तरह अल्हड़, आज़ाद और बेफ़िक्र होता, तो ....तो...

...आह! यह पूनो का चाँद उगकर उसके सिर पर होकर गुज़र जायगा और वह आँख उठाकर उसे एक नज़र देख भी नहीं पायेगा!..आह! यह ख़ुशी उसे छोड़कर भागी जा रही है कि वह दौड़कर उसे पकड़े और पकड़कर उसे अपने में समो ले, लेकिन वह अपनी जगह पर ठिठका खड़ा है और उसे ग़मगीन आँखों से देख रहा है और वह रुक-रुककर फिर-फिर अपनी शोख़ निगाहों से देख-देखकर उसे बार-बार उकसाती हुई भागी जा रही है, जो उसके देखते-देखते ही अन्तरिक्ष में समा जायगी और फिर कभी वापस नहीं आयेगी..यह ख़ुशी जो ज़िन्दगी में सिर्फ़ एक बार आती है...जवानी का यह क्षण, जिसे आदमी ताज़िन्दगी याद करता है!...आह! मन्ने

क्या याद करेगा?... वह शादी... वह सुहाग रात..और यह उस क्षण का यह अन्तिम कण...कुछ नहीं... कुछ नहीं...मन्ने को वह शादी याद रहेगी, वह सुहाग रात याद रहेगी...सब याद रहेगा, ख़ूब याद रहेगा—

हम भी क्या याद करेंगे कि ख़ुदा रखते थे!...

जो होना था वही हुआ। मन्ने इस बात में माहिर था कि परचा करके आता और बता देता कि उसे इतने नम्बर मिलेंगे और देखा जाता कि दो-चार नम्बर इधर-उधर उसका अन्दाज़ा ठीक ही निकलता। लेकिन इस बार उसने ख़ुद भी नम्बरों का अन्दाज़ा नहीं लगाया था।...उसे जो डर था, वही सामने आया, द्वितीय श्रेणी! उसके अफ़सोस का ठिकाना न था। उसका कैरियर ख़राब हो गया था।...इस शादी ने ही उसे चौपट करके रख दिया।...कभी वह सोचता कि जो होना था, वह तो होकर रहा, उसकी चिन्ता और परेशानी से उसमें कोई रत्ती-भर का भी फ़र्क़ नहीं पड़ा, फिर इस चक्कर में पड़कर उसने अपना कैरियर क्यों ख़राब किया? क्यों नहीं निश्चिन्त होकर उसने परीक्षा की तैयारी की?

लेकिन दूसरे ही क्षण वह स्वयं इस तर्क पर हैरान होकर झुँझला उठता कि क्या भाग्यवादियों की तरह वह तर्क कर रहा है! हर बात को इन्सान भविष्य के हवाले कर निश्चिन्त कैसे हो सकता है? वह परिस्थिति से अपने को अछूता कैसे रख सकता है? वह कोई माटी का लोंदा तो नहीं कि परिस्थितियाँ उस पर से होकर गुज़र जायँ और वह एक मुद्रा में निश्चल पड़ा रहे? और फिर क्या माटी के लोंदे पर भी सर्दी-गर्मी, हवा-पानी का प्रभाव नहीं पड़ता? इन्सान किसी विषय परिस्थिति में पड़कर उससे प्रभावित न हो, उस पर सोचे नहीं, उससे निकलने के लिए चिन्तित न हो, उससे संघर्ष न करे, क्या ऐसा भी हो सकता है? यह दूसरी बात है कि सब-कुछ करने पर भी वह उस विषम परिस्थिति से अपने को निकाल न पाये। पर क्या इसीलिए उसे इस बात का अफ़सोस होना चाहिए कि उसकी कोशिशों के बावजूद भी जब परिस्थिति ज्यों-की-त्यों बनी रही, तो क्यों उसने ख़ामख़ाह के लिए उससे निकलने के लिए सिर खपाया, ख़ून सुख़ाया और परेशानियाँ झेलीं? नहीं, यह तो लड़ाई लड़ने के पहले ही हार मान लेने की तरह है और यह बात मन्ने के स्वभाव के विरुद्ध है। मन्ने लड़ने के पहले ही हथियार नहीं डाल सकता!

मन्ने के जीवन में यह कोई पहली समस्या या पहली परिस्थिति नहीं खड़ी हुई थी। एक तरह से कहा जाय, तो उसके सिर मुड़ाते ही ओले पड़े थे? लेकिन किस तरह वह अपना सिर आज तक बचाये हुए है, यह उसके जाननेवाले सब लोगों के सोचने की बात है। मन्ने को स्वयं इस बात का एहसास है, गर्व और आत्मविश्वास है कि ज़िन्दगी के मैदान का वह कोई बुरा सिपाही नहीं, उसमें और कुछ हो या न हो, लेकिन साहस से लड़ने का माद्दा अवश्य है, परिस्थिति को समझने और उसके अनुरूप काम करने की समझ की भी कमी नहीं। उसमें विद्रोही भावना और दबंगई

भी कूट-कूटकर भरी है। बनैले सूअर की तरह आँख मूँदकर वह सामने की बाधा में घुसा भी है, कबूतर की तरह आँख मूँदकर परिस्थिति को अपने सिर से गुज़र भी जाने दिया है, भैंसे की तरह सिर से सिर मिलाकर, पाँव जमाकर प्रतिद्वन्द्वी से लड़ा भी है..लेकिन आज जिस परिस्थिति में वह पड़ गया है, उसमें शायद अभी उसकी बुद्धि कुछ काम नहीं कर पा रही। शायद इस परिस्थिति की प्रकृति ही कुछ और है, जिसे वह समझ नहीं पा रहा, शायद यह मसला कुछ ज्यादा नाज़ुक है, जिसे वह आसानी से या कड़ाई से हल नहीं कर पा रहा। या शायद ऐसा इसलिए हो कि अब तक जो-कुछ गुज़रा, अकेले उस पर से गुज़रा, अकेले उसी पर उसका प्रभाव पड़ा, अकेले वही उसके हेस्त-नेस्त का ज़िम्मेदार रहा और अकेले वही उसका फल भोगनेवाला था।...और अब उसके साथ एक और प्राणी भी बँध गयी है, जिससे इस समस्या का गहरा सम्बन्ध है और जो-कुछ वह इस विषय में करेगा, उसका असर उसी पर ज़्यादा पड़ेगा। और वह ऐसा कुछ करना नहीं चाहता..नहीं, चाहता तो ज़रूर है, लेकिन अभी तक कर नहीं पा रहा, जिससे उसे यथार्थ का परिचय हो जाय, वह समझ सके कि मन्ने की स्थिति क्या है और वह उससे क्या चाहता है। पहले ही उसने उसके साथ कम ज़्यादती नहीं की है...उस तरह शादी करना...उस तरह सुहागरात मनाना...उस तरह बिना कुछ लिये-दिये पहली बार ससुराल चले जाना...फिर भी उसका वह व्यवहार, उसकी वह ख़ुशी...वह कैसे उसकी ख़ुशी पर अचानक आग रख दे?

फिर?...वह क्या करे, कैसे करे?...यहाँ वह सच ही ग़च्चा खा गया। उसने तो सोचा था, शादी करना है, कर लो और अपने रास्ते पर आगे बढ़ जाओ। तीस दिन फ़ाक़े के बाद ईद मना लो और फिर छुट्टी! और यहाँ यह मालूम हो रहा है कि यह ईद वह ईद नहीं; यह तो वह ईद है, जिसे मनाने के बाद फ़ाक़े शुरू होते हैं और वह भी तीस दिन के नहीं, जाने...

आश्चर्य है कि परीक्षा-फल का दुःख मनाता-गनाता भी मन्ने फिर-फिर इसी समस्या पर आ जाता, इसी की उधेड़बुन में लग जाता, इसी की परेशानी में उलझ जाता। ऐसा कदाचित् इस कारण था कि मन्ने का यह स्वभाव ही था। जो हो जाता, उसकी उधेड़-बुन में लगना उसके स्वभाव के विरुद्ध था। जो हो गया, सो हो गया, उसे अदला-बदला तो जा नहीं सकता, फिर ख़ामख़ाह के लिए उसे लेकर परेशान क्यों हुआ जाय? यही कारण था कि मन्ने के दिल में एक बार भी यह बात नहीं उठी कि आख़िर उसने शादी ही क्यों की? नहीं, जो शादी हो गयी, उसके बारे में क्या सोचना? लेकिन उससे जिस परिस्थिति ने जन्म लिया है, उस पर तो उसे सोचना ही पड़ेगा, उसमें से होकर उसे निकलना ही पड़ेगा, वर्ना कौन जाने आगे की परीक्षाएँ भी...आगे, आगे! मन्ने ने सिर्फ़ आगे देखना सीखा था!

ऐसा नहीं कि मन्ने अपने अतीत के विषय में कभी सोचता ही न हो। नहीं, कभी-

कभी, छठे-छमासे, किन्हीं विशेष मन:स्थितियों में वह अवश्य अपने जीवन का सिंहावलोकन करता, लेकिन प्रायश्चित्त या पश्चात्ताप के लिए कम और लेखा-जोखा और विश्लेषण के लिए अधिक और ऐसा करने के बाद उसे लगता कि वह एक दौरे की स्थिति से गुज़रा है, लेकिन इस दौरे के बाद, साधारण दौरों की तरह, उसकी शक्ति का ह्रास न होता, बल्कि वह अधिक शक्ति-सम्पन्न हो उठता, उसका आत्मविश्वास और दृढ़ हो जाता और उसमें संघर्ष की भावना और तीव्र हो उठती।

लेकिन यह शादी! और इससे पैदा हुई परिस्थिति और उसमें उसका आचरण! ...सोचते-सोचते मन्ने को कभी-कभी लगता कि शायद यहाँ उसने ज़रूर कुछ अपने स्वभाव के विरुद्ध किया है और अपने स्वभाव के विरुद्ध ही इससे आँख मिलाने से कतरा रहा है। क्या इसका कारण केवल यही है कि उसे इस लड़की का ख़याल है? नहीं, उसका मन इस स्थिति का शत-प्रतिशत श्रेय केवल इस कारण को देने को तैयार नहीं होता और जैसे मन्ने को एक आभास-सा होता कि इसका कारण और भी कुछ है।.. वह क्या है? क्या प्रेम?

नहीं, प्रेम होता, तो मन्ने इस तरह लड़कियों की तरह शर्माकर अपने सामने ही इस शब्द का उच्चारण नहीं करता। सच पूछा जाय तो अब तक उसने नज़र-भर एक बार भी महशर को नहीं देखा था। फिर प्रेम का सवाल ही कहाँ उठता है? जीवन में प्रेम का अनुभव उसे केवल मुन्नी को लेकर हुआ है। दोस्ती की जाने कितनी मंज़िलों को पार कर उसका सम्बन्ध प्रेम तक पहुँचा था। एक दूसरे के बिना उनका एक क्षण भी रहना असम्भव लगता था। एक-दूसरे के ज़रा-से दुःख पर भी वे कैसे तड़प उठते थे! एक-दूसरे के लिए सर्वस्व त्याग के लिए वे सदा तत्पर रहते थे। इसके लिए उहें कितनी तकलीफ़ें झेलनी पड़ीं, कितनी बदनामी उठानी पड़ी, लेकिन मन्ने को कभी शर्मिन्दगी हुई हो, इसकी उसे याद नहीं।

मन्ने के अब्बा के मरने के एक साल बाद की बात है। गर्मियों की छुट्टी थी। दोपहर को दोनों अकेले खण्ड में बैठे बातें कर रहे थे। उस समय उनके पास बातों का कितना बड़ा ख़जाना था कि कभी ख़त्म होने का नाम ही न लेता था। बातों-ही-बातों में जाने कैसे प्राइमरी स्कूल के उस पण्डित की बात आ गयी। मन्ने चौंककर बोला—अरे, तुम्हें उनकी एक बात बताना तो मैं भूल ही गया!

—क्यों?—मुन्नी ने पूछा।

—परसों दोपहर को मैं क़स्बे से बहन के लिए दवा लेकर आ रहा था, तो रास्ते में एक बाग़ में पण्डितजी से भेंट हो गयी। मैंने नमस्ते किया, तो आशीर्वाद देकर वे बोले, मैं तो आपके यहाँ से ही लौट रहा हूँ। ज़रा बैठकर आप सुस्ता भी लीजिये और मेरी बात भी सुन लीजिये। फिर लगे वे मेरी बड़ाई करने कि आपको देखकर मुझे बड़ा फ़ख़्र होता है, आप ज़रूर एक दिन बहुत बड़े आदमी बनेंगे। उनकी बातों से घबराकर मैंने कहा, पण्डितजी, मैं बहन की दवा लेकर आ रहा हूँ, ज़रा जल्दी में

हूँ। आप कहिये, मैं आपकी क्या सेवा कर सकता हूँ? इस पर पण्डितजी ने व्यस्त होकर अपना बस्ता खोला और जल्दी-जल्दी क़लम-दवात और एक स्टाम्पवाला काग़ज़ निकालकर बोले, ज़रा इस काग़ज़ पर यहाँ नीचे, इस कोने पर अपना नाम तो लिख दीजिये! वह काग़ज़ देखकर मेरा माथा ठनका। मैंने कहा, पण्डितजी, इस काग़ज़ पर मेरे दस्तख़त की क्या ज़रूरत पड़ गयी? मेरी यह बात सुनकर उनकी तो जैसे बाई ही गुम हो गयी। लगे आँख बचाकर इधर-उधर ताकने। फिर हकलाकर बोले, मेरे पास इस वक़्त कोई दूसरा काग़ज़ ही नहीं है। आप मेरे अज़ीज़ शागिर्द रहे हैं, मैं चाहता था कि आपका दस्तख़त मेरे पास रहता। मुझसे हँसी नहीं रोकी गयी। बोला, पण्डितजी, दस्तखत तो बच्चे इकट्ठा करते फिरते हैं। मैं आपको कभी अपना एक फोटो ही दूँगा। उसे आप पास रखेंगे, तो मुझे भी ख़ुशी होगी। उनके चेहरे पर हवाइयाँ उड़ रही थीं। तभी पगडण्डी से चार-पाँच आदमी आते हुए दिखायी दिये और उन्होंने चट काग़ज़ और क़लम-दवात बस्तें में रख लिये और उठते हुए बोले, अच्छा फिर कभी आपसे मुलाक़ात करूँगा। और सिर झुकाये हुए चल पड़े। मेरे जी में उस समय ऐसा हो रहा था कि उनकी पीठ पर ज़ोर से हँस पड़ूँ और कहूँ, पण्डितजी, क्या आप मुझे बिलकुल बच्चा ही समझते हैं?

मुन्नी बोला—आख़िर उनका इसमें क्या उद्देश्य था?

—यह बताने की क्या अभी ज़रूरत ही रह गयी?—मन्ने बोला—वह स्टाम्पवाला काग़ज़ था, मेरा दस्तख़त कराके वे उस पर कुछ भी लिख सकते थे, उसे वे किसी भी रकम का सरख़त बना सकते थे, रेहनपट्ठा लिख सकते थे...

—ओह!—मुन्नी बोल पड़ा—इतना नीच है वह!

—और क्या समझते हो तुम?—मन्ने बोला—इतना नीच न होता, तो हमारे साथ उतना बड़ा अन्याय करता? अब मुझे औरंगज़ेब कहता फिरता है!

दोनों हँस पड़े। थोड़ी देर बाद मन्ने प्रेम-पुलकित होकर बोला—मुन्नी! एक बात कहूँ?

—कहो।

—मेरे मन में आता है कि अपनी सारी जायदाद मैं तुम्हारे नाम रजिस्टरी कर दूँ!—गद्गद होकर मन्ने बोला।

मुन्नी एक क्षण उसका मुँह ताकता रहा। फिर बोला—क्यों?

आँखें झुकाकर, शर्माता-सा मन्ने बोला—योंही।

—फिर तुम्हारा क्या होगा?—मुस्कराता हुआ मुन्नी बोला।

—क्यों?—मन्ने जैसे हैरान होकर बोला—हमारा-तुम्हारा क्या कुछ अलग-अलग है?

—फिर तुम्हारा तुम्हारे पास ही रहे, तो इसमें क्या फ़र्क़ पड़ता है?—कहकर मुन्नी हँस पड़ा।

लेकिन मन्ने सहसा गम्भीर हो गया। बोला—मैं सच कहता हूँ!

—मैं कब कहता हूँ कि सच नहीं कहते?—मुन्नी बात टालता हुआ बोला—और कोई बात करो।

मन्ने ने उस समय सचमुच ही सच कहा था। लेकिन वही मन्ने किस तरह मुन्नी की ज़रूरत पर आँख चुरा गया था! उसने मुँह खोलकर एक शब्द भी नहीं कहा और मुन्नी अपनी पढ़ाई छोड़कर दूर मद्रास चला गया। यह सच है कि मन्ने उसकी मदद करने योग्य न था। लेकिन योग्यता ही क्या प्रेम की, मित्रता की शर्त है? क्या त्याग के लिए योग्यता का बन्धन किसी भी प्रकार स्वीकार्य हो सकता है? मन्ने क्या अपने ख़र्चे में से नहीं बाँट सकता था?...और मुन्नी क्या कभी भी उस पर भार बनकर रहता? लेकिन नहीं, मन्ने ने इस तरह की कोई बात ही नहीं उठायी, वह चुप्पी साधकर सब-कुछ टाल गया और उसी दिन मन्ने ने यह स्वीकार कर लिया कि उसके प्रेम और मित्रता की मृत्यु हो गयी और आगे कभी भी वह इनका दम्भ न करेगा! वह इस योग्य ही अब न रहा।...वह दुनियादार हो गया था। अपना स्वार्थ, अपनी भलाई समझने लगा था, उस जैसे आदमी के लिए प्रेम कहाँ है, मित्रता कहाँ है, जिसका आधार ही त्याग होता है?

इसलिए महशर को लेकर उसके प्रेम का कोई सवाल ही नहीं उठता। फिर वह क्या चीज़ है, जिसने उलटी धारा बहा दी है? मन्ने सोचता और उसे लगता कि...कोई चीज़ है...शायद वह चीज़ बताने की नहीं, सिर्फ़ अनुभव करने की है। एक कोई चीज़ उसे महशर से मिली है और वह शायद उसी से दबा है, उसी के लिए महशर के प्रति कृतज्ञ है।

लेकिन इस कृतज्ञता के बोझ को वह अपने कमज़ोर कन्धों पर कब तक सम्हाले रहेगा? कहीं यह कृतज्ञता ही उसकी कमर न तोड़ दे?...नहीं-नहीं, वह ऐसा नहीं होने देगा, इससे उसे उबरना ही होगा, बचना ही होगा!...और उसने निश्चय किया कि वह साफ़-साफ़ सब-कुछ महशर को लिख देगा।...और उसने एक पत्र लिखा और उसे बार-बार पढ़ा। फिर लगा कि यह तो कुछ सख़्त हो गया है। और उसने दूसरा पत्र लिखा और उसे पढ़ा, तो लगा कि इसमें तो सारा मामला ही ख़ब्त हो गया है, और फिर उसने सोचना शुरू किया कि यह एक मियाँ-बीवी का मसला है, यह एक सारे जीवन के सम्बन्ध की समस्या है, यह नाज़ुक शीशे की तरह है, ज़रा हरका लगा और टूटा, तो कभी जुड़ने का नहीं। इस पर उसे ग़ौर से सोचकर कोई क़दम उठाना चाहिए, यों अफ़रा-तफ़री में कुछ नहीं करना चाहिए। वह पढ़ा-लिखा और समझदार आदमी है, भैया की तरह जाहिल नहीं कि अपनी घरेलू ज़िन्दगी का अलिफ़ ही ग़लत लिख बैठे।....

महशर का मुबारकबाद का ख़त आया। उसने लिखा था कि उसके घर के लोग और गोइयाँ मिठाई तलब कर रहे हैं। जल्द दस रुपये भेजें। और हाँ, एक बात तो मैं भूल ही गयी थी। आपकी यहाँ की आमद की ख़ुशी में आपकी ओर से मैंने अम्माँ से दस रुपया उधार लेकर मिठाई बँटवायी थी। अब वह तक़ाज़ा कर रही हैं, उसे भी मेहरबानी करके भेज दीजिये, ताकि इस तक़ाजे से तो जान छूटे..

मन्ने तो जैसे जलकर राख ही हो गया! लानत है ऐसे मुबारकबाद पर! और ग़ुस्से से भरकर उसने तुरन्त बैठकर एक पत्र लिखा और महशर को जली-कटी सुनाकर उसने लिखा कि उसी की वज़ह से उसे इम्तिहान में दूसरा दर्ज़ा मिला और उसका कैरियर ख़राब हो गया। ऊपर मिठाई तलब करके वह जले पर नमक न छिड़के। और किसने कहा था कि वह उधार माँगकर लोगों को मिठाई बाँटती फिरे? वह नहीं जानता कुछ। ऐसी माँ उसकी समझ के बाहर है, जो अपनी बेटी से ही पैसों का तक़ाज़ा करे! वह नहीं जानता था कि वे लोग ऐसे हैं, जो दिखावा तो इतना करते हैं, लेकिन अन्दर से इतने छोटे हैं!...और आगे उसने लिखा था कि यह-सब उसके बस से बाहर की बात है। वह एक दमड़ी भी इस वक़्त उस पर ख़र्च नहीं कर सकता, उसके पास है ही नहीं, वह ख़र्च कहाँ से करे!...आगे बात बिलकुल ही न बिगड़ जाय, इसलिए मज़बूर होकर उसे यह-सब लिखना पड़ रहा है।

पत्र लिख चुका, तो उसका ग़ुस्सा कुछ ठण्डा हो गया। ठीक है, अच्छा मौक़ा मिल गया लिखने का! ख़ामख़ाह का दर्दे-सिर आख़िर कोई कब तक पाले?

पत्र चपतकर उसने जेब के हवाले किया और कुछ हल्का-हल्का-सा महसूस करते हुए वह कमरे में टहलने लगा।

तभी बद्दे ने आकर एक छोटा-सा भात से चिपकाया हुआ ख़त उसके हाथ में देते हुए कहा—बूबू ने यह ख़त दिया है और कहा है कि आप कोई ख़त भाभी को भेजें, तो उसी के साथ इसे भी भेज दें। और वह चला गया।

मन्ने उस ख़त को हाथ में लिये देर तक देखता रहा और अँगुलियों से मसलता-सा रहा।..हुँ! यह भी भाभी को ख़त लिखने लगीं! क्या लिखना था इन्हें? और उसे अचानक यह ख़याल आया कि इसे खोलकर ज़रा देखा तो जाय कि क्या लिखा है इन्होंने? लेकिन वह हिचक गया। बहन का पत्र है भाभी के नाम। जाने क्या-क्या लिखा हो। क्यों देखे वह? उसे नहीं देखना चाहिए। लेकिन उसकी मन:स्थिति इस समय स्वस्थ न थी। ऊपर से वह अपने को हल्का ज़रूर महसूस करे, लेकिन अन्दर आग धुँधुआ रही थी।..और उसने फट से ख़त खोल दिया। ज़रा देखा तो जाय!

और बातों के अलावा उसमें लिखा था, भाभी, तुम्हारे बिना भैया बहुत उदास और परेशान रहते हैं। तुम उनके साथ ही क्यों नहीं आ गयी। मुझे भी घर सूना-सूना लगता है। कम-से-कम भैया की छुट्टी-भर तो तुम यहाँ आकर रह जाओ। मुझे

यक़ीन है, तुम लिखोगी, तो भैया तुम्हें तुरन्त बुला लेंगे। मेरी क़सम, तुम उन्हें लिखो!...

और जाने मन्ने पर कौन-सा भूत सवार हो गया कि आगे न पढ़कर उसने चर्र-चर्र ख़त के टुकड़े-टुकड़े कर दिये। और फिर जैसे उसी से उसे सन्तोष न हुआ हो, उसने जेब से अपना ख़त भी निकालकर फाड़ डाला और मन-ही-मन चिल्ला उठा, नहीं जायगा, कोई भी ख़त नहीं जायगा! मैं उसे कोई ख़त लिखूँगा ही नहीं!

दो दिन तक फिर वह परेशान रहा और तीसरे दिन बीस रुपये का नहीं, पच्चीस रुपये का मनीआर्डर भेज दिया। लेकिन कूपन तक पर एक शब्द न लिखा। उस दिन बार-बार यह रुबाई उसके ज़ेहन में गुनगुनाती रही—

ए दिल तेरी अदाए-वहशत देखी
तेरी नैरंगिए-तबीयत देखी
खुलता नहीं भेद कि ए दिल तुझमें
हँस देने की रोते-रोते आदत देखी

जुलाई का महीना आया, तो यह सवाल उठा कि एम० ए० वह कहाँ से करे? उस यूनिवर्सिटी में फिर जाने का सवाल ही नहीं उठता था, क्योंकि यह उसने तय कर लिया था कि उर्दू से ही वह एम. ए. करेगा और उस यूनिवर्सिटी में उसके साथ न्याय नहीं हो सकता था। न्याय हुआ होता, तो पर्चे ख़राब होने के बावजूद उसका पहला दर्जा कहीं नहीं गया था, पोज़ीशन कोई भले नहीं मिलता। उसे अंग्रेज़ी, इतिहास और उर्दू में क्रमशः अड़तालिस, उनसठ और चौंसठ प्रतिशत नम्बर मिले थे। अहमद हुसेन के ख़त से मालूम हुआ था कि उसे उर्दू में पचासी प्रतिशत नम्बर मिले थे। मन्ने को इसी बात का ग़म था कि क्या अहमद हुसेन के पचासी के मुक़ाबिले उसे पचहत्तर भी नहीं मिल सकते थे? मन्ने जानता था कि यह होगा, लेकिन वह सोचता था अहमद हुसेन को उससे दो-चार नम्बर ही ज़्यादे मिलेंगे, यह नहीं कि मन्ने का गला ही रेत दिया जायगा। सब यह जानते थे कि उर्दू में मन्ने के मुक़ाबिले का कोई विद्यार्थी नहीं था, फिर भी ऐसी धाँधली करते हुए उर्दू के हेड का हाथ नहीं काँपा। मन्ने के मन में यह बात कई बार उठी कि वह जाकर उनसे मिले और पूछे कि इससे मन्ने का कैरियर भले बर्बाद हो गया, उन्हें क्या मिला, अहमद हुसेन को क्या मिला, जबकि उर्दू में इतने नम्बर पाने के बावजूद उसे भी दूसरा ही दर्जा मिला?

मुसलिम यूनिवर्सिटी और हिन्दू यूनिवर्सिटी के नाम से ही उसे चिढ़ थी। यह कौन नहीं जानता कि इन संस्थाओं के जन्म के पीछे हिन्दू राष्ट्रवाद और मुस्लिम क़ौमियत की संकीर्ण मनोवृत्ति थी और इन दोनों संस्थाओं ने शिक्षा-जैसी पवित्र चीज़ को भी साम्प्रदायिकता के रंग में रँग दिया था। इन संस्थाओं की स्थापना के बाद देश में कितने इस्लामिया...अहमदिया...सनातन...वैदिक..क्रिश्चियन आदि स्कूल और कॉलेज खुले, उनको गिनना आज मुश्किल है। यही नहीं, इस संकीर्णता को और भी आगे बढ़ाया

गया और फ़िर्क़ों और जातियों के नाम पर स्कूल और कॉलेज खुलने लगे और विद्यार्थियों में धार्मिक ही नहीं, फ़िर्क़ेवराना और जातिवादी भावनाएँ भी भरी जाने लगीं। फिर आगे चलकर तो पुस्तकालयों, पत्र-पत्रिकाओं, अस्पतालों, पार्कों, होटलों, फ़र्मों और दुकानों के नामों के साथ भी यह संकीर्ण भावना जोड़ दी गयी। और यह घातक परम्परा आगे ही बढ़ती जा रही है। इस तरह की संस्थाएँ विद्यार्थी के कच्चे मस्तिष्क में जो विष भर रही हैं, उसका अनुमान कदाचित् ही कोई लगा पा रहा हो। लेकिन उसका परिणाम सामने है, शिक्षित, समझदार लोगों में भी आज कितने साम्प्रदायिक भावना से अछूते हैं, कहना कठिन है और उसका सबसे भयंकर रूप आज देश की राजनीति में देखने को मिल रहा है। यह प्रवृत्ति देश को कहाँ ले जायगी, किस गढ़े में गिरायेगी, कौन जाने!

लखनऊ के नाम से मन्ने के मन में एक डर हाई स्कूल के ज़माने से ही उर्दू को लेकर समा गया था। आठवें दर्ज़े में उसके साथ एक डिप्टी का लड़का पढ़ता था। वह लड़का लखनऊ का रहनेवाला था। एक दिन एक शब्द के उच्चारण पर डिप्टी के लड़के और मौलवी साहब में बहस छिड़ गयी। मौलवी साहब पूर्बिया थे। वे लड़के से पार न पा रहे थे। दरअसल वह लड़का जब बोलता था, तो सब लोग उसका मुँह तकते थे, इतनी उम्दा ज़बान पूरब में कहाँ सुनने को मिलती है! आख़िर मौलवी साहब मास्टर होने की हैसियत से उसे डाँटकर, उस पर रोब ग़ालिब कर, उसे चुप कराने लगे, तो वह तिनक गया और बोला—माफ़ कीजियेगा, मौलवी साहब, हमारे यहाँ की मेहतरानियाँ भी आपसे अच्छी ज़बान बोलती हैं, आप मेरा मुक़ाबिला क्या करेंगे, उर्दू जिसके घर की लौंडी है!

मन्ने उस बात को कभी नहीं भूला। आज भी वह किसी लखनौए से बात करते हुए घबराता है, उसे डर लगा रहता है कि कौन जाने वह ज़बान के ज़ोम में आकर उसकी माँ को गाली न दे बैठे!

और अन्त में उसने कलकत्ता यूनिवर्सिटी की बात तय की। दूरी के जादू के साथ कलकत्ता में कुछ और भी खूबियाँ मन्ने ने ढूँढ़ निकालीं। क्रान्तिकारियों के रोमांचक प्रदेश होने के कारण मन्ने को यह विश्वास था कि वहाँ साम्प्रदायिक द्वेष और पक्षपात, कम-से-कम यूनिवर्सिटी में न होगा और साथ ही उर्दू में वह वहाँ उसी तरह रहेगा, जैसे जहाँ रूखन परास वहाँ रेंड़ परधान! फिर वहाँ उसके पड़ोस के एक जुलाहे की चाय की दूकान भी थी, क़स्बे के अपने परिचित एक हकीम भी थे और सबके ऊपर वहीं कहीं कैलसिया भी रहती है। हो सकता है कि इन-सबों से उसे वहाँ रहने में कुछ मदद मिल सके।

मन्ने ने जैसा सोचा था, वहाँ सब-कुछ वैसा ही मिला। जुलाहे ने उसे एक सस्ता-सा कमरा दिलवा दिया और एक होटल में रियायत से उसके खाने का बन्दोबस्त करा दिया। हकीम साहब ने पहले तो हैरत ज़ाहिर की। लेकिन मन्ने ने जब

उन्हें अपनी सही स्थिति से परिचित कराया, तो उन्होंने दौड़-धूपकर दो अच्छी-अच्छी ट्यूशनें दिला दीं। यूनिवर्सिटी में उसके दर्ज़े में सिर्फ़ सात विद्यार्थी थे और मौलाना बहुत ही शरीफ़ आदमी थे। वे उसके बेहद मशकूर थे कि वह इतनी दूर से उनके यहाँ पढ़ने आया था। उन्होंने उसकी फ़ीस भी माफ़ करवा दी।

मन्ने को यह-सब हो जाने पर बड़ा सकून मिला। उसे पूरी उम्मीद हो गयी कि जो बिगड़ी है, अब ज़रूर बन जायगी, उसका कैरियर अब ठीक रास्ते पर लग गया।

शुरू से ही उसने मेहनत शुरू कर दी। कलकत्ता के सभी आकर्षणों से अपने को बचाकर वह काम में जुट गया।

लेकिन भाग्य ने यहाँ भी उसका साथ न छोड़ा था। मन्ने भाग्यवादी न था, लेकिन वह इसे भाग्य न कहे तो और क्या कहे? तीन महीने भी अभी न बीते थे कि एक रात आठ बजे वह ट्यूशन से लौटा, तो उसे जाड़ा लगा और देखते-ही-देखते वह काँपने लगा। कम्बल ओढ़कर लेटा, तो बुख़ार ने उसे धर दबाया और वह होश-हवास खो बैठा।

सुबह उसे होश आया, तो वह बेदम हो गया था। उठा ही न जा रहा था। फिर भी किसी तरह ज़ोर लगाकर उठा और दरवाज़े से रिक्शा करके हकीम साहब के यहाँ पहुँचा।

दवा लेकर चाय की दूकान पर आया और जुलाहे से बताया, तो वह बोला—यह तो कलकत्ते की सौगात है। हम हैरान थे कि आपको अब तक यह क्यों नहीं मिली! ख़ैर, घबराने की कोई बात नहीं, यहाँ तो खाने-पीने की तरह रोज़-रोज़ की यह बात है। मैं टिकिया मँगाता हूँ, खाकर चाय पी लीजिये।

मन्ने ने हकीम साहब की दी हुई पुड़िया दिखाते हुए कहा—इसकी औंटी बनवा दो, यही पीऊँगा।

जुलाहे ने कहा—आप इस चक्कर में न पड़ें, जो मैं कहता हूँ, कीजिये। आप देखते नहीं, भोगते-भोगते मेरी जिल्द काली पड़ गयी है। इसकी बस एक ही दवा है, सफ़ेद टिकिया और कुछ नहीं!

मन्ने की तबीयत अन्दर-ही-अन्दर कुछ भारी थी, लेकिन कोई तकलीफ़ नहीं थी। रोज़ की तरह उसने होटल में खाना खाया और यूनिवर्सिटी चला गया और फिर वहीं से ट्यूशनों पर।

लेकिन जब लौटने लगा, तो रास्ते में ही उसके रोयें खड़े होने लगे और फिर वही रात की हालत हो आयी।

दो हफ़्ते तक ऐसे ही चलता रहा। उसने हकीम साहब की औंटी भी पी और सफ़ेद टिकियाँ भी खायीं, लेकिन रोज़ रात को जड़इया उसे झोर जाती।... फिर कमज़ोरी बढ़ गयी। जी में आता कि घुटनों में सिर डाले चुपचाप बैठे रहो, कहीं मक्खी भी बैठ जाय, तो उड़ाने की तबीयत न होती। उसका यूनिवर्सिटी जाना बन्द हो गया।

कई दिन तक वह चाय की दुकान पर नहीं गया, तो जुलाहा देखने आया। देखकर बोला—यह तो जड़ पकड़ गयी मालूम होती है। देस जाकर हवा-पानी बदल आइये। वहाँ की हवा लगते ही सब ठीक हो जायगा।

मन्ने ने कहा—दो-चार रोज़ और देख लेता हूँ।

पूछते-पूछते बेचारे मौलाना भी एक दिन जुलाहे के साथ आ पहुँचे और उसे उस हालत में देखकर उन्होंने उसे बहुत डाँटा कि परदेस में इस तरह अकेले पड़े हो, मेरे यहाँ क्यों नहीं चले आये? फिर बोले—चलो, उठो, यहाँ पड़े-पड़े तो तुम मर जाओगे।

और वे उसे अपने घर ले गये। वहाँ उसे नीचे एक कमरा दे दिया। उस दिन रात को उसे बुख़ार न आया, इसलिए मौलाना उसे डॉक्टर के यहाँ नहीं ले गये। दूसरे दिन भी वह ठीक रहा। लेकिन तीसरे दिन शाम ढलते ही उसका बदन टूटने और दाँत कटकटाने लगे। और थोड़ी ही देर में बुख़ार में बुत हो वह अण्ड-बण्ड बकने लगा।

दूसरे दिन सुबह डॉक्टर के यहाँ से सूई लगवाकर मौलाना के साथ मन्ने लौटा, तो दरवाज़े पर जुलाहे को एक औरत के साथ खड़े देखा। पहली नज़र में वह उसे पहचान न पाया, लेकिन औरत ने आगे बढ़कर जब सलाम किया और कहा कि बाबू, यह आपकी का हालत हो गयी है, तो मन्ने ने पहचाना कि यह कैलसिया है।

कैलसिया सचमुच बदल गयी थी। वह बहुत मोटी हो गयी थी, उसका रूप-रंग बदल गया था। वह सोने के ज़ेवरों से लदी थी, उसके सामने के दो दाँतों में लाल मिस्सी के ऊपर सोने की बत्तीसी चमक रही थी और माँग में बंगालिनों की तरह ढेर-सा सिन्दूर पड़ा था! मन्ने उसे देखता ही रह गया।

मौलाना ने उसे सहारा दे कमरे में पहुँचा दिया और उसके मेहमानों से कहा कि वे कमरे में जाकर उससे मिल लें।

मन्ने चाहता था कि चारपाई पर बैठकर ही बातें करे, लेकिन उससे बैठा न जाता था। मज़बूरन वह लेट गया। जुलाहा और कैलसिया उसके पास फ़र्श पर बिछी शीतलपटी पर बैठ गये।

दो वर्षों के अन्दर ही कैलसिया क्या-से-क्या हो गयी थी, उसमें कितना बड़ा परिवर्तन हो गया था! मन्ने उसे इस रूप में कभी देखेगा, इसकी उसे कल्पना भी न थी। इस आश्चर्यजनक परिवर्तन को आत्मसात् करना उसके लिए असम्भव हो रहा था। उसके आश्चर्य और उत्सुकता की सीमा न थी। वह एक क्षण में ही सब-कुछ जान लेना चाहता था। बोला—कैलसिया!

—हमारी आप बाद में पूछियेगा,—उसकी बात काटकर कैलसिया बोली—पहले आप अपनी बताइये! इतने दिनों से आप यहाँ आये हैं, हमें ख़बर भी नहीं दी। आपकी

तबीयत भी दो-तीन हफ़्ते से ख़राब है, फिर भी हमें याद नहीं किया। का ऐसे ही गैर थे हम? आज यह दरगाही हमें न बताता तो सायत हम आपको देख भी न पाते!

—नहीं, ऐसी बात नहीं,—मन्ने ने स्याह पड़ी पलकें झपकाकर कहा—मुझे तुम्हारा पता ही कहाँ मालूम था?

—काहे को झूठ बोलते हैं?—तिनककर कैलसिया बोली—हमारा पता मालूम करना का कोई इतनी मुसकिल बात थी? आप चाहते, तो गाँव से ही हमारा यहाँ का पता मालूम हो जाता। आख़िर चिट्ठी-पतरी तो आती-जाती रहती ही है। यहाँ भी हमारी तरफ़ का कौन ऐसा आदमी है, जो हमारा पता न जानता हो। इस दरगाही से ही आपने पूछा होता तो यह बता देता। इसके यहाँ तो हमारे यहाँ से रोज सुबह-साम दूध आता है।

मन्ने इसका क्या जवाब दे? क्या सच-सच बता दे कि उसने संकोचवश उसका पता किसी से नहीं पूछा, या यह कि उससे मिलने का उसमें साहस ही नहीं था, वह उसके सामने हमेशा अपने को शर्मिन्दा महसूस करता है कि वह उसके लिए कुछ भी न कर सका? लेकिन बोला—अभी तो मैं यहाँ ठीक से जम भी न पाया था कि बीमार पड़ गया। सोचा था, ज़रा ठीक-ठाक हो जाय, तो तुम्हारा पता लगाऊँ और इत्तमिनान से तुमसे मिलूँ। यहाँ आकर तुमसे न मिलता, ऐसा कैसे हो सकता था?

—ख़ूब हो सकता था, बाबू!—शिकायत के स्वर में कैलसिया बोली—आपसे कोई भी बात अनहोनी नहीं! एक मियाँ थे और एक आप हैं!—कैलसिया का स्वर भर्रा गया—हमें बड़ा अफसोस होता है, बाबू! सोचते हैं, तो मन जाने कैसे कचोट उठता है, कि बाबू यहाँ आये और बीमार पड़ गये फिर भी हमें याद नहीं किया। भला हो इस दरगाही का नहीं तो आप...

—नहीं, कैलसिया, ऐसा तू मत सोच,—मन्ने ने सिर हिलाते हुए कहा—मैं ज़रूर तुझसे मिलता!

—यह तो भगवान् ही जानते हैं कि आप सच कहते हैं या झूठ। लेकिन हमें विश्वास नहीं होता।—सिर झुकाकर कैलसिया ने कहा। फिर एक क्षण बाद सहसा सिर उठाकर वह बोली—ख़ैर, जो हुआ सो हुआ, अब तो हमारे यहाँ चलेंगे न? इस हालत में हम अकेले आपको नहीं छोड़ सकते। जब तक हमें मालूम नहीं था, आप कैसे रहे, कौन जाने! लेकिन अब देख-सुनकर हम आपको इस तरह नहीं रहने देंगे। आप इसी दम चलिये!

मन्ने संकोच से भरकर कुछ बोल न पा रहा था। कैलसिया को देखकर यह स्पष्ट ही था कि उसकी हालत बहुत अच्छी है। फिर भी जिसके लिए अब्बा ने इतना किया और ख़ुद होकर जिसके लिए अब्बा की एक ख़ाहिश भी वह पूरी न कर सका; उसी के यहाँ उलटे वह इस हालत में जाय और उसका एहसान ले, मन्ने के लिए यह सह्य न था। आगे ही वह इस औरत के प्रति कितना अकृतज्ञ सिद्ध हो चुका है! उलटे

अब उसका एहसान लेकर वह मुँह दिखाने लायक़ कैसे रहेगा? स्वयं अपने ही सामने वह कितना नीच बन जायगा!

उसका संकोच ताड़कर कैलसिया बोली—संकोच न कीजिये, बाबू! आपकी दुआ से हमारे यहाँ कोई कमी नहीं है। आपको कोई तकलीफ हम नहीं होने देंगे। वहाँ आपको सब तरह का आराम रहेगा। उसे अपना ही घर समझें। अपने घर चलने में इतना सोचने-समझने की का ज़रूरत है?

—हाँ, बाबू!—इतनी देर बाद दरगाही ने मुँह खोला—कैलसिया के अब तो बड़े ठाठ हैं यहाँ! आप...

—चुप!—कैलसिया ने उसे डाँटकर कहा—ग़रीब भी हम होते तो का इन्हें इस हालत में छोड़ देते? तुम जानते नहीं, मियाँ से हमारा कैसा नाता था!

—यह भी क्या कोई कहने की बात है?—दरगाही बोला—तभी तो हम भी बाबू से कहते हैं कि तुम्हारे यहाँ चले चलें।

—ऐसे बोलो!—कैलसिया ज़ोर देकर बोली—तुम लोगों के दिल में भी कम खोट नहीं, नहीं तो का बाबू के यहाँ आते ही तुमने हमें ख़बर न दी होती! हम सब जानते हैं। जो हो, तुम लोगों के लिए आख़िर हम चमार की लड़की ही तो हैं।

—इसकी बात में तू मत पड़, कैलसिया!—मन्ने ने उसे बिगड़ते हुए देखकर कहा—मैं तुम्हारे यहाँ ज़रूर आऊँगा, लेकिन इस वक़्त माफ़ कर दे। अभी कल ही मैं यहाँ आया हूँ। जिन्हें तुमने अभी देखा है वे मेरे मास्टर हैं, बड़े शरीफ़ आदमी हैं, मुझे बहुत मानते हैं। इस तरह यहाँ से चला जाऊँगा, तो उन्हें बहुत बुरा लगेगा। तू तो अपनी आदमिन है, तुझे मैं समझा-बुझा लूँगा, लेकिन...

—नहीं, बाबू!—सिर हिलाकर कैलसिया बोली—यह नहीं हो सकता! आप ख़ुद उनसे न कह सकें तो हम कह लेंगे। इसमें उनके बुरा मानने की का बात है, अपना घर रहते कोई गैर के यहाँ काहे को ठहरे?

—ज़रा धीरे से बोल, कैलसिया!—मन्ने घबराकर बोला—तू जानती नहीं, इन्हें मैं किसी तरह नाराज़ नहीं कर सकता। मैं वादा करता हूँ कि दो-चार दिन में ज़रा तबीयत सम्हलते ही मैं तुम्हारे यहाँ ज़रूर आऊँगा। इस वक़्त तू मेरी बात मानकर मुझे माफ़ कर दे।

कैलसिया का दमकता चेहरा सहसा उदास हो गया। फिर अचानक जाने उसके मन में कैसा भूचाल आ गया कि पलटकर उसने दरगाही का हाथ पकड़ा और उसे उठाते हुए, क्षोभ में काँपते स्वर में बोली—चल, दरगाही! कोई अपना बनाने से ही अपना थोड़े बन जाता है!

और सच ही दूसरे क्षण वह कमरे से बाहर थी। दरगाही उसके पीछे-पीछे वैसे ही चला गया, जैसे अफ़सर के पीछे अर्दली।

मन्ने के सामने कैलसिया का वह एक क्षण का बिजली की तरह का रूप और उसके वे कुछ शब्द बार-बार कौंधते और अदृश्य होते रहे और उसकी आँखें झपक-झपक जाती रहीं और फिर सहसा उसके अधरों पर एक क्षीण मुस्कान की रेखा खिंच आयी। वह होंठों में ही बुदबुदा उठा—तो कैलसिया उस पर ग़ुस्सा भी हो सकती है!... यह ग़ुस्सा होने का अधिकार उसे कहाँ से मिला है? उसका तो व्यक्तिगत रूप से उसके साथ कोई ऐसा सम्बन्ध नहीं रहा कि उसे उस पर इस तरह ग़ुस्सा होने का अधिकार मिले। बल्कि मन्ने ने तो अब्बा के जरिये मिला उसका सम्बन्ध भी तोड़ने में कोई कसर नहीं उठा रखी। फिर...फिर? और उसके अधरों की मुस्कान की रेखा कुछ चौड़ी हो गयी और फिर सहसा उस पर व्यथा की छाया दौड़ गयी। मन्ने अचानक ही तड़प उठा। उसके जी में आया कि वह रोये, इतना रोये, इतना रोये, कि उसका सारा शरीर ही आँसू बनकर बह जाय!..मुन्नी...बाबू साहब...भाभी....कैलसिया...और शायद महशर भी...कितने...कैसे-कैसे प्यार करनेवाले, उस पर अपने को न्यौछावर करनेवाले मिले!.... और वह...वह...उसने उनमें से एक के लिए भी क्या किया?....आह! इतना, इतने सच्चे इन्सानों, निःस्वार्थ मानवों, त्यागमय प्राणों का ढेर-सारा प्यार पाकर भी वह क्या बना, उसने क्या किया? ऐसा सौभाग्यशाली होकर भी वह कैसा अभागा रह गया कि जिसने सिर्फ़ लेना जाना और देने के सौभाग्य को सदा अपने ही हाथों से निकल जाने दिया। क्यों? क्यों? इसी आशा में न कि वह एक दिन अपनी पूँजी से अपने को बना पायेगा, सँवार पायेगा, वह इसका क्षरण, रंचमात्र भी, क्यों होने दे? तुफ़ है इस पूँजी पर! तुफ़ है उसके इस स्वार्थ पर! इस पूँजी से वह क्या बनेगा, और अगर वह कुछ बन भी गया, तो उस बनने पर लानत है, जो मामूली इन्सानियत से भी गिरकर बनता है! जब इन्सानियत ही नहीं, तो क्या रह गया!

इस समय उसे सबकी याद आ रही थी, सबकी सब बातों की याद आ रही थी और सबके ऊपर अपने कारनामों की याद आ रही थी। ये पश्चात्ताप के क्षण थे, जो दौरे की तरह उसके जीवन में अक्सर आते थे और उसका दिल ज़रा-सी गर्मी पाकर मोम की तरह पिघल उठता था!....इन पवित्र क्षणों की वह क़द्र करता था, और चाहता था कि ये क्षण हमेशा आते रहें और उन क्षणों में वह उन इन्सानों की पवित्र पुस्तक की तरह पढ़ता रहे! ऐसा करने से उसे एक प्रकार का सकून मिलता था कि वह उन्हें भूला नहीं है, वह कृतघ्न नहीं है, अकृतज्ञ नहीं है, एक दिन आयेगा, एक दिन आयेगा, जब वह शायद कुछ कर सके, अपना बोझ कुछ हलका कर सके, अपना चेहरा उजला कर सके....और ऐसे क्षणों में वह सच ही मन-ही-मन कई घटनाओं का आद्यन्त परायण कर जाता....

आठवें दर्ज़े की बात है। स्कूल की छुट्टी होने के बाद, कुछ नाश्ता-पानी करके रोज़ शाम को मन्ने शहर के पुस्तकालय में अख़बार पढ़ने जाता था। उसे खेल से कोई

दिलचस्पी न थी। लेकिन मुन्नी का यह समय स्कूल के मैदान में ही बीतता था। उसे हाकी और फ़ुटबाल, दोनों खेलों में बेहद दिलचस्पी थी। एक दिन शाम को लड़के अभी खेल ही रहे थे कि अचानक पास की सड़क पर एक शोर मच गया। लोग जान छोड़कर भागते हुए नज़र आये। लड़कों ने देखा, तो उन्होंने खेल बन्द कर दिया और सड़क की ओर भागकर यह जानना चाहा कि आख़िर बात क्या है?

पूछने पर कुछ बताने के लिए कोई भी रुकने का नाम न लेता था। सब भागते हुए बस एक ही बात चिल्ला रहे थे, हिन्दू-मुसलिम दंगा हो गया! लड़कों के चेहरों पर दहशत छा गयी, वे एक-दूसरे का मुँह तकने लगे। इसी बीच वार्डन ने आकर डाँटा कि सड़क पर खड़े-खड़े वे क्या कर रहे हैं, सब अपने-अपने कमरे में चले जायँ!

लड़के अपने-अपने कमरे में चले गये और हास्टल के फाटक में ताला लगा दिया गया। वार्डन ने हाज़िरी ली, तो मालूम हुआ, चालीस लड़के ग़ैरहाज़िर थे। सब शहर में किसी-न-किसी काम से गये थे। सब चिन्तित हो उठे कि न जाने उन पर क्या गुज़री!

वार्डन सख़्त हिदायत देकर चले गये कि कोई भी अपने कमरे से बाहर न निकले।

मुन्नी अपने अँधेरे कमरे में परेशान-हाल टहल रहा था। लालटेन जलाने की भी सुध उसे न थी। बीच चौक में पुस्तकालय है, चारों ओर हिन्दू बस्ती से घिरा हुआ। जाने मन्ने पर क्या बीती! सोच-सोचकर मुन्नी की जान सूख रही थी। पूरे हास्टल में एक अजीब तरह का खौफ़नाक सन्नाटा छा गया था, कहीं से कोई शब्द न आ रहा था। कोई भी खटका होता, तो मुन्नी लपककर ओसारे में आ, फाटक की ओर देखता कि मन्ने तो नहीं है। लेकिन फाटक पर लालटेन की रोशनी में सिर्फ़ चौकीदार का साया दिखायी देता और मुन्नी फिर कमरे में जा उसी उधेड़-बुन में लग जाता।

क़रीब एक घण्टे बाद पुलिस की लारी क़र्फ़्यू की सूचना देती हुई, सन्नाटे को और भी भयावना बनाकर चली गयी, तो सहसा मुन्नी को रोना आ गया। वह चारपाई पर बैठ सिसक-सिसककर रोने लगा। उसकी समझ में न आता था कि वह क्या करे। रह-रहकर मन में एक हूक उठती थी और उसकी रुलाई में जैसे ज्वार आ जाता था। जाने मन्ने को क्या हुआ? कहीं....

रोज़ की तरह आठ बजे जाने की घण्टी बजी। मुन्नी के कानों में टनटनाहट की एक बारीक रेखा खींचकर घण्टी बन्द हो गयी, लेकिन वह उसी तरह माथा हथेली पर रखे बैठा रहा और मन-ही-मन बिलखता रहा।

बड़ी रात हो गयी। सन्नाटा और गहरा हो गया, तो जाने मुन्नी के मन में क्या आया कि वह कमरे से निकला और अपनी आँखें पोंछते हुए फाटक पर जा पहुँचा।

चौकीदार ने आहट सुनी, तो चौंककर स्टूल से उठता हुआ बोला—कौन?

मुन्नी फाटक के सीख़चों से मुँह सटाकर, बुझे गले से बोला—मैं हूँ, मुन्नी।

—क्या बात है, बाबू?—चौकीदार उसके पास आकर बोला—आप अभी तक सोये नहीं?

—कोई शहर से आया है?—मुन्नी ने पूछा।

—नहीं, फाटक बन्द होने के बाद तो कोई भी नहीं आया। क्यों, आपके भी कोई साथी बाहर रह गये हैं क्या?

—हाँ, मन्ने अभी तक नहीं आया, पता नहीं उस पर क्या बीती? तुम ज़रा फाटक खोलो, मैं...

—यह आप क्या कहते हैं, बाबू?—चकित होकर चौकीदार बोला—वार्डन साहब की कड़ी हिदायत है कि सुबह छै बजे के पहले फाटक न खुले। फिर फाटक खुलकर ही क्या होगा? आपने सुना नहीं, कम्पू लग गया है। कोई भी बाहर दिखायी दे गया, तो पकड़ लिया जायगा। आप जाकर सो रहिये। सुबह देखा जायगा।

—तुम खोल तो दो!

—पागल हुए हैं क्या, बाबू? आप अपने कमरे में जाइये, वार्डन साहब को तो आप जानते हैं न? कहीं भनक लग गयी, तो....

—कोई लड़का शहर से आयेगा तो क्या तुम फाटक नहीं खोलोगे?

—नहीं, फाटक तो छह बजे के पहले किसी भी हालत में नहीं खुलेगा। वार्डन साहब का हुकुम है कि कोई आये तो उनके कुवाटर में पहुँचा दिया जाय।

—फिर मुझे कैसे मालूम होगा कि मन्ने आया कि नहीं?

—अब कोई आ ही नहीं सकता। पुलिस गस्त लगा रही है।

—नहीं, मन्ने ज़रूर आयेगा! उसे मालूम है कि वह नहीं आया, तो मेरी क्या हालत होगी!

—बाबू, आपकी बात मेरी समझ में नहीं आती। आप जाकर आराम कीजिये। सुबह देखियेगा।

—यहाँ फाटक के पास मैं बैठा रहूँ?

—क्या कहते हैं, बाबू?—हैरान होकर चौकीदार बोला—यहाँ बैठकर आप क्या करेंगे?

—उसकी राह देखेंगे, वह ज़रूर आयेगा! आये बिना रह ही नहीं सकता!

—उन्हें आना होता, तो कबके आ गये होते। आप इतनी-सी बात नहीं समझते? कहीं वार्डन साहब गस्त पर आ गये....

—मैं इधर छुपकर बैठ जाता हूँ।

—अब जो आपके दिल में आये, कीजिये,—झल्लाकर चौकीदार बोला—आप तो बड़े जिद्दी मालूम होते हैं!

मन्ने रात-भर वहाँ बैठा टक-टक फाटक की ओर देखता रहा और उसके अन्दर रुदन का ज्वार उबलता रहा। बीच-बीच में चौकीदार की आवाज़ सुनायी दे जाती—बाबू, आप अपनी जान क्यों साँसत में डाले हुए हैं; जाकर आराम कीजिये न!

मन्ने को न आना था न आया।

वह काली रात कैसे कटी, मुन्नी ही जानता है। सुबह हुई, तो बिना किसी डर के, बिना कुछ सोचे-समझे वह चौक की ओर भागा। सड़कों पर मुश्किल से इक्के-दुक्के आदमी आ-जा रहे थे, वे भी खौफ़ खाये हुए, चौकन्ने। लेकिन मुन्नी को तो जैसे स्थिति का ज्ञान ही न हो। उसके आँखों के सामने बस मन्ने नाच रहा था।

पुस्तकालय बन्द था। वहाँ एक चिड़िया का भी पता न था। सदा गुलज़ार रहनेवाला चौक जैसे श्मशान बना हुआ था। दूकानें बन्द, सड़कें सूनी, वातावरण भयावना। नुक्कड़ पर बेंचों पर बैठी हथियारबन्द पुलिस ऐसी दिखायी दे रही थी, जैसे श्मशान पर गिद्धों का एक झुण्ड।

एक ने ज़ोर से मुन्नी को पुकारा—ऐ छोकरे!

मुन्नी इस आशा से उनके पास पहुँचा कि शायद उन्हीं से कुछ मालूम हो! लेकिन वहाँ तो उसके लिए डाँट रखी हुई थी। एक सिपाही ने डाँटकर कहा—कहाँ इधर-उधर घूम रहा है? जान देना चाहता है क्या? भाग अपने घर!

लेकिन मुन्नी ने बिना घबराये हुए कहा—यहाँ पुस्तकालय में रात मेरा दोस्त अख़बार पढ़ने आया था...

—हम कुछ नहीं जानते!—एक दूसरा फटकारते हुए बोला—भागो यहाँ से! कुछ पता लगाना हो, तो कोतवाली जाओ!

मुन्नी कोतवाली की ओर भागा। वहाँ सहन में ही लाशों का ढेर लगा हुआ था। मुन्नी का कलेजा मुँह को आ गया। वह धड़कता हुआ दिल लिये, बिना किसी से पूछे-ताँछे एक-एक लाश को देखने लगा। लेकिन उनमें मन्ने नहीं था। वह एक ओर खड़ा होकर सोचने लगा कि अब क्या करे? तभी एक सिपाही उसके पास आकर बोला—क्या देख रहा है? तेरे घर का भी कोई मारा गया है क्या?

—मेरा दोस्त...

—इनमें उसकी लाश है क्या?

—नहीं।

—तो उधर हवालत की ओर जा। शायद वहाँ बन्द हो। लोग छोड़े जा रहे हैं।

मुन्नी उधर गया, तो सैकड़ों लोगों का झुण्ड हवालात से निकल रहा था। वह

एक ओर खड़ हो उनमें मन्ने को ढूँढ़ने लगा। उसके सामने से झुण्ड निकल गया, लेकिन मन्ने उसमें दिखायी नहीं दिया। मुन्नी की निराशा की सीमा न रही। उसकी वही हालत थी, जो उस माँ की होती है, जो मेले में अपने खोये बेटे को सब जगह खोजकर हार मान गयी हो और उसकी निराशा की सीमा न हो।

मुन्नी अब क्या करे? हारा-थका, शोकमग्न, धीरे-धीरे, भारी पाँव उठाता हुआ वह वहाँ से चला, तो अचानक ही उसके दिमाग़ में एक विचार घटाटोप अँधेरे में बिजली की तरह कौंध उठा कि शायद मन्ने हास्टल में पहुँच गया हो। और वह सड़क पर दौड़ने लगा।

हास्टल में पहुँचा, तो उसका कमरा वैसे ही खाली था। उसका कलेजा फिर धक-से हो गया। खड़े होने में भी अब वह अपने को असमर्थ पा रहा था। वहीं किंवाड़ का सहारा लेकर वह चौखट पर बैठ गया। उधर से गुज़रते हुए चपरासी ने उसकी ओर देखा, तो ठिठककर बोला—आप यहाँ क्यों बैठे हैं? कामन रूम में मीटिंग हो रही है। हेडमास्टर साहब आये हैं। जाइये।

मुन्नी की फिर आशा बाँधी, शायद मन्ने वहीं हो। वह उठकर कामन रूम की ओर चल पड़ा।

मीटिंग चल रही थी। हेडमास्टर साहब बोल रहे थे। सभी लड़के ख़ामोश कुर्सियों पर बैठे थे। मुन्नी पागल की तरह एक ओर खड़ा होकर लड़कों की भीड़ में मन्ने को ढूँढ़ने लगा। उसको उस हालत में पाकर सभी लड़के उसकी ओर आँखें फाड़-फड़कर देखने लगे। हेडमास्टर साहब की उस पर नज़र पड़ी, तो उन्होंने वार्डन की ओर देखा। वार्डन लपककर मुन्नी के पास पहुँचे और उसका बाजू ज़ोर से पकड़कर बोले—इस तरह क्या देख रहे हो? तुम कहाँ चले गये थे? चलो बैठो, वहाँ!

मुन्नी की आँखें वहाँ कहीं मन्ने को न पाकर भरी आ रही थीं। लड़कों में ही देखता हुआ वह बोला—मास्टर साहब, मन्ने नहीं आया क्या?

—नहीं, वह नहीं आया। सत्रह लड़के और लापता हैं। तुम बैठो।—और उन्होंने उसे पास की एक खाली कुर्सी पर बैठा दिया।

हेडमास्टर साहब हिन्दू-मुसलिम एकता पर भाषण दे रहे थे, लेकिन मुन्नी की समझ में कुछ भी न आ रहा था। रह-रहकर उनकी रुलाई फूट पड़ना चाहती थी और वह सारा ज़ोर लगाकर उसे रोकने में ही लगा था।

अन्त में हेडमास्टर साहब ने कहा—कलक्टर साहब के आदेशानसुार स्कूल दस दिन बन्द रहेगा। आप लोग जैसे भी हो आज छह बजे के पहले-पहले अपने-अपने घरों को रवाना हो जायँ।

मुन्नी अपने कमरे के दरवाज़े पर दोपहर तक दुःखी और चिन्तित बैठा रहा। न उसने मुँह धोया, न नाश्ता किया, न खाना ही खाया। महराज पूछकर चला गया था

कि आपका भोजन बनेगा कि आप चले जायेंगे। मुन्नी ने कह दिया था कि भोजन नहीं बनेगा।

उसका गाँव बीस मील दूर है। आठ मील तक एक्का जाता है, उसके आगे पैदल ही चलना पड़ता है। अभी से न चला, तो आज गाँव नहीं पहुँच पायेगा। शाम को हास्टल बन्द हो जायगा। मुन्नी क्या करे, वहाँ से हटने को उसका मन न कर रहा था। वह बिलकुल बेदम-सा हो रहा था।

हाथ में झोले लटकाये उसकी ओर के दो विद्यार्थी उसके पास आये।

एक बोला—इस तरह क्यों बैठे हो? चलोगे नहीं?

मुन्नी ने सूखी आँखें उठाकर कहा—मन्ने नहीं आया।

—शायद वह गाँव चला गया हो,—दूसरे ने कहा—तुम चलो, तीन जने हो जायेंगे तो एक्का तुरन्त चल पड़ेगा। दिन रहते गाँव पहुँच जायेंगे। आख़िर चलना तो तुम्हें भी है।

मुन्नी सिर झुकाये थोड़ी देर ख़ामोश बना रहा। आख़िर जाना तो पड़ेगा ही, नहीं वह रहेगा कहाँ? हो सकता है, मन्ने गाँव...लेकिन यह कैसे हो सकता है? उसे छोड़कर मन्ने अकेले गाँव कैसे जा सकता है? बोला—यह कैसे हो सकता है?

दूसरे लड़के ने उसकी बाँह पकड़कर उठाते हुए कहा—अम्या, चलो, क्यों ,ख़ामख़ाह के लिए वक़्त ख़राब कर रहे हो? चलना तो है ही, देर हो जायेगी तो एक और मुसीबत आन खड़ी होगी! उठो, ताला बन्द करो!

मुन्नी ने ताला बन्द करके कहा—ज़रा रुको, चाभी वार्डन साहब को दे आऊँ, शायद मन्ने आये।—और वह वार्डन साहब के क्वार्टर की ओर चला गया।...

रास्ते में दो मील एक्का चला होगा कि उधर से आते हुए एक एक्के से पुकार सुनायी दी—मुन्नी! मुन्नी!

चौंककर मुन्नी ने देखा, मन्ने के अब्बा अपने एक्के से उतरकर उसकी ओर लपके आ रहे हैं, चेहरे का रंग उड़ा हुआ, बेहद परेशान! मुन्नी ने अपना एक्का भी रुकवाया और उतर पड़ा।

मन्ने के अब्बा ने शंकित स्वर में कहा—मेरा मन्ने कहाँ है?

मुन्नी की वह आशा भी टूट गयी। एक क्षण तक उसके मुँह से बकार ही न फूटा। फिर बोला—वह घर नहीं पहुँचा?

—नहीं तो!—बिलखते हुए-से स्वर में वे बोले—घर पहुँचा होता तो मैं क्यों शहर जाता? आज सुबह ही दंगे की ख़बर मिली। वह....

—वह कल शाम को अख़बार पढ़ने चौक गया था, फिर नहीं लौटा। मैंने सब जगह ढूँढ़ा, कहीं भी नहीं मिला....

—ओह!—पलटते हुए मन्ने के अब्बा बोले—अच्छा, तुम जाओ।

—मैं भी आपके साथ चलूँ?—चिल्लाकर मुन्नी बोला।

—नहीं, तुम जाओ। तुम्हारे माँ-बाप भी परेशान होंगे।—और वे कूदकर एक्के पर बैठ गये।

मुन्नी वहीं थथमा उन्हें देखता रहा। उनकी व्याकुलता को वह समझ रहा था, लेकिन उसे अफ़सोस था कि शायद उसकी व्याकुलता को वे नहीं समझते। एक आशा थी, वह भी टूट गयी। कहीं मन्ने...मुन्नी का कलेजा जैसे फटने-फटने को हो आया, क्या सच ही मन्ने..

—आओ, भाई, बैठो,—एक साथी बोला—देर हो रही है।

मन्ने के अब्बा का एक्का दूर जाता हुआ दिखायी दे रहा था, और मुन्नी को लग रहा था, जैसे मन्ने ही छूटा जा रहा है।

मुन्नी कैसे फिर एक्के पर आ बैठा, उसे नहीं मालूम। वह आँखें मूँदे ख़ामोश बैठा रहा। उसका दिल जैसे कण-कण कटता जा रहा था। उसकी इस हालत पर उसके साथी हैरान थे। उन्होंने उनकी दोस्ती की बात सुनी थी, हास्टल में कुछ देखा भी था, लेकिन यह हालत होगी, उन्हें मालूम न था।

पक्की सड़क ख़त्म होने को आयी, तो एक्का रुक गया। दोनों साथी उतर गये, तो मुन्नी सूखे गले से बोला—मुझसे पैदल नहीं चला जायेगा। क़स्बे तक एक्का ले चलें तो कैसा!

साथियों के मन की ही बात जैसे उसने कह दी हो। देर काफ़ी हो गयी थी। लेकिन उनके कुछ कहने के पहले ही एक्केवान बोला—नहीं, कच्ची सड़क पर हम नहीं जायेंगे। यहीं से हमें लौटना है।

एक साथी बोला—भाई, चले चलो। हम तो पैदल चले भी जायेंगे, लेकिन इनकी हालत देखते हो न। चलो, क़स्बे में ही मेरा घर है, रात ठहर जाना, घोड़े को चना-भूसी भी दे देंगे और तुम्हें खाना भी मिल जायगा। ऊपर जो भाड़ा मुनासिब कहो देंगे ही।

एक्केवान के लिए यह लोभ बहुत बड़ा था। ज़रा देर ना-नुकुर करके वह बोला—छै रुपये लेंगे।

आख़िर साढ़े चार पर तय हुआ और घोड़ा आगे बढ़ा।

मुन्नी के गाँव पहुँचते-पहुँचते साँझ ढल गयी। उसके पाँव उठते ही नहीं थे। गाँव देखकर फिर उसे रोना आ गया, जैसे सब-कुछ गँवाकर वह गाँव लौट रहा हो।...लेकिन यह क्या? पोखरे के पासवाले खण्ड के सहन में वह कौन खड़ा है? साँझ के धुँधलाये अँधेरे में भी मुन्नी की आँखें उसे पहचानने से चूकनेवाली नहीं थीं, मन्ने!

एक क्षण को उसे ऐसा लगा कि ख़ुशी के मारे उसकी जान ही निकल जायगी!...लेकिन दूसरे ही क्षण जाने उसके मन में कौन-सा कौंधा लपक उठा कि वह सीधा तनकर खड़ा हो गया और मन्ने की ओर से ग़ुस्से के मारे आँखें फेरकर सीधे रास्ते पर तेज़-तेज़ चल पड़ा।

मन्ने ने भी उसे पहचान लिया था। उसने लपकते हुए उसे पुकारा—मुन्नी! मुन्नी!

लेकिन मुन्नी ने उसकी ओर पलटकर भी नहीं देखा, उसके क़दम और भी तेज़ होते गये।

मन्ने उसके पीछे लपकता हुआ पुकारता जा रहा था—सुनो! सुनो! क्या बात है?...तुम इस तरह क्यों भागे जा रहे हो?...ठहरो!...

लेकिन मुन्नी के कान जैसे बहरे हो गये थे। वह लपककर अपने घर में घुस गया और रात-भर बाहर नहीं निकला।

आठ दिन बीत गये। मन्ने ने दिन में कई-कई बार मुन्नी के घर के फेरे लगाये, उससे मिलने की हर कोशिश की, लेकिन मुन्नी नहीं मिला, उसे जैसे मन्ने की सूरत देखना भी गवारा न हो।

स्कूल खुलने पर मन्ने की आशा के विपरीत मुन्नी न उसके साथ आया, न हास्टल में ही दिखायी दिया। मन्ने की समझ में न आ रहा था कि आख़िर क्या बात हुई कि मुन्नी उसकी सूरत से भी नाला हो गया है? किसी-न-किसी तरह वह उससे मिलकर यह पूछना चाहता था। उसकी बेचैनी की भी हद न थी। उसके घर पर वह ज़बरदस्ती उससे मिल नहीं सकता था, लेकिन उसे आशा थी कि स्कूल खुलने पर वह ऐसा कर सकेगा।

हॉस्टल में वह न आया, तो मन्ने ने सोचा, शायद वह अभी घर से आया ही नहीं। लेकिन कक्षा में वह दिखायी पड़ गया, तो उसके आश्चर्य का ठिकाना न रहा। वह उससे दूर पीछे की क़तार में बैठा था, उसके सामने डेस्क पर कोई किताब भी नहीं थी। मन्ने ने सोचा, शायद अभी-अभी गाँव से आया है और सीधे स्कूल में आ गया है। उसने कई बार घूम-घूमकर उसकी ओर देखा, लेकिन मुन्नी सिर झुकाये बैठा था, उसने एक बार भी उससे आँख न मिलायी।

स्कूल में मन्ने ने कई बार उससे मिलने की कोशिश की, लेकिन मुन्नी साफ़ कन्नी काट गया।

स्कूल के बाद मन्ने को आशा थी कि मुन्नी सीधे हास्टल आयेगा, लेकिन वह नहीं आया।

दूसरे दिन मालूम हुआ कि मुन्नी अपनी ओर के विद्यार्थियों के एक डेरे पर ठहरा है। अब मन्ने को विश्वास हो गया कि मामला संगीन है। मुन्नी की नाराज़गी कोई मामूली नहीं। लेकिन बार-बार सोचने पर भी उसकी समझ में यह नहीं आता था कि

आख़िर इसका कारण क्या है, उसकी ओर से तो जान-बूझकर कुछ ऐसा हुआ ही नहीं है। अब उससे यों रहना कठिन हो गया। उसने निश्चय किया कि जो भी हो, जैसे भी हो, आज उससे मिले बिना वह नहीं रह सकता।

स्कूल की छुट्टी हुई, तो मन्ने ने उसका पीछा किया और सड़क पर पहुँचते-पहुँचते उसका हाथ पकड़ लिया। बोला—मुन्नी! सच बताओ...

मुन्नी ने झटककर अपना हाथ छुड़ा कोट की जेब में डाल लिया। बोला कुछ नहीं और आगे बढ़ गया।

मन्ने एक क्षण खड़ा रहकर फिर आगे लपका और उसके कोट की जेब में हाथ डाल उसका दाहिना हाथ पकड़ लिया।

मुन्नी ने ऐसे ज़ोर का झटका दिया कि उसकी जेब चर्र-से बोल गयी।

मन्ने को काठ मार गया। नयी गरम कोट थी। वह अपराधी की तरह फटी जेब को देखता रह गया।

कुपित होकर मुन्नी फिर आगे बढ़ गया, तो लपककर मन्ने ने फिर उसका हाथ पकड़ लिया। बोला—मुन्नी!...

—तुम्हें मेरी ही क़सम है, जो मुझे छुआ या मुझसे कोई बात की!—क्षोभ से काँपता हुआ मुन्नी बोला।

मन्ने की तो जैसे ऊपर की साँस ऊपर और नीचे की नीचे ही रह गयी। एक क्षण बाद अपने को सम्हालता हुआ, व्याकुल कण्ठ से वह बोला—मुन्नी! अपनी क़सम वापस लो! वापस लो!

—नहीं लेता! नहीं लेता!—सिर झकझोरकर मुन्नी बोला और आगे बढ़ गया।

मन्ने ठक खड़ा उसे जाते हुए देखता रहा। उसे ऐसा लग रहा था, जैसे उसकी जान ही निकलकर चली जा रही हो। फिर दूसरे ही क्षण ऐसा लगा, जैसे उसकी जान वापस आ गयी हो। और ग़ुस्से के मारे उसका चेहरा तमतमा उठा, उसका शरीर काँप उठा। बोला—मैंने आख़िर क्या किया है कि उसने ऐसी क़सम दिलायी? जाओ! देखूँगा, कैसे क़सम वापस नहीं लेते!

और मन्ने ने उसी शाम से खाना छोड़ दिया!

किसी को मालूम नहीं था कि मन्ने खाना खाता है या नहीं, लेकिन यह सभी को मालूम था कि वह स्कूल नहीं जाता। मुन्नी ने एक दिन देखा, दो दिन देखा, तीसरे दिन हास्टल के एक साथी से पूछा—मन्ने स्कूल क्यों नहीं आता?

—पता नहीं। वह तो रात-दिन कमरे में पड़ा रहता है।

—क्यों, तबीयत तो ख़राब नहीं?

—नहीं, ऐसा-कुछ तो मालूम नहीं पड़ता।

तीन दिन और बीत गये। फिर भी मन्ने स्कूल में दिखायी नहीं दिया, तो मुन्नी बेचैन हो उठा। आख़िर उसे क्या हो गया? स्कूल वह क्यों नहीं आता? उसकी बात उसे लग तो नहीं गयी? उसे ग़ुस्से के बदले अब अफ़सोस होने लगा कि क्यों उसने उसे ऐसी बड़ी क़सम दिलायी। वह बेचैन हो उठा।

अगले दिन स्कूल पहुँचा, तो सबके मुँह पर एक ही बात...मन्ने एक हफ़्ते से फ़ाक़ा कर रहा है। कुछ नहीं खाता। आज सुबह नौकर उसके कमरे में झाड़ू देने गया, तो देखा, वह बेहोश पड़ा है। हॉस्टल में हल्ला हो गया। लड़के पहुँचे। मन्ने के मुँह से फेन निकल रहा था और वह बेहोश पड़ा था। डॉक्टर बुलवाया गया। उसने देखकर कहा, इसके पेट में तो कुछ है ही नहीं। कितने दिन से इसने खाना नहीं खाया? बावर्ची को बुलाकर पूछा गया तो उसने बताया कि वे एक हफ़्ते से मेस में खाना नहीं खाते। मना कर दिया था। डॉक्टर सोडा मँगाकर, ज़बरदस्ती उसका मुँह खोलकर डालने लगे, तो वह उठ बैठा और मना करने लगा।..पता नहीं उसे क्या हो गया। वार्डन और डॉक्टर अभी उसके पास ही बैठे हैं। लड़कों को उन्होंने भगा दिया।

मुन्नी ने सुना तो उसे सनाका हो गया। वह सीधे भागकर मन्ने के पास जा पहुँचा। उस हालत में देखकर उसका दिल धड़-धड़ बजने लगा। वह पुकार उठा—मन्ने! मन्ने! सोडा पी लो!

मन्ने ने आँखें खोलीं। उसकी वह आँखें देखकर मुन्नी का कलेजा मुँह को आ गया। वह ज़ोर से चीख़ पड़ा—मन्ने! सोडा पी लो!

डॉक्टर हैरान, वार्डन हैरान! वार्डन ने मुन्नी को रोकना चाहा, तो डॉक्टर ने संकेत से उन्हें ही रोक दिया।

मन्ने ने इधर-उधर देखने का प्रयत्न किया। फिर मुन्नी को पहचानकर बोला—अपनी क़सम वापस लो! वापस लो!

—ले ली!...ले ली!—मुन्नी ने तुरन्त कहा और डॉक्टर साहब के हाथ से गिलास लेकर मन्ने के मुँह से लगा दिया।

मन्ने धीरे-धीरे सोडा पीने लगा।....डॉक्टर उन्हें छोड़कर वार्डन को अपने साथ लेकर चले गये।

मन्ने ने कमज़ोर आवाज़ में कहा—तो बताओ...

●

यह घटना याद करके मन्ने के होंठों पर एक मुस्कान थिरक गयी। कभी वह भी कुछ था। उसके पास भी एक दिल था, जो तड़पाना जानता था तो तड़पना भी। लेकिन आज...आज कैलसिया भी उस दिन के मुन्नी की तरह ही रूठकर, ग़ुस्सा होकर चली गयी है। उसने मुन्नी को उस समय बुला लिया था, लेकिन अब क्या कैलसिया को वह बुला सकता है? नहीं, हर्गिज़ नहीं! अब वह बात कहाँ रही, वह मन की निर्मलता,

हृदय की पवित्रता, प्रेम की अन्धता, त्याग की शक्ति कहाँ रही? आह, उसने उस दिल को आज क्या बना लिया है! मोम पत्थर कैसे हो गया? अरे कमबख़्त!

दिल की धड़कन दे न सुनायी
इतना कान में तेल न डाल

बुख़ार गया, तो अपने से कहीं भयंकर रोग मन्ने को दे गया। उसका मेदा ख़राब रहने लगा और नींद सपना हो गयी। हवा भरकर पेट फूल जाता और लगता कि दिल बैठा जा रहा है और दिमाग़ डूबा जा रहा है। बड़ी बेचैनी होती और ऐसा लगता कि जान अब-तब हो रही है। नींद एक पल को न आती, न रात, न दिन।

फिर भी मन्ने होटल में खाना खाता, यूनिवर्सिटी जाता, ट्यूशनों पर जाता और पुस्तकालय जाता। एक हफ़्ते तक यही हालत रही और कोई फ़र्क़ नहीं आया, तो आख़िर वह अपने हकीम साहब के यहाँ गया। उसकी हालत सुनते ही उन्होंने उसे बहुत फटकारा कि उसने डॉक्टरी दवा क्यों की, यह-सब उसी की करामात है। ये डॉक्टर एक ज़हर को मारने के लिए दूसरा ज़हर देते हैं, एक ज़हर का असर जाता है, तो दूसरे का शुरू हो जाता है, फिर उसे मारने के लिए वे तीसरा ज़हर देते हैं और फिर इन ज़हरों का सिलसिला कहीं ख़त्म नहीं होता, रोगी भले ही ख़त्म हो जाय। यह जो तुम्हारी हालत है, सब कुनैन की कारस्तानी है, तुम्हारे जिगर का फ़ेल ख़राब हो गया है, दिमाग़ ख़ुश्क हो गया है।

मन्ने का रोग से यह पहला पाला पड़ा था। उसे किसी बात का ज्ञान न था। उसने हकीम साहब की हर बात सच मान ली और उनसे माफ़ी माँगी और कहा— हकीम साहब, आपसे मैं क्या अर्ज़ करूँ, मेरी हालत तो आप जानते ही हैं। दवा-दारू पर कुछ ख़र्च कर सकूँ, इसके क़ाबिल मैं नहीं। जगह-ज़मीन से जो आमदनी होती है, वह तो घर के खर्चे के लिए भी काफ़ी नहीं पड़ती। फिर भी उसी में से काट-छाँटकर और यहाँ ट्यूशनें करके किसी तरह रहने-सहने और पढ़ाई का ख़र्चा निकालता हूँ। यहाँ यह सोचकर आया था कि दो साल की बात है, किसी तरह एम० ए० कर लूँगा, तो किसी काम का हो जाऊँगा। लेकिन यहाँ तो सिर मुँड़ाते ही ओले पड़े और यह बला मेरे पीछे पड़ गयी। अब आप ही मदद करें तो इससे मेरा पीछा छूटे। और कुछ हो या न हो, कम-से-कम नींद तो मुझे आने लगे।

मन्ने का शरीर सूख गया था। चेहरे की ज़िल्द मुर्झा-सी गयी थी। आँखें स्याह हलकों में डूब गयी थीं और उनके कोनों में झुर्रियाँ उभर आयी थीं उसकी परेशान, सफ़ेद-सफ़ेद आँखों को देखकर लगता था कि उसके पागल होने में ज़्यादा देर नहीं।

हकीम साहब को उसे देखकर बड़ा तरस आया। उन्होंने कहा—तुम कुछ दिनों के लिए गाँव क्यों नहीं चले जाते? वहाँ घी-दूध और ताज़ी सब्ज़ियाँ मिलेंगी और सबके ऊपर खुली, साफ़ हवा मिलेगी...

बीच में ही उनकी बात काटकर गिड़गिड़ाकर मन्ने बोला—नहीं, हकीम साहब, आप ऐसी राय मत दीजिये। बिना सालाना इम्तिहान दिये मैं यहाँ से कहीं नहीं जा सकता। आप मेहरबानी करके मुझे कोई ऐसी दवा दीजिये कि मुझे नींद आने लगे।

एक हफ़्ते तक लगातार नींद न आने का मतलब हकीम साहब जानते थे, इसलिए आगे कोई बात न करके उन्होंने 'हमदर्द' की एक शीशी देकर कहा—दो-दो घण्टे में एक-एक गोली मलाई में लपेटकर खाना, इसकी क़ीमत सात रुपये है।

सुनकर मन्ने की बाई सरक गयी। उसके चेहरे का भाव देखकर हकीम साहब ने कहा—यह पेटेण्ट दवाई है, मैंने ख़रीदकर ही रखी है। जितने में मुझे मिली है, उतना ही तुमसे माँग रहा हूँ। और हाँ, सिर पर कद्दू के तेल की मालिश भी ज़रूरी है। इससे दिमाग़ को तरी मिलेगी और नींद आ जायगी। तेल बीस रुपये सेर है, चाहे मेरे यहाँ से ले लो या और कहीं से।

मन्ने सिर झुकाकर इस तरह सोचने लगा, जैसे हकीम साहब की दवा की क़ीमत नींद न आने से अधिक परेशान करनेवाली हो। और थोड़ी देर बाद वह शीशी वहीं रखकर उठ खड़ा हुआ तो हकीम साहब बोले—क्या बात है?

मन्ने ने सिर झुकाये ही कहा—इतना पैसा मेरे पास इस वक़्त कहाँ है, हकीम साहब?

—तो दवा तो ले जाओ, पैसे फिर दे देना। तुम्हारे यहाँ से पैसे कहाँ जाते हैं?—हकीम साहब ने अपनापा जताते हुए कहा—तुम तो अपनी तरफ़ के मातबर आदमी हो।

—नहीं, हकीम साहब, उधार लेने की मेरी आदत नहीं। फिर आपके तो पहले ही बड़े एहसान हैं। आपने मुझे ट्यूशनें दिलवायीं...

—तो क्या हुआ? वक़्त पर अपने ही आदमी तो काम आते हैं!—हकीम साहब ने ज़ोर देखकर कहा—तुम दवा ले जाओ!

—नहीं, मैं पैसे लेकर शाम को आऊँगा।—और मन्ने चल पड़ा।

मौलाना के घर से डाकख़ाने की पासबुक लेकर चला तो वह रुपयों का हिसाब लगाने लगा। साल-भर का ख़र्च सात सौ रुपये लेकर चला था और इस समय दो सौ के क़रीब बच गये थे और अभी छह-सात महीने का ख़र्चा चलाना था, कुछ ज़रूरी किताबें भी ख़रीदनी थीं। दवा-दारू का सवाल न उठता, तो ट्यूशनों के सहारे इतने में भी मज़े में वह काट लेता। और अब सिर्फ़ दवा-दारू का ही सवाल नहीं था, वह इसी तरह बीमार रहा, तो ट्यूशनें छूटने का भी ख़तरा था। उसने यह-सब सोचा, तो लगा कि वह एक ऐसे चक्कर में फँस गया है, जिससे निकलना नामुमकिन है, यह पैसे का चक्कर कहीं उसे निगल ही न जाय! दवा-दारू के लिए भी कभी पैसे ख़र्चने पड़ेंगे, यह उसने कब सोचा था। यह शरीर, जिसकी चिन्ता उसने कभी भी नहीं की,

जिस पर हमेशा कम-से-कम ख़र्च किया, वही कभी इस तरह पैसा खाने लगेगा, इसका ख़याल उसे कब हुआ था? उसने तो इस शरीर को पीसकर पैसा पैदा करना और बचाना ही जाना था।

शाम को उसने हकीम के यहाँ न जाकर मौलाना को सब-कुछ कह सुनाया तो वे बोले—तुम जानते हो, मेरे सात लड़के...

—नहीं, मौलाना, मेरा यह मतलब नहीं था!—मन्ने ने उनकी बात समझकर तुरन्त कहा—मैं तो यह जानना चाहता था कि क्या किसी अस्पताल से मुझे दवा नहीं मिल सकती?

—मिल क्यों नहीं सकती?—मौलाना ने कहा—यहाँ कितने ही सरकारी अस्पताल हैं, कितने ही दीगर सोसाइटियों के अस्पताल हैं, ख़ुद यूनिवर्सिटी का भी अस्पताल है, लेकिन इन अस्पतालों की दवाओं पर भरोसा नहीं किया जा सकता। फिर यहाँ से सबसे क़रीब का अस्पताल भी इतनी दूर है कि वहाँ जाने-आने में जितना ख़र्च होगा, उससे शायद कम क़ीमत में ही किसी पास के डॉक्टर से दवा मिल सकती है। अस्पतालों में वक़्त की बरबादी भी बहुत होती है।

—यूनिवर्सिटी के अस्पताल...

—जाती तौर पर मैं तो राय नहीं दूँगा,—मौलाना ने कहा—क्योंकि वहाँ फ़र्ज़-अदायगी ज़्यादा की जाती है और एलाज कम। फिर वह सुबह आठ से नौ तक खुलता है। तुम जा सको, तो कोशिश करके देखो, लेकिन मैं तो यही राय दूँगा कि तुम अपना एलाज हमारे ही डॉक्टर से कराओ। उसी ने तुम्हारा एलाज किया है, वह जानता होगा कि मलेरिया छूटने के बाद ये नयी बातें क्यों पैदा हुईं और उन्हें कैसे दूर किया जा सकता। तुम्हारा कुछ ख़र्च ज़रूर होगा, लेकिन मेरा तो यह क़ौल है कि एलाज हमेशा ही, जहाँ तक मुमकिन हो, बेहतरीन कराना चाहिए। तुम चाहो तो मैं भी तुम्हारे साथ चल सकता हूँ।

एक रात और अनिद्रा और चिन्ता में काटकर दूसरे दिन शाम को मन्ने मौलाना के साथ डॉक्टर के यहाँ गया, तो उसकी शिकायत सुनकर डॉक्टर ने पूछा—तुम क्या खाता है?

मन्ने ने बताया—इधर दो-तीन दिन से तो कुछ खाया ही नहीं जाता। पहले होटल...

होटल का नाम सुनते ही डॉक्टर बिगड़ उठा—तुमसे किसने कहा था होटल में खाने को? मक्खन, दलिया, हरी सब्ज़ी तुम्हें लेना चाहिए था...

—मेरा मेदा...

—वो तो होगा ही, बाबा! तुम्हारी एक हफ़्ते से यह हालत है, तुम पहले क्यों नहीं आया?

—मैं तो सोचता था...

—कि होटल का दाल-भात खाकर ठीक हो जायगा। तुम सातूख़ोर लोग सिर्फ़ पैसा बचाना जानता है।

डॉक्टर ने नुस्ख़ा लिखा और पिचकारी में दवा भरकर मन्ने के बाज़ू में सूई घोंप दी। बोला—ये तीन दवाएँ वहाँ से ले लो। मिक्स्चर दो-दो घण्टे में पीना, दिन-भर में छह ख़ूराक पी जाना। दो तरह की गोलियाँ हैं। एक खाने के बाद और दूसरी सोने के पहले लेना। दलिया में आधी छटाँक मक्खन लगाकर खाना और थोड़ा-थोड़ा करके दिन-भर में एक सेर दूध पीना। बारह सूइयाँ लगेंगी और दवाइयाँ भी बारह दिन चलेंगी। पूरा आराम करो। कोई काम मत करो।

सात रुपये देकर मन्ने चला तो वह बारह दिन का हिसाब ही लगा रहा था। उसकी बधिया अब बैठकर ही रहेगी, इसमें उसे कोई सन्देह नहीं रह गया।

रिक्शे से उतरते हुए मौलाना ने कहा—दलिया मैं अपने यहाँ बनवाये देता हूँ। मक्खन-दूध...क्यों, मन्ने? वह उस दिन जो औरत तुमसे मिलने आयी थी, तुम कहते थे, वह दूध की तिजारत करती है, क्या उसके यहाँ से तुम दूध-मक्खन का इन्तज़ाम नहीं करवा सकते? भाई, यहाँ ख़ालिस दूध-मक्खन मिलना नामुमकिन है...

मन्ने ने योंही जवाब देने के लिए कह दिया—मालूम करूँगा।

कमरे में बिस्तर पर वह जा पड़ा, तो सच ही कैलसिया की याद उसके दिमाग़ में ऐसे रेंग आयी, जैसे सुबह की कोई किरण खिड़की से कमरे में आ जाय। उसे मौलाना की बात देवदूत के सन्देह की तरह लगी। उसे अफ़सोस हुआ कि उसने क्यों कैलसिया को उस तरह नाराज़ करके वापस लौटा दिया। उस वक़्त वह अगर उसके साथ चला जाता, तो कितना अच्छा होता! उसके यहाँ दूध-मक्खन की क्या कमी होगी। कदाचित् वहाँ रहकर उसकी यह हालत न होती। फिर यह भी मुमकिन था कि वहाँ रहकर उसका कोई ख़र्च...मन्ने का दिमाग़ यहाँ आकर सहसा ठिठक गया। ओह, वह कितना नीच और स्वार्थी हो गया है!...वह कैलसिया के साथ इसलिए नहीं गया कि कहीं मौलाना बुरा न मान जायँ और आज वह कैलसिया के यहाँ इसलिए जाना चाहता है कि ...नहीं-नहीं, यह बात ज़बान पर लाना भी कमीनगी है!..यह क्या हो गया है मन्ने को?...हकीम के सामने कैसे वह अपना दुःखड़ा रोया?...मौलाना से उसने कैसे अपनी हालत बयान की? और अब कैलसिया को क्यों याद कर रहा है? इस-सबसे आख़िर उसकी मंशा क्या है? मदद की माँग, भीख?...मन्ने, क्या तुम सच ही इतने गिर गये हो? तुम्हारे स्वाभिमान को क्या हुआ? आत्मसम्मान को क्या हुआ? उस सिर को क्या हुआ, जिससे दीवार तोड़ने का हौसला तुम अपने में पाले हुए थे? बोलो! बोलो!...रुपया! रुपया! रुपया! इस रुपये के लिए तुमने क्या-क्या नहीं किया? याद तो करो!...और अब, अब तुम क्या कर रहे हो? इसके आगे तुम क्या

रह जाओगे? इससे बेहतर तो यही है कि तुम मर जाओ, मर जाओ! इतनी जायदाद पास में रहते हुए जो शख़्स इस तरह की हरकत करे, तुफ़ है उस पर! आख़िर वह कब किस काम आयेगी? एलाज से बढ़कर भी क्या होई ज़रूरत होती है?

—अरे भाई मन्ने,—अचानक कमरे में दाख़िल होते हुए मौलाना बोले—देखो, यह बड़ी देर से आकर घर में बैठी थी। यह तुम्हें ले जाना चाहती है तो तुम क्यों नहीं जाते? कहती है...

—हाँ, हजूर,—कैलसिया सामने आकर हाथों की अँगुलियाँ उलझाती हुई बोली—ये हमारे सरकार हैं, मालिक हैं। इस हालत में भी हम इनकी कोई सेवा न कर सकें तो नरक में भी हमें जगह नहीं मिलेगी। देखिये न, इनकी का हालत हो गयी है!...

मन्ने ने हक्का-बक्का होकर एक क्षण के लिए कैलसिया को देखा और आँखें नीची कर लीं। उसे कब यह आशा थी कि उस तरह बिगड़कर गयी कैलसिया फिर उसका मुँह देखने आयेगी?

—क्या कहते हो?—मौलाना ने कहा—भई, मेरे देखने में तो यही बेहतर है कि तुम इसके साथ चले जाओ। हमारे यहाँ तुम्हारी तीमारदारी जिस तरह हो सकती है, तुम्हें मालूम ही है। क्या करें, इतने मजबूर हैं कि बस हाथ मलने के सिवा कोई चारा नहीं। तुम चले जाओ, मन्ने! कोई और ख़याल न करो, मैं ख़ुशी से यह बात कह रहा हूँ!

—हाँ, बाबू, आप चलिये हमारे साथ!—कैलसिया गिड़गिड़कार बोली—इतना हमको मत सताइये! मियाँ कई बार सपने में हमें डाँट चुके हैं कि तू किसकी बात पर रूठी हुई है? जाकर उसे ले आ!..आज दरगाही से जो-कुछ आपके बारे में सुना है, उससे आप नहीं जान सकते कि हमारी का हालत हो रही है! आप चलिये, बाबू!— फिर वह मौलाना की ओर मुड़कर बोली—मेहरबानी करके एक टेक्सी मँगवा दीजिये! बाबू जायेंगे।

आँखें उठाकर मन्ने उस वक़्त देखता तो कैलसिया की आँखों में छलछला आये आँसुओं को सम्हालना उसके लिए कठिन हो जाता। इस समय मन्ने की हालत वही हो रही थी, जो उस नाव की होती है, जिसका मल्लाह धारा के विरुद्ध लग्गी मारते-मारते थककर हार मान गया हो और आख़िर विवश हो उसे धारा के हवाले कर दिया हो।

टैक्सी आ गयी तो कैलसिया ने मन्ने के सिर के नीचे अपना हाथ लगाया। लेकिन उसे उठाने की ज़रूरत नहीं पड़ी। मन्ने ख़ुद उठकर एक झोंके की तरह कमरे से बाहर निकलकर टैक्सी में जा बैठा। कैलसिया ने उसका सूटकेस और बिस्तर टैक्सी में रखा और मौलाना को सलाम किया।

मन्ने को शायद इतना भी होश न था कि वह मौलाना को सलाम करता। मोलाना ने ख़ुद ही कहा—मन्ने, तुम अच्छे होकर ही यूनिवर्सिटी आना। कोई फ़िक्र न करना, तुम्हारी हाज़िरी मैं कम नहीं होने दूँगा।

मन्ने पलकें झुकाये टैक्सी में बैठा था और उसका मन जैसे एक बवण्डर में फँसा हुआ था। लग रहा था, यह बवण्डर उसे उड़ा ले जाकर किसी चट्टान पर पटक देगा और उसकी हड्डी-पसली चूर-चूर हो जायगी। इससे बचने का कोई उपाय नहीं!

कैलसिया उसकी बग़ल में चुपचाप बैठी थी। रह-रहकर वह मन्ने को कनखियों से देख लेती थी। उसकी आँखों की ख़ुशी छुपाये न छुपती थी। उसके मन में बस एक ही बात थी कि कैसे जल्दी-से-जल्दी वे बासे पर पहुँच जायँ।

टैक्सी जहाँ जाकर रुकी, मन्ने को एक ही चीज़ का एहसास हुआ, वह थी गोबर की तीव्र गन्ध। इस गन्ध ने कमरे तक उसका पीछा न छोड़ा। कमरे में एक बिस्तर पहले ही से लगा हुआ था। कैलसिया ने उसे बिस्तर पर बैठाकर कहा—हम अभी चाय बनाकर लाते हैं।—और वह अल्हड़ की तरह कमरे से भाग खड़ी हुई।

मन्ने चाय नहीं पीता। चाय पीने से उसे ख़ुश्की हो जाती है। अनिद्रा के रोग में चाय और भी नुक़्सान पहुँचा सकती है। फिर भी मन्ने ने कैलसिया को नहीं रोका। वह इस समय कुछ भी बोलने की मन:स्थिति में नहीं था। वह सिर्फ़ चुपचाप लेट जाना चाहता था। उसने तकिया ठीक करना चाहा, तो उस पर लाल डोरे से बने घोड़ों और हाथियों की कतारों को देखकर वह बिदक-सा गया। इस ख़याल से ही वह परेशान हो उठा कि इस तकिये पर उसे सिर रखना पड़ेगा। उसे योंही नींद नहीं आती, फिर यह एहसास कि उसके सिर के नीचे हाथी और घोड़े दौड़ लगा रहे हैं और क़यामत बरपा कर देगा। उसे अपने तकिये की याद आयी, जिस पर महशर के हाथ का काढ़ा हुआ ग़िलाफ़ है, जिस पर बेले के एक हार के बीच यह शेर काढ़ा हुआ है—

सबा आहिस्ता चल नाज़ुक-तबा बेदार होता है
मनाकर गुल की कलियों को न चिटखें यार सोता है

तभी उसके कानों में एक आवाज़ आयी—सलाम।

यह स्वर कुछ ऐसा रुखा और रस्मी था कि मन्ने ने अचकचाकर सिर उठाया। देखा तो एक पहलवान-सा आदमी लुँगी और ढीला-ढाला पंजाबी कुर्ता पहने उसके सामने से होकर, बिना उसकी ओर देखे हुए एक हाथ में उसका सूटकेस और दूसरे में बिस्तर लटकाये कमरे के एक कोने की ओर बढ़ा जा रहा था, उसके कानों की लोरकियाँ ऐसे हिल रही थीं, —जैसे वह मन-ही-मन कुछ भुनभुनाता हुआ धीरे-धीरे सिर हिला रहा हो। मन्ने उसकी ओर देखता रहा। वह आदमी सूटकेस और बिस्तर कोने में पटककर आले की ओर फुर्ती से बढ़ा, जिस पर लालटेन जल रही

थी। उसने चट लालटेन की बत्ती नीचे कर दी और उसकी कुड़बुड़ाहट सुनायी दी—किसने बत्ती इतनी तेज़ कर दी?

वह पलटा तो उसकी घूरती हुई नज़र मन्ने की आँखों से ऐसे टकरायी कि मन्ने की गर्दन एकदम मुड़ गयी। वह आदमी तेज़ क़दमों से चलकर कमरे के बाहर हो गया।

उस समय मन्ने के मन में बस एक ही ख़याल बिजली की तरह कौंधा कि अगर यही आदमी कैलसिया का मर्द है, तो उसका यहाँ आना बिलकुल ठीक नहीं हुआ। एक आशंका से वह भर उठा।

आँचल से एक बड़ा-सा फूल का गिलास पकड़े हुए कैलसिया अन्दर आयी। बोली—लीजिये।

मन्ने ने एक सहमे हुए आज्ञाकारी बालक की तरह हाथ बढ़ाया तो हँसकर कैलसिया बोली—गिलास गरम है, ऐसे कैसे पकड़ेंगे?

मन्ने की जेब में रूमाल था, लेकिन इस स्थिति में उसे उसका ख़याल ही नहीं आया। वह हाथ खींचकर सोचने लगा कि क्या करे कि कैलसिया खड़े-खड़े उसके मुँह के पास झुककर बोली—लीजिये, हमारे ही हाथ से पी लीजिये, बाबू!—और उसने सच ही गिलास, वैसे ही आँचल से पकड़े हुए, उसके होंठों से लगा दिया।

मन्ने को यह उम्मीद बिलकुल न थी, अचके में उसका होंठ-जैसे छन से जल गया, फिर भी उसने मुँह न खींचा, जैसे खींच ही न पाया हो, और घूँट वैसे ही भर लिया,—जैसे अनजाने मुँह में कोई गर्म चीज़ डाल लेने पर आदमी उसे थूकने के बदले चट निगल जाता है और मुँह के साथ ही गला भी जला लेता है।

यह चाय थी या मलाई, मन्ने को किसी स्वाद का ज्ञान न हुआ। हाँ, उसकी एक नज़र दरवाज़े की ओर ज़रूर थी! कैलसिया उसी तरह घूँट-घूँट देती रही और मन्ने उसी तरह बिना किसी स्वाद का अनुभव किये निगलता रहा। उसका दिल धक्-धक् करता रहा और वह डरता रहा कि कहीं उसके दिल की आवाज़ किसी को सुनायी तो नहीं दे रही।

गिलास खाली हो गया तो व्याकुल होकर कैलसिया बोली—अरे, मिठाई लाना तो हम भूल ही गये। कैसे बिसभोर हैं हम! लायें अब, बाबू?

मन्ने को ऐसा लग रहा था, जैसे पेट में कोई भारी चीज़ पहुँच गयी हो। अब मुँह में मलाई का स्वाद भी कुछ-कुछ उभर रहा था। उसने तय किया था कि वह यहाँ अपने मुँह से कुछ भी नहीं कहेगा। पूरी तरह अपने को कैलसिया पर छोड़ देगा, जो चाहे वह करे। लेकिन इस समय उसे लगा कि नहीं, वह ना तो कर ही सकता है। उसने आँखें उठाकर कैलसिया के मुँह की ओर देखा। कैलसिया का चेहरा सुबह के सूरजमुखी फूल की तरह खिला हुआ था और आँखों से उल्लास छलका पड़ता था।

और मन्ने के मन में आया कि वह हाँ कर दे, लेकिन उसका सिर ना में हिल गया।

अचानक अब जाकर कैलसिया को ध्यान आया कि रोशनी कम है। वह लपककर आले के पास गयी और लालटेन की बत्ती उकसाती हुई कुड़बुड़ायी—यह बत्ती किसने इतनी धीमी कर दी!

लौटकर बोली—बाबू! थोड़ा-सा भी खा लीजिये! मँगाकर रखी है, आप न खायेंगे तो हमारा मन कुहुरेगा!—और वह लपककर दरवाज़े की ओर चल पड़ी। मन्ने उसकी ओर देखता रहा और जब वह बाहर चली गयी, तो अचानक ही मन्ने को ऐसा लगा कि वह रो देगा। अन्दर से इस तरह रुलाई उठी कि एक क्षण को तो वह अनबुझ-सा यही नहीं सोच पाया कि उसका मन यों रोने को क्यों आतुर हो उठा, लेकिन दूसरे ही क्षण बाहर से किसी बछड़े को बेंऽऽ की आवाज़ आयी, तो उसके मन में जैसे सहसा ही एक प्रकाश भर गया और फिर भी तो रुलाई ज्वार की तरह फ़फ़क पड़ी। नज़दीक था कि किनारे डूब जाते, लेकिन तभी एक कोड़ा जैसे सटाक से पीठ पर पड़ा, बाहर से शायद उसी आदमी की आवाज़ सुनायी दी—यह गिलास अलग ही रखना!

और कैलसिया की आवाज़ थी—तेरे लिये बर्तन अलग रख देंगे, तू चिन्ता मत कर!

भाटे की तरह सिकुड़कर मन्ने रह गया। थोड़ी देर तक तो जैसे वह कुछ सोचने में भी असमर्थ रहा, फिर उसे लगा कि वह ऐसा ही बना रहे तो अच्छा और जितनी जल्दी हो सके, यह जगह छोड़ दे, यहाँ रहना नहीं हो सकता!

वह आदमी फनफनाता हुआ अन्दर आया और एक कोने में टँगी हुई अलगनी से लटकते एक लँगोटे को खींचकर बाहर जाने को मुड़ा ही था कि पलटकर आले के पास पहुँचा और लालटेन की बत्ती चट से नीची करते हुए कुड़बुडाया—यह बत्ती किसने इतनी तेज़ कर दी!—और तेज़ी से कमरे से बाहर हो गया।

मन्ने के मन में आया कि वह उठकर लालटेन बुझा दे और अँधेरे में खो जाय, न इस आदमी को वह दिखायी दे, न कैलसिया को। यह तो अजीब गोरखधन्धे में वह फँस गया है, जैसे एक आदमी उसका एक हाथ पकड़कर अन्दर खींच रहा हो और दूसरा उसका दूसरा हाथ पकड़कर बाहर।

कैलसिया छिपुली में मिठाइयाँ लेकर आयी, तो मन्ने से ज़ब्त न किया जा सका। वह बोला—मैं नहीं खाऊँगा।

—काहे?—जैसे आसमान से गिरकर कैलसिया बोली। फिर कोई जवाब न पाकर वह गिड़गिड़ा उठी—कम-से-कम एक तो खा लीजिये, बाबू, कितनी साध से लाये हैं।—और उसने अपने हाथ से एक रसगुल्ला उठाकर उसके मुँह की ओर बढ़ा दिया।

मन्ने के जी में आया कि कहे कि वह यह क्या कर रही है, लेकिन उसकी ओर देखते ही जैसे उसका मुँह आप ही खुल गया और कैलसिया ने पूरा रसगुल्ला उसके मुँह में डाल दिया।

कैलसिया उसे खाते हुए देखकर हँस पड़ी। जब वह खा चुका तो बोली—एक और दें?

—नहीं, मेरा पेट ख़राब है।—दरवाज़े की ओर देखते हुए मन्ने ने हकलाकर कहा।

—हाँ, बाबू!—छिपुली एक ओर रख, ज़मीन पर बैठती हुई कैलसिया आकुल होकर बोली—दरगाही कहता था, आपका पेट ख़राब रहता है और आपको कई रातों से नींद नहीं आयी। मुए होटलवालों के यहाँ ऐसा खाना ही मिलता है कि अच्छा-भलाआदमी भी बीमार पड़ जाय। ज़रा अपनी सूरत तो देखिये, इतना-सा मुँह निकल आया है!...अरे! यह बत्ती फिर किसने कम कर दी!—और लपककर कैलसिया आले के पास जा, लालटेन उठा, हिलाकर देखने लगी कि कहीं तेल तो कम नहीं? फिर बोली—तेल तो भरा है!—और लालटेन रखकर, बत्ती उकसाकर वह फिर मन्ने के पास धरती पर आ बैठी। बोली—अब हम आपको का कहें? यहाँ अपना घर रहते हुए भी आप दूसरी जगह जा ठहरे और खाने-पीने की इतनी तकलीफ़ उठायी और अपनी यह हालत कर ली। मियाँ होते तो वो हमारे यहाँ रहते, और कहीं नहीं ठहरते!

मन्ने आँखें झुकाये बैठा रहा। कुछ भी नहीं बोला।

कैलसिया ही बोली—दरगाही से आपका हाल सुना, तो रहा नहीं गया। उस दिन तो सोचकर आये थे कि फिर कभी आपके पास न जायेंगे। लेकिन मन के आगे किसका हठ चला है! आज भी कहीं आप नहीं आते,—कैलसिया बात अधूरी छोड़कर, ठुड्डी ठेहुनों पर रखकर दाहिने हाथ की बिचली अँगुली के नाखून से धरती पर चिचिरी खींचने लगी। और रह-रहकर ठण्डी, लम्बी साँस उसके मुँह से निकल जाती।

मन्ने वैसे ही ख़ामोश बैठा रहा।

कैलसिया ने आँखें उठाकर कहा—आप कुछ बोलते काहे नहीं? का सोच रहे हैं?

मन्ने क्या बोले? मन्ने ने अपने मन के खिलाफ़ अब तक जो भी किया था, एक झोंक में किया था और हमेशा ही नयी परिस्थिति से समझौता कर, बिना किसी पश्चात्ताप के आगे बढ़ने की कोशिश की थी। लेकिन इस बार वह समझौता नहीं कर पा रहा, उसे लग रहा था कि यह ठीक नहीं हो रहा। उसका यहाँ आना उसके लिए भले ज़रूरी हो, लेकिन यही बात कैलसिया के लिए दु:खदायी सिद्ध हो सकती है। उस आदमी के रुख़ से यह बात तै हो गयी थी कि उसका यहाँ आना आपद्जनक है। ऐसी स्थिति में उसका यहाँ रहना कमीनगी की हद ही होगी। मन्ने अभी इतना अन्धा

नहीं हुआ है कि स्वार्थवश वह इस हद तक जा सके और कैलसिया के जीवन में विष बो दे।

बोला—वह आदमी कौन है?

—कौन आदमी?—अचकचाकर कैलसिया बोली।

—वही, जो तुमसे गिलास के बारे में कह रहा था?—मन्ने ने यह सोचकर कहा कि वह इस तरह बात शुरू कर कैलसिया को समझा देगा और कल सुबह ही वह यहाँ से चल देगा।

सुनकर कैलसिया ठठाकर हँस पड़ी। बोली—उसकी बात पर न जाना, बाबू। वह मुँह का ज़रा कड़ा है, लेकिन मन से इतना मधुर, जैसे ऊख! नहीं तो का हम इसके साथ बैठ जाते?...इसने हमारी जान बचायी थी, बाबू!..और अब हमारी एक-एक बात को जान के पीछे रखता है!...आप नहीं आये तो हमें ग़ुस्सा कम और दुःख जियादा हुआ था। रात-दिन हम आप ही के बारे में सोचते रहते थे। नींद में आपके सपने देखते थे। मियाँ का सपना तो हमें अक्सर ही आता रहता है। हम बहुत परेशान रहते थे, बाबू! एक दिन इसने पूछा तो हमने सब बता दिया। तब वह बोला, जाकर काहे नहीं लाती? हम बोले, वो नहीं आते। वह बोला, अरे, का कहती है, कह तो हम उन्हें अपनी गोद में उठा लायें। कौन होते हैं वो न आनेवाले?

कहकर कैलसिया मधुर हँसी हँस पड़ी। बोली—यह बिस्तर उसी ने आपके लिए लगा रखा था। कमरा भी साफ किया है, लालटेन भी। जाते बख़त बोला था, बिस्तर हम लगा रखेंगे, लेकर नहीं आयी, तो ठीक नहीं होगा!—और वह फिर वही हँसी हँस पड़ी।

मन्ने सोच में पड़ गया, अगर ऐसी बात है, तो वह इतना उखड़ा-उखड़ा क्यों लगता है, इस तरह घूर-घूरकर उसकी ओर क्यों देखता है, इस तरह लालटेन क्यों कम कर देता है, जैसे उसके लिए ज़रा तेल जलना भी उसे गवारा न हो?...अजीब बात है!

बोला—मेरे देखने में तो वह बहुत नाराज़ मालूम होता है।

—नहीं, ऐसा कैसे हो सकता है?—सिर हिलाकर कैलसिया बोली—काहे आप ऐसा सोचते हैं? का कुछ...

—हाँ, कुछ देखा है, तभी तो कहता हूँ!—मन्ने अपनी बात पर आ बोला—तू नाहक़ मुझे यहाँ ले आयी...

—ऐसी बात मुँह से मत निकालिये, बाबू!—व्याकुल होकर कैलसिया बोली—अगर उसे नाराज़ समझकर ऐसी बात आपके मन में उठी है, तो उससे सीधे पूछ लीजिये। उसकी नाराज़गी को हमसे जियादा कोई का समझेगा? वो हम पर भी कभी-कभी नाराज़ हो जाता है। पहली दफ़े जब वह नाराज़ हुआ, तो उसका सुभाव न जानने

से हम बहुत परेशान हुए। लेकिन जब हमने उसकी नाराज़गी का सबब पूछा, तो उसने जो बताया, उससे हम हँसते-हँसते लोट-पोट हो गये। और फिर उस पर इतना पियार आया कि हम आपसे का बतावें! अब जब भी वह नाराज़ होता है, हमारी हँसी छूट जाती है। उसका सुभाव अभी आपको नहीं मालूम, इसीलिए आपको उसकी नाराज़गी बुरी लगती है। हमारी कसम! ज़रा उससे पूछिये न कि वो काहे नाराज़ है? बुलायें उसको?

—नहीं-नहीं!—मन्ने घबराकर बोला।

—इसमें घबराने की का बात है? आप हमारे ही सामने पूछिये। आपको उसकी बात सुनकर जितनी हँसी नहीं आयेगी, उससे जियादा पियार आयेगा। ऐसा जीव है वह कि आपको का बतायें!—और उसने सच ही लपककर दरवाज़े पर जाकर पुकारा—आ-रे, सुनते हो जी?

दूर से दहाड़ती हुई-सी आवाज़ आयी—का है?

—ज़रा आओ तो इधर!

—अभी आते हैं, बैठकी तो पूरी कर लें!

लौटकर कैलसिया बोली—मेहनत कर रहा है। अभी आगे तो उससे आप सीधे पूछें।

—नहीं, मुझसे यह नहीं होगा!—परेशान होकर मन्ने बोला—मुझे तुम संकट में मत डालो। कल मैं चला जाऊँगा।

—फिर आपने वही बात कही?—कैलसिया ज़रा तेज़ होकर बोली—आप यहाँ से अब नहीं जा सकते! आपको हमारी बात पर बिसवास नहीं है, तो अभी हो जायगा। वो आता है न... हमने मियाँ के बारे में उससे सब बताया है। वो भी आपको देखने के लिए बियाकुल था। दो दिन में आप उसे समझ जायेंगे, ऐसा सीधा-सपाट आदमी है वो। भला वो आपको अब यहाँ से जाने देगा?

मन्ने की समझ में ये बातें नहीं आ रही थीं। पढ़ा-लिखा आदमी है वह, समझदार भी कम नहीं। कैलसिया जो कह रही थी, वह अक़्ल में घुसने लायक़ बात ही न थी। आदमी की एक हरकत से समझदार आदमी के सामने उसका स्वभाव खुल जाता है। वह पट्ठा आदमी तो उसे बड़ा भयंकर लगा था। उसे उसका यहाँ आना एक आँख नहीं सुहाया, इसमें भी भला कोई सन्देह करने की बात है?

कैलसिया उसके मन का सन्देह ताड़कर बोली—बाबू, हमारी जिनगी में बस दो ही आदमी मिले, एक मियाँ और दूसरा ये। मियाँ के बाद हमें कभी ऐसा आदमी मिलेगा, इसकी हमें उम्मीद नहीं थी। आपने उस दफ़े बियाह के बारे में हमसे कहा था न, हम कैसे किसी के भी साथ बियाह कर लेते? मियाँ के मन में का था, उनके आख़िरी दम तक हमें मालूम नहीं हुआ, लेकिन हम तो अपने मन से उनके हो चुके

थे। उनके सिवा कोई हमारी आँखों को भाता ही नहीं था। उन्होंने जिस हालत में हमें धूल से उठाकर अपने ताज पर रख लिया था, उस हालत में का कोई किसी लड़की को उठाकर अपने सिर-आँखों पर रख सकता है? हम आज भी उस दिन को याद करते हैं, तो लगता है कि हम आसमान में उड़ रहे हैं। उन्होंने हमें जो इज़्ज़त, हिम्मत और ताकत दी, उसमें हमारी बेइज़्ज़ती ही नहीं धुल गयी, बल्कि हम अपने को इतने इज़्ज़तदार समझने लगे, जैसे गाँव में और कोई लड़की न हो, हम मियाँ की इज़्ज़त बन गये थे, बाबू! मियाँ की इज़्ज़त का मतलब सायत आप नहीं समझते थे, तभी न आपने बियाह करने की बात हमसे कही थी!

—तेरे बियाह की बात तो अब्बा ही लिख गये थे,—मन्ने से बोले बिना नहीं रहा गया, गोकि वह बोलना नहीं चाहता था, क्योंकि कैलसिया की ये बातें इतनी मार्मिक थीं कि वह उसे बीच में रोकना नहीं चाहता था।

—लिख न जाते, तो का करते, बाबू?—तिनककर कैलसिया बोली—वो ज़िन्दा रहते तो हम देखते, वो ये बात कैसे उठाते हैं!..बाबू!—अचानक गद्‌गद होकर कैलसिया बोली—उस बख़त जब भी हम आपको देखते थे...आज अपने मन का चोर आपके सामने निकालने की हिम्मत कर रहे हैं, आपको बुरा लगे तो माफी दीजियेगा...जब भी हम आपको देखते थे, तो एक ही बात मन में उठती थी कि आप ही की तरह हमें एक बेटा मिल जाता!..चमार के घर में पैदा होकर भी हम ऐसा सोचते थे, बाबू! और अगर मियाँ ज़िन्दा रहते...—कैलसिया की आँखों से टप-टप आँसू चूने लगे। उसने आँचल से अपना मुँह ढँक लिया और सिसक-सिसककर ऐसे रोने लगी, जैसे उसका कलेजा कटा जा रहा हो!

मन्ने का तो दिल धड़कने लगा। इस लड़की को वह क्या जानता है, क्या समझता है? दुनियादारी, ज़िन्दगी को कामयाब बना लेने की बातें, परिस्थितियों से समझौता कर आगे बढ़ने के हौसले, भविष्य की आशा से चालित संघर्ष और बातें हैं और यह कैलसिया की भावना और चीज़ है! यह नीच, गँवार लड़की....इसके हृदय की ऊँचाई को वह नहीं छू सकता, चाहे वह जीवन में जो भी हो जाय!

—मियाँ चले गये!...हमने सोचा, वो हमारे लिये एक बेटा तो छोड़ गये हैं।...लेकिन नहीं, हमारा सोचना उसी साँझ को ग़लत साबित हो गया।...मियाँ हमारे लिये कुछ भी नहीं छोड़ गये थे!...और जब ये बात हमारे मन में उतरी, तो हमने सोचा, हमारी जिनगी अकारथ हो गयी, अब ज़िन्दा रहने का कोई मतलब नहीं। हमने पिछली बार, जब आपसे भेंट हुई थी, पूरी बात नहीं बतायी थी, अब बताते हैं।...हम उसी रात को डूब मरने के लिए नादी की ओर चल पड़े। लेकिन अचानक हमें ऐसा लगा कि हमारे ऐसा करने से तो मियाँ की इज़्ज़त को ही बट्टा लग जायगा। कल हमारी लास पायी जायगी और गाँव में सोर उठेगा कि....सो हम लौट आये। उस बख़त हमारे दिल का जो हाल था, हम बयान नहीं कर सकते। फिर भी एक उम्मीद

थी, सायत आप याद करें। लेकिन आप काहे को याद करने लगे!...उन चमारों के बीच मियाँ की इज़्ज़त नहीं रह सकती थी। हम यहाँ भाग आये। यहाँ के किस्से आपसे कहने लायक नहीं।...और एक दिन चटकल से हम बासे को लौट रहे थे। उस दिन कुछ ऐसा संजोग था कि हमारी साथिनें एक-न-एक काम से रास्ते में ही हमसे अलग हो गयीं। साँझ अभी झुकी नहीं थी। डर की कोई बात भी नहीं थी। यों भी हम डरनेवाले कहाँ के! अकेले चले जा रहे थे कि इसी बासे के पास हमें दो आदिमयों ने घेर लिया। यहाँ से हमारा बासा अभी आध पाँव जमीन दूर था। सड़क सुनसान थी। फिर भी हम घबराये नहीं। हमने उन्हें घूरकर देखा। उनमें एक चटकल का दरबान था। उसकी ओर बढ़कर हमने कहा, रास्ता छोड़ो, हमें जाने दो! इस पर दूसरे ने लपककर हमारी दाहिनी कलाई पकड़ ली और बोला, सीधी तरह चलकर उस गाड़ी में बैठ जाओ! हमने ज़ोर लगाकर कलाई छुड़ानी चाही, तो उसने करौली निकाल ली। हमारी कलाई छुटनी थी कि दरबान ने पीछे से हमारी फफेली दबा दी और वो आदमी हमारी दोनों टाँगें पकड़कर हमें उठाने लगा। हम पूरी ताकत लगाकर उछले, तो उसकी करौली कर्र-से हमार बायाँ बाज़ू चीरती हुई चली गयी और हमारे मुँह से एक चीख़ निकल गयी। वो दोनों सायत हमारी बाँह से ख़ून बहता हुआ देखकर और हमारी चीख़ सुनकर एक पल को थथम गये। लेकिन हम भागे तो वो फिर सम्हलकर हमारे पीछे दौड़े। उसी समय इस बासे का महतो दौड़ता हुआ वहाँ पहुँचा। हम चिल्लाकर बोले, बचाओ! ये गुण्डे...महतो को देखना था कि वो भाग खड़े हुए। महतो ने उनका पीछा किया। हम वहीं खड़े देखते रहे। महतो लौटकर हाँफता हुआ बोला, गाड़ी में चढ़कर भाग गये साले!..तू कहाँ रहती है?...अरे, तेरी बाँह जखमी हो गयी है का? ख़ून बह रहा है! हमने कहा, हम चले जायेंगे। और बाजू हथेली से दबाये हम चल पड़े। महतो थोड़ी दूर तक बड़बड़ाता हुआ हमारे पीछ-पीछे आया और फिर लौट गया।

अपने पूरी बाँह के सलूके की कलाई के बटन खोलकर, आस्तीन ऊपर चढ़ाकर कैलसिया ने चीरे का निशान दिखाते हुए कहा—ये लम्बा और एक इंच गहरा जखम हुआ था। एक महीना भरने में लगा था। इस बीच महतो पता लगाकर एक बार हमारे बासे पर हमको देखने आया था। उसके बारे में हमने पड़ोसियों से पूछा था, तो मालूम हुआ था कि वो बड़ा ही बहादुर और अच्छा आदमी है। उसकी औरत को मरे पाँस साल हो गये। कोई लड़का-वड़का नहीं, अकेला है।..अब चटकल में फिर जाने का सवाल हमारे सामने नहीं था। हम अब गाँव लौट जाना चाहते थे। लेकिन एक बात रह-रहकर हमारे मन में उठती थी कि जिस महतो ने हमारी जान बचायी है, उससे मिलने पर सायत कोई और राह निकल आये।...और एक दिन दोपहर को हम इस बासे पर आये। देखकर महतो बोला, तू काहे यहाँ अकेले रहती है? तेरे और कोई नहीं है का? और हमारे मुँह से जाने कैसे निकल गया, तू काहे अकेले रहता है? सुनकर महतो ने मुस्कराते हुए आँखें झुका लीं। बोला, हम पर तरस आता है तो

दुकेला कर न दे हमें! और हम पर जैसे एक नसा चढ़ने लगा। कहा, हम चमार की लड़की और तू... उसने आँखें उठाकर, हो-हो हँसकर कहा, तू चाहे तो हम भी चमार बनने को तैयार हैं! महतो भी जैसे नसे में ही बोल रहा था। हमने कहा, तो अच्छी तरह समझबूझ ले, नाहीं पीछे...वह बोला, मरद की ज़बान एक होती है! कह तो हम अभी तेरा हाथ पकड़ने को तैयार हैं। उठें? और सच ही हम सहन से उठकर इस कमरे में आ गये।...रात को उसने दस-बीस आदमियों को भोज दिया, रसिया मज़ीद की कौआली जमी और उसने हमारी माँग में सेन्दुर भर दिया...उस दिन की बात सोचते हैं तो बड़ा वैसा लगता है। कैसे का हो गया, कुछ समझ में नहीं आता, लेकिन इतना जानते हैं कि जो हुआ, बहुत अच्छा हुआ, एक घाट तो लग गये। अब तो यही एक साध है कि एक...

—काहे को बुला रही थी?—तभी दरवाज़े से महतो की कड़ी आवाज़ आयी।

—अरे, अन्दर आ, वहीं से का गला फाड़ रहा है?—मुस्कराकर कैलसिया बोली।

आकर वह ठूँठ की तरह खड़ा हो गया।

कैलसिया ने उसके खिंचे हुए मुँह की ओर देखकर कहा—तो बाबू सायत ठीक ही कहते हैं। का जी, का सच ही इनके आने से तुम नाराज़ हो?

मुँह बाकर वह बैल की तरह बोला—हाँ!

—भला काहे?—कैलसिया की मुस्की छुटने-छुटने को हो आयी।

मन्ने उसकी ओर ग़ौर से देखने लगा।

आँखें चढ़ाकर वह बोला—पहली दफ़ा तेरे बुलाने जाने पर न आकर इन्होंने तुझे इतना तंग काहे किया? जिमिदार होंगे ये तेरे बाप-दादा और तेरे गाँव के, यहाँ ये अकड़खाँ काहे पर बने हुए थे? तेरी मोहब्बत की जो कदर नहीं करता, उस पर हम नाराज़ न हों, तो का हों?...

—बस-बस!—कहती हुई कैलसिया ठठाकर हँस पड़ी।

मन्ने के शरीर की बोटी-बोटी थिरक उठी। अद्‌भुत! कैलसिया सच ही कहती थी, यह तो अद्‌भुत मनुष्य है? धन्य है यह! मन्ने की समझ में न आ रहा था कि इस प्रकृत मानव से वह क्या कहे? काँपते हुए स्वर में बोला—आप ठीक कहते हैं, मैं इसकी मोहब्बत के लायक़ नहीं। मैं निहायत ही बेहूदा इन्सान हूँ।...

कैलसिया ने मन्ने के मुँह पर हाथ रख दिया—ऐसा मत कहिये, बाबू!

और अब महतो के मुस्कराने की बारी थी। बोला—चल, चल, इन्हें भूख लगी होगी, जल्दी रोटी सेंक!—और माथे पर चट से एक मच्छर मारकर कहा—कल इनके लिए एक मच्छरदानी लानी होगी; आज तो अब देर हो गयी।

हाथ धुलाकर, फूल की थाली में कैलसिया दूध-रोटी लेकर आयी, तो बोली— अफरा-तफरी में तरकारी मँगाना भी भूल गये। आज यही खा लीजिये।

मन्ने इस समय जैसे अपने को, अपने रोग को भूल गया था। वह उन्हीं के बारे में सोच रहा था और रह-रहकर एक अदमनीय उल्लास से भर-भर उठता था। एक भूला-बिसरा शेर उसके दिमाग़ में गुनगुना उठता था। बड़ी कोशिश से वह शेर एक-एक टुकड़ा करके उसकी ज़बान पर आया और हर्ष-विरूल होकर वह मन-ही-मन उसे पढ़ने लगा—

जिऊँगा हाँ जिऊँगा ऐ निगाहे-आशनाए यार
सदा सुहानी ज़िन्दगी है और जहाँ सदा बहार

ऐसी मीठी रोटी उसने कब खायी थी! दूध में यह स्वाद भी होता है, उसने कब जाना था!

लेटा, तो सिरहाने बैठकर कैलसिया उसके सिर पर तेल लगाने लगी और पैताने बैठ महतो ने उसके पाँव पर हाथ रखा, तो मन्ने उठकर बैठ गया—यह नहीं हो सकता! तुम लोग मुझे दोज़ख़ में मत डालो!

कैलसिया की आँखें डबडबा आयीं। बझे गले से बोली—ऐसा मत कहिये, बाबू! भगवान जाने हमारी गोद कभी भरेगा या नहीं। माँ-बाप का बेटे की सेवा नहीं करते? आप हो नहीं सकते, तो हम आपको ऐसा समझें, का यह भी नहीं सह सकते!

दवा से कम और सेवा-शुश्रूषा, ख़ालिस दूध और मोटे-झोटे खाने से अधिक, मन्ने की तबियत कुछ सम्भल गयी। वह रात में दो-चार घण्टे की नींद भी लेने लगा और उसका पेट भी कुछ ठीक रहने लगा। उसकी पढ़ाई फिर चल निकली। उसे अब ख़र्च की कोई चिन्ता न रह गयी, किसी बात की चिन्ता करने की उसे आवश्यकता ही न थी। कैलसिया और महतो अपना सर्वस्य उस पर न्यौछावर करने को तैयार रहते थे। फिर भी जैसे एक व्याकुलता उसकी नस-नस में सदा व्याप्त रहती। उसे लगता कि वह कैलसिया और महतो के प्रेम के घेरे में इस तरह बन्द हो गया है, जैसे कोई क़ैदी जेल में। यह प्रेम इतना आदिम, इतना अनगढ़, इतना दीन किन्तु शक्तिशाली, ऐसा अदम्य, ऐसा सर्वत्यागी तथा इतना प्रगाढ़ और निस्सीम था कि उसे झेलना मन्ने के लिए एक भयानक यन्त्रणा के समान था। उसकी तरह सुसंस्कृत युवक के लिए वह कुछ उसी तरह था, जैसे सदा शूगर कैण्डी उपयोग करनेवाले किसी आदमी के सामने कोई कुरुई में भेली की पीड़िया ला रखे। कठिनाई यह थी कि वह उनकी उस भावना की प्रशंसा किये बिना तो न रह सकता था, किन्तु उस भावना का प्रतिदान देने में वह अपने को नितान्त असमर्थ पाता था। लाख कोशिश करने पर भी वह उनके साथ कोई सम्बन्ध, कोई लगाव अनुभव नहीं कर पाता था, जैसे वे उसके लिए सर्वथा अपरिचित

हों और कभी भी, किसी हालत में भी परिचित न हो सकते हों। उसे मालूम नहीं कि उसके माँ-बाप उसकी इस आयु में जीवित होते और उसके साथ इसी तरह का व्यवहार करते, तो उसकी क्या प्रतिक्रिया होती, किन्तु इसमें कोई सन्देह नहीं कि उनका वह व्यवहार अस्वाभाविक अवश्य होता। उसे लगता था कि इस वातावरण में वह अधिक दिन रह गया, तो वह ऐसा दीन-हीन हो जायगा, जैसे कोई अनाथ शिशु। उसका अस्तित्व इस प्रेम के जंगल में इस प्रकार खो जायगा कि ढूँढ़े से भी उसे कोई राह न मिलेगी। कभी-कभी उनके प्रेम के अपव्यय और अत्याचार से वशीभूत होकर वह सोचता, काश, वह एक शिशु होता, तब और कुछ नहीं, तो चीख़कर रो तो देता! कभी-कभी उसके मन में आता कि वह सीधे कह दे, तुम लोग किसी बच्चे को गोद क्यों नहीं ले लेते, बूढ़े सुग्गे को पालने से क्या फ़ायदा? लेकिन नहीं, वह कुछ भी न कहता, कुछ भी न करता, यह अत्याचार सहे जाता और मन-ही-मन सुलगता रहता कि कब उसे कारागार से मुक्ति मिलेगी?

इस कारागार से मुक्ति पाना क्या सच ही इतना कठिन था? किसी भी दिन वह उस जगह को छोड़ जाना चाहता, तो क्या कैलसिया उसे रोक लेती? क्या किसी से मोह-छोह के बन्धन में मन्ने जकड़ा जा सकता था? मन्ने के मन में ये सवाल क्यों दबे हुए थे? यह क्यों नहीं उन्हें उठने देता और उनका जवाब देता? कदाचित् इसीलिए कि अभी इसके लिए अवसर नहीं था। अवसर आयेगा तो वह इन सवालों को स्वयं उठायेगा और स्वयं जवाब देगा और अपने को नीच, स्वार्थी, अवसरवादी घोषित कर लेगा और इस तरह प्रायश्चित करके अपने दुष्कर्मों से छुट्टी पा लेगा। अभी नहीं, अभी नहीं, अभी उसे इस वर्ष की पढ़ाई पूरी करनी है। अभी एक अन्तर्व्यथा का आवरण चढ़ा रहे, अभी रग-रग में व्याकुलता का ढोंग चलता रहे, अभी किसी-न-किसी कारण का मन में आविष्कार होता रहे, अभी किसी विवशता के नाम का जाप चलता रहे! इससे बड़ा सन्तोष मिलता है, इससे भरम बना रहता है, इससे हीन भाव से सरलता से सुरक्षा प्राप्त हो जाती है, इससे अपनी हार और कुण्ठा से आँख मूँद लेने में सहायता मिलती है।

पर्चे बहुत अच्छे नहीं हुए, लेकिन उसे मौलाना की उदारता में विश्वास था। अन्धों में काना राजा होता है, यह भी उसे मालूम था। उसे प्रथम श्रेणी मिल जायगी और वह प्रथम भी रहेगा, इसमें उसे कोई सन्देह नहीं रहा।

उसने कैलसिया से कहा—आज मेरी छुट्टी हो गयी, गाँव जाऊँगा।

कैलसिया की आँखें यह सुनकर सहसा ही सूनी हो गयीं। सूखे गले से बोली—इधर रात-दिन आपने बड़ी कड़ी पढ़ाई की है, दो-चार दिन आराम कर लीजिये, फिर जाइयेगा।

—नहीं, मुझे जाने दो!

—इतनी जल्दी का पड़ी है?—और भी सूखकर कैलसिया बोली—जाने का कुछ सामान भी तो करना पड़ेगा?

—नहीं, कुछ नहीं करना है। मैं शाम की गाड़ी से चला जाऊँगा!

—नहीं, यह कैसे हो सकता है? ऐसे हम कैसे आपको जाने देंगे?

—मैं ऐसे ही जाऊँगा। अब रुकना मुश्किल है। साल-भर गाँव-घर छोड़े हो गया।

—तो दो-चार दिन से का बनने-बिगड़नेवाला है? हमारी एक बात मानिये।

—नहीं, अब रुकना बेकार है। मैं चला जाऊँगा।—कहकर मन्ने अपनी किताबें समेटने में लगा।

महतो ने आकर कैलसिया को उस तरह उदास खड़े देखा, तो पूछा—का बात है?

—बाबू आज साँझ को ही जा रहे हैं।

—काहे?

मन्ने बोला—इम्तिहान ख़त्म हो गया..

—हम कहते थे कि दो-चार दिन रुककर जायें,—कैलसिया बोली।

—तो ये का कहते हैं?—महतो ने पूछा।

—नहीं, मैं शाम की गाड़ी से जाऊँगा!—मन्ने ही बोला।

सुनकर महतो ठूँठ की तरह खड़ा हो गया, ठीक वैसे ही जैसे मन्ने के यहाँ आने के दिन वह इनके सामने आकर खड़ा हुआ था। कैलसिया ने उसे उस रूप में देखा, तो आज उसके रोंगटे खड़े हो गये। वह उसकी बाँह पकड़कर कमरे से बाहर खींच ले गयी। मन्ने यह देखकर भी अनदेखा कर गया। मन्ने अब एक दिन भी रुकने को तैयार न था।

मन्ने के जाने के पहले कैलसिया कई छोटी-बड़ी गठरियाँ लेकर उसके पास आयी। उसकी आँखों से झर-झर आँसू गिर रहे थे। बड़ी मुश्किल से वह बोल पा रही थी—ये माँ के लिए हैं..ये आपके लिए...इसमें पूरी-मिठाई है, रास्तें में आपके खाने के लिए...पहुँच की चिट्ठी दीजियेगा...अगले साल आयेंगे न?

मन्ने कुछ बोलना न चाहता था, उसने सिर हिला दिया।

—हमारा घर सूना हो जायगा!...लगता है, कोई परदेस जा रहा है!...जल्दी आइयेगा!..सीधे यहीं आइयेगा!...पिछली बार की तरह कहीं और जाकर मत ठहर जाइयेगा!...

गूँगे की तरह मन्ने सिर हिलाता रहा।

—एक बात और आपसे कहनी थी,—कैलसिया ने आँचल से आँसू पोंछकर कहा—मियाँ का मकबरा कितने में बन जायगा? बीस बीसी और बीस बीसी रुपया हमने जमा कर लिया है। इतने में बन जायगा?

मन्ने चौंककर उसका मुँह ताकने लगा। बोला—हम ख़ुद बनवायेंगे।

—तो इसको भी उसी में लगा दीजियेगा, उनके नाम काढ़ा हुआ रुपया है।

—नहीं, तुम्हारा रुपया...

—हमारा का आपका नहीं है, बाबू?—कैलसिया की आँखों से फिर आँसू का सोता फूट निकला—आप इसे लेते जाइये, बाबू!

मन्ने का बुरा हाल था। यह औरत क्या सच ही उसे कहीं का नहीं रखेगी? इतने जूते वह कैसे बरदाश्त किये जा रहा है? क्या उसकी चमड़ी सचमुच इतनी मोटी हो गयी है?

बोला—नहीं, अभी अपने ही पास रख! अगले साल आयेंगे न!

—कब काम लगायेंगे?

—एक साल की पढ़ाई और रह गयी है। उसके बाद।

—टीसन तक हम चलेंगे न, बाबू?

—नहीं।

—काहे?

—कोई ज़रूरत नहीं,—और मन्ने बाहर चला गया।

सड़क से एक रिक्शेवाले को बुलाकर मन्ने लौटा, तो उसने देखा, बाहर थान पर एक भैंस के पास महतो ठूँठ की तरह खड़ा था। कमरे के अन्दर घुसा, तो देखा, कैलसिया उसके बँधे बिस्तर पर सिर डाले बैठी सिसक रही थी।

मन्ने क्या सचमुच ही पत्थर हो गया है? क्या वह एक भी प्यार का, सान्त्वना का शब्द नहीं बोल सकता? अरे कमबत! यहाँ से तू जा तो रहा ही है, तो इसका क्या यह मतलब है कि तू इन्हें पाँवों से रौंदकर ही जा सकता है?

बोला—कैलसिया! अगर तू इस तरह करेगी तो मैं फिर कभी भी तेरे यहाँ न आऊँगा!—फिर रिक्शेवाले की ओर देखकर कहा—आ भाई रिक्शेवाले, ये सामान हैं, ले जाकर रख तो।

कैलसिया ने खड़े होकर आँसू सुखा लिये और लपककर सूटकेस उठाने लगी, तो मन्ने बोला—नहीं, तुम मत उठाओ। रिक्शेवाले को ले जाने दो।

लेकिन कैलसिया, माननेवाली न थी। वह उठाकर बाहर चल दी।

रिक्शेवाले के पीछे-पीछे मन्ने चला, तो उसके पीछे से आवाज़ आयी—सलाम!—जैसे किसी ने गोली दागी हो।

मन्ने ने पीछे मुड़कर नहीं देखा। वह जानता था, यह महतो है। एक सलामी उसने उसके आने पर दागी थी और यह दूसरी उसकी रुख़सती पर थी। पहली गोली शायद उसे कहीं लगी थी, लेकिन यह दूसरी कहाँ लगी, मन्ने फिर कभी बाद में सोचेगा।

रिक्शे पर वह बैठ गया, तो कैलसिया आँखों में आँसू थामे, मन्ने की टोपी ठीक से बैठाती हुई बोली—पहुँचते ही चिट्ठी दीजियेगा!

रिक्शा चल पड़ा, तो बोली—सलाम, बाबू!

मन्ने ने कोई जवाब न दिया; जैसे उसने सुना ही न हो। वह इस तरह सम्हलकर रिक्शे पर आसन जमाने में व्यस्त था, जैसे उसने वैसा न किया, तो गिर ही पड़ेगा।

गाड़ी ने हावड़ा छोड़ दिया, तो मन्ने के लिए अनायास ही कलकत्ता और कलकत्ता की बातें पीछे छूट गयीं और आगे की बातें उसके सामने ऐसे आ गयीं, जैसे फ़िल्म के एक दृश्य के बाद दूसरा।...इतने दिनों बाद उसे घर की सुधि आयी...बहनें याद आयीं...बाबू साहब याद आये...महशर याद आयी...मुन्नी याद आया। इस बीच उसने किसी की भी सुधि न ली थी, किसी को एक पत्र न लिखा था, किसी को अपने पते की सूचना न दी थी। और अब उनके बारे में सब-कुछ जान लेने के लिए वह इस तरह बेचैन और उतावला हो उठा कि ज़रा देर भी सह्य न हो। उन बेचारों पर उसे लेकर इस बीच क्या गुज़री होगी, अब रह-रहकर उसे इसका मलाल होने लगा। उसने उन्हें पत्र क्यों न लिखे, उन्हें अपने पते की सूचना क्यों न दी, उन्हें इस तरह क्यों बिसरा बैठा, इन प्रश्नों के उत्तर वह क्या देगा? यही न कि वह अपनी पढ़ाई में किसी प्रकार का भी कोई विघ्न न चाहता था? लेकिन क्या इसका यह मतलब नहीं होता कि वह सबको मारकर अकेला ज़िन्दा रहना चाहता था? क्या किसी का स्वार्थ, किसी की महत्त्वाकांक्षा इतनी बड़ी, ऐसी सर्वग्रासी होनी चाहिए? नहीं-नहीं, मन्ने ऐसा स्वार्थी नहीं, ऐसा महत्त्वाकांक्षी नहीं, वह तो सिर्फ़ ज़िन्दगी को एक राह पर लगाना चाहता है, जो भी वह करता है, केवल एक इसी उद्देश्य की पूर्ति के लिए और वह भी यह सोचकर कि थोड़े दिनों की बात है, दिल कड़ा कर, आँख मूँदकर ये दिन काट ले, फिर तो वह एक-एक कर अपने सब अपराधों का प्रायश्चित कर लेगा, अपने सब अधूरे, भूले कर्त्तव्यों को पूरा कर देगा, सबका पावना गिन-गिनकर चुका देगा, सबकी शिकायतें दूर कर देगा। इस समय उसकी मजबूरियों को, परेशानियों को लोगों को समझना चाहिए, वह क्या सिर्फ़ अपने ही लिये यह सब कर रहा है? उसका क्या है, उसकी अपनी ज़रूरतें क्या हैं?...

घर पहुँचा, तो दो समाचार उसकी प्रतीक्षा कर रहे थे, एक यह कि उसके बच्ची हुई है और दूसरा यह कि उसकी बड़ी बहन बेवा होकर अपने तीन छोटे-छोटे बच्चों के साथ घर आ गयी है। मन्ने की समझ में न आ रहा था कि वह ख़ुशी मनाये या ग़म? यों भी अर्सा हुआ, मन्ने के लिए कोई ख़ुशी, ख़ुशी न रह गयी थी, न ग़म ग़म। लेकिन जब उसे मालूम हुआ कि बेवा बहन अपने बच्चों के साथ यहीं रहेगी, ससुराल में उसका सब-कुछ उसके पट्टीदारों ने हड़प लिया है और वहाँ उसके लिए कोई सहारा नहीं रह गया है, तो मन्ने की जैसे कमर ही टूट गयी। बहन ने रो-रोकर उसे सब सुनाया। पट्टीदारों में किसी खेत के पीछे लड़ाई हुई, लाठी चली, जिसमें उसके

मियाँ जान से मारे गये। पट्टीदारों ने उसे घर से निकल जाने के लिए मजबूर किया। पर्दानशीं औरत, क्या करती? उसने भाई को ख़त लिखा, लेकिन पहुँचे बाबू साहब और वह उनके साथ अपने बच्चों को लिये आ गयी। अब उसके लिए दो ही रास्ते रह गये हैं, या तो भाई उसके पट्टीदारों से मुक़द्दमा लड़कर उसे उसका हिस्सा दिला दे, या चुप होकर, सब्र करके वह यहीं पड़ी रहे। उसके लिए दोनों सूरतों में कोई फ़र्क नहीं, चाहे यहाँ रहे, चाहे वहाँ, उसकी ज़िन्दगी तो बर्बाद हो ही गयी।

निरभ्र आकाश से यह वज्रपात हुआ था। एक बनता नहीं और दो बिगड़ जाते हैं। दूर बहन की ससुराल जाकर मुक़द्दमा लड़ना और उसके हिस्से पर उसका क़ब्ज़ा दिलाना मन्ने के लिए असम्भव था। इसके लिए पैसे और समय की ज़रूरत थी और मन्ने के पास इन दोनों का अभाव था। स्पष्ट था कि इन चार प्राणियों का भार अब उसे ही आजीवन वहन करना पड़ेगा। महँगी में आटा गीला इसी को कहते हैं।

बाबू साहब मिले, तो उसने सोचा, वे ज़रूर ख़फ़ा होंगे, शिकायत करेंगे कि क्या वे ऐसे ग़ैर हो गये कि उसने एक ख़त तक न दिया? लेकिन सलाम करने के बाद वे सिर झुकाकर बैठे, तो लगा कि जैसे उनका सिर गर्दन से टूटकर लटक गया है!

मन्ने क्या कहता? वह अपराधी की तरह ख़ामोश बैठा रहा।

बड़ी देर के बाद बाबू साहब ने सिर उठाया। बोले—यह आपकी क्या हालत हो गयी है? तबीयत ख़राब थी क्या?

—हाँ,—मन्ने ने कहा—मलेरिया हुआ था, बाद में पेट ख़राब रहने लगा और नींद उड़ गयी।

कलकत्ते का पानी बहुत ख़राब है। जाने आपको किसने बुद्धि दी कि आप वहाँ गये। देह माटी हो गयी! अब तो तबीयत ठीक रहती है?

—नहीं, अब भी कोई ख़ास ठीक नहीं है। लेकिन उम्मीद है कि यहाँ ठीक हो जायगी। आप अपनी कहिये?

—अपनी क्या कहें?...यहाँ का तो आपने सुना ही होगा। एक लड़की अभी घर में पड़ी ही है, दूसरी भंग होकर आ गयी। क्या सोचते हैं आप उसके बारे में?

—सोचना क्या है, यह-सब हमारी क़िस्मत का खेल है। जो सिर पर आ पड़ा है, उसे तो झेलना ही पड़ेगा और चारा ही क्या है?

—बड़े मर्द आदमी थे। वहाँ जो भी मुझे मिला, उनका गुणगान करता था। सब कहते थे, उन्हें धोखे से मारा गया, वर्ना वो अकेले चार-चार पट्टीदारों पर भारी थे। क्या उनके बच्चों के लिए कुछ भी नहीं किया जा सकता?

—क्या किया जा सकता है? आप तो मेरी हालत से वाक़िफ़ हैं। मुक़द्दमा लड़ना क्या मेरे बस का है?

—जुब्ली मियाँ को छोड़िये, दूसरे के घर में आग लगे तो हाथ फैलाकर तापनेवाले आदमी हैं वो!

फिर थोड़ी देर ख़ामोश रहने के बाद बाबू साहब बोले—आपकी ससुराल मैंने बधावा भेज दिया था। अब बच्ची को देखने को मन छटपटा रहा है। जाकर ले आइये!

बाबू साहब के इस अचानक भाव-परिवर्तन से मन्ने चौंक-सा उठा। कैसे आदमी हैं ये? न शिकवा, न शिकायत, उसी के स्वास्थ्य के लिए चिन्ता, उसी के दुःख की बात और अब जैसे उसी का दुःख हलका करने के लिए यह सुख-संवाद! उसे तो डर था कि वे उसे डाँटेंगे, उस पर नाराज़ होंगे और यहाँ...जैसे उसके किसी भी व्यवहार का उन पर कोई असर ही नहीं, जैसे उनका अपना व्यवहार एक अलग चीज़ हो, जो अपनी लीक से कभी उतरनेवाला नहीं।

फिर भी बोला—देखेंगे।

—इसमें देखना क्या है? क्या आपका मन बच्ची को गोद में लेने को नहीं होता?

बाबू साहब का ख़याल था कि उनकी यह बात सुनकर मन्ने हुलसकर शरमा जायगा, लेकिन उसके चेहरे का बादल तो जैसे और जम गया। वह बोला—मन की मैं कहाँ सुन पाता हूँ, बाबू साहब? मन की कभी मैं कर सकूँ, ऐसा सौभाग्य मुझे कहाँ मिला? मुझे तो हमेशा यह भय लगा रहता है कि मन को मैंने कान दिया नहीं कि मेरी नाव डूबी। और अब तो ऐसा लगता है कि बावजूद मेरे इतना चौकस रहने, मन मारने और दिल को पत्थर बनाने के मेरी ज़िन्दगी..

—ऐसी बात मुँह से न निकालिये!—व्याकुल होकर बाबू साहब बोले—दुःख-सुख तो ज़िन्दगी के साथ लगे ही रहते हैं, भला इस तरह कोई अपना दिल तोड़ता है!

—मैं नहीं तोड़ता, बाबू साहब! लेकिन मुझे लगता है कि यह आप-ही-आप टूटा जा रहा है।—और मन्ने उठ खड़ा हुआ, क्योंकि उसे लगा कि इस तरह उसने और थोड़ी देर बातें कीं, तो वह रो देगा।

रात-भर वह दुश्चिन्ताओं के बोझ के नीचे दबा रहा और उसे एक पल को भी नींद न आयी। नींद उसे यों भी तीन-चार घण्टों की ही आती थी, लेकिन वह धीरे-धीरे इसका अभ्यस्त हो गया था, इसकी वजह से उसे कोई ज़्यादा तकलीफ़ न होती थी, गोकि वह बराबर एक थकान, अंग-अंग में एक धीमी-धीमी टूटन और दिमाग़ में हलके से चिड़-चिड़ेपन का अनुभव करता रहता था। पेट ख़राब होता, तो ये बातें और भी बढ़ जातीं और कभी-कभी तो दिल-दिमाग़ की ऐसी, कैफ़ियत हो जाती कि जी में आता कि बस, चुपचाप निर्जीव की तरह पड़े रहो, मन जैसे डूबने-सा लगता, दिमाग़ जैसे सुन्न-सा हो जाता, अंग-अंग जैसे शिथिल-सा हो जाता। लेकिन यह स्थिति देर तक न रहती। धीरे-धीरे वह सम्हल जाता। ऐसे अवसर के लिए डॉक्टर ने उसे एक पेटेण्ट दवा बता दी थी, जो वह सदा अपने पास रखता था।

सुबह बिस्तर छोड़ने का उसका मन न हो रहा था। एक ग़नूदगी की हालत में वह पड़ा था और उसका दिमाग़ जैसे शक्तिहीन होकर बेकाम हो गया था। वह यों ही पड़ा रहना चाहता था कि दरवाज़े की कुण्डी बज उठी। उसने आँखें खोलकर दरवाज़े की ओर देखा, लेकिन उठकर खोलने को मन न हुआ। फिर एक पतली, कमज़ोर और मीठी आवाज़ आयी—मामू।

यह शायद उसका बड़ा भांजा है। यह कमबख़्त कैसे यहाँ आ गया? मन्ने कस-मसाकर उठा और दरवाज़ा खोलकर देखा, तो बिलरा की गोद में चढ़ा उसका बड़ा भाञ्जा कह रहा था—मामू जान, चलिये, अम्माँ नाश्ते के लिए बुला रही हैं।

मन्ने का जी हुआ कि लौंडे को डाँटकर भगा दे, लेकिन दूसरे ही क्षण उसका भोला, सुन्दर चेहरा देखकर जैसे उसे तरस आ गया और उसने अपने दोनों हाथ बढ़ाकर उसे अपनी गोद में ले लिया। बोला—आप नाश्ता कर चुके?

—नहीं, अम्माँ कहती हैं, पहले आप नाश्ता करेंगे, तब हम। आप जल्दी चलिये। सब लोग आपका इन्तज़ार कर रहे हैं।

उसे गोद में लिये ही मन्ने बिस्तर पर बैठ गया। बोला—अभी तो मैंने मुँह भी नहीं धोया।—और उसका सिर सहलाने लगा।

उसका मुँह देखते हुए भाञ्जे ने उसके गाल पर हाथ रखकर कहा—मामू, यह आपके गाल पर काला-काला क्या है?

—यह काला धब्बा है, बेटा,—मन्ने जैसे उसके सवाल में दिलचस्पी लेता हुआ, उसे समझाकर बोला—मेरे जिगर का फ़ेल ठीक नहीं, यह उसी की निशानी है।

बच्चा कुछ न समझकर पलकें झपकाने लगा और अँगुलियों से उस धब्बे को रगड़ने लगा। फिर अचानक जैसे कुछ याद करके बोल पड़ा—मामू, आपके दाढ़ी क्यों नहीं है, अब्बा के तो इत्ती बड़ी दाढ़ी है।

मन्ने के कहीं जैसे कुछ कसक उठा। उसने ग़ौर से बच्चे की ओर एक क्षण को देखा, फिर सहसा ही उसे गोद में लिये उठ खड़ा हुआ। बोला—चलिये, आपको भूख लगी है न!

खण्ड से घर के रास्ते में मन्ने ने जिस-जिसको देखा, सबको अपनी ओर घूरते हुए पाया, सबकी आँखों में एक समवेदना और सहानुभूति का भाव था।

घर में जाकर गोद से भाञ्जे को उतारते हुए मन्ने बोला—भाई, तुम लोग इन्हें नाश्ता क्यों नहीं देतीं?

एक नन्हें लाल फ्राक में सूई-तागा फँसाये छोटी बहन आकर बोली—पहले आप नाश्ता कर लीजिये, फिर..

—नहीं, बच्चों को दे दो। अभी तो मैंने मुँह भी नहीं धोया।

—तो मैं मिसवाक लाती हूँ, यहीं धो लीजिये।—कहकर वह लपकी अपने कमरे में गयी और एक मिसवाक लाकर, उसे देती हुई बोली—पानी लाती हूँ।

आँगन के दाबे पर बैठकर मन्ने दातून दाँतों में कुचलने लगा। बहन बधना उसके पास रखकर खड़ी हो गयी। मन्ने ने उसकी ओर देखा तो लगा, जैसे वह कुछ कहना चाहती है। बोला—यह तुम्हारे हाथ में क्या है?

झट से पीछे छुपाती हुई वह बोली—कुछ नहीं!

—कुछ तो है?—योंही मन्ने बोला।

—क्या है, यहाँ तो कोई अच्छा कपड़ा भी नहीं मिलता!—नाक चढ़ाकर वह बोली—आपसे इतना भी न हुआ कि और कुछ नहीं, तो कम-से-कम कुछ अच्छे कपड़े ही कलकत्ते से लेते आयें।

—आख़िर है क्या वह?—टालने के लिए उसने अपना सवाल ही फिर दुहराया।

—फ्राक है और क्या?

—किसके लिए?

—शम्मू के लिए।

—शम्मू कौन है?

—अब बनिये मत!—आँखें चमकाकर उसने कहा।

मन्ने को कुछ अन्दाज़ा हो गया। फिर भी जैसे कुछ मज़ा लेता हुआ बोला—मुझे नहीं मालूम, तुम्हारी क़सम!

—हाय अल्लाह!—हैरान होकर वह बोली—क्या भाभी जान ने आपको नहीं लिखा कि नूरचश्मी का नाम उन्होंने शमीमा रखा है और उसे पुकारते हैं शम्मू कहकर?

—ओह!—कहकर मन्ने ज़ोर-ज़ोर से दाँत मलने लगा।

—भैया! भाभी जान को लाने कब जा रहे हैं? यहाँ सब छुट्टी की दावत माँग रहे हैं। हम टालते आ रहे हैं कि भैया आयेंगे, तब देखा जायगा।

मन्ने ने खड़े होकर दातून टोटे पर रख दिया और फिर बैठकर कुल्ला करने लगा। वह बोला कुछ नहीं, मन-ही-मन वह डर रहा था कि कहीं यह बात बड़ी बहन तो नहीं सुन रही। यह अल्हड़ लड़की, इसके हिस्से तो जैसे सिर्फ़ ख़ुशी पड़ी है। इतनी बड़ी हो गयी, कोई समझ नहीं आयी इसे।

—बोलते क्यों नहीं, भैया?

—चलो, नाश्ता लाओ,—मुँह धोकर उठते हुए मन्ने बोला।

नाश्ते पर वह बैठा, तो उसके तीनों भाञ्जे उसके पास आ गये। उससे कुछ खाया न जा रहा था। एकाध निवाला उसने किसी तरह खाया और फिर अपने भाञ्जों को

खिलाने लगा। उस वक़्त जाने कैसी एक मीठी, तोतली आवाज़ बार-बार आकर उसके कानों से टकरा रही थी—अब्ब! अब्ब!

रसोई से बड़ी बहन ने देखा, तो आकर अपने बच्चों को डाँटती हुई बोली—तुम लोग यहाँ क्यों आ गये? मामू को खाने दो!

—नहीं-नहीं, तुम इन लोगों को मना मत करो। मेरी तबीयत खाने को बिलकुल नहीं।—मन्ने ने उठते हुए बच्चों का एक-एक कर हाथ पकड़ते हुए कहा।

छोटी बोली—आपा, भैया से तुम कहो न! मेरी तो ये बात ही नहीं सुनते!

—हाँ, बाबू,—बड़ी बोली—तुम जल्दी जाकर उन्हें ले आओ। हम-सब बच्ची को देखने को तड़प रहे हैं!

मन्ने उठ खड़ा हुआ और तेज़-तेज़ क़दम रखता घर से बाहर हो गया।

खाने-पीने के अलावा घरेलू ज़िन्दगी से मन्न का कोई सरोकार न था। वह रात-दिन खण्ड में ही रहता था। कभी इतमीनान से बैठकर बहनों से दो बातें की हों, उसे याद नहीं। आज उसने सिर्फ़ अपनी बड़ी बहन की ही ख़ातिर ज़रा दिलचस्पी दिखायी थी। लेकिन ज़बसे उसका भाञ्जा उसकी गोद में आया था, वह जैसे अनजाने ही कुछ बदल गया था और जब वह घर से बाहर निकला, तो उसे अनुभव हुआ कि घरेलू ज़िन्दगी में भी कोई एक रस है, जिसकी ओर उसने कभी आँख उठाकर नहीं देखा।...बड़ी बहन, उसके बच्चे, छोटी बहन,...इन सबके बीच वह कैसा लग रहा था? जैसे घर का बड़ा अपने बच्चों-कच्चों से घिरा हुआ। जैसे सबको उसी की चिन्ता हो, सबका वही केन्द्र हो, उसी के चारों ओर, उसी की ख़ुशी के लिए सब नाच रहे हों, उसी का मुँह सब जोह रहे हों। अपनी इस स्थिति में भी बड़ी बहन जैसे अपनी विपत्ति को भूलकर उसकी ख़ुशी में कोई कमी नहीं आने देना चाहती, वह चाहती है कि उसकी बीवी और बच्ची यहाँ आ जायँ, बच्ची के जन्म की ख़ुशी मनायी जाय।..ख़ुशी!...और मन्ने को अचानक ऐसा लगा कि उसके सामने का दृश्य सहसा बदल गया हो और वही बच्चे-कच्चे उसके ज़िस्म को चारों ओर से नोंच रहे हों और वह छटपटा रहा हो, छटपटा रहा हो...

खण्ड में वह सिर थामें पलँग पर बैठ गया और उसे लगा कि वह पागल हो जायगा। वह कहाँ से इतने लोगों का ख़र्चा जुटायेगा, कैसे इतने बच्चों की परवरिश करेगा, तालीम दिलायेगा..अभी छोटी बहन की शादी करनी है...अभी एक साल उसकी पढ़ाई का ख़र्चा है...सोचता था, एक साल की बात है, पढ़ाई पूरी कर कहीं नौकरी कर लेगा और आराम से ज़िन्दगी बसर करेगा। लेकिन अब लगता है कि उसकी क़िस्मत में और ही कुछ लिखा है, उसे आराम नसीब नहीं होने का; उसे ताज़िन्दगी इसी घनचक्कर में फँसे रहना पड़ेगा; एक जाल कटेगा नहीं कि दूसरा तैयार हो जायगा और कभी भी उसे मुक्ति नहीं मिलेगी!...इधर तन्दुरुस्ती भी ख़राब होती

जा रही है, बीमार ज़िस्म से कोई कितना लड़ेगा, कैसे लड़ेगा? कितना घना भयावना अन्धकार सामने फैला है! ओह, क्या होगा, कैसे क्या होगा! मन्ने के जी में आया कि वह सिर पीट ले।

तभी बाहर से आवाज़—मन्ने साहब हैं क्या?

मन्ने ने पहचान लिया कि यह डाकख़ाने के मुन्शीजी हैं। इस वक़्त ये क्यों आये, उसकी समझ में न आया। डाक तो ये शाम को बाँटने निकलते हैं। एक ही बातूनी आदमी हैं, गाड़ी छोड़ देंगे, तो रोकने का नाम ही न लेंगे। वह इस वक़्त किसी से भी कोई बात करने की मनःस्थिति में न था। बैठे-बैठे ही बोला—क्या बात है, मुन्शीजी?

—आदाब अर्ज़ है। ज़रा बाहर तशरीफ़ लाइये, आपके घर का एक ख़त है।—मुन्शीजी ने कहा।

—दरवाज़े पर डाल दीजिये, मेरी तबीयत ठीक नहीं है।—मन्ने ने टालने के लिए कहा—घर का ख़त है, घर ही क्यों न भेजवा दिया?

—जा तो रहे थे आपके घर ही, लेकिन अभी मालूम हुआ, आप तशरीफ़ ले आये हैं, तो सोचा, ज़रा नयाज़ हासिल कर लूँ। आपके दुश्मनों की तबीयत को क्या हुआ है?

—भाई मुन्शीजी, इस वक़्त माफ़ कीजिये! शाम को मैं ख़ुद आपसे मिलूँगा।

—फिर भी कोई ख़ास अन्देशे की बात तो नहीं है?

—नहीं, सब आपकी दुआ है।

—लम्बे सफ़र से आये हैं, थकान होगी।

—हाँ, वैसा ही कुछ है।

—हमारे लिये कोई किताब-रेसाला वग़ैरा लाये हैं क्या?

—नहीं, इस बार ज़रा उजलत में था,—मन्ने को ख़याल आया कि शायद इनके पास कोई अख़बार हो, तीन दिनों से उसने कोई अख़बार न देखा था। अब उससे बैठे न रहा गया, उठकर दरवाज़े पर आकर बोला—आपके पास कोई अख़बार है, मुन्शीजी?

मुन्शीजी उसका जवाब देना शायद भूल गये, वे उसका चेहरा ग़ौर से देखने लगे।

मन्ने ने उनकी काँख में दबी चिट्ठियों में से अख़बार खींचा, तो वे बोले—यह प्राइमरी स्कूल के वाचनालय का है। हेडमास्टर की हिदायत है कि किसी और को न दिया जाय।

—स्कूल तो दस बजे तक खुलेगा, तब तक मैं पढ़कर इसे आपके पास लौटा दूँगा।—कहकर वह रैपर फाड़ने लगा, तो मुन्शीजी हाँ-हाँ कर रोकते हुए बोले—रैपर फाड़िये नहीं, सम्हालकर निकालिये, फिर लगाकर देना होगा, वर्ना वे कहेंगे...

—अच्छा-अच्छा, आपके पास मैं इसे जस-का-तस लौटा दूँगा।

—यह ख़त भी ले लीजिये,—ख़त बढ़ाते हुए मुन्शीजी बोले—आपकी तबियत तो बहुत ख़राब मालूम होती है, चेहरा स्याह पड़ गया है, कलकत्ते का पानी...

—सब यहाँ ठीक हो जायगा,—कहकर अख़बार के पन्नों को फैलाता हुआ मन्ने अन्दर चला गया।

फिर भी मुन्शीजी बोले—अच्छा, अब हम चलते हैं, ये चिट्ठियाँ बाँटनी हैं, कल शाम को निकलने की फ़ुरसत न मिली। आप मेहरबानी करके अख़बार...

—हाँ-हाँ, आप फ़िक्र न करें!—कहकर पलँग पर अख़बार फैला मन्ने एक भूखे की तरह उसमें खो गया।

अख़बार ख़त्म कर, उसे तहकर वह रैपर में रख चुका, तो उसकी नज़र लिफ़ाफे पर पड़ी। महशर की लिखावट थी और पता उसकी छोटी बहन का था। उसने लिफ़ाफ़ा हाथ में उठा लिया और उसका मन हुआ कि वह उसे खोल डाले, लेकिन वह हिचक गया। जाने क्या लिखा हो। वह उसे अँगुलियों से योंही टोने लगा, तो अन्दर कुछ कड़ा-सा लगा और उसने सोचा, शायद इसमें कोई फोटो हो। किसका फोटो हो सकता है? ख़ुद महशर का...या शम्मू का? शायद शम्मू का ही हो और यह ख़याल आना था कि वह जैसे फोटो देखने के लिए बेताब हो उठा और उसने सच ही लिफ़ाफ़ा खोल दिया। फोटो एक नहीं, दो थे, एक में किलकती हुई बच्ची अकेली थी और दूसरे में वह महशर की गोद में थी। मन्ने हुलसती हुई आँखों से अपनी बच्ची को देखने लगा, कितनी नन्हीं-मुन्नी, कितनी प्यारी-प्यारी और कैसे किलककर नन्हें-नन्हें हाथ उठाये हुए है, जैसे उसकी गोद में आने को मचल उठी हो। मन्ने आँखें झपका-झपकाकर उसे देखता रहा और उसके मन की कली खिलती गयी।...फिर उसने दूसरा फोटो देखा, बच्ची को गोद में लिये महशर कितनी हसीन और भरी-पूरी लग रही थी!...लेकिन इसकी आँखों में यह कैसी एक उदासी की छाया है, जैसे एक सर्वाङ्ग सुन्दर चित्र पर कहीं एक स्याही की बूँद चू पड़ी हो!..मन्ने को लगा, जैसे वे आँखें उसी की ओर घूर रही हैं और उसी से कुछ कह रही हैं। मन्ने उन आँखों को जैसे सह न पा रहा हो, जैसे वह जानता हो कि वे उससे क्या कह रही हैं। उसने फोटो से आँखें हटा लीं और होंठों में ही बुदबुदाया, ये ठीक ही कह रही हैं, उसके जैसा नाअहल ख़ाविन्द, संगदिल इन्सान क्या कोई दूसरा भी होगा?..ओह! कितने दिन बीत गये और उसने उसे एक ख़त भी न लिखा, और बातें तो दूर...

उसने ख़त पढ़ा, तो उसमें यहाँ से वहाँ तक क़िस्मत का रोना था, शिकवे थे, गिले थे। अन्त में लिखा था, कैसे बेदर्द के पाले पड़े हैं हम, न अपनी ख़बर देते हैं, न हमारी लेते हैं। कैसी आफ़त में जान फँसी है! बहन, उनका पता मालूम हो, तो वापसी डाक से लिखो। वह लिखें, न लिखें, हम तो लिखेंगे।..

ये बातें पढ़कर जैसे मन्ने के दिल को एक ठण्डक महसूस हुई, कोई तो शिकायत करनेवाला मिला, कोई तो जैसा वह है, उसे कहनेवाला मिला। यहाँ तो किसी ने भी उससे शिकायत ही नहीं की, जैसे उसने कोई ग़लती ही न की हो, जैसे उसका कोई भी अनुचित व्यवहार माफ़ किया जा सकता हो, जैसे किसी को भी उसकी कमज़ोरियों से कुछ लेना-देना ही न हो। यह भी भला कोई सम्बन्ध है? हाँ, महशर ज़रूर शिकायतों की गठरी बनी बैठी है, जब भी वह मिलेगी, उसकी यह तमन्ना पूरी करेगी!..वह उसे कैसे मुँह दिखायेगा, उसे क्या जवाब देगा?

ख़त और फोटो वह लिफ़ाफ़े में बन्द करने लगा, तो अचानक एक बात उसके दिमाग़ में कौंध गयी, शायद पहली बार महशर ने बहन को ये शिकायतें लिखी हैं और यह बताया है कि उसे मेरा पता मालूम नहीं, वर्ना बहन क्यों कहती कि बनिये मत? वह तो सोचती है कि महशर और मेरे बीच ख़तो-किताबत होती थी। भला यह किसे विश्वास हो सकता है कि नयी-नयी शादी और दूल्हा दुल्हन को इतने दिन ख़त न लिखे, अपना पता तक न दे? तो महशर ने भी भरसक उसकी इज़्ज़त रखी है, या यों कहा जाय कि अपनी इज़्ज़त रखी है।...फिर यह ख़त देकर बहन का भ्रम क्यों तोड़ा जाय? जाने वे लोग यह ख़त पढ़कर क्या सोचें। हाँ, फ़ोटो वह ज़रूर उसे दे देगा, इनसे उनका भ्रम बना रहेगा। अच्छा हुआ कि यह ख़त उसी के हाथ लग गया।

यह लोक-लाज की बात मन्ने के मन में कहाँ से आ समायी? पहले तो वह ऐसी बातों की परवाह न करता था, न ऐसी बातों के लिए कभी झूठ का सहारा लेने की उसे ज़रूरत ही पड़ी थी। वह तो ऐसे मौक़ों पर निहायत फक्कड़पन से पेश आने का अभ्यस्त था, वह साफ़-साफ़ क़ुबूल कर लेता था, चाहे इसके लिए उसके विषय में कोई जो भी राय क़ायम करे, उसे किसी की चिन्ता न रहती थी। आज यह चिन्ता क्यों लग गयी कि अगर कोई यह सुन ले कि इतने दिनों तक उसने अपनी दुल्हन को कोई ख़त न लिखा, तो उसके विषय में जाने लोग क्या-क्या सोचने लगें? नहीं, मन्ने को आज भी अपने को लेकर कोई चिन्ता नहीं है, शायद वह महशर के विषय में चिन्तित है कि लोगों को यह मालूम होगा, तो वे महशर के विषय में ही दूर की कौड़ी लाने की कोशिश करने लगेंगे। सो, महशर के लिए ही वह यह झूठ का सहारा ले रहा है! कम-से-कम वह अपने कारनामों की वजह से महशर पर तो कोई आँच नहीं आने देना चाहता।...लेकिन सहसा ही महशर पर वह इतना मेहरबान क्यों हो उठा?

बहनों के तक़ाजों से तो नहीं, हाँ, शम्मू के आकर्षण से वह ससुराल जाने को तैयार हो गया। फिर भी अपने इस निश्चय पर वह दृढ़ था कि वह महशर को कम-से-कम एक साल और अपने घर नहीं लायगा।

महशर की क्या, उसके घर के सभी लोग भरे हुए बैठे थे, आने दो अबकी हज़रत को, वह ख़बर ली जायगी कि याद करेंगे! बहुत बरदाश्त किया गया, अब

हद हो गयी! ऐसा भी कहीं दुनिया में देखा गया है कि कोई इतने दिनों तक किसी की ख़बर ही न ले? और तो और, बच्ची हुई तो भी अपने हाथ से एक टुकड़ा तक न भेजा! जैसे उसके बीवी-बच्चे के लिए यहाँ चहबच्चा रखा हो!...

लेकिन आश्चर्य! मन्ने को देखकर सबकी हवा ही गुम हो गयी। कहाँ तो सब उस पर बरसने को तैयार बैठे थे और कहाँ उसकी सूरत देखकर सब-के-सब ख़ुद बदहवास हो उठे। यह क्या हो गया इन्हें? ये तो पहचाने ही नहीं जाते!

मन्ने कमरे में गया, तो उसकी गोद में बच्ची को डालकर महशर सिसक-सिसक कर रोने लगी—यह क्या अपनी हालत बना ली आपने?...ख़ुदा ने मुझे कुछ भी नहीं दिया था, एक आपकी तन्दुरुस्ती थी, उसे भी ले लिया!...

क्या सोचकर चला था मन्ने और क्या देखने को उसे यहाँ मिल रहा है! उसके आश्चर्य का ठिकाना न रहा। जिस शम्मू के लिए वह आया था, वह उसकी गोद में पड़ी थी, लेकिन जैसे उसे प्यार करने का उसे होश ही न रहा हो। क्या सच ही वह ऐसा रहम के क़ाबिल हो गया है? और उसके जी में आया कि वह रो उठे और अपनी सारी दास्तान खोलकर महशर के सामने रख दे।

—क्या हो गया है आपको?...आप कहाँ थे?...इतने दिनों तक आपने एक सतर भी क्यों न लिखी? हाय अल्लाह! महशर का जैसे कलेजा फटा जा रहा हो।

'नमूना' नाश्ता लेकर आयी, तो आपा की सिसकी सुनकर चुपचाप दम साधे आँखों में एक उदासी लिये खड़ी हो गयी। वह एकटक मन्ने को ऐसे देखने लगी, जैसे उसे अपने दूल्हा भाई की इस हालत पर बड़ा अफ़सोस हो, साथ ही सहानुभूति भी। फिर जैसे उससे और न देखा जा रहा हो, वह पलँग के पास तिपाई पर तश्तरी रखकर बाहर निकल गयी।

—बोलते क्यों नहीं?—आँसू बरसाती आँखों की पलकें उठाकर महशर बोली—क्या आपके दिमाग़ में यह बात कभी नहीं आती कि आपके लिए कोई कहीं रात-दिन तड़पा करती है? क्या आप मुझे इतना ग़ैर समझते हैं कि अपनी ख़ैरियत से आगाह करना भी ज़रूरी नहीं समझते? यहाँ मैं ज़िन्दगी और मौत की लड़ाई के बीच भी एक पल को आपको नहीं भूली, हर पल ऐसा लगता था कि आप आ गये और मैं बच गयी!..फिर यह बच्ची आयी, उस वक़्त कितना जी हुआ कि काश, आप रहते! बेचारे अब्बा और अम्मा ने क्या नहीं किया! अम्मा के कई ज़ेवर अभी तक बन्धक पड़े हुए हैं। लेकिन उन्होंने किसी बात की परवाह नहीं की, घण्टे-घण्टे पर डॉक्टर को बुलाया। एक लेडी डॉक्टर और नर्स पूरे छत्तीस घण्टे यहाँ बने रहे। यह अब्बा और अम्मा का ही कलेजा था कि उन्होंने इतना किया और मुझे और मेरी बच्ची को बचा लिया, वर्ना शायद आपसे मुलाक़ात भी न होती!—और महशर मुँह पर दुपट्टा रखकर फफक-फफककर रो उठी।

मन्ने ख़ामोश बना रहा। उसका चेहरा और भी काला और दयनीय हो उठा। उसका अपराध इतना बड़ा होगा, उसने स्वप्न में भी न सोचा था। उसके जी में आया कि वह महशर के पाँव पकड़कर उससे क्षमा माँगे और क़सम खाये कि आगे वह कभी भी उसे इस तरह फ़रामोश न करेगा।

तभी बच्ची ज़ोर से चीख़ पड़ी। मन्ने को लगा, जैसे यह बच्ची भी उससे कम खफ़ा नहीं!

महशर ने हाथ बढ़ाकर बच्ची को लेते हुए कहा—आ-आ, इनकी गोद में तू क्यों रहेगी! ये बड़े ज़ालिम इन्सान हैं!

मन्ने की पीठ पर यह कोड़ा बहुत अच्छा लगा। इस वक़्त दरअसल वह चाहता था कि महशर उसे सुनाती चली जाय, जितना चाहे डाँटे, बल्कि गाली भी दे, तो अच्छा!

बच्ची माँ की गोद में जाते ही चुप हो गयी। महशर बोली—न बोलने की भी क़सम खा ली है क्या?

—तुम्हारी बात क्या ख़त्म हो गयी?—मन्ने ने खाँसकर यों ही कहा।

—मेरी बात...मेरी बात कोई सुननेवाला हो, तो जाने कब तक सुनाती रहूँ! याद कर-करके जाने कितनी बातें इकट्‌ठी कर रखी थीं, लेकिन....

—बोलती जाओ, सब कह डालो! शायद तुम्हारी बातें ही सुनकर मेरी आँखें खुलें! मैं.....मैं कितना गया-बीता आदमी हूँ, मुझे मालूम तो हो जाय!

महशर ने अपने आँसू पोंछ उसकी ओर ग़ौर से देखा और जाने उसके चेहरे पर उसने क्या देखा कि बोली—नहीं-नहीं, अब कुछ नहीं कहना है! आप बताइये, आपकी यह हालत कैसे हुई?

—इतनी जल्दी तुमने मुझे माफ़ कर दिया? मैं तो सोचता था कि तुम मुझे कभी भी माफ़ न करोगी। मेरा गुनाह ही ऐसा है!

—इसमें कोई शक नहीं! लेकिन आपकी सूरत भी तो नहीं देखी जाती। जाने आप कहाँ किस हालत में पड़े थे। आपके घरवालों को क्या लिखती, आपके गाँव से पता मँगाकर मैंने आपके दोस्त को ख़त लिखा था कि शायद उन्हें आपका पता मालूम हो। लेकिन उन्हें भी आपका पता मालूम न था, वे ख़ुद भी बड़े परेशान थे। बड़े प्यारे आदमी मालूम देते हैं। उनके बराबर ख़त आते हैं, बड़े प्यारे ख़त वे लिखते हैं। बेचारे ने सौ रुपये भी मनिआर्डर से भेजे थे। उन्होंने ही बधाई देते हुए ख़त लिखा था कि बच्ची का नाम शमीमा रखा जाय, तो उन्हें बड़ी ख़ुशी होगी।

—सच?—मन्ने की आँखों में एक चमक आ गयी—मुन्नी तुम्हें ख़त लिखता है? उसने तुम्हें रुपये भेजे? उसने मेरी बेटी का नाम शमीमा रखा?

—हाँ-हाँ!—महशर ने तपाक से कहा—इसमें ताज़्जुब की क्या बात है? उन्हीं का तो इस बीच मुझे एक सहारा रहा है। अब तो कब उन्हें देखूँगी, ऐसा हो रहा है!

कितने अच्छे आदमी हैं वो!

—मुझे उसके ख़त दिखाओगी, महशर?—धीरे से मन्ने बोला।

दोनों के अनजाने ही वातावरण इतना सहज हो गया कि इस वक़्त उन्हें इस तरह बातें करते कोई देखता, तो यह कल्पना भी न कर पाता कि अभी ज़रा देर पहले वे किस हालत में थे।

महशर मुस्कराकर बोली—वे ज़ाती ख़त हैं, आप देखकर क्या करेंगे?

—उसका कोई ख़त देखे जैसे एक ज़माना हो गया है!—मन्ने उदास होकर बोला—वह भी मुझसे बेहद नाराज़ होगा।

—नहीं, उनके ख़तों से तो ऐसा मालूम नहीं देता। एक दफ़ा मैंने आपके लिए अपनी नाराज़गी लिखी, तो उन्होंने एक बड़ा लम्बा ख़त जवाब में भेजा। लिखा कि मुहब्बत कोई बराबर का सौदा नहीं कि कोई जितना दे, उतना ही वापस चाहे। मुहब्बत तो सिर्फ़ देने का नाम है...

—तुम मुझे उसके ख़त दिखाओ, महशर!—मन्ने ने ललककर कहा—उसने क्या-क्या लिखा है, मैं ख़ुद ही पढ़ना चाहता हूँ! वह जब भी मूड में लिखता है, तो बड़े अच्छे ख़त लिखता है! मुझे दिखाओ! मैं बेचैन हो रहा हूँ!

—अच्छा, आप नाश्ता कीजिये, मैं निकालती हूँ।—उसने बच्ची की ओर देखकर कहा—अरे, यह तो सो गयी!

—इसे यहीं मेरे पास सुला दो। मैं इसे ज़रा अच्छी तरह देख तो लूँ!

—हुँः! सोये में बच्चों को वैसे नहीं देखना चाहिए!—उठती हुई महशर बोली—ज़रा इसे गोद में ले लीजिये, मैं फलिया लाऊँ।

मन्ने उन ख़तों में ग़र्क़ हुआ, तो सुध-बुध खो बैठा। वह जानता था कि मुन्नी को उर्दू बहुत नहीं आती, लेकिन वह देख रहा था कि यह कमी उसके ख़तों में कहीं ज़ाहिर न हो रही थी।

रात में वह मुन्नी को ख़त लिखने से अपने को रोक न सका। लिखने बैठा, तो महशर ने कहा—आप अपनी ओर से शुक्रिया ज़रूर अदा कर दीजियेगा!

जाने कैसी आँखों से मन्ने ने उसकी ओर देखकर कहा—यही समझा है तुमने उसे? उसके सारे किये-धरे पर तुम पानी फेरवा देना चाहती हो?

महशर तो जैसे सकते में आ गयी। ज़रा देर खड़ी रहकर, वह मुँह फुलाये कमरे से निकल गयी!...

मन्ने यहाँ सात दिन रहा। नींद उसे मुश्किल से एक-आध घण्टे की आती। पेट की हालत, वहाँ के खाने से, और भी बदतर हो गयी। कई बार ससुर ने कहा, चलो, किसी अच्छे डॉक्टर को दिखाओ। लेकिन वह हर बार टाल गया। फिर वे उससे कुछ

खिंचे-खिंचे-से रहने लगे। सासु ने उसे बहुत-कुछ समझाया और इशारे-इशारे में यह भी कह दिया कि अब महशर का भार उनसे बरदाश्त न होगा, वह उसे ज़रूर अपने साथ ले जाय और अगले महीने बिरादरी में एक शादी पड़ रही है, उनके बन्धक गहने तब तक छूट जाते, तो बहुत अच्छा होता, महशर के अब्बा की क़लील कमाई में तो घर का ख़र्च भी नहीं चलता...

मन्ने को सच ही ताज़्जुब होता कि एक की इतनी मामूली कमाई पर ये लोग इतनी अच्छी तरह कैसे खाते-पहनते हैं? काश, यह राज़ उसे भी मालूम होता!

वह निश्चय करके चला था कि महशर को अभी अपने घर नहीं लायगा, लेकिन यहाँ अब उसे मालूम हो गया था कि ऐसा करना सिर्फ़ उसकी ज़लालत की ही हद नहीं होगी, बल्कि महशर पर, उसके माँ-बाप पर उसके ज़ुल्म की भी हद हो जायगी। और वह बेहयाई पर उतर भी जाये, तो महशर माननेवाली नहीं। उसने पहले ही दिन से रट लगा रखी है कि वह उसकी तन्दुरुस्ती की इस हालत में उसे एक घड़ी को भी छोड़ने को तैयार नहीं, वह अपना सिर फोड़ लेगी!...

लाचार होकर मन्ने को रुख़सती करानी ही पड़ी। उसके सिर के बोझ पर एक और बोझ आ पड़ा और उसे लगा कि अब उसकी गर्दन टूटे बिना न रहेगी!

बहनों ने महशर का जी खोलकर स्वागत किया। दरवाज़े पर शहनाई बजी। कई दिनों तक औरतों का गाना-बजाना चलता रहा। दावत भी हुई। शीरीनी भी बँटी। एक तरह से घर में उसी तरह उत्सव मनाया गया, जैसे शम्मू यहीं अभी पैदा हुई हो।

महशर अहिवाती की तरह सज-बजकर बैठी रहती और उसकी ज़रूरत की हर चीज़ उसके पास पहुँचती रहती, ज़बान हिलाने की भी उसे ज़रूरत न पड़ती। शम्मू बड़ी की गोद से उतरती, तो छोटी की गोद में चढ़ती। बड़ी उसकी मालिश करती, तो छोटी नहला-धुलाकर उसे कपड़ा पहनाती। महशर का उससे सिर्फ़ दूध पिलाने का वास्ता रहता।

घर में क्या है, क्या नहीं, इसकी मन्ने ने कभी चिन्ता नहीं की। चिन्ता की कभी कोई ज़रूरत ही न पड़ी। घर का पैदा किया हुआ अनाज और आलू और प्याज साल-भर खर्चे के लिए काफ़ी रहता। चाय के लिए दूध ग्वाला दे जाता और तेली के यहाँ तेल बँधा था। घी-मसाले की ज़रूरत पड़ती, तो बाबू साहब से लड़कियाँ कहलवा देतीं, इन्तज़ाम हो जाता। मन्ने जब घर पर आता, तो सबका हिसाब कर देता।

लेकिन अब वैसे चलना मुश्किल था। दूसरे घर की एक लड़की घर में आयी थीं। उसे उस तरह कैसे रखा जा सकता था? अपने घर हमेशा चिकना खानेवाली लड़की का यहाँ इस तरह गुज़र कैसे हो सकता था। आदत धीरे-ही-धीरे तो बदलेगी। तब तक उसके लिए कुछ-न-कुछ तो करना ही पड़ेगा। मन्ने को यह ख़याल ज़रूर आया कि महशर के लिए वह कोई ख़ास इन्तज़ाम करेगा तो बहनें क्या सोचेंगी? क्या

वे यह नहीं कहेंगी कि बीवी के लिए अब कैसे सब हो रहा है? लेकिन बहनों ने ख़ुद ही उससे यह मँगाने, वह लाने का तक़ाज़ा शुरू किया, तो यह ख़याल उसके दिमाग़ से जाता रहा। और अब क़स्बे से रोज़ गोश्त भी आने लगा, मौसमी सब्जियाँ भी आने लगीं। दूध-घी की मिक़दार भी बढ़ गयी। पान-तम्बाकू का इन्तज़ाम भी रहने लगा। सौभाग्य से ये वसूली के दिन थे, मन्ने के हाथ में रोज़ पैसे आते थे। इसलिए उसे ख़र्च करने में कोई दिक़्क़त पेश न आती थी। वह सोचता था, दो-तीन महीने तक वह यहाँ है, तब तक जैसे भी हो, चला लो, फिर देखा जायगा। न होगा, फिर महशर को उसके माँ-बाप के यहाँ पहुँचा दिया जायगा, या फिर जैसे हमेशा चलता रहता था, वैसे ही चलेगा। तब तक महशर भी पुरानी-धुरानी हो जायगी, यहाँ के रहन-सहन की आदी हो जायगी।

मन्ने के ये दिन निस्बतन अच्छे ही कटे। महशर के कारण घर में बड़ा आराम मिला। महशर उसके लिए हलके खाने का इन्तज़ाम कराती। रात को उसे नींद न आती, तो घण्टों उसके पाँव दबाती, बदन दबाती और सिर में कद्दू या बादाम के तेल से मालिश करती और अपने मीठे स्वर में ग़ज़लें सुनाती। अकेले में नींद न आने से उसे जो छट-पटाहट होती, बेकली होती, अब महशर के साथ रहने से वैसा न होता। रात किसी तरह आराम से ही कट जाती। कभी बोल-बतियाकर, कभी ताश खेलकर। महशर को भी जैसे नींद नहीं आती। वह दिलकश बातें करने में बड़ी माहिर थी, अपना या अपनी किसी सहेली का कोई क़िस्सा छेड़ती, तो बिलकुल कहानी की तरह मन्ने को महो कर लेती। शुरू जवानी के रोमान्स की अनगिनत कहानियाँ उसके पास थीं। वह बड़ा मज़ा ले-लेकर उन्हें सुनाती। उसकी ज़बान के क्या कहने! उसकी कई कहानियाँ तो क्लासिकल थीं!..फोटोग्राफ़रवाली, रिश्ते के एक पुलिस महकमें में काम करनेवाले की...और वह उस टाईवाले युवक की, जिसने एक रात एक सहेली के साथ सिनेमा से लौटते समय उनके ताँगे के पीछे अपनी साइकिल लगा दी थी। मुई साबिरा पर जाने उस वक़्त कौन-सा शैतान सवार हो गया था। उसने हाथ उठाकर युवक को अपना अँगूठा दिखाकर हँस दिया था और वह युवक उनके पीछे पड़ गया था। महशर का तो बुरा हाल था, उसका दिल धड़क रहा था। हाय अल्लाह! अब क्या होगा? प्रोग्राम था कि सिनेमा के बाद महशर की सहेली उसके यहाँ खाना खायेगी, फिर अपने घर आयेगी। लेकिन जब वह नौजवान इस तरह उनके पीछे पड़ गया और छोड़ने का नाम ही न ले रहा था, तो परेशान होकर महशर ने साबिरा से कहा कि, भई, ताँगेवाले से अपने घर की ओर चलने को कहो, मेरे यहाँ तो किसी ने देख लिया, तो आफ़त ही आ जायगी। तुम्हीं ने इसे लुक़्मा फेंका है, अब तुम्हीं समझो! साबिरा की घबराहट भी अब शुरू हो गयी थी। बोली, यह कमबख़्त तो सच ही पीछे पड़ गया। मुझे क्या मालूम था, ऐसा होगा। मैंने तो योंही इसके घूरकर देखने पर अँगूठा दिखला दिया था। अब क्या हो? महशर बोली, मैं कुछ नहीं जानती! बड़ी शैतान की

नानी बनती हो! आज अच्छे से पाला पड़ा है! तुम्हें भी मज़ा मिल जायगा। और उसने मुँह पीछे घुमाकर ताँगेवाले से कह दिया, भई ताँगेवाले, अगली मोड़ से ताँगा दायीं ओर मोड़ लेना। ताँगा चलता रहा और पीछे-पीछे साइकिलवाला भी। साबिरा को अब भी उम्मीद थी कि घर के पास पहुँचते-पहुँचते वह ज़रूर उनका पीछा छोड़ देगा। लेकिन नहीं, साइकिलवाला कोई क़स्द करके ही पीछा कर रहा था। घर थोड़ी दूर रह गया, तो सूखे गले से साबिरा बोली, कहो तो यहीं उतर जायँ, देखें, क्या करता है। सुनकर महशर काँप उठी। बोली, नहीं, भई, यहाँ नहीं उतरेंगे! वहाँ कम-से-कम अपना घर तो होगा। साबिरा बोली, और कहीं इसने वहाँ पहुँचकर अब्बा से शिकायत कर दी, तो? तो तुम समझना! शरारत का मज़ा तो तुम्हें मिलना ही चाहिए! जो हो, मैं यहाँ नहीं उतरने की! आख़िर ताँगा घर पर पहुँचा। बुर्क़ा सम्हालकर वे उतरीं, तो साइकिलवाला ज़रा दूर पर उतर गया। ताँगेवाले को पैसे चुकाकर वे घर के अन्दर घुसीं और फाटक से दरवाज़ा बन्द कर दिया। लेकिन अभी दो क़दम ही आगे बढ़ी थीं कि बाहर से ज़ंजीर खड़कने की आवाज़ सुनायी दी। अब क्या था, जान सूखने लगी! अल्लाह ही बचाये, तो जान छूटे! अजीब मूज़ी से पाला पड़ा था! जंजीर खड़कने की आवाज़ लगातार आती जा रही थी। अम्मा के पास जाकर साबिरा ने पूछा, अब्बा और भाई जान कहाँ हैं? अम्मा ने बताया, वे सोने ऊपर चले गये हैं और तेरे भाई जान क्या महशर के यहाँ नहीं मिले, जो इसे साथ लेती आयी? वे तो इसी के यहाँ गये हैं। फिर नौकर को पुकारकर वे बोलीं, देख तो रे, बाहर कौन ज़ंजीर बजा रहा है? साबिरा महशर का हाथ पकड़े नौकर के पीछे हो ली, अम्मा कहती ही रहीं, अब तुम लोग कहाँ चलीं? दालान में नौकर को रोककर साबिरा ने उससे कहा, देखो, बाहर जो खड़े हैं न, उनसे जाकर कहो कि बीबीजी माफ़ी माँग रही हैं, उन्हें बेहद अफ़सोस है! नौकर ने हैरत में पड़कर एक नज़र उन्हें देखा, फिर बोला, बहुत अच्छा। दालान की बिजली बुझाकर बग़ल के कमरे के दरवाज़े की आड़ में वे छुपकर खड़ी हो गयीं! नौकर ने दरवाज़ा खोला तो उधर से आवाज़ आयी, साहब हैं? नौकर ने कहा, साहब तो सोने ऊपर चले गये हैं।..बीबीजी ने कहा है कि वे आपसे माफ़ी माँग रही हैं! उन्हें बेहद अफ़सोस है। वे दोनों कान रोपकर उसका जवाब सुनने लगीं, देखें, वह क्या कहता है! ज़रा देर ख़ामोशी छायी रही। फिर उधर से आवाज़ आयी, अच्छा, उनसे कह देना, मैंने माफ़ किया, लेकिन ऐसी हरकत वो फिर न करें! सुनकर जान में जान आयी। अल्लाह का लाख-लाख शुक्रिया! साबिरा बोली, आदमी शरीफ़ है! महशर बोली, अब्बा सो गये हैं न, वर्ना यह तुझे अपनी शराफ़त दिखाता!

कभी-कभी महशर भी मन्ने को छेड़ती—आप भी कोई अपनी आप बीती सुनाइये न!

मन्ने कहता—इस मामिले में मैं बेहद बदक़िस्मत इन्सान हूँ। मुझे इन बातों का कभी होश ही नहीं रहा।

—बनिये मत!—महशर कहती—ऐसा तो हो ही नहीं सकता!

—तुम्हारी क़सम!—मन्ने विश्वास दिलाता—यक़ीन करो!

—यह भी कोई यक़ीन करने की बात है?—महशर कहती—दुनिया में कोई ऐसा भी इन्सान होगा, जो..

—अब तुम नहीं मानती, तो मैं क्या कहूँ?

—मैं मानूँ कैसे? यह मुमकिन ही नहीं!...ख़ुदा क़सम! मैं बिलकुल बुरा न मानूँगी, आप एक-आध सुनाइये!

—कुछ होता, तो ज़रूर सुनाता! मेरी ज़िन्दगी से तुम वाक़िफ़ नहीं। वही क़िस्सा है—

क्या कहिये कटी हयाते-फ़ानी कैसी
आयी थी बलाए-नागहानी कैसी
जीने के दिन थे और मरने की दुआएँ
एक मौत थी दोस्तो जवानी कैसी

—अब तुम यक़ीन न करो, तो इसकी क्या दवा है?

●

यूनिवर्सिटी खुलने के दिन आये, तो मन्ने ने देखा कि उसके हाथ में मुश्किल से पाँच सौ रुपये बच गये थे। पूरा साल सामने था, पढ़ाई का ख़र्च और बढ़ा हुआ घर का ख़र्च। बहनों की शादी के क़र्जे में भी अबकी कुछ अदा न किया गया था। कैसे चलेगा? घर और पढ़ाई के ख़र्च में से एक भी इससे चलना मुश्किल था। कैलसिया के यहाँ किसी भी हालत में अबकी न ठहरने का उसने निश्चय कर लिया था। उससे किसी प्रकार का भी लाभ उठाना मानवता से गिरने के बराबर था। वह पहले ही उसके सामने काफ़ी गिर चुका था, इसके आगे जाकर वह अपने समक्ष ही जानवर बन जायगा। उस भोले-भाले, असांसारिक, स्नेहालु जोड़े के प्रति उसके मन में जो श्रद्धा थी, उसे वह उनसे दूर रहकर ही बनाये रखना चाहता था। अपने स्वार्थी स्वभाव से अब वह परिचित हो चुका था, उनके पास जाकर अब वह उन्हें अधिक धोखा देना न चाहता था। उसका स्वास्थ्य अच्छा होता, तो ट्यूशनें करके भी वह अपना गुज़र कर लेता। यहाँ इतने आराम से रहने पर भी हफ़्ते में एक-दो बार दौरे की तरह उसकी हालत ख़राब हो जाती है, पेट फूल जाता है, देह लस्त पड़ जाती है, नींद हराम हो जाती है। कलकत्ता में जाने फिर पहले ही की हालत हो जाय। पानी वहाँ का ख़राब है ही। पास में काफ़ी रुपये रहते, तो आराम से वहाँ रहकर, दवा-दारू के साथ,

अपनी पढ़ाई पूरी कर लेता। अब क्या हो? महशर को भी उसके माँ-बाप के यहाँ भेजना उन पर कोई मामूली ज़ुल्म करना न था। पहले ही वह उनके साथ कम ज़लालत से पेश न आया था।

दो पाटों के बीच में पड़े गेहूँ की तरह उसकी हालत थी और पिस जाने के सिवा उसके सामने कोई चारा न था। घबरा-घबराकर वह कभी सोचता कि क्यों न कुछ खेत बेंच दे, आख़िर जमीन-जायदाद किसी वक़्त पर काम न आयेगी, तो क्या आक़बत में काम आयेगी? लोग सुनेंगे, तो ज़रा-सा शोर होगा कि यहाँ भी अब जायदाद पर हाथ लग गया! तो क्या हुआ? लोग तो उसके किसी काम आते नहीं। लोग तो दूसरों पर हँसने के लिए ही पैदा हुए हैं। उनकी हँसी की परवाह कोई कब तक करे और आख़िर करे ही क्यों? एक साल की बात है, वक़्त आ पड़ा है, कट जायगा, तो फिर देखा जायगा!...बाप-दादा की दी हुई जायदाद है, इसलिए इसमें हाथ न लगाना चाहिए, यह एक कोरी भावना है, एक रूढ़िग्रस्त विचार है, जिसके चक्कर में केवल मूर्ख लोग पड़े रहते हैं। क्या रखा है इन बातों में ? उसने एम० ए० कर लिया और कहीं अच्छी नौकरी मिल गयी, तो इससे कहीं बड़ी जायदाद वह खड़ी कर लेगा।... लेकिन इतना कुछ सोचने के बाद भी इस दिशा में क़दम बढ़ाने की उसकी हिम्मत न पड़ती। बाबू साहब के सामने इसकी बात उसके मुँह में आ-आकर रुक जाती।

कभी वह सोचता, क्यों न महशर को एक साल के लिए उसके माँ-बाप के पास छोड़ दे, जैसे इतनी ज़लालत की, थोड़ी और भी। महशर को समझा दे, ज़रूरत हो तो चलकर सास-ससुर से भी बातें कर ले। आख़िर रिश्तेदार हैं, उन्हें ज़रूरत पर मेरी मदद करनी ही चाहिए। लेकिन महशर से कभी यह बात कहने का साहस न होता। उसे डर लगता कि कहीं वह लनतरानियाँ न सुनाने लगे। सच तो यह है कि अभी तक उसने महशर से अपनी सही स्थिति के विषय में कोई बात ही न की थी। वह सोच ही न पाता था कि यह-सब जान-समझकर महशर की क्या हालत होगी और वह इन बातों को किस रूप में लेगी। अभी तक तो वह उसे एक ज़मींदार और मालदार आदमी ही समझती है।

यूनिवर्सिटी खुलने के दिन ज्यों-ज्यों नज़दीक आने लगे, मन्ने की हालत बिगड़ती गयी। मारे चिन्ता के उसका बुरा हाल था। न खाना अच्छा लगता, न पीना; न सोना, न बैठना। वह हर किसी से उखड़ा-उखड़ा रहता, सब पर चिड़चिड़ाता रहता, बात-बेबात पर बहनों को, महशर को डाँट बैठता। किसी की समझ में न आता कि उसे यह क्या हो गया है। ऐसा तो वह कभी भी न था। उसकी तबीयत ख़राब होती, तो वह चुपचाप पड़ जाता, न किसी से बोलता, न कराहता। लेकिन अब तो हमेशा जैसे खरबोट लेने के लिए तैयार बैठा रहता है।

एक दिन आधी से अधिक रात बीत गयी थी। महशर मन्ने के सिर में तेल की मालिश करते-करते थक गयी थी। उसकी आँखें रह-रहकर ढँप जाती थीं। बैठे-बैठे

कमर दु:ख रही थी। चलते-चलते हाथ थक गये थे। पाँवों में झिनझिनी हो रही थी। लेकिन मन्ने बस का नाम ही न ले रहा था, बल्कि आँखें मूँदे-मूँदे ही रह-रहकर कह उठता, ज़रा ज़ोर से दबाओ...आज तो मालूम होता है, तुम्हारे हाथों में दम ही नहीं है...मन न करता हो तो रहने दो...

महशर ख़ामोश थी। इधर के मन्ने के व्यवहार से वह कुछ फूली-फूली रहती थी, इस कारण, या कि उसकी कहानियों और बातों का खज़ाना चुक गया था, इस कारण, आज वह बस चुपचाप अपना काम करती जा रही थी और मन्ने की बेमतलब की बातें सहती जा रही थी और मन-ही-मन खुदा से मना रही थी कि यह रात ख़ैरियत से कट जाय!

लेकिन आख़िर उससे सहा न गया। मन्ने का टोकना ख़त्म न हुआ, तो वह भी झुँझलाकर बोल पड़ी—मुर्ग़ी जान से जाय और खानेवाले को मज़ा ही न मिले!

अब क्या था, मन्ने तुनक उठा—छोड़ दो मेरा सिर!—और उसने झटके से अपना सिर उसके हाथों में से खींच लिया।

—और क्या?—महशर भुनभुना उठी—यह क्यों नहीं कहते कि अब तुम्हें ही मुझसे मालिश कराना अच्छा नहीं लगता!...पुरानी हो गयी न मैं!...हाथ में दम ही नहीं!...मन नहीं करता!..कहाँ से दम लाऊँ?...और मेरे मन की भी कभी पूछने की तौफ़ीक़ होती है!—और उसने फिर मन्ने के सिर की ओर हाथ बढ़ाया।

लेकिन मन्ने ने फिर सिर दूसरी ओर कर लिया और चीख़ पड़ा—मत छुओ! जाकर चुपचाप सो जाओ! वर्ना...

—वर्ना क्या?—महशर भी भभक पड़ी—क्या तोप से उड़ा दोगे?

मन्ने को लगा, जैसे उसका सिर फटकर उड़ जायगा। उसके जी में आया कि वह क्या न कर बैठे कि तभी शम्मू ज़ोर से चीख़ मारकर रो उठी। भुनती हुई महशर उठकर उसे थपथपाने लगी। लेकिन बच्ची शायद डर गयी थी। उसका रोना बन्द ही न हो रहा था। महशर के मुँह से कोई बोली न निकल रही थी और न वह पुचकार ही पा रही थी, बस हाथ से थपके जा रही थी। देर तक शम्मू चुप न हुई, तो महशर उठकर रसोई में दूध लेने चली गयी, यह सोचकर कि शायद भूखी हो।

रसोई में कहतरी ख़ाली पड़ी थी। शम्मू की रुलाई की आवाज़ और तेज़ हो गयी थी। महशर ने बड़ी बहन को जगाकर पूछा—बूबू, कहतरी का दूध क्या हुआ? शम्मू भूख से रो रही है।

—मैंने तो चूल्हे पर ही रख दिया था। नहीं है क्या?

—वह तो सूखी पड़ी है।

—कहीं बिल्ली तो नहीं पी गयी?

तभी शम्मू ऐसे ज़ोर से चीख़ पड़ी, जैसे उस पर मार पड़ी हो। महशर लपककर आयी, तो सुना, मन्ने बच्ची पर हाथ उठाये चीख़ रहा था—चुप रह, कमबख़्त! वर्ना

तेरा गला दबा दूँगा!

—है-है! पागल हो गये हो क्या?—बच्ची को गोद में उठाकर महशर भी चीख़ उठी—नन्हीं-सी बच्ची पर हाथ उठाते तुम्हें शर्म न आयी?...यह क्या हो गया है तुम्हें आजकल? ऐसे तो तुम कभी न थे। दो दाना मेरा खाना नागवार गुज़रता है, तो साफ़ क्यों नहीं कह देते, मैं मैके चली जाऊँ...

—चली जाओ! कल जाना हो, तो आज ही चली जाओ! तुमने मेरी ज़िन्दगी हराम कर दी है!—गला फाड़कर बोलता हुआ मन्ने बिस्तर पर उठकर बैठ गया।

बड़ी बहन दरवाज़े पर आ खड़ी हुई। महशर की गोदी में बच्ची का रोते-रोते बुरा हाल हो रहा था। महशर भी फर्श पर बैठकर, दुपट्टे से सिर ढँककर रोने लगी। मन्ने दोनों हाथों से अपने बाल नोचने लगा।...वह जो कर बैठा था, उस पर ख़ुद ही हैरान था। ऐसी हरकत उसने कैसे कर डाली, ऐसी बातें उसके मुँह से कैसे निकल गयीं? या ख़ुदा! यह क्या हो गया!..

बड़ी बहन ने अन्दर आ बच्ची को अपनी गोद में ले लिया और कमरे से बाहर निकल गयी। मियाँ-बीवी के झगड़े के बीच से रोती हुई बच्ची को हटा लेने में ही वह ख़ैर समझती थी। और अधिक वह कर ही क्या सकती थी?

बच्ची के रोने और बड़ी बहन के पुचकारने और दुलारने की आवाज़ें थोड़ी देर तक आती रहीं। फिर ख़ामोशी में महशर के सिसकने, नाक छिनकने और मन्ने की गहरी-गहरी साँसें लेने की आवाज़ें बीच-बीच में बड़ी देर तक चलती रहीं।

मन्ने से बैठना मुश्किल हो गया, तो सिर थामे वह लेट गया। उसका दिमाग़ अब ठण्डा हो गया था और अपनी करनी पर उसे बेहद अफ़सोस हो रहा था। जिस बात की उसने कभी कल्पना भी न की थी, वही आज अचानक हो गयी थी। उसने कब सोचा था कि एक गँवार की तरह वह अपनी बीवी से इतने नीचे स्तर पर उतरकर झगड़ा कर बैठेगा और अपनी मासूम बच्ची पर हाथ छोड़ देगा।...उसका दिमाग़ क्या सच ही चल गया था? यह क्या होता जा रहा है उसे? उसकी आर्थिक स्थिति ख़राब है, तो उसकी ज़िम्मेदारी इस पराये घर की लड़की और इस बच्ची पर कहाँ से आती है ? यह मन्ने की ही तो पैदा की हुई परिस्थिति है। इसके लिए दूसरों पर झल्लाने, चिड़चिड़ाने और बरसने का क्या मतलब?....आख़िर इस तरह व्यवहार करने से ही तो उसकी समस्या हल नहीं हो सकती। इससे तो और पेचीदगियाँ पैदा हो जायेंगी, घर में कलह शुरू हो जायगी और ज़िन्दगी हराम हो जायगी!..पढ़-लिखकर और समझदार होकर भी वह ऐसा कर रहा है, छिः!...क्या वह अपनी मुश्किल प्यार से, ठण्डे दिल से, समझाकर महशर के सामने नहीं रह सकता? बेचारी उसकी इतनी ख़िदमत करती है, उसकी नींद सोती-जागती है, लेकिन कभी उफ़ नहीं करती और उसने आज उसके सब किये पर पानी फेर दिया! वह भी झुंझला न उठे, तो क्या करे? ख़ामख़ाह के लिए बात-बात में उलझना, हर बात में नुक़्स निकालना, कोई

कहाँ तक बरदाश्त करे?...मालूम होता है, बीमारी ने उसके दिल-दिमाग़ को कमज़ोर कर दिया है। पहले की तरह से अब विचार भी नहीं कर पाता और न कोई नतीजा ही निकाल पा रहा है। शायद वह कमज़ोर हो गया है, निकम्मा हो गया है। पहले की शक्ति और दृढ़ता और कोई भी काम कर गुज़रने का साहस अब न रहा, मुश्किलों को लाँघकर आगे बढ़ जाने का जोश जाता रहा। शायद अब वे दिन गये, जब वह यह शेर पढ़ता था—

यह सर जो सलामत है दीवार को देखूँगा...

कई बार मन्त्र की तरह-इस शेर का जाप करने के बाद वह बोला—महशर!...महशर, मुझे माफ़ कर दो!

महशर की सिसकी और तेज़ हो गयी। उसने नाक छिनककर, माथे पर दुपट्टा ठीक कर लिया।

हाथ लपकाकर मन्ने ने उसका कन्धा छुआ, तो वह बिचककर एक ओर खिसकती हुई बोली—मुझे हाथ मत लगाओ!

—मुझे माफ़ कर दो, महशर!—आर्द्र कण्ठ से मन्ने बोला—यह मेरी पहली ग़लती है। मैं माफ़ी के क़ाबिल हूँ। बीमार आदमी हूँ, चिड़चिड़ा हो गया हूँ। यक़ीन मानों, मुझे बेहद अफ़सोस है!

—मुझे अम्मा के पास पहुँचा दो!—तुनककर महशर बोली—यहाँ मैं भर पायी! आज तुमने मेरी बच्ची पर हाथ छोड़ा है, कल मुझ पर छोड़ोगे। मुझे क्या मालूम था, ऐसे मूज़ी के पाले पड़ूँगी! उतने दिनों तक कोई खोज-ख़बर न ली, बेचारे ग़रीब माँ-बाप के माथे मढ़कर दीन-दुनिया भुला बैठे, मैंने एक लफ़्ज़ न कहा। यहाँ तुम्हारी फ़िक्र और ख़िदमत में ख़ुद अपनी तन्दुरुस्ती गँवा बैठी, एक दिन को न जाना कि चैन की नींद क्या होती है, और तुम...—महशर बिलख-बिलखकर रो उठी।

—तुम बिलकुल ठीक कहती हो, महशर,—मन्ने सिर झुकाकर बोला—मुझे तुम्हारा शुक्रगुज़ार होना चाहिए!...यक़ीन मानो, अभी जो-कुछ हुआ है, दीदा-दानिश्ता नहीं हुआ है। तुम्हें सोचना चाहिए कि मैं एक अर्से से बीमार हूँ...

—बीमार हो तो क्या दुनिया को क़तल कर दोगे?—महशर बिफर उठी—मैं बीमार हूँ-मैं बीमार हूँ कहकर क्या कोई किसी पर इस तरह ज़ुल्म तोड़ता है? दुनिया में क्या एक तुम्हीं बीमार पड़े हो कि और कोई भी पड़ता है? हमने तो आज तक नहीं देखा कि कोई इस तरह करे!...साफ़ क्यों नहीं कहते कि मुझसे तुम्हारा मन भर गया है!

—नहीं-नहीं, महशर, यह बात नहीं है!—मन्ने सिर हिलाकर बोला—तुम पलँग पर आकर बैठ जाओ। मैं तुम्हें सब-कुछ बता दूँगा। तुम मेरी शरीक़े-ज़िन्दगी हो, पहले ही मुझे सब-कुछ तुम्हें बता देना चाहिए था। मैं बीमार ही नहीं हूँ, मैं बहुत

परेशान भी हूँ, महशर! मुझे तुम्हारी राय की ज़रूरत है, मदद की ज़रूरत है। मुझे यक़ीन है, मेरी बातें सुनकर तुम्हें मेरी परेशानी का अन्दाज़ा हो जायगा और तुम मुझे माफ़ ही न कर दोगी, बल्कि तुम्हें मुझ पर तरस भी आयेगा।—और झुककर महशर का हाथ पकड़कर मन्ने ने प्रार्थना के स्वर में कहा—आओ, हम एक-दूसरे को समझने की कोशिश करें। पूरी ज़िन्दगी हमें एक साथ रहना है। जाने अभी क्या-क्या सिर पर पड़े। अगर हमने एक-दूसरे को न समझा, तो एक-दूसरे की वजह से ही हमें तकलीफ़ भी हो सकती है। और सच पूछो, तो मुहब्बत नाम ही समझदारी का है, एक-दूसरे के जज़्बों की समझ के बिना मुहब्बत ख़ुद एक तकलीफ़देह चीज़ साबित हो सकती है। आओ, महशर!

महशर पिघल गयी। सारा ग़ुस्सा-गिला जाने कहाँ चला गया। वह सिर का दुपट्टा ठीक करती हुई पलँग पर सिर झुकाये बैठ गयी।

—महशर, ये बातें मैं तुम्हीं से कह सकता हूँ, सिर्फ़ तुम्हीं से और किसी से भी नहीं, अपनी बहनों से भी नहीं, क्योंकि तुम मेरी शरीक़ेहयात हो!—और मन्ने ने धीरे-धीरे समझा-समझाकर, विस्तार से अपनी आर्थिक स्थिति महशर के सामने रख दी। फिर ज़रा रुककर बोला—यह हालत है हमारी और दो मसले हमारे सामने हैं, एक घर का ख़र्च और दूसरा मेरी पढ़ाई का ख़र्च। ज़ाहिर है कि जो रक़म मेरे पास इस वक़्त है, उसमें एक भी ख़र्च अच्छी तरह नहीं चल सकता। बहनों की शादी में जो क़र्ज़ हुआ था, उसमें भी अभी कुछ भरना है। इसी वजह से आज कई दिनों से मैं बेहद परेशान हूँ। बीमारी की हालत में इस परेशानी ने मेरा दिमाग़ ख़राब कर दिया है, समझ में नहीं आता कि मैं क्या करूँ और मैं चिड़चिड़ा हो गया हूँ। अब तुम राय दो कि मैं क्या करूँ?

थोड़ी देर तक ख़ामोशी छायी रही। फिर महशर बोली—मेरे ज़िस्म पर थोड़े से गहने हैं, इन्हें ले जाकर बेंच दीजिये। और मैं क्या कह सकती हूँ।

मन्ने का दिल भर आया। त्यागमूर्त्ति महशर के क़दमों में सिर झुका देने को उसका जी हुआ। उसके ज़िस्म पर गहने ही कितने हैं! और महशर कहती है, इन्हें ले जाकर बेंच दो! हुँ:!—और मन्ने को अचानक कैलसिया की याद आ गयी। वह भी अपना सर्वस्व अब्बा के मक़बरे पर न्यौछावर कर देना चाहती है। इस माने में कैलसिया और महशर एक ही तत्त्व से निर्मित प्राणी हैं। क्या सभी स्त्रियाँ ऐसी ही होती हैं?.... उसने तो सोचा था, महशर यह सब जानेगी, तो दंग रह जायगी, उसके सब हौसले पस्त हो जायेंगे। महशर ने तो सोचा होगा, उसका मियाँ ज़मींदार है, उसके पास दौलत की क्या कमी? जब वह जानेगी कि यहाँ ठन-ठन गोपाल है, तो उसके दु:ख का ठिकाना न रहेगा!...लेकिन यहाँ तो जैसे उस पर कोई प्रभाव ही न पड़ा। जैसे एक क्षण में ही उसने जो जैसा है, उससे समझौता कर लिया हो। अद्‌भुत!

बोला—नहीं, महशर, मुझे ग़लत मत समझो। तुम्हारे पास है ही क्या, जिस पर मेरी नज़र पड़ेगी।....मैं तो सोचता था कि क्या यह मुमकिन नहीं कि आठ-दस महीनों के लिए और तुम अपने मैके चली जाओ?

—नहीं, ऐसा न कहिये!—महशर मर्माहत होकर बोली—इससे बड़ा ज़ुल्म उन पर कोई दूसरा नहीं हो सकता। जो शर्मिन्दगी मैंने उठायी है, उसका अन्दाज़ा आप नहीं लगा सकते!...फिर मेरे एक परानी के यहाँ से चले जाने से आपका कितना ख़र्च बच जायगा?

—महशर, यहाँ जो भी ख़र्च हो रहा है, सिर्फ़ तुम्हारी वजह से। वर्ना घर का पैदा किया हुआ अनाज ही यहाँ के ख़र्च के लिए काफ़ी होगा। कभी कोई चीज़ बाहर से मँगाने की ज़रूरत नहीं होगी, न घी-दूध, न गोश्त-सब्ज़ी...

—यह आप क्या कहते हैं?—हैरान होकर महशर बोली।

—बिलकुल सच कहता हूँ! हमेशा से ऐसा ही होता आया है। खर्चे के लिए कभी किसी को आज तक मैंने एक पैसा न दिया। घर का गेहूँ-धान है, अरहर-मटर है, आलू-प्याज़ है, और क्या चाहिए?

—ये लोग साल-भर यही खाते रहते हैं? मन नहीं ऊबता?

—यह कैसे कहा जा सकता है, लेकिन बहनें कोई शिकायत नहीं कर सकतीं। वे मेरी मर्ज़ी की ग़ुलाम हैं।

—मैं तो बिना गोश्त-सब्ज़ी के एक दिन भी नहीं खा सकती। मोटा चावल तो मेरे गले ही न उतरे। शुरू से ही हम अच्छा खाते-पहनते आये हैं।

—इसीलिए तो कहता हूँ। एक तुम्हारी वजह से पूरे घर का ख़र्चा बढ़ गया है। यह कैसे हो सकता है कि घर में एक तुम्हारे लिये आये और दूसरों के लिए...

थोड़ी देर के लिए ख़ामोशी छा गयी। फिर मन्ने ही बोला—क्या यह मुमकिन नहीं कि थोड़े दिनो के लिए और...

—नहीं-नहीं, यह बिलकुल नामुमकिन है!—महशर सिर हिलाकर बोली—यह हो सकता है कि मैं भी यहाँ सब लोगों की ही तरह रहूँ-सहूँ, लेकिन मेरा मैके जाना नहीं। हो सकता! मैं उन लोगों की हालत जानती हूँ। उन पर इस वक़्त एक चींटी का भी ख़र्च डालना गिराँ गुज़रेगा। इस साल नहीं, तो अगले साल बहन की शादी करनी होगी...

—तो फिर जाने दो। जो मुमकिन ही नहीं, उसके बारे में सोचना बेकार है।...जाओ, अब सो रहो।

इसके बाद मन्ने को महशर के विषय में निश्चित हो जाना चाहिए था, क्योंकि हर हालत में वह यहाँ रहने को तैयार थी, लेकिन जैसे यही बात मन्ने को और भी चोट कर गयी। महशर इस बात के लिए तैयार न होती, तो शायद वह उसे इस बात

के लिए मजबूर करता; लेकिन अब उसे कोई तकलीफ़ पहुँचाना मन्ने के लिए मुश्किल हो गया। जो इतना करने के लिए ख़ुद तैयार है, उसके प्रति क्या मन्ने का कोई फ़र्ज़ नहीं है? जिस समझदारी का उपदेश उसने स्वयं उसे दिया है, अब उसे समझकर भी ग़ैरसमझदारी का सबूत देना मन्ने के लिए आसान न था।

दूसरे दिन उसने बाबू साहब से सीधे कहा—यूनिवर्सिटी खुलने के दिन आ गये। मेरे पास रुपये नहीं हैं। मैं दो-चार बीघे खेत बेचना चाहता हूँ। आप क्या जल्दी ही किसी को तैयार कर सकते हैं?

बाबू साहब अचकचाकर उसकी ओर देखने लगे। थोड़ी देर तक उनके मुँह से कोई बात ही नहीं निकली। फिर जैसे बात का रुख़ बदलने के लिए वे बोल पड़े—कलकत्ते से अभी आपका पेट नहीं भरा? फिर वहीं जाने का नाम ले रहे हैं!

—जाना ही पड़ेगा, थोड़े दिनों की बात है, किसी तरह काट लूँगा, तो एक ग्रह तो कट जायगा!

—इस तरह ज़िन्दगी के पीछे आप हाथ धोकर क्यों पड़ गये हैं? ज़िन्दगी है, तो जहान है, साहब! आप अपनी हालत नहीं देखते?

—सब देखता-समझता हूँ, लेकिन मजबूरी है।

—क्या कहीं और नहीं पढ़ सकते?

—एक साल बर्बाद हो जायगा।

बात यहाँ आकर टूट गयी। लेकिन जैसे घबराकर बाबू साहब ने बिना कुछ समझे-बूझे एक कड़ी जोड़ दी—इतना तो आप पढ़ चुके, क्या और पढ़ना ज़रूरी ही है?

मन्ने उनकी बात समझ गया। बोला—हाँ, एक साल तक ज़रूरी ही है। मैंने आपसे जो कहा है, करा दीजिये।

—मेरे हाथ से यह नहीं हो सकता!—अपने पर बहुत ज़ोर देकर बाबू साहब कह ही गये—बाबू! एक ईंट खरकी नहीं कि सारी इमारत के ढहते देर नहीं लगती....

—आप भावुकता की बातें न करें, बाबू साहब,—मन्ने ज़रा परेशान होकर बोला—इस जगह-ज़मीन को कभी मैं भोगूँगा, ऐसा सपने में भी कभी मेरे ख़याल में न आया। एम० ए० पास करके मैं कोई-न-कोई नौकरी पकड़ लूँगा, फिर इस जगह ज़मीन की ओर मैं ताकूँगा भी नहीं। इस वक़्त एक मजबूरी आ गयी है, तो....

—सारे गाँव में ढोल बज जायगा...

—मुझे इसकी परवाह नहीं!

—फिर भी यह काम इतना आसान नहीं। आपको मालूम है, ताहिर मियाँ ने जुब्ली मियाँ से क्या कहलवाया है?

—क्या ?

—वे दुख्तरी के लिए आप पर मुक़द्दमा करनेवाले हैं, वे आपकी बहन का हिस्सा चाहते हैं। जैसे ही उन्हें पता लगेगा कि आपने खेत बेंचे हैं, मुमकिन है, वे उज़्रदारी करें और आपकी बेंचदारी कचहरी से रुकवा दें। नहीं, बाबू, आप इस तरह की बात मन में न लायें। आपकी तीन बहनें हैं, एक का भी हिसाब खुला, तो सब साफ़ ही समझिये।...आपको कितने रुपये की ज़रूरत है?

—कम-से-कम एक हज़ार की।

—अच्छा!—बाबू साहब ठण्डे होकर बोले—इन्तज़ाम तो हो सकता है, लेकिन...

—नहीं, मैं क़र्ज़ नहीं लूँगा! अभी पहला ही क़र्ज़...

—फिर क्या चारा है?—बाबू साहब हाथ मलते हुए बोले—मियाँ कैसा अच्छा इन्तज़ाम कर गये थे आपकी पढ़ाई के ख़र्च का! आपने उसे रद्द करके बड़ा ग़लत काम किया।

मन्ने ने एक नहीं, अनेक ग़लत काम किये हैं, बल्कि वह तो बाबू साहब से यह भी कहना चाहता था कि मियाँ ने उसे पैदा करके ही सबसे बड़ा ग़लत काम किया था। लेकिन उसने कुछ कहा नहीं। उसका दिमाग़ योंही बहुत ख़राब हो गया था। वह जानता था कि बाबू साहब ने वह बात क्यों कही। शायद वे उसे अयोग्य सिद्ध करना चाहते थे। उनके दिल में एक दिन जो काँटा चुभा था, शायद जीवन-भर न निकलेगा। लेकिन मन्ने दावे के साथ यह कह सकता है कि उसकी परिस्थिति में अगर कोई और पड़ा होता तो अब तक टूट गया होता।

उसकी जायदाद हमेशा एक छत की तरह उसके सिर पर साया किये रही थी। यह एक बहुत बड़ी सहारा थी। हमेशा एक इतमिनान तो बना रहता था कि ज़रूरत पड़ने पर वह काम आ सकती है; जब तक वह है; उसका कोई काम रुकेगा नहीं। लेकिन अब उसकी भी असलियत आँखों के सामने खुल गयी। वह अकेले उसी की नहीं है, उसमें तीन बहनों का हक़ भी शामिल है। वह उसमें से कुछ भी नहीं बेंच सकता।

उसका अन्तिम दाँव भी खाली चला गया। था। छत जैसे गिरकर उसे चकना चूर कर गयी थी। अब तक जो एक आशा बनी रही थी, वह भी समाप्त हो गयी। इस चक्रव्यूह से निकल पाना अब असम्भव था।

अब वह क्या करे? उसकी परेशानी की कोई हद न थी। रह-रहकर मन में यही आता कि या तो महशर को जिस हालत में वह है, छोड़कर चला जाय, या कैलसिया के यहाँ ही जाकर डेरा जमा दे। जो होगा, देखा जायगा!..लेकिन नहीं, इन दोनों में से एक भी काम वह नहीं कर सकता। न वह एक का रेशमी धागा तोड़ सकता है और न दूसरे के रेशमी धागे में बँध सकता है। कैलसिया! उसके सम्बन्ध को उसने

कितनी बेदर्दी से तोड़ा था, उसे याद है!...काश, उसका स्वास्थ्य ठीक होता, काश, ट्यूशनें कर सकता!

और मन्ने के हठी स्वभाव ने एक बार और ज़ोर मारा। और जैसे आँधी बादल को उड़ा ले जाती है, उसकी परेशानियाँ एक क्षण में दूर हो गयीं। उसने एकबारगी यह निश्चय कर लिया कि फ़िलहाल वह पढ़ाई स्थगित कर देगा।

स्थिति को स्वीकार करके भी उसके हाथों अपने को सौंप देनेवाला इन्सान मन्ने न था। उसे धता बताकर वह आगे निकल जाने की चिन्ता में लग गया। उसने असामियों से पचीस बीघे खेत निकालकर घर की खेती बढ़ाने की योजना तैयार कर ली।

जिसने सुना, उसी ने कहा—इस देह से खेती होगी?

उसने कहा—क्यों? यह देह क्या देह नहीं है? और फिर मेरे पास तो दिमाग़ भी है!

और सच ही खेतों पर वह जाने लगा, तो लोग उसे देखते और उनके मुँह से आप ही निकल जाता—पढ़े फ़ारसी बेंचे तेल, देखो जी कुदरत का खेल!

जान-बूझकर लोग खेत पर ही उससे मिलने जाते और उसे उसकी स्थिति का बोध कराने का अप्रत्यक्ष रूप से प्रयास करते।

जुब्ली मुस्कराता—चढ़े बेटा रन पर! आटे-दाल का भाव अब मालूम हो जायगा। चले थे अफ़सर बनने!

कैलास हँसकर दाँत दिखाता—अरे मोली साहब! आप पढ़ाई क्यों रोक दिये? आख़िर यही करना था, तो बेफ़जूल इतना समय और रुपया बरबाद किये।

किसान कहते—अरे सरकार! आप यहाँ का करने आते हैं? चलिये-चलिये, आप आराम से पलँग पर बैठिये। ई देह भला धूल-माटी के लिए है! आप ही ये-सब करेंगे, तो आपके आदमी-जन किस काम आयेंगे!

मन्ने सबको देखता, सबकी सुनता और हँसकर टाल देता। वह अपने आदमीजनों के साथ माटे की तरह चिपटा रहता। और थोड़े ही दिनों में उसका काम देखकर लोग दाँतों-तले अँगुली दबाने लगे, यह तो सच ही किसानों के कान काटकर रख देगा!

आँख मूँदकर, भूत की तरह, चुनौती के रूप में काम करने का परिणाम मन्ने के लिए अच्छा ही हुआ। उसने दिल-दिमाग़ को एक काम मिल गया। उसकी बीमारी जाने कहाँ भाग गयी। वह ख़ूब खाने और पचाने लगा। थकान से चूर होकर वह बिस्तर पर पड़ता, तो मिनटों में ही फों-फों करने लगता।

हाँ, महशर उसे देखकर ज़रूर नाक-भौं सिकोड़ती। पहले ही उसके कपड़ों पर वह नाख़ुश रहती थी। अब धूल-गर्द और पसीने से भींगे उसके कपड़ों का बुरा हाल

होता। कभी-कभी सो महशर छि:-छि: भी कर उठती और उसे डाँटने से भी बाज़ न आती। लेकिन मन्ने हँसता रहता, उसकी किसी बात को कान न देता। उसे अपनी धुन के आगे जैसे किसी की कुछ भी सुनने-समझने की फ़ुरसत ही न हो।

मन्ने को विश्वास था कि अगर उसकी योजना के अनुसार पैदावार हो गयी, तो घर-ख़र्चे के अतिरिक्त इतनी रक़म का अनाज बेंच सकेगा कि घर का ऊपरी ख़र्च उससे आसानी से चल जायगा और लगान-वसूली की पूरी-की-पूरी रक़म वह अगले साल के लिए बचा लेगा।

बोनी ख़त्म हुई, तो उसे कुछ दिनों के लिए फ़ुरसत मिल गयी। सिर से काम का भूत उतरा नहीं कि उसके दिमाग़ में फिर खुजली शुरू हो गयी। बेकार बैठना उसके लिए मुश्किल हो गया और वह सोचने लगा कि इस बीच और कोई काम करे तो कैसा? पहले कभी अख़बार के वाण्टेड के कालमों पर वह भूले से भी नज़र न डालता था, लेकिन अब उन कालमों को देखना भी उसके लिए एक आवश्यक कार्य हो गया। वह हफ़्ते में एकाध अर्ज़ियाँ भी उड़ाने लगा। नतीज़ा यह हुआ कि एक जगह से उसके लिए इण्टरव्यू का बुलावा आ गया। अस्थाई तीन-चार महीने के लिए केन-इन्स्पेक्टरी की कई जगहें थीं। योग्यता किसी भी यूनिवर्सिटी की डिग्री थी और तरजीह किसानों के लड़कों को दी जानेवाली थी।

बिना किसी से कुछ बताये वह लखनऊ के लिए रवाना हो गया। इण्टरव्यू से लौटने के बाद उसे बड़ी ख़ुशी हुई कि इन चन्द महीनों के किसानी के काम के अनुभवों ने उसे उबार लिया। उसे पूरा विश्वास था कि वह अवश्य चुन लिया जायगा।

और सच ही दो हफ़्ते के अन्दर उसका नियुक्ति-पत्र आ गया। पाँच चीनी मिलों का वह केन-इन्स्पेक्टर बन गया। वेतन डेढ़ सौ मासिक और तीन रुपये रोज़ यात्रा का भत्ता। मन्ने की ख़ुशी का ठिकाना न रहा। जो वह चाहता था, वही हो गया।

उसने यह ख़ुशख़बरी महशर को सुनायी, तो मारे ख़ुशी के वह उछल पड़ी। बोली—अच्छा हुआ गोरखपुर से इलाक़े में ही मुक़र्ररी हुई! हमें भी साथ ले चलोगे न?

मन्ने की इस योजना में महशर के लिए कहीं जगह न थी। उसने तो अपना हिसाब लगा लिया था कि भत्ते के अन्दर अपना ख़र्च निकाल लेंगे और पूरी तनख़ाह बचा लेंगे। इस तरह अगले साल की उसकी पढ़ाई पक्की हो जायगी। बोला—पहले जाकर देख तो लूँ कि क्या काम करना है। फिर तुम्हारे बारे में तय किया जायगा।

—तब तक हमें मैके ही लेते चलो। न होगा, वहीं आते रहना। रामकोला वहाँ से दूर ही कितना है!—महशर ने आगे का रास्ता बनाने के लिए कहा।

—नहीं, अभी तुम यहीं रहोगी। पहली तनख़ाह मिलने के बाद देखा जायगा।—और मन्ने अपने क्षेत्र के लिए रवाना हो गया।

तीन मिल दो दिन पहले चालू हो गये थे और दो के चालू होने में एक हफ़्ते की देर थी। मन्ने ने काम पर हाज़िर होने की रिपोर्ट अपने विभाग को भेज दी और काम शुरू कर दिया।

मुख्य रूप से उसका काम यह देखना था कि ईख की तौल और उसके दाम के विषय में मिलों की ओर से किसानों पर कोई अन्याय न हो। मिलों के काँटे दुरुस्त हों, ईख की निश्चित सरकारी दर से किसानों को मूल्य मिले, उनके पुर्ज़ों पर वज़न ठीक-ठीक टाँका जाय और उनके हिसाब के भुगतान में देर न हो। कोई भी किसान कोई शिकायत करे, तो उसकी वह जाँच करे और तुरन्त अपनी रिपोर्ट विभाग को भेजे। हर मिल की हफ़्तवारी ख़रीद की रिपोर्ट भी भेजनी थी।

देखा जाय, तो मुख्यतः उसका काम किसानों में ही था। लेकिन उसके आश्चर्य का ठिकाना न रहा, जब पहले ही दिन सुबह पहले ही मिल के काँटे पर वह पहुँचा और काँटेदार को अपना परिचय दिया, तो वह लपककर गया और मैनेजर को बुला लाया। और मैनेजर ने उसे सलाम किया, उससे हाथ मिलाया और उसका हाथ पकड़े हुए ही अपने दफ्तर में जा पहुँचा। वहाँ उसे कुर्सी पर बैठाते हुए बोला—आप वहाँ सुबह-ही-सुबह धूल-गर्द में जाकर क्या खड़े हो गये? यहाँ तशरीफ़ रखिये! आप शायद नये-नये आये हैं?—और वह उसके सामने अपनी कुर्सी पर बैठ गया।

मन्ने अचकचाकर बोला—जी हाँ, नया ही हूँ। लेकिन मेरा काम तो...

—हमें आपका काम अच्छी तरह मालूम है। उसके बारे में आपको परेशान होने की कोई ज़रूरत नहीं!—और मेज़ पर रखी घण्टी की घुण्डी उसने दबा दी।

टनन्-टनन् की आवाज़ हुई और तुरन्त एक आदमी आ हाज़िर हुआ। मैनेजर उससे बोला—आमलेट, टोस्ट और चाय लाओ साहब के लिए!

—मैं तो नाश्ता करके आया हूँ!—हैरानी से मैनेजर की ओर देखते हुए मन्ने बोला।

—क्या नाश्ता करके आये हैं? यह भी कोई जगह है, जहाँ क़ायदे का नाश्ता-चाय मिल सके?—मैनेजर आँखें सिकोड़कर बोला! फिर चिकने स्वर में उसके हाथ पर हाथ धरके कहा—आप हमारे अफ़सर ही नहीं, मेहमान भी हैं। हमें अपना फ़र्ज़ अदा करने दीजिये!

—लेकिन मेरा फ़र्ज...—एक नादान लड़के की तरह जैसे कुछ भी न समझकर मन्ने अपनी बात भी पूरी न कर सका।

—उसे भी पूरा करने में हम आपकी पूरी-पूरी मदद करेंगे। आप नये-नये आये हैं, समझ तो लीजिये कि हमारा फ़र्ज क्या है और आपका फ़र्ज क्या है!—मैनेजर ने मेज की दराज खोलकर, चमचमाता हुआ सिगरेट-केस निकालकर फट-से उसे खोला और मन्ने के आगे करता हुआ बोला—सिगरेट लीजिये!

मन्ने ने उसकी ओर देखते हुए सिगरेट निकाला और होंठों में दबा लिया, तो उसने भी एक सिगरेट अपने मुँह से लगाकर खट-से सिगरेट-केस बन्द किया और उसे मेज़ पर मन्ने के सामने ही रख दिया। फिर दराज़ से लाइटर निकाल, बत्ती जला पहले मन्ने के सिगरेट को दिखायी, फिर अपना सिगरेट जलाकर बोला—कहाँ के रहनेवाले हैं आप?

मन्ने का मुँह एक ख़ुशगवार ख़ुशबू और स्वाद से भर गया था। सिगरेट को देखते हुए उसने अपने ज़िले का नाम बताया। बहुत ही उम्दा सिगरेट था। उसने कभी कैंची के आगे का कोई सिगरेट न चखा था, वह भी मुन्नी की बदौलत। उसकी साँस जैसे मुअत्तर हो रही थी और दिमाग़ को एक अजीब प्यारी कैफ़ियत महसूस हो रही थी।

—बाल-बच्चे हैं?

—जी।

—इसी साल पढ़ाई पूरी की है?

मन्ने का सारा मज़ा जैसे किरकिरा हो गया। मुँह का धुआँ सहसा कड़वा हो उठा। सिर झुकाकर बोला—एम० ए० का फ़ाइनल अभी करना है।

—तो फ़ाइनल छोड़कर आप इस नौकरी पर चले आये हैं?—आश्चर्य दर्शाते हुए मैनेजर बोला।

उसी प्रकार सिर झुकाये हुए मन्ने बोला—जी।

—ऐसी वक़्ती, मामूली नौकरी के लिए आपने एक साल बरबाद क्यों किया?—मैनेजर ने जैसे उसके मामले में दिलचस्पी दिखाते हुए पूछा—ऐसी क्या परेशानी थी?

तभी आदमी ट्रे में नाश्ता लिये आ पहुँचा! मन्ने को जैसे एक संकट से मुक्ति मिल गयी।

मैनेजर ने उठते हुए कहा—उस मेज़ पर चलने की मेहरबानी कीजिये!

मन्ने का मन कुछ भी खाने-पीने को न हो रहा था। बोला—आपने नाहक़....

—अरे साहब! एकाध दिन की बात होती, तो आपका यह तकल्लुफ़ अच्छा भी लगता। लेकिन यहाँ तो कई महीने आपको हमारे साथ उठना-बैठना, खाना-पीना और तफ़रीह-सैर करना है, कब तक आप तकल्लुफ़ करेंगे? चलिये, शुरू कीजिये!—कहकर मैनेजर ख़ुद चाय बनाने लगा।

मन्ने बेमन का खाने लगा, तो मैनेजर बोला—आप अपना हेड क्वार्टर कहाँ रखेंगे?—फिर आप ही बोला—हमारे यहाँ बनायें, तो बहुत अच्छा। मेरे साथ चलकर, अपनी पसन्द का कोई क्वार्टर चुन लें और जो फ़र्नीचर, सामान वग़ैरा कहें, मैं पहुँचवा दूँगा। जब तक आपके बाल-बच्चे नहीं आ जाते, आप हमारे कैण्टीन से खाना भी खा सकते हैं। इतनी कम तनख़ाह में आपका गुज़र कैसे होगा? जबसे लड़ाई

शुरू हुई है, पैसे की कोई क़ीमत थोड़े रह गयी है!

मन्ने कुछ न बोला, तो फिर मैनेजर ही बोला—आपने और किसी को तो ज़बान नहीं दी है?

—नहीं, अभी तो पहले-पहल आपके यहाँ आया हूँ!

—तब तो बहुत ठीक! आप हमारे ही यहाँ हेड क्वार्टर रखें। आपको यहाँ सब सहूलियतें रहेंगी।—मैनेजर की आवाज़ सहसा धीमी हो गयी—आप पहले-पहल हमारे यहाँ आये, यह बहुत अच्छा किया, वर्ना आपको नया जानकर लोग आपसे दस्तूरी की भी बात छुपा जाते।

मन्ने ने चौकन्ना होकर उसकी ओर देखा। मैनेजर के पतले, छोटे, गोरे चेहरे पर एक रहस्यमय मुस्कान खेल रही थी, छोटी-छोटी, तेज़ चमकीली आँखें थोड़ी ढँप गयी थीं, अँगुलियों से पतली गर्दन में भारी लगनेवाली टाई की गाँठ ज़रा इधर-उधर करते हुए वही बोला—ऐसे आप क्या देख रहे हैं? आप मुसीबत के मारे पढ़ाई तोड़कर आये हैं, इसलिए मैं आपका यह फ़र्ज़ समझता हूँ कि आपकी जो भी मदद हो सके, करूँ। आपको क्या मालूम होगा कि यहाँ का दस्तूर है कि इन्स्पेक्टर को फ़ी मिल हर महीने सौ रुपये और एक बोरा चीनी मिलती है!

मन्ने कें रोंगटे खड़े हो गये, हर्ष से, विस्मय से अथवा भय से, ठीक-ठीक वह नहीं समझ पा रहा था। वह विक्षिप्त की तरह मैनेजर का मुँह तकने लगा।

—इस तरह आप क्या देख रहे हैं?—भौहें चमकाकर मैनेजर बोला—ख़ुदा का शुक्र अदा कीजिये कि पहले-पहल आप हमारे यहाँ आये, वर्ना किसको अपना रुपया भारी होता है!..चलिये, उठिये, अब मैं आपको क्वार्टर दिखा लाऊँ!

मन्ने की हालत इस समय ठीक न थी। एक क्षण को लगता कि उसके दिल में मूसलों ढोल बज रहा है और दूसरे क्षण उसे लगता कि वह अनैतिकता और अपराध के गर्त में गिरा जा रहा है और उसकी आत्मा आर्त्तनाद कर रही है। वह काँपते हुए स्वर में बोला—इस वक़्त मुझे माफ़ करें!

—क्यों?—जैसे चकित होकर मैनेजर बोला—रात को आप कहाँ ठहरेंगे? इधर आपकी कोई रिश्तेदारी भी तो नहीं होगी। आपका सामान कहाँ है?

—मेरे पास सामान ही क्या है, एक बिस्तर और एक सूटकेस,—मन्ने वैसे ही स्वर में बोला—वेटिंग रूम....

मैनेजर का हाथ तुरन्त घण्टी पर पहुँच गया और मन्ने की शेष बात टुनटुनाहट में गुम हो गयी। आदमी आया, तो मैनेजर बोला—अभी स्टेशन जाओ! वेटिंग रूम में साहब का बिस्तर और सूटकेस है, बाबू से बोलकर मेरे बँगले पर पहुँचाओ!

मन्ने रोके-रोके कि आदमी बाहर चला गया।

मैनेजर उसका हाथ पकड़ते हुए बोला—माफ़ कीजियेगा, अजीब आदमी मालूम होते हैं आप! हमारे रहते आप वेटिंग रूम में सोयेंगे? चलिये-चलिये, मैं आनन-फानन में आपका क्वार्टर ठीक करा देता हूँ!—और वह मन्ने को क़रीब-क़रीब घसीटते हुए अपने कमरे से बाहर हो गया।

मन्ने दिन-भर खोया-खोया रहा। मैनेजर ने एक क्षण को भी उसका साथ न छोड़ा और उसी बीच में उसने उसे सारे सबक़ दे डाले। रात को खाना खाने के बाद मैनेजर ख़ुद उसे उसके क्वार्टर में छोड़ गया। एक कमरे में पलँग पर ठाटदार बिस्तर लगा था। कोने में मेज़ पर ख़ूबसूरत टेबुल-लैम्प हरी छतरी ओढ़े खड़ा था। पलँग के पास तिपाई पर कैप्सटन का टिन, उस पर दियासलाई, शीशे की ढँकी हुई सुराही में पानी और उसकी बग़ल में गिलास रखा था।

मन्ने पलँग पर बैठा, तो उसकी दृष्टि सामने दीवार से सटाकर फ़र्श पर रखे अपने छोटे-से बिस्तर और सूटकेस पर पड़ी और सहसा ही उसे लगा कि इस कमरे में वे बिलकुल अनाथ-से पड़े हैं और उसकी ओर दयनीय दृष्टि से देख रहे हैं। मन्ने के मन में आया कि वह उस पलँग से उतर जाय और अपना बिस्तर-सूटकेस उठाकर वहाँ से भाग खड़ा हो।

वह पलँग से उतरकर, दरवाज़े पर आ बाहर झाँकने लगा। चारों ओर सन्नाटा और गहरा अन्धकार छाया था। सर्द हवा का झोंका उसकी नाक और मुँह में ऐसा लगा, जैसे उसने अभी-अभी चीनी का शरबत पिया हो। उसे ठीक से अभी यहाँ के माहौल का भी ज्ञान न था। मैनेजर के साथ वह यहाँ दो बार आया था, लेकिन वह अपने मन के द्वन्द्व में ही इस प्रकार उलझा था कि उसे यह देखने का अवकाश ही नहीं मिला था कि वह किस दिशा में आ-जा रहा है। अग़ल-बग़ल में क्वार्टर अभी खाली है, धीरे-धीरे सब भर जायेंगे, मैनेजर कहता था कि यह जगह काफ़ी गुलज़ार हो जायगी, इधर सिर्फ़ अफ़सर रहेंगे।

हवा बेहद ठण्डी थी।...मन्ने को अचानक ही लगा कि बच्चों की तरह वह क्यों परेशान हो रहा है? इस क्वार्टर में रहने और इस पलँग पर सोने से ही क्या उसकी आत्मा दूषित हो जायगी? रात काटने की बात है, वेटिंग रूम न सही, यहाँ सही।...लेकिन दरवाज़ा बन्द करने लगा, तो उसके हाथ काँप गये जैसे वह स्वयं अपने को कारागार में बन्द कर रहा हो!

वह फिर पलँग पर आकर बैठा, तो उसकी दृष्टि फिर बिस्तर-सूटकेस पर पड़ गयी और उसके जी में आया कि क्यों न वह अपना ही बिस्तर फ़र्श पर बिछाकर सो जाय। और यों ही उसने पलँग के बिस्तर को देखा और उसे हाथ से सहलाने लगा। उसके मुक़ाबिले में उसकी दरी-चादर क्या थी?...वह दिल-दिमाग़ और शरीर से बेहद थका था, उसे इस समय सच ही नर्म-गर्म बिस्तर की ज़रूरत थी। और उसके

ख़याल में आप ही यह बात आयी कि इस पलँग और उम्दा बिस्तर के रहते फ़र्श पर दरी-चादर बिछाकर सोना केवल मूर्खता है। इस पर सोने से उसकी देह में क्या लग जायगा, जो वह इस तरह की फ़जूल बातें सोच रहा है?

वह लेट गया और मखमली लेहाफ़ पैताने से खींचने ही वाला था कि आप ही फिर उसकी निगाह अपने बिस्तर पर जा पड़ी। उस बिस्तर में भी एक रज़ाई है, जो चार जाड़ों से उसकी रक्षा करती आयी है और इस समय उसे लगा कि वह रज़ाई स्वयं दरी-चादर के अन्दर ठिठुर रही है और सिसक-सिसककर कह रही है कि, तुम बड़े आदमी हो गये हो तो क्या इसका यह मतलब है कि अपने दुर्दिन के साथी को यों जाड़े-पले में छोड़ दो?...

ये ऐसे बचकाने भाव क्यों उसके मस्तिष्क में बार-बार आ रहे हैं?...वह जैसे झुँझलाकर उठा और उसने बिस्तर को उठाकर सिरहाने की ओर दीवार में लगी बड़ी आलमारी में रख दिया। जब वह पलटा तो उसकी साँस इतने ही से फूलने लगी और उसे लगा कि जैसे उसने अपने व्यक्तित्व को ही आलमारी में बन्द कर दिया हो।

वह सिर थामकर पलँग पर बैठ गया। क्या वह सच ही इस जाल में फँसा जा रहा है? क्या सच ही उसके मन के किसी अंश ने इस स्थिति के किसी अंश को स्वीकार कर लिया है? ऐसा नहीं होता तो वह इस क्वार्टर में क्यों आता, इस पलँग पर क्यों सोता?...उसने मैनेजर से साफ़-साफ़ क्यों नहीं कह दिया कि उसे अपनी तनख़ाह के सिवा और कुछ नहीं चाहिए, उसे क्वार्टर की कोई ज़रूरत नहीं, वह जहाँ चाहे रहेगा और अपना फ़र्ज़ सच्चाई से पूरा करेगा, वह अपने फ़ायदे के लिए किसानों का गला नहीं रेत सकता..उसे ख़ुद भी किसानों की मेहनत का कुछ अनुभव है, वह किसानों के पसीनों की कमाई को आँखें मूँदकर अपने ही सामने नहीं लुटने देगा...वह ईमानदार आदमी है, हराम की कमाई वह नहीं चाहता...जिस काम के लिए वह रखा गया है, वह काम वह अवश्य करेगा, किसानों की लूट जो मिलों में होती है, वह उससे उन्हें बचायेगा...वह सिर्फ़ एक सीजन के लिए काम करने आया है, वह भी इसलिए कि उसे अपनी पढ़ाई पूरी करनी है, जो तनख़ाह मिलेगी, उसी से उसका काम सध जायगा, उसे ज्यादा नहीं चाहिए...और चाहिए भी तो उससे क्या होता है, वह इस तरह ईमान बेंचकर, दूसरों को लुटवाकर एक पैसा भी पैदा करना हराम समझता है...वह इस तरह का आदमी नहीं...वह ऊँचे ख़यालों का आदमी है, वह भ्रष्टाचार से नफ़रत करता है... हाँ, क्यों नहीं उसने यह सब मैनेजर से कह दिया? वह क्यों चुपचाप उसकी दाँव-पेंच की बातें सुनता रहा और जो वह कहता गया, वैसा करता गया और इस समय...

इसीलिए न कि उसमें साफ़-साफ़ यह-सब कहने का साहस न था और वह सोचता रहा था कि इतमिनान से विचारकर, सोच-समझकर वह किसी नतीजे पर पहुँचेगा?... भला इसमें सोचने-समझने की क्या बात है?...मैनेजर की बातें क्या इतनी

जटिल थीं? नहीं, जटिलता तो उसके मन में ही है। कदाचित् वह ख़ुश भी हुआ था कि कैसा अच्छा अवसर उसके हाथ लग गया! चार महीने भी सीज़न चल गया, तो आसानी से चार हज़ार रुपये जमा हो जायेंगे, इतने में तो पढ़ाई का ख़र्चा ही क्या, बहन की शादी भी...

हाँ, बहन की शादी की भी समस्या है। पहले उसने सोचा था कि न होगा, कुछ ख़ेत ही बेंचकर बहन की शादी कर देंगे, लेकिन ख़ेत वह बेंच नहीं सकता। एक साल यों ही ख़राब हो गया। एक साल अभी और पढ़ाई में लगेगा। उसके बाद जाने कब नौकरी मिलेगी, कैसी नौकरी मिलेगी और कब रुपया जमा होगा और कब वह बहन की शादी करने के क़ाबिल होगा...नहीं, इतना इन्तज़ार कैसे किया जा सकता है? बहन सयानी हो गयी है...

फिर उसने किसी के सामने हाथ तो फैलाया नहीं, मुँह खोलकर तो किसी से कुछ माँगा नहीं। अब कोई ख़ुद ही उसके हाथ में पकड़ा दे, तो इसमें उसका क्या दोष?.. दोष है क्यों नहीं? जिस काम के लिए सरकार ने उसे रखा है, उसे तनख़ाह देगी, उस काम का क्या होगा? उसके कर्त्तव्यों का क्या होगा? किसानों के अधिकारों की सुरक्षा का क्या होगा?....होगा क्या? वह मैनेजर कमबख़्त तो कह रहा था कि वे केन-इन्स्पेक्टर को, लेबर इन्स्पेक्टर को...फैक्टरी इन्स्पेक्टर को, इसको-उसको यों ही पैसे बाँटते हैं, वर्ना किसी को न भी दें, तो कौन उनका क्या बिगाड़ सकता है ? हम जो चाहेंगे वही होगा, कोई चौबीसों घण्टे तो सिर पर सवार रहेगा नहीं और फिर कितने ही हथकण्डे हैं, जिनका किसी के फ़रिश्तों को भी कोई पता न चले!..फिर?..फिर? मन्ने अपनी दस्तूरी न लेकर ही किसानों का क्या भला कर लेगा?...कर सके, या न कर सके, यह तो बात ही दूसरी है, सवाल तो अपना कर्त्तव्य पालन करने का है!.. ऐसा करने से कम-से-कम आदमी अपने सामने तो दोषी न होगा, कम-से-कम उसे सन्तोष तो रहेगा कि वह अपना कर्त्तव्य पूरा कर रहा है?..अजीब बात है...अपने सन्तोष का भाव, जिसका कोई प्रतिफल ही न हो...अद्भुत है यह कर्त्तव्य-पालन की बात, जिससे किसी का कोई लाभ न हो, न अपना, न दूसरों का। हुँ:! सन्तोष और कर्त्तव्य-पालन! भला इस स्थिति में इनके क्या अर्थ हुए? यह तो कोरी भावुकता है!...इससे अच्छा क्या यह नहीं है कि जब जैसा होना है, हर हालत में वही होगा, तो आप ही जो लाभ उसे मिल रहा है, उसे एक आसमानी चीज़ समझकर स्वीकार कर ले?

मन्ने को बड़ा आश्चर्य हुआ कि दिन-भर जिस बात को लेकर वह कठिन परीक्षा में पड़ा रहा था, घोर संघर्ष में जकड़ा रहा था, उससे इतनी सरलता से वह मुक्त हो गया!...ख़ामख़ाह के लिए वह इतना व्याकुल हुआ। उसे ख़ुशी हुई कि यह अच्छा ही हुआ कि उसने मैनेजर से कुछ भी न कहा। अगर भावावेश में उसने कुछ कह दिया होता, तो सच ही सब गुड़ गोबर हो गया होता। एक सुअवसर मिला है, तो क्यों

न उससे लाभ उठाकर ज़िन्दगी की कुछ मुश्किलें हल कर ली जायँ। चार महीने का ही तो सवाल है, इससे कौन सारी ज़िन्दगी पर कालिख पुतने जा रही है।

वह सिर से हाथों को हटाकर योंही उन्हें उलट-पलटकर देखने लगा। जब से वह बीमार पड़ा था, उसकी यह एक आदत-सी हो गयी थी। किसी परेशानी या चिन्ता में पड़ता, तो बार-बार हाथों को उलट-पलटकर वह देखने लगता, जैसे उन्हीं की लकीरों में उसकी मुश्किलों का हल हो। अचानक हाथ के निशान पर उसकी नज़र पड़ी, तो उसे मुन्नी की याद आ गयी और साथ ही उसके दिमाग़ में यह सवाल चमक गया कि मुन्नी जब उसकी हराम की कमाई की बात सुनेगा, तो क्या कहेगा? और वह फिर व्याकुल हो उठा, जैसे अब तक की सारी सोच-समझ पर इस सवाल ने पानी फेर दिया हो।

वह फिर पलँग से उतर गया और दोनों हाथ पीछे बाँधकर टहलने लगा। ग़रीब मुन्नी, तीस रुपये तनख़ाह पाता है, जाने कैसे उसने महशर को सौ रुपये भेजे! उसका रुपया अभी तक उसने नहीं लौटाया। कहीं किसी से उधार-पैसा लेकर उसने न भेजा हो। किसी पत्र में कभी उस रुपये का ज़िक्र तक न किया, लेकिन क्या मन्ने का यह फ़र्ज़ नहीं कि उसके रुपये लौटा दे? उसकी हालत तो मुन्नी से अच्छी ही कही जायगी। लेकिन जहाँ उसने महशर की कोई ख़बर न ली, मुन्नी ने उसे सौ रुपये भी भेजे! उसके इन रुपयों की बड़ी क़ीमत है! कितना जी चाहता है कि कभी उसके लिए कुछ किया जाय, गोकि वह कभी इसका रवादार न रहा, कभी यह शिकायत न की कि उसे किसी चीज़ की कमी पड़ती है। जिस हालत में भी वह है, उसी में ख़ुश है, जैसे उसे कुछ चाहिए ही नहीं।...क्या कहा था उसने नौकरी पर जाते समय?....उसके लिए नौकरी का मतलब सिर्फ़ पेट चलाने से है, और कुछ नहीं। जनता की सेवा ही जीवन का मुख्य उद्देश्य है। जीवन का यह कितना बड़ा आदर्श है!...और उसे भी एक नौकरी मिली है..छोटी-मुके ग़ाजी मियाँ एतहत पूँछ! तनख़ाह डेढ़ सौ और ऊपर की आमदनी सात सौ!...लेकिन यह आमदनी किस मूल्य पर है? जनता के हितों को नज़रन्दाज करने के लिए ही तो उसे भारी रिश्वत मिलेगी। सरकार ने उसे किसानों के हितों की रक्षा के लिए यह नौकरी दी है। अगर वह सच्चाई से अपना काम करता, तो किसानों की कितनी बड़ी सेवा होती, उनको कितना लाभ पहुँचता। तब शायद उसकी नौकरी का भी महत्त्व मुन्नी की नौकरी से कम न होता। वह भी मुन्नी से कहता कि वह भी अच्छी तरह से पेट पालता है, साथ ही किसानों की सेवा करता है। दुनिया की कोई भी नौकरी दरअसल ऐसी ही होती है, उसमें जनता की सेवा किसी-न-किसी प्रकार करने का सुयोग अवश्य मिलता है, लेकिन आदमी स्वयं ही उसे दूषित कर देता है, अपने-स्वार्थ के लिए जनता के हितों को क़ुरबान कर देता है और तब नौकरी का अर्थ केवल स्वार्थ-सिद्धि, अपना उल्लू सीधा करना रह जाता है। उसकी भी नौकरी ऐसी ही हो जायगी। वह ऐसा चाहता नहीं, लेकिन वह क्या कर सकता है।

उसकी परिस्थितियाँ ही ऐसी हैं कि यह नौकरी छोड़कर वह जा नहीं सकता और जब जा नहीं सकता, तो उसे वह-सब करने के लिए मजबूर होना पड़ेगा, जो मैनेजर कह रहा था।....वह कह रहा था, कह क्या रहा था, धमकी दे रहा था कि अगर मन्ने ने उसकी राय न मानी, तो यह भी मुमकिन है कि उसे नौकरी से भी हाथ धोना पड़े, सरकार मिल की व्यवस्था की शिकायत को नज़रअन्दाज़ नहीं कर सकती। आज तक यह नहीं देखा गया कि किसी भी इन्स्पेक्टर की किसी शिकायत पर सरकार ने कभी कुछ किया हो। बहुत हुआ तो सावधान कर दिया गया या कोई मामूली-सी जाँच हो गयी, बस! लेकिन अगर कोई मिल-मालिक यह शिकायत कर दे कि इन्स्पेक्टर की ग़ैरवाजिब दख़लन्दाज़ी से मिल के काम में रुकावट पड़ती है, किसान भड़कते हैं, तो इन्स्पेक्टर तुरन्त मुअत्तल कर दिया जाता है। अस्थायी नौकरी में कौन किसकी पूछता है?...वह तो कह रहा था कि एक बदमाश इन्स्पेक्टर आया था, किसी की सुनता ही नहीं था। उसे बहुत-कुछ समझाया-बुझाया गया, लेकिन उसने कान न दिया। आख़िर एक दिन उसे एक चौकीदार ने ही सीधा कर दिया। उसने उसे मिल में घुसने ही नहीं दिया! वह अकड़ा तो एक झापड़ भी रसीद कर दिया! मियाँ की सारी इन्स्पेक्टरी उनके पेट में घुस गयी! फिर उसने बड़ी दौड़-धूप की, लेकिन नतीजा वही हुआ, जो हम चाहते थे। बेचारे नौकरी से भी गये और इज़्ज़त भी गँवायी।

क्या ऐसी मजबूरियों में, ऐसे माहौल में पड़कर मुन्नी भी वही नहीं करता, जो दूसरे लोग यहाँ करते हैं? शायद करता, शायद नहीं कराता। वह लेखक है, भावनाओं की दुनिया का वासी। शायद कोई मजबूरी उसे मजबूर न कर पाये, शायद कोई माहौल उसे ग़ुलाम न बना सके।...कई महीने से उसकी कोई रचना पढ़ने को नहीं मिली। कलकत्ता में कई कहानियाँ और कविताएँ देखने को मिली थीं। कितना अच्छा लिखता है वह!...क्या यहाँ मिल के क्लब में पत्रिकाएँ आती होंगी..और अब तो शायद वह स्वयं भी कुछ पत्रिकाएँ मँगा सके...

मन्ने फिर चौंक उठा। तो क्या सच ही उसने मान लिया कि परिस्थिति के हाथ वह बिक गया?...हाँ-हाँ-हाँ! और क्या चारा है?..एक गुनाह ही सही। एक गुनाह से अगर किसी की ज़िन्दगी सदा के लिए सँवर जाती है, तो इसमें क्या बुराई है? एक गुनाह करके इन्सान और हज़ारों गुनाहों से बच जाय, तो क्या अनुचित है?...फिर किसी को क्या मालूम कि वह कोई गुनाह कर रहा है। यह तो उसके हाथ में है कि किसी को कुछ मालूम न हो।....यों भी कौन सोचता है कि वह पैसोंवाला नहीं। किसी को क्या सन्देह हो सकता है? चार महीने की बात है, यों चुटकी बजाते वक़्त कट जायगा।..ज़रा ऐश भी कर ले ज़िन्दगी में...कितनी तकलीफ़ उठायी है उसने...और कौन जाने क्या-क्या लिखा है अभी क़िस्मत में!

वह फिर पलँग पर जा बैठा। उसका मन फिर हलका हो गया था। जिस द्वन्द्व की उसने दिन में कल्पना की थी, वह ऐसा बाँझ निकलेगा, उसने नहीं सोचा था। रह-

रहकर एक लहर उठती अवश्य, लेकिन उसके पीछे जैसे कोई बलवती पीड़ा थी ही नहीं, जिससे आदमी छटपटा उठता है। वह तो इस द्वन्द्व के दोनों पक्षों को समान शक्तिशाली समझे हुए था और उसका ख़याल था कि इनमें ऐसा संघर्ष होगा कि वह क्षत-विक्षत हो जायगा। लेकिन यहाँ तो जैसे एक पक्ष में कोई दम ही न हो, बस रह-रहकर जैसे हिचकी ले उठता हो, जिससे यह आभास मिलता हो कि अभी कुछ दम बाक़ी है। जो भी उसकी व्याकुलता थी, शायद सतह पर ही थी और इसीलिए बहुत जान पड़ती थी, लेकिन जैसे ही उसने उसे ज़रा कुरेदा, तो मालूम हुआ कि अन्दर कुछ नहीं है। फिर जान-बूझकर उथले पानी की सतह पर तैर-तैरकर अपने को परेशान करने से क्या फ़ायदा? इस तरह भी क्या कोई अपने को परेशान करता है?...ख़ामख़ाह के लिए इतनी देर तक नींद ख़राब की गयी।...हे मन! अब सो जाओ! नाहक़ तुमने यह नाच नाचा। इससे कुछ आने-जानेवाला नहीं था। तुम्हारा यह सारा तमाशा बेमानी था। तुममें अब सिर्फ़ एक ढोंग रह गया है और मुसीबत यह है कि इस ढोंग को ही तुम अपनी आत्मा की आवाज़ समझ लेते हो और ख़ामख़ाह के लिए लकड़ी की तलवार लेकर उसकी रक्षा के लिए उठ खड़े होते हो!...

•

मैनेजर ने बिलकुल ठीक कहा था। मन्ने अपने सब मिलों में चक्कर लगा आया और उसे सब जगह हू-ब-हू एक ही तरह की बातें सुनने को मिलीं, उसके साथ सभी मैनेजरों का एक-सा ही बर्ताव हुआ। सबको इसका अफ़सोस था कि उसने अपना हेड क्वार्टर उनके यहाँ क्यों न रखा। फिर भी सबका खुला निमन्त्रण था कि वह जब चाहे उनके यहाँ ठहरा करे और उन्हें भी आतिथ्य का अवसर देता रहे, एक का ही बनकर न रह जाय।

मन्ने ने सब-कुछ ख़ामोशी से स्वीकार कर लिया। यह दूसरी बात है कि उसके हृदय में कहीं-न-कहीं कुछ-न-कुछ बराबर टीसता रहता था, लेकिन उसे यह भी विश्वास था कि धीरे-धीरे वह इस-सब का अभ्यस्त हो जायगा।

इस-सब का परिणाम यह हुआ कि उसका काम नाम को रह गया। वह मिल के फाटक पर जाता, दिखाने के लिए काँटे की जाँच करता, ख़रीद की बही देखता, किसानों के पुर्ज़े देखता और उनसे कुछ बातचीत कर लेता। कभी काँटा बाबू को, कभी ख़रीद बाबू को दो-चार कड़ी बातें भी सुना देता कि बैलगाड़ियाँ इतनी-इतनी देर तक रोककर किसानों का वक़्त क्यों बरबाद किया जाता है, उनके पुर्ज़े पेंसिल से क्यों लिखे जाते हैं, काँटा चालू करने के पहले उसे किसानों को क्यों नहीं दिखा लिया जाता, फटे हुए नोट या घिसी हुई रेज़कारी किसानों को क्यों दी जाती है, किसानों को

भुगतान देने में क्यों अनावश्यक विलम्ब किया जाता है आदि-आदि। और फिर मैनेजर के दफ़्तर में जा अपना काग़ज़-पत्तर ठीक करता, चाय-नाश्ता लेता, सिगरेट पीता, पान खाता, ग़प्प लड़ाता। फिर क्लब में जाकर अख़बार पढ़ता, पत्रिकाएँ पढ़ता। कैण्टीन में खाना खाता और अपने क्वार्टर में आराम से सो रहता। कभी अफ़सरों का गोरखपुर का प्रोग्राम बनता, तो उसे भी वे अपने साथ कार में या फ़र्स्ट क्लास में ले जाते। वहाँ होटलों में खाना-पीना होता। अफ़सरों को नाराज़गी होती कि मन्ने क्यों नहीं पीता? उनका साथ तो उसे देना ही चाहिए! लेकिन मन्ने माफ़ी माँग लेता। वहाँ दो-दो शो सिनेमा देखे जाते या किसी नामी तवायफ़ के यहाँ घण्टों मुजरा जमता। फिर रात को सब वापस लौट आते।

मन्ने को लगता कि यह एक अजीब दुनिया है। यहाँ पैसे की इफ़रात है, बस मज़े-ही-मज़े हैं, कोई कमी नहीं, तकलीफ़ नहीं, सभी मस्त हैं। लेकिन वह एक क्षण को भी यह अनुभव न कर पाता कि वह भी इसी दुनिया का एक आदमी है। उसे हमेशा यह ख़याल सताता रहता कि वह डेढ़ सौ रुपये का एक मामूली मुलाज़िम है, यह तो इन अफ़सरों, मिल-मालिकों और उनके लड़कों की मेहरबानी है कि वे उसे भी अपने साथ ले लेते हैं। यह हीन भावना हमेशा उसे उदास बनाये रहती और कभी भी खुलकर उस दुनिया का मज़ा न लूटने देती। उसे लगता कि वह हंसों में कौआ है, जिस दिन ये चाहेंगे, उसे निकालकर फेंक देंगे। उसके मन की इस स्थिति को उसके कपड़े और भी बिगाड़कर रख देते। उसकी मोटी, पुरानी एक शेरवानी सूटों के साथ ऐसी लगती, जैसे गुलाबों के बाग़ में भजकटैया का पौधा। सफ़ेद पैजामा पहनकर वह निकलता, तो मिल के फाटक तक पहुँचते-पहुँचते ऐसा लगता, जैसे किसी ने उस पर कोयले का लसदार बूरा छिड़क दिया हो। यहाँ आठों पहर आकाश से रस के भाप और जले हुए खोइये के रेशों की बारिश होती है, यह भी मन्ने के लिए कोई मामूली मुसीबत की बात नहीं थी।

महीना पूरा हुआ। उस दिन उसे पाँचों मिलों का चक्कर लगाना था। हेड क्वार्टर के मिल में दस्तूरी के रुपये के बाद चीनी के बोरे का सवाल उठा, तो उसने कहा—यह चीनी का बोरा मैं कहाँ ढोकर ले जाऊँगा? क्या इसके एवज़ में भी रुपये नहीं मिल सकते?

—मिल क्यों नहीं सकते, लेकिन इससे आपको ही घाटा लगेगा।—मैनेजर ने कहा—यहाँ दाम मिल के रेट से मिलेगा और बाज़ार में ज़्यादा मिलेगा। आप किसी हलवाई से हिसाब-किताब बैठा लीजिये।

—अब कौन यह ज़हमत मोल ले,—मन्ने बोला—जो भी आप मुनासिब समझें दे दीजिये।

मैनेजर ने उसकी ओर ज़रा घूरकर देखा, जैसे पहचानने की कोशिश कर रहा हो कि यह इन्स्पेक्टर क्या वही है, जो एक महीने पहले उससे मिला था? बोला—

घर खर्चे के लिए आपको चीनी की ज़रूरत नहीं पड़ेगी क्या?

—.ज़रूरत पड़ेगी तो आप हैं ही!—अबकी मन्ने की हँसने की बारी थी।

—बहुत ख़ूब! आप तो एक महीने में ही पक्के हो गये!

—यह तो मेरे उस्ताद की मेहरबानी है!

और दोनों फिर एक साथ हँस पड़े।

आख़िरी मिल से निकलकर वह स्टेशन पर पहुँचा, तो पाँच बज गये थे। प्लेटफ़ार्म पर गोरखपुर जानेवाली गाड़ी खड़ी थी। उसे उलटी दिशा में अपने हेड क्वार्टर जाना था। यहाँ उसकी गाड़ी की क्रासिंग थी। वह सेकेण्ड का टिकट कटाकर प्लेटफ़ार्म पर अपनी गाड़ी के इन्तज़ार में टहल रहा था। उसने जीवन में आज पहली बार सेकेण्ड क्लास का टिकट कटाया था, इसलिए नहीं कि आज उसकी जेब भरी थी, बल्कि इसलिए कि भरी जेब को तीसरे दर्जे में कुछ ख़तरा था।

टहलते-टहलते ही उसके दिमाग़ में यह बात आयी कि वह इन रुपयों को कहाँ रखेगा? सूने बासे में तो रखना ठीक नहीं; वह जगह-जगह घूमता रहता है, जेब में रखना भी ठीक नहीं। ज़रा सोचने पर उसे यह सूझा कि क्यों न वह गोरखपुर जाकर डाकख़ाने में जमा कर आये।...एक महीने से यहाँ है, एक बार भी वहाँ नहीं गया, लोग बुरा भी मना रहे होंगे। कल वहाँ से कुछ अच्छे कपड़े भी लेकर दर्जी को दे देगा। ये कपड़े दरअसल बेहद खलते हैं। आख़िर क्या ख़र्च होगा।

और उसने टिकट बदलकर गोरखपुर का टिकट लिया और गाड़ी में जा बैठा।

अबकी पहली बार उसे ख़याल आया कि छूँछे हाथ ससुराल जाना उचित नहीं। उसने स्टेशन पर एक दुकान से दो सेर अच्छी मिठाइयाँ ख़रीदीं। उसके जी में आया कि 'नमूना' के लिए भी कोई छोटी-सी चीज़ ख़रीदकर लेता चले। बेचारी को एक फूटी कौड़ी की कोई चीज़ आज तक नहीं दी। छोटी साली है, आख़िर उसे भी अपने दूल्हे भाई से कुछ उम्मीद रहती होगी। लेकिन रात हो गयी थी। यह काम अगले दिन के लिए टालकर वह ताँगे पर जा बैठा। आज वह एक्के पर नहीं, ताँगे पर बैठा था, इसलिए कि दरअसल आज वह कुछ ख़ुश था। कुछ छोटा-मोटा ख़र्च करने को उसका जी योंही हो रहा था।

ससुराल में लोग बड़ी ख़ुशी से मिले। दामाद अब लायक़ हो गया था, नौकरी पर लग गया था। उसके हाथ की पोटली देखकर सासु बोलीं—भई, यह क्या है? मालूम होता है...

—थोड़ी मिठाई लेता आया,—झेंपकर मन्ने बोला।

उसके हाथ से पोटली लेकर सासु जैसे ख़ुशी के मारे चीख़ उठीं—लो, भई, यह नौकरी मिलने की ख़ुशी में तुम लोग मिठाई खाओ!—और पोटली खोलकर सबके हाथों में मिठाइयाँ धरने लगीं।

हँसकर 'नमूना' बोली—नहीं, अम्माँ, हम मिठाई पर ही टरकनेवाले नहीं! दूल्हा भाई को नौकरी मिली है, हम तो कोई बड़ी चीज़ लेंगे!

—हाँ-हाँ, ज़रूर लेना!—अम्माँ बोलीं—लेकिन मुँह तो मीठा कर लो!—और उन्होंने अपने हाथ से एक लड्डू तोड़कर उसके मुँह में घुसेड़ दिया।

'नमूना' का हँसी के मारे बुरा हाल हो गया। उसने हाथ से मुँह का लड्डू दबाये वहाँ से खिसक जाने में ही ख़ैरियत समझी।

मन्ने को बड़ा अच्छा लगा। इतने ही दिनों में कितनी बड़ी हो गयी है यह!

—बड़ी शोख हो गयी है, बेटा—सासु बोलीं—जब देखो, मुँह फाड़कर हँसती रहती है! इतनी बड़ी हो गयी, कोई सलीक़ा न आया!

—अरे, छोड़ो भी!—ससुर बोले—तुम तो ख़ामख़ाह के लिए बच्ची के पीछे पड़ी रहती हो!—वह मन्ने की ओर मुख़ातिब हुए—कहो, भाई, नौकरी कैसी लगी? तरी तो होगी, मिलों का मामला है?

मन्ने सहम गया। उसे लगा कि कहीं उन्होंने उसकी जेब को तो नहीं ताड़ लिया! बोला—तरी तो नहीं, लेकिन चीनी है, जितनी आप फाँकना चाहें...

—तुमसे यह भी तो न हुआ कि दो-एक पसेरी लटकाते आयें!—सासु बोलीं—यहाँ तो चीनी का इतना ख़र्च है कि ख़ुदा की पनाह!

—अगली बार ज़रूर लायेंगे।

'नमूना' आकर बोली—दूल्हा भाई, चाय पियेंगे या दस्तरख़ान चुना जाय!

—क्या कहती हो!—ससुर बोले—जाड़े की रात है, सफ़र से आया है, पहले गरम-गरम चाय पिलाओ, फिर खाना खाया जायगा, क्या जल्दी पड़ी है?

—दूल्हे भाई को चाय माफ़िक़ जो नहीं पड़ती!—और 'नमूना' फिर मुँह-आँख हाथों से ढँककर खिल-खिल हँस पड़ी।

—चल-चल, जल्दी एक पाट उम्दा चाय बनाकर ला!—घूरती हुई अम्मा बोलीं—ज़्यादा मज़ाक अच्छा नहीं लगता!

मन्ने को उनकी बात बहुत बुरी लगी। बोला—भाई, मैं तो मज़ाक-पसन्द आदमी हूँ।

सासु-ससुर, दोनों ने उसे घूरकर देखा, कैसा बदल गया है यह! पहले तो जैसे इसके मुँह में ज़बान ही नहीं थी। मनहूस सूरत बनाये बैठा रहता था।

ससुर बोले—हाँ, भाई, और क्या है ज़िन्दगी में। हँस-बोलकर कट जाय, तो इससे बेहतर क्या है।...लेकिन हाँ, भाई, यहाँ का पानी बहुत ख़राब है, तुम चाय ज़रूर पिया करो।

—मुझे सच ही माफ़िक़ नहीं पड़ती,—मन्ने जैसे 'नमूना' की तरफ़दारी में बोला—बड़ी ख़ुश्की हो जाती है। नमू...आयशा बिलकुल ठीक कहती है।

—तुम्हारी तन्दुरुस्ती तो, ख़ुदा की मेहरबानी से अब बेहतर है,—ससुर बोले—महशर का ख़त आया था। उसे भी बुला लो। बच्चों को साथ रखने से खाने-पीने का आराम रहता है।

—हाँ, भई, बुलाओ उन्हें।—सासु बोलीं—शम्मू को देखने को बड़ा जी करता है। अब पाँव-पाँव चलती होगी।

मन्ने को लगा कि जैसे 'नमूना' की ओर से उसका रुख़ फेरने के लिए ही यह बात छेड़ी गयी हो। उसके मन में यह बात कैसे उठी, यह उसकी ही समझ में न आ रहा था। यह क्या हो गया है उसे? ऐसा तो ज़िन्दगी में कभी भी नहीं हुआ। कभी किसी लड़की को देखकर उसके मन में कोई बात न उठी, या यों भी कहा जाय, तो कुछ ग़लत न होगा कि कभी किसी लड़की को भर-आँख उसने देखा ही नहीं। लेकिन आज 'नमूना' पर नज़र पड़ते ही उसे ऐसा क्यों लगा कि 'नमूना' दिखाकर सच ही लोगों ने उसे ठग लिया? कहाँ 'नमूना' और कहाँ महशर! यह तो जैसे कोई मोग़ल शहज़ादी हो!

बोला—हाँ-हाँ, बुलाऊँगा। ज़रा क़ायदे से जम तो जाऊँ।

आगे की बातों में मन्ने को कोई मज़ा न आ रहा था। वह चाहता था कि जल्दी ही 'नमूना' वहाँ आ जाय, तो इन ऊबाऊ बातों से छुटकारा मिले।..इन घर-गिरस्ती, बाल-बच्चों की बातों से उसे क्यों अचानक ही ऊबाहट होने लगी, जिनके लिए उसने अपनी पढ़ाई स्थगित की, खेती-बारी में इतनी मेहनत की और अब नौकरी करने आया है? एक क्षण में ही उसमें ऐसा परिवर्तन कैसे आ गया?

खा-पीकर, कमरे में बिस्तर पर पड़कर वह लेहाफ़ खींचने ही जा रहा था कि दरवाज़े से ख़ुशबू की एक लपट आ उसके नथनों को भर गयी। उसने आँख उठाकर देखा, तो सामने 'नमूना' बन-सजकर जैसे कहीं जाने के लिए तैयार खड़ी थी। वह उठकर बैठ गया।

'नमूना' मुस्कराकर बोली—सोने की तैयारी कर रहे हैं क्या, दूल्हा भाई?

—क्यों, अभी सोने का वक़्त नहीं हुआ क्या?—मन्ने योंही कुछ कहने के लिए बोल गया।

—आज हम आपको सोने नहीं देंगे!—नमूना बोली—चलिये, हमें सिनेमा दिखा लाइये!

—इस वक़्त?—मन्ने ने उसकी ओर देखते हुए कहा। लालटेन की मद्धिम रोशनी से कहीं ज़्यादा चमक नमूना के चेहरे पर थी।

—हाँ, और कौन वक़्त मिलेगा?—'नमूना' बोली—आप तो कल चले जायेंगे न?

—हाँ, चला तो जाऊँगा, लेकिन फिर क्या कभी नहीं आऊँगा?

—क्या ठिकाना है आपका! एक महीने से तो आप इधर हैं, कभी ख़बर ली यहाँ की?

—नहीं, अब आता रहूँगा,—मन्ने ने कुछ सोचकर कहा—क्या सिनेमा अगली दफ़ा के लिए मुल्तवी नहीं किया जा सकता?

—वाह, हम लोग तैयार खड़े हैं और आप मुल्तवी करने की बात कर रहे हैं!—'नमूना' ने उसका हाथ पकड़कर कहा—उठिये, नहीं देर हो जायेगी!

उठते-उठते मन्ने बोला—कौन-कौन जायेंगे?

—अब्बा को छोड़कर सब चलेंगे,—नमूना ने खूँटी पर टँगी उसकी शेरवानी उतारकर उसे देते हुए कहा—दूल्हा भाई, अब तो इस शेरवानी को बख्शिये! बेचारी गाली देती होगी!

—हाँ, कल कपड़ा ख़रीदने का इरादा है,—शेरवानी पहनते हुए मन्ने ने कहा—तुम चलो, मैं आता हूँ।

—लालटेन मद्धिम कर दीजियेगा,—कहती हुई 'नमूना' बाहर चली गयी।

मन्ने को जब इतमीनान हो गया कि वह बाहर चली गयी है, तो उसने लालटेन मद्धिम की और दरवाज़े की ओर देखता हुआ तकिये के ग़िलाफ़ में हाथ डालकर रुमाल में बँधी नोटों की गड्डी निकाली। उसमें से एक दस का नोट निकाल, शेरवानी की ऊपर की जेब में रखकर उसने फिर गड्डी ग़िलाफ़ के हवाले कर दी और तकिया उलटकर उस पर लेहाफ़ फैला दिया।

बाहर अँधेरे में आये, तो 'नमूना' का हाथ मन्ने के हाथ में, चलते-चलते ही चुपके से, कुछ थमाने लगा। यह पान था। मन्ने ने चुपके से ही पान खा लिया।

'नमूना' चहककर बोली—बड़े दिनों पर दूल्हा भाई क़ाबू में आये हैं!

अम्मा ने डाँटा—तू चुपचाप चलेगी कि मैं यहीं से लौट जाऊँ?

'नमूना' कान पकड़कर फुसफुसायी—अब जो ज़बान खोली तो ख़ुदा की मार!

यह नन्हीं-सी लड़की कितनी तेज़ है! मन्ने जितना हैरान था, उतना ही मन-ही-मन ख़ुश! उसे क्या मालूम था कि उसी के अन्दर एक नया अंकुर नहीं फूटा था, बल्कि उधर भी कुछ-कुछ हो रहा था। वर्ना यों छुपकर पान देने का क्या मतलब? पान तो 'नमूना' ने अक्सर उसे सबके सामने दिये हैं।....और यह कैसी अजीब बात है कि मन्ने ने समझा, शायद 'नमूना' उसे कोई ख़त दे रही है!

सिनेमा से लौटकर मन्ने को रात-भर नींद न आयी। एक ऐसी दुनिया में उसकी आँख खुली थी कि उससे अपनी आँखें बन्द करने को मन ही न हुआ। वह रात-भर जागता रहा और मन-ही-मन पुलाव पकाता रहा। मन में कभी भी ऐसा मीठा-मीठा उसने कुछ अनुभव किया हो, उसे नहीं मालूम।

सुबह नाश्ते पर ससुर ने कहा—ज़रा मेरे मतब में चलो। तुमसे एक ज़रूरी बात करनी है।

अपना ख़र्चा चलाने के लिए ससुर ने होमियोपैथी का एक मतब खोल रखा था, जिसमें सुबह-शाम एक-दो घण्टे वे बैठते थे। मतब में एक मेज़, जिस पर दवाओं का एक छोटा-सा बक्सा पड़ा रहता था; एक कुर्सी, जिस पर डॉक्टर बनकर ससुर बैठते थे और मरीज़ों के लिए एक बेंच पड़ी थी।

मन्ने बेंच पर बैठ गया, तो ख़ुद कुर्सी पर बैठते हुए ससुर बोले—जब से लड़ाई शुरू हुई है, यहाँ एक बहुत ही फ़ायदेमन्द रोज़गार चल निकला है।

कहकर शायद वे मन्ने की दिलचस्पी देखने के लिए चुप हो गये, तो मन्ने ने यों ही पूछा—कौन-सा?

—करगह का।

—करगह का?—अचकचाकर मन्ने बोला—आप यह बात मुझसे क्यों कह रहे हैं?

—करगह का नाम सुनकर तुम चौंको मत!—ससुर गम्भीर होकर बोले—यहाँ लोगों ने इसी की बदौलत महीने में हज़ारों के वारे-न्यारे कर लिये हैं! मेरे पास पूँजी होती, तो मैं भी एकाध चला लेता।

मन्ने सहम उठा, कहीं यह उससे पैसे तो नहीं माँगेंगे?

लेकिन वे बोले—मेरी यह नेक सलाह है कि तुम्हारे पास कुछ पैसे हों, तो एकाध खोलकर देखो। कम-से-कम पाँच रुपये फ़ी करगह फ़ी दिन का फायदा है! और लागत भी कोई ख़ास नहीं लगती, बिलकुल नक़दी का ब्योपार है, आज माल तैयार करो और कल पैसा खड़ा। कहो तो मैं तुम्हें कुछ लोगों से मिला दूँ, जो यह धन्धा कर रहे हैं?

—सोचूँगा,—मन्ने ने उदासीनता दिखाते हुए कहा।

—इसमें सोचने की क्या बात है? तुम यहाँ पास ही रहते हो। हफ़्ते में एक-आध बार यहाँ आ ही सकते हो। बाक़ी देखने के लिए मैं हूँ ही। कहो तो यहीं कहीं पास में एक छोटा-मोटा घर किराये पर दिला दूँ। चार करगह भी तुमने चला लिये, तीन सौ रुपया महीना कहाँ जाता है!

मन्ने को और कुछ तो नहीं, हाँ, हफ़्ते में एक-आध बार यहाँ आने की बात जँच गयी। फिर भी वह बोला—देखूँगा। यों पैसे मेरे पास कुछ ज़्यादे नहीं हैं।

—पैसे कोई ज़्यादे नहीं लगते। एक करगह पर दो सौ की पूँजी समझो। न हो, फ़िलहाल एक-दो ही चलाकर देखो। तसल्ली हो जाय, तो फिर बढ़ा लेना।... न हो, फिलहाल मेरे पिछवाड़े के बरामदे में ही एक-दो लगवा लो।...मैं तुम्हारी भलाई के लिए ही कह रहा हूँ। तुम्हारी सीज़नल नौकरी है। हो सकता है कि इसी धन्धे से तुम

हज़ारों पैदा कर लो!—फिर धीरे से बोले—देखो, रुपया-पैसा किसी बैंक या डाकख़ाने में जमा न करना, जाने यह सरकार रहेगी या जायगी। बेहतर है, जो भी तुम्हारे पास हो, इस धन्धे में लगा दो।

ये इतनी जल्दी में क्यों पड़े हैं, मन्ने की समझ में न आ रहा था। जब से उसकी जेब में नोटों की गड्डी आयी थी, उसे तरह-तरह की शंकाएँ सता रही थीं। फिर भी यहाँ आने-जाने का एक सिलसिला क़ायम करने के लिए ही उसने कह दिया—अच्छा, तो एक का इन्तज़ाम आप करा ही दें। मैं दो सौ रुपये देता हूँ। फिर आगे देखा जायगा।

—ख़ैर, तुम एक ही चालू करके देखो।..अब फिर कब आओगे तुम?

—रुपया मैं आपको अभी दे दूँगा! आना-जाना तो अपनी मर्ज़ी पर है, मज़े की नौकरी है, कोई बन्दिश नहीं।

—फिर क्या पूछना है!... अच्छा, तुम बाज़ार जानेवाले हो न?....

मन्ने उठ गया। बाज़ार जाकर कुछ कपड़े ख़रीदे। दर्ज़ी को देकर लौटते-लौटते ग्यारह बज गये। ससुर कचहरी चले गये थे। गाड़ी उसकी दो बजे थी। सोचा, स्टेशन जाते हुए कचहरी में उनसे मिलता जायगा।

खाना होते-होते वक़्त हो गया। मन्ने चलने की तैयारी करने कमरे में आ गया। वह शेरवानी के बटन लगा ही रहा था कि 'नमूना' आ धमकी। बोली—दूल्हा भाई, क्या शाम की गाड़ी से आप नहीं जा सकते?

मन्ने ने देखा, 'नमूना' के चेहरे पर हलकी-सी उदासी आ गयी थी। उसे यह अच्छा लगा। बोला—फिर जल्दी ही आऊँगा।

—कब आयेंगे?

—जब तुम कहो!—मन्ने ने परिहास करना चाहा।

लेकिन 'नमूना' संजीदा होकर बोली—मेरे बस का होता, तो मैं आपको जाने ही न देती!—फिर सहसा ही उसका स्वर हँस पड़ा—अरे, आपने तो सारे बटन उलटा लगा लिये!—और लपककर, उसके पास पहुँच, अपने हाथ से उसके बटन ठीक करती हुई वह बोली—दूल्हा भाई, आप बड़े बेशऊर हैं! इसी तरह बटन लगाये कहीं आप बाहर चले गये होते, तो?—और वह खिल-खिल हँस पड़ी।

मन्ने का जी हुआ कि वह उस नन्हीं-सी जान को अपने कलेजे से लगा ले, लेकिन उसने अपने को सम्हाल लिया! ख़याल आया, कौन जाने इस गुड़िया की ये सारी हरकतें भोलेपन की ही हों, जिन्हें वह कुछ और समझे बैठा है। अभी इसकी उम्र ही क्या है!

अपनी उबलती साँस को सीने में दबाकर मन्ने ने कहा—एक हमारी अमानत है, अपने पास रख लोगी?

—ख़यानत का डर न हो तो दे दीजिये!—आँखें चमकाकर 'नमूना' बोली।

मन्ने ने जेब से गड्डी निकाली। उसमें से दो सौ और कुछ ख़र्चे के लिए निकाल लिये! फिर ठीक से गाँठ लगाकर गड्डी 'नमूना' के हाथ में देते हुए बोला—तुम्हारे हाथ में मेरी यह पहली अमानत है! किसी से भी कुछ कहोगी नहीं!

—बहुत अच्छा,—और नमूना ने कोने की ओर जा वहाँ पड़ा एक बक्सा खोलकर उसमें गड्डी रख दी। फिर पास आकर बोली—किसी से कह दूँ, तो?

मन्ने ने उसकी ओर देखा, तो वह ज़ोर से हँस पड़ी। फिर मन्ने भी हँसे बिना न रह सका।

—यह तुम्हारा ही कमरा है क्या?

—हाँ, बाज़ी के जाने के बाद यह कमरा मुझे मिल गया है।

—तब तो तुम्हें मेरी वजह से ख़ासी तकलीफ़ हुई?

—वाह! इसमें तकलीफ़ की क्या बात है? ख़ुशक़िस्मती मेरे बिस्तर की, जिसने रात-भर आपको गर्म रखा!—और पलटकर भागती हुई 'नमूना' बोली—रुकिये, पान लाती हूँ!

मन्ने जैसे उसकी बात को चुभला-चुभलाकर मज़ा लेने लगा।

पान लेकर वह आयी, तो मन्ने ने हाथ बढ़ाया, लेकिन पान सीधे उसके मुँह में पहुँच गये और 'नमूना' की आँख़ें झुक गयीं। और मन्ने को जैसे विश्वास ही न हो रहा हो कि यह नन्हा, सफ़ेद, ख़ूबसूरत हाथ उसके होंठों के इतने पास आ गया है!

•

एक ही दिन में जो इतनी-सारी असाधारण बातें हो गयीं, मन्ने उन पर कई दिनों तक सोचता रहा। अब तक के उसके जीवन को देखते हुए ये बातें असाधारण ही थीं। मन्ने ने आज तक कोई फ़िज़ूलखर्ची की हो, उसे याद नहीं। मन्ने ने कभी भी किसी लड़की में कोई दिलचस्पी ली हो, उसे नहीं मालूम। महशर की तो गिनती किसी लड़की में हो ही नहीं सकती, वह तो उसके गले में बाँध दी गयी थी। फिर उसमें भी जो उसने दिलचस्पी दिखायी, उसे क्या दिलचस्पी का नाम दिया जायगा? भाभी के लिए ज़रूर उसके दिल में एक जगह थी, लेकिन उनकी उम्र उससे इतनी अधिक थी कि उन्हें उस नज़र से मन्ने देख ही नहीं सकता था। भाभी की मुहब्बत में वात्सल्य ही अधिक था।....रुपये-पैसे के मामले में उसने कभी आज तक किसी पर विश्वास नहीं किया था। महशर के हाथ में भी कभी एक पैसा रखने को न दिया था।...और सहसा ही, एक दिन में ही, यह-सब हो गया, यह क्या कोई साधारण बात थी? मन्ने सोचता, बार-बार सोचता और यह असाधारण परिवर्तन उसकी समझ में न आता। वह हैरान होकर रह जाता। उसके दबे, घुटे, जकड़े व्यक्तित्व ने अचानक ही ज़ंजीर

की इतनी-सारी कड़ियाँ एक ही झटके में कैसे तोड़ दीं? उसे कहाँ से इतनी शक्ति मिल गयी, कैसे ऐसा साहस हो गया, वह किस प्रकार यह-सब कर गुज़रा? ये ऐसें प्रश्न थे, जिनके उत्तर उसे नहीं मिल रहे थे। मृग की तरह वह सुगन्ध के स्रोत को चारों ओर घूम-घूमकर, हैरान हो-होकर खोज रहा था और वह उसे ही नहीं मिल रहा था। आश्चर्य है, कभी उसका दिमाग़ उस जेब की ओर जा ही न रहा था, जो उस दिन भरी हुई थी और जिसके हर महीने एक बार भर जाने की आशा थी और जिसने उसके अनजाने ही उसके सारे बन्धन ढीले कर दिये थे, उसके व्यक्तित्व को एक सीमा तक मुक्त कर दिया था और वह ज़रा-सी साँस की जगह पाकर कुलाँचें मारने लगा था।

वह जब सोच-सोचकर थक गया, तो आख़िर पुराने दार्शनिकों की तरह उसने भी एक सत्ता को खोज निकाला कि यह सिर्फ़ 'नमूना' का जादू है, जिसने उससे यह-सब करा लिया। फिर क्या था, वह सब-कुछ छोड़कर 'नमूना' के बारे में ही सोचने लगा और उसने देखा कि ऐसा करना बड़ा अच्छा लगता है। कितनी सुन्दर है 'नमूना'! और शायद...शायद वह उसे चाहती भी है। उसने कैसे रात को, सड़क पर उसके हाथ में चुपचाप पान थमाये थे!..कैसे उसकी शेरवानी के बटन लगाये थे!..कैसे उसके मुँह में पान खिलाये! क्यों न उसने उसकी अँगुलियों को चूम लिया?...और यह ख़याल आना था कि मन्ने का शरीर झनझना उठा।...और, तब क्या होगा? शायद एक ज़लज़ला आ जाता...शायद एक भँवर में डूबता-डूबता वह किसी गर्त में पहुँच जाता..शायद वह बेहोश हो जाता...शायद वह शून्य हो जाता..या शायद...शायद उसे एक नया जीवन मिल जाता...एक नयी स्फूर्ति..एक नया उल्लास....जिसे उसने कभी नहीं समझा, कभी नहीं अनुभव किया...

और सच ही मन्ने अपने को भूलने लगा, खोने लगा, जैसे कि ऐसा करना ही उसके लिए अपने अपनापा को प्राप्त कर लेना हो और घण्टों अपने में डूबा-डूबा वह 'नमूना' के बारे में सोचता रहता। जाने कहाँ से एक में से हज़ार बातें निकलती जातीं जैसे कि बातों का कोई ओर-छोर न हो, जैसे कि उन बातों के अलावा और कुछ हो ही नहीं।

इस-सब का परिणाम यह हुआ कि हफ़्ता बीतते-न-बीतते वह फिर ससुराल आ धमका। 'नमूना' का ख़ुशी से दमकता हुआ चेहरा देखते बनता था। ससुर ने मिलते ही करगह का हिसाब उसके सामने पेश कर दिया और चालीस रुपये उसके हाथ में थमाते हुए कहा—यह रही बचत की रक़म! तुम चलकर करगह को देख लो। मुझे तो बड़ा अफ़सोस होता है कि दो-चार और क्यों नहीं चला लिये जाते। सच ही, रुपये की बारिश हो रही है इस ब्यौपार में!

उनके साथ मन्ने ने ओसारे में आकर देखा, एक ओर लालटेन की रोशनी में करगह चल रहा था, फटर-फटर, फाँय-फाँय...तौलिया का ताना लगा था। चलानेवाले

जुलाहे से ससुर ने मन्ने का परिचय कराया, तो उसने सलाम किया।

—फ़िलहाल सादे तौलिये निकलवा रहा हूँ। चादर, चारखाने और रोयेंदार तौलिये की भी बाज़ार में बेहद माँग है। ब्यौपारी तो पेशगी देने के लिए भी तैयार हैं। जाने कहाँ-कहाँ माल जा रहा है!

दूसरी ओर बढ़ते हुए मन्ने ने कहा—मामू, अभी तो इस ओसारे में ही एक और करगह लग सकता है।

—हाँ-हाँ, क्यों नहीं?—ससुर ने तपाक से कहा—तुम जब कहो, लगवा दूँ।

—एक तो और लगवा ही लीजिये,—मन्ने ने कहकर जुलाहे की ओर देखा—क्यों भाई, कारीगर तो मिल जायगा?

अपना काम जारी रखते हुए ही जुलाहे ने उसकी ओर सिर घुमा कर कहा—कारीगरों की क्या कमी है, आप जितने कहें, मैं बुला दूँ!

—बस तो ठीक है, मामू,—मन्ने ने कहा—कल सुबह आपके साथ मैं भी बाज़ार चलूँगा। ज़रा मैं भी देख-समझ लूँ।

—ज़रूर-ज़रूर, मैं तो चाहता हूँ कि तुम इस काम में दिलचस्पी लो!—अन्दर की ओर मुड़ते हुए ससुर ने कहा—मुझे तो तब ख़ुशी होगी, जब तुम दस-बीस करगह चलाओगे!

—धीरे-धीरे बढ़ा लेंगे, मामू,—उनके पीछे-पीछे चलते हुए मन्ने ने कहा—अब आप कोई घर भी टीपें, किराया ज़्यादा न हो।

—इस मुहल्ले में बहुत सस्ते घर मिलते हैं, तुम फ़िक्र मत करो!

उनसे छुट्टी पाकर मन्ने अपने कमरे में पहुँचा, तो उसके मन में रह-रहकर एक ही बात उठ रही थी, एक वह भी जमाना था, जब पैसे के लाले पड़े रहते थे, और एक यह भी ज़माना है कि चारों ओर पैसे-ही-पैसे नज़र आ रहे हैं! किसी ने ठीक ही कहा है कि जब आने को होता है, तो छप्पर फाड़कर आता है! और वह मुस्करा उठा।

तभी बेआवाज़ क़दमों से 'नमूना' उसके पास आकर बोली—क्या मिल गया है आपको, दूल्हा भाई?

मन्ने चौंक उठा। लेकिन तुरन्त ही सम्हलकर बोला—तुम्हें मालूम नहीं?

—वाह! मैं क्या किसी के दिल में बैठी हूँ!—सूरज की किरणों से चमकते जल की तरह आँखें नचाकर 'नमूना' बोली।

—मेरा तो ख़याल कुछ-कुछ वैसा ही हो चला है,—कहकर मन्ने ने कनखियों से उसकी ओर देखा।

'नमूना' शर्मा गयी। आँखें झुकाकर, दुपट्टा मुँह पर रखती हुई बोली—तो बताऊँ, आपको क्या मिला है?

—बताओ!

—रुपया!—और 'नमूना' अचानक ही खिल-खिल हँस पड़ी।

मन्ने का जैसे सारा नशा ही हिरन हो गया। उसने सिर झुका लिया। कैसी अजीब है यह लड़की! इसके विषय में कोई भी बात निश्चित रूप से नहीं कही जा सकती!

'नमूना' बोलती गयी—अब्बा कहते थे, एक करगह आप और लगाने जा रहे हैं। बड़ा फ़ायदा होगा। आप एक घर भी किराये पर लेने, जा रहे हैं। बड़ा अच्छा होगा दूल्हा भाई! पास ही घर लें, ऐसा कि जिसमें आपका काम भी हो और रहने-सहने का इन्तज़ाम भी हो सके। फिर बाज़ी को भी यहीं बुला लें।...अरे, आप इस तरह ख़ामोश क्यों हो गये?

—सोच रहा था कि इस-सबसे तुम्हें क्या मिलेगा?—मन्ने ने अँधेरे में एक तीर फेंका।

—मुझे?—'नमूना' सकपका गयी। फिर हकलाकर बोली—आप लोग यहाँ रहेंगे, क्या यह मेरे लिये ख़ुशी की बात न होगी?

—बस?

—इसे क्या आप कम समझते हैं, दूल्हा भाई?

उसके कम्पित स्वर से आकर्षित होकर मन्ने ने उसकी ओर देखा। उसके बचकाने-से चेहरे पर गम्भीरता कुछ वैसी ही लगी, जैसे किसी बच्चे के मूँछ उग आयी हो। वह उसकी ओर एकटक देखता रहा।

'नमूना' कहती गयी—आपको वह दिन याद है, दूल्हा भाई, जब पहली बार आप हमारे यहाँ आये थे और मैं आपके पास पान लेकर गयी थी?...मुझे उस वक़्त किसी बात का इल्म न था। बाद में हमेशा आप मुझे 'नमूना' कहकर पुकारते रहे। यह आपके लिए एक मज़ाक बन गया था। लेकिन क्या आप मेरी इस बात पर यक़ीन करेंगे कि एक इसी लफ़्ज की बदौलत मुझे वह दिन हमेशा याद रहा।..और अब, जब मैं कुछ समझने-बूझने लायक़ हुई हूँ, तो मुझे लगता है कि आप उसी वक़्त से मेरा पीछा कर रहे हैं और उसी वक़्त से मेरे दिल में एक बात आ बैठी है कि, काश!..

—बोलती जाओ, नमूना!—मन्ने जैसे तड़पकर बोला—तुम रुको नहीं, सब कह जाओ!

—मुझे उम्मीद न थी कि ताज़िन्दगी मुझे कोई ऐसा मौक़ा मिलेगा जब मैं आपसे ये बातें कर सकूँगी।...लेकिन ख़ुदा के फ़ज़ल और मेरी ख़ुशक़िस्मती से आज यह दिन भी मुझे नसीब हुआ कि मैं आपसे यह बात कह ही गयी!...मैं नहीं चाहती कि मेरी वजह से बाज़ी को कोई तकलीफ़ हो। मैं जानती हूँ कि मेरे दिल में जो है, वह दिल में ही दफ़न हो जायगा। फिर भी इतना ज़रूर चाहती हूँ कि आप मेरे जज़्बे को समझें, इसकी क़द्र करें और जब तक मुमकिन हो, मेरे पास रहें, मैं आपको देखती रहूँ...और

आपसे हो सके तो आप मेरे इस जज़्बे को थपकी दे-देकर सुला दें। मैं नहीं चाहती कि यह उभरे, क्योंकि मैं ऐसी कोई नादान नहीं, जो यह नहीं समझती कि इसका नतीज़ा क्या हो सकता है। आप इस मामले में मेरी मदद करें...

—आयशा!—तभी अन्दर से अम्मा की पुकार आयी।

'नमूना' दुपट्टा ठीक करती हुई कमरे से निकल गयी।

मन्ने का दिल-दिमाग़ बड़ी देर तक एक सकते की हालत में रहा, जैसे किसी ने अचानक स्विच उठाकर उसके सामने फैले प्रकाश को हर लिया हो और उसमें इतना भी दम न हो कि वह उठकर फिर स्विच गिरा दे और प्रकाश को वापस बुला ले।

खाना उसने न खाया। पूछने पर पेट ख़राब होने का बहाना बना दिया। 'नमूना' की ख़ामोश कनख़ियाँ बार-बार जैसे उसे छेड़ती रहीं।

नींद क्या आती? बाहर की आमद-आमद हो और चलने लगे लू की लपट, ऐसी हालत हो रही थी मन्ने की। उसका क़िला ढह गया था और फिर वह खण्डहर में फेंक दिया गया था।....यह नन्हीं-सी लड़की कैसे बुढ़ियों-सी बातें कर गयी! जैसे वह बच्चा हो और वह उसे चाँद दिखाकर फुसला गयी हो! कैसी सयानी हो गयी है! कैसी समझदारी दिखा गयी है! ख़ुद तो फूँक मारकर उसने आग धधकायी और अब कहती है, इस पर तुम ख़ुद पानी डालकर इसे बुझा दो। जलने और जलाने से इतना डर था, तो उसने यह आग लगायी ही क्यों? अब मुझे जलता छोड़कर वह अपना दामन बचाकर भाग जाना चाहती है। ऊपर से बड़ी समझदार बनकर बड़े-बड़े उपदेश भी दे गयी, जैसे यह कोई बच्चों की कहानी हो, जिसका उद्‌देश्य ही एक उपदेश से अन्त कर देना हो।....

तभी उसे आहट मिली कि कमरे में कोई आया है। उसने आँखें और भी मींच लीं और गहरी-गहरी साँसें भी लेने लगा। उसने तिपाई पर कोई बर्तन रखने की आवाज़ सुनी, फिर उसे आभास हुआ कि लालटेन की बत्ती उकसायी गयी है। फिर किसी के हाथ उसके बालों पर आ पड़े और यह आवाज़ सुनायी दी—दूल्हा भाई, सो गये क्या?—और बालों पर हाथ का स्पर्श और गहरा हो गया।

मन्ने ने करवट बदली। बोला कुछ नहीं।

—दूल्हा भाई, आप नाराज़ हो गये क्या?—सन्नाटे में साँस-सी निकली यह आवाज़ भी कितनी स्पष्ट थी!

लेकिन मन्ने ने जैसे कुछ सुना ही नहीं।

—आपने खाना क्यों नहीं खाया?—आर्द्र कण्ठ का स्पर्श कर स्वर बोझल हो उठा—उठिये, मैं खाना लायी हूँ।—और अँगुलियाँ बालों में धीरे-धीरे घूमने लगीं।

मन्ने की गहरी साँसें भींगने लगीं, लेकिन कोई स्वर न फूटा।

—आप इतने बड़े होकर भी बच्चों की तरह बर्ताव करेंगे, मुझे आपसे यह उम्मीद न थी। ऐसा मैं समझती, तो अपने मन की बात मन में ही रखती, आप से कहने की ग़लती न करती!..उठिये, आप खाना खा लीजिये!

मन्ने के कण्ठ में भीगी साँसें बजती रहीं और उसका स्वर एक घायल पक्षी की भाँति फड़फड़ाता रहा।

हाथ उसके माथे पर आ गया, फिर सहलाता हुआ उसके होंठों तक पहुँच गया—ख़ुदा के लिए उठिये, दूल्हा भाई! खाना खा लीजिये!—जैसे रुलायी फूट पड़ना चाहती हो—आपके होंठ कितने सूखे हुए हैं!

मन्ने अचानक उठकर बैठ गया। उसे लगा कि उठकर वह बैठ न गया, तो जाने क्या कर बैठेगा। बोला—तुम क्यों आयी इस वक़्त?

—ज़रा धीरे से बोलिये, दूल्हा भाई!—सहमकर 'नमूना' बोली—बग़ल के कमरे में ही अम्मा सो रही हैं। यह आपको क्या हो गया है? आप बड़े हैं, समझदार हैं, कहाँ तो मैं ऐसी नादानी करती, तो आप मुझे समझाते, मुझे सम्हालते और कहाँ आप ख़ुद..—और वह पैताने बैठ गयी।

और जाने उसकी यह बात मन्ने को कहाँ जा लगी कि मन्ने ने बेसाख़्ता उसका हाथ पकड़ लिया और फूट पड़ा—नमूना! मैं बड़ा ही भूखा इन्सान हूँ! मुझे ज़िन्दगी में आज तक कुछ भी नहीं मिला, और जो मिला भी, उसमें मैं कोई मुसर्रत हासिल न कर सका! दुःख, क़िल्लत, फ़िक्र और एक मुसलसल कशमकश में मेरी सारी ज़िन्दगी बीत गयी!...लेकिन पिछली बार जब मैं तुमसे मिलकर गया, तुम यक़ीन करो, मुझे पहली बार यह एहसास हुआ कि मेरी सूखी ज़िन्दगी में भी एक बहार आ रही है। और तब से मेरी हर साँस ने तुम्हें पुकारा है! मेरी आँखों के सामने तुम्हारे सिवा कोई नहीं रहा है!...और....और....तुम अब कहती हो...तो फिर तुम मेरे पास क्यों आ गयी?..मैं बड़ा ही भूखा इन्सान हूँ! कब क्या कर बैठूँ, इसका कोई भरोसा नहीं! तुम अगर समझती हो कि मैं पत्थर के बुत की तरह खड़ा रहूँगा और तुम उस पर फूल चढ़ाकर चलती बनोगी, तो वह तुम्हारी ग़लती है। यह नहीं हो सकता, नमूना, नहीं हो सकता! मैं अपने पर क़ाबू नहीं रख सकता, मुझमें इतनी ज़ब्त नहीं! मैं पागल हो जाऊँगा!—उसका हाथ छोड़कर मन्ने बोला—इसलिए अच्छा हो...

—दूल्हा भाई!—रुदन से लिपटे स्वर में 'नमूना' बोली और बिलखकर उसने अपना सिर मन्ने की गोद में डाल दिया।

•

छह वर्ष एक तेज़ दौड़ की रफ़्तार से बीत गये। मौसमी नौकरी, करगह का बढ़ता हुआ काम, रुपया, इश्क़ और उसे लेकर पैदा हुआ घरेलू टण्टा। लेकिन इनके बीच-बीच

में जब यूनिवर्सिटी खुलने का दिन आता, तो हर बार मन्ने के मन में अपनी पढ़ाई पूरी कर लेने की बात उसी तरह उठती, जैसे सागर की लहरों पर किसी तैरनेवाले का सिर कभी-कभी लहरों के ऊपर दिखायी दे जाता है; और फिर वह उसी तरह मन में ही समा जाती, जैसे तैराक फिर लहरों में अदृश्य हो जाता है। आयशा और मन्ने के इश्क़ की बात जानकर, पागल होकर महशर ने जो टण्टा शुरू किया, उससे मन्ने का कुछ बना-बिगड़ा नहीं। इस बात को लेकर मन्ने ने जिस 'साहस' 'सद्बुद्धि' तथा 'उदारता' का परिचय दिया, वह अद्भुत था। महशर यह देखकर हैरान रह गयी कि अपने माँ-बाप के घर में ही वह बेचारी अकेली रह गयी है और सभी उसके मियाँ के साथ हैं। बेचारी रो-रोकर झींक-झींककर, लड़-लड़कर लस्त हो गयी, तो अपने माँ-बाप, बहन और मियाँ को शाप और गालियाँ देने लगी, ऐसी-ऐसी कि जिनकी कल्पना तक नहीं की जा सकती। लेकिन इस-सबके बावजूद उसमें इतनी हिम्मत न थी कि घर की यह बात वह बाहर ले जाती। ऐसा करने की जब भी वह धमकी देती, मन्ने साफ़-साफ़ शब्दों में कह देता कि अगर उसने ऐसा किया और उसे मालूम हो गया, तो उसी दम वह उसे तलाक़ दे देगा। महशर को माँ-बाप से भी अधिक आश्चर्य कुँवारी आयशा की हिम्मत और बेशर्मी पर होती, जो उसकी छोटी बहन थी, जिसे वह इतना मानती थी। उसकी समझ में न आता कि कैसे वह उसकी सौत बनकर उसकी छाती पर मूँग दल रही है!...कभी-कभी वह आयशा से उलझती, तो वह दृश्य देखने ही लायक होता। नीच जाति के लोगों में दो सौतों की लड़ाई जिन्होंने देखी है, वे इसकी सहज ही कल्पना कर सकते हैं। ऐसा लगता कि वे सारे संस्कारों को धता बताकर आदिम युग की नारियाँ बन गयी हैं। ऐसे अवसरों पर माँ आयशा का साथ देतीं और कभी-कभी तो महशर को धमका भी देतीं कि अगर वह इस तरह की बेहूदा हरकतों से बाज़ न आयी, तो वह एक दिन उसे घर से निकला देंगी।

भोली, नेक-दिल और वफ़ापरस्त महशर को क्या मालूम कि इस सारी बेहयाई के नंगे नाच के पीछे मन्ने की कौन-सी ताक़त अपना खेल दिखा रही है? वह तो यही सोचती कि हसीन और जवान आयशा ने उसके मियाँ को दीवाना बना दिया है और उसमें माँ-बाप इसलिए उसका साथ दे रहे हैं, क्योंकि वे आयशा की भी शादी मन्ने के साथ करके एक ज़िम्मेदारी से छुट्टी पा लेना चाहते हैं। और इसीलिए महशर दिन में कई बार यह बात कहने से न चूकती कि अगर आयशा की शादी उसके मियाँ के साथ हुई, तो वह गले में फाँसी लगाकर जान दे देगी!

ज़ाहिर है कि वह घर दोज़ख़ से भी बदतर बना हुआ था। लेकिन मन्ने को इसका कोई ख़ास ग़म नहीं था। सच पूछा जाय, तो उसका काम इतना बढ़ गया था कि उसे इन बातों पर सोचने की कम ही फुसरत मिलती थी, और उसकी हिम्मत इतनी बढ़ गयी थी कि वह जानता था कि महशर के किये कुछ होनेवाला नहीं। इन बातों पर माँ-बाप ज़रूर परेशान होते और चाहते कि महशर कहीं चली जाय, करगहवाले घर

में या मन्ने के हेड क्वार्टर पर या अपनी ससुराल। वे मन्ने से बार-बार कहते। मन्ने भी बार-बार महशर से कहता। लेकिन महशर कहती—जब तक इस शैतान और इस चुड़ैल में से एक घर से दफ़्फ़ान नहीं हो जाता, वह यह घर छोड़नेवाली नहीं, चाहे उसकी जान ही क्यों न निकल जाय!

महशर की सूरत देखकर डर लगता। अच्छी-भली लड़की की क्या हालत हो गयी थी! बाल बिखरे, चेहरा सूखा, आँखों में वहशत, कपड़े बोसीदा, हरदम किसी को नोंच खाने के लिए तैयार, हर वक़्त बड़बड़ाहट, लड़ाई, गाली, बद्दुआ, रोना, झींकना, बाल नोंचना, छाती कूटना, दीवार से सर टकराना, बेहोश होना, कभी खाना, कभी न खाना...

तीन साल तक उस घर का यही आलम रहा। आख़िर लोग कब तक बरदाश्त करते। सब आजिज़ आ गये, सबका जी पक गया। बाहर भी कानाफूसी होने लगी। कब तक कोई तोप-ढाँककर रखता। अब कोई-न-कोई फ़ैसला जरूरी हो गया।

एक दिन अपने मतब में ससुर ने मन्ने को बुलाया और कहा—भाई, अब इस दोज़ख़ में रहना नामुमकिन हो गया है! क्या कहते हो?

और मन्ने ने एकदम कह दिया—आप आयशा की शादी कहीं करा दीजिये, और कोई चारा नहीं। जो भी मदद आप मुझसे चाहें, मैं तैयार हूँ।

ससुर हैरान होकर उसका मुँह ताकने लगे। मन्ने को भी अपने ऊपर कम हैरानी नहीं थी, लेकिन झोंक में आकर कोई काम कर गुज़रने के अपने स्वभाव से वह परिचित था। बोला—जितनी जल्दी हो सके, यह काम करा डालिये!—और वहाँ से उठकर अपने कारख़ाने में चला गया, जहाँ बीस करगहों के फटर-फटर, फाँय-फाँय के संगीत में अपने को खो देना उसके लिए आसान था।

तीन-चार दिन तक घर में सन्नाटा छाया रहा। मन्ने एक मिनट के लिए भी घर में न आया। उसका नाश्ता-खाना कारख़ाने में ही पहुँचता रहा। वह वहीं चारपाई पर अपने कारख़ाने के बने कपड़ों को बिछा-ओढ़कर सो जाता।

और आश्चर्य, आयशा ने भी कोई ना-नुकुर न की।

आटा-दाल बाँधकर घर-वर खोजने निकलने का यह अवसर न था। ससुर ने दिमाग़ दौड़ाया, बैठे-बैठे ही रिश्तेदारियों का चक्कर लगाया और आख़िर एक जगह पहुँचकर रुक गये। घर में उन्होंने चुपके-चुपके बात की और दूसरे दिन कानपुर के लिए रवाना हो गये।

एक मसजिद में उनका एक रिश्तेदार अरबी का मुदर्रिस था। शरई पैजामा, लम्बा कुर्ता, उसके ऊपर सदरी, गर्दन पर पट्टा, ख़ासी अच्छी दाढ़ी, छोटी-छोटी मूँछें, आँखों में सुर्मा। उम्र कोई ज़्यादा नहीं, शक्ल-सूरत अच्छी ही। उसे उस रूप में देखकर एक क्षण के लिए ससुर का मन हिचक गया। कहाँ आयशा...और कहाँ यह!

कभी उनके ख़याल में भी न आया था कि एक दिन उन्हें इसके यहाँ इस ग़रज से आना पड़ेगा। अनाथ लड़का, अनाथालय में पला-बढ़ा, अरबी पढ़ी और हाफ़िज़ हुआ। कभी-कभी उनके यहाँ आया करता था और उनके घर में उसकी खातिर एक फ़क़ीर की तरह होती थी।

बेचारे क्या करते? आख़िर अपने आने का उद्देश्य कह सुनाया।

हाफ़िज़ की सुर्मई आँखें चमक उठीं। बोला—कमरे में चलिये!

मसजिद में ही उसे एक कमरा मिला हुआ था। कमरे में चटाई और कुछ किताबों के अलावा कुछ भी नहीं था। उनकी नज़र घूमते हुए देखकर हाफ़िज़ बोला—आप कोई फ़िक्र न करें, सब सामान हो जायगा। कुछ रुपये हमने जोड़ रखे हैं। आपको मालूम नहीं कि अब मैंने चश्मे का काम भी शुरू कर दिया है। शाम को परेड के बाज़ार में बैठता हूँ और दो रुपये रोज़ का रोज़गार कर लेता हूँ। कोई तकलीफ़ न होगी। यहीं रहने की इजाज़त भी मिल जायगी।

—तो कब तक तुम आ सकोगे?—ससुर ने पूछा।

—मैं तो आपके साथ ही चल सकता हूँ!—हाफ़िज़ ने तपाक से कहा।

असल में वह आयशा को देख चुका था। वह जन्नत की हूर उसे कभी मिल सकेगी, उसने ख़ाब में भी न सोचा था। अब एक मिनट भी इन्तज़ार करना उसके लिए मुश्किल था। कौन जाने इन लोगों का दिमाग़ फिर जाय!

दूसरे दिन वे गोरखपुर पहुँच गये। उसी दिन जल्दी-जल्दी कपड़े वग़ैरा बनवाये गये, कुछ तैयारियाँ हुईं। शाम को बिरादरी इकट्‌ठी हुई। निकाह पढ़ाकर रात को शादी की रस्म भी पूरी कर दी गयी और अगले दिन रुख़सती हो गयी।

इतनी बड़ी कहानी का यह अचानक और मुख़्तसर अन्त मन्ने को ऐसा लगा, जैसे दौड़ते-दौड़ते उसे ठोकर लगी हो और वह धड़ाम से गिर पड़ा हो। उसे बस एक ही बात सबसे ज़्यादा खल रही थी कि उसी की वजह से बेचारी आयशा की ज़िन्दगी चौपट हो गयी, वह एक खूसट मौलवी के पल्ले पड़ गयी। सारी ज़िन्दगी वह उसे कोसती रहेगी!

शाम का वक़्त था। करगहों के पास लालटेनें जल गयी थीं। रात के कारीगर आ गये थे। दिन के कारीगरों से ओसारे में चारपाई पर बैठा हुआ मन्ने हिसाब ले रहा था। लेकिन उसका दिमाग़ आज ठीक-ठीक काम न कर रहा था। अदना जोड़ भी करते उससे न बन रहा था। कारीगर उसकी ओर हैरत से देख रहे थे। ऐसे चौकस हिसाबी को आज क्या हो गया है।

तभी सबकी निगाहें सहन की ओर मुड़ गयीं। सीढ़ी के पास एक डोली आकर रुक गयी थी। कहारों ने डोली रखी और उसमें से एक बुर्क़ेवाली निकलकर दनदनाती हुई घर के अन्दर चली गयी।

कारीगरों में से एक ने कहा—आपके घर की सवारी है का, मालिक?

—जाकर आप देखिये,—एक दूसरे कारीगर ने कहा—जाने कोई बात हो, यहाँ तो कभी सवारी आयी नहीं।

एक कहार ऊपर आकर बोला—हमारा मेहनताना दे दीजिये, मालिक।

मन्ने एक क्षण के लिए सकते में आ गया। फिर कारीगरों की ओर देखकर, कहार की ओर मुख़ातिब हुआ। बोला—कितना?

—चार आना।

मन्ने ने जेब से निकालकर पैसा दे दिया और उठकर अन्दर चला।

सभी करगहों के कारीगरों की निगाहें उस पर पड़ीं, लेकिन मन्ने सिर्फ़ सामने देखते हुए आँगन पार कर, अन्दर के कमरे से होता हुआ पिछवाड़े के आँगन में पहुँच गया।

अँधेरे में नक़ाब उठाये हुए महशर खड़ी थी। बोली—हाथ झुलाते हुए क्या चले आये? लालटेन लाओ!

मन्ने के दिमाग़ में बिजली की तरह एक कौंदा लपका और जी में आया कि वह उसे उसी दम धुन कर रख दे। लेकिन शायद कारीगरों की उपस्थिति के कारण खिंची हुई प्रत्यंचा की डोर अचानक टूट गयी। एक क्षण को वह काँपा। फिर बला के धैर्य के साथ बोला—यहाँ कोई फ़ालतू लालटेन नहीं है।

—इतनी लालटेनें तो जलती हुई मैंने देखी हैं!

—सब काम पर जल रही हैं।

—उन्हीं में से एक लाओ!

—यह नहीं हो सकता! काम का हर्ज़ होगा!

—तो घर से मेरी लालटेन मँगाओ। वहाँ से मेरा बिस्तर और बक्सा भी लाना है, शम्मू भी आयेगी!...और देखो, चौके-चूल्हे का समान भी मँगाओ! मैं यहीं खाना खाऊँगी, यहीं रहूँगी!—महशर ज़रा ज़ोर से बोली।

ग़ुस्से से मन्ने का बुरा हाल हो रहा था। इस औरत को वह अच्छी तरह समझ गया था। बेहयाई पर उतर आयेगी, तो ब्रह्मा से भी न डरेगी। मन-ही-मन पेच-ताब खाकर वह बोला—अच्छा!—और वहाँ से चल पड़ा।

मन्ने मन-ही-मन जल रहा था, लेकिन कुछ भी प्रगट न होने देकर उसने कारीगरों का हिसाब किया, उनकी मज़दूरी चुकायी और उन्हीं में से दो को साथ लेकर ससुराल की ओर चल पड़ा।

कारीगरों को बाहर छोड़कर वह अन्दर पहुँचा ही था कि सासु बोलीं—देखो, अपने से डोली मँगाकर, बिना किसी को कुछ बताये, जाने महशर कहाँ चली गयी है।

वह कारख़ाने गयी है;—मन्ने ने सिर झुकाकर कहा—अपना सामान वहीं मँगाया है!

—उसकी आँखों में खटकनेवाली तो चली गयी! हाथ चमकाकर सासु बोलीं—अब वहाँ क्या करने गयी है?

—वहीं रहेगी,—मन्ने ने बिना किसी भाव के कहा—वहीं आज खाना पकाकर खायगी। कुछ बर्तन भी उसके लिए दे दीजिये। मैं कल ख़रीद लूँगा।

सासु उसका मुँह देखने लगीं। मन्ने की इस तरह की बातें उनकी समझ में आनेवाली न थीं। निढाल होकर बोलीं—जाना ही था, तो दो-चार रोज़ बाद क्या नहीं जा सकती थी?...यों ही मेरा घर कितना उदास हो गया है! उससे तुमने कुछ कहा नहीं?

—मेरे या किसी के कहने के मान की है वह?—मन्ने उसी प्रकार बोला—बाहर आदमी खड़े हैं, आप पर्दा कर लीजिये, तो उन्हें अन्दर बुलाकर महशर का सामान उठवा दूँ।

आख़िर सास बोलीं—तो क्या तुम भी यही चाहते हो? तुम उसे मना नहीं कर सकते?

—मेरे मना करने से वह मानेगी?

—तो कहो, तो मैं उसका झोंटा पकड़कर घसीट लाऊँ?—क्षुब्ध होकर सासु बोलीं। अब काहे का डर है? मेरे बेटी को तो उसने भाड़ में झोंक ही दिया!

—क्या फ़ायदा?—मन्ने पर जैसे कुछ असर ही न हो रहा था। उसका सारा ग़ुस्सा कहाँ उड़ गया, वह ख़ुद न समझ पा रहा था। बोला—एक दोज़ख़ से छुटकारा पाने के लिए तो यह-सब हुआ। अब कुछ दिन सकून रहे, यही अच्छा। आप पर्दा कर लीजिये।

—उन्हें तो आ जाने दो, शायद वही मना लायें?—हारकर वे बोलीं।

—उसे किसी का ख़याल होता, तो इस तरह निकल जाती?—मन्ने को भी जैसे अब ज़िद हो गयी। बोला—आख़िर आपको क्या लेना-देना है उससे? छोड़िये उसे उसके हाल पर। मैं आदमियों को बुलाता हूँ।—और वह बाहर के दरवाज़े की ओर मुड़ा।

सासु हक्का-बक्का होकर एक क्षण उसकी ओर देखकर बोलीं—सुनो! खाना मैंने सबका बना लिया है, इस वक़्त तो...

—वह आपके यहाँ का खाना नहीं खायगी,—कहता हुआ मन्ने बाहर जाने लगा, तो उसे पीठ-पीछे सुनायी दिया—मर्द भी क्या शै होते हैं!

बिस्तर-बक्सा उठाकर आदमी चले गये। हाथ में लालटेन झुलाते हुए मन्ने सोयी शम्मू को उठाने के लिए झुका, तो सासु आँखों में आँसू भरके बोलीं—इसे तो रहने दो!

—जाने दीजिये, वर्ना मुझे फिर एक बार आना पड़ेगा,—शम्मू को गोद में उठाते हुए मन्ने बोला—अभी सामान लाने बाज़ार भी जाना है।

लाचार सासु बोलीं—ऐसा है तो मैं खाना ही भेजवाये देती हूँ।

—उसे आपका खाना खाना होता, तो वह मुझसे सामान क्यों मँगाती?

—तो मैं बर्तन के साथ सामान भी भेजवाये देती हूँ। तुम इस रात को...

—वह आपका सामान लेगी?—मन्ने दरवाज़े की ओर बढ़ता हुआ बोला—बर्तन भी रहने दीजिये, जाने वह लौटा दे।

वह क़ारख़ाने के अन्दर पहुँचा, तो देखा, एक मशीन पर अँधेरा छाया है और वह बन्द है। बोला—मँगरू?

मँगरू की आवाज़ आयी—जी सरकार!

—मशीन क्यों बन्द है? तुम्हारी लालटेन क्या हुई?

—आपके घर में उठा ले गयी हैं।

मन्ने का पारा फिर चढ़ गया। वह जल्दी-जल्दी दूसरे आँगन में जाकर बोला—

—मशीन पर से लालटेन क्यों उठा लायी?

—यहाँ अँधेरे में कब तक रहती?—तुनककर महशर बोली।

—और जो काम का हर्ज़ हुआ?—डपटकर मन्ने बोला।

—काम इन्सान के लिए है कि इन्सान काम के लिए?—महशर बिफरकर बोली—लाओ, इसे मेरी गोद में दो और अपनी लालटेन ले जाओ। कोई चारपाई यहाँ नहीं है क्या?

मन्ने ने शम्मू को उसकी गोद में देते हुए, उसे घूरकर देखा, फिर जाने उसे क्या हुआ कि वह आहिस्ते से बोला—एक खटोला है।

—तो लाओ उसे, बच्ची को सुलाऊँ। जाने इसने खाया है या बेखाये-पिये सो गयी!—अपनी गोद में सटाते हुए महशर बोली—जल्दी आटा, घी और अण्डा ला दो। प्याज़ और लकड़ी यहीं पास की दूकान में मिल जायगी। तुम्हारा कोई कारीगर यहाँ रहता है कि सब अपने घर चले जाते हैं?

—दो बाहर के हैं, यहीं खाते-पकाते और सोते हैं।

—तो ठीक है, उससे थाली और तवा माँगकर दे देना। आज काम चल जायगा। कल ख़ुद जाकर मैं बर्तन वग़ैरा लाऊँगी!

यह आँगन बेकार पड़ा था। कभी झाड़ू भी न लगी थी। ठेहुने-भर गर्द-ग़ुबार भरा पड़ा था। सब जैसा-का-तैसा छोड़कर महशर ने इधर-उधर से खोजकर चार ईंटें इकट्ठी कीं और चूल्हा जला दिया।

शम्मू के पास खटोले पर बैठा मन्ने चुपचाप सब देखता रहा। ख़ानाबदोशों से किसी भी तरह यह स्थिति अच्छी नहीं थी। किन्तु मन्ने को आज क्यों चूल्हे की वह आँच बड़ी भली लग रही थी। बहुत दिनों के बाद वह महशर को ग़ौर से देख रहा था। आँच के प्रकाश में महशर के सूखे चेहरे से भी जैसे लौ निकल रही हो, जैसे उसका नारीत्व एक शिखा की तरह जलकर इस सुनसान स्थान को प्रकाश से भर रहा हो!..इस चूल्हे पर अपना एकाकी अधिकार पाने के लिए नारी घोर संघर्ष करती है! वह किससे-किससे इसके लिए नहीं लड़ती, वह कैसी-कैसी लड़ाई इसके लिए नहीं लड़ती और जब तक जीत नहीं जाती, चैन नहीं लेती।...इस वक़्त की इस शान्त, सुशील, कार्यरत गृहस्थिन को देखकर क्या कोई दो दिन पहले की चुड़ैल महशर की कल्पना कर सकता है?...किसने इसे चुड़ैल बनाया था? यह तो कभी भी चुड़ैल न थी!...और मन्ने की आँखें महशर पर से हट गयीं और उसका सिर झुक गया।...आख़िर क्या हासिल हुआ इस सारे इश्क़, मुहब्बत, टण्टे और झगड़े से? आयशा को जहाँ जाना था, चली गयी और मन्ने को जिस हालत में रहना था, रह गया और दोनों के बीच में बेचारी महशर पिसकर रह गयी! यह सारी बदमाशी उसने आख़िर क्यों की, जब उसका नतीजा यही होना था? वह क्यों पागल हो गया था? उसने इस बेचारी महशर को इतना क्यों सताया? इस मासूम का क्या अपराध था?...यह तो उसके साथ शादी करने नहीं आयी थी, वही तो इससे शादी करने आया था। और शादी के बाद क्या उसने इसे नहीं चाहा था?...वह बख़ूबी उन दिनों को आज भी याद कर सकता था। फिर...फिर उसे क्या हो गया? वह इससे क्यों नफ़रत करने लगा? इसे क्यों बिलकुल भूल गया? इसने उसकी कितनी ख़िदमत की थी, यह उससे कितनी मुहब्बत करती थी! कभी किसी चीज़ की रवादार न हुई, कभी कोई शिकायत न की। उसने इस पर कितना ज़ुल्म ढाया!...और जब पास में पैसे आये, अच्छे दिन लौटे, तो वह आयशा के चक्कर में फँस गया और इसे दूध की मक्खी की तरह निकाल फेंकना चाहा।...आह! अगर सच ही वह-सब हो जाता, तो इसकी क्या हालत होती? क्या सच ही यह जान दे देती? ज़रूर दे देती! यह हार माननेवाली औरतों में नहीं है! किस तरह इसने सबका नातक़ा बन्द कर दिया और आख़िर आयशा को खदेड़कर ही दम लिया!...आज इस हालत में भी यह कितनी ख़ुश नज़र आती है!...माँ-बाप तक का रिश्ता तोड़कर चली आयी है! उनका एक दाना भी खाने से इनकार कर दिया है! जिस घर में माँ-बाप के सामने ही इसकी ज़िल्लत हुई, उस घर में यह क्यों रहे? कितनी ख़ुद्दार है!...एक फ़क़ीरनी की तरह ईंटों पर खाना बना रही है। इसे इस रूप में कोई देखे, तो इसे फ़क़ीरनी से ज़्यादा कोई क्या समझे? लेकिन यह इसे मंजूर है, ज़िल्लत का रहना-खाना मंजूर नहीं!... यह फ़क़ीरनी बनकर भी अपने मियाँ के साथ रह सकती है। फिर यह कैसे बरदाश्त कर सकती थी कि इसका मियाँ किसी दूसरे का हो?....तुम्हारे मियाँ की अक़्ल मारी गयी थी, महशर, वर्ना क्या वह तुम्हें इतना

ज़लील करता, इतना सताता?

शम्मू चिहाकर बाज़ी-बाज़ी करती उठ बैठी, तो मन्ने उसे अपनी गोद में लेकर थपकी देने लगा। महशर ने आँखें उठाकर उसकी ओर एक बार देखा और फिर अण्डा फोड़ने में लग गयी।

कितने दिनों के बाद मन्ने ने इस प्रकार शम्मू को अपनी गोद में लिया था! उसे विश्वास ही न हो रहा था कि यह उसी की बच्ची है। ओह, महशर के साथ-साथ वह इसे भी भुला बैठा था! बेचारी मासूम बच्ची! इसे क्या मालूम कि इसके अब्बा को क्या हो गया था! मन्ने उसके सिर और मुँह पर हाथ फेरने लगा और लगा कि उसका दिल रो उठेगा। यह कितनी दुबली और उदास दिखायी दे रही है! जैसे इसकी माँ का साया इस पर भी पड़ गया हो, जैसे यह नन्हीं जान भी एक चपेट में आ गयी हो!...माफ़ कर, मेरी बच्ची! तेरा बाप पागल हो गया था, अन्धा हो गया था! अब उसे होश आ गया है, उसकी आँख खुल गयी है! अब वह तुझे कभी भी न भूलेगा, तुझे बहुत प्यार करेगा, बहुत-बहोत!...

—उससे पूछो, भूख तो नहीं लगी?—महशर ने कहा।

मन्ने ने महशर की ओर देखा और फिर अपनी गोद में गहरी-गहरी साँसें लेती हुई शम्मू को। बोला—यह सो रही है।

—तो उसे खटोले पर सुला दो,—महशर हाथों में लोई सँवारती हुई बोली—ख़रेज तैयार हो गयी है, तुम बैठ जाओ, मैं गरम-गरम पराठे निकालती हूँ, तुम खा लो। अख़बार तो तुम्हारे पास होंगे, एक-दो सफ़हे लेते आओ।

शम्मू को गोद से उतारते हुए मन्ने बोला—कहो तो दो-एक प्लेटें वहाँ से मँगा लूँ?

—तुम इन्सान हो कि सूअर? लाहौलविलाक़ूवत! तौबा! थू:!—महशर आग उगलती आँखों से उसे तरेरकर देखती हुई फट पड़ी।

शिखा जैसे फड़क उठी हो, जैसे सब-कुछ जलाकर वह भस्म कर देगी। मन्ने की साँस जैसे रुक गयी। लेकिन दूसरे ही क्षण वह सम्हल गया और अन्दर जाकर, अख़बार लाकर महशर के सामने रख दिया और सकपकाया हुआ-सा खड़ा हो गया।

महशर एक दुहरा पन्ना फैलाकर, उस पर ख़रेज रखकर बोली—बैठ जाओ,—और तवे पर से पराठा उतारकर अख़बार पर रख दिया।

मन्ने एक आज्ञाकारी बालक की तरह बैठ गया। लेकिन उसका मन तो कोई बालक न था। वह बिचक गया था, खाने पर लग ही न रहा था।...महशर की एक बात ने जैसे सब गुड़ गोबर कर दिया था। कहाँ तो वह क्या-क्या सोच रहा था और अपने कारनामों पर ख़ुद ही शर्मिन्दा हो रहा था और यह महशर है कि उसे गाली दे बैठी।...यह औरत क्या उसे नाकों चने चबवायेगी, उसे ज़लील करेगी, उस पर

हुकूमत चलायेगी?...क्या इसका मिज़ाज हमेशा के लिए बिगड़ गया?...लेकिन अभी तो यह...

—खाते क्यों नहीं हो?—महशर ने एक आँख से उसकी ओर देखते हुए कहा—ठण्डा हो रहा है, दूसरा तैयार है।

मन्ने के मन में आया कि कह दे, भूख नहीं है। लेकिन वह जानता था कि इसके आगे क्या होगा। इसलिए एक ज़रा-सा टुकड़ा तोड़कर उसने मुँह में डाला और मिचराने लगा।

—अच्छा नहीं बना है क्या?—महशर ने एक तीखी मुस्कान के साथ कहा।

—शायद...तुमने इसे अपने ग़ुस्से में तला है। स्वाद कुछ-कुछ...

—क्या मतलब?—दूसरा पराठा अख़बार पर पटकती हुई-सी महशर बोली।

—मतलब यह कि...महशर, अब ग़ुस्सा कूचकर घोंट डालो। जो हुआ सो हो गया। अब मैं चाहता हूँ कि तुम चैन से रहो...

—चैन मेरी क़िस्मत में कहाँ?—भभकर महशर बोली—जिस तरह तुमने मेरा कलेजा भूना है, उसी तरह तुम्हारा भी न भूना, तो बन्दी का नाम महशर नहीं! अब यह आग सारी ज़िन्दगी बुझने की नहीं! इसी में जलकर मुझे राख होना है और इसी में जलाकर तुम्हें भी राख बनाना है!..खाओ चुपचाप! बात मत बढ़ाओ! तुमने जिस तरह मेरा रोआँ-रोआँ डहकाया है...—और महशर आँख पर दुपट्टा रखकर सिसकने लगी।

•

लड़ाई ख़त्म हुई, तो मन्ने का रोज़गार भी ख़त्म हो गया। धीरे-धीरे एक-एक कर सभी मशीनें बन्द हो गयीं और कारख़ाना ऐसा दिखायी देने लगा, जैसे उसमें चारों ओर ठठरियाँ-ही-ठठरियाँ पड़ी हों। जहाँ रात-दिन मशीनों का संगीत गूँजता रहता था, वहाँ सन्नाटा छा गया, उदासी बरसने लगी। देखकर मन्ने को रुलाई छूटती। मशीनों की ठठरियाँ जैसे खाने को दौड़तीं।

चीनी के मिलों का सीज़न अभी दूर था। लाचार हो उसने गाँव का रुख़ किया। कुल कमाई क़रीब पच्चीस हज़ार, बदमिज़ाज महशर, तीन बच्चे और ढेर-सारे अनबिके कपड़े, तौलिये, चादरें और चारखानों के थान लिये-दिये वह गाँव वापस आ गया।

गाँव में पहले ही शोर था कि मन्ने ने बहुत रुपया कमाया है। उसके गाँव आने की ख़बर पाते ही बहुत-से लोग उससे मुलाक़ात करने आये। सबने उसके साथ स्नेह और सम्मान दर्शाया और उसकी ख़ूब-ख़ूब प्रशंसा की और यह जानने की कोशिश

भी की कि वह कितना रुपया कमा लाया है। लेकिन मन्ने कोई ऐसा बेवक़ूफ़ न था, जो वह अपना भेद सबके सामने खोल देता। वह यों ही हँसकर टाल देता, जिसका मतलब यह भी होता कि, अरे साहब, आप यह जानकर क्या करेंगे, सब ख़ुदा की मेहरबानी है!

मन्दी की लपेट में आये गाँव के कुछ महाजन उसके खण्ड का चक्कर लगाने लगे, रुपया है, तो रखकर सेने से क्या फ़ायदा? कोई रोज़गार कीजिये कि कुछ लोगों को काम मिले।

मन्ने भी बेकार था और बेकारी उसे बेहद खल रही थी। इस उम्र में वह फिर यूनिवर्सिटी में क्या दाख़िल होता। ले-देकर उसे सीज़न की केन-इन्सपेक्टरी और घर की खेती ही दिखायी देती। कई बार जी में आता कि ज़िले पर कोई दूकान खोल ली, लेकिन यह बात उसके मन में धसती नहीं, वह दूकानदारी क्या करेगा, यह रोग उसके बस का नहीं। फिर क्या करे?

बाबू साहब ने राय दी कि वह और कुछ जगह-ज़मीन ख़रीद ले। लेकिन इस बात में भी उसका मन रमा नहीं। हाथ का पैसा वह ज़मीन में फँसाना नहीं चाहता था। योंही ज़मीन कौन कम है, लेकिन इससे काम ही कौन-सा बनता है?

घर का ख़र्च काफ़ी बढ़ गया था। हाथ में पैसा था, इसलिए दबाकर ख़र्च करना भी मुश्किल था। छोटी बहन की शादी उसने कर दी थी और वह अपनी ससुराल में थी। लेकिन तीन महीने से ताहिर किसी ग़बन के मामले में पकड़े जाने के कारण मुअत्तल था और उसकी बीवी और चार बच्चे यहीं आ गये थे। ऊपर से ताहिर मुक़द्दमे की पैरवी के लिए बराबर रुपये की माँग करता था। कई बार ख़ुद आकर वह लड़-झगड़ गया था। यहाँ वह गुड़ न था, जिसमें चींटे लगते, लेकिन मन्ने उसके बाल-बच्चों को कैसे अपने यहाँ से चले जाने को कह देता?

घर में महशर मालकिन हो गयी थी और सभी उसकी बदमिज़ाजी के शिकार थे। वह अपने और अपने बच्चों के लिए अलग अच्छा खाना बनाती, दूध-घी का इन्तज़ाम रखती और मन्ने की बहनों और उनके बच्चों को घर की खेती से पैदा हुए मोटे अनाजों पर छोड़ देती। नतीजे में रोज़ झगड़ा होता। मन्ने सन्तुलन क़ायम करने की कोशिश करता, तो यह झगड़ा और ज़ोर पकड़ लेता। महशर किसी के समझाने के मान की नहीं रह गयी थी। वह कहती—घर की मालकिन मैं हूँ, जैसे मैं चाहूँगी घर चलेगा। जिसको रहना हो रहे, जिसको जाना हो जाय! मेरी बला से!

फिर भी मन्ने अपनी ज़िम्मेदारियाँ जानता था और उनका निर्वाह भी वह करना चाहता था। वह महशर से लड़ता और जो हो सकता, करता। इससे और चीख़-पुकार मचती। महशर का मुँह खुल गया था। वह गाली देने से भी बाज़ न आती। मन्ने उससे आजिज़ आ गया था, वह कभी-कभी उस पर हाथ भी छोड़ देता।

मन्ने रात-दिन खण्ड में ही रहता। उस पर चिन्ता का भूत फिर सवार हो गया था। रुपया धीरे-धीरे खरकने लगा था। यही हालत रही तो...

रबी बोने के दिन आये, तो उसने फिर घर की खेती की ओर ध्यान दिया। इधर उसकी दिलचस्पी कम हो जाने के कारण घर की खेती की हालत अच्छी नहीं रह गयी थी। उसने नक़द ख़रीदकर बँसफोरों के गदहों से अपने खेतों में खाद डलवायी और भेंड़े बैठवायीं। पुराने बैल बेचकर एक अच्छी जोड़ी ख़रीदी। बिलरा बूढ़ा हो गया था, इसलिए उसे निकालकर जवान भिखरिया को रखा और उसी की राय से चारा-कुट्टी और सानी-गोबर के लिए बेवा मुनेसरी को रख लिया। इसकी उम्र अभी बहुत ज़्यादा न थी, बड़ी हड़गड़ और मेहनती औरत थी। बेवा होकर और फिर दूसरा विवाह न कर जैसे वह मर्द बन गयी थी। उसकी दस-ग्यारह साल की एक लड़की, बसमतिया, थी। भिखरिया का कहना था कि माँ-बेटी मिलकर बड़ी अच्छी तरह काम कर लेंगी। मियाँ की मेहरबानी से एक गरीबिन की परबस्ती हो जायगी।

बाद में मन्ने को जब मालूम हुआ कि भिखरिया और मुनेसरी में आशनाई है, तो वह मुस्कराकर रह गया। जाने क्यों, उस समय उसका ध्यान बसमतिया की ओर चला गया, जो रंग से तो काली थी, लेकिन नख-शिख से ऐसी, जैसे अजन्ता की चित्रित किसी रमणी की कन्या हो।

और सच ही मुन्नी जब जेल से छुटकर आया, तो सबसे पहले उसकी निगाह बसमतिया पर ही पड़ी। किलककर बोला—अरे मन्ने! इस अजन्ता को तुम कहाँ से पकड़ लाये?

मन्ने हँसी के मारे लोट-पोट हो गया। बोला—अभी तो नहीं, लेकिन ज़रा इसे अपनी उम्र पर आ जाने दो, फिर तो तुम्हारे साहित्यकार की कल्पना को यह छूकर ही रहेगी!

—लेकिन तुम्हारी यह दिलचस्पी मेरी समझ में नहीं आती,—हँसकर मुन्नी बोला—मैं तो तुम्हें बिलकुल पाक-साफ़ समझता था। महशर तो ख़ैरियत से है?

—उनकी ख़ैरियत तुम उन्हीं से पूछना,—मन्ने भी हँसकर बोला—जब से उन्होंने तुम्हारे आने की बात सुनी है, तुमसे मिलने को आतुर हैं।

—मिलना तो मैं भी चाहता हूँ, लेकिन तुम मिलाओ भी तो!

—मेरे मिलाने या न मिलाने से क्या होता है? जब वे चाहती हैं, तो तुमसे मिलकर रहेंगी। कोई ताक़त उन्हें रोक नहीं सकेगी।

—ऐसा?—आश्चर्य से मुन्नी बोला।

—बिलकुल! वह मेरे हाथ से बाहर हो गयी हैं!

—यह कैसी बात कर रहे हो?

—बिलकुल सही कह रहा हूँ! तुम उनसे मिलोगे, तो सब मालूम हो जायगा।

—आख़िर वजह?

—वजह बिलकुल वाज़िब है। मेरी ओर से उनका दिल टूट गया है। लेकिन मैं क्या करता, मजबूर था।

—यार, पहेली मत बुझाओ, कुछ साफ़-साफ़ बताओ!

मन्ने ने अपनी मुहब्बत की पूरी कहानी सुना दी।

सुनकर मुन्नी उदास हो गया। कुछ देर तक चुप रहने के बाद बोला—यह तो बहुत बड़ा ज़ुल्म किया तुमने उस ग़रीब पर। उनका तुमसे बदज़न होना वाज़िब ही है।

—इससे मुझे कब इनकार है?—मन्ने गम्भीर होकर बोला—लेकिन उसके बाद, बिगड़ी बनाने की हर कोशिश करके मैं हार मान बैठा हूँ। घर जहन्नुम हो गया है। हमेशा वे कमान पर तीर चढ़ाये बैठी रहती हैं। और...शायद यह उसी का नतीजा है कि इस तरह की मेरी दिलचस्पी पर तुम्हारी नज़र पड़ रही है। यार, कोई क्या करे?

—तुमने तो, दोस्त, सब चौपट कर दिया!—दुःखी होकर मुन्नी बोला—महशर को, ख़तों से जैसा मैंने महसूस किया है, तुमसे इन्तहा मुहब्बत थी। और तुमने उनके साथ यह सलूक किया। अब चाहते हो, वह सब भुला दें। भला यह कैसे मुमकिन है—

बड़ी एहतियात तलब है यह जो शराब सागरे दिल में है
जो भरी रही तो भरी रही जो छलक गयी तो छलक गयी।

सच बोलो, क्या तुम आयशा को बिलकुल भूल गये हो?

मन्ने कुछ देर के लिए ख़ामोश हो गया। उसके चेहरे पर एक रंग आया और एक रंग गया, फिर वह उदास हो गया। बोला—तुम से झूठ नहीं कहूँगा, आयशा को ताज़िन्दगी मैं नहीं भूल सकता! उससे मुझे जो मिला, उसका स्वाद आज भी मेरे रोम-रोम में बसा है!...लेकिन साथ ही एक बात और मैं तुमसे कहूँगा कि जहाँ तक अखलाक़ का ताल्लुक़ है महशर से आयशा का मुक़ाबिला नहीं हो सकता। आयशा बड़ी चालाक और ख़ुदग़र्ज़ थी। और यही बातें जब मुझ पर अयाँ हुईं तो मैंने उसकी ओर से मुँह फेरना शुरू किया। फिर भी मैं उसे भूल नहीं सकता, वह किसी-न-किसी रूप में मेरी यादों में ज़रूर-ज़रूर बनी रहेगी!

—फिर बेचारी महशर क्या करे? इसमें उसकी क्या ग़लती है?

—ग़लती कोई न हो, फिर भी जहाँ तक हमारी ख़ानगी ज़िन्दगी का सवाल है, क्या वह उसे सुधार नहीं सकती? मियाँ-बीवी के बीच बदले का जज़्बा हो, यह कितनी ख़तरनाक बात है, वह यह बिलकुल नहीं समझती।

—लेकिन उनके अन्दर यह जज़्बा तुम्हीं ने तो पैदा किया है?

—किया है, तो अब मैं क्या करूँ? इसका अब इलाज क्या है?

—उनके अन्दर फिर विश्वास पैदा करो।

—मैं सब करके हार गया हूँ।

—सच कहतो हो? मुझसे झूठ मत बोलना!

मन्ने ज़रा देर के लिए ख़ामोश हो गया। फिर बोला—तुमसे झूठ नहीं कहूँगा। मैंने अपना फ़र्ज समझकर, उनके सकून के लिए ही सब किया है।...जहाँ तक मेरा ताल्लुक़ है, मुझे उनकी सोहबत में बिलकुल मज़ा नहीं आता। अब मैं तुमसे क्या बताऊँ, मैं अपने पर जब्र करके...

—आयी बात वही न!—मुन्नी बोला—फिर तो तुम दोनों का ख़ुदा ही मालिक है!...सच बताना, आयशा की शादी के बाद तुम उससे फिर कभी नहीं मिले?

—सिर्फ़ एक बार छुपाकर कानपुर गया था। फिर उसके बाद कभी जाने का मन नहीं हुआ।—और मन्ने ज़ोर से हँस उठा।

मुन्नी उसका मुँह ताकने लगा। बोला—हँसे क्यों?

—मैंने आयशा से पूछा, कैसी हो? वह बोली, ख़ुश हूँ। मैंने पूछा, वो कैसे हैं? वह बोली, बड़े पुरख़ुलूस, बड़े ही ख़िदमतगुज़ार हैं। मैंने कहा, ख़िदमतगुज़ार से तुम्हारा क्या मतलब है? सुनकर वह ऐसी हँसी हँस पड़ी, जिसे मैं कभी भी न भुला सकूँगा। बोली, वो मेरी बड़ी ख़िदमत करते हैं। खाना ख़ुद बनाते हैं। बर्तन तक मुझे साफ़ नहीं करने देते हैं, कहते हैं, तुम्हारे हाथ मैले हो जायेंगे, नाख़ून की मेंहदी उड़ जायगी। हमेशा मेरा मुँह जोहते रहते हैं। आमदनी ज़्यादा नहीं, लेकिन दूध और फल का मेरे लिये बराबर इन्तज़ाम रखते हैं। कहते हैं, दूध और फल से मलाहत बढ़ती है और रंग खुलता है। ख़ुदा गाढ़ा पहनते हैं और मेरे लिये बेहतरीन कपड़े लाते हैं, पावडर, क्रीम, रूज, इत्र और अच्छे तेल लाते हैं। कहते हैं, तुम्हारे हुस्न में मुझे ख़ुदा का जलवा नज़र आता है, इसे सजाना-सँवारना मेरा मज़हबी फ़र्ज है। अपने हाथ से मेरे बालों में तेल डालते हैं और कंघी करते हैं।...क्या-क्या गिनाऊँ! इतना मान कोई किसी को क्या देगा? मेरी क़िस्मत पर कौन लड़की रश्क नहीं करेगी?

—कोई दीनवाला आदमी मालूम देता है,—मुन्नी ने कहा।

—बिलकुल ज़नमुरीद!

—लेकिन, यार, मुझे तो तुम पर ताज्ज़ुब है!—मुन्नी बोला—तुम्हारे-जैसा खूसट आदमी भी कैसे इश्क़ के चक्कर में पड़ गया? मालूम होता है, जेब गरम होने पर दिल में भी गर्मी आ जाती है!—और वह हँस पड़ा—सुना है, तुमने बड़ी गाढ़ी रक़म काटी है! क्यों नहीं प्रकाशन का काम शुरू करते? अच्छा-ख़ासा फ़ायदे का धन्धा है। मेरे लिये भी कुछ काम मिल जायगा। मैं अब बेकार ही तो हूँ।

—क्यों? अब क्या तुम अपनी नौकरी पर नहीं जाओगे?

—नहीं। देख लिया काफ़ी! सब ढोंग है। नाम सेवा, और साले ऊपर के अधिकारी खातें हैं मेवा! सारा आदर्श नीचे के कर्मचारियों के लिए ही है!...फिर मेरे घर की हालत तो देख ही रहे हो। पिताजी कहते हैं, पास ही रहो, हमें सहारा रहेगा।

—तुम्हें प्रकाशन कार्य का कुछ अनुभव है?

—हाँ, थोड़ा-बहुत है। वहाँ मैं प्रकाशन-विभाग में भी काम करता था।

—तो बनाओ अपनी योजना। मेरे पास कुछ रुपया है। किसी-न-किसी काम में तो लगाना ही है। मेरी राय है कि पहले ज़िले पर एक प्रेस खोला लाय।

—बहुत अच्छा। लेकिन क्या इतना रुपया है तुम्हारे पास?

—कितना लगेगा कम-से-कम?

—दस-पन्द्रह हज़ार लगेगा।

—फिर तो हो जायगा।

—यार, तुमने इतना रुपया कमा लिया?

मन्ने हँसकर रह गया।

थोड़ी देर बाद मुन्नी बोला—कैलास से भेंट हुई थी?

—हाँ, एक दिन शाम को ताल पर भेंट हुई थी। मोटाके यों पलंजर हो गया है, इतनी बड़ी तोंद निकल आयी है।

—क्या हाल-चाल हैं उसके?

—बहुत ख़राब। कहता था, इंजीनियरी पास करने के बाद बिहार की एक चीनी मिल में नौकरी की थी, लेकिन महीने बाद ही छोड़कर अपनी पटना की आढ़त में चला गया। वहाँ ख़ूब खाना और ख़ूब सोना, यही दो काम थे। वहीं फूलकर हाथी हो गया। लाला चिट्ठियाँ भेज-भेजकर परेशान हो गये कि कहीं नौकरी कर ले। लेकिन वह वहाँ से टस-से-मस न हुआ। गौना कराने गाँव लौटा, तो फिर यहीं का होकर रह गया। तीन लड़कियों का बाप हो चुका है, एक लड़के की तमन्ना है।..खाना और सोना, यही दो काम रह गये हैं उसके लिए। सुना है, लड़ाई ख़त्म होते ही अचानक लाला का दीवाला निकल गया। पटना की आढ़त बन्द हो गयी। कइयों का कर्ज़ा लद गया है। लाला बेचारे ने यहाँ कुछ खेती-वेती शुरू कर दी है। फिर भी कैलास को देखो, तो लगता है कि किसी बात का ग़म ही नहीं है।

—ऐसा बोदा निकलेगा, कौन सोच सकता था?

—कहता था, मोली साहब, क्या सच ही आप हज़ारों रुपया कमा लिये हैं?—और मन्ने हँस पड़ा।

—हैरानी तो मुझे भी कम नहीं होती,—मुन्नी बोला—शायद इसी चक्कर में तुमने पढ़ाई भी छोड़ दी?

—है कुछ ऐसी ही,—मन्ने ज़रा उदास होकर बोला—लेकिन अब भी जी करता है कि फ़ाइनल और ला एक साथ ज्वाइन कर लूँ। कोई अच्छी नौकरी अब मुझे क्या मिलेगी। लेकिन, यार, मेरे लिये वक़ालत कैसी रहेगी?

—ख़ूब चलेगी, डिबेटर तो तुम हमेशा के अच्छे रहे हो। ख़ूब चाँदी काटोगे!

—क्या बताऊँ, चाहता तो बहुत हूँ, लेकिन मेरे घर की हालत तो तुम जानते ही हो, बारह प्राणियों का ख़र्च है आजकल! लड़की को अच्छी तालीम दिलाना चाहता था, लेकिन मेरे सोचते-ही-सोचते वह इतनी बड़ी हो गयी और मैं कुछ न कर सका। यहाँ देहात में क्या हो सकता है? शहर में भेजूँ और किसी हास्टल में उसका इन्तज़ाम कराऊँ, तो पचास-साठ महीने से कम ख़र्च क्या होगा।

—लेकिन तुम्हें उसे पढ़ाना ज़रूर चाहिए!

—हाँ, चाहिए तो ज़रूर, लेकिन मैं क्या करूँ? शहर में रहना होता, तो....

—इतने दिन तो शहर में रहे तुम?

—ये दिन मेरे कैसे बीते हैं, इसकी कल्पना तुम नहीं कर सकते। मुझे एक पल को भी चैन नसीब नहीं हुआ। बेचारी लड़की की ओर मैं ध्यान ही नहीं दे सका। वह ऐसी संजीदा और चुप्पी हो गयी है कि कभी-कभी मेरी ओर ऐसे देखती है, जैसे गाय कसाई की ओर देखती है।

—यह तुम्हारी ख़ानगी ज़िन्दगी की तासीर है। क्या करोगे? फिर भी मैं यही राय दूँगा कि उसे पढ़ाओ, ख़र्च की फ़िक्र न करो।

—कैसे न करूँ? भविष्य देखता हूँ तो अन्धकार के सिवा कुछ दिखायी नहीं देता। मेरी क़िस्मत में ही कहीं कोई ज़बरदस्त खोट है, वर्ना दो-दो बहनें अपने बच्चों के साथ मेरे मत्थे क्यों आ मढ़तीं? एक तो ख़ैर बेवा ही हो गयी, लेकिन दूसरी...ताहिर जैसा कमीना और बेग़ैरत रिश्तेदार मुझे मिला है, उसे देखते हुए मुझे लगता है कि अन्त में उसके बाल-बच्चों का भार भी मेरे ही ऊपर पड़ेगा। आख़िर इतने बच्चों की परवरिश, पढ़ाई-लिखाई क्या कोई मामूली जिम्मेदारी है?

—और तुम्हारी छोटी बहन कैसी जगह पड़ी है?

—जगह तो अच्छी ही समझो। वे कोतवाल हैं।

—कोतवाल?

—हाँ, उम्र ज़्यादा जरूर है, लेकिन बहुत ही तन्दुरुस्त आदमी हैं। शादी के पहले उन्हें देखने गया था, तो अपनी आँख से देखा कि आँगन में भरे हुए बीस घड़ों के कण्डाल को उन्होंने गोद में भरकर उठा लिया था। बड़े ही हट्टे-कट्टे और मज़बूत आदमी हैं, ज़िस्म से भी और अख़लाक़ से भी। अपनी लाइन में उनकी बड़ी शुहरत है, रिश्वत नहीं लेते, झूठ नहीं बोलते, ईमानवाले आदमी हैं।

—तो इतनी उम्र तक..

—उनकी पहली बीवी का पाँच साल पहले इन्तक़ाल हो गया था। कोई सन्तान न थी।...क्या बताऊँ, यार, तुम तो जानते ही हो, मैं वहाँ बहन को देने से बहुत हिचका, लेकिन करता क्या? ख़ैर, वह सुखी है। एक बच्ची भी हुई है और ख़त आया है कि फिर...उसकी ओर से मुझे कोई परेशानी नहीं है। कोतवाल साहब मुझे भी बहुत मानते हैं। कभी तुम्हें उनके पास ले चलूँगा। बड़े ही ज़िन्दादिल आदमी हैं, अदब में भी ख़ासी दिलचस्पी रखते हैं।...यह तो हुई हमारी, अब अपनी कुछ सुनाओ।

—मेरा क्या? वही है चाल बेढंगी, जो पहली थी वो अब भी है! दो बार सत्याग्रह करके जेल गये। तीसरी बार बयालीस में पकड़ लिये गये और पाँच साल की सज़ा हो गयी।...अबकी जेल में ख़ूब जमकर पढ़ाई हुई है। तीन पुराने क्रान्तिकारी भी हमारी ही जेल में थे।...और अब मैं कम्युनिस्ट होकर जेल से निकला हूँ।

—कम्युनिस्ट?

—हाँ, गाँधीवाद में मेरी आस्था न रही।...यार, तुम राजनीति में दिलचस्पी क्यों नहीं लेते? तुम्हारी समझ...

—समझ की कोई कमी नहीं है। और मैं जानता हूँ कि अगर मैं राजनीति में कूदूँ, तो कितनों को पीछे छोड़ जाऊँ। लेकिन मैं घर का अकेला आदमी हूँ। काश, मेरे एक भाई होता, तो मैं तुम्हें राजनीति करके दिखा देता! ये तुम्हारे भाई साहब भी कोई राजनीति करते हैं, सारी ज़िन्दगी उन्होंने इसमें खपा दी, और वही वालण्टियर-के-वालण्टियर ही बने रहे, नेताओं की पूँछ से बँधे रहे! उन्हें तो दस साल की सज़ा हुई थी न?

—हाँ!...यार, तुम्हारे दिमाग़ पर इस वक़्त चर्बी छायी है। मेरा मतलब राजनीति करने से न था। मेरा तो कहना यह था कि देश की आज़ादी की लड़ाई...

—उसके साथ मेरी पूरी सहानुभूति है। लेकिन मुझे अफ़सोस है कि उसमें मैं कोई हिस्सा नहीं ले सकता। अगर ले सकता, तो तुम देखते....

—सो तो मुझे मालूम है, इसीलिए तो कहता था।—मुन्नी ने आँखें नीची करके कहा—यार, तुमसे बड़ी-बड़ी उम्मीदें थीं। कभी सोचता था, तुम अदीब बनोगे और अदब की ख़िदमत करोगे; कभी सोचता था, तुम राजनीति में हिस्सा लोगे और मुल्क की ख़िदमत करोगे; कभी सोचता था....

—छह सालों में वह-सब हवा हो गया। तुम इस पर विश्वास करोगे कि इस बीच अख़बारों के सिवा मैंने कुछ भी नहीं पढ़ा है। रुपया कमाने का ऐसा भूत मुझ पर सवार हो गया था कि....

—वह तो अब भी सवार है! मुझे बड़ा अफ़सोस है कि तुमने अपनी ज़िन्दगी को इस रास्ते पर लगा दिया।

—मुझे भी बेहद अफ़सोस होता है,—मन्ने ने भी सिर झुकाकर कहा—लेकिन मैं करता क्या, मजबूर था। मेरी ज़िम्मेदारियाँ...

—ज़िम्मेदारियाँ किसकी नहीं हैं? सब इसी तरह करने लगें...

—कोई मुस्तक़िल सिलसिला लग जाय, तो शायद मैं भी कुछ कर गुज़रूँ। मैं अभी निराश नहीं हूँ।

—सवाल तो दिल की आग का है?

—उसकी मुझमें कमी है, ऐसा तुम सोचते हो?—हँसकर मन्ने बोला—ऐसी बात नहीं है, दोस्त! कभी सोचता था, कोई अच्छी नौकरी मिल गयी, तो आराम से फ़ुरसत के वक़्त अदब की ख़िदमत करेंगे। अब उसकी कोई उम्मीद नहीं रही। अब सोचता हूँ, किसी रोज़गार का कोई सिलसिला लग जाय, तो...

—ये तो बहुत बड़ी-बड़ी शर्तें हैं, प्यारे!—हँसकर मुन्नी बोला—यह तो वही हुआ कि न नौ मन तेल होगा, न राधा नाचेंगी!

—नहीं, ऐसा निराशावादी मैं नहीं हूँ!—दृढ़ता के साथ मन्ने बोला—तुम जानते हो, मैं हिम्मत हारनेवाला आदमी नहीं हूँ। मैं धुन का पक्का हूँ। जिस काम के पीछे पड़ जाऊँगा, उसे पूरा करके ही दम लूँगा! एक दिन तुम देखोगे...

—कौन जीता है तेरी जुल्फ़ के सर होने तक!—और मुन्नी ज़ोर से हँस पड़ा।

—हँस लो, हँस, लो!—आगे को सिर हिलाता हुआ मन्ने बोला—मेरी तरह ज़िम्मेदारियाँ तुम्हारे सिर पड़ी होतीं, तो छट्ठी का दूध याद आ जाता, बेटा!

—बिगड़ो मत,—ठण्डे स्वर में मुन्नी बोला—अब बताओ महशर से कब मुलाक़ात करा रहे हो?

तभी शम्मू ने कमरे में आकर कहा—सलाम, चच्चा।

—ख़ुश रहो, बेटी!—मुन्नी ने उसे अपनी ओर खींचते हुए कहा।

—बाज़ी ने सलाम कहा है,—और मुट्ठी खोलकर उसके सामने करते हुए कहा—उन्होंने आपके लिए यह ख़त भेजा है।

ख़त लेते हुए मुन्नी ने कहा—उन्हें भी मेरा सलाम कह देना।

—कह देंगे।

—अपनी बाज़ी से जाकर कहो,—मन्ने बोला—चच्चा के लिए चाय-नाश्ता भेजें।

—नहीं, यार,—मुन्नी ख़त खोलकर पढ़ते हुए बोला—अब टहलने चलेंगे।

—वे ख़ुद ही नहीं मानेंगी। जा बेटा, जल्दी भेजवा तो!

शम्मू दौड़ती हुई भाग गयी।

—क्या लिखा है?—मन्ने ने आँखें झपकाते हुए कहा।

—लो, ख़ुद पढ़ लो। उन्होंने तो तुम्हारे ही ऊपर छोड़ दिया है।

ख़त पढ़कर, उसे फाड़ते हुए मन्ने बोला—कितना अच्छा होता कि तुम गोरखपुर आये होते!

—यार, बिना शर्त के तुम्हारी कोई बात ही नहीं होती!—बिगड़कर मुन्नी बोला।

—बिगड़ो नहीं। ये सब सामाजिक बन्धन हैं, टूटते-टूटते टूटेंगे। तुम कम्युनिस्ट हो गये, तो इसका यह मतलब थोड़े ही है कि सारी दुनिया ही कम्युनिस्ट हो गयी!—हँसकर मन्ने बोला—तुम्हें सही-सही अन्दाज़ा ही नहीं कि हमारा समाज कितना दक़ियानूस है।

—दक़ियानूस तुम ख़ुद भी हो, वर्ना...

—नहीं, ऐसी बात तो नहीं है, लेकिन...

—यही लेकिन तो तुम्हारी कमज़ोरी का आईना है!..अरे यार! इस अगर-मगर, लेकिन-परन्तु की सीमा को कहीं भी तो तुम लाँघते और अपने व्यक्तित्व की शक्ति दिखाते!

—काश, तुम समझते कि मेरे दिल में क्या-क्या वलवले हैं, लेकिन...

—फिर वही लेकिन?...यार, तुम आदमी हो कि आदमी की पूँछ? अरे, किसी भी दिशा में तो तुम अपना जलवा दिखाओ! राजनीति में तुम नहीं आओगे, मुल्क की ख़िदमत तुम नहीं करोगे, अदीब तुम नहीं बनोगे, समाज के दक़ियानूसी खयालों के ख़िलाफ़ आवाज़ तुम नहीं उठाओगे, तो इतना पढ़-लिखकर, इतने योग्य होकर तुम करोगे क्या? अगर तुम्हारा यह ख़याल है कि यह-सब करने के लिए आदर्श परिस्थिति की ज़रूरत है और तुम उसका निर्माण करके ही इस-सब में कूदोगे, तो यह सिर्फ़ तुम्हारी ख़ामख़याली है! वह आदर्श परिस्थिति कभी आनेवाली नहीं! उसके निर्माण में ही तुम्हारी ज़िन्दगी ख़त्म हो जायगी और तुम फिर भी अपने को प्रतिकूल स्थिति में ही पाओगे और फिर यह सोचोगे कि जब यही अन्त होनेवाला था, तो बेकार के लिए इतना दर्दे-सर मोल क्यों लिया और फिर एक अफ़सोस के सिवा कुछ हाथ नहीं लगेगा।...तुम ऐसे हिसाबी होगे, इसकी तो मैंने कभी कल्पना ही नहीं की थी। इस तरह फूँक-फूँककर क़दम रखोगे, तो कितनी दूर जा सकोगे?

—कहना बहुत आसान है, लेकिन करना मुश्किल! मेरी मुश्किलें...

—तुम्हारी क्या मुश्किलें हैं? इतना रुपया कमाया है, बाप-दादा की छोड़ी हुई इतनी जायदाद है, इतने पढ़े-लिखे आदमी हो!..ज़रा उनकी तो कभी सोचो, जिनके यहाँ सुबह खाना बना, तो शाम का ठिकाना नहीं!...यार, मेरी तो समझ में ही नहीं आ रहा कि तुम्हें क्या हो गया है! दो बहनें क्या आ गयीं, तुम्हारे सिर पर पहाड़ टूट गया। यही था तो तुमने बेवा बहन की फिर शादी क्यों नहीं करा दी? ताहिर मियाँ के यहाँ उनके बाल-बच्चों को क्यों नहीं पहुँचा देते? और फिर अगर तुम्हें अपने ही

बाल-बच्चे भारी लग रहे हों, तो मेरी राय है कि तुम उन्हें ज़हर दे दो! फिर सबसे छुट्टी पाकर तुम रुपये जोड़ने का धन्धा करो!—कहकर, ग़ुस्से में भुना हुआ-सा मुन्नी उठकर कमरे से बाहर हो गया।

मन्ने सन्नाटे में आ गया था। वह मुन्नी को रोक भी न पाया। उसे लग रहा था कि सच ही वह शून्य हो गया है।...उसने जो-कुछ अब तक किया, सब शून्य है।...इतनी परेशानी, इतनी तकलीफ़ें, इतनी मेहनत, इतना संघर्ष...नौकरी... रिश्वत...रोज़गार ...रुपया...सब व्यर्थ हो गया, कुछ भी हासिल न लगा और ज़िन्दगी ऐसी रह गयी कि एक ऐसा आदमी उसे फटकार कर चला गया, जिसकी सांसारिक सफलता केवल शून्य है, लेकिन जिसने कुछ ऐसा किया है, जिसका मूल्य धन नहीं आँक सकता। कितनी आत्म-शक्ति है इस आदमी में। किस लापरवाही से यह बात करता है! कैसा विद्रोही है यह।...तीस रुपल्ली के लिए दूर-दराज़ चला गया। किसको यह मालूम नहीं कि वह हर महीने बीस रुपये अपने बाप को भेज देता था और दस रुपये में अपना ख़र्च चलाता था।...जाने कैसे बचाकर उसने सौ रुपये महशर को भेजे?...अब इसका घर बिलकुल बरबाद हो गया है।...विपत्ति का मारा बाप बूढ़ा हो गया है।...बड़ा भाई बयालीस में मारा गया।...मँझला सिर्फ़ राजनीति करता है।...घर में जो-कुछ था, यहाँ के लीगियों और पुलिस ने लूट लिया।...इतने पर भी इसका यह हाल है! माथे पर बल नहीं!...कम्युनिस्ट हो गया है!...बाप, रे बाप! यह कैसी छाती है!

और एक मन्ने है।...नहीं-नहीं, मुन्नी से उसका कोई मुक़ाबिला नहीं! मुन्नी तो किसी दीवार को तसलीम ही नहीं करता और वह है कि हर आन पर अपने सामने एक दीवार खड़ी देखता है और उसे तोड़ गिराने में ही अपनी सारी शक्ति ख़र्च कर देता है और सिर उठाकर बड़े गर्व से वह शेर पढ़ता है।...आख़िर इन दीवारों का कब अन्त होगा? वह कब तक अपनी ही ज़िन्दगी की उलझनों में फँसा रहेगा? शायद इनका कभी अन्त न हो, शायद ये उलझनें कभी न सुलझें। फिर? फिर क्या वह इसी तरह अपना और अपने लोगों का पेट भरते-भरते ही ख़त्म हो जायगा, वह कभी भी इस धन्धे से निश्चिन्त होकर अपने मन की न कर सकेगा, अपने समाज और अपने मुल्क के लिए कुछ न कर सकेगा?...माना, अपना, अपने लोगों का पेट भरना ज़रूरी है, इसके लिए किया जानेवाला संघर्ष भी कम महत्त्व नहीं रखता। लेकिन इसके क्या माने कि इन्सान इसी में अपने को डुबोकर अपने सारे सामाजिक कर्त्तव्यों को चूल्हे में झोंक दे? वह समझदार आदमी है, पढ़ा-लिखा आदमी है, अपने सामाजिक कर्त्तव्यों का उसे ज्ञान है, फिर भी वह इस ओर से इस तरह आँखें क्यों मूँदे रहा? क्या अपने जीवन के संघर्षों के साथ-साथ वह अपना यह दायित्व भी यथाशक्ति नहीं निबाह सकता था?...देश की आज़ादी की लड़ाई में हज़ारों मारे गये, लाखों ने जेल की यातनाएँ सहीं, अनगिनत लोगों के घर बरबाद हो गये, कितनों ने ही अपनी सरकारी नौकरियाँ छोड़ीं..इन लोगों के साथ क्या अपना जीवन-संघर्ष नहीं था, अपनी

व्यक्तिगत समस्याएँ न थीं, अपनी और अपने बाल-बच्चों का पेट न था?...क्या मुन्नी भूखों रहता है? क्या अपने लोगों के लिए वह कुछ नहीं करता? फिर भी अपने सामाजिक दायित्वों से वह कतराता तो नहीं, बल्कि दस क़दम आगे बढ़कर वह समाज की बेहतरी के लिए और भी ख़तरों को अपने ऊपर ओढ़ता है। कांग्रेस का इस समय मन्त्रि-मण्डल है...कल देश स्वतन्त्र होता है, तो कांग्रेस की हुकूमत होगी, लेकिन कम्युनिस्ट...अभी इनको कितनी गालियाँ मिल रही हैं, इन्हें बयालीस का ग़द्दार कहा जाता है, 'भारत छोड़ो' आन्दोलन की पीठ में छुरा भोंकनेवाला कहा जाता है। सुनकर दुःख के साथ हँसी भी आती है कि आम लोगों की बुद्धि मोटी होती है, लेकिन बड़े-बड़े नेताओं की भी बुद्धि क्यों सठिया गयी है?...और गम्भीर बातों को छोड़ भी दिया जाय, तो क्या यह मोटी बात भी समझाना बहुत कठिन है कि 'लाखों-करोड़ों' लोग जिस 'क्रान्ति' में कूद पड़े थे, उस 'क्रान्ति' को मुट्ठी-भर कम्युनिस्टों ने कैसे विफल कर दिया? क्या मुट्ठी-भर कम्युनिस्ट की ताक़त 'लाखों-करोड़ों क्रान्तिकारियों' से बढ़-चढ़कर थी? क्या ये मुट्ठी-भर कम्युनिस्ट इन 'क्रान्तिकारियों' के साथ होते, तो यह 'क्रान्ति' सफल हो जाती?...झूठ बात है! न तो यह कोई क्रान्ति थी, न इसके पीछे कोई क्रान्तिकारी संगठन था, न इसे सफल होना था। यह तो सिर्फ़ एक ग़ुस्से का उबाल था। जब वह आन्दोलन ख़त्म हुआ, तो उसमें भाग लेनेवालों की पस्ती देखने-लायक़ थी। नेता लोग तो जेल में थे, उन्हें क्या मालूम कि उस वक़्त उन 'क्रान्तिकारियों' की क्या स्थिति थी, उस 'क्रान्तिकारी आन्दोलन' को कैसा लकवा मार गया था!...इसी गाँव में उस समय की फ़िज़ा याद आती है।...क़स्बे की चौकी, थाना, बीजगोदाम और डाक-बँगला जलाने और लूटने के लिए राधे बाबू के साथ कम-से-कम पाँच सौ जवान तो गये ही होंगे। उस वक़्त उनका जोश, उनका ग़ुस्सा, उनका साहस, उनकी शक्ति देखने की ही चीज़ थी। उनके नारों से आसमान गूँज रहा था।...सुना गया कि क़स्बे में सरकारी इमारतों और सामानों को लूट-फूँककर चारों ओर के देहातों से इकट्ठा हुआ एक बहुत बड़ा जत्था जिले के लिए रवाना हो गया था।....नौ दिन तक इस गाँव के लोगों ने राधे बाबू और दूसरे नौजवानों का इन्तज़ार किया। उस समय इस गाँव की प्रतीक्षा देखने की चीज़ थी। गाँव के लोग राधे बाबू के घर पर रात-दिन भीड़ लगाये हुए थे, अपने नेता की खोज-ख़बर के लिए सारा गाँव बेचैन था। लोग भींगे सियार की तरह अपने घरों में घुसे हुए थे कि अब उनकी जान की ख़ैर नहीं!..कांग्रेसी अपना ग़ुस्सा अंग्रेज़ों को भगाकर इन्हीं पर तोड़ेंगे?....लेकिन फ़िर क्या हुआ? नौवें दिन राधे बाबू रात को लौटे, तो बदहवास थे, फ़ौज आ रही है!...अपने बचाव का इन्तज़ाम करो!...तब लोग किस तरह दुम दबाकर उनके घर के सामने से भागे थे! राधे बाबू जानते थे कि सरकार का क़हर सबसे पहले उन्हीं के ऊपर टूटेगा, वही इस गाँव के कांग्रेसी नेता थे। उन्होंने अपने घर के लोगों से कहा कि वे घर का सब माल-मता कहीं खिसका दें, शायद उनका घर फ़ौजी लूटकर जला

डालें और सब लोग गाँव छोड़कर कहीं भाग चलें।...पास-दूर के पड़ोसियों के यहाँ दौड़-दौड़कर माँ-बाप-भाई ने सामान रखने की विनती की, लेकिन उस वक़्त उनका सामान भी राधे बाबू से कम ख़तरनाक न था, एक भी रखने को राज़ी न हुआ।..आख़िर जान से प्यारी क्या चीज होती है, वे लोग घर में ताला लगाकर रातो-रात गाँव छोड़कर भाग गये। किसी ने भी न पूछा कि इस बारिश में, इस अन्धकार में, इस काँदों-पानीं में हेलते-भींगते हुए वे कहाँ जायेंगे?..दूसरे दिन सच ही फ़ौज आ गयी थी..और कल के माँद में छुपे हुए सियार बाघ बनकर निकल आये थे। लीगियों ने फ़ौज़ का ख़ैरमक़दम किया था और राधे बाबू के बारे में सब-कुछ बता दिया था और फ़ौज़ियों के साथ मिलकर उनका घर लूट लिया था!...उनके घर पर एक नोटिस टाँग दी गयी थी कि राधे बाबू छह महीने के अन्दर हाजिर न हुए, तो घर नीलाम पर चढ़ा दिया जायगा।...पता नहीं क्यों, उनका घर जलाया नहीं गया। शायद जुब्ली ने ही कहा था कि घर जलाने से क्या फ़ायदा होगा, इसके किवाड़ वग़ैरा सरकार के ख़ैरख़ाहों के काम आ जायेंगे।...राधे बाबू के दरवाज़े पर पुलिस बैठकर फ़ौज आगे बढ़ गयी थी।...प्युनिटिव टैक्स लगने लगा, तो सारे हिन्दू ही नहीं राधे बाबू की बिरादरी के लोग भी जुब्ली और नूर के पास सिफ़ारिशें ले-लेकर पहुँचने लगे। जिन्होंने उनकी मुट्ठी जितनी गरम की, उन पर जुब्ली और नूर ने उतना ही कम टैक्स लगवाया।...और भी गाँवों से ख़बरें मिल रही थीं, जिले से भी ख़बरें आ रही थीं। सब जगह यही हाल था। यह था 'क्रान्ति' का अन्त और 'क्रान्तिकारियों' का हाल! यह थी 'बयालीस की क्रान्ति', जिसकी पीठ में कम्युनिस्टों ने छुरा भोंका था! राम-राम! इससे बड़ी झूठ बात भला क्या हो सकती है?...

फिर अगर यह कांग्रेस-चालित क्रान्तिकारी आन्दोलन था, तो गाँधीजी ने इस क्रान्तिकारी आन्दोलन की ज़िम्मेदारी से अपने को बरी करने की क्यों घोषणा की और इसके सारे परिणामों का उत्तरदायित्व सरकार पर ही क्यों मढ़ दिया?

और फिर जेल से छूटते ही नेहरू ने इस आन्दोलन की सारी ज़िम्मेदारी अपने ऊपर क्यों ओढ़ ली?

ये महान् नेता हैं, इनसे कोई सवाल नहीं पूछा जा सकता, इनके विषय में कोई सवाल नहीं उठाया जा सकता! बदमाशी तो सारी कम्युनिस्टों की थी, जिन्होंने 'देश की क्रान्ति' के साथ ग़द्दारी की!

फिर इस 'भारत छोड़ो' आन्दोलन के पीछे हमारे राष्ट्र के महान् कर्णधारों की समझ क्या थी? क्या महात्मा गाँधी की यह समझ न थी कि युद्ध-संकट में अंग्रेज़ भारत का सहयोग चाहते हैं और वे इस सहयोग के मूल्य-स्वरूप भारत की आज़ादी स्वीकार कर लेंगे? उन्होंने वायसराय से क्या यह आश्वासन नहीं चाहा था कि भारत सहयोग दे, इसके पहले वे वचन दें कि युद्ध के बाद भारत को आज़ादी मिल जायगी?

लेकिन वायसराय ने यह आश्वासन देने से इन्कार कर दिया। तभी क्यों अंग्रेजों पर, उनके संकट-काल में, दबाव डालने के लिए 'भारत-छोड़ो' आन्दोलन का सूत्रपात हुआ? अगर यह बात सही है और इतिहास इसके खरेपन की गवाही देता है, तो क्या ये दो सवाल किसी भी इतिहास के साधारण-से-साधारण विद्यार्थी के सामने आज नहीं उठते, एक, क्या गाँधीजी के सिद्धान्तों के अनुसार इस आन्दोलन का आधार सत्य-अहिंसा था? दो, अगर सच ही यह आन्दोलन सफ़ल हो गया होता, तो भारत की स्थिति आज क्या होती?

पहले सवाल का जवाब गाँधीवाद के महान् दार्शनिकों के ऊपर छोड़ दिया जाय, तो अच्छा, क्योंकि दर्शन एक दुरूह विषय है, इसकी व्याख्या भाँति-भाँति से की जाने की परम्परा हमारे यहाँ ऋषियों-मुनियों के युग से चली आ रही है। लेकिन दूसरे सवाल का उत्तर तो एक ऐतिहासिक तथ्य के रूप में हमारी आँखों के सामने ही चरितार्थ हो चुका है। उसे कौन नहीं देख सकता? मोटी-से-मोटी अक़्लवाला भी उसे सरलता से समझ सकता है।

ज़रा उस समय के भारत की स्थिति की रूप-रेखा अपने सामने तो लायें, जब अंग्रेज़ सन् बयालीस में 'भारत छोड़ो' आन्दोलन के सफल हो जाने पर भारत को छोड़कर चले जाते। स्पष्ट है कि उस युद्ध-काल में वे अपने साथ अपनी सारी फ़ौजें और अस्त्र-शस्त्र भी ले ही जाते। बस, भारत रह जाता और उसके निहत्थे लोग रह जाते और हमारा सत्याग्रह और अहिंसा रह जाती। फिर क्या होता? बर्मा हड़पने के बाद भारत पर जापानियों का हमला, जिनके कुछ बमों का स्वाद कलकत्ता को मिल चुका था। हमारा सत्याग्रह औौर अहिंसा कुछ लाख लोगों, या करोड़ों की भी, जानें लेकर देश को जापान के हाथ सौंप देती। और फिर क्या होता?...गाँधीजी की यह धारणा थी कि युद्ध में मित्र-राष्ट्र विजय प्राप्त नहीं कर सकते। यदि ऐसा हुआ होता, तो भारत पर आज जापान का साम्राज्य होता। लेकिन ऐसा हुआ नहीं, गाँधीजी की धारणा को इतिहास ने ग़लत सिद्ध कर दिया, और भारत का जापान के हाथ में जाना धुरी-शक्तियों को इतनी शक्ति तो दे नहीं देता कि रूस की लाल सेना और अमरीका के एटम बमों को परास्त करने में वे सफल हो जाते। हुआ वही जो आज हमारी आँखों के सामने है, अर्थात् मित्र राष्ट्रों की विजय। फिर क्या जर्मनी, जापान आदि की तरह जापान-द्वारा विजित भारत का मित्र राष्ट्र के बीच बँटवारा नहीं होता? अर्थात् आज भारत पर फिर अमरीका या बर्तानिया या रूस का अधिकार होता या तीनों का भारत के किये गये टुकड़ों पर!..और भारत को अपनी आज़ादी के लिए फिर नये तौर पर संघर्ष आरम्भ करना होता।...

और तो और सुभाषचन्द्र बोस भी नेताजी हो गये! 'हिन्द फ़ौज' लेकर वे भारत से अंग्रेजों को खदेड़ने के लिए चले थे! अगर वे सच ही अंग्रेजों को खदेड़ देते, तो क्या होता? अगर जापान उन पर करम कर भी देता (मान लीजिये), तो भी क्या

नेताजी का भारत मित्र-राष्ट्रों के विरुद्ध धुरी-राष्ट्रों में शामिल न होता? ऐसा होने के सिवा और चारा क्या था? और होता, तो फिर क्या वही परिणाम नहीं होता, जो ऊपर कहा गया है?

लेकिन नहीं, गाँधीजी, नेहरूजी और नेताजी को कुछ मत कहिये! बस कम्युनिस्टों को पानी पी-पीकर गाली दीजिये, उन्होंने रूस की सहायता के निमित मित्र-राष्ट्रों के फ़ाशिस्तों के विरुद्ध युद्ध को 'लोकयुद्ध' का नाम दिया, उनको सहायता पहुँचाने के प्रयत्न किये, क्योंकि वे जानते थे कि रूस गया, तो सारी दुनिया की आज़ादी गयी, जनवाद का नाम मिटा, जनता की ख़ुशहाली गयी, समाजवाद, मज़दूरों और किसानों और ग़रीब जनता के राज का सपना गया...

क्या अजब बात है कि जिन्होंने ग़लती की, वे देश के सिरमौर बने हुए हैं, और जिन्होंने सही नीति बरती, उन्हें ग़द्दार कहा जाता है?...क्या किसी आवेश के कारण क्षुब्ध होकर जनता पागलपन पर अमादा हो जाय, तो जन-नेता का यह कर्त्तव्य है कि वह उसके पागलपन को हवा दे, उसके पागलपन का नेतृत्व करे और उसके किये गये पागलपन के कार्यों की ज़िम्मेदारी अपने ऊपर ओढ़ ले? या यह कि उस स्थिति में, जनता का कोप-भाजन होने के ख़तरे को मोल लेकर भी, उसका, जन-नेता होने की हैसियत से, यह कर्त्तव्य है कि वह कहे कि जनता आवेश या ग़ुस्से में आकर जो कर रही है, वह ग़लत है, उसे ये काम नहीं करने चाहिए? स्पष्ट है कि सच्चा जन-नेता जनता के ग़लत आवेशों के पीछे नहीं चलता, वह उनका दमन करता है, उन्हें संयमित करता है और जनता को समझाता है, उनकी आँख खोलता है। ऐसा करने में कभी-कभी भले ही वह उन्मादी जनता का कोप-भाजन हो जाता है, किन्तु इसके भय से वह अपने कर्त्तव्य से कभी च्युत नहीं होता।

बयालीस में कम्युनिस्ट पार्टी ने जनता की पार्टी होने की हैसियत से, सही माने में अपने नेतृत्व का यही कर्त्तव्य निभाया था और वह उसका परिणाम भुगत रही है। लेकिन एक दिन आयेगा, जब जनता इस तथ्य को समझेगी और कांग्रेसियों के बदनाम करने के बावज़ूद वह कम्युनिस्ट पार्टी की उस समय की सही नीति की प्रशंसा करेगी!

युद्ध में फ़ाशिस्ती ताक़तों के खात्मे और सोवियत रूस की विजय का संसारव्यापी प्रभाव अवश्य पड़ेगा। फ्रान्स और बरतानिया-जैसे साम्राज्यावादी देशों की कमर टूटे बिना अब न रहेगी, इनकी ताक़तों की कलई लड़ाई ने खोलकर रख दी है। अपने उपनिवेशों को बनाये रखना इनके लिए अब असम्भव हो जायगा। उपनिवेशों के स्वतन्त्रता-संग्राम अब और ज़ोर पकड़ेंगे और वह दिन दूर नहीं जब एक-एक कर सभी उपनिवेश स्वतन्त्र हो जायेंगे।...

मुन्नी कदाचित् कम्युनिस्ट पार्टी की सही नीति को समझकर ही उसमें शामिल हुआ है, वर्ना वह जेल तो एक कांग्रेसी की हैसियत से गया था। जाने कितने राजनीतिक क़ैदी मुन्नी की तरह कम्युनिस्ट होकर जेल से निकले होंगे!...हमारे देश में भी

कम्युनिज़्म आ जाय, तो कितना अच्छा हो! व्यक्तिगत रूप से अपने-अपने जीवन-संघर्ष में लगे रहने के कारण देश का कितना समय, कितनी शक्ति बरबाद हो जाती है! सामूहिक रूप से सभी लोग मिलकर जीवन के लिए संघर्ष करें, तो यह प्रक्रिया कितनी सरल हो जाय और कितनी जल्दी इन्सान इसमें सफलता प्राप्त कर ले। व्यक्तिगत स्वार्थ और व्यक्तिगत सुरक्षा की चिन्ता में ही आज इन्सान मर-खप जाता है। यदि राष्ट्र हर व्यक्ति की आवश्यकताओं को पूरा करने का उत्तरदायित्व अपने ऊपर ले ले और हर व्यक्ति को उसकी योग्यता और शक्ति के अनुसार विकसित होने का सुअवसर प्रदान करे और काम दे तो इससे बढ़कर क्या हो सकता है!..उत्पादन के सभी साधनों पर राष्ट्र अपना अधिकार प्राप्त करके, पूँजीपतियों-द्वारा मज़दूरों तथा उपभोक्ताओं का शोषण समाप्त कर दे, तो ग़रीबी-अमीरी का सवाल क्यों पैदा हो और समाज में व्यक्ति की मान-मर्यादा का माप पैसा ही क्यों हो? फिर पैसे के चक्कर में पड़कर इन्सान अपनी ज़िन्दगी क्यों बरबाद करे? पैसे का तब मूल्य ही क्या रह जायगा, आवश्यकता ही क्या रह जायेगी? सब बुराइयों की जड़ तो यही है!..मन्ने ने कब सोचा था कि कभी वह रिश्वत लेकर किसानों का गला रेतेगा...कभी रोज़गार करेगा और राशनिंग इन्स्पेक्टर को घूस देकर सूत का कोटा लेगा और मज़दूरों का शोषण कर, अवसर से लाभ उठाकर रुपया जमा करेगा? लेकिन वह क्या करे?

मुन्नी सोचता होगा कि मन्ने यह सब-कुछ नहीं समझता, उसके जीवन का उद्देश्य किसी-न-किसी प्रकार बस रुपया कमाना है।..कैसे कह गया, तुम आदमी हो, या आदमी की पूँछ? ठीक उसी तरह जैसे एक दिन महशर ने उससे पूछा था कि तुम इन्सान हो कि सूअर?...मन्ने क्या सचमुच सूअर हो गया है, आदमी की पूँछ रह गया है?...वह इन्सान नहीं, उसमें इन्सानियत नहीं, ग़ैरत नहीं, सच्चाई नहीं?...वह घूस लेता है...वह अपनी बीवी को धोखा देता है...वह रोज़गार करके ग़रीब कारीगरों का ख़ून चूसता है...वह सिर्फ़ रुपये का बन्दा है...और मन्ने का सिर आप ही शर्म से झुक गया।

बड़ा भाञ्जा ट्रे में नश्ता और चाय लिये आकर बोला—मामू?

—वे तो चले गये!—मन्ने चौंककर बोला—अब क्या होगा, ले जाओ।

—ममानी ने आपको बुलाया है।

—चलो,—कहकर मन्ने उठ खड़ा हुआ।

•

कानपुर से एक नया साप्ताहिक निकलेवाला था। उसके लिए एक सम्पादक की आवश्यकता का विज्ञापन अख़बार में निकला था। मुन्नी ने मन्ने को बिना बताये

आवेदन-पत्र भेज दिया था। वहाँ से उसका नियुक्ति-पत्र आ गया, तो उसने मन्ने को बताया और कहा—मैं परसों चला जाऊँगा।

मन्ने बोला—क्या तनख़ाह है?

—वेतन सत्तर रुपये और नौ महँगाई।

—इतने से कैसे काम चलेगा? अब तो तुम्हारे घर की ज़िम्मेदारी भी तुम्हारे ही ऊपर है। राधे बाबू तो फूँकना जानते हैं, कमाना नहीं।

—चलेगा, जैसे चले।

मुन्नी को उम्मीद थी कि मन्ने शायद प्रकाशन के काम के बारे में कुछ कहे। लेकिन वह बोला—तो परसों ही चले जाओगे?

—हाँ। यों एक हफ़्ते का समय दिया है उन्होंने, लेकिन क्या फ़ायदा वक़्त ख़राब करने से।

—तो कल रात को हमारे साथ खाना खाओ।

—खा लेंगे।

—तुम चले जाओगे, तो मेरे लिये यहाँ बड़ी उदासी हो जायगी। वक़्त कटना मुश्किल हो जायगा।

—तुम्हें काम से कहाँ फ़ुरसत है? मैं ही तो बिलल्ला था, जो दिन-रात तुम्हारे पास बैठा रहता था।

तुम्हारे पास बैठना और तुमसे बात करना ही मेरे लिये टानिक का काम करता था।...कानपुर तो बड़ा कारोबारी शहर है, देखना, वहाँ मेरे लिये भी कोई काम..

मुन्नी ज़ोर से हँस पड़ा। बोला :

फिर मुझे ले चला वहीं ज़ौक़े-नज़र को क्या करें?

झेंपकर मन्ने बोला—नहीं, यार, वह बात नहीं। मैं चाहता था कि तुम्हारे साथ रहूँ, शायद तुम्हारी वजह से मैं भी किसी काम का आदमी बन जाऊँ...

—अब बनाने भी लगे?

—बख़ुदा, सच कह रहा हूँ। तुम साथ रहते तो..

—फिर वही बेकार की बात।

—तो क्या सच ही तुमने समझ लिया कि मैं बिलकुल बेकार का आदमी हूँ?

—नहीं, ऐसी बात नहीं है,—ज़रा रुककर मुन्नी बोला—मुझे तुमसे बड़ी-बड़ी उम्मीदें हैं सवाल सिर्फ़ तुम्हारे इरादे का है।

—मेरे इरादे तो...ख़ैर, छोड़ो तुम। मैंने ही रास्ता बिगाड़ा है, मैं ही इसे सुधारूँगा!

—वह तो मैं जानता हूँ!...

रात को खण्ड का बाहर का दरवाज़ा बन्द करके दोनों आँगन में तख़्त पर बैठे खाना खा रहे थे कि दरवाज़े की कुण्डी खड़खड़ा उठी।

ज़रा परेशान होकर मन्ने बोला—जाने, कमबख़्त कौन इसी वक़्त आ मरा!

—तो इसमें परेशान होने की कौन-सी बात है?—मुन्नी बोला—जाकर देखो।

—परेशान मैं तुम्हारे लिये होता हूँ।

—हुँ!—ज़रा हँसकर मुन्नी बोला—मेरे लिये परेशान होने की कोई बात नहीं—

अब तो बात फैल गयी जाने सब कोई!

यार, जब बचपन में नहीं डरे, तो अब क्या डरेंगे? जाओ, देखो।

कुण्डी खड़खड़ाती जा रही थी। लालटेन ज़रा धीमी करके मन्ने ने जाकर, कुण्डी खोल, एक पल्ला थोड़ा-सा खोलते हुए बोला—कौन है?

पल्ला अन्दर को ढकेलकर, घुसती हुई महशर बोली—खोली भी, मैं हूँ और कौन है?

मन्ने ने परेशान होकर एक बार उसकी ओर देखा, लेकिन महशर बिना उसकी ओर देखे दनदनाती हुई अन्दर आँगन में चली आयी।

मुन्नी को अचानक अपनी आँखों पर विश्वास न हुआ, जैसे अचानक अँधेरे में छम-से किसी के सामने एक परी आकाश से उतर आये!

—आदाब!—ज़रा-सा हाथ उठाकर, मुस्कराती हुई, खनकती आवाज़ में महशर ने कहा।

—आप अचानक कैसे आ गयीं?—आश्चर्य का झटका सम्हालते हुए मुन्नी बोला।

लालटेन की बत्ती उकसाती हुई महशर बोली—क्यों? मुझसे मिले बिना ही चले जाने का इरादा था क्या?

दरवाज़ा बन्द कर, कमरे से एक कुर्सी लिये, आँगन में आकर मन्ने बोला—लालटेन तेज़ क्यों की जा रही है? चेहरा दिखायी नहीं दे रहा है क्या?

—तुम्हारी तरह अँधेरे में हमें थोड़े सूझता है!—खिल-से हँसकर महशर बोली।

झेंपकर मन्ने बोला—वो तो आप लोग मर्दों को बना ही देती हैं! आइये, इस कुर्सी पर तशरीफ़ रखिये!

बैठकर मुँह मटकाती हुई महशर बोली—कोई किसी के बनाने से थोड़े ही बनता है। जिसको जो बनाना होता है, ख़ुदा अपने हाथों से ही बनाकर भेजता है!

मन्ने कुछ कहने को सम्हल ही रहा था कि मुन्नी बोला—भई, यह नोक-झोंक अब रहने दो!—फिर महशर से कहा—आइये, नोश फ़रमाइये!

—मैं इनके साथ नहीं खाती!—मुँह बिचकाकर महशर बोली।

मन्ने ने मुँह गाड़कर खाना शुरू कर दिया।

—आप मेरे साथ खाइये!—मुन्नी बोला।

—आप तकल्लुफ़ न कीजिये, वर्ना ये हज़रत सब चट कर जायेंगे!—खिल-से हँसकर महशर बोली।

—अब ये क्या खाते हैं,—मुन्नी बोला—इनका खाना कभी था! ख़ैर, आप आइये, वर्ना मैं भी...

—यह क्या?—तेवर ज़रा बदलकर महशर बोली—आप खाइये न!

—नहीं, यह नहीं हो सकता!

—भई, कहो तो मैं उठ जाऊँ?—मुँह में बड़ा-सा कौर लिये हुए मन्ने बोला।

—आप?—उठकर तख़्त पर बैठती महशर बोली—इतने तमीज़दार आप कब से हो गये?

ख़ुशबू और पास आ गयी। महशर ख़ूब सज-सँवरकर, इत्र में बसकर आयी थी। एक नज़र में कोई तमीज़ न कर सकता था कि वह तीन बच्चों की माँ है।

बड़ी नज़ाकत और एक प्यारी अदा के साथ रोटी का लुक़्मा तोड़ती हुई महशर बोली—तो कल ही रवानगी है?

—हाँ।

—इतनी जल्दी आप चले जायेंगे, ऐसी उम्मीद न थी।

—मुझे भी अफ़सोस है, लेकिन क्या किया जाय, मजबूरी है।

—उस रात की पोखरे पर की मुलाक़ात हमेशा याद रहेगी!

—मुझे भी!

—और मुझे भी!—मन्ने दाल-भत में मूसलचन्द की तरह बोल उठा।

दोनों ने उसकी ओर घूरकर देखा।

—क्यों?—तुनककर महशर बोली—तुम्हें क्यों याद रहेगी?

—उस रात चौकीदारी करने का मुझे जो मज़ा मिला, वह क्या भुलाने की चीज़ है? और फिर जो दूसरे दिन घर में बमचख़ मचा...—मन्ने ने अचनाक दाँतों से ज़बान दबा ली।

—वह क्या?—उत्सुक होकर मुन्नी बोला।

मन्ने ज़रा देर ख़ामोश रहकर महशर की ओर देखकर बोला—इनकी जवाँमर्दी का नतीज़ा, और क्या?...वह तो मुझे मालूम ही था कि ऐसा होगा!

—क्या हुआ, यह तो बताओ!—व्याकुल होकर मुन्नी बोला—तुमने तो मुझे कुछ बताया नहीं।

—तुम्हें क्या बताते?...औरतों के पेट में कोई भी बात कंकड़ की तरह गड़ती रहती है। इन्होंने जुब्ली मियाँ की बीवी से कह दिया कि रात पोखरे पर टहलने गये थे, वहाँ मुन्नी साहब से मुलाक़ात हो गयी। फिर क्या था, कुहराम मच गया। जुब्ली मियाँ ने ऐलान कर दिया कि सब औरतें मन्ने से पर्दा करें और महशर का बायकाट!...फिर यह बन्दी क्यों पीछे रह जाती, बोली, अभी तो पोखरे पर मिले हैं, कल घर के अन्दर बुलवाऊँगी, देखें हमारा कोई क्या बिगाड़ लेता है!...तबसे जुब्ली मियाँ बिफरे हुए हैं। सारी बिरादरी में औरतों और मर्दों के लिए बातचीत का अच्छा चरपरा मसाला मिल गया है!...और अब कल फिर एक रद्दा रखा जायगा, जब लोगों को मालूम होगा कि यह खण्ड में...

मुन्नी का हाथ रुक गया था, सिर नीचे झुक गया था।

—अरे, आपने हाथ क्यों रोक लिया?—मीठे, स्नेह-सिक्त स्वर में महशर बोली—आप भी किन बातों कि फ़िक्र में पड़ गये! हाथ चलाइये!—फिर मन्ने की ओर देखकर ज़रा तेज़ आवाज़ में बोली—कल कुछ हुआ, तो बखिया उधेड़कर रख दूँगी!...तुम मर्दों को कुछ मालूम न हो, लेकिन हमसे घर की कोई बात छुपी नहीं रहती। एक-एक की वह ख़बर लूँगी कि लोग समझेंगे! क्या फ़ायदा वह-सब इस वक़्त कहने से। जुब्ली मियाँ का लड़का....

—छोड़िये वह-सब,—मुन्नी गिरे हुए स्वर में बोला—मुझे अफ़सोस है कि मेरी वजह से...

—आपकी वजह से कैसे?—महशर उसकी बात काटकर बोली—उसकी पूरी ज़िम्मेदारी तो मेरे ऊपर है! आप ख़ामख़ाह के लिए अपने को परेशान न करें!

—और क्या?—मन्ने हँसकर बोला—परेशानी झेलने के लिए मैं तो हूँ ही, तुम तो बस इनकी बहादुरी की दाद दो! हमारे गाँव की तारीख़ में इन्होंने एक नया सफ़हा जोड़ा है!

—बड़े मूड में हो तुम आज!—मुन्नी उसकी ओर कनखियों से देखकर बोला।

—मेरा मूड तो इनकी ख़ुशी पर मुनहसर करता है!

—रहने दो!—महशर उसके मुँह की ओर हाथ हिलाकर बोली।

—बुख़ुदा!—मन्ने गम्भीर होकर बोला—तुम्हें आज ख़ुश देखकर मैं कितना ख़ुश हूँ, इसका अन्दाज़ा तुम नहीं लगा सकती!

—अगर ऐसी बात है,—मुस्कराकर महशर बोली—तो आज भी पोखरे पर चलें?

—बख़ुशी!—मन्ने बोला—ज़रूर चलिये! तुलसी का चौरा आप लोगों का इन्तज़ार कर रहा होगा!

—चलियेगा न?—महशर ने मुन्नी से पूछा।

जिस लहजे में महशर ने यह बात पूछी थी, उसे समझकर मुन्नी चट जवाब न दे सका। जाने को उसका मन न था। क्या फ़ायदा ? कल फिर एक कुहराम मचेगा। हो सकता है, बात बहुत बढ़ जाय और ख़ामख़ाह के लिए महशर को लोग बदनाम कर दें।...लेकिन महशर की बात को अस्वीकार करना मुश्किल था।...औरत होकर, सब-कुछ जानकर भी यह क्यों एक बला सिर पर उठाने को तैयार है? इस सतायी हुई को उसमें क्या मिल गया है कि इस तरह उससे मिलने और बात करने को आतुर रहती है?...उस रात उससे मिलकर वह कितनी ख़ुश थी! कितने घण्टे वे तुलसी के चौरे की आड़ में बैठकर बातें करते रहे थे!...कितनी तरह की बातें...मन्ने की खाँची-भर शिकायतें...आयशा की कहानी....मन्ने के ज़ुल्मों की बातें..और सबके ऊपर यह कि आप कितने अच्छे हैं!...पहली ही मुलाक़ात में लगता है कि मुझे आपसे मुहब्बत हो गयी है!...फिर अपने ही हाथों से उसके मुँह में पान खिलाना!...फिर...फिर मिलियेगा न?...

इतनी जल्दी कोई लड़की किसी मर्द के इतने पास आ जाती है, उससे इस तरह घुल-मिल जाती है, मुन्नी को मालूम नहीं था। सच पूछा जाय, तो मुन्नी को इस दुनिया का कोई तज़ुर्बा ही नहीं था। लड़कियों को वह बड़े सम्मान और पवित्रता की दृष्टि से देखता था और शायद इसी कारण वह उन्हें दूर से ही देखता था, उनके पास जाने से उसे डर लगता था।...महशर उसके जीवन में पहली औरत थी, जिसके इतने समीप वह घण्टों बैठा था और उससे खुलकर बातें की थीं।..उसे ताज़्ज़ुब हुआ था, जब उनसे दूर घाट की सीढ़ी पर बैठे मन्ने ने कहा था, तीन बज गये, अब उठो! वह समझ ही न पा रहा था कि इतना समय इतनी जल्दी कैसे बीत गया था!...मुन्नी को कोई डर न लगा था, शायद इसलिए कि महशर मन्ने की बीवी थी और मन्ने को उस पर पूरा विश्वास था। फिर भी उसने यह कहाँ सोचा था कि इस तरह अकेले में बैठकर महशर उससे बातें करेगी? उसने तो सोचा था कि वे तीनों एक साथ बैठकर बातें करेंगे। वह तो महशर ने ही मन्ने से कह दिया कि वह उन्हें अकेले छोड़ दे और मन्ने ने सच ही घाट पर पहुँचते ही कह दिया था, मैं घाट पर बैठकर चौकीदारी करूँगा, तुम लोग उधर जाकर बातें करो। और वे जाकर तुलसी के चौरे की आड़ में चबूतरे पर बैठ गये थे। बीच-बीच में मन्ने सिगरेट लेने मुन्नी के पास आ जाता था, बस। उस रात मन्ने ने कितने सिगरेट पिये थे।

मुन्नी को चुप देखकर मन्ने ही बोला—इनसे आप क्या पूछती हैं? इनके दिल में भी लड्डू फूट रहे हैं!—और वह हँस पड़ा था।...

वे खाना खाकर बाहर निकले, तो रात गदरा गयी थी। आसमान से तारे सन्नाटे की वर्षा कर रहे थे। सप्तमी का चाँद वियोगी की आँख की तरह शून्य में ताकते-ताकते जैसे थक गया था।

वे आकर तुलसी के चबूतरे पर बैठे ही थे कि महशर ने उसका हाथ पकड़कर अपने होंठों से लगा लिया। फिर अपना सिर उसकी छाती पर रखकर सिसकने लगी।

मुन्नी का हाथ अनायास ही उसकी पीठ पर चला गया। वह सहलाता हुआ बोला—यह क्या, महशर? चुप रहो, बातें करो!

जैसे युगों की तड़पती नारी ने पुरुष को पा लिया हो और उसके सीने पर अपना सिर रख दिया हो और अपने को समर्पित कर दिया हो और ख़ुशी के मारे सिसक उठी हो!...ओह, मन्ने ने इसे कितना दुःख दिया है!

उसका सिर उठाकर मुन्नी ने अँगुलियों से उसके आँसू पोंछ दिये।

महशर बोली—अभी तुम मत जाओ!

—नहीं जाऊँगा, लेकिन तुम इस तरह परेशान मत होओ!

महशर ने अपनी अँगुली से अँगूठी निकाली और मुन्नी कुछ समझे कि उसने उसका हाथ पकड़कर उसकी अँगुली में अँगूठी पहना दी।

—यह क्या, महशर?—परेशान होकर, अँगूठी निकालता हुआ मुन्नी बोला—यह तुमने क्या किया?

—नहीं-नहीं, इसे निकालो मत!—उसकी अँगुलियों को मुट्ठी में दबाती हुई महशर बोली—यह हमारी इस मुलाक़ात की यादगार रहेगी! तुम इसे हमेशा पहने रहना, इसे देखकर तुम्हें मेरी याद आयेगी!

—इसकी क्या ज़रूरत है? मुझे तुम योंही याद रहोगी! तुम्हारी अँगुली सूनी हो जायगी।—मुन्नी ने उसकी मुट्ठी में अपनी आँगुलियाँ हिलाते हुए कहा—एक ही तो अँगूठी तुम्हारे पास मालूम होती है!

—सूनी तो मेरी सारी देह ही है! इतना रुपये कमाया कमबख़्त ने, लेकिन यह भी तौफ़ीक़ न हुई कि दो जोड़े ज़ेवर ही मेरी देह के लिए बना देता!

—इसीलिए तो मैं कहता हूँ कि यह अँगूठी...

—नहीं, तुम्हें मेरी क़सम है, इसे अब अपनी अँगुली में से न निकालना! यह मेरी पहली भेंट है!

—अब तुम्हें मैं क्या बताऊँ, मेरी अँगुली में तुम्हारी यह अँगूठी ज़ेब नहीं देगी!.....ख़ैर, अब तुम बताओ, तुम्हें मैं कानपुर से क्या भेजूँ?

—कुछ नहीं। मुझे किसी चीज़ की ज़रूरत नहीं!

—यह कैसे हो सकता है? अब तो तुम्हें कुछ-न-कुछ माँगना ही पड़ेगा!

—फिर कभी माँग लूँगी, क्या जल्दी है। आप कब जायेंगे?

—अब तुम ही कहो, आप कहने की क्या ज़रूरत है?

हाथ छोड़कर, मुँह में आँचल दबाकर महशर बोली—माफ़ करो! बताओ, कब जाओगे?

—जल्दी ही जाना चाहिए, लेकिन तुम कहती हो, तो दो-एक दिन और रुक जाऊँगा।

—बस?

—इससे ज़्यादा रुकने के लिए मत कहना, वर्ना...

—नहीं-नहीं, ऐसी बात है, तो क्यों कहूँगी? लेकिन मैं तो चाहती थी...

तभी घाट से मन्ने की आवाज़ आयी—एक सिगरेट देना।

—आ जाओ, आ जाओ!—मुन्नी जेब से सिगरेट की डिब्बी और माचिस निकालते हुए बोला।

मन्ने ने पास आकर, जम्हुआयी लेते हुए कहा—मुझे बड़ी नींद आ रही है। बहुत ज़्यादा खा लिया।

—तो घाट पर सो जाओ न,—खिल-से हँसकर महशर बोली—जाने लगेंगे तो जगा लेंगे।

—नहीं-नहीं,—ऐसा मत कहिये,—मन्ने के हाथ में सिगरेट देते हुए मुन्नी बोला—अब हमें चलना ही चाहिए, बहुत रात बीत गयी है।

—मैं तो अभी नहीं जाती!...फिर जाने कब आप से मुलाक़ात हो!

—अरे, अब तो मुलाक़ात होती ही रहेगी,—मन्ने सिगरेट जलाते हुए बोला—कानपुर कौन दूर है। चलो इस वक़्त।

—हाँ, अब चलना ही चाहिए,—कहकर मुन्नी उठने लगा, तो महशर ने उसका हाथ पकड़कर बैठाते हुए कहा—बैठिये भी, अभी तो कोई बात ही नहीं हुई!

—अच्छा, थोड़ी देर और सही,—मुँह से धुआँ छोड़ता हुआ मन्ने बोला और वहाँ से खिसक गया।...

फिर बड़ी देर तक बातें होती रहीं। महशर बोलती रही और मुन्नी सुनता रहा। महशर के पास कितनी बातें थीं, इसका अन्दाज़ा लगाना मुश्किल था। सतायी हुई, दुःखी महशर को यह पहला हमदर्द मिला था, जिसे वह सब-कुछ सुना देना चाहती थी, शुरू से अन्त तक। मुन्नी अभिभूत होकर सब-कुछ सुनता रहा और गुनता रहा।

—इतने ज़ुल्मों के बाद भी दिल नहीं मानता, मैं इससे मुहब्बत किये बिना रह ही नहीं सकती!

—किये जाओ, एक दिन तुम्हें इसका फल ज़रूर मिलेगा!

—उसकी मुझे उम्मीद नहीं। लेकिन अब तुम्हें पाकर मालूम होता है कि मेरी आधी तकलीफ़ दूर हो गयी। तुमसे मेरी तमन्नाएँ पूरी होंगी। तुम भी तो कहीं इन्हीं की तरह...

—दिल से वे आदमी अच्छे हैं, महशर! क्या बतायें...देखो..

—रहने दो, अब देखना कुछ नहीं रह गया है!

घाट से फिर मन्ने की आवाज़ आयी—अब तो चलो, भाई!

और वे उठ गये।

दो दिनों में चार लम्बे-लम्बे ख़त महशर और मुन्नी के बीच आये-गये।

•

मुन्नी चला गया।

मन्ने ने इतने वर्षों के बाद महशर के चेहरे पर एक रौनक़ देखी। वह जब भी उसके सामने पड़ती, वह घूर-घूरकर उसका मुँह देखने लगता।

एक बार महशर ने पूछा—इस तरह घूर-घूरकर क्या देखते हो?

—मुहब्बत का रंग!—मुस्की छोड़ता हुआ मन्ने बोला।

और महशर का चेहरा लाल हो गया! बोली—तुम्हें कोई उज्र है?

—हर्गिज़ नहीं! मैं तुम्हारी तरह नहीं हूँ!

—देखूँगी!

—देख लेना!

मन्ने को उसमें तब्दीली देखकर बड़ी ख़ुशी हुई। लेकिन साथ ही उसे लग रहा था कि कहीं एक बारीक काँटा चुभ रहा है। इससे कोई तकलीफ़ नहीं थी, फिर भी एक ख़लिश तो थी ही।

दिन बीतते गये। जाड़े में केन-इन्स्पेक्टरी और गर्मी में ग़ुल्ले का ब्यौपार।

एक महाजन के साथ उसने साझा कर लिया था। वही देहात में घूमकर ख़रीद करता था। रुपया मन्ने लगाता था। खेती का सिलसिला तो लगा ही हुआ था। एक तरह से मजे में ही कट रहा था। घर में भी निस्बतन सकून ही रहा। मुन्नी आता जाता रहा।

फिर आज़ादी क्या आयी, एक ज़लज़ला आ गया!

ख़ूनी ख़बरों ने हवा ख़राब कर दी। लीगियों के चेहरों पर तो बदहवासियाँ छा गयीं, राष्ट्रीय मुसलमानों की भी हालत कुछ ठीक नहीं थी। जिले के कई इलाक़ों से भी मुसलमानों के मार-काट की ख़बरें आने लगीं। मन्ने के खण्ड में मुसलमानों की भीड़ लगी रहती, क्या किया जाय, यहाँ के भी हिन्दुओं के तेवर देखे नहीं जाते, जाने कब क्या हो जाय!

राधे बाबू की तो जैसे तूती ही बोल रही थी। उनका रोब देखने ही लायक़ था, जैसे हर मिनट वे इस इन्तज़ार में हों कि कोई लीगी कुछ बोले और वे हल्ला बुलवा

दें। हिन्दुओं का जमघट उनके दरवाज़े पर लगा रहता। बयालीस के आन्दोलन में लीगियों ने जो लूट-पाट मचायी थी, उसका बदला लेने का मन्सूबा गाँठा जा रहा था।

जुब्ली और नूर का वही हाल था, जो दाँत और नाख़ून तोड़ देने पर भेड़िये का हो जाय। वे राधे बाबू के इर्द-गिर्द कुत्तों की तरह चक्कर काटते रहते थे, जैसे वही उनके आक़ा हों।

दहशत के पहले ही धक्के में कई मुसलमानों ने मन्ने के मना करने के बावजूद और-पौने में अपने घर हिन्दू पड़ोसियों के हाथ बेंच दिये और रातो-रात भाग निकले।

मुसलमानों के घर में मुहर्रम छाया था। रात में सभी मुसलमानों की औरतें मन्ने के घर इकट्ठा होकर रतज़गा करतीं और मर्द बाबू साहब और उनके कई लट्ठबन्दों के साथ खण्ड में।...मन्ने उन्हें समझाता, घबराने की कोई बात नहीं। थोड़े दिनों में सब ठीक हो जायगा। लेकिन बाहर की ख़बरें पढ़कर और पास-पड़ोस के गाँवों की ख़बरें सुनकर अन्दर-ही-अन्दर उसकी हालत भी ख़राब हो रही थी।...इधर दिल्ली से जो ख़बरें आ रही थीं, उनसे यह बात तै होती जा रही थी कि कांग्रेस पाकिस्तान स्वीकार कर लेगी। फिर भी गाँधीजी और मौलाना के रहते ऐसा हो सकेगा, इस पर किसी भी राष्ट्रीय मुसलमान या देशभक्त कांग्रेसी का विश्वास न टिकता था। लेकिन गाँव के लीगी उछल-कूद मचा रहे और राधे बाबू और मन्ने को बार-बार छेड़ रहे थे—कहिये, ज़नाब? कहाँ रहा आपका अखण्ड भारत? मार लिया दंगल! पाकिस्तान ज़िन्दाबाद! जुब्ली और नूर के तो जैसे पाँव ही ज़मीन पर न पड़ रहे थे। उनकी ख़ुशी आँखों से छलकी पड़ती थी।...और सच ही, देखते-देखते ही पाकिस्तान एक तथ्य बन गया। गाँधीजी का विरोध का जो बयान आया, उसमें जैसे कोई शक्ति न थी, यह पता लगते देर न लगी। काश, उनकी एक टुकड़ी भूमि भी देश से अलग न होने देने की प्रतिज्ञा दुर्योधन-प्रतिज्ञा सिद्ध होती! महाभारत भी मच जाता, तो अच्छा ही था। आज जो हो रहा था, उसमें क्या महाभारत से कम प्राणों का होम हो रहा था? लेकिन नहीं, गाँधीजी में कदाचित् इस समय दुर्योधन की भी दृढ़ता न रह गयी थी। नेहरू, पटेल और राजेन्द्र बाबू से भिड़ने की शक्ति उनमें न थी। देश के सबसे महान् नेता, राष्ट्रपिता तथा सत्य और अहिंसा के अवतार गाँधीजी अचानक, अपने शिष्यों के समक्ष ही, इतने नि:शक्त, विवश और निष्क्रिय हो जायेंगे, यह कौन जानता था! उनका हृदय भले रोता हो, किन्तु वे कुछ कर न पायेंगे, यह स्पष्ट हो गया।...फिर यह कौन जानता था कि विभाजन के तुरन्त बाद ही यह ख़ून-खच्चर शुरू हो जायेगा? इतने बड़े-बड़े नेता, गाँधीजी और नेहरू के भी ख़ाबो-ख़याल में यह बात कहाँ आयी थी!...जिन्ना ने भी यह कहाँ सोचा होगा! आकर वे देखते अपने लीगी मुसलमानों को यहाँ, जिन्होंने उन्हें पाकिस्तान दिलाया था!...गाँव के वे सारे गुमराह मुसलमान आज जुब्ली और नूर को गालियाँ दे रहे थे, जो उस वक़्त तो पाकिस्तान के नारे लगाते थे और आज

उन्हें छोड़कर राधे बाबू के इर्द-गिर्द चक्कर लगा रहे थे। काश, उन्हें मालूम होता कि पाकिस्तान बनने के बाद यह-सब होगा, तो...वे मन्ने की चिरौरा करते थे कि किसी तरह वह राधे बाबू से मिले और उनसे आश्वासन ले!...लेकिन मन्ने की आत्मा इसे स्वीकार न करती। आज उसे अफ़सोस हो रहा था कि उसने क्यों न राजनीति में खुलकर हिस्सा लिया?..इस समय वह अपने को राष्ट्रवादी कहे, तो कौन उस पर विश्वास करेगा?....इस गाँव में तो योंही हिन्दू-मुसलमानों में पुश्तैनी बैर है। हिन्दुओं को इससे अच्छा अवसर और फिर कब मिलेगा? और मन्ने की परेशानी और चिन्ता की कोई सीमा न थी। उसे रह-रहकर ऐसा लगता था कि वह गाँव के सभी मुसलमानों के साथ हिन्दुओं के बीच घेर लिया गया है और...

किसी दिन ख़बर आती कि फलाँ गाँव से हिन्दुओं का गिरोह मुसलमानों को मारता-काटता चला आ रहा है..किसी दिन ख़बर आती कि फलाँ गाँव से...और मुसलमान बेचारों की जान सूख जाती थी, या अल्लाह क्या होनेवाला है?

ख़ुदा-ख़ुदा करके दिन कटते रहे। इक्के-दुक्के मुसलमान भागते रहे।

मन्ने को बस एक बात से ही साहस बँधा रहा कि यहाँ के महाजन, जो हिन्दुओं के नेता हैं, मार-काट नहीं जानते। ये मुक़द्दमा लड़ सकते हैं, लेकिन बलवा नहीं कर सकते। उसे सबसे बड़ा डर यह था कि कहीं दूसरे गाँव के हिन्दू न चढ़ आयें...

लेकिन गाँव का सौभाग्य कि वैसी कोई वारदात न हुई। इसके बावजूद गाँव में मुसलमानों का मोहल्ला सुनसान हो गया। बहुत-सारे मुसलमान पाकिस्तान चले गये। फिर धीरे-धीरे सब-कुछ शान्त हो गया।

•

इस साल मन्ने को केन-इन्स्पेक्टरी के लिए अर्जी भेजने का होश ही न रहा। जो सालाना तीनेक हज़ार की उसकी आमदनी हो जाती थी, इस साल मारी गयी। दूसरी दुर्घटना यह हुई कि ताहिर हैज़े की चपेट में आ गया।...

एक दिन बाबू साहब से उसने कहा—एक मेरा ज़रूरी काम है।

—कहिये।

—ज़रा होशियारी से करना होगा।

—कहिये।

—मैं खेत और ज़मींदारी बेचना चाहता हूँ, आप ग्राहक ठीक कर दें।

बाबू साहब ने अचकचाकर उसकी ओर देखा—क्यों? क्या आप भी...

मन्ने हँसकर बोला—नहीं। मेरी मिट्टी तो यहीं लगेगी!..बात ज़रा राज़ की है, आप किसी से कहियेगा नहीं, वर्ना हल्ला मच जायगा, तो कोई ज़मीन-ज़मींदारी को साग के भाव भी नहीं पूछेगा!

बाबू साहब बेवक़ूफ़ की तरह उसका मुँह निहारने लगे।

—मुझे आसार साफ़ नज़र आ रहे हैं, अब ज़मींदारी जल्दी ही टूटनेवाली है।

—क्यों? आप ऐसा क्यों समझते हैं?—हैरान होकर बाबू साहब बोले।

—आपको मैं समझा न सकूँगा, लेकिन जो आने जा रहा है, उसे मैं अपनी आँखों के सामने देख रहा हूँ। देर करना ठीक नहीं, आप ग्राहक खोजिये!

—बहुत अच्छा।

—आपके नाम भी मैं कुछ लिखना चाहता हूँ,—मन्ने के मुँह से यह निकला, तो अचानक ही उसके दिमाग़ में अपने मन की एक समय की वह बात कौंध उठी, जब उसने सोचा था कि वह अपनी सारी जमीन-जायदाद बाबू साहब को दे देगा। उसका सिर आप ही झुक गया।

—इसकी क्या ज़रूरत है?—बाबू साहब ने योंही कहा।

—आपका भविष्य भी मेरी आँखों के सामने है। बाबू साहब, खेती-बारी में अब आप कुछ मन लगाइये, वर्ना दिन बहुत बुरे आ रहे हैं।

—वो तो आ भी गये हैं।

—क्या ?

—घरवालों ने मुझे अलग करने की धमकी दे दी है।

—कोई चिन्ता नहीं। मैं हूँ न! अब आप ज़रा अपने को सम्हालिये। मैंने सोचा है, कि दस बीघे धनखर आपके नाम लिख दूँ। थोड़ी-बहुत और ज़मीन भी देखूँगा। आपके गुज़र के लिए कम न रहेगा। लेकिन एक बात का ध्यान रखें, ख़ुद खेती करें, लगान-बटाई पर न उठायें।

जुब्ली ने भी न जाने कहाँ से आगम को सूँघ लिया। उसने सभी मुसलमानों को इकट्ठा किया और मिल-जुलकर एक फ़ारम खोलने की तजवीज़ पेश की। मन्ने को भी उसने बुलाया था। अब मन्ने के बिना उसका कोई भी काम न सँवरता था। मन्ने ने उसकी तजवीज़ की ताईद की और अपने भी बीस बीघे खेत फ़ारम को देने का वचन दिया। फारम रजिस्टरी होकर खुल गया और जुब्ली ने फ़ारम के बहाने अपने और दूसरे मुसलमानों के खेत असामियों से निकालकर फ़ारम में मिला लिये। वह फ़ारम कमिटी का सेक्रेटरी हो गया।

अपनी खेती के लिए तीसेक बीघे खेत निकालकर मन्ने ने धीरे-धीरे बाक़ी खेत बेंच दिये।....

मन्ने ने जैसा सोचा था, वही हुआ।...जमींदारी टूटी, पंचायत क़ायम हुई। राधे बाबू ने जैसा चाहा, किया। वे सरपंच बन गये और ख़ुद ही, बिना चुनाव कराये, ग्राम पंचायतों के सदस्यों को नामज़द कर दिया। मन्ने ने कोई दिलचस्पी न दिखायी।

गाँधी-चबूतरे की स्थापना और पंचायत का उद्घाटन जिस दिन होनेवाला था, उस दिन मुन्नी आ पहुँचा। उसे यह जानकर बड़ा अफ़सोस हुआ कि मन्ने पंचायत का सदस्य नहीं था। अपने भाई पर उसे बड़ा ग़ुस्सा आया कि ऐसा एक सुलझा हुआ आदमी गाँव में है और उन्होंने उसकी ओर बिल्कुल ध्यान ही नहीं दिया।

लेकिन पूछा उसने मन्ने से—तुमने पंचायत में दिलचस्पी क्यों न ली? सुना है, बिना चुनाव के ही मनमाना...

हँसकर मन्ने बोला—मुझे यहाँ रहना है कि दिलचस्पी लूँ?

—जब तक यहाँ हो, तब तक तो तुम्हें दिलचस्पी लेनी चाहिए!—मुन्नी बोला—यह भी कोई पंचायत बनी है! तुम्हें चाहिए था कि जनवादी तरीक़े से चुनाव की माँग करते और लोगों को समझाते...

—क्या फ़ायदा? राधे बाबू ने स्वतन्त्रता-संग्राम में जो त्याग किया था, गाँववाले उसी का उन्हें पुरस्कार दे रहे हैं। मैं क्यों ख़ामख़ाह के लिए उनके बीच में आऊँ? जैसे चल रहा है चलने दो।

—यह कैसी बातें कर रहे हो?—मुन्नी बिगड़कर बोला—पंचायत गाँव में गाँव की तरक़्क़ी के लिए बड़े-बड़े काम कर सकती है। तुम्हारे जैसे पढ़े-लिखे आदमी का उसमें होना ज़रूरी था!

—ऐसा तुम्हारा ख़याल है,—हँसकर मन्ने बोला—मेरा ख़याल तो इसके बिलकुल बरक्स है। मेरे देखने में तो गाँव में कांग्रेस को संगठित करने और उसकी शक्ति बढ़ाने की यह एक योजना है। इतने बेकार हुए कांग्रेस के ग्रामीण कार्यकर्त्ताओं को भी कोई काम चाहिए कि नहीं? कितने लोग मन्त्री और एम० एल० ए० और एम० पी० बन गये हैं, तो इन बेचारों को क्या सरपंची भी न मिले?

—ऐसा तुम समझते हो, तब तो और भी डटकर इसका विरोध करना चाहिए था!

—और कम्युनिस्ट के नाम से बदनाम होकर जेल चला जाना चाहिए था!

—ऐसा तुम क्यों कहते हो? पंचायत कानून...

—कानून तो हाथी के दिखानेवाले दाँत हैं! तुम्हें मालूम है, किशोर (पास का एक गाँव) में क्या होने जा रहा है?

—नहीं, क्या बात है?

—उस गाँव में कम्युनिस्टों का ज़ोर है। उन्होंने वहाँ के कांग्रेसी नेता, गुंजेसरी, की नामजद पंचायत को पंचायत इन्स्पेक्टर से कहकर रद्द करा दिया और पंचायत के चुनाव की माँग की!...पंचायत सेक्रेटरी ने बाक़ायदा वहाँ चुनाव कराया, तो कम्युनिस्टों को बहुमत प्राप्त हो गया और उन्हीं का सरपंच भी चुन लिया गया। आज शाम को वहाँ भी गाँधी-चबूतरे और पंचायत का उद्घाटन होनेवाला है, चाहो तो वहाँ

जाकर देखो कि क्या होता है। सुना गया है कि पुलिस ने उस गाँव को घेर लिया है और जैसे ही पंचायत जमा होती, सरपंच और दूसरे कम्युनिस्ट सदस्यों को गिरफ़्तार कर लिया जायगा!

—ऐसा?—हैरानी और ग़ुस्से से मुन्नी बोला।

—बिलकुल!—मन्ने बोला—पंचायत सेक्रेटरी बाबू साहब के गाँव का एक कांग्रेसी कार्यकर्ता है। वही बता रहा था और कह रहा था कि हम किसी ग़ैरकांग्रेसी पंचायत को किसी भी हालत में नहीं चलने देंगे! मैंने कहा, तुम तो सरकारी आदमी हो, तुम्हें इन बातों से क्या मतलब? जो भी पंचायत चुनी जाय, वह कानून के मुताबिक़ काम करे, बस यही देखना तुम्हारा काम है। तो बोला, सरकार तो हमारी है, पंचायत दूसरी पार्टी की कैसे हो सकती है?...महा बगड़ आदमी है!

—सीपूजन है क्या, जो बयालीस में भागकर कलकत्ता चला गया था?

—हाँ-हाँ, वही सेक्रेटरी नियुक्त हुआ है इधर की पाँच पंचायतों का!

—वाह! जब रन पर चढ़ने का वक़्त आया था, तब तो बेटा भाग खड़े हुए थे, अब आये हैं मज़ा मारने! वह साला सेक्रेटरी बन गया।

—बड़ा चलतापुर्ज़ा हो गया है। यहाँ के उत्सव में भी शाम को आयेगा। पूछना उससे।

—मैं तो किशोर जाऊँगा!

—वहाँ तुम जा ही नहीं सकते, पुलिस ने नाकेबन्दी कर रखी है।

—फिर भी जाऊँगा!

—भावुकता से काम लेने का यह वक़्त नहीं है। तुम चुपचाप यहाँ बैठे रहो। शाम तक सब मालूम हो जायगा। कम्युनिस्टों को वहाँ गिरफ़्तार करना कोई आसान काम नहीं है। वे डटकर पुलिस से मोर्चा लेंगे।

—तुम्हें कैसे मालूम?

मुस्कराकर मन्ने बोला—मुझे सब मालूम है!...मैं तुम्हारी पार्टी का हमदर्द हूँ।

—सच?—मुन्नी की आँखें हैरत और ख़ुशी से चमक उठीं। उसने तपाक से उसका हाथ पकड़ लिया।

मन्ने ने महसूस किया कि उस हाथ की गर्मी और ही थी। वह बोला—आज गाँधी जयन्ती है, गाँव-गाँव में गाँधी-चबूतरे की स्थापना होगी और किशोर-जैसे जाने कितने गाँवों में आज के ही दिन पुलिस कम्युनिस्टों के ख़ून से होली खेलेगी! राष्ट्रपिता महात्मा गाँधी, उनके सत्य और अहिंसा का ढोल पीटनेवाली कांग्रेस का असली रूप...

—हुः!—नफ़रत से भरकर मुन्नी बोला—गाँधीजी को तो देश का विभाजन स्वीकार करने के दिन ही कांग्रेस के नेताओं ने दफ़ना दिया था!...विभाजन की लगायी

आग को बुझाने में और मुसलमानों को कटने से बचाने में गाँधीजी लगे थे, तो हिन्दू उन्हें गाली देते थे। इतने महान् नेता, जिन्होंने देश को नींद से जगाया, जनता को आन्दोलित कर स्वतन्त्रता के संग्राम के लिए कटिबद्ध किया, जो जनता में भगवान् और राम-कृष्ण की तरह पूजे गये, वही जनता के साम्प्रदायिक आवेश के क्षणों में इतने अलोकप्रिय हो जायेंगे, इसे कौन सोच सकता था! किन्तु कांग्रेस और हिन्दू जनता-द्वारा परित्यक्त होने की अवस्था में भी गाँधीजी ने अपना कर्त्तव्य नहीं भुलाया! गाली, बदनामी और सारी अलोकप्रियता को झेलकर भी वे अकेले अल्पसंख्यक मुसलमानों को बचाने के संकल्प पर डटे रहे। उस अवसर पर जनता की गुमराही, ग़ुस्से, नफ़रत, ख़ूँरेज़ी, आवेश और साम्प्रदायिकता के ऊपर उठकर गाँधीजी ने जिस महानता और सही नेतृत्व का परिचय दिया, कदाचित् वह उनके जीवन का चरमोत्कर्ष था, उस समय वे ईसा के समकक्ष पहुँच गये थे...दिल्ली में जब कांग्रेस के बड़े-बड़े नेता राज-भार सम्हालने में व्यस्त थे, उसी शहर में गाँधीजी मुसलमानों की रक्षा की चिन्ता में लगे थे। एक नेहरू ने ज़रूर उनके इस काम में हाथ बटाया..हिन्दुओं के पागलपन से ग़ुस्सा होकर उन्होंने बिहार में जो बम गिराने की धमकी दी थी, उसका ख़मियाज़ा, गाँधीजी ही की तरह, उन्हें भी कम न भुगतना पड़ा...और फिर गाँधीजी की शहादत..ख़बर सुनकर जो दिल-दिमाग़ को धक्का लगा, वह आज भी भूला नहीं है!....और यह भय कि कहीं हत्यारा कोई मुसलमान न हो...ओह! शहर का क्या आलम था उस शाम!...अगर रेडियो पर यह ख़बर न आयी होती कि वह हत्यारा एक हिन्दू था, तो जाने रात-भर में कितने मुसलमान मौत के घाट उतार दिये जाते!..और फिर गाँधीजी की अर्थी का निकलना...वही हिन्दू जो उन्हें गाली देते थे, आज रो रहे थे, चिल्ला-चिल्लाकर कह रहे थे, हाय! हमीं ने उन्हें मार डाला! हाय, हम कितने बड़े पापी हैं! हमने अपने ही राष्ट्रपिता की हत्या कर दी!...जनता! अपढ़, गँवार, धर्म-भीरू...हमारे देश की जनता तो एक बालक के समान है, उसने अपने पिता पर बिगड़कर, आवेश में आकर उन्हें गाली दी, तो उनकी शहादत पर छाती कूट-कूटकर पश्चात्ताप भी कर लिया। लेकिन कांग्रेस के उन प्रौढ़ नेताओं ने, जिन्होंने गाँधीजी का परित्याग कर दिया था, कांग्रेस के गृहमन्त्री सरदार पटेल ने, जिन्हें कई लोगों ने गाँधीजी की हत्या के षड्यन्त्र की सूचना भेजी थी और जिनकी नाक के नीचे ही राष्ट्रपिता की हत्या एक दुष्ट ने कर डाली, क्या प्रायश्चित किया?...बिड़ला मन्दिर में गाँधीजी ने सरदार पटेल से जब कहा था कि दिल्ली में बड़े पैमाने पर मुसलमान मारे जा रहे हैं, तो उन्होंने कहा, आपको बढ़ा-चढ़ाकर संख्या बतायी जाती है। गाँधी जी ने कहा था, फिर भी मारे तो जाते हैं! तो सरदार ने कहा था, मुसलमानों के लिए शिकायत का कोई कारण नहीं!...बेचारे नेहरू ने मुँह खोला, तो सरदार ने उन्हें चुप करा दिया और मौलाना तो विभाजन के दिन से ही, सभी राष्ट्रीय मुसलमानों की तरह, जैसे हमेशा के लिए ख़ामोश हो गये थे।...और आज गाँधी-जयन्ती है! कांग्रेस सरकार

हर गाँव में गाँधी-चबूतरे की स्थापना करा रही है! क्यों? इसलिए कि शहीद राष्ट्रपिता ने जनता के हृदय में अपना अमर स्थान बना लिया है और राष्ट्रपिता के नाम पर कांग्रेस जनता में अपनी जगह बनाये रखना चाहती है।...छि:! कांग्रेस १९४२ में, १९४७-४८ में जनता के पीछे-पीछे रही है, जनता के आवेशों से चालित रही है, उसने जनता को ऐसे ख़तरनाक मोड़ों पर कोई नेतृत्व नहीं दिया। जनता के पीछे-पीछे चलनेवाला नेतृत्व जनता को कभी भी आगे नहीं ले जा सकता!

—और गाँधी चबूतरे पर पंचायत बैठेगी, उसमें जुब्ली मियाँ बैठेंगे, जिन्होंने ज़िन्दगी-भर गाँधीजी को, कांग्रेस को कोसने के सिवा कुछ भी नहीं किया है!

—क्या?—चकित होकर मुन्नी बोला।

—राधे बाबू से आजकल उसकी ख़ूब पट रही है! उन्होंने उसे भी पंचायत का मेम्बर नामज़द किया है!

—और तुम्हें उन्होंने नहीं पूछा, आश्चर्य है!

—इसमें आश्चर्य की कोई बात नहीं है। सभी अवसरवादी लोग अब कांग्रेस में शमिल हो जायेंगे।

—तो क्या वह कांग्रेसी हो गया?

—बिलकुल।

—वाह!

—अच्छा, अब अपना हाल-चाल बतलाओ?

—फिर बताऊँगा, अभी तो किशोर जाऊँगा।

—वहाँ जाकर तुम क्या करोगे? तुम्हें तो उनकी योजना कुछ मालूम नहीं।

—सब मालूम हो जायगा। मैं पहुँच तो जाऊँ।

—तुम पहुँच भी नहीं पाओगे, गाँव के चारों ओर....

—मैं कम्युनिस्ट हूँ और कानपुर रहता हूँ!

—फिर भी मैं कहूँगा, तुम मत जाओ! वहाँ गोली चलेगी...

—मुझे मालूम है। लेकिन वहाँ हमारे साथी एक मोर्चा लेने जा रहे हैं, यह जानकर भी मैं वहाँ न जाऊँ, यह कैसे हो सकता है? तुम कोई चिन्ता मत करो।

•

उसके बाद कई सालस, एक-एक कर बीत गये। मन्ने ने तीन-चार सीज़न तक केन-इन्स्पेक्टरी के लिए अर्जी दी, लेकिन एक बार भी न लिया गया। आख़िर कार्यालय

के क्लर्क से जब मालूम हुआ कि वह नाहक़ इन्टरव्यू में आकर अपना पैसा बरबाद कर रहा है, कोई मुसलमान नहीं लिया जायगा, फिर उसके खिलाफ़ तो कम्युनिस्ट होने की भी रिपोर्ट है, तो उसने अर्ज़ी देनी बन्द कर दी। फिर मन्ने ने बहुत हाथ-पाँव मारे कि कोई और नौकरी मिल जाय, लेकिन वह सफल न हुआ। कहीं कोई दूकान या प्रेस खोलने या गंजी या साबुन का कारख़ाना शुरू करने की बात कई बार उसके दिमाग़ में उठी, लेकिन वह इनमें से कोई भी काम न कर सका। बस, मन-ही-मन सोचता रहा, योजना बनाता रहा और दिन बीतते रहे। गाँव में ग़ल्ले या गुड़ के काम में कोई ख़ास फ़ायदा न था, साझे के महाजन बीच में ही रस निचोड़ लेते थे। वह ख़ुद तो गाँव-गाँव घूमकर ख़रीद कर नहीं सकता था।..कई महाजनों ने उसके रुपये मार लिये और उसके काफ़ी रुपये खिसक गये, तो ख़ुद घर पर ही बनियों से थोक ख़रीद शुरू की। लेकिन इस व्यापार में भी उसने देखा कि छह-छह महीने ग़ल्ले में रुपये फँसाये रहने के बावजूद कोई लाभ न होता। असल में इस तरह के रोज़गार का उसे कोई ज्ञान न था, गाँवों में बनिये किस तरह ख़रीद-फ़रोख़्त करते हैं, इसका अनुभव न था। इसी कारण वह मार खा जाता था। आख़िर उसने ईंट के भट्टे का काम शुरू किया, एक-दो साल कुछ फ़ायदा भी हुआ, लेकिन दूसरे साल क़स्बे में कोआपरेटिव के भट्ठे खुल गये और मुक़ाबिले में उसका भट्ठा बैठ गया और उसे काफ़ी नुक़सान देना पड़ा। सिर्फ़ खेती से क्या बनता। एक-एक करके एक बेटा और दो बेटियाँ और हो गयी थीं। दूसरे बच्चे बड़े हो गये थे। ख़र्चा बेहिसाब बढ़ गया था। घर की थोड़ी-सी पढ़ाई के बाद शम्मू का पढ़ना बन्द हो गया था। लेकिन दोनों बड़े लड़के हाई स्कूल की कक्षाओं में पहुँच गये थे। भाञ्जों को थोड़ा-थोड़ा पढ़ाकर उसने उठा लिया था और अब वे खेती में और दूसरे कामों में उसकी मदद करते थे।

मन्ने कितना चाहता था कि वह बाहर जाकर कहीं कोई नौकरी ढूँढ़े या कोई काम ही शुरू करे, लेकिन गाँव के जाल में वह कुछ इस तरह फँस गया था कि बिना ज़ोर लगाये वह निकल न सकता था। हर बार वह सोचता था कि अबकी रोज़गार से रुपया ख़ाली होगा, तो वह लेकर कहीं चला जायगा। लेकिन एक ओर रुपया ख़ाली होता, तो दूसरी ओर फँस जाता। उसने कुछ रुपये इधर-उधर भी चला रखे थे। वह सूद न लेता था, लेकिन असल वसूल कर लेना भी कोई ठट्ठा न था। फिर भी गाँवदारी के ख़याल से कुछ लोगों का काम चलाना जरूरी था। मौक़े-बेमौक़े के लिए अपने कुछ आदमी तो होने ही चाहिए। महाजन उसे एक आँख न देख सकते थे, उनका ख़याल था कि जो मुसलमान गाँव में रह गये हैं, वे उसी के कारण हैं। फिर राजनीति में भी, किसी पार्टी का बाक़ायदा सदस्य न होकर भी, वह खुलकर कांग्रेस के विरोध में आ गया था। यह राधे बाबू को असह्य था। लेकिन मन्ने डटकर सबका मुक़ाबिला कर रहा था। उसने समझ लिया था कि इन लोगों में चाहे जो हो, बुद्धि कम है, मन्ने से हमेशा ये लोग मात खायेंगे।

कई तरह से मन्ने से उलझने की कोशिश की गयी। होली और बक़रीद में किसी-न-किसी तरह दंगा कराने की कोशिश की जाती। लेकिन मन्ने बड़ी बुद्धिमानी से उनके मनसूबे तोड़ देता, कभी भी उनके षड्यन्त्र या भड़कावे में किसी को न आने देता, दब या दबाकर तरह दे जाता। बेदख़ली की बात उठाकर कई बार उसके खेतों पर यह कहकर हल्ला बोला गया कि ये खेत असामियों के हैं, लेकिन मन्ने पहले ही से होशियार रहता और हमलावरों को खेतों पर विरोध में अपने से कहीं अधिक आदमियों को मन्ने की तरफ़ से देखकर भाग जाना पड़ता। फिर असामियों की ओर से मुक़द्दमे लगाये जाते, महाजन असामियों को रुपये से मदद देकर लड़ाते। नतीजा वही होता, जो मन्ने चाहता। मन्ने अपनी सुरक्षा की गोटी हमेशा बैठाये रहता। पटवारी, क़ानूनगो, तहसीलदार और दारोग़ा को वह हमेशा ख़ुश रखता, इनसे उसका पहले का भी सम्बन्ध था। राधे बाबू या कैलास के बस की यह बात न थी।

फिर झूठ या सच कोई बात खड़ी करके पंचायत में उसे घसीटने की कोशिश की जाती, लेकिन इसके पहले कि उसे पंचायत में बुलवाया जाय, सेक्रेटरी, पंचायत इन्स्पेक्टर के कहने से, आकर वह मुक़द्दमा ही उठवा देता। राधे बाबू देखते और दाँत पीसकर रह जाते। वे ऊपर पंचायत अफ़सर के पास पहुँचते और इन्स्पेक्टर की शिकायत करते। उन्हें क्या मालूम कि अफ़सर-अफ़सर सब एक होते हैं।

धीरे-धीरे मन्ने के पाँव गाँव में जम गये। उसकी ईमानदारी और बुद्धिमानी के सभी क़ायल हो गये। पंचायत के कई सदस्य उसके विश्वास पात्र बन गये, यहाँ तक कि मामूली-सी एक चाल चलकर मन्ने ने पंचायत के उपसभापति जलेसर लोहार को भी अपनी ओर फोड़ लिया।

फ़ारम के नाम पर जुब्ली जलेसर का एक खेत निकालकर उसे बेचने के फ़िराक़ में था। मन्ने को मालूम हुआ तो एक दिन उसने जलेसर की ओर लुक़्मा फेंका कि वह क्यों नहीं अपने खेत पर क़ब्ज़ा करता, कानूनी, हक़ तो उसी का है, खेत पर अभी तक उसी का नाम चला आ रहा है? जलेसर को पहले तो उस पर विश्वास ही नहीं हुआ, लेकिन उसकी पीठ पर हाथ रखकर मन्ने ने जब कहा कि वह बिलकुल ठीक कहता है, वह आगे बढ़कर तो देखे कि कौन उसे दख़ल करने से रोकता है, तो जलेसर ने कहा—सच कहते हैं, बाबू?

—मैं झूठ क्यों कहूँगा?

—आप साथ देंगे?

—वचन देता हूँ?

और जलेसर को तो चोट लगी ही थी। उसने सीधे जुब्ली मियाँ से जाकर कहा—आप हमारा खेत छोड़ दीजिये!

जुब्ली मियाँ को राधे बाबू पर पूरा भरोसा था। हँसकर बोले—पागल हुए हो क्या? फ़ारम का कुछ क़ायदा-क़ानून भी जानते हो?

—सब जानते हैं! कल हमारा हल उस पर चलेगा! और आप रोकेंगे, तो समझेंगे।

—तुम्हारा दिमाग़ ख़राब हुआ है क्या?

—दिमाग़ तो आपका ख़राब हुआ है! धोखा देकर आपने मेरे खेत पर क़ब्ज़ा कर लिया....

—जाओ-जाओ, गढ़े में मुँह धो आओ!

—जाते हैं, कल उस खेत पर हमारा हल न चला, तो असल लोहार के बेटा नहीं!

पंचायत में जलेसर के पाँच आदमी थे। यों भी उसकी शक्ति कम न थी। फिर मन्ने की मदद। उसने तो बिना लड़े ही मुक़द्दमा जीत लिया था।

दूसरे दिन सच ही वह हल लेकर अपने खेत पर पहुँच गया।

जुब्ली को मालूम हुआ, तो वह राधे बाबू के पास दौड़ा-दौड़ा आया।

खेत पर भीड़ लग गयी। मन्ने भी अपने आदमियों को साथ लेकर वहाँ पहुँच गया।

जलेसर ने आगे बढ़कर कहा—मन्ने बाबू से जियादा कानून-कायदा जाननेवाला कोई दूसरा नहीं है। वे मुसलमान भी हैं, जुब्ली मियाँ के साथ वे कोई ग़ैरइन्साफी नहीं कर सकते, यह मानी हुई बात है। हम उन्हें ही इस मामले में सरपंच मानने को तैयार हैं। वह जो फ़ैसला दे देंगे, हम मान लेंगे।

किसान चिल्ला उठे—जलेसर ठीक ही तो कहता है! जुब्ली मियाँ को इसमें कोई आपत्ति नहीं होनी चाहिए!

मन्ने का नाम सुनते ही राधे बाबू और जुब्ली की आधी जान सूख गयी। राधे बाबू कुछ बोलने ही जा रहे थे कि मन्ने ने आगे बढ़कर कहा—खेत जलेसर का ही है, उसे वापस मिलना चाहिए!

किसानों ने फिर तो हल्ला मचा दिया—हो गया! फैसला हो गया!

और जलेसर ने खेत में घुसकर हल की मुठिया पकड़ ली। राधे बाबू और जुब्ली अपना-सा मुँह लेकर वापस चले आये।

ऐसी शिकस्त की उम्मीद राधे बाबू को न थी। लेकिन वे जानते थे कि कम-से-कम इस मामले में कोई हिन्दू उनका साथ न देगा। वे चुप लगाकर मौके की तलाश करने लगे।

लेकिन वे बहुत दिनों तक गाँव में न रह सके। बाप की छोड़ी और बयालीस में जो इनके घर का नुक़सान हुआ था, उसके मुआवज़े में सरकार से मिली हुई रक़म वह खा-पका चुके थे। जो थोड़ी-बहुत बची थी, वह उनके लड़के की शादी में स्वाहा

हो गयी। काम तो कुछ करते न थे। मुन्नी की मदद से कब तक उनकी ख़र्चीली ज़िन्दगी चल सकती थी? फिर धीरे-धीरे गाँव का विश्वास भी वे खोते जा रहे थे। उनकी दुश्चरित्रता की कितनी ही कहानियाँ लोगों में चुपके-चुपके कही-सुनी जाने लगी थीं। आख़िर उन्हें किच्छा रोड (नैनीताल) में सरकार की ओर से जब पच्चीस एकड़ जमीन मिल गयी, तो एक दिन वे वहाँ के लिए कूच कर गये। उपसभापति को वह पंचायत का चार्ज दे गये।

अब एक तरह से जलेसर की पीठ के पीछे पंचायत पर मन्ने की ही तूती बोलने लगी। लेकिन मन्ने के भाग्य में कदाचित् शान्ति लिखी ही न थी। एक राधे बाबू गये, तो उनकी जगह पर उनकी बिरादरी के कई लोग तैयार हो गये। और द्वेष का सिलसिला कभी ख़त्म होने को न आया। ऊपर से एक संगीन बात और भी हो गयी।

एक दिन रात को किसी मुक़द्दमे के सिलसिले में ज़िले से होकर मन्ने लौटा, तो शेरवानी खूँटी पर टाँगकर ज़नाने में ही सो गया। इधर महशर को मन्ने की शेरवानी की जेबें टटोलने की आदत पड़ गयी थी। वह जो भी पैसा उनमें पाती, हड़प लेती। मन्ने को मालूम हो जाता, तो भी वह कुछ न कहता। सोचता, चलो, इसी तरह वह कुछ जमा कर लेगी, यों तो दिया नहीं जाता। महशर ने काफ़ी रुपया इस तरह जोड़ लिया था। इस रुपये से गहना बनवाने का उसका इरादा था। लेकिन उस दिन जो उसने शेरवानी की ऊपर की जेब में हाथ डाला, तो चन्द नोटों के साथ एक छोटी लाल पुड़िया भी उसके हाथ में आ गयी। उसने खोलकर देखा, तो उसमें एक बड़ी ही ख़ूबसूरत, छोटी-सी कील थी। ख़याल आया, शायद मियाँ उसके लिए लाये हैं। वह मन-ही-मन बहुत ख़ुश हुई, चलो, इन्हें कुछ तो तौफ़ीक़ हुई। लेकिन उसे अपने हाथ से पहन लेना ठीक न लगा। उसने कील फिर वापस जेब में रख दी। सोचा, आप ही देंगे।

लेकिन एक दिन, दो दिन, तीन दिन बीत गये और मन्ने ने कील का नाम ही न लिया, तो आख़िर यह समझकर कि भुलक्कड़ दास के ख़याल से ही कील कहीं उतर न गयी हो, एक दिन महशर मुस्कुराकर बोली—अजी! तुम एक कील लाये थे न?

मन्ने एक पल को तो सकते में आ गया। फिर सम्हलकर बोला—तुम्हें कैसे मालूम?

—जादू के ज़ोर से!—हँसकर महशर बोली—तुम्हारी कोई बात मुझसे छुप थोड़े ही सकती है!

—एक आदमी ने मँगायी थी,—मन्ने लापरवाह बनकर बोला—तुम्हें चाहिए क्या?

महशर तो जैसे सौ मन की एक मन हो गयी। तुनककर बोली—नहीं जी! मेरे पास तो दर्जनों पड़ी हैं!—और उसके पास से धम-धम पाँव बजाती चली गयी।

लेकिन दूसरे ही दिन कील का राज़ खुल गया। खण्ड से बसमतिया चूल्हे का लावन पहुँचाने ज़नाने आयी थी। महशर ने देखा, उसके काले चेहरे पर कील वैसे ही चमक रही थी, जैसे बादल में बिजली! और महशर के दिल पर जैसे बिजली गिर गयी! मारे गुस्से और नफ़रत के अन्दर-ही-अन्दर भुनकर, ऊपर से वह मुस्कराकर बोली—क्यों रे, यह कील तुझे किसने दी, बड़ी ख़ूबसूरत है!

बसमतिया शर्माकर बोली—मिली है एक जगह से।

—कहाँ से मिली है? बता, मैं भी एक मँगाऊँगी।

—बाबू तो लाये थे!—ख़ुश होकर बसमतिया बोली।

—हरामज़ादी!—महशर के लिए अपने को और सम्हालना मुश्किल हो गया। वह लपककर उसका झोंटा पकड़कर चीख़ उठी—क्या ताल्लुक़ है तेरा बाबू के साथ? बता, नहीं तेरी नाक तराश लूँगी!

बसमतिया को क्या मालूम था कि ऐसा होगा। कुछ न समझ पाकर वह डर के मारे रोने लगी।

कई औरतें वहाँ जमा हो गयीं। पूछने लगीं—क्या बात है?

लेकिन महशर को उनका जवाब देने का कहाँ होश था! उसने जूती उतारकर पटापट बसमतिया को मारना शुरू कर दिया। औरतों ने उसे छुड़ाया न होता, तो न जाने वह क्या कर डालती! बसमतिया रोती-चिल्लाती भाग खड़ी हुई।

अल्हड़ बसमतिया खण्ड में आकर माँ की गोद में गिरकर भोकार पारकर रोने लगी।

व्याकुल होकर माँ ने पूछा—क्या हुआ? इस तरह तू काहे रो रही है?

बड़ी देर तक बसमतिया बस रोये गयी, कुछ नहीं बोली। माँ ने आँचल से उसके आँसू पोंछे, पीठ सहलायी, फिर भी उसने कुछ न बताया, तो बिगड़कर बोली—रोये ही जायगी कि कुछ बोलेगी भी! अब चुप रह, नहीं तो वह तबड़ाक लगाऊँगी कि मुँह फिर जायगा?

तब रोना बन्द कर, हिचकी लेती हुई बसमतिया बोली—दुलहिन ने मेरा झोंटा पकड़कर जूती से पीटा है!

माँ को तो जैसे आग लग गयी। जलकर बोली—काहे?

—यही कील देखकर!

—ओ-हो! बड़ी आयीं मारनेवाली!—बिगड़कर माँ बोली—अपने खसम को काबू में रखें न! अपने ख़राब तो दूसरे को का दोस? मार दिया मेरी बच्ची को! आने दे बाबू को! तू चुप रह!—कहकर वह बेटी का मुँह आँचल से पोंछने लगी।

—का कहना है बाबू से?—कहीं बाहर से अन्दर सार में आता हुआ मन्ने बोला—यह रो क्यों रही है?

—रो रही है आपकी कील की बदौलत!—नाक चढ़ाकर मुनेसरी बोली— वह कील किस मतलब की कि जिसे पहनने से नाक कटे! दे दे रे, यह कील निकालकर!

बिलखती हुई बसमतिया कील निकालने लगी, तो मन्ने बोला—हुआ क्या? बताती क्यों नहीं?

—बतायें का, घर लावन पहुँचाने गयी थी, तो दुलहिन ने...

मन्ने के सातों तबक़ रोशन हो गये। पूरी बात सुने बिना ही वह आपा खोकर चीख़ पड़ा—यह कील पहनकर वहाँ गयी ही क्यों? मैंने तो मना किया था न?

—अब इसी का दोस है?—कड़ी होकर मुनेसरी बोली—इतना तीन-पाँच इसे का मालूम था?

—मुझे तो मालूम था! तू तो इसकी तरह बच्ची नहीं थी?

—हमीं पर आप भी बिगड़ते हैं? कमज़ोर पर ही सब बल दिखाते हैं! हमारी फूल-सी बच्ची को उन्होंने मार दिया! ऊपर से आप भी जले पर नमक छिड़क रहे हैं! इज़्ज़त भी दो और ऊपर से जूता भी खाओ! ना, बाबा, इससे तो अच्छा कि इसे इसकी ससुराल भेज दें! सूखी खाकर वहाँ इज़्ज़त से तो रहेगी!

—कल भेजना हो तो आज ही भेज दे!—भड़ककर मन्ने बोला—अपनी औक़ात नहीं समझती! गयी थी दुलहिन को कील दिखाने! मारें नहीं तो क्या इसके लिए पलँग बिछायें?

मुनेसरी भी बुलका चुलाने लगी। बोली—बड़े आदमियों की ही इज़्ज़त तो होती है, हमा-सुमा की तो टके सेर गली-गली बिकती है! हमें का मालूम था कि ऊपर से काका-काकी, अन्दर से दग़ाबाज़ी! इसी का डर था तो दिल नहीं लगाना चाहिए था!

—दिल लगाया था नाक कटाने के लिए, समझी?

—जिसकी नाक लम्बी होती है, वह दूसरे का बासन सूँघता नहीं फिरता!

—तू चुप रहेगी कि बात बढ़ायेगी?

—चुप काहे रहें? लड़की को ख़राब किया, अब कहते हैं चुप रहो!

—सैंकड़ों लड़कियाँ देखी हैं तेरी बिरादरी की! बढ़-बढ़कर बात न कर!

—हमसे भी कोई बड़ा घर देखने से नहीं छूटा है! दो रोटी देते हैं, तो का ज़बान पर भी ताला लगा देंगे?

—निकल जा तू यहाँ से!

—निकल का जायँ? आपने लड़की रखी है, इसकी परबस्ती का इन्तज़ाम कर दें! फिर आपका दरवाज़ा झाँकने भी आयें तो जो सजा चोर की, वह हमारी!

बाप रे! इस औरत का साहस तो कोई साधारण नहीं! कहाँ इसकी नज़र है! बोला—ओ-हो! तो ये मन्सूबे हैं तेरे!

—कहो न हों। लड़की आपके पास सोयी है कि कोई ठट्ठा है! आप इस तरह हमें निकालेंगे, तो पंचायत है, कचहरी है...

—तो तू मेरे नाम का डंका बजवायेगी?

बसमतिया बहुत-सी बातें समझ रही थी, बहुत-सी नहीं।

कभी वह मन्ने का मुँह ताकती कभी माँ का। आख़िर घबराकर उठ खड़ी हुई और बिफरकर बोली—चल, रे माई, चल!..रात कहे पिया नथिया गढ़ा देइब, होत भिनसार बिसरि गइल बतिया!..इन लोगन के मुँह और गाँड़ में कोई फ़रक नहीं!

—चले काहें?—और जमकर बैठती हुई माँ बोली—आने दे भिखरिया को! आज सब सलटाकर ही चलेंगे, चित चाहे पट!

लेकिन मन्ने आप ही टल गया। वह अँधेरे में ही अपने कमरे में जा बैठा। उसकी हालत बड़ी ख़राब थी!...उसे जो डर था, आख़िर सामने ही आया। चुटीलो नागिन को फिर छेड़ मिली थी!...कमबख़्त यह लड़की! कितना समझा दिया था कि ज़नाने में कभी कील पहनकर न जाना! लेकिन यहाँ सौत को जलाये बिना कलेजा कैसे ठण्डा होता? पहुँच गयी हरम में!..अब? फिर वही नक़्शा सामने आयेगा। मुन्नी की वजह से जो लकीरें धीरे-धीरे मिट रही थीं, फिर उन पर स्याही फिर जायगी और ज़िन्दगी दोज़ख़ बन जायगी।..इधर इसकी माँ के ये दिमाग़ हैं!...हुँः! पंचायत करायगी!...कचहरी जायगी!....बौना चाँद छूयेगा!...कितनी बार तो ससुराल गयी, क्यों भाग-भाग आती है?...इज़्ज़त! इतना ही इज़्ज़त का ख़याल था तो माँ होकर क्यों बेटी की इज़्ज़त की कमाई खाती है? कहती है, और किसी के यहाँ यह नहीं आती-जाती। बढ़ी सतवन्ती बनी है! सब मालूम है, सत्तर चूहा खाकर बिल्ली चली हज को! मियाँ की रखेल बनेगी! माहाना लेगी?...रात कहे पिया नथिया गढ़ा देइब, होत भिनसार बिसरि गइल बतिया?....एक कील पर तो यह हाल है, कहीं नथिया गढ़ा दे, तो जहन्नुम रसीद न कर दिया जाय!...लेकिन क्या सटीक बात कही कमबख़्त ने! एक ही बात तो बोली, लेकिन फिर बोलती बन्द कर दी उसकी!...सही ही तो कहती है! कितने, कैसे-कैसे वादे किये हैं उसने, कोई हिसाब है? और पूरे कितने किये? वह कितना झूठा हो गया है, कितना धोखेबाज़ बन गया है! मतलब निकालने का वक़्त आता है, तो कैसे बढ़-बढ़कर बातें करता है, कैसे सब-कुछ उसके क़दमों पर उँड़ेल देने के लिए तैयार हो जाता है और जब मतलब निकल जाता है, तो कहाँ के तुम और कहाँ के हम!...उसकी माँ कौन-सी झूठ बात कहती है? उसने क्या उससे वादा नहीं किया है कि जब तक वह जीता रहेगा, उनका ख़र्चा चलाता रहेगा?...तो आज उनसे इस तरह की बातें क्यों कीं? कील पहनकर ज़नाने में चली गयी, तो कौन-सा गुनाह उसने कर दिया? ऐसा था, तो उसने उसे कील दी ही क्यों? क्या इस तरह की बातें बहुत दिनों तक छुपी रहती हैं?...फिर महशर को तो देखो, कमबख़्त ने उसे पीटके ही रख दिया! अब कमान पर तीन चढ़ाये उसका इन्तज़ार कर रही

होगी।...आज ख़ैरियत नहीं, वह पगड़ी उछाले बिना न रहेगी, सब करम करके रख देगी!..और मन्ने की आँखों के सामने वही गोरखपुरवाले दृश्य घूम गये।

लालटेन जलाकर भिखरिया कमरे में आया। स्टूल पर रखता हुआ बोला—माँ-बेटी रो रही हैं, सरकार।

—तो मैं क्या करूँ? जैसी करनी वैसी भरनी!

—अभी बच्ची ही तो है, सरकार! ग़लती तो...

—मालूम है, उसकी माँ क्या कह रही है?

—कहने ही से का कुछ हो जाता है, सरकार? सरकार तो माई-बाप हैं!

—समझा देना उन्हें अच्छी तरह कि वे फिर कभी ज़नाने का रुख़ न करें! कोई ज़रूरत हो, तो तुम्हीं जाया करो!—और जेब से एक पाँच रुपये का नोट निकाल कर उसकी ओर फेंक दिया।

नोट उठाता हुआ भिखरिया बोला—बहुत अच्छा, सरकार,—और वह सार में चला गया।

थोड़ी देर बाद मन्ने ने बसमतिया की आवाज़ सुनी—अब ठेंगा आती है इनके यहाँ!

वह मुस्करा उठा।

फिर भिखरिया की आवाज़ आयी—चल-चल! बढ़-बढ़के बात की, तो ज़बान खींच लेंगे!

और फिर उनके जाने की आवाज़ आयी।

मन्ने क्या सचमुच बेहया हो गया है? उसे किसी बात की ग़ैरत नहीं, किसी बात की फ़िक्र नहीं, किसी बात का डर नहीं है? क्या यह सब-कुछ घोलकर पी गया है? क्या वह बिलकुल बिगड़कर ही रह गया है?...लोग उसे क्या समझते हैं और दरअसल वह है क्या? एक सिरे से वह सारी दुनिया को ही धोखा दे रहा है। यह कैसी ज़िन्दगी है? क्या यही ज़िन्दगी उसे जीनी थी?....मन्ने को बड़ा अफ़सोस होने लगा, उसने यह अपने को क्या बना लिया है?...मन्ने जिस रूप में आज अपने सामने था, ख़ुद ही अपने को पहचान न पा रहा था। आज कौन-सा दुर्गुण उसमें नही है? इन्सानियत के नाम पर आज उसमें क्या रह गया है? यह छोकरी, जिसे दुनिया का कोई ज्ञान नहीं, आज कह गयी, इन लोगन के मुँह और...में कोई फ़रक नहीं!....तुम इन्सान हो कि सूअर?...तुम आदमी हो कि आदमी की पूँछ?...और मन्ने की आत्मा रो उठी। सच ही ये सब उससे बेहतर इन्सान हैं।...महशर, मुन्नी, बसमतिया...बसमतिया शायद सच ही किसी और के पास न आती-जाती हो।...एक दिन कैसे उसने हँस-हँसकर बताया था कि राधे बाबू उसके घर के चक्कर लगा रहे हैं...शायद उससे राधे बाबू की नाराज़गी का एक यह भी सबब हो। तो क्या सच ही बसमतिया उसे चाहती है? क्या इसी कारण वह ससुराल नहीं जाती, जाती भी है तो भाग आती है? कहती

तो ऐसा ही है, लेकिन...लेकिन वह तो अपने दिल में कुछ वैसा महसूस नहीं करता, जैसा आयशा के बारे में कभी किया था।..यह तो महज...और क्या रखा है इसमें? ख़ामख़ाह के लिए एक लड़की की ज़िन्दगी ख़राब कर रहा है। यही करना है तो यहाँ लड़कियों की क्या कमी है? लेकिन उसमें राधे बाबू की तरह बदनाम जो हो जाने का डर है। वह बदनाम नहीं होना चाहता, इसीलिए तो वह बूड़के पानी पीता है। लेकिन अब उसकी बीवी ही ढोल बजा-बजाकर उसका जो गुणगान शुरू करेगी...तो वह कैसे किसी को मुँह दिखायेगा? नहीं-नहीं, यह बात बढ़नी नहीं चाहिए! जो हुआ, बहुत हुआ। अब भी मन्ने अपने को बचा सकता है। वह महशर को समझायेगा कि वह ख़ामोश रहे, इसमें उसकी भी बदनामी है। वह उससे वादा करेगा कि फिर कभी उसे उससे शिकायत का कोई मौका नहीं मिलेगा। वह बसमतिया को ससुराल भेजवा देगा। बेचारी जाय, अपनी ज़िन्दगी सुधारे, घर बसाये।

बड़ी रात गये, यह सोचकर कि सब सो गये होंगे, मन्ने अपने मन में ख़ामोश भय का सन्नाटा लिये ज़नाने में गया। महशर के कमरे में दाख़िल हुआ, तो लालटेन सहमी-सहमी जल रही थी। बच्चे क़तार में लगी चारपाइयों पर लुढ़क-पुढ़ककर इधर-उधर सो गये थे। उनके बीच में अपने पलँग पर, दरवाज़े के दूसरी ओर मुँह किये महशर भी पड़ी हुई थी। मन्ने ने एक बार पूरे कमरे को भाँपा। फिर दरवाज़े से बाहर झाँककर देखा। सब सो गये मालूम होते थे, लेकिन उसे लगा कि कोई भी सोया नहीं है, सब दम साधे पड़े हुए हैं और किसी विस्फोट की प्रतीक्षा कर रहे हैं। उसके जी में आया कि जैसे वह आया है, वैसे ही चुपचाप चला जाय और खण्ड में जाकर सो जाय। यहाँ का सन्नाटा तो टूटा नहीं कि एक ज़लज़ला आ जायगा और फिर क्या होगा, कौन जाने! लेकिन फिर उसे ख़याल आया कि यह सन्नाटा अगर आज न तोड़ा गया, तो जाने कल और कितना भयानक हो उठे! वह कमरे में मुड़कर महशर के पलँग के पास जा खड़ा हुआ। उसने देखा, महशर सों नहीं रही थी, वह कल साधे पड़ी थी, उसका सीना स्वाभाविक साँस की गति से फूल-बैठ नहीं रहा था, बल्कि ऐसा लग रहा था, जैसे वह हमला करने के लिए दम साध रही हो। मन्ने काफ़ी देर तक खड़ा-खड़ा सोचता रहा कि क्या करे, क्या न करे। महशर सगबगा भी नहीं रही थी। काश, उसकी ही ओर से पहल हो जाती। काश, वही कुछ कहती या करती!...मन्ने खड़ा-खड़ा थक गया तो पलँग की पाटी पर बैठने लगा...कि तभी महशर ने उछलकर उसे ऐसी लात मारी कि वह अगर बच न गया होता, तो उसकी कमर सीधी हो गयी होती।

बैठकर नागिन की तरह फुँफकारती हुई महशर बोली—मेरे पलँग पर अगर तुमने पाँव रखा, तो ठीक न होगा! जाओ उसी कलमुँही के पास!—मैंने समझ लिया

कि तुम सूअर ही हो! या अल्लाह तौबा!—और उसने ढेर-सारा थूक पलँग के नीचे फ़र्श पर थूक दिया और ज़ोर-ज़ोर से हाँफने लगी।

मन्ने बग़ल की चारपाई की पाटी पर हाथ पर माथा टेककर बैठ गया।

महशर फिर मुँह फेरकर लेट गयी। कपड़ों की भी उसे सुध न थी। बाल बिखरे हुए थे। साँस ज़ोर-ज़ोर से चल रही थी।

बड़ी देर तक मन्ने ठण्डी साँसें लेता रहा। आख़िर बोला—एक बार और मुझे माफ़ कर दो...फिर...

महशर उछलकर उसके रू-ब-रू बैठ गयी। और दाँत पीसकर बोली—एक बार नहीं, सौ बार भी मैं माफ कर दूँ, फिर भी तुम बदलनेवाले नहीं, यह मुझे मालूम हो गया! कुत्ते की दुम कभी भी सीधी नहीं होती।...मैं भी कहती थी, खण्ड से ऐसी मुहब्बत क्यों हो गयी है!...जाओ, चले जाओ यहाँ से! मैं तुम्हारा मुँह भी नहीं देखना चाहती!—और महशर फिर मुँह फेरकर लेट गयी और सिसकने लगी।

मन्ने को तब ढाँढस बँधा। गरज-तरज शायद अब रुक जाय। आँसू बता रहे हैं कि अब भी उनके बीच कुछ ऐसा शेष है, जो परिस्थिति के ऊपर है, जो टूटना नहीं चाहता, जो दिल में कहीं कसककर अपने ज़िन्दा रहने का सबूत देता है।

सिसकी तेज़ होती गयी। सिसकी के तार में रुदन के स्वर बिंधने लगे। क़रीब था कि रुदन फूट पड़ता कि मन्ने धीरे से महशर के पलँग पर बैठ गया। महशर की सारी आर्द्रता जैसे एक क्षण में सूख गयी। पलटकर बोली—तुम्हें शर्म नहीं आती?

सिर झुकाकर मन्ने बोला—आती है।

—आती, तब तो कभी ऐसी हरकत ही नहीं करते!

उसके मुँह की ओर हाथ बढ़ाते हुए मन्ने बोला—इस बार और माफ़ कर दो!

खिसककर महशर बोली—मुझे छूना मत!

—मुझे बड़ी भूख लगी है!

—तो जाकर दोज़ख़ भरो! डोली में खाना रखा है!

—और तुम?

—ओ-हो!

—आज से खण्ड छोड़ दूँगा। यहीं बाहर बैठक में रहूँगा। मेरे कहने से एक बार और आज़मा लो। तुम्हें शिक़ायत का अब कोई मौक़ा न दूँगा!

—मुझे तुम पर एतक़ाद नहीं! गले तक पानी में समाकर कहोगे, तो भी न मानूँगी! बहुत देख लिया, तुम इन्सान नहीं हो!..ये बच्चे दामन पकड़ते हैं, वर्ना तुम दोज़ख़ी के साथ एक पल भी न रहती! तुमने मेरी मिट्टी ख़राब करके रख दी!—और महशर फूट-फूटकर रो पड़ी।

—मुझे इसका बेहद अफ़सोस है। इसके लिए तुम जो सज़ा चाहो दो, मेरा सर ख़म है। लेकिन दिल से माफ़ कर दो!—मन्ने ने कहते हुए महशर का हाथ पकड़ लिया और उसे ज़ोर से अपने सिर पर मारते हुए बोला—तुमने माफ़ न किया तो मैं पागल हो जाऊँगा!

महशर ने अपना हाथ छुड़ा लिया। आँसू पोंछती हुई बोली—तुमसे अब ख़ुदा ही समझेगा! तुम्हारा किया तुम्हारे साथ और मेरा मेरे साथ!...या अल्लाह, तौबा!—और उसने घड़ी की ओर देखा और पलँग के नीचे उतरकर, सिरहाने रखे बधने को उठाकर बाहर वज़ू करने चली गयी।

मन्ने हैरान था कि इतनी आसानी से इतना बड़ा और संगीन मामला कैसे सुलझ गया! उसने तो सोचा था कि महशर वह हो-हल्ला मचायेगी कि सारा घर जाग जायगा और सबके सामने वह उसका पानी उतारकर रख देगी और दीवानी होकर जाने क्या कर बैठेगी।...महशर ने शुरू भी कुछ वैसे ही किया था, लेकिन मन्ने की शीतलता, सहनशीलता, आत्मसमर्पण तथा स्वीकारोक्ति ने जैसे आग पर पानी डाल दिया। मन्ने को आश्चर्य हो रहा था कि उसने कैसे महशर के क़दमों में अपने को डाल दिया!...उस वक़्त कोई उसे देखता, तो क्या यह समझता कि यह वही मन्ने है, जो दूसरों को ज़नमुरीद कहकर उनकी खिल्ली उड़ाता है।...मन्ने अपनी इस सफलता पर और महशर की क्षमाशीलता पर ख़ुश था। महशर के अनेक गुणों से वह परिचित था और आज एक और गुण भी उसने खोल निकाला कि महशर अपने क़दमों पर गिरे हुए को ठोकर नहीं लगाती, बल्कि उसके गुनाहों को माफ़ कर देती है!

अगले दिन से मन्ने एक बदला हुआ इन्सान था। उसने ज़नाने के बाहर कोठे पर अपने बैठने का इन्तज़ाम किया। बार-बार घर में जाने लगा। बक्से में से टोपी निकलवायी और पाँचों वक़्त की नमाज़ पढ़ने लगा। घर की औरतें उसके परिवर्तन पर चकित थीं, मुसलमान उसे देखकर हैरान थे कि अचानक यह इन्क़लाब कैसे आ गया? वे उससे पूछते, तो वह मुस्कराकर रह जाता। महशर की ख़ुशी जैसे एक ज़माने के बाद वापस आ गयी थी, जैसे उसके खोये मियाँ उसे वापस मिल गये हों, वह फूली न समा रही थी। मन्ने ने उसे सन्दूक़ की चाभी दे दी और जो ज़रूरत पड़ती, उसी से माँगता। उसने यह भी वादा कर दिया कि अबकी गोरखपुर जाय, तो अपने लिये एक पूरा सेट गहनों का ख़रीद ले।

मन्ने को सब बड़ा अच्छा लग रहा था। महशर उसे अपने हाथ से शेरवानी पहनाती, अपने हाथ से उसके बाल काढ़ती, अपने साथ बैठाकर उसे खाना खिलाती और अपने हाथ से उसके मुँह में पान देकर उसे घर से बाहर निकलने देती। नाश्ते या खाने या सोने में ज़रा भी देर होती, तो वह तुरन्त किसी लड़के को भेजकर बुलवा लेती और मन्ने हज़ार काम छोड़कर भी, जहाँ होता, वहीं से घर को चल पड़ता।

एक हफ़्ते ही में जैसे घर-बाहर सब बदल गया। जैसे अमावस्या के बाद अचानक ही पूर्णिमा आ गयी हो, और सब-कुछ को चाँदनी से नहला दिया हो।..मन्ने सोच रहा था कि होली चार दिन रह गयी है, मुन्नी छुट्टी में आयेगा, तो उसके इस परिवर्तन को देखकर क्या सोचेगा, क्या कहेगा? शायद पूछेगा कि तुम्हें इतने दिनों बाद मुसलमान होने की क्या सूझी? वह उसे क्या जवाब देगा?...सच ही उसने जो अपने को इस तरह बदल लिया है, उसका क्या कारण है? उसके पीछे क्या मन्ने की कोई समझ है, या योंही महशर को ख़ुश करने के लिए उसने यह-सब कर लिया है? अगर ऐसा भी है तो इसमें क्या बुराई है? क्या बीवी की ख़ुशी के लिए आदमी कुछ नहीं करता? करता तो है, लेकिन अचानक ही यह बीवी की ख़ुशी उसे इतनी प्यारी कैसे हो गयी?...क्या सुबह का भूला शाम को वापस नहीं आता?...तो क्या यह विश्वास कर लिया जाय कि वह घर लौट आया है और फिर कभी रास्ता नहीं भूलेगा? मन्ने मन-ही-मन हँस पड़ा और बोला—यार, मैंने सोचा, अपना ग़म, अपनी ख़ुशी देखते हुए तो सारी ज़िन्दगी बीत गयी। हमेशा बच्चों को पेरते रहे, कभी उनके मन की कुछ न होने दी। अब ज़रा उनकी मर्ज़ी भी चले, उनकी ख़ुशी भी मन ले। वर्ना क्या कहेंगे ये कि एक मियाँ थे एक अब्बा थे, एक भाई थे, एक मामा थे, जिन्होंने कभी उनकी ख़ुशी का कोई ख़याल न किया, बस, एक शिकंजे में सबको कसे रहे...जो मिलता है खाओ...जो आता है पहनो...जैसे होता है रहो-सहो...ना-नुकर किया तो हमसे बुरा कोई नहीं! सो, मैंने पतवार उनके हाथ में छोड़ दी है।...अब उनकी ही ख़ुशी के लिए सब करता हूँ...साफ़ कपड़े पहनता हूँ, अच्छा खाना खाता हूँ, पाँचों वक़्त की नमाज़ पढ़ता हूँ। अब हाय-हाय करना छोड़ दिया है। ज़िन्दगी का यह मज़ा भी क्यों रह जाय!..देखो, कब तक चलता है। सोचता हूँ, काफ़ी रुपया रहता, तो इसी तरह बाक़ी ज़िन्दगी काट देता। सच तो यह है, यार, कि मैं थक गया...

—का, बाबू? काम हो गइल दुःख बिसरि गइल ?

तन्मयता में मन्ने यह सुनकर ऐसे चौंका, जैसे किसी ने उसके मुँह पर एक झापड़ रसीद कर दिया हो और कहा हो, यह क्या बकवास कर रहा है?...उसने आँखें झपकाकर सामने देखा, मुनेसरी खड़ी थी!

बोला—तुम यहाँ क्यों आयी?

चौखट पर पाँवों पर बैठकर, बायें ठेहुने पर बायीं कुहनी टेक, हथेली पर ठुड्डी टिका, मुनेसरी बोली—सरकार ने खण्ड पर खाना-जाना ही बन्द कर दिया, तो हम का करें?...बसमतिया डहक-डहक रो रही है। आज भेजकर ही मानी। उसकी तबीयत ठीक नहीं।—उसका स्वर फुसफुसाहट में बदल गया—उलटी हो रही है। पिछले महीने कुछ बताया ही नहीं। डर के मारे माँड़ हो रही है। मिलने को बुलाया है, खण्ड में बैठी है।

मन्ने का कलेजा काँप उठा। फिर भी अपने को सम्हालकर सूखे गले से बोला—क्या कहती है!

—जो कहते हैं, उसमें राई-रत्ती का फ़रक नहीं है!—फुसफुसाकर ही वह बोली—दो अँजोर चले गये। बीचोबीच हुई थी, अब तीसरे अँजोर में कै दिन रह गये हैं, सरकार ही जोड़ लें।...उधर उसके गले में फँसरी पड़ी, इधर सरकार ने मिलना-जुलना बन्द कर दिया, वो डहके नहीं तो का करे? सरकार ने बाँह पकड़ी है, चाहे अब उसकी लाज राखें, चाहे उसे कुएँ में ढकेल दें, सरकार के ही हाथ में अब सब है! हम तो करमजरे हैं ही!

—अच्छा, तू जा, भिखरिया को भेज दे!—अन्दर की घबराहट पर क़ाबू न पा सकने के कारण उसे टालने के लिए मन्ने बोला।

—सरकार आयेंगे न?

—हाँ-हाँ! तू जाकर तुरन्त भिखरिया को भेज!

—कन्नी तो नहीं काटेंगे?

—नहीं-नहीं, तू भिखरिया को भेज!

उठती हुई मुनेसरी बोली—तो दगा न दीजियेगा। जानते हैं न, वो कितनी अधिरजी है! रोते-रोते आँखें अड़हुल कर ली हैं!—और वह सीढ़ियाँ उतर गयी।

मन्ने की तो जान ही सूख गयी। यह तो वही हुआ कि रोने को थे कि आँख ही फूट गयी! उसने तो सोचा था कि वह इस-सबसे किनारा-कशी कर लेगा। और अब सकून की ज़िन्दगी बसर करेगा और यहाँ देखता है कि उसके पाँव पहले ही दलदल में फँस गये हैं। अब क्या होगा? मुनेसरी एक ही तेज़-तर्रार औरत है, अब तो उसके हाथ एक हथियार भी लग गया, वह क्यों छोड़ेगी? मन-ही-मन वह मूसलों ढोल बजा रही होगी, फँसे अब जाके मियाँजी, कहाँ जाते हैं अब छूटके!...नाक तो कटेगी ही, साथ ही ज़िन्दगी-भर के लिए एक जंजाल सिर पर आ जायगा।...और फिर महशर...बच्चे...उसकी ख़ुद की ज़िन्दगी...ओह! यह क्या हो गया? उसने यह कब सोचा था कि ऐसा भी हो सकता है।...वाह, मियाँ, वाह! यह तो वही बात हुई कि गुड़ खायेंगे और फोड़ों से डरेंगे! यह तो होना ही था एक दिन।...कितनी बार सोचा कि कोई एहतियात बरती जाय, लेकिन किया कुछ न गया। और आख़िर मूसल सिर पर आ ही गिरा!...

भिखरिया आया, तो कुछ देर तक तो मन्ने के मुँह से कोई बात ही नहीं निकली।

आख़िर भिखरिया ही बोला—सरकार ने बुलाया था...

—हाँ, बैठ,—मन्ने को सूझ न रहा था कि बात कैसे शुरू करे। योंही बोला—क्या हाल-चाल है?

—सब ठीक है, सरकार। बैलों को सानी-पानी कर रहा था कि मुनेसरी ने आपका सनेसा कहा।

—और कुछ कह रही थी?—बात छेड़ी मन्ने ने।

भिखरिया चुप लगा गया।

मन्ने ने ही इशारा करके, उसे पास बुलाकर, फुसफुसाकर कहा—अगर उसकी बात सही है, तौ तुम्हें हमारी कुछ मदद करनी पड़ेगी।

—आप जो कहिये, सरकार, मैं हाजिर हूँ।

—तो कुछ हो सकता है?

—होने को, सरकार, का नहीं होता? लेकिन ढीढ़-पेट की बात हमा-सुमा के घर छुपती नहीं, आँच तो लगके ही रहती है। आप लोगन के घर की बात और होती है कि सब तुप-ढँक जाता है।

—नहीं, आँच ही लग गयी, तौ फिर बात क्या बनी?

—फिर जो सरकार कहें।

मन्ने सोचने लगा। कुछ सूझ ही न रहा था।

भिखरिया ही बोला—एक बात हो सकती है।

—क्या?—उत्सुक होकर मन्ने बोला!

—उसे काहे नहीं महीना-खाड़ के लिए उसकी ससुराल भेज दिया जाय?

—मन्ने के होठों पर एक मुस्कराहट खेल गयी। उसके जी में आया कि भिखरिया को गले से लगा ले। बोला—तो फिर वही करो, ख़र्चा कल ले लेना। कोई दिक़्क़त तो नहीं पड़ेगी?

—हरामज़ादी मुनेसरी सायत न माने, उसका मुँह भी भरना पड़ेगा...

—जो तू कहेगा, हो जायगा। लेकिन यह बला मेरे सिर से टल जानी चाहिए।

—कोसिस मैं करूँगा, सरकार!

—अच्छा, तो जा, होशियारी से काम करना। मैं तुझे भी ख़ुश कर दूँगा।

मुस्कराता हुआ भिखरिया चला गया, तो अनायास ही मन्ने के मुँह से निकल गया, स्साला!...कैसा सीधा, सच्चा और स्वामिभक्त बनता है! मालूम है मुझे सब तुम लोगों की मिली भगत!...ख़ैर, यह जंजाल कटे, तो मैं तुममें से एक-एक को बताऊँगा!..फिर अचानक ही उसे ऐसा लगा कि कहीं यह सब झूठ तो नहीं है? कहीं यह कोई षड्यन्त्र तो नहीं है?...और मन्ने में एक दूसरी तरह की व्याकुलता व्याप गयी, कैसे सच्चाई मालूम हो?...अल्हड़ बसमतिया अगर अकेले में मिल जाय, तो उसे पोल्हाकर उसके मुँह से कुछ भी निकालना कोई कठिन बात नहीं...मन्ने ने सोचा

था कि आगे वह उससे कभी भी न मिलेगा, लेकिन अब उससे मिलने के लिए वह आतुर हो उठा।

रात काफ़ी बीत चुकी थी। बच्चे सो गये थे। महशर उसके सिर में तेल लगाकर उठी, तो बोली—नमाज़ का वक़्त हो गया।

मन्ने भी उठ गया। बोला—इस वक़्त मेरा मन मस्जिद में जाकर नमाज़ पढ़ने को हो रहा है। तुम कहो...

—जाओ जी, इसमें पूछने की क्या बात है?

—तो मेरी टोपी उठा दो।

मन्ने बाहर आया, तो चाँदनी छिटकी थी। वह थोड़ी देर तक दरवाज़े की आड़ में खड़ा रहा कि कहीं महशर देखने न आयी हो। फिर निश्चिन्त होकर तेज़ कदमों से खण्ड की ओर चल पड़ा। उसे विश्वास था कि अगर बसमतिया ने उसे बुलाया है, तो वह ज़रूर उसका इन्तज़ार कर रही होगी।...कभी उसने भी उसका इन्तज़ार किया था और वह झूठ नहीं बोलेगा, बसमतिया ने कभी भी अपना वादा नहीं तोड़ा।...कई बार बारिश में भींगती हुई भी वह आयी थी। बल्कि किसी कठिन परिस्थिति में वह आती, तो वह और भी अधिक ख़ुश होती।...मन्ने उसके साहस का बखान करता, तो उसकी आँखों में एक अद्‌भुत ख़ुशी चमक उठती।...आज इन्तज़ार करने की बसमतिया की बारी थी। वह ज़रूर इन्तज़ार कर रही होगी।...सोच रही होगी कि यह कैसे मुमकिन है कि कहकर मियाँ न आयें?

खण्ड का दरवाज़ा भिड़ा हुआ था। बाहर की जंजीर झूल रही थी। मन्ने ने समझ लिथा कि ज़रूर कोई अन्दर है, वर्ना बाहर ताला लगा रहता। उसने पल्ला ठेला तो मालूम हुआ कि अन्दर से कुण्डी लगी है।....मन्ने की छाती ज़ोर से धड़क उठी, जैसे आज पहली बार किसी परायी औरत से मिलने जा रहा हो। उसने साँस रोककर धीरे से पल्ले पर अँगुली बजायी, तो टन्न-से अन्दर से आवाज़ आयी—के हऽ?

यह बसमतिया की ठनकती आवाज़ थी! मन्ने का कलेजा जैसे दहल उठा। सच ही बसमतिया उसका इन्तज़ार कर रही है! पहले के दिन होते, तो मन्ने को ख़ुशी होती। इस तरह वह घबराता नहीं। लेकिन आज उसे लग रहा था कि दरअसल वह कोई ग़लत काम करने जा रहा है। ग़लत रास्ते से अपने को हटाकर, सही रास्ता पकड़ने के बाद फिर वह भटकने जा रहा है। महशर नमाज़ पढ़ रही होगी, और वह मसजिद जाने का बहाना करके इस कूचे में आ गया है!

बझे गले से बोला—मैं हूँ।

उसकी आवाज़ निकलनी थी कि अन्दर कुण्डी खुलकर झन्न-से बज उठी और एक पल्ला खुल गया!

—अब आने का बख़त हुआ है? दुलहिन छोड़ नहीं रही थीं का? कबकी कसर निकाल रहे हो, मियाँ?—मन्ने के अन्दर आते ही दरवाज़ा बन्द करती हुई बसमतिया बोली।

मन्ने बिना कुछ बोले, कमरा पार करके आँगन में आ गया।

आँगन में चाँदनी बिछी थी। ठीक बीच में एक चारपाई पड़ी थी। मन्ने बैठ गया।

सामने आकर, खड़ी हो बसमतिया बोली—कबहू हमारी बारी, कबहू तुम्हारी बारी, चलो भाई, पारापारी! है न? कभी आप मेरे पीछे पड़े थे, अब हम आपको सता रहे हैं।...सच बताओ, मियाँ, अब हममें कीड़ा पड़ गया है न?

मन्ने ने आँखें उठाकर उसकी ओर देखा। चाँदनी में जैसे उसकी साफ़ धोती ही झलमला रही हो और उसकी काली देह ग़ायब हो गयी हो। कील का नन्हा-सा हीरा चमक रहा था...शिशु के एक दाँत की तरह!...और अचानक ही मन्ने को ख़याल आया कि काश, वह यह कील न लाया होता!...और हैरान हो उठा कि यह कैसी बात उसके अन्दर एक हलचल मचा रही है कि जी में आता है कि बसमतिया को खींचकर अपने कलेजे में भींच ले!..यह बसमतिया!...जैसे इसकी देह की तेज़ गन्ध मन्ने के नथुनों में आज भी बसी हुई है। इस गन्ध को पास पाकर मन्ने कभी उसी तरह पागल हो जाता था, जैसे रजनीगन्धा से साँप, और वह उसे दबोच लेने को विवश हो जाता था।...मन्ने झूठ नहीं बोलेगा, इस बसमतिया से जो आनन्द उसे मिला है, वह भुलाया नहीं जा सकता!...लेकिन इस समय तो वह सिर्फ़ एक राज़ मालूम करने आया है। वह अपने पर क़ाबू रखेगा। उसे जल्दी ही लौट जाना है, वर्ना महशर...उसका क्या ठिकाना, हो सकता है, सन्देह होने पर यहाँ भी धमक पड़े।...मन्ने का डर आज इतना असाधारण क्यों हो उठा है? क्या इसलिए कि कील का हीरा एक शिशु के दाँत की तरह चमक रहा है? शायद...शायद...

वह बोला—तेरी माई..

—वो तो कबकी चली गयी।...बड़ी देर हो गयी और आप नहीं आये, तो चलने के लिए कहने लगी। लेकिन हम कैसे जा सकते थे? फिर वह झगड़ा करके चली गयी। कहती गयी कि वो मक्कार नहीं आयेगा, नहीं आयेगा! अगर वो आ गया तो हम अपना सिर मुड़वा लेंगे!—बसमतिया खिलखिलाकर हँसती हुई बोली—अब कल, मियाँ हमको आप एक छुरा दीजियेगा, उसका सिर जरूर मूँड़ेंगे! उसे का मालूम कि लागी इस तरह नहीं छूटती! और वह गुनगुना उठी—

लागी नाहीं छूटे राम चाहे जिया जाय

मन्ने को लगा कि चाँदनी से नहाये हुए सरोवर में अनगिनत कुमुदिनी के फूल खिल उठे हों! फिर भी सहमकर बोला—तू इस तरह हँसेगी?

—अब काहे का डर है, मियाँ!—उसके पास चारपाई पर बैठती हुई बसमतिया बोली—तुम्हारा बच्चा हमारे पेट में है! अब इस बन्धन से न तुम छूट सकते हो, न

हम!—और उसने अपनी बाँह मन्ने के गले में डाल दी।

मन्ने के गले पर जैसे आरा फिर रहा हो! उसके दिल की धड़कन ही जैसे बन्द हो गयी हो! फिर भी जैसे उस बाँह को हटाना उसके बस का न था। काँपती आवाज़ में बोला—क्या यह सच है?

—हाँ!—सफ़ेद दाँत चमकाती हुई बसमतिया बोली और मन्ने का हाथ पकड़ कर, अपनी नाभि के नीचे ले जा, उसकी अँगुलियाँ वहाँ दबाती हुई बोली—यहाँ कड़ा-कड़ा लग रहा है न?...पिछले महीने नहीं आया था। माई को चरका दे गये! जब उलटी होने लगी तो कैसे छुपाते?...तीसरा महीना चल रहा है!

मन्ने की तो जैसे बची-खुची जान भी सूख गयी। उसने हाथ खींचते हुए कहा—पहले ही तूने क्यों न बताया?

—पहले ही का बताते? सखी कहती थी, कभी-कभी यों भी चढ़ जाता है। अब डोलन की बीमारी हुई तो बात पक्की हुई!

—तुझे डर नहीं लगता? तेरी माई कहती थी, तू डर के मारे माँड़ हो रही है?

—डर काहे का? हमें तो ख़ुशी है कि आपका बच्चा हमारे पेट में आया! माई बड़ी लोभिन है। हमें सिखाती है कि मियाँ के सामने ख़ूब रोना। कहना, हाय, अब हम का करें, कोई पूछे तो का कहें? कैसे दुनिया को मुँह दिखायें! कहती है, ऐसा कहने-करने से मियाँ बहुत रुपया देंगे!

—हूँ!—मन्ने कुछ गुनता हुआ बोला—ठीक ही तो कहती है तेरी माई, कोई पूछेगा तो तू क्या कहेगी?

हुलसकर बसमतिया बोली—कह देंगे मियाँ का है!

—बाप रे!—मन्ने सहमकर बोला—तू तो मेरी नाक कटवाने पर तुली है!

—काहे!—इसमें कोई झूठ है का?—तुनककर बसमतिया बोली—नाक कटने का डर था, तो काहे को आपने आसनाई की?

—कौन जाने मेरा ही है या...

—मियाँ! ऐसी बात मुँह से न निकालना!—उठकर खड़ी होती हुई बसमतिया बोली—चाम की ज़बान पर लगाम रखो! ऊपर भगवान है, वो तो जानता है कि बसमतिया कैसी है! तुम्हें डर लगता हो, तुम्हारी नाक कटती हो, तो लो, कान पकड़ती हूँ कि कभी तुम्हारा नाम लिया, तो माई का मरा मुँह देखें!...हम पर जो बीतेगी छाती पर सह लेंगे, कभी तुम्हारा मुँह न जोहेंगे! का समझ रखा है तुमने? एक पानी पर ज़िन्द रहनेवाले हैं हम! जिसने माथ में सेनुर डाला, वो तो पाया नहीं हमें, और तुम कहते हो...—बसमतिया फफककर रो उठी—हमारा करम ही जला है, नहीं तो तुम काहे को ऐसा कहते! जिसके लिए हमने घर छोड़ा, भतार छोड़ा, नेम छोड़ा, धरम छोड़ा, तुरुक के मुँह से मुँह सटाया, वही आज कहता है....राम-राम! तुम सब

हयासरम घोलके पी गये हो का, मियाँ? भूल गये वो बातें...बसमतिया, हम तुझे गहनों से लाद देंगे!..बसमतिया , हम तुझे जिनगी-भर अपना बनाकर रखेंगे!...बसमतिया, हम तुझे रानी की तरह रखेंगे!..मेरे रहते तुझे कभी कोई तकलीफ़ न होगी!...छि: छि:! तुम आदमी हो, मियाँ, कि सैतान?—और बसमतिया आँचल से मुँह-आँख ढँककर बिलख पड़ी।

मन्ने की चोट की ही जगह पर जैसे किसी ने खींचकर एक कोड़ा लगा दिया हो! वह तिलमिला उठा।....तुम इन्सान हो कि सूअर?...तुम आदमी हो कि आदमी की पूँछ...और अब...उसके जी में आया कि इस सूअर की बच्ची का मुँह नोंच ले और दो थप्पड़ लगाकर दरवाज़े से बाहर कर दे!...लेकिन वह तड़पकर ही रह गया।

आख़िर ज़ोर से बोला—चुप रह! कोई सुनेगा...

—इसी का डर रहता, मियाँ, तो हम तुम्हारे पास काहे को आते?—मुँह से आँचल हटाकर बसमतिया बोली—तुम समझते हो, मियाँ, कि कोई जानता ही नहीं?..तुमसे भले कोई न कहे, हमसे किसने नहीं कहा है कि इसे कटा ही पसन्द है!...डरो तुम, तुम्हारी बहुत लम्बी नाक है! हमें कभी किसी का डर नहीं रहा, न कभी रहेगा! जिसको डर हो, वह काहे को किसी से दिल लगाये?

—तू तो पागल हो गयी है, बसमतिया! कोई बात ही नहीं समझती!

—हाँ, पागल हम नहीं होंगे, तो का तुम होगे! चले हैं समझाने! ककवा को समझाया है न कि उसका पेट गिरवा दे या उसे ससुराल भेजवा दे? कह रहा था माई से। लेकिन तुम मुँह धो डालो! अपना सारा सिंगार उतार देंगे, माई को भी छोड़ देंगे, लेकिन अपने बच्चे पर कोई जरब न आने देंगे।...और ससुराल से अब हमारा का सरोकार है? तुम्हारे पास बहुत फालतू रुपया है, तो माई और ककवा को दो, लेकिन ये जान रखो कि वो हमसे कुछ भी नहीं करवा सकते!

—बड़ी मुसीबत है...

—तुम्हारी का मुसीबत है, मियाँ? मुसीबत जिसकी है उसी की रहने दो! अब तुम्हें सब सूझेगी, पहले तो बस एक ही बात सूझती थी!...जाने दो, अब बहस से का फायदा? जब बात ही उठ गयी तो बात बढ़ाना फिजूल। हम जाते हैं। समझ लेंगे कि जिस पर नाचते थे, उसी ने सिर पर भउर उझिल दिया! वही मसल हुआ, मियाँ, कि बुलवलस रे बजना बजाय, खेदलस रे गड़लकड़ा लगाय!...जाओ, तुम जानो और तुम्हारा भगवान् !—फफककर बसमतिया बोली और उमड़ती रुलायी को मुँह में लुग्गा ठूँसकर रोकती हुई, पलटकर, पाँव पटकती हुई चल पड़ी।

मन्ने के मन में आया कि उसे रोके। लेकिन वह उसे जाते देखता रहा और उसकी ज़बान न खुली।

बसमतिया चली गयी और मन्ने पर जैसे सैकड़ों घड़े पानी डाल गयी। अपढ़, गँवार, देहातिन, नीच, नादान, लड़की बसमतिया...और यूनिवर्सिटी का पढ़ा, साहित्य-

राजनीति का जानकार, समझ-बूझ का पक्का, ख़ानदानी घराने का मन्ने!..मन्ने को वह कहाँ का छोड़ गयी? मन्ने का मन लानत-मलामत करने लगा। इन्सानियत से इस क़दर गिरना भी क्या? ओह, वह कितना नीच, कमीना, दुष्ट, लम्पट, झूठा और मतलबी हो गया है! उसके लिए नैतिकता, सच्चाई, ईमानदारी, कर्त्तव्य, मानवीयता, आचार-विचार का कोई भी मूल्य नहीं रह गया है। वह आदमख़ोर बन गया है। किसी के भी जीवन और प्रेम का अर्थ उसके समक्ष कुछ भी नहीं। उससे बदतर इन्सान भी क्या कोई दुनिया में होगा?...वह क्या था, क्या बनना चाहता था और क्या बन गया?...यही खण्ड है...यही खण्ड है...दादा...फिर अब्बा...इसी खण्ड में कभी एक कैलसिया आयी थी, जो आज तक अब्बा का नाम जपती है...और आज बसमतिया उसके मुँह पर थूककर चली गयी! ओह, मन्ने ने अपने बाप-दादा का नाम डुबो दिया, इस खण्ड को अपवित्र कर दिया।..कहीं दादा और अब्बा की रूह..और मन्ने का रोम-रोम कण्टकित हो उठा।

बादल का कोई टुकड़ा चाँद को ढँक गया। आँगन की चाँदनी अचानक लुप्त हो गयी। मन्ने डर के मारे उठ खड़ा हुआ और भागता हुआ-सा खण्ड के बाहर हो गया। उसे दरवाज़ा बन्द करने का होश भी न रहा।

वह गली से मुड़ा ही था कि पहरुआ ठनका—जागते रहो-ओ-ओ-ओ हो!

मन्ने ठिठक गया।

बूढ़ा चन्नन उसके पीछे से बोला—के हऽ?—फिर ख़ुद ही जैसे अन्दाज़ से पहचानकर बोला—सरकार हैं? सलाम!

मन्ने बिना बोले ही तेज़ चलने लगा, तो मन-ही-मन विहसकर चन्नन बोला—खण्ड से आ रहे होंगे।..पहर बुरा चढ़ा है, बाबू, सर-सबेरे घर-दुआर पकड़ लेना चाहिए। रात-बिरात बड़े आदमियों का निकलना आजकल ठीक नहीं।

मन्ने अनसुना करके चलता रहा।

चन्नन फिर खाँसकर बोला—बसमतिया उधर रोती हुई जा रही थी, सरकार। जाने कहाँ से इस बेरा आ रही थी।

स्साला! मन्ने के मुँह में गाली भर आयी। बड़ा तीसमार खाँ बनता है! राधे बाबू सरपंच क्या हो गये थे, सलाम करना भी छोड़ दिया था!..आज सरकार-बाबू कहकर जताना चाहता है कि हमें बसमतिया के बारे में सब मालूम है!...मालूम है, स्साले, तो क्या कर लेगा? वे भेंड़ें दूसरी होती हैं, जिन्हें तू चराया करता है! यहाँ तेरी माया चलनेवाली नहीं!

चन्नन उसके पीछे-पीछे, उसी की चाल से चलता हुआ बोलता जा रहा था—बाबू तो कोई आवाज़ ही नहीं देते...

—अपना काम कर!—गुस्से से चीख़कर मन्ने बोला।

—सो ही तो कर रहे हैं, सरकार।...सरकार को बुरा लग रहा है, तो कुछ न बोलेंगे। एक बीड़ी होगी, बाबू?

—नहीं!

—अच्छा, अच्छा,—कहकर चन्नन हँसा और दूसरी गली में यह कहता हुआ मुड़ गया—इस साल होली में कोई नाच भी नहीं आया इस गाँव में...रईसी ख़तम हो गयी!...ह-ह!..

मन्ने ज़नाने के सहन में पहुँचा, तो देखा, बाहर के बरामदे में महशर लालटेन लिये खड़ी है।

—इतनी देर कहाँ लगा दी?—मन्ने को देखते ही महशर बोली।

—चलो-चलो, तुम बाहर क्यों आ गयी?—दरवाज़े में घुसते हुए मन्ने बोला।

पीछे-पीछे चलती महशर बोली—मैं समझती थी कि दरवाज़े की मसजिद में नमाज़ पढ़ रहे होंगे। जुम्मा मसजिद चले गये थे क्या?

मन्ने के जी में आया कि सब सच-सच बता दे। लेकिन ज़रा देर चुप रहने के बाद बोला—हाँ, वहाँ कई लोग आ गये थे। ज़रा बात होने लगी।

पलँग पर पड़ा, तो महशर ने कई बार कोई बात छेड़ी, कई बार उसे खोदा, लेकिन मन्ने ने कोई उत्साह नहीं दिखाया। बोला—बड़ी रात हो गयी है। अब चुप-चाप सो जाओ। योंही रोज़-रोज़ तुम्हारा सर दर्द करता रहता है।

दूसरे दिन बैठक में भिखरिया आया। बोला—सरकार, चन्नना मुनेसरी के दरवाज़े पर धरना देकर बैठा है! अन्धा कुत्ता बतासे भूँके। कहता है, बसमतिया को थाने पर ले जायेंगे!

मन्ने ज़रा देर के लिए सन्नाटे में आ गया। बोला—मैं खण्ड में चलता हूँ। उससे बोलो, मैं बुला रहा हूँ।

—सरकार, मालूम होता है कि उसे महाजन लोगों ने भड़काया है।—भिखरिया बोला!

—लेकिन उन्हें क्या मालूम कि...

—औरतों की बात कहीं छुपती है, बाबू?—भिखरिया बोला—कैलास बाबू ने मुनेसरी को बुलाया था।

—ओह! तो क्या मुनेसरी ने...

—नहीं-नहीं, वो तो लड़ के आयी है! कहती थी, कैलास बाबू कह रहे हैं कि बसमतिया से थाने पर बयान दिलवा दे।

—हूँ!...अच्छा, तू उसे खण्ड पर बुला! मैं चलता हूँ!—और मन्ने उठ खड़ा हुआ।

एक जाल और तैयार हो गया था। लेकिन मन्ने को विश्वास था कि बसमतिया उसका नाम नहीं लेगी। डर उसे मुनेसरी की ओर से था, इस मौक़े से भी वह अपना उल्लू सीधा करने की कोशिश करेगी।

चन्नन ने आकर सलाम किया और हाथ की लाठी फ़र्श पर खड़ी किये हुए बैठ गया।

उसे उस रूप में बैठते देखकर मन्ने का चेहरा सख़्त पड़ गया। बोला—क्या बात है, चन्नन?

—सुना है, बाबू...

—कहाँ से सुना है?—मन्ने ने उसे बीच ही में दबोच लिया—तुम्हें मालूम है, वे हमारे आदमी हैं?

—सरकार, हम तो हुकुम के बन्दे हैं! आप लोगों की हुकूमत थी, तो आप लोगों का हुकुम बजाया और अब महाजन लोगों की हुकूमत आयी, तो...

—किसने यह हुक्म दिया है तुम्हें?

—अब नाम जानकर आप का करेंगे? हमारा कहना तो ये है कि जब कोई बात ही नहीं, तो थाने में.....

—चन्नन! यह तीन-पाँच हमारे यहाँ नहीं चलेगा! जानते हो न हमें?

—अरे सरकार, आप ये का कहते हैं? आप लोगन का हमने नमक खाया है, ख़ुद कुछ करना भी नहीं चाहते, मगर..

—अगर-मगर कुछ नहीं! सीधी राह से अपने घर चला जा! वर्ना थाने में बसमतिया नहीं, हम चलेंगे।

—सरकार चलें तो फिर का बात है!—ख़ुश होकर खुर्राट चन्नन बोला।

—अच्छा, तो यह बात है!—मन्ने ने आँख निकालकर कहा—तुम्हारी नज़र काफ़ी ऊँचे है! लेकिन, चन्नन! अगर तुमने कोई बदमाशी की, तो समझ रखना, तुम्हें चौकीदारी से हाथ धोना पड़ेगा!

—अब बुढ़ौती आयी, सरकार, चौकीदारी तो यों भी जाने ही वाली है। लेकिन...

—मालूम होता है काफ़ी तरी में हो!

—कहाँ, सरकार, अभी तो बोहनी भी नहीं हुई!

—तो जा, तुझे जो करना है कर ले! वो कहीं नहीं आती-जाती!

—यह तो सरासर आपकी जियादती है! सरकार..

—वही समझो!

—हम तो सोचते थे, सरकार, यहीं से मामला रफ़ा-दफ़ा हो जायगा। लेकिन आप चाहते हैं कि दरोगाजी...

—चल, निकल यहाँ से!—मन्ने चिल्लाया—भिखरिया! यह साला अब जाय मुनेसरी के दरवाज़े पर, तो तू इसकी टाँगें तोड़ दे! हम देख लेंगे! दारोग़ाजी इसके दामाद लगते हैं!

चन्नन वहाँ से निकल भागा।

मन्ने ने भिखरिया से कहा—अभी जाकर जलेसर को तो बुला ला!

मन्ने का दिमाग़ अब शैतान की तरह काम करने लगा था। ज़रा देर में ही उसके दिमाग़ में पूरा नक़्शा तैयार हो गया कि उसे इस मामले में क्या-क्या, कैसे-कैसे करना है।

जलेसर आकर तख़्त पर बैठ गया, तो चारपाई से उतरकर मन्ने उसके पास आ, बैठकर बोला—आपने कुछ सुना है?

—हाँ, कैलास बाबू, जयराम बाबू, रामसागर बाबू और समरनाथ बाबू हमारे पास आये थे।...हमने तो कह दिया, पहले आप लोगन अपना-अपना दामन देखिये, फिर दूसरे पर कीचड़ उछालियेगा! अरे, साहब, हमसे कुछ छुपा है?...ई रमसगरा!...ससुरे की सारी जिनगी बीत गयी घठियाई में!...और कैलास तो डूबके पानी पीता है, डूबके!...

—ख़ैर, उन लोगों ने चौकीदार को भेजा था। मैंने उसको डाँटकर भगा दिया है। अब शायद वे लोग उसे थाने भेजें।

—यह कांग्रेसियों की क़ौम बड़ी बद हो गयी है! हुकूमत की बू आ गयी है इन लोगन में। आप लोगन से बदला लेने के लिए ये हमेसा कमर कसे रहते हैं।

—पता नहीं, मैंने इनका क्या बिगाड़ा है? जिसने ज़िन्दगी-भर इनकी मुख़ालिफ़त की, वह दोस्त बना है...

—दोस्त नहीं बना है! आप जानते नहीं, आपको मार गिराने के लिए दोस्त बनाया गया है!...एक-एक करके सबको पाकिस्तान भेज देने का इन लोगन ने नक्सा तैयार किया है। हमको सब मालूम है। राधे बाबू जब से चले गये हैं और मैं सभापति हो गया हूँ, इन लोगन की अलग पंचायत बैठती है। मुझे लोग लाँघ जाने की कोशिश में हैं।

—आप चौकस रहिये और जमकर काम कीजिये! इनकी मैं एक न चलने दूँगा!...फ़िलहाल यह जो मामला पड़ गया है, इसे कैसे सलटाया जाय, यह बताइये।

मन्ने जानता था कि उसे क्या करना है, लेकिन जलेसर का मान रखने के लिए पहले उसी से कहलाना ठीक समझता था। जलेसर बहुत ही कम पढ़ा-लिखा आदमी था, लेकिन था एक नम्बर का चतुर, पार्टीबाज़ और पालिसीवाला। अपनी बिरादरी और दक्खिन के मोहल्लेवालों का वह नेता था। अपने बल पर वह उपसभापति चुना गया था। राधे बाबू जानते थे कि उसे लेना ज़रूरी है, नहीं तो वह लेंगा लगा देगा।

कुछ सोचकर, गम्भीर होकर जलेसर बोला—आप पुलिस को सम्हाल लीजिये। पंचायत में कुछ आया, तो मैं सम्हाल लूँगा। लेकिन मुनेसरी और बसमतिया को टैट रखिये! ऐसा न हो कि वही फूट जायँ और आपका नाम ले लें।

—ऐसा नहीं होगा!

—बस तो ठीक है! बल्कि हम तो कहेंगे, ऐसी नौबत आये, तो बसमतिया को गाँठकर आप उससे इन्हीं में से किसी का नाम कहलवा दें! फिर देखें तमासा! इन्हीं की लाठी, इन्हीं के सिर, पर लबेदा घूमे कि बेटा लोगन याद करें!

मन्ने तो इस आदमी की बुद्धि से दंग रह गया। यहाँ तक तो उसका भी दिमाग़ न पहुँचा था। बोला—देखा जायगा।...अच्छा, अब आप जाइये! ज़रा हवा लेते रहियेगा। कोई बात हो, तो तुरन्त बताइयेगा। मैं थाने जा रहा हूँ।

मन्ने थाने पर पहुँचा, तो देखा, फाटक के चबूतरे पर चन्नन कुत्ते की तरह टाही लगाये बैठा था। उसकी तरफ़ बिना देखे ही मन्ने अन्दर घुस गया।

वह नायब से मिला। नायब मुसलमान था। गाँवदारी की सब बातें समझाकर मन्ने ने उसके दिमाग़ में यह बात बैठा दी कि महाजन लोग उसे मुसलमान होने की वजह से पीसना चाहते हैं और उसने उसके हाथ में पचास रुपये रख दिये।

नायब बोला—मैं सब समझ गया। आप घबराइये नहीं। जब तक मैं यहाँ हूँ, वे लोग आपका कुछ भी नहीं बिगाड़ सकते! हाँ, यह बताइये, इनमें से किसी के पास कुछ माल-मता है?

मन्ने ने कहा—नहीं, सबकी हालत ख़राब है।

—फिर तो जाने दीजिये। वर्ना मैं चाहता था कि आप हमारे यहाँ एक रपट लिखा देते कि उसे इन्हीं में से किसी से है। फिर हम चखाते उन्हें मज़ा।

—नहीं, आपके हाथ कुछ लगेगा नहीं। बेचारे सभी को घुन लग गया है। बस, दिमाग़ ख़राब है।...हाँ, हमारे यहाँ का चौकीदार भी आया है। बाहर बैठा है। वह उन्हीं लोगों का आदमी है। मुझे बहुत परेशान...

—उसकी ऐसी-की-तैसी! बाहर बैठा है वह?

—जी।

—चलिये, आपके सामने ही साले को वह लात जमाता हूँ कि याद रखेगा!

वे दोनों बाहर आये।

चन्नन ने उठकर सलाम किया ही था कि नायब उस पर बरस बड़ा—साले! हरामख़ोर! हिन्दुओं का भूत चढ़ा है तेरे सिर पर! मारे जूतों के दिमाग़ ठण्डा कर दूँगा! भाग जा यहाँ से! फिर सुना कुछ तो वर्दी छिनवा लूँगा!

बुड्ढा सिर झुकाये, चण्डूल सामने किये इस तरह खड़ा था, जैसे कह रहा हो, सरकार, जितना चाहें, इस पर लगा लीजिये, कोई असर होनेवाला नहीं है। ये बाल ऐसे ही थोड़े उड़े हैं!

मन्ने की ओर मुड़कर नायब बोला—अच्छा, अब आप जाइये। मैं उधर निगाह रखूँगा।

मन्ने वहाँ से चला, तो निश्चिन्त हो गया था। इस समय रह-रहकर उसके दिमाग़ में चन्नन की ही बात उठ रही थी। साला कैसे सिर झुकाकर खड़ा हुआ था!...इतनी उम्र हो गयी, लेकिन इसकी देह पर कोई असर ही नहीं मालूम पड़ता। उसे बचपन से ही इसी रूप में यह दिखायी देता आ रहा है। मूँछे कैसी छँटवाके रखता है, जैसे जवानी का शौक़ अभी तक नहीं गया! सुनने में आता है, चमरटोलिया के चमारों और दुसाधों की लड़कियों...आँख नहीं देखते साले की! छोटी-छोटी कुचकुची तो हैं, लेकिन काजल लगाये बिना साला कभी नहीं रहता! सुना है, रोज क़स्बे से कलिया लाता है। लोगों को मूसना और खाना, दो ही तो काम है इसके...

उँह! यह मन्ने को क्या हो गया है? आप बुरा, जग बुरा! इस वक़्त उसे सारी दुनिया ही वैसी लग रही है। यह उसकी आँखों को क्या हो गया है कि सबकी कमज़ोरी पर ही उसकी दृष्टि जा रही है? क्या अपनी कमज़ोरी को ढँकने के लिए, उसे सर्वसाधारण बनाने के लिए?...अगर ऐसा है, तो सर्वसाधरण में और उसमें क्या फ़र्क़ है? उसके इतने पढ़ने-लिखने का, इतने समझदार होने का, राजनीति और साहित्य का मर्मज्ञ होने का क्या अर्थ हुआ? क्या सच ही वह गाँव के गँवार लोगों के स्तर पर ही आ गया है? उन्हीं की तरह रहना-सहना, उन्हीं की तरह दाँव-पेच, उन्हीं की तरह सोचना-समझना...नहीं, यहाँ ज़रूर एक अन्तर है, उसके सोचने-समझने का स्तर अवश्य भिन्न और ऊँचा है।..वह अपनी कमज़ोरियों से अवगत है, उनकी आलोचना कर सकता है, पश्चात्ताप भी...अभी उसमें कुछ अवश्य ज़िन्दा है, जो उसे कोंचता रहता है।...लेकिन इससे क्या होता है? काम तो वह...और मन्ने सोचने लगा, अगर यह, जो उसके अन्दर अभी ज़िन्दा है, मर गया, तो? नहीं-नहीं, वह इसे मरने नहीं देगा!..

मन्ने की अब यह भी एक आदत हो गयी है। वह मन-ही-मन पश्चात्ताप करता है, लेकिन फिर-फिर, किसी-न-किसी कमज़ोरी का शिकार हो ही जाता है और फिर उसे वह-सब करना पड़ता है, जो वह कभी भी नहीं चाहता।..क्या करे, गाँव में रहकर गाँवदारी के कीचड़ से वह अपने को कैसे बचाये? अगर वह उससे बचने की भी कोशिश करे, तो क्या गाँव उसे छोड़ देगा? अगर वह एक बार भी दब जाय, तो शायद गाँव उसे चटनी बनाकर चाट जाय, उसका अस्तित्व ही ख़तरे में पड़ जाय, खेतों पर लोग हल्ला बोल दें और मारकर उसे पाकिस्तान भगा दें!...रोज़गार कोई वह कर नहीं पाता, ये खेत ही तो उसके सहारा रह गये हैं, ये भी चले जायँ, तो उसकी

क्या हालत हो।....एक बार भी, एक मामले में भी अगर वह मात खा जाय, तो समझ लो, गया! आज जिन्हें उसने अपना बना लिया है, वे भी उसका साथ छोड़ देंगे। यहाँ कमज़ोर को, मात खाये हुए को कौन पूछता है? सब ताक़त के ही साथी हैं, जानते हैं कि ताक़तवर के साथ रहने से उनका भी भला होगा, उन पर कोई मौक़ा, पड़ेगा, तो वह निबाह देगा, उनके काम आयेगा। यहाँ यह सवाल नहीं है कि कौन किसे किस तरह मात देता है, किस चाल से, किन तिकड़मों से, किन झूठ-फ़रेबों से, रसूख-रिश्वतों से; यहाँ तो यही देखा जाता है कि मात तो दे देता है न?..आज गाँव में उसकी इज़्ज़त है, उसके हिमायती हैं, प्रशंसक हैं, इसीलिए न कि वह मात खाना नहीं जानता, दुश्मनों की हर चाल का उसके पास जवाब है, उलटे वह दुश्मनों की मिट्टी सुँघा देता है।....आज लोग बात करते हैं तो कहते हैं, कि मन्ने एक ही दिमाग़वाला है। गाँव में बत्तीस दाँतों के बीच जीभ की तरह रहता है, फिर भी मज़ाल है कि कोई कहीं से उसे ज़रब पहुँचा दे!...सच, वह कितना अकेला है! गाँव में उसके हमख़याल कुछ और लोग होते, तो वह गाँव का नक़्शा ही बदल देता। इतने पढ़े-लिखे युवक हैं इस गाँव में, लेकिन उनकी ज़ेहनियत देखकर रोना आता है। काश, यह साम्प्रदायिकता का भूत उनके सिर पर सवार न होता; वे मिल-जुलकर गाँव की भलाई की बात सोचते; आपस की बेकार की लड़ाई में धन और शक्ति का अपव्यय न कर, उसे गाँव के निर्माण में ख़र्च करते! तब इस पंचायत से कितना काम बनता!...जगह-जगह स्कूल खुल रहे हैं, कुएँ ख़ुद रहे हैं, कम्पोस्ट बनाये जा रहे हैं, सड़कें बन रही हैं, सहकारी समितियाँ स्थापित हो रही हैं, छोटे-छोटे उद्योग स्थापित हो रहे हैं और यहाँ कुछ नहीं हो रहा है। यहाँ भी स्कूल के नाम पर, कुएँ और कम्पोस्ट के नाम पर जाने कितने लोगों को रुपये मिले, लेकिन बनी एक चीज़ भी नहीं, रुपये हड़प लिये गये। और साला पंचायत सिक्रेटरी अपनी जेब गर्म कर झूठी रिपोर्ट दे देता है। गाँव की हालत बदतर होती जा रही है। अभी तक पंचायत का मकान भी नहीं बना।...मुन्नी ने कितनी बार कहा कि वह क्यों नहीं दिलचस्पी लेता? लेकिन उसे गाँव की स्थिति का क्या ज्ञान है? वह क्या जानता है कि गाँव की इस स्थिति में कोई भी काम करना कितना कठिन है?..यह ठीक है कि पहले उसने गाँव के मामले में कोई दिलचस्पी नहीं ली, क्योंकि वह सोचता था कि गाँव में उसे रहना ही नहीं। लेकिन अब तो वह दिलचस्पी लेना चाहता है। कितनी बार उसने कैलास, समरनाथ वग़ैरा से गाँव की उन्नति के लिए कोई योजना बनाने की बात की, लेकिन वे उसकी किसी बात पर कोई ध्यान ही नहीं देते, जैसे इसमें उसी का कोई स्वार्थ हो। उलटे वे लोग उसे कोई-न-कोई बात उठाकर परेशान करना शुरू कर देते हैं। बी० एस-सी० इंजीनियरिंग पास करके कैलास बेकार पड़ा हुआ है। समरनाथ एम० एस-सी० अधूरा छोड़कर कई साल इधर-उधर चक्कर लगाकर गाँव में आया है और अब क़स्बे के स्कूल में काम पाने की कोशिश में है...जयराम भी इण्टर करके क़स्बे के स्कूल का चक्कर लगा

रहा है...कमबख़्त क़स्बे में जाकर यही काम करेंगे, लेकिन गाँव में एक हाई स्कूल खोलने की योजना बनायी जाती है, तो उस पर कोई ध्यान नहीं देते...होली में मुन्नी आया, तो उसे ताज़्ज़ुब हुआ कि मन्ने ने खण्ड क्यों छोड़ दिया। उसने सबसे पहले मन्ने से यही बात पूछी, तो उसने पूरी कहानी उसे सुनायी। सुनकर मुन्नी बड़ी देर तक ख़ामोश बना रहा।

सिर गड़ाये हुए मन्ने ने कहा—तुम ख़ामोश क्यों हो गये? मैं बहुत बुरा आदमी हूँ न!

—नहीं, मुझे दुःख इस बात का है,—मुन्नी ने ज़रा रुककर कहा—कि तुम गाँव में रहकर भी कुछ नहीं कर रहे। पहले तो यह बहाना था कि गाँव में तुम्हें रहना नहीं, लेकिन अब देखता हूँ कि यह गाँव तुम्हें छोड़नेवाला नहीं। फिर भी तुम इन बेकार की बातों में...

—यहाँ कुछ करना असम्भव है, मैं कई बार बातें करके हार मान गया हूँ।

—किनसे बातें की हैं तुमने?

—कैलास...

—हूँ!—मुँह बिचकाकर मुन्नी बोला—उन लोगों से तुम बात ही क्यों करते हो? उनके बस की कोई बात होती, तो वे ख़ुद अपनी एँड़ियाँ क्यों रगड़ते? फिर उन्हें गाँव की तरक़्क़ी की क्या ज़रूरत है? उन्हें गाँव में क्यों कोई दिलचस्पी हो? वे हमेशा शहरों में व्यापार करते रहे हैं। उन्हें खेती-गृहस्थी से कोई मतलब नहीं!...कस्बे और शहर के स्कूलों में अपने लड़कों को भेजने के लिए उनके पास पैसे हैं।...समझते हो कि नहीं?...अरे, तुम उन लोगों से बात करो, जिनकी जड़ें गाँव में गड़ी हुई हैं, जिनकी ज़िन्दगी और मौत का सम्बन्ध इस गाँव से है, जिनके लड़कों ने आज तक खड़िया पकड़ना न जाना, जिनके पास दो जून खाने को अन्न नहीं, तन ढँकने को कपड़े नहीं, जो खेत की उपज बढ़ाने के लिए सदा प्रयत्नशील रहते हैं, लेकिन बेचारे कुछ कर नहीं पाते, क्योंकि उनके पास न पर्याप्त साधन हैं, न सुविधा, न...

—जब पढ़े-लिखे युवक ही...—बीच में ही मन्ने बोल पड़ा।

—उनकी बात मत करो!—मुन्नी ने उसे रोककर कहा—मेरी पूरी बात तो सुनो! ये पढ़े-लिखे तो तुम्हारी ही तरह नौकरी के सपने लेते हैं और सोचते हैं कि एक-न-एक दिन कहीं चले जायेंगे।...तुम मेरी बात मानो, तुम इनको छोड़ दो। तुम यहाँ के लोगों से कहो, बल्कि आगे बढ़कर कोई काम शुरू करो, फिर देखो, ये तुम्हारा साथ देते हैं या नहीं? तुम जानते नहीं कि इनकी कोरी आत्माएँ हर चीज़ के लिए कितनी भूखी हैं! ..तुम याद करो, बचपन से ही जिस रूप में अपने इस गाँव को हम देखते आये हैं, क्या उसमें आज भी कोई परिवर्तन आया है? ..कभी कोई परिवर्तन आया भी है तो वह ज़मींदारों और महाजनों की आर्थिक स्थिति तक ही सीमित रहा है।...ज़मींदार

ख़तम हो गये, महाजन टूट गये, लेकिन गाँव के किसानों और मजदूरों में क्या कोई भी परिवर्तन आया है? ज़मींदार जब तक रहे, उन्हें पीसते रहे। ज़मींदारी जब टूटी, तो उन्होंने उसके टूटने के पहले ही अपने खेत बेंच दिये या झूठे सहकारी फ़ारम खोल लिये या अपने रिश्तेदारों के नाम खेत लिख दिये। तुम्हीं बताओ, तुम्हारे गाँव में कितने भूमिधर बने हैं? ज़मींदारी जिस तरह टूटी है, उससे किसानों को सही माने में क्या फ़ायदा हुआ है, उनके जीवन में क्या परिवर्तन आया है? आज़ादी के बाद जो उम्मीदें वे बाँधे हुए थे, उनमें क्या एक भी पूरी हुई है? उनकी हालत क्या किसी भी रूप में सुधरी है? कितने ही किसान तो ज़मींदारों के खेत निकाल लेने के कारण अब मजूर बन गये हैं और यहाँ-वहाँ मजूरी की खोज में भटक रहे हैं। तुम किसी भी किसान या मजूर को ले लो, उसके घर को जाकर देखो, उसके तन के कपड़े को देखो, उससे पूछकर समझो कि उसमें क्या परिवर्तन आया है? ज़मींदार न रहे, तो अब स्थानीय कांग्रेसी नेताओं ने उनकी जगह ले ली है, और किसानों पर वे उन्हीं की तरह हुकूमत करते हैं...यह स्थिति कैसे भयावनी है, क्या तुम इसका अन्दाज़ा नहीं लगा पाते? किसान अपनी मुक्ति के लिए, अपनी उन्नति के लिए जाने कितनी पुश्तों से छटपटा रहा है!...तुम इनके लिए कोई काम शुरू करके देखो, कि ये किस तरह आगे बढ़ते हैं। एक बार ये जाग जायँ, अपनी ताक़त को समझ जायँ, तो फिर अपना रस्ता ये स्वयं बना लेंगे और अपने कन्धों से उन सारी ताक़तों को झिंझोड़कर फेंक देंगे, जो आज तक उन्हें दबाती आयी हैं! तुम कुछ करके तो देखो, ज़रा आगे बढ़कर तो देखो!

—एक बात तुम भूल जाते हो कि मैं मुसलमान हूँ। यहाँ साम्प्रदायिकता का विष...

—साम्प्रदायिकता से छुटकारा पाने का भी यही एक रास्ता है। साम्प्रदायिकता दूर करने के लिए हमारे यहाँ बड़ी-बड़ी कोशिशें की गयी हैं, लेकिन ये सभी कोशिशें सुधारवादी ढंग की थीं और इनका जो परिणाम हुआ हमारी-तुम्हारी आँखों के सामने है। हिन्दू-मुसमिल एकता के मसीहा, महात्मा गाँधी, स्वयं इस आग को बुझाते-बुझाते, इसी आग की भेंट हो गये!....पाकिस्तान बन गया, लेकिन अंब भी हमारे समाज से यह विष न गया और अगर इसी तरह चलता रहा, तो कभी भी न जायगा और यह लड़ाई हमारे समाज को हमेशा खोखला करती रहेगी, उसकी शक्ति का ह्रास करती रहेगी।... तुम अपने गाँव को ही देखो। तुम लोग इसी साम्प्रदायिकता के चक्कर में पड़कर कितना धन, शक्ति और समय बरबाद करते हो, और सोचो, अगर यह ऐसे ही चलता रहा, तो तुम लोग और क्या कर सकते हो?..असल में यह लड़ाई ऊपर के तबक़ों की है और यह हमारे देश की सामन्तवाद की देन है। इसका इतिहास बहुत पुराना है, लेकिन इसके रूप में कभी भी कोई परिवर्तन नहीं आया। पहले यह हिन्दू राजाओं और मुसलमान राजाओं की लड़ाई थी, अंग्रेजों के आने के बाद यह हिन्दू

सामन्तों और पूँजीपतियों और मुसलमान सामन्तों और पूँजीपतियों की लड़ाई बनी। इन लड़ाइयों से केवल हिन्दू या मुसलमान राजाओं, सामन्तों और पूँजीपतियों का ही लाभ हुआ। आम जनता चाहे वह हिन्दू हो या मुसलमान हमेशा ही पिसती रही, गोकि सामन्त धर्म के नाम पर जनता को अपना मुहरा बनाये रहे, उन्हें ही लड़ाते रहे, उन्हें ही मरवाते और कटवाते रहे, पहले युद्ध-भूमि में, बाद में दँगों में। ये लड़ाइयाँ हमेशा ही सामन्त या ऊँचे तबक़े के लोगों द्वारा चलायी गयीं, चाहे वह अकबर या औरंगज़ेब हो, महाराणा प्रताप या शिवाजी हों, या कांग्रेस या मुसलिम लीग हो, और उनका उद्देश्य सदा केवल एक रहा, सत्ता हस्तगत करना, अपनी स्वार्थ-सिद्धि के लिए हुकूमत की बागडोर अपने हाथ में रखना।...इतिहास की बात छोड़ो, आज हिन्दुस्तान और पाकिस्तान को देखो। देखो कि आज वहाँ या यहाँ किसकी हुकूमत है और उससे किसको लाभ है? क्या पाकिस्तान में आज जनता को कुछ मिला है? क्या हिन्दुस्तान में आम जनता को कुछ मिला है? दोनों देशों में पूँजीपतियों और सामन्तों का बोलबाला है और आम जनता पहले ही की तरह उनकी चक्की में पिसी जा रही है। और कमाल की बात यह है कि जिस साम्प्रदायिकता की समस्या को हल करने के लिए देश का बँटवारा किया गया, वह अपनी जगह पर क़ायम है। इसकी भयंकरता में जो कमी दिखायी दे रही है, उसका कारण यह है कि मुस्लिम सामन्त और पूँजीपति अधिकतर पाकिस्तान चले गये हैं, यह नहीं कि यह दुर्भावना ही कमज़ोर पड़ गयी है। यह निश्चित है कि जब तक सामन्तवाद और पूँजीवाद जीवित रहेगा, तब तक वह दुर्भावना मिट नहीं सकती! यह किसी-न-किसी रूप में जीवित रहेगी। किसी भी सुधारवादी ढंग से इसे समाप्त नहीं किया जा सकता।...इसका इलाज केवल एक है, और वह है जनता में वर्ग-चेतना पैदा करना, जनता की मुक्ति की लड़ाई को वर्ग-संघर्ष के स्तर पर ले आना। मुस्लिम जनता और हिन्दू जनता में जैसे ही वर्ग-चेतना का प्रादुर्भाव होगा, उन्हें धर्म के नाम पर कोई सामन्त या पूँजीपति भड़का नहीं सकेगा। वर्ग-चेतना धर्मों की दीवार को हमेशा के लिए गिरा देगी।...क्या तुमने कभी यह सुना है कि किसी मिल के सचेत हिन्दू-मुसलमान मज़दूरों के बीच कभी कोई दंगा हुआ है?..इसलिए मैं चहता हूँ कि तुम अपने गाँव में भी इस मसले को इसी रूप में देखो और इसी तरह आम जनता को आगे लाकर इस समस्या का हल निकालो।...अपनी बुद्धिमानी और कूटनीति और चालों से भले ही तुम यहाँ के महाजनों को मात देते जाओ, लेकिन इससे कोई निर्णयकारी परिणाम निकलनेवाला नहीं है, यह याद रखो!

—लेकिन यहाँ तो हिन्दू बहुत अधिक हैं और मुसलमान...

—इसका कोई सवाल ही नहीं है। मुझे यह पक्का विश्वास है कि अगर तुम जनता के लिए कुछ करोगे, जनता में चेतना का संचार करोगे, तो तुम्हारे मुसलमान होने के बावजूद, जनता तुम्हारा साथ देगी, महाजनों की साम्प्रदायिकता से तुम्हारी रक्षा करेगी!

—मेरी समझ में यह बात नहीं आती,—सशोपंज में पड़कर मन्ने बोला—किसी भी सार्वजनिक काम के लिए पैसों की ज़रूरत पड़ेगी और पैसा यहाँ महाजनों के ही पास है।

—पैसे की ज़रूरत किसलिये पड़ती है?....ख़ैर, छोड़ो यह बहस!..मुझे यहाँ सात दिन रहना है और मैं यहाँ एक जूनियर स्कूल खोलकर तुम्हें दिखाता हूँ कि देखो, कैसे काम होता है। कल होली है, कल ही इसकी नींव पड़ेगी। जुलाई के पहले ही कम-से-कम तीन झोपड़ियाँ खड़ी कर दी जायेंगी और जुलाई से बाक़ायदा स्कूल चालू हो जायगा।

—असम्भव!

—तुम मेरे साथ रहकर देखो! तुम राय दो कि यह स्कूल कहाँ बनवाया जाय?

—पहले तो तुम्हें जमीन ही नहीं मिलेगी।

—फिर तो तुमसे बात ही करना बेकार है। तुम भी उसी थैली के चट्टे-बट्टे हो!...तुम बस देखते रहो!

—नहीं-नहीं, मैं तुम्हारा पूरा साथ दूँगा! मेरी बातों का बुरा न मानो! मुझे इन कामों का कोई अनुभव नहीं। मैं सच ही जानना चाहता हूँ, सीखना चाहता हूँ। गाँव में कुछ करना चाहता हूँ!

—अच्छा, तो यह बताओ, तुम्हारे भट्ठे में कितनी टूटी-फूटी और बेकार ईंटें पड़ी हैं?

—बहुत सारी हैं। कहोगे तो कुछ अच्छी ईंटें भी मैं दूँगा। अब तो नया भट्ठा लगाने का वक़्त आया।

—तो ईंटें तुम गिरवा सकते हो?

—कहाँ?

ज़रा देर सोचकर मुन्नी बोला—गाँव के दक्खिन, परती पर। वहाँ से कई गाँव नज़दीक पड़ेंगे, उन सभी गाँवों से लड़के पढ़ने आयेंगे, उन सभी गाँवों से हमें मदद मिलेगी। साथ ही वहाँ बहुत बड़ी जगह है, स्कूल के विस्तार में आगे कोई कठिनाई नहीं पड़ेगी।...हाई स्कूल...कॉलेज....

—लेकिन वह जगह तो पंचायत की है, शायद...

—और पंचायत किसकी है?

—गाँव की।

—और स्कूल किसका होगा?

—तुम इतना नादान मुझे मत समझो! तुम जानते नहीं कि पंचायत में कैसे-कैसे लोग हैं!

—मैं सब जानता हूँ! तुम इसकी फ़िक्र मत करो! कल सुबह गाड़ी से या गधों से तुम परती पर ईंटें गिरवा दो। फिर देखो, कल क्या होता है!

—बहुत अच्छा, मैं अभी गाड़ीवानों को बुलाकर इसका इन्तज़ाम करता हूँ। कल होली है, फिर भी गाड़ीवान सुबह-सुबह दो-चार खेप तो गिरा ही देंगे।

•

दूसरे दिन सुबह मन्ने और मुन्नी परती पर पहुँचे और बड़े चटियल मैदान में स्कूल के लिए जगह तजवीज़ करने लगे।

जो भी उधर से गुज़रा, उसने पूछा—यहाँ परती पर आप लोग क्या कर रहे हैं?

मुन्नी ने जवाब दिया—स्कूल बनेगा न! जगह तजवीज़ कर रहे हैं। ज़रा आप भी चुनने में मदद दें, किस ओर बनाया जाय?

देखते-देखते वहाँ दर्जनों आदमी जमा हो गये और मन्ने और मुन्नी के साथ परती में घूम-घूमकर जगह देखने और अपनी राय देने लगे। आदमियों की ख़ुशी और उत्सुकता की कोई सीमा न थी। सभी इस पर एकमत थे कि यह बहुत ही अच्छा और ज़रूरी काम है। क़स्बे में कितने लोग अपने लड़कों को भेज पाते हैं। यहाँ स्कूल खुल जायगा, तो पढ़ाई की बहुत बड़ी सुविधा हो जायगी।

इतनें में चार ईंटों से लदी गाड़ियाँ वहाँ आकर खड़ी हो गयीं। ईंटें कहाँ गिरायी जायँ, गाड़ीवान पूछने लगे।

परती के उत्तर, जहाँ से खेत शुरू होते थे, वहाँ सिंचाई के लिए एक इनारा बना था। सबकी राय हुई कि इनारे के नजदीक ही स्कूल बनाया जाय, पानी का आराम रहेगा।

ईंटें गिरा दी गयीं।

मन्ने और मुन्नी वहाँ से गाँव में आने लगे, तो मन्ने को आश्चर्य हुआ कि रास्ते में जो भी मिला, उसी ने पूछा—क्या स्कूल बनने जा रहा है?..बड़ी ख़ुशी की बात है, लड़कों को पढ़ने का आराम हो जायगा।...चलो, परती का भाग्य खुला! बड़ी एकान्त जगह है!...इससे अच्छा उसका दूसरा उपयोग हो ही नहीं सकता था।...कोई काम पड़े तो हमसे भी कहियेगा!

और मुन्नी कहता—आप ही लोगों को तो यह स्कूल बनाना और चलाना है। शाम को बड़े दरवाज़े पर एक मीटिंग होगी, जरूर आइयेगा। और अपनी राय दीजियेगा कि कैसे काम शुरू किया जाय।

गाँव में आने के बाद मुन्नी ने पहला काम यह किया कि अपने पड़ोस के दो लड़कों को पकड़ा और उनसे कहा कि गोपालदास की मठिया से घड़ियाल लेकर

वे सारे गाँव में यह ऐलान कर आयें कि आज शाम को बड़े दरवाज़े पर स्कूल के बारे में सब लोगों की एक मीटिंग होगी। रंग-गुलाल खेलने के बाद सब लोग वहाँ इकट्ठा हो जायँ। लड़के जाने लगे, तो कई और लड़के उनके साथ हो लिये। उनके लिए घड़ियाल बजाना तो एक तमाशा ही था।

नये या धुले, तरह-तरह के रंगों के छीटों से भरे हुए कपड़े और मुँह, माथे और सिर पर गुलाल मले हुए लोग बड़े दरवाज़े पर इकट्ठा हुए, तो लोगों को सन् इक्कीस के दिन याद आ गये। इतनी बड़ी मीटिंग तो आज़ादी के दिन भी नहीं हुई थी। हर बिरादरी के लड़के, जवान और बूढ़े जमा हुए थे। कितनी ही औरतें गोद में बच्चे लिये हुए एक ओर आ खड़ी हुई थीं। गुलाल की तहों के ऊपर से ख़ुशी की आभा सबके चेहरे और आँखों में चमक रही थी। सब हँस-बोल रहे थे। आज होली के रंग ने जैसे सब के दु:ख-दारिद्र्य को ढँक दिया था।

मुन्नी ने उठकर गाँव के सबसे बूढ़े किसान हीरा कोइरी का नाम सभापति के लिए पेश किया, तो सब लोग चिहा-चिहाकर उसकी ओर देखने लगे। महाजन बिरादरी को ही नहीं, जलेसर लोहार को भी इससे कोई साधारण धक्का न लगा। ग्राम-पंचायत का स्थानापन्न सभापति होने के नाते, राधे बाबू की अनुपस्थिति में, वह गाँव की किसी भी सभा-सोसाइटी का अपने को स्वभावत: सभापति समझता था। उसने अपने सूखे हुए मुँह के साथ मन्ने की ओर देखा, तो मन्ने ने उठकर कहा—हमारे घरों में यह परिपाटी चली आयी है कि जब कोई शुभ काम पड़ता है, तो घर के सबसे बड़े बूढ़े आगे-आगे रहते हैं और उन्हीं की राय के मुताबिक़ सब काम होता है। स्कूल का काम किसी एक घर या बिरादरी का नहीं है, पूरे गाँव का है। इसलिये मुन्नी बाबू ने जो हीरा भगत को इस काम में अगुआ बनाया है, वह मुनासिब ही है। हीरा भगत गाँव के सबसे बड़े-बूढ़े आदमी हैं। इनके बारे में आप सभी जानते हैं कि ये कितने ईमानदार और भगत क़िस्म के आदमी हैं। इनकी अगुवाई और इनके आशीर्वाद से हमारा यह काम ज़रूर सुफल होगा!

अब सब लोगों की निगाहें हीरा भगत की ओर थीं। कई लोगों की यह आवाज़ भी आयी कि यह बिल्कुल ठीक हो रहा है। लेकिन हीरा भगत की हालत बहुत ख़राब थी। अपनी बिरादरी के वे मुखिया थे, किन्तु उन पर इस प्रकार का संकट जीवन में पहली ही बार पड़ा था। उनका सिर झुका हुआ था और गुलाल से लाल उनकी बेबाल की खोपड़ी चाँदनी में चमक रही थी। लाग़र ज़िस्म पर गाढ़े की धुली नीमस्तीन के बटन खुले हुए थे और छाती के सफ़ेद बाल साफ़ दिखायी दे रहे थे। बड़ी देर तक उन्होंने गर्दन न उठायी, तो मुंन्नी उनके पास जाकर बोला—बाबा! सब लोग आपका मुँह ताक रहे हैं। अब काम आगे बढ़ाइये!

बड़ा ज़ोर लगाकर जैसे हीरा भगत ने अपना सिर उठाया, लेकिन उनकी चुचके आम के छिलके की तरह पपनियाँ उठ ही न रही थीं। आँखें मूँदे ही वे आर्द्र कण्ठ

से बोले—ए उमिर में हमसे आप लोगन का चाहते हैं—

थाकलि उमरि गोन भई भारी
अब का लदबऽ ए ब्यौपारी

आ-रे भाई, अब आप लोगन का जमाना है,—भगत खाँसकर बोले—आगे बढ़के ई भार उठाओ सब लोगन मिलके। गाँव में इतने जन हैं, एक-एक तिनका उठाके दे देंगे, तो इस्कूल खड़ा हो जायगा!...इस्कूल के बारे में सुनके..हम का बतायें कि हमारे मन में का उठा।...जब हम लरिके थे, तब तो पोखरेवाला छोटा इस्कूल भी नहीं था। अब तो आप लोगन बड़ा इस्कूल बनाने जा रहे हैं। हमारे मन में यही आता है कि काहे नाहीं आज हम लरिका हुए!...—और भगत ने जो आँखें खोलीं, तो उनमें पानी चमक उठा। बोले—अब मन्ने बाबू और मुन्नी बाबू ने ये जग रोपा है, तो पूरे गाँव का यह फरज है कि सब लोगन मिलके इस जग को पूरा करें। कोई भी इससे अंग न चुराये। जिससे जो बन पड़े, उठा न रखे। हम और का कहें।—और उन्होंने अपना सिर पुनः झुका लिया।

अब मुन्नी उठकर बोला—बाबा ने जो कहा है, उसके बाद कुछ कहने की ज़रूरत नहीं रह जाती।..फिलहाल ६-७-८ तीन दर्जों के लिए तीन झोपड़ियाँ खड़ी की जायेंगी। ईंट मिल गयी है। खम्भे खड़े करके ताड़ की धरन और तड़क लगाकर बाँस की कोरई पर पतलो का पलान डाल देना है। इन सामानों में जो जितना दे सके, दे और जो जो काम भी काम कर सके, करे। राज, लोहार और मिस्त्री लोग मजूर और नोनिया लोग अपना एक-एक दिन भी दे देंगे, तो यह काम पूरा हो जायगा। जो काम न कर सकें, एक-एक मजूर का एक-एक दिन का ख़र्चा दे दें।..झोपड़ियाँ बन जाने के बाद स्कूल के इन्तजाम के लिए एक कमेटी भी बनानी पड़ेगी।

कैलास उठकर बोला—कमेटी भी आज ही बना दी जाय।

मुन्नी बोला—कमेटी बनाना अभी ठीक नहीं। स्कूल बनाने में जो लोग काम करेंगे, उन्हें देखकर ही कमेटी का चुनाव करना ठीक होगा। इस वक़्त तो सारा गाँव ही कमेटी है।

—हाँ-हाँ,—चारों ओर से आवाज़ आयी—अभी इस्कूल तो बन जाय!

मुन्नी ने काग़ज़-पेन्सिल निकालकर कहा—तो कल के लिए दस-बारह आदमी अपना नाम दे दें। कल हमें ताड़ और बाँस काटना है और उसे ढोकर परती पर पहुँचाना है। सब सामान वहाँ इकट्ठा हो जायगा, तब झोपड़ियाँ उठाने का काम शुरू किया जायगा।

पटापट नाम आने लगे। बारह नाम आ गये, तो मुन्नी बोला—अब परसों के लिए दो मिस्त्री, तीन नोनिये और छै मजूरों के नाम चाहिए।

इसी तरह एक हफ़्ते के लिए नाम आ गये, तो उसने कहा—अब चन्दे के लिए घूमनेवालों के नाम चाहिए, हर बिरादरी से कम-से-कम एक-एक आदमी।

यह भी सूची बन गयी, तो मुन्नी बोला—इन नामों के अलावा जो लोग बच गये हैं, उन्हें जब भी फ़ुर्सत मिले, परती पर पहुँचें और जो भी काम उनसे हो सके करें।

—और का?—हीरा भगत बोले—यह पँचऊ काम है, बिना कहे भी ख़ुद आगे बढ़के सबको काम करना चाहिए।...कोई न-नुकुर न करे।

सभा विसर्जित हुई। वहाँ से चले, तो मन्ने बोला—सच ही अब तो स्कूल बन गया लगता है। इतनी जल्दी और आसानी से यह काम हो जायगा, मुझे उम्मीद न थी।

—इन कोरे इन्सानों को तुम क्या समझते हो? इनकी शक्ति का करशिमा रूस में देखो, चीन में देखा। चींटियाँ मिलकर जैसे बड़े-बड़े कीड़ों को टाँग ले जाती हैं, वैसे ही रूसी और चीनी जनता ऐसे बड़े-बड़े काम कर रही हैं कि सुनकर आश्चर्य होता है। हमारे यहाँ यह अपार शक्ति अभी तक सोयी पड़ी हुई है, इसे जगाने के लिए रूसी और चीनी नेताओं की तरह के आदमियों की ज़रूरत है। हमारे यहाँ के सफ़ेदपोश नेताओं और अफ़सरों को प्रलय तक इसकी समझ न आयेगी!...कल तुम परती पर इन लोगों को देखना! तुम हमारे साथ ताड़ और बाँस काटने चलोगे न?

—कहाँ से काटोगे?

—जहाँ भी दिखायी देगा।

—कोई रोकेगा नहीं?

—कल देखना!

दूसरे दिन चार आदमियों, दो टाँगों और दो आरियों के साथ मन्ने और मुन्नी निकल पड़े। तालाब के पास पहली बँसवारी में, एक कोठे के एक बाँस की जड़ में जैसे ही एक आदमी ने आरी लगायी कि दूर से आती हुई एक पुकार कान में पड़ी—केवन हऽरे, बाँस काऽता?

सबने आवाज़ की ओर देखा, खेतों के पास, दूर गाँव के उत्तर सीवाने से एक आदमी हाँक लगाता दौड़ा आ रहा था। आरी थथमी, तो मुन्नी बोला—तुम अपना हाथ मत रोको!

मन्ने बोला—उस आदमी को तो आ जाने दो।

एक आदमी बोला—वह लछना है, उसी की यह बँसवारी है।

—आने दो, लेकिन आरी रोकने की कोई ज़रूरत नहीं है।—मुन्नी बोला।

तेज़ दौड़ता हुआ लछना पास आया, तो उसके पाँव शिथिल हो गये। सिर झुकाकर बोला—आप लोगन हैं?...हम समझे...कितने बाँस लगे हैं हमारे जिम्मे?

—तुम जितने दे सको,—मुस्कराकर उसके कन्धे पर हाथ रखते हुए मुन्नी बोला

—अभी हर कोठे से एक-एक ले लें। बाद में...

—ठीक है। और भी तो बँसवारियाँ हैं।

—देखके पके-पके बाँस ही कटवायें।

—तुम भी ज़रा मदद कर दो।

—बहुत अच्छा।

बाँस वहीं गिराकर, ताड़ के बग़ात में पहुँचे और सब ताड़ों को देखकर, तीन पुराने ताड़ काटने के लिए चुन लिये गये।

एक ताड़ पर टाँगे पड़ने लगे और ठाँ-ठाँ की आवाज़ें चारों ओर गूँजने लगीं।...आधा कट चुका, तो फिर एक बौखलायी हुई पुकार गाँव की ओर से आती सुनायी पड़ी।

उधर देखकर मन्ने बोला—ये मोअज़्ज़म अली हैं। उन्हीं का यह ताड़ है।

—आने दो, अब तो कट ही गया।—लापरवाही से मुन्नी बोला।

पुराने, पोढ़े और नाटे मोअज़्ज़म अली! ज़बान ऐसी फ़सीह कि मुँह देखिये! बोले—ए! टाँगा रोको!—फिर मुन्नी की ओर मुड़कर बोले—ये क्या बात है, साहब? आप लोगों की हुकूमत है, तो क्या इसके यह मानी होते हैं कि..

—देखिये, आप एक ग़लत बात से अपना बयान शुरू कर रहे हैं...

—अरे चच्चा,—मन्ने बोला—ये तो कम्युनिस्ट हैं!

—तब तो इन पर दुहरा जुर्म आयद होता है, एक ग़रीब इन्सान...

—चच्चा, उस लछना ने अभी तेरह बाँस दिये हैं, आप...

—लेकिन यहाँ औरों के भी तो ताड़ हैं, मेरे ही ताड़...

—औरों के भी काटे जायेंगे, हमें पाँच ताड़ों की ज़रूरत है। तीन यहाँ से काटेंगे, दो दूसरे बग़ात से।

—लेकिन बग़ैर इजाज़त...

—देखिये, मोअज़्ज़म अली सहब,—मुन्नी बोला—आप ही कहिये, आप गाँव के बुज़ुर्ग और दानिशमन्द आदमी हैं, अगर घर-घर घूमकर हम इज़ाज़त लेने लगें, तो उसी के होकर रह जायें कि नहीं? फिर आप जानते हैं...

—तो क्या आप ज़बरदस्ती...

—देखिये, हम कोई अपना घर छाने के लिए तो ताड़ काट नहीं रहे हैं। गाँव के काम के लिए, गाँव की कोई चीज लेना कोई ज़बरदस्ती नहीं है।

—और अगर मैं न दूँ?

—ताड़ तो आधा कट चुका है।

—यही तो ज़्यादती है आप लोगों की!..ख़ैर, मुझे इसकी एक रसीद दे दें।

—स्कूल की कमेटी बन जायगी, तो रसीद....

—चच्चा, आप रसीद क्या करेंगे?

—इससे कम-से-कम मेरे पास एक सबूत तो रहेगा कि मैंने एक ताड़ स्कूल को ख़ैरात दे दिया। कोई यह तो नहीं कहेगा कि मुझे दबाकर मेरा ताड़ काट लिया गया। फिर मेरे लड़के की फ़ीस...

—रसीद मिल जायगी, साहब,—मुन्नी टाँगेवालों की ओर मुड़कर बोला—जल्दी गिराओ, जी!

मोअज़्ज़म अली ताड़ की ओर एक बार देखकर चले गये, तो मुन्नी बोला—यह मध्यम वर्ग है!

—न काटने देते तो तुम क्या करते?

—तो ज़बरदस्ती काटते। वह कर ही क्या सकते थे? ज़रा शोर मचाते, गाँव जुटता और सभी उन्हीं की लानत-मलामत करते। हम कोई अपने लिये थोड़े काट रहे हैं। यह तो महज़ वे हमारे ऊपर रोब जमा रहे थे, विरोध में उनके पाँव देर तक नहीं टिकते।...

—मुसलमानों में विरोध करने का दम नहीं रहा, शायद इसीलिए तुम ऐसा कह रहे हो।

—नहीं, इसलिए नहीं कहता। मैं किसी मसले को उस नज़र से देखता ही नहीं। मेरे देखने में वह नज़र ही ग़लत है। गाँव की भलाई के काम में कोई हिस्सा न ले, मदद न करे, उलटे अड़चन डाले, तो उसके साथ क्या व्यवहार किया जाय, सवाल यह है। लछना जिस बात को समझता है, उसे मोअज़्ज़म अली न समझें, यह तो बात नहीं। लेकिन फिर भी मोअज़्ज़म अली समझने में इनकार करते हैं, तो उनकी दवा क्या है? गाँधीवादी बतायेंगे कि ऐसे आदमी को समझाओ-बुझाओ, फिर भी वह राह पर न आये, तो उसे उसके हाल पर छोड़ दो। एक-दो हों, तो उन्हें उनके हाल पर छोड़ा भी जा सकता है, लेकिन तुम देखोगे, ऐसे लोग इसी गाँव में कितने ही मिलेंगे, और एक को तुम उसके हाल पर छोड़ दोगे, तो सबके साथ भी ऐसा ही करना होगा। और फिर यह बीमारी फैल भी सकती है। देखा-देखी और लोग भी उसी रास्तें पर जा सकते हैं, अपनी चीज़, अपनी मेहनत का मोह किये नहीं होता? इसलिए सही तरीक़ा यही है कि ऐसे लोगों की स्वेच्छा को पूरे गाँव की भलाई के लिए, ज़रूरत पड़े तो ज़ोर से भी, दबा ही दिया जाय। कुछेक की स्वेच्छा के लिए पूरे गाँव की भलाई ख़तरे में पड़े, यह बरदाश्त करना ठीक नहीं। सर्वसाधारण की भलाई के लिए कुछेक को दबाने की ज़रूरत पड़े, तो इसमें बुराई क्या है?...अभी तो शुरूआत है, तुम देखोगे कि इसमें कैसी-कैसी दिक़्क़तें पेश आती हैं। और हर समय सर्वसाधारण की भलाई को यदि अपनी दृष्टि में न रखा गया, तो इसके खटाई में पड़ जाने की भी पूरी आशंका बनी रहेगी। लेकिन सर्वसाधारण लोग तुम्हारे साथ हैं, तो घबराने की कोई बात ही

नहीं, तुम्हारी ताक़त का कोई मुक़ाबिला नहीं कर सकता, उसके सामने सबको झुकना ही पड़ेगा।...हिन्दू-मुसलमान की बात कभी भी अपने दिमाग़ में उठने ही न दो, यह समस्या धार्मिक नहीं, राजनीतिक है और सही राजनीति ही साम्प्रदायिकता का अन्त कर सकती है।

—काश, तुम यहीं रहते!—मन्ने ने ठण्डी साँस लेकर कहा।

—बेकार की बात मत करो। अब आगे बढ़कर काम करो। काम और यहाँ के सर्वसाधारण लोग ही तुम्हें रास्ता दिखायेंगे। अपनी तुमने बहुत की, अब ज़रा मेरी भी करके देखो।...हो सकता है, इसी में तुम्हें सुख-शान्ति मिले, शक्ति और साहस भी मिले। काम की यहाँ कमी नहीं है। तुम लगे रहे, तो हमारा यह गाँव दूसरे गाँवों को भी रास्ता दिखायेगा।

मुन्नी को अपनी छुट्टी चार दिन और बढ़ानी पड़ी। परती पर तीन नहीं, चार झोपड़ियाँ खड़ी हो गयीं, तीन कक्षाओं के लिए और एक आफ़िस के लिए। साथ ही क़रीब तीन सौ रुपये और पच्चीस मन गल्ला हाथ में लगा। स्कूल खुलने में अभी तीन महीने की देर थी, इस बीच काग़ज़ी कार्रवाई, मेज़-कुर्सियाँ और बोर्ड बनवाना, मास्टरों की तैनाती, स्कूल का प्रचार आदि काम थे, जिन्हें पूरा करना था। सबको समझा-बुझाकर जुलाई में आने का वादा कर मुन्नी चलने लगा, तो मन्ने के साथ कितने ही लोग उसे क़स्बे तक मोटर पर छोड़ने आये।

मन्ने बड़ी लगन से काम में जुट गया। शीशम के पेड़ माँग-माँगकर उसने मेज़ वग़ैरा ज़रूरी फर्नीचर बनवाये। कई आदमियों को साथ लेकर गाँव-गाँव में घूमकर सबसे मिला और उन्हें अपने लड़कों को इसी स्कूल में भेजने को कहा। नोटिसें छपवाकर गाँव-गाँव में बँटवायीं। इन्स्पेक्टर से मिलकर ज़रूरी मालूमात हासिल किये। आफ़िस के लिए ज़रूरी रजिस्टर और दूसरे सामान वग़ैरा मुहय्या किये।

और जुलाई में स्कूल खुला, तो तीनों दर्जों में इतने लड़के आये कि कोई हिसाब नहीं। उन्होंने तो सोचा था कि फ़िलहाल एक-एक सेक्शन चलेगा, लेकिन यहाँ दो-दो सेक्शन से भी अधिक लड़के हो गये। परती पर जैसे सारा जवार ही टूट पड़ा था, एक मेले-सा लग गया था। सुनकर गाँव के नमकीन और मिठाई के दो-दो खोमचेवाले भी आ गये और उनकी अच्छी दूकानदारी हो रही थी।

प्रवेश लेनेवालों की संख्या जब तीन सौ पहुँच गयी, तो मुन्नी और मन्ने ने अपनी-अपनी क़लमें रोक लीं। अब भी बहुत-सारे विद्यार्थी और उनके अभिभावक खड़े थे, उन्हें कल आने के लिए कहकर वे उठ खड़े हुए।

इतनी भीड़ के कई कारण थे। इस गाँव के दो कोस इर्द-गिर्द कोई जूनियर हाई स्कूल न था। क़स्बे में दो जूनियर हाई स्कूल थे, एक डिस्ट्रिक्ट बोर्ड का और दूसरा प्राइवेट, जो इधर के गाँव से काफ़ी दूर पड़ते थे। क़स्बे के स्कूलों में इन कक्षाओं की

फ़ीसें सब मिलाकर क्रमशः ढाई रुपये, साढ़े तीन रुपये और चार रुपये थीं, लेकिन यहाँ आठ आने, बारह आने, और एक रुपया रखी गयी थीं। उस पर यह आश्वासन दिया गया था कि जिसके पास कम-से-कम एक बैल की खेती नहीं है, उसके घर के किसी भी लड़के से फ़ीस नहीं ली जायगी। इसका यह नतीजा हुआ कि क़स्बे के पास के गाँवों से भी बहुत-सारे लड़के आये। और तो और, दो-तीन साल से पढ़ाई छोड़नेवाले लड़के भी एक बड़ी संख्या में फिर अपनी आगे की पढ़ाई जारी करने आये थे।

शाम को गाँव में सभा हुई और मुन्नी ने स्कूल में स्थान की कमी की समस्या सभा के सामने रखी, तो यह तै हुआ कि यह स्कूल अब इसी गाँव का नहीं रहा, आस-पास के सभी गाँवों को इसमें हिस्सा लेना चाहिए। अगले दिन शाम को परती पर उन सभी गाँवों के प्रतिनिधियों की एक सभा बुलायी जाय, जहाँ-जहाँ से लड़के आये हैं और सबके सामने यह समस्या रखी जाय।

वही हुआ और बड़ी ख़ुशी से दूसरे गाँववालों ने मिलकर तीन और झोपड़ियाँ बनवाने का ज़िम्मा ले लिया। उसी अवसर पर स्कूल की इक्कीस सदस्यों की कमेटी भी बना दी गयी और पदाधिकारियों का चुनाव भी कर लिया गया। सभी काम सर्वसम्मति से हुए। मन्ने मन्त्री चुन लिया गया और विधान बनाने का काम भी उसे ही सौंप दिया गया। मास्टरों की नियुक्ति के लिए एक तीन सदस्यों की समिति बना दी गयी। इसी समिति को साल-भर का बजट बनाने का काम भी सौंप दिया गया।

मन्ने को यह देखकर आश्चर्य हुआ कि कैलास ने भी उसके पास मास्टरी के लिए अर्जी भेजी है। एक इंजीनियर कभी इस स्थिति को प्राप्त होगा, यह कौन सोच सकता था। मन्ने को बड़ा दुःख हुआ और उसने उसकी नियुक्ति के लिए कमेटी के सामने विशेष रूप से सिफ़ारिश की। उसका ख़याल था कि कैलास के स्कूल में रहने से महाजनों की भी सहानुभूति स्कूल को प्राप्त हो सकती है।

स्कूल फ़र्राटे से चल पड़ा और यही बात क़स्बे के स्कूलों के अधिकारियों को न सुहायी। उन्होंने इन्स्पेक्टर को रिपोर्ट कर दी कि सरकारी नियमों के विरुद्ध यहाँ फ़ीस कम ही नहीं ली जाती, बल्कि अधिक फ़ीसदी लड़कों की फ़ीस भी माफ़ की गयी है और इसका परिणाम यह हुआ है कि क़स्बे के स्कूलों में विद्यार्थियों की संख्या कम हो गयी है। समरनाथ ने गाँव में यह अफ़वाह उड़ा दी कि यह स्कूल बन्द करवा दिया जायगा। मन्ने को यह ख़बर मिली, तो उसका माथा ठनका कि कहीं फिर लड़ाई शुरू न हो जाय।

लेकिन अब वह इन बातों से बौखलानेवाला न था। उसे जनता की शक्ति का ज्ञान हो गया था। उसके यहाँ जो भी पूछने आया, उसे उसने समझा दिया कि हमारा यह स्कूल न डिस्ट्रिक्ट बोर्ड का है, न सरकार का। अगले वर्ष जब नयी कक्षा खुलेगी

और रिकगनिशन का सवाल उठेगा, तो देखा जायगा। उसने शाम को स्कूल में लड़कों और मास्टरों की मीटिंग की और उन्हें भी समझा दिया कि घबराने की कोई बात नहीं, स्कूल किसी भी हालत में बन्द नहीं हो सकता। और दूसरे दिन वह सीधे इन्स्पेक्टर से मिलने ज़िले पर जा पहुँचा। स्कूल का विधान और वर्ष का बजट उनके हाथ में देकर वह बोला—क्या आपके यहाँ हमारे स्कूल के खिलाफ़ कोई शिकायत आयी है?

इन्स्पेक्टर ने विधान और बजट देखकर कहा—शिकायतें तो कई आयी हैं।.... ये दोनों चीज़ें आप मेरे पास छोड़ जाइये, इन्हें अच्छी तरह देखकर ही मैं किसी नतीजे पर पहुँच सकूँगा। लेकिन एक बात है कि आप लोगों ने फ़ीस की दर नियम से कम रखी है। इसके विषय में तो मुझे कुछ करना ही पड़ेगा।

—इन्स्पेक्टर साहब, आप देहात के आम लोगों की माली हाल से तो वाक़िफ़ होंगे ही। साथ ही क्या सरकार की यह नीति नहीं कि धीरे-धीरे शिक्षा नि:शुल्क कर दी जाय?—मन्ने ने कहा।

इन्स्पेक्टर साहब थोड़ी देर के लिए चुप होकर सिर हिलाते रहे। फिर बोले—यह तो ठीक है, लेकिन इस विषय में सरकार ने अभी कुछ किया तो नहीं है। तब तक क्या नियम का पालन करना आवश्यक नहीं? आख़िर इतनी फ़ीस से आप लोग स्कूल का ख़र्चा कैसे चलायेंगे?

—आपने शायद बजट ध्यान से नहीं देखा। हमारे स्कूल में बारह गाँवों के विद्यार्थी आये हैं और इन सभी गाँवों की पंचायतों ने हर साल स्कूल को सौ रुपये देने का वादा किया है। फिर हमने यह भी तै किया है कि स्कूल की साधारण समिति के लिए कम-से-कम दो हज़ार सदस्य बनायेंगे और उनके चन्दे से स्कूल को पाँच सौ रुपये हर साल मिलेंगे। इसके अलावा हर घर में चुटकी के लिए हाँडी रखी गयी है। इस तरह हमारा ख़र्चा आसानी से चल जायगा। फिर फ़ीस बढ़ाने की क्या ज़रूरत है?

—यह तो आप लोग बहुत अच्छा कर रहे हैं, लेकिन...जाने दीजिये, मैं एक राय देता हूँ, वैसा कीजिये!..आप ऐसा क्यों नहीं करते कि रजिस्टर पर नियमानुकूल ही फ़ीस दिखायें, भले विद्यार्थियों से कम लें। ऐसा करने से कम-से-कम किसी ने शिकायत की, तो मेरे लिये तो बचने की एक जगह बनी रहेगी।

—इन्स्पेक्टर साहब, झूठ हिसाब-किताब...

—आप बात नहीं समझते। असल बात यह है कि आपके स्कूल में बहुत-से बड़े-बड़े लोग भी दिलचस्पी रखने लगे हैं। ज़िला-कांग्रेस से सभापति और एक कांग्रेसी एम० एल० ए० भी इस बात को लेकर मुझसे मिल चुके हैं।—रुककर इन्स्पेक्टर साहब धीरे से बोले—आपसे क्या छुपाना, इन लोगों का कहना है कि अगर

यह स्कूल चला, तो वह पूरा जवार कम्युनिस्ट हो जायगा।

सुनकर मन्ने हँस पड़ा। बोला—अभी तक तो हमने राजनीति का कहीं नाम भी नहीं लिया है। इस वहम का क्या इलाज है?

—जो हो, उन लोगों का ख़याल यही है। और आप जानते हैं कि मैं सरकारी नौकर हूँ और सरकार इनकी है। फिर...

मन्ने उनका मुँह ताकने लगा, तो वे बोले—आप घबराइये नहीं। इतना अच्छा एक स्कूल आप लोगों ने खोला है, तो उसे मैं बन्द न होने दूँगा। लेकिन मेरे ऊपर भी अफ़सर हैं, और आप जानते हैं, इन लोगों की पहुँच कहाँ तक है। इसलिए मैंने जैसा कहा है, वैसा ही कीजिये। आप लोग एकमत रहेंगे, तो हिसाब किसी भी तरह रखने से क्या बनता है? स्कूल पर कोई क़ानूनी कार्रवाई न हो सके, इसका आप लोग पूरा ध्यान रखें। फिर तो सब ठीक रहेगा। मामला आगे भी बढ़ा, तो रिपोर्ट तो मुझसे ही माँगी जायगी!—कहकर उन्होंने बजट की प्रति वापस कर दी और कहा— इसमें फ़ीस की मद में जमा रक़म ठीक करके हमारे कार्यालय में भेज दें और विधान रजिस्टर्ड करवा लें। इसमें देर नहीं होनी चाहिए। हो सकता है कि उसी बीच मैं आप लोगों के यहाँ स्कूल देखने आऊँ।

—आप ज़रूर आइये!—मन्ने ने कहा—हिसाब के बारे में मैं कार्यकारिणी की राय लूँगा।

—तो ऐसा कीजिये कि जब सब रजिस्टर और हिसाब वग़ैरा दुरुस्त हो जायँ, तो मुझे इत्तिला दें, मैं आ जाऊँगा।

—बहुत अच्छा,—कहकर मन्ने कुछ उदास-सा हो, उठ खड़ा हुआ।

—आप घबराइये नहीं। मैं स्कूल बन्द नहीं होने दूँगा।—इन्स्पेक्टर साहब ने भी उठकर मन्ने से हाथ मिलाते हुए कहा—आप लोग अपने गाँव में एक सरकारी लड़कियों का स्कूल भी क्यों नहीं खोलते? मैं सब मदद करूँगा। इमारत के लिए एक हज़ार रुपया भी मिलता है। आपके यहाँ का कोई रामसागर जिला कांग्रेस क्रे सभापित के साथ आया था और लड़कियों का स्कूल खोलने का ज़िम्मा ले रहा था। आप ही क्यों नहीं यह काम भी कर डालते? गाँव के अन्दर कोई जगह हासिल करके एक अर्जी दे दें, तो मैं रुपये आपको दें दूँ।

—मैं बात करके इस विषय में भी आपको सूचना दूँगा,—मन्ने बोला—लेकिन रामसागर भी तो यह काम कर सकता है?

—आपसे क्या बताऊँ, कई लोगों के हाथ मैं धोखा खा चुका हूँ। रुपया मिल रहा है, यह जानकर लोग नेताओं की सिफ़ारिश लेकर चले आते हैं। कोई लोग रुपया ले जाकर खा गये और स्कूल की इमारत का कहीं पता नहीं। आप उत्साही और ईमानदार आदमी मालूम होते हैं, आप जरूर एक लड़कियों का भी स्कूल अपने गाँव

में खोलें। इसमें तो गाँव का कोई ख़र्च भी नहीं। मास्टरनियों की तनख़ाह भी सरकार देगी।

—मैं लोगों से राय लेकर बताऊँगा।

—लेकिन देर न हो, वर्ना मजबूर होकर मुझे...यहाँ का कोटा जल्दी ही पूरा करना है।

—मैं जल्दी ही बताऊँगा।

मन्ने वहाँ से चला, तो उसे यह समझते देर न लगी कि महाजन लोगों की प्रतिद्वन्द्विता शुरू हो गयी है। लड़कियों का स्कूल खोलकर वे लोग भी कुछ श्रेय लेना चाहते हैं। अगर वे लोग सचमुच यह स्कूल खोलना चाहते हैं, तो इसमें बुराई क्या है? चलकर देखना चाहिए।

दूसरे दिन वह गाँव में लौटा, तो बसमतिया का मामला फिर उठ खड़ हुआ था। भिखरिया से मालूम हुआ कि कैलास बाबू वग़ैरा मुनेसरी को भड़का रहे हैं कि वह मन्ने पर मुक़द्दमा चलाये और बसमतिया के ख़र्चे का दावा करे। मुनेसरी तैयार है, लेकिन बसमतिया मन्ने का नाम लेने के लिए तैयार नहीं। मुनेसरी ने उसे बड़ी मार मारी है। वह कल से ही काम पर नहीं आ रही है, बड़े-बड़े सपने ले रही है। भिखरिया ने मना किया, तो उसे भी गाली-गुफ्ता देने लगी।

मन्ने का मन स्कूल में रम गया था। यह वाक़या सुनकर वह फिर परेशान हो उठा। उसे बसमतिया पर विश्वास था, लेकिन धूर्त्त, चालाक और लोभिन मुनेसरी को भी वह जानता था। साथ ही अपने विरोधियों की शक्ति का भी उसे ज्ञान था। अगर सच ही कुछ हो गया, तो वह कहीं का भी न रहेगा, लोगों का विश्वास तो उसके ऊपर से उठ ही जायगा, स्कूल भी मिट्टी में मिल जायगा। यही तो वे लोग चाहते हैं, वर्ना दबे हुए मामले को फिर क्यों उभारा जाता? उसने एक काम भी शुरू किया तो उसमें भी अड़ंगे खड़े होने लगे। शायद कभी ये लोग उसे शान्तिपूर्वक नहीं रहने देंगे और न कुछ करने ही देंगे। वह कितना चाहता है कि अब तो उसे उसके हाथ पर छोड़ दिया जाय, लेकिन यह क्यों होने लगा? जाने कब यह वैमनस्य दूर होगा, जाने कब इस गाँव का यह ज़हर उतरेगा!

कमेटी की मीटिंग ज़रूरी थी, लेकिन परेशानी में मन्ने कुछ करना न चाहता था। वह पहले बसमतियों के मामले को दफ़ना देना चाहता थी, ताकि उससे छुट्टी पाकर वह शान्ति से स्कूल का काम कर सके। इधर भदई की बोआई का समय भी सिर पर था। बारिश का इन्तज़ार था। फिर तो दस-पन्द्रह दिन सिर उठाने की भी किसी को फ़ुरसत न रहेगी।

उसने मुनेसरी को बुलाकर सीधे पूछा—आख़िर तुम क्या चाहती हो?

मुनेसरी ने भी सीधे आँख मिलाकर कहा—बसमतिया के लिए आपके घर में जगह और आपकी जमीन-जायदाद में आधा हिस्सा।

सुनकर मन्ने का तो जैसे दिमाग़ ही उड़ गया! आँखें निकालकर बोला—यह तो नहीं होगा!

—फिर का होगा?—भौहें चढ़ाकर मुनेसरी बोली।

—मेरे यहाँ काम करती रहो और खाना लेती रहो, बस!

—इससे अब हमारा पेट नहीं भरेगा, बाबू! आप ऐसे नहीं देंगे तो वैसे तो देंगे!...वह मलजादिन हमारी बात नहीं सुनती, नहीं तो सीधे कचहरी में हम आपसे बात करते! फिर भी आप बचके कहाँ जायेंगे? हम गरीबिन का भी कोई तरफदार है!

—सो तो मुझे मालूम है। उन्हें देखते ही मेरी ज़िन्दगी बीत गयी, तुझे तो अभी देखना है! उनकी ही ताक़त पर तो तू फुदक रही है, वर्ना तेरी मज़ाल थी कि मुझसे आँख मिलाती?...तो तुझे काम नहीं करना है?

—करना काहे नहीं है? बाक़ी हमारी बात भी तो कुछ रहना चाहिए।

—अच्छा, तो जा, पहले तू अपने तरफ़दारों का ही ज़ोर देख ले। फिर तुझसे बात करेंगे। अभी तेरा दिमाग़ बहुत ऊँचाई पर है!

मुनेसरी भनभनाती हुई चली गयी।

मन्ने के दिमाग़ ने फिर काम करना शुरू किया। वह सीधे रामसागर के पास पहुँचा। बोला—हम ज़िले पर गये थे।

—मालूम है। क्या हुआ?—रामसागर कुटिलता के साथ बोला—सुना है, परती पर का स्कूल टूटनेवाला है। इन्स्पेक्टर साहब कह रहे थे...

—मैं भी उनसे मिला था। वे तो मुझे लड़कियों के स्कूल के लिए भी एक हज़ार रुपया दे रहे हैं!—मन्ने ने भी उसी कुटिलता के साथ मुस्कराकर कहा।

—क्या ?—रामसागर बोला—उसके लिए तो मैं कोशिश कर रहा हूँ।

—लेकिन मिलेगा मुझे!

रामसागर थोड़ी देर के लिए चुप हो गया। फिर जैसे हारकर बोला—यह स्कूल आप हमको ही बनवाने दें। आप लोगों ने बड़ा स्कूल तो बनवा ही लिया है।

—क्यों? जब इन्स्पेक्टर साहब ख़ुद ही दे रहे हैं, तो मैं इनकार क्यों करूँ? मन्ने ज़रा तैश में आकर बोला—उन्हें आप पर विश्वास नहीं! मैंने तो स्कूल के लिए जगह भी तजवीज़ कर ली है। कल रजिस्टरी कराने तहसील जा रहा हूँ, वहीं से सीधे ज़िले जाऊँगा।

—मेरा कहना तो यही है कि आप यह स्कूल हमें बनवाने दीजिये,—मुँह लटकाकर रामसागर बोला।

—आख़िर क्यों?—भौहें उठाकर मन्ने बोला

—अब क्या बताऊँ?—उसी तरह सिर झुकाकर रामसागर बोला—इतना एहसान आप मुझ पर कर दें।

—ख़ूब! आप लोग मेरी नाक में दम किये रहें, और मैं एहसान करता फिरूँ! बड़ा अच्छा कहते हैं!

—क्या हुआ? हमने क्या किया?—भोला बनकर रामसागर बोला।

—मुनेसरी को हवा के घोड़े पर किसने चढ़ाया है?

—ओह! आपका इशारा उधर था?—रामसागर उत्साहित होकर बोला—अच्छा, तो यह काम मैं आपका करा दूँगा। आप उधर से बेफ़िक्र रहें। लेकिन स्कूल...

—आप विश्वास दिलाते हैं?

—हाँ, आप विश्वास करें।

—तो ठीक है, रुपया अपने नाम पर लाकर मैं आपको दे दूँगा। आप ही स्कूल बनवाइये।

—आपकी बड़ी मेहरबानी होगी!...बाप-दादा पोखरा और मन्दिर बनवा गये, मैं एक स्कूल तो बनवा दूँ।

—लेकिन मेरी बात याद रखियेगा!

—उसकी अब आप कोई चिन्ता न कीजिये। अब सब शान्त हो जायेगा।

सच ही दो दिन बाद शाम को मन्ने ने देखा कि मुनेसरी खण्ड में सिर झुकाये बैठी कुट्टी कर रही है।

इधर से निश्चिन्त होकर मन्ने फिर स्कूल के काम में लग गया। उसने कमेटी की मीटिंग बुलायी और इन्स्पेक्टर से हुई सारी बातें उसके सामने रखीं और राय माँगी कि क्या किया जाय? सबने एक मत होकर कहा कि आम खाने से मतलब है कि पेड़ गिनने से? जैसा इन्स्पेक्टर साहब कहते हैं, रजिस्टर मुरत्तब कर दिये जायँ।

सब ठीक-ठाक करके मन्ने ने इन्स्पेक्टर को निमन्त्रित किया, साथ ही उनसे उसने यह भी प्रार्थना की कि स्कूल के पुस्तकालय का शिलान्यास वह अपने कर-कमलों द्वारा करने की कृपा करें!

उनके स्वागत की ख़ूब तैयारी की गयी। स्कूल को झण्डे-पताकाओं से सजाया गया, एक बहुत बड़ा स्वागत-द्वार बनाया गया और सभी गाँवों के लोगों को जलसे में शामिल होने का निमन्त्रण दिया गया।

परती पर उस शाम एक मेला-सा लग गया। इन्स्पेक्टर इस शानदार स्वागत से अभिभूत हो गये। कक्षाओं का निरीक्षण करने और काग़ज़-पत्र देखने के बाद उन्होंने स्कूल के अधिकारियों की भूरि-भूरि प्रशंसा की और उनसे अपील की कि अगले साल

नवीं कक्षा अवश्य खोली जाय! उन्होंने वादा किया कि अपनी ओर से वे हर सहायता इस स्कूल को देंगे। पुस्तकालय के लिए उन्होंने दो सौ रुपये के अनुदान की भी घोषणा कर दी।

ये बातें जब क़स्बे में पहुँचीं, तो सब चकित रह गये। कहाँ उन लोगों का यह ख़याल था कि इन्स्पेक्टर साहब स्कूल देखने के बाद तुरन्त उसे बन्द करने का हुक्मनामा जारी कर देंगे और कहाँ ये बातें! ज़िले तक फिर दौड़ शुरू हुई।...इधर कैलास और समरनाथ गाँव की हवा बिगाड़ने लगे कि इतने हिन्दुओं के रहते स्कूल का सेक्रेटरी एक मुसलमान हो, यह लज्ज़ा की बात है! सबको मिलकर कमेटी का चुनाव फिर से कराने की माँग करनी चाहिए और जैसे भी हो, इसे निकाल फेंकना चाहिए। लेकिन यह काम अब आसान न था। मन्ने की धाक जम गयी थी, उसके बहुत-सारे प्रशंसक पैदा हो गये थे। फिर भी पास-पड़ोस के गाँवों के कुछ धनी-मानी लोग उनके बहकावे में आने से न रहे। एक नये तरह के द्वेष का बीच रोपण होने लगा।

स्कूल आगे बढ़ता रहा। अगले वर्ष नवीं कक्षा खुल गयी और फिर अगले वर्ष दसवीं। दो कमरे स्कूल में और जुड़ गये। इन्स्पेक्टर की रिपोर्ट और सिफ़ारिश से दसवीं कक्षा खुलते ही रिकगनिशन और डेढ़ हज़ार का सरकारी अनुदान भी प्राप्त हो गया। इस साल आठ विद्यार्थी हाई स्कूल की परीक्षा के लिए तैयार हो रहे थे। अब स्कूल इस स्थिति में आ गया कि बिना किसी रूकावट के अपने पाँवों पर ही चल सकता था। अब नुक़सान नहीं, यह एक फ़ायदे का सौदा था।

फिर क्या था, कितनों के ही दाँत इस पर लग गये। क़स्बे और आस-पास के गाँवों के कांग्रेसी नेता खुले आम मैदान में आने लगे।...दूसरे आम चुनाव का समय नज़दीक आ रहा था। छह सौ विद्यार्थियों की ताक़त कोई कम नहीं होती।

कई लोग मन्ने के पास आये और कमेटी के नये चुनाव के लिए आग्रह किया। विधानानुसार कमेटी का चुनाव हर साल होता था। पिछले वर्ष जो चुनाव हुए थे, उनमें कार्यकारिणी में कोई भी परिवर्तन नहीं हुआ था। स्कूल ठीक से चल रहा था, इसलिए कार्यकारिणी को बदलने की किसी ने भी इच्छा, प्रगट नहीं की थी। मार्च के महीने में एक आम जलसा होता था और फिर उसी कार्यकारिणी को बहाल कर दिया जाता था।

विरोधियों की चुनाव-सम्बन्धी माँग बहुत बढ़ गयी, तो मन्ने ने कार्यकारिणी की मीटिंग बुलायी। केवल चुनाव का ही विषय कार्यक्रम पर रखा गया। मन्ने ने बताया कि अबकी चुनाव में काफ़ी तलख़ी आने की उम्मीद है। एक विरोधी दल तैयार हो रहा है। चुनाव हो, इसमें हमें क्या आपत्ति हो सकती है, लेकिन जिस तरह के चुनाव

की इस बार सम्भावना है, उससे यह सन्देह होना स्वाभाविक ही है कि उससे स्कूल के प्रबन्ध में गड़बड़ी भी हो सकती है। इससे स्कूल की पढ़ाई पर भी बुरा असर पड़ सकता है। इसलिए मेरी तजवीज़ यह है कि अबकी चुनाव मार्च के महीने में न होकर जून के महीने में हो, तब तक विद्यार्थियों की परीक्षाएँ समाप्त हो चुकी होंगी। सबने उसकी तजवीज़ मान ली। एक प्रस्ताव पास करके उसकी एक प्रति इन्स्पेक्टर के पास भेज दी गयी।

विरोधियों को जब यह मालूम हुआ, तो उनका दिमाग़ ख़राब हो गया। इन्स्पेक्टर पर उन्होंने हर तरह से ज़ोर डाला कि चुनाव हमेशा की तरह इस साल भी मार्च के महीने में ही हो। लेकिन इन्स्पेक्टर ने उनकी बात न मानी। उन्होंने स्पष्ट शब्दों में कह दिया कि कार्यकारिणी ने बिलकुल ठीक किया है। विद्यार्थियों की परीक्षा के पहले चुनाव कराना बिलकुल उचित नहीं। फिर इस वर्ष तो हाई स्कूल की परीक्षा में भी वहाँ के विद्यार्थियों को बैठना है। चुनाव के कारण विद्यार्थियों की परीक्षा में किसी प्रकार का भी ख़लल पड़ना ठीक नहीं। वे तो स्वयं भी यही चाहते थे।

जिला-कांग्रेस सभापति, कई एम० एल० ए० उनसे कहकर हार गये, लेकिन इन्स्पेक्टर टस-से-मस न हुए। उन्होंने कहा कि विद्यार्थियों की भलाई देखना उनका पहला कर्त्तव्य है। इस पर उन्हें यह भी धमकी दी गयी कि उन्हें या तो मुअत्तल करा दिया जायगा या उनका तबादला हो जायगा। फिर भी इन्स्पेक्टर अपनी बात पर अड़े रहे।

अब विरोधी लोग सारी नैतिकता को ताक पर रखकर षड्यन्त्र पर उतर आये। उन्होंने स्कूल की जाली रसीदें छपवायीं, स्कूल की जाली मुहर बनवायी और एक हज़ार से अधिक स्कूल के जाली सदस्य बनाकर मय शुल्क रसीदों की किताबें इन्स्पेक्टर के पास जमा कर दीं। फिर पाँच सौ जाली सदस्यों के हस्ताक्षर के साथ एक माँग-पत्र भी इन्स्पेक्टर के पास पहुँचा कि चुनाव जल्द-से-जल्द कराने का आदेश मन्त्री को दिया जाय, वर्ना इस नोटिस के पन्द्रह दिन बाद वे स्वयं चुनाव कर लेंगे। पत्र में मन्ने पर ग़बन का भी आरोप लगाया गया था।

इन्स्पेक्टर को यह-सब देखकर बड़ा दुःख हुआ, लेकिन साथ ही उन्हें ग़ुस्सा भी कम न आया। उन्होंने मन्ने को बुलाकर स्वयं ही समझाया कि उसे अब क्या करना चाहिए। अधिक फ़ीस की काग़ज़ी रक़म को बराबर करने के लिए उन्होंने राय दी कि इसी समय विज्ञान और कृषि विषय अगले साल तक खोलने की वे लोग घोषणा कर दें। विज्ञान के लिए एक़ कमरे का निर्माण शुरू करें और उसी में उस काग़ज़ी रक़म को भी ख़र्चे में दिखाकर हिसाब बराबर करा लें। उन्होंने आश्वासन दिया कि वे चाहे जहाँ भी रहें, इस स्कूल की बराबर मदद करते रहेंगे। उन्हें तबादले की कोई परवाह नहीं। मुअत्तली ये लोग क्या ख़ाक करा पायेंगे! उन्होंने कोई जुर्म तो किया नहीं है।

—ये लोग आख़िर क्या चाहते हैं?—मन्ने ने परेशान होकर कहा।

—स्कूल को ये हथियाना चाहते हैं अपने राजनीतिक उद्देश्यों के लिए। ये किसी भी हरकत से बाज़ नहीं आयेंगे।

—लेकिन आप विश्वास कीजिये, इन्स्पेक्टर साहब, हमारा इसमें कोई भी राजनीतिक उद्देश्य नहीं है। क़सम है कि मैंने या मुन्नी ने स्कूल को लेकर कभी भी एक राजनीतिक बात किसी से कही हो!..इन्स्पेक्टर साहब, क्यों न चुनाव करा ही दिया जाय?

—इस स्थिति में चुनाव का मतलब सिर्फ़ दंगा-फ़साद है। आप लोगों के विरोध में काफ़ी मातबर लोग हैं, कांग्रेसी नेता हैं। पुलिस उनके इशारे पर चलती है। फिर वे चाहेंगे कि उनके जाली सदस्य भी चुनाव में हिस्सा लें। मैं अपने रहते यह नहीं होने दूँगा।..मैं उनकी रसीदों की किताबें और रुपये लौटाने जा रहा हूँ।... आप लोग सावधान रहें। पुलिस में रिपोर्ट करा दें कि फलाँ-फलाँ लोग स्कूल की जाली रसीदें छपवाकर, जाली मुहर बनाकर जाली सदस्य बनवा रहे हैं। उनसे स्कूल को ख़तरा है, दंगा-फ़साद का डर है। पेशबन्दी कर देना अच्छा होगा। चाहें, तो दस-बीस आदमियों पर धोखा-धड़ी का मुक़द्दमा भी चला सकते हैं। उस हालत में ये रसीदों की किताबें अपने पास ही रखना ठीक होगा। जो हो, आप लोग तै करके मुझे सूचना दें, ताकि मैं आगे की कारवाई करूँ।

—अगर उनसे मिलकर हम बात करें, तो?..बात यह है कि हम लोग यह नहीं चाहते कि स्कूल झगड़े का अखाड़ा बने। उस हालत में स्कूल क्या चलेगा?

—चाहिए तो देख लीजिये यह भी करके। लेकिन वे लोग मानेंगे, ऐसा मैं नहीं सोचता। जो हो, एक हफ़्ते के अन्दर मुझे आप लोगों का फ़ैसला मालूम हो जाना चाहिए।

मन्ने ने कार्यकारिणी की मीटिंग बुलायी और सारी बातें विस्तार से सबके सामने रखीं। यह तै हो गया कि विज्ञान और कृषि की कक्षाएँ अगले साल से अवश्य खोली जायँ, दो कमरे भी बनवा लिये जायँ और इन्स्पेक्टर साहब के आदेशानुसार हिसाब ठीक कर लिया जाय। लेकिन चुनाव के मामले में झुकने को कोई तैयार नहीं हुआ। उनका कहना था कि पेड़ हम लगायें और फल कोई और खाये, यह बरदाश्त के बाहर की बात है। कोई दंगा करने पर उतारू है, तो हम भी देख लेंगे! जालसाज़ी करके हमें कोई झुका नहीं सकता! अगर उन लोगों ने एक हज़ार सदस्य बनाये हैं, तो हम लोग दो हज़ार बनायेंगे। वे लोग चुनाव में आकर मुक़ाबिला कर लें। लड़ाई-झगड़े से घबराकर कोई अपना हक़ थोड़े ही छोड़ देता है!

आख़िर थाने में रिपोर्ट कर दी गयी, लेकिन मुक़द्दमा चलाना ठीक नहीं समझा गया।

इन्स्पेक्टर ने रसीदों की किताबें और पैसे यह कहकर वापस कर दिये कि रसीदों पर स्कूल के मन्त्री के हस्ताक्षर नहीं हैं, इन्हें वे वैधानिक नहीं मानते।

इन्स्पेक्टर की इस कार्रवाई से वे लोग बौखला उठे। और उन्होंने वही कर डाला, जिसकी उन्होंने धमकी दी थी। हुकूमत का नशा मामूली नहीं होता। उन्हें अपनी अन्तिम विजय पर पूरा भरोसा था!...पन्द्रह दिन बीतते-न-बीतते इन्स्पेक्टर के यहाँ यह सूचना पहुँच गयी कि स्कूल की नयी कार्यकारिणी का चुनाव हो गया, उसके सदस्यों की सूची साथ में नत्थी थी। साथ ही इन्स्पेक्टर से निवेदन किया गया था कि वे स्कूल का चार्ज नये मन्त्री, अवधेश प्रसादजी, को दिलाने का प्रबन्ध करायें, क्योंकि पुराने मन्त्री ज़बरदस्ती स्कूल पर क़ब्ज़ा किये हुए हैं। पन्द्रह दिन के अन्दर यदि नये मन्त्री को स्कूल का चार्ज नहीं मिल गया, तो वे क़ानूनी कार्रवाई करने के लिए बाध्य होंगे।

हेड मास्टर हाई स्कूल के परीक्षार्थियों को लेकर परीक्षा-केन्द्र चले गये थे। उनकी जगह पर काम करनेवाले सेकण्ड मास्टर बौखलाये हुए नये मन्त्री का आदेश लेकर मन्ने के पास पहुँचे, तो आदेश देखकर मन्ने जैसे सकते में आ गया। थोड़ी देर तक उसके मुँह से कोई बात ही नहीं निकली। फिर सम्हलकर बोला—यह मीटिंग कहाँ हुई थी, किसी को मालूम है?

—नहीं, साहब, किसी को कुछ नहीं मालूम,—मास्टर बोले—हम तो ख़ुद ही हैरान हैं कि यह क्या हो गया!

—अच्छा, आप स्कूल पर जाइये। घबराने की कोई बात नहीं। आफ़िस में ताला लगाकर चाभी मेरे पास भेजवा दें। अवधेश प्रसाद या उनका कोई भी आदमी स्कूल पर आये, तो मुझे तुरन्त इत्तिला दें। जाइये जल्दी!

मास्टर चले गये, तो मन्ने हाथ पर सिर रखे सन्नाटे में बड़ी देर तक बैठा रहा। तो लड़ाई का ऐलान इन लोगों ने कर दिया! अब? शायद वे लोग ज़बरदस्ती स्कूल पर क़ब्ज़ा करेंगे।

फिर उससे बैठा न गया। वह नये मन्त्री के आदेश की कापी लिये उसी दम, उन्हीं कपड़ों में चल पड़ा। गाँव के अपने सभी आदमियों से मिला और दूसरे गाँवों के आदमियों के पास आदमी दौड़ाये कि तुरन्त सब लोग स्कूल पर जमा हों ख़ुद स्कूल पर जा हाज़िर हुआ।

मास्टरों की मीटिंग करके उन्हें समझाया कि वे शान्ति से अपना काम जारी रखें। विद्यार्थियों का कोई नुक़सान न हो। जो भुगतना होगा, कार्यकारिणी भुगतेगी। इस लड़ाई में मास्टरों और विद्यार्थियों के पड़ने की कोई ज़रूरत नहीं।

धीरे-धीरे लोगों की भीड़ इकट्ठी होने लगी। सभी चकित, व्याकुल और क्षुब्ध। जमावड़ा हो गया, तो मन्ने ने स्थिति स्पष्ट की और स्कूल की सुरक्षा के लिए ज़रूरी क़दम उठाने का प्रस्ताव रखा। यह तै हुआ कि कम-से-कम पचास आदमी हर घड़ी स्कूल की रक्षा के लिए यहाँ तैनात रहें, जब तक कि पुलिस यह मामला हाथ में नहीं ले लेती या कचहरी का कोई आदेश जारी नहीं हो जाता।

इन्स्पेक्टर से मिलने जाने के पहले मन्ने ने कार्यालय के सभी काग़ज़ात हटाकर अपने घर मँगवा लिये और थाने में स्कूल पर हमले के अन्देशे की रिपोर्ट कर दी।

इन्स्पेक्टर ने मिलते ही कहा—आप लोगों ने पहले ही मुक़द्दमा न चलाकर बड़ी ग़लती की। ये लोग माननेवाले नहीं हैं। अब देखिये, क्या होता है। स्कूल पर वे लोग ज़बरदस्ती क़ब्ज़ा तो नहीं कर सकते?

—हमारी कोशिश तो यही होगी।

—फिर तो वे लोग कचहरी में जायेंगे। हो सकता है, फ़ैसला होने तक रिसीवर की माँग करें। यह अवधेश प्रसाद इस मामले में कहाँ से टपक पड़ा? ज़िले के आदमी को गाँव के स्कूल से क्या मतलब?

—मतलब है। आप नहीं जानते, इसके बाप-दादा हमारे ही गाँव के थे। गाँव में एक समय इनका ज़माना था। बहुत बड़े रईस माने जाते थे। फिर हालत ख़राब हो गयी, तो इसी अवधेश ने ज़िले पर दूकान खोली। सब यहीं आ गये। लड़ाई के ज़माने में फिर इनका भाग्य पलटा। अब ज़िले के रईस हैं। सुना है, हमारे ही क्षेत्र से अगले चुनाव में खड़े होने का इनका इरादा है। कैलास के ही बिरादरी के हैं।

—समझा!—इन्स्पेक्टर बोले—फिर तो मामला संगीन हो गया। आप लोग इससे कैसे लड़ेंगे? यह सुप्रीम कोर्ट तक भी जा सकता है।

—लड़ेंगे, इन्स्पेक्टर साहब!—मन्ने दृढ़ स्वर में बोला—पहले तो हम सोचते थे, सर-समझौते से सब तै हो जायगा, लेकिन आप ठीक कहते थे, ये लोग ज़ोर-ज़बरदस्ती से सब-कुछ कर लेना चाहते हैं। हमें भी अब ज़िद हो गयी है। हम यों छोड़नेवाले नहीं! आपकी मदद रही....

—वह कहने की ज़रूरत नहीं। मैं हमेशा आप लोगों के साथ हूँ।..लेकिन ...मुझे अफ़सोस है कि आप लोगों का स्कूल अब चौपट हो जायेगा। मैं तो सोचता था कि आप लोगों का स्कूल डिग्री तक पहुँचेगा, लेकिन अब देखता हूँ...

—स्कूल पर हम लोग कोई आँच न आने देंगे!

—आपको अभी इसका तज़ुर्बा नहीं। इस तरह के दर्जनों स्कूलों को बरबाद होते मैं देख चुका हूँ। ख़ैर!...

मुक़द्दमा उन्हीं लोगों की ओर से चला। रिसीवर की उनकी माँग स्वीकार हो गयी और स्कूल का दुर्भाग्य कि रिसीवर अवधेश का ही एक सम्बन्धी वकील तैनात हो गया। मन्ने वग़ैरा ने इसका बहुत विरोध किया, लेकिन नतीजा कुछ न निकला।

•

पूरे एक साल मुक़द्दमा चलता रहा। मन्ने का अपना भी बहुत-सारा पैसा ख़र्च हो गया। वह कहाँ तक हर तारीख़ पर चन्दा वसूल करता! जो परेशानी हुई, सों अलग।

इस दौरान में कई बार उसके जी में आया कि वह समझौता कर ले। स्कूल तो चल ही पड़ा है, कोई भी प्रबन्ध करे, इससे क्या अन्तर पड़ता है।....इस स्कूल ने उसका कितना समय, कितनी शक्ति, कितना धन ले लिया! आख़िर उसकी भी अपनी घरेलू ज़िम्मेदारियाँ हैं, इतना बड़ा ख़र्च है, सिर्फ़ खेती से क्या बनता है। जमा हुई रक़म भी धीरे-धीरे खिसकी जा रही है।..लड़की सयानी हुई, उसकी शादी सिर पर है, उसमें भी ख़र्चा होगा। अगर उसने कुछ काम न शुरू किया, तो कैसे इज़्ज़त रहेगी? अभी इतना-सब है, तब तो ये लोग उसे एक पल को चैन से रहने नहीं देते, हालत ख़राब होगी, तब ये कैसे पेश आयेंगे?...यह स्कूल क्या सोचकर उन्होंने बनवाया था और अब इसको लेकर क्या हो रहा है? मुन्नी कहता था, गाँव के लिए कुछ करो। उसे क्या मालूम कि यहाँ उसके विरोधी उसे कुछ भी नहीं करने देंगे। हर बात में अड़ंगा लगायेंगे, उसे बदनाम करेंगे, दुःख पहुँचायेंगे, हर तरह से सतायेंगे...कांग्रेस सरकार चीख़-चीख़-राष्ट्र-निर्माण में भाग लेने के लिए, आगे बढ़कर काम करने के लिए लोगों को पुकार रही है और ये कांग्रेसी राष्ट्र-निर्माण के हर काम में ख़ुद अड़ंगा लगाते हैं, कोई कुछ करने के लिए आगे बढ़ता है, तो उसकी टाँग पकड़कर पीछे खींचने लगते हैं; कोई कुछ करता है, तो उसका सारा श्रेय स्वयं हड़प लेना चाहते हैं। कोई क्या करे, कैसे किसी को कुछ करने का हौसला हो?....इतने दिनों से पंचायत यहाँ क़ायम हुई है, उसने गाँव के लिए क्या किया? कुएँ बनवाने के लिए कितना रुपया मिला इस गाँव को, लेकिन क्या एक भी कुआँ बना ? बीज मिलता है, लेकिन वह खेत में न जाकर स्वार्थियों के पेट में चला जाता है। सभापति के घर पर रेडियो बजता है, रोज़ पंचायत का कार्यक्रम चलता है, लेकिन कोई उसे सुनने-सुनानेवाला नहीं। गली के नुक्कड़ों पर कंडीलें गाड़ दी गयी हैं, लेकिन उनमें से किसी में आज तक रोशनी नहीं हुई।...अख़बार और न जाने कितना साहित्य आता है, लेकिन उसे पढ़ने-पढ़ानेवाला कोई नहीं। पंचायत सेक्रेटरी बटोरकर बनिये के यहाँ बेंच आता है।..और उन लोगों ने एक स्कूल खोला, उसे चलाया, तो उस पर भी उनकी शनि-दृष्टि पड़ गयी। न ख़ुद कुछ करेंगे, न किसी को करने देंगे, और अगर कोई कुछ करेगा तो उसे बिगाड़कर दम लेंगे। पिछले साल कितना अच्छा नतीजा रहा इस स्कूल का, साठ प्रतिशत विद्यार्थी उत्तीर्ण हुए हाई स्कूल की परीक्षा में, जिले में दूसरा नम्बर रहा। और इस साल तेईस प्रतिशत परीक्षा-फल रहा है। एक ही वर्ष में स्कूल की क्या दशा हो गयी!..मन्ने को बहुत दुःख हो रहा था। क्या उनकी इतनी-सारी मेहनत का यही नतीजा होनेवाला था? और अगर यही नतीजा होनेवाला था, तो इतनी मेहनत करने की ज़रूरत ही क्या थी?..शायद अब स्कूल टूट ही जाय..इतने-सारे विद्यार्थी फिर गाँवों में मारे-मारे फिरने लगें, इतने-सारे लोगों का जोश फिर ठण्डा हो जाय और वे फिर कभी कोई काम करने का कदाचित् ही साहस करें। चन्द धनी-मानी लोग और कांग्रेसी नेता जैसे सभी को अपनी अँगुली पर नचा रहे हैं। गाँवों के भाग्य-विधान को मुट्ठी में

दबोचे रखना चाहते हैं।...यह कब तक चलेगा? अगर ऐसे ही चलता रहा, तो आज़ादी के क्या माने होंगे? राष्ट्र-निर्माण का क्या मतलब होगा?

मन्ने का मन खट्टा होता जा रहा था। उसकी समझ में न आ रहा था कि वह क्या करे। फिर भी क़दम पीछे न हटाता था। तारीख़ पड़ने पर कचहरी जाता था और मुक़द्दमे की पैरवी करता था। लौटकर आता, तो लोग इकट्ठा होते और उससे सब बातें पूछते, स्कूल को लेकर अपनी चिन्ता और उत्सुकता व्यक्त करते। मन्ने उन्हें देखता, उनके दु:ख और ग़ुस्से को समझता और उन्हें आश्वासन देता—न्याय हमारे पक्ष में है, हमें घबराने की कोई ज़रूरत नहीं!

लोग कहते—नियाब इस सरकार में कहाँ है, बाबू?...लेकिन एक बात हम कहे देते हैं, अगर किसी तरह उन लोगों ने इस्कूल पर क़ब्ज़ा कर भी लिया, तो उन्हें इस्कूल के पास हम फटकने नहीं देंगे! चाहे इसके लिए ख़ून ही क्यों न हो जाय!

मन्ने उन्हें समझाता और फ़ैसले का इन्तज़ार करने के लिए कहता।

आख़िर फ़ैसले की तारीख़ पड़ी। उस दिन मन्ने अकेले कचहरी नहीं गया, उसके साथ-साथ सत्तू बाँधकर बीस आदमी और कचहरी पहुँचे और उनकी ख़ुशी का ठिकाना न रहा, जब फ़ैसला उनके हक़ में हुआ और पुरानी कमेटी बहाल कर दी गयी।

रिसीवर से चार्ज लेकर मन्ने को कोई ख़ुशी न हुई। अब वह स्कूल कहाँ रह गया था, वे मास्टर और विद्यार्थी कहाँ थे! वह जोश कहीं दिखायी न दे रहा था। एक वर्ष में ही जैसे सब-कुछ बदल गया था!...वह स्कूल में गया, तो कुछ विद्यार्थियों ने इस फ़ैसले के विरोध में प्रदर्शन भी किया और हड़ताल के नारे के साथ मन्ने को बेईमान और झूठा भी कहा। रिसीवर के माध्यम से अवधेश ने स्कूल में जो विष बोया था, वह मन्ने के सामने था। उस दिन सिर गड़ाये चुपचाप वह स्कूल से चला आया।

दोपहर को हेड मास्टर ने आकर पूरी कहानी सुनायी। अध्यापकों में दो दल हो गये थे, एक दल कैलास के नेतृत्व में अवधेश का पक्ष ले रहा था और दूसरा मन्ने का। व्यवस्था की राजनीति स्कूल के अध्यापकों में भी पहुँच गयी थी।

—लेकिन विद्यार्थियों को यह क्या हुआ, हेड मास्टर साहब?—मन्ने ने पूछा।

—वही जो अध्यापकों को हुआ है। आप क्या यह नहीं जानते कि अध्यापकों का प्रभाव विद्यार्थियों पर, विशेषकर निचले दर्जे के विद्यार्थियों पर, माँ-बाप से भी अधिक पड़ता है?...आप ख़ैरियत चाहते हैं, तो जिन-जिन मास्टरों का मैं नाम बताता हूँ, उन्हें तुरन्त निकालिये। इनके कारण स्कूल का अनुशासन चौपट हो गया है।...अगर उन लोगों ने मुक़द्दमा जीता होता, तो वे भी यही करते, वे हम लोगों को अवश्य निकाल देते!

—हड़ताल का जो नारा दिया जा रहा था, उसके विषय में आपका क्या ख्याल है?

—अवधेश बाबू गाँव में आये हुए हैं, शायद कुछ विद्यार्थी हड़ताल करें। सुना है, अवधेश बाबू अपने टूटे-फूटे, पुराने घर की मरम्मत करवायेंगे और अक्सर यहाँ आया-जाया करेंगे।

—हूँ!—मन्ने थोड़ी देर ख़ामोश रहकर बोला—क्या किया जाय? आपकी क्या राय है?

—अपने लोगों को आप कहें कि वे गाँवों में विद्यार्थियों के अभिभावकों से मिलें और उन्हें समझायें। मैं ऐसे विद्यार्थियों की सूची दे सकता हूँ। वे बहकाये गये हैं, उनके अभिभावकों को उनके बारे में कुछ मालूम नहीं है। थोड़े-से बनियों और कांग्रेसियों के लड़के रह जायेंगे, लेकिन उनके किये कुछ होने का नहीं। नब्बे फ़ीसदी लड़के तो आप ही लोगों के हैं।

—ठीक है,—ज़रा देर सोचकर मन्ने बोला—अगर स्कूल दो-चार दिन के लिए बन्द कर दिया जाय, तो कैसा? इस बीच हम लोग गाँव-गाँव में घूम लेंगे और अभिभावकों और विद्यार्थियों को भी समझा-बुझा देंगे।

—ठीक है। लेकिन अवधेश बाबू और उनके दल के अध्यापक और दूसरे लोग क्या इस बीच ख़ामोश बैठे रहेंगे? वे भी तो अपना काम करेंगे।

—हूँ! ..अच्छा, आप एक काम कीजिये! कल की छुट्टी की तो आप घोषणा कर ही दें। नोटिस निकाल दें कि मुक़द्दमें की जीत के उपलक्ष में कल स्कूल बन्द रहेगा। फिर परसों देखा जायगा।

—कम-से-कम इंजीनियर को तो निकाल ही देना चाहिए।

—फ़िलहाल चलने दीजिये। अपनी ओर से उन्हें शिकायत का कोई मौक़ा हम क्यों दें?

हेड मास्टर चले गये, तो मन्ने ने पहला काम मुन्नी को चिट्ठी लिखने का किया। मुन्नी इधर बहुत दिनों से नहीं आया था। उसके पत्र बराबर आते थे। स्कूल के विषय में उसकी गहरी दिलचस्पी थी। हर चिट्ठी में वह ताक़ीद करता था कि मन्ने स्कूल के मुक़द्दमें में किसी प्रकार की शिथिलता न दिखाये। संघर्ष से पीछे न हटे, उसकी अन्तिम विजय निश्चित है। किन्तु आज जो स्थिति मन्ने के सामने थी, वह बेहद घबरा गया था। उसकी समझ में न आ रहा था कि वह क्या करे। मुक़द्दमा हारकर विरोधी लोग जिस स्तर पर उतर आये थे, उसकी कल्पना उसने कभी भी न की थी।...यह तो सीधे लड़ाई का ऐलान था, विद्यार्थियों-विद्यार्थियों के बीच, अध्यापकों-अध्यापकों के बीच और लोगों और लोगों के बीच। इस स्थिति को सम्हालने में वह अपने को बिलकुल असमर्थ पा रहा था। जाने यह लड़ाई कौन रूप ले। इसे साम्प्रदायिकता का भी रंग दिया जा सकता है, इसमें लाठियाँ भी चल सकती हैं। आख़िर स्कूल पर ज़ोर-ज़बरदस्ती से कोई क़ब्ज़ा कर ले, इसे वे कैसे बरदाश्त कर सकते हैं?

मन्ने ने मुन्नी को सारी परिस्थिति समझाकर तुरन्त आने के लिए लिखा और लोगों से मिलने के लिए निकल पड़ा।

दूसरी सुबह वह अपने घर निकला, तो उसकी निगाह सामने के घर की दीवार पर पड़ी, उस पर खड़िये से लिखा था, ग़द्दार मन्ने को स्कूल से निकालो! यह देखकर मन्ने का होश उड़ गया। वह अभी आँखें झपका ही रहा था कि जुब्ली की आवाज़ आयी—यह क्या देख रहे हो, आगे जाकर देखो! गाँव के सारे घरों की दीवारें रंग गयी हैं!

मन्ने सिर झुकाकर आगे बढ़ने लगा, तो जुब्ली बोला—सुनो! तुम अपने साथ-साथ हमारी भी शामत क्यों बुला रहे हो?

मन्ने तो जैसे फुँक ही गया। बोला—आपकी शामत क्यों आयेगी? आप तो, सुना है, रात अवधेश बाबू की मीटिंग में गये थे!

—जाऊँ नहीं तो क्या अपना सिर कटवाऊँ?

—नहीं, जाकर चूड़ी पहनिये और चुहानी बैठिये!

—तुम तो कोई बात ही नहीं समझते..

—सब समझता हूँ, लेकिन आपकी तरह ख़ुद्दारी को बेंचकर ज़िन्दा नहीं रहना चाहता! मैं आख़िरी दम तक लड़ूँगा, आपकी तरह गीदड़ नहीं बनूँगा!

—तुम तो मौक़ा भी नहीं देखते!...अरे भाई, जब हमारा ज़माना था, हमने हुकूमत की, अब ये हाकिम है और हम महकूम। हमें...

—चुप रहिये! यहाँ कोई हाकिम-महकूम नहीं है! यहाँ हर शख़्स का बराबर हक़ है! जो भी हमारा यह हक़ छीनना चाहता है, उससे लड़ना हमारा फ़र्ज है! आपके लिए आज मुसलमान होना गुनाह है, इसलिए सारी ख़ुद्दारी को ताक पर रखकर आप कांग्रेसियों के पीछे पूँछ हिलाते फिर रहे हैं। लेकिन मेरे लिये ऐसी बात नहीं है। आप जानते हैं कि कभी भी मैं कोई मज़हबी आदमी नहीं रहा। आपकी तरह लीग का झण्डा कभी बुलन्द नहीं किया, फिर भी मुसलमान होकर भी, हिन्दुस्तान के नागरिक की हैसियत से मैं एक ख़ुद्दारी इज़्ज़त, आज़ादी और बराबरी की ज़िन्दगी बसर करना चाहता हूँ। मेरा दिमाग़ इस बात को क़ुबूल नहीं कर सकता कि हिन्दुस्तान में हम बहुत थोड़े रह गये हैं, हमारी कोई ताक़त नहीं रह गयी है, तो हम अपने को कांग्रेसियों या हिन्दुओं का ग़ुलाम समझकर, उनकी मर्ज़ी पर ज़लालत की ज़िन्दगी बसर करने लगें।...जी नहीं, यहाँ हिन्दू-मुसलमान का मेरे सामने कोई सवाल ही नहीं है। लेकिन अगर कोई हिन्दू यह समझता है कि आज उसकी हुकूमत है और वह मुसलमानों के साथ जैसा चाहे व्यवहार कर सकता है, तो सिर्फ़ एक मुसलमान होने के नाते ही नहीं, हिन्दुस्तान का एक नागरिक होने की हैसियत से भी मैं अपना यह फ़र्ज़ समझता हूँ कि उसका मुक़ाबिला करूँ। किसी भी हिन्दू की यह ज़ेहनियत उतनी ही ग़लत और

ख़तरनाक है, जितनी आपकी यह ज़ेहनियत कि हिन्दू हाकिम हैं और मुसलमान महकूम, हिन्दू ताक़तवर हैं और मुसलमान कमज़ोर। ये दोनों ज़ेहनियतें एक ही फ़िरक़ापरस्ती की पैदावार हैं और हिन्दुस्तान के लिए ख़तरनाक हैं!

—अच्छा, अब तुम अपना लेक्चर बन्द करो!—जुब्ली खिजलाकर बोला—तुम्हारा दिमाग़ ख़राब हो गया है! तुम समझो और तुम्हारा काम!

—वह तो मैं समझूँगा ही!—कहकर मन्ने आगे गली में बढ़ा, तो एक ओर दीवार पर पढ़ा, बेईमान मन्ने स्कूल का रुपया हजम कर गया! और दूसरी ओर दीवार पर लिखा था, मक्कार मन्ने से होशियार!...और मन्ने मन-ही-मन हँस पड़ा।

वह सिर झुकाये, तेज़ कदमों से चलने लगा।...हुंः! इसमें परेशान होने की क्या बात है? यह तो होना ही था!...मन्ने ने जो बात अभी-अभी जुब्ली से कही थी, उसका प्रभाव स्वयं उस पर बड़ा गहरा पड़ा था। उसका साहस बढ़ गया था, उसके अन्दर जैसे एक ज़िद जाग रही थी।

आगे धोबी के लड़के को उसने दीवार पर लिखे एक वाक्य को मिटाते हुए देखा, तो वह ठिठक गया। बोला—यह तुम क्या कर रहे हो? छोड़ दो!

लड़के ने अपनी आँखें उसकी ओर उठायीं, तो उसे देखकर शरमा गया। फिर दूसरे ही क्षण उसके चेहरे पर नफ़रत और ग़ुस्सा उभर आया। हाथ से मिटाते हुए बोला—हरामियों ने चोरों की तरह रात में लिखा है! हिम्मत है, तो सबके सामने लिखें न!

—तो मिटाने से क्या फ़ायदा? रहने दो, यह तो सनद है, लोग देखें तो सही!

लड़का उसका मुँह ताकने लगा। बोला—यह-सब अवधेसवा की करनी है!

मन्ने चकित होकर उसे देखता रह गया। ये बातें किस गहराई तक उतर गयी हैं! बोला—तुम किस दर्जे में पढ़ते हो?

—छटे में।

—तुम्हारी उम्र तो काफ़ी मालूम पड़ती है।

—प्राइमरी पास करके कई साल तक बैठे रहे।

—अच्छा, अब जाओ तुम अपने घर।

—नहीं, हम लोग सब मिटायेंगे! बहुत-से लड़के मिटा रहे हैं। आज रात को पहरा देंगे। जो भी लिखते पकड़ा जायगा, उसकी ख़ूब कुटम्मस करेंगे!

—यह करने के लिए तुम लोगों से किसने कहा है?

—किसी ने नहीं, हम ख़ुद कर रहे हैं।—और लड़का सीना ताने दूसरी गली की ओर चला गया।

तीसरे दिन स्कूल खुला, तो लड़कों के साथ बहुत-से बड़े लोग भी स्कूल पर पहुँचे। चालीस-पचास महाजनों और आस-पास के गाँवों के ठाकुरों के लड़के मैदान

में खड़े-खड़े हो-हल्ला मचा रहे थे और मन्ने और पुरानी कार्यकारिणी के विरुद्ध नारे लगा रहे थे। लोग स्कूल के सामने खड़े होकर हँस रहे थे। शेष विद्यार्थी और अध्यापक स्कूल के अन्दर बैठे थे।

उन चालीस-पचास लड़कों का गिरोह नारे लगाते हुए गाँव की ओर चला गया, तो पढ़ाई शुरू हो गयी।

कार्यालय में मन्ने के साथ बैठे हुए कार्यकारिणी के सदस्यों से हेड मास्टर ने कहा—उन लड़कों के साथ क्या कार्रवाई की जाय, इसके बारे में आप लोग मुझे राय दीजिये।

थोड़ी देर तक कोई नहीं बोला, सब मन्ने का मुँह ताकते रहे।

मन्ने ज़रा देर सोचकर बोला—मेरी राय तो यह है कि अभी कुछ भी न किया जाय।

—ऐसा न करने से तो स्कूल का अनुशासन ढीला हो जायगा,—हेडमास्टर ने कहा—इनका मन और भी बढ़ जायगा और हो सकता है, इसका प्रभाव दूसरे लड़कों पर भी पड़े। इसलिए कुछ-न-कुछ तो करना ही चाहिए।

—नहीं, यह आग में घी डालने के समान होगा,—मन्ने बोला—इससे विरोधियों को हल्ला मचाने के लिए एक और बात भी मिल जायगी। दो-चार दिन और देख लीजिये। हो सकता है कि धीरे-धीरे आप ही यह मामला शान्त हो जाय।

—बहुत अच्छा, देख लीजिये।—हेड मास्टर ने कहा।

दो दिन तक चलकर सच ही मामला शान्त हो गया। लेकिन तीसरे दिन ख़बर मिली कि अवधेश ने मन्ने पर स्कूल की रक़म ग़बन करने का मुक़द्दमा दायर कर दिया है और इन्स्पेक्टर के यहाँ नया चुनाव तुरन्त कराने की माँग की गयी है।

मुन्नी आ गया, तो कार्यकारिणी की मीटिंग बुलायी गयी और तय हुआ कि मन्ने के खिलाफ़ जो मुक़द्दमा दायर किया गया है, उसकी डटकर पैरवी की जाय और नये चुनाव की नोटिस साधारण सदस्यों को भेज दिया जाय।

मन्ने इस बार मुन्नी बनने के लिए तैयार न था। वह हताश'हो गया हो, यह बात न थी, लेकिन उसका कहना यह था कि जब तक उस पर मुक़द्दमा, चल रहा है, वह स्वयं स्कूल के रुपये-पैसे के प्रबन्ध से अलग रहना चाहता है, और काम वह करता रहेगा।

मुन्नी का कहना यह था कि अगर वह चुन लिया जाता है, तो उसे अस्वीकार नहीं करना चाहिए। उस पर लोगों का विश्वास है, तो मुक़द्दमे से क्या होता है? यह कौन नहीं जानता कि उस पर झूठा मुक़द्दमा चलाया गया है और मुक़द्दमें का उद्देश्य केवल उसे तंग करना है, ताकि वह मन्त्री-पद से इस्तीफ़ा दे दे।

मन्ने ने कहा—नैतिक उत्तरदायित्व भी कुछ होता है?

—ज़रूर होता है,—मुन्नी ने कहा—लेकिन किसी झूठे आरोप के समक्ष झुकना भी कोई साधारण नैतिक दुर्बलता नहीं है। इस बात को मत भूलो कि तुम्हारे इस निर्णय से हमारी सारी योजना खटाई में पड़ जायगी। स्कूल तो केवल एक माध्यम है, जिसके कारण यह संघर्ष तीव्र हो उठा है। यह संघर्ष स्कूल के पहले भी था, लेकिन उसका रूप दूसरा था। अब संघर्ष का नक़्शा साफ़ हो गया है, गाँव के महाजन ही नहीं और भी आस-पास के धनी-मानी लोग और कांग्रेसी नेता इस संघर्ष में उतर आये हैं, अब यह एक राजनीतिक रूप लेने लगा है। तुम मुसलमान हो, यह कहकर ही लोग अब हिन्दुओं को तुम्हारे खिलाफ़ भड़काने में सफल नहीं हो पाते, यह तुम देख चुके हो। ज़िले का सेठ यहाँ विरोधियों का संगठन कर रहा है, उसके बारे में लोगों का जो विचार है, वह तुम बराबर सुन रहे हो। इसलिए यह आवश्यक है कि तुम यह मोर्चा मत छोड़ो, इसे और आगे बढ़ाओ। पंचायत का चुनाव आ रहा है, तुम उसमें भाग लो और यह कोशिश करो कि पंचायत में जनता के सच्चे प्रतिनिधि चुने जायँ, ताकि गाँव की आगे की तरक़्क़ी का रास्ता खुले।

—मुझे यह ठीक नहीं लग रहा है, मेरी कम बदनामी नहीं हुई है...

—वह तो होगी ही। और उन्हें मालूम हो जाय कि तुम इससे परेशान होते हो, तो और भी होगी। लेकिन अगर तुम सच्चे हो, ईमानदार हो, जनता और गाँव की भलाई तुम्हारा उद्देश्य है, तो इसमें घबराने की कोई बात नहीं, बल्कि इसे बेपर्द करके लोगों को समझाने की ज़रूरत है कि स्वार्थ-सिद्धि के लिए बेईमान लोग किस स्तर तक उतर आते हैं।...चीनी कम्युनिस्टों के विषय में तुमने क्या अख़बारों में नहीं पढ़ा था कि वे चोर हैं, डाकू हैं, लुटेरे हैं, क़ातिल हैं? लेकिन इससे क्या वे बदनाम हो गये? नहीं, बदनाम वे हुए, जो आज फ़ारमूसा में हैं, बदनाम वह अमरीका हुआ, जो उन्हें बदनाम कर रहा था। सो, तुम सामन्ती नैतिकता के चक्कर में मत पड़ो, आज उसका कोई भी मूल्य या महत्त्व नहीं रह गया है। असल बात तो यह है कि आम जनता तुम्हें कैसा समझती है। अगर उसने अब तक तुम्हारा साथ दिया है, तो अब उसे छोड़ना अनैतिकता ही नहीं ग़द्दारी होगी।..माफ़ करना, अभी तुम्हारे संस्कार तुम्हारा पीछा नहीं छोड़ रहे हैं। तुम और भी गहराई, और भी निकटता से अपने को जनता के साथ जोड़ो। यहाँ नेतृत्व का प्रश्न नहीं है, साथ देने और कन्धे-से-कन्धा मिलाकर काम करने का सवाल है!..पंचायत तुम सीधे राजनीतिक सवालों को लेकर लड़ो। अब लोहा गरम हो रहा है, इसे रूप देने के लिए अपने को तैयार करो!

—अभी तो कार्यकारिणी का चुनाव होगा,—मन्ने ने यह बहस ख़त्म करने की ग़रज से कहा—फिर देखा जायगा।...लेकिन एक बात समझ रखो, यह चुनाव शान्ति से होनेवाला नहीं है। संघर्ष की पूरी सम्भावना है। उधर पूरी तैयारी हो रही है। तुम्हें उस वक़्त तक रहना होगा।

—रहूँगा, अवश्य रहूँगा! संघर्ष की सम्भावना मैं भी देख रहा हूँ। हमें भी इसके लिए पूरी तैयारी करनी चाहिए। अगली पंचायत का फ़ैसला स्कूल का यह चुनाव ही करेगा। स्कूल गाँव की ज़िन्दगी में समा चुका है। इसका राजनीतिक महत्त्व मैं कम करके नहीं आँकता। कल से हम गाँवों में घूमेंगे और सीधी राजनीति की बात करेंगे। भूमि अब तैयार हो गयी है। जनता में चेतना फूँके बिना गाँवों की मुक्ति कहाँ!

—एक यह भी आरोप लगाया गया था कि हम कम्युनिस्ट...

—इसे आरोप तुम क्यों समझते हो? और अगर यह आरोप है, तो क्या यही आरोप हम कांग्रेसियों पर नहीं लगा सकते? आज सभी टूटे हुए ज़मींदार और महाजन कांग्रेसी क्यों हो गये हैं? रूप बदलकर वे समाज में अपना अनाचार पहले ही की तरह करते जा रहे हैं। इस अनाचार का विरोध करना क्या हम इसीलिए छोड़ देंगे कि कोई हम पर यह आरोप लगाता है कि ऐसा करने में हमारा राजनीतिक उद्देश्य है और हम कम्युनिस्ट पार्टी की ताक़त बढ़ा रहे हैं? तो फिर क्या यह सवाल नहीं उठता कि आख़िर वे क्या करते हैं? हमारे इस स्कूल को हथियाने में क्या उनका राजनीतिक उद्देश्य नहीं है, तुम्हीं बताओ?

—है, इसे तो मैं समझ गया हूँ!

—फिर? बेटा हो तो मेरा और बेटी हो तो तेरी? हूँ:! वे कोई और स्कूल क्यों नहीं खोल लेते? अवधेश के पास क्या रुपये की कमी है? या हमारे देश में स्कूलों के लिए जगह की कमी है? नहीं, पका-पकाया खाने को मिल जाय, तो खाना कौन-सा मुश्किल काम है?

•

लगातार पन्द्रह दिनों तक दोनों दलों के लोग गाँवों में घूमते रहे। सभाएँ हुईं, प्रचार हुए। कई जगहों पर मुठभेड़ होते-होते बची। और आख़िर में परती पर निश्चित तिथि और समय पर दंगल जुड़ा। बाक़ायदे दो दलों में बँटकर लोग बैठे थे, बीच में इन्स्पेक्टर साहब थे। वातावरण में उत्तेजना थी, गर्मी थी।

कार्रवाई शुरू हुई, तो विरोधी दल में से एक वृद्ध, पुराने ज़मींदार उठकर बोले—मैं बूढ़ा हूँ, आशा है, आप लोग मेरी बात ध्यान से सुनेंगे। इस लड़ाई-झगड़े से क्या फ़ायदा? स्कूल सबका है, सब मिलकर चलायें। हमारी राय है कि इस तनातनी में चुनाव न कराया जाय, बल्कि मिल-जुलकर कार्यकारिणी की आधी-आधी सीटें दोनों दलों में बाँट ली जायँ और अवधेश बाबू को मन्त्री चुन लिया जाय। इस गाँव के वे पुराने बाशिन्दे हैं, उनके पास रुपया है, वे लगन के आदमी हैं, वे स्कूल में रुपया लगाना चाहते हैं, काम करना चाहते हैं।..इन्स्पेक्टर साहब से हमारा निवेदन

है कि वे समझौता कराने का प्रयास करें!

इस पर हीरा भगत ने इधर से उठकर कहा—ठाकुर साहब से हम उमिर में कम नहीं, और सब बातों में भले कम हों। एक बात हमें भी कहनी है। ठाकुर साहब ने जो बात कही है, वाजिब ही है। लेकिन अवधेस बाबू का नाम जो उन्होंने मन्तरी के लिए लिया है, वह ठीक नहीं। इस्कूल को लेकर अवधेस बाबू ने जो-जो काम किया है, वह किसी से छुपा नहीं है। इस बख़त भी वो मन्ने बाबू पर मुक़द्दमा चला रहे हैं। मन्ने बाबू जैसे हीरा आदमी के साथ जो आदमी ऐसा बेवहार कर रहा है, उसे का कहा जाय?

बूढ़े ठाकुर उठकर बोले—वे मुक़द्दमा उठा लेने के लिए तैयार हैं और मन्ने बाबू का जो हर्जा-ख़र्चा हुआ है, उसे भी पूरा कर देंगे।

इन्स्पेक्टर ने कहा—अगर आप लोग समझौता करके, एक राय होकर चुनाव करना चाहते हैं, तो मैं हर मदद देने को तैयार हूँ। आप लोग चाहें, तो दोनों ओर से दो-दो, चार-चार, आदमी अलग जाकर बात कर सकते हैं। अगर कोई समझौता हो जाय, तो इससे अच्छा क्या होगा!

बूढ़े ठाकुर ने इन्स्पेक्टर के रुझान से फ़ायदा उठाते हुए कहा—हम लोग तो आपको ही मध्यस्थ मानने के लिए तैयार हैं। आप ही फ़ैसला कर दें कि जो सुझाव हमने दिया है, वह ठीक है, या नहीं?

पहले इन्स्पेक्टर का तबादला हो गया था, उनकी जगह पर यह मुसलमान इन्स्पेक्टर आये थे। जान-बूझकर ही कांग्रेसी नेताओं ने उन्हें बुलाया था। उन लोगों का ख़याल था कि मुसलमान इन्स्पेक्टर स्वभावत: उनसे डरेगा और उनके कहे में रहेगा। लेकिन ये इन्स्पेक्टर बड़े तेज़ थे और अन्दर-ही-अन्दर मुसलमानों के पक्षपाती भी। मन्ने को बुलाकर वे मिल चुके थे और उसे आश्वासन भी दिया था कि वे हमेशा उसका साथ देंगे, लेकिन ढंग से, साँप मारा जाय और लाठी भी न टूटे।

इन्स्पेक्टर कुछ कहें-कहें कि मुन्नी ने खड़े होकर कहा—हमारे बुज़ुर्गों ने जो बात उठायी है, उसकी हम क़द्र करते हैं। लेकिन ऊपर के दो-चार आदमियों को ही मिल-जुलकर सब करना था, तो आज इतने आदमियों को यहाँ इकट्ठा करने की क्या ज़रूरत थी? मेरा ख़याल है कि चुनाव सबका मत लेकर ही होना चाहिए, जनवादी ढंग से। इन्स्पेक्टर साहब सरकारी आदमी हैं, उनका काम यहाँ सिर्फ़ यह है कि वे देखें कि चुनाव नियमानुकूल हो रहा है। स्कूल के विधान में यह नियम है कि स्कूल के सभी साधारण सदस्य मिलकर कार्यकारिणी का चुनाव करेंगे। यहाँ जितने सदस्य उपस्थित हैं, उनका ही यह अधिकार है कि वे एक मत से चुनाव करें या वोट देकर? यह सवाल मैं सभी के सामने रखता हूँ। यह निर्णय हो जाय, तो आगे बढ़ा जाय।

इन्स्पेक्टर ने इस पर कहा—इसके लिए ज़रूरी है कि सभा में केवल मेम्बर ही बैठें और दूसरे लोग अलग हट जायँ।

बहुत-से लोग एक-दूसरे का मुँह ताकने लगे, तो मन्ने ने सदस्यों का रजिस्टर खोलते हुए कहा—मैं सदस्यों के नाम पढ़ रहा हूँ। जिनका नाम मैं लूँ, वे कृपा करके इस ओर आ जायँ। जिनका नाम इस रजिस्टर में नहीं है, वे मेहरबानी करके अलग हो जायें, ताकि चुनाव का काम नियमानुकूल हो सके।

सूची अभी पूरी भी न हुई थी कि कैलास क्षुब्ध होकर उठ खड़ा हुआ। बोला—यह सूची ग़लत है!...

इन्स्पेक्टर ने कहा—पहले पूरी फ़ेहरिस्त तो सुन लीजिये। बाद में आपको जो कहना...

बाद में क्या कहेंगे?—अमरनाथ ने उठकर, आँखें लाल करके कहा—यह सूची आदि से अन्त तक ग़लत है! हम इस सूची को मानते ही नहीं! यहाँ जितने लोग इकट्ठे हुए हैं, सभी मिलकर चुनाव करेंगे।

—यह कैसे हो सकता है? विधान के अनुसार...

—विधान-विधान हम कुछ नहीं मानते!—जयराम ने उठकर कहा—स्कूल सबका है!—और उसने लपककर, मन्ने के पास पहुँच रजिस्टर की ओर हाथ बढ़ाया कि उसके पास बैठे कई लोगों ने हें-हें करते हुए जयराम का हाथ पकड़ लिया।

फिर क्या था, जैसे सभी में चारों ओर ले-दे मच गयी!..किसका घूँसा किसके सिर पर पड़ रहा था, कोई हिसाब नहीं। फिर लाठियाँ खड़क उठीं।

थोड़ी ही देर में देखा गया कि अवधेश का दल भागा जा रहा है। उनमें लाठियाँ चलानेवाले कम थे, जो थे, वे दूर-दराज़ के गाँवों से बुलाये गये थे और जानते थे कि भागे नहीं, तो यहाँ कोई पानी देनेवाला भी नहीं मिलेगा!

इधर के लोगों ने उन्हें खदेड़ना चाहा, तो मन्ने और मुन्नी ने मिलकर उन्हें रोक दिया—नहीं, किसी को मारना हमारा उद्देश्य नहीं है!...

मैदान साफ़ हो गया, तो मन्ने ने इन्स्पेक्टर से कहा—अब क्या किया जाय?

इन्स्पेक्टर के तो होश ही फ़ाख्ता हो गये थे। साँस सम पर आयी, तो बोले—बाप रे! वे लोग तो कहाँ समझौते की बात कर रहे थे और कहाँ....

—समझते थे, ज़बरदस्ती जो चाहेंगे, मनवा लेंगे,—मुन्नी बोला—आप ही कहिये, ज़्यादती किसकी ओर से हुई?

—सरासर उनकी ज़्यादती थी, साहब! मैं तो देख ही रहा था, भला ऐसा भी कहीं होता है!

—अब किया क्या जाय, यह बताइये!—मन्ने ने कहा।

गोजी कन्धों पर डाले, आँखों से ख़ून टपकाते हुए-से अहीर बोले—चुनाव कराइये आप लोगन! असली मेम्बर तो सब यहाँ हैं ही।..बाप रे बाप! अगर हम लोगन के पास लाठी न होती, तब तो आन गाँव के ये दोगले यहाँ आकर आज गाँव का पानी उतार जाते न!

—हाँ, साहब,—इन्स्पेक्टर बोले—आप लोग बाक़ायदा चुनाव करायें। जो भाग गये, उनकी क्या गिनती!

सर्वसम्मति से पुरानी कमेटी फिर बहाल कर दी गयी। काग़ज़ों पर इन्स्पेक्टर के हस्ताक्षर ले लिये गये।

कमेटी की तुरन्त बैठक हुई और मन्ने को फिर मन्त्री चुन लिया गया। मन्ने के लिए अब भागने का रास्ता कहाँ था!

•

तीसरे दिन ख़बर मिली कि कमेटी के सभी सदस्यों पर अवधेश वग़ैरा ने फ़ौजदारी चला दी है।....सात दिन बाद एक सुबह स्कूल के चौकीदार ने हाँफते हुए आकर मन्ने को बताया कि रात आफ़िस का ताला टूट गया।

ताला टूटने से कोई नुक़सान नहीं हुआ था, क्योंकि स्कूल के सभी काग़ज़ात मन्ने अपने घर पर ही रखे हुए था। लेकिन चुनाव के समय के दृश्य और अब ताला टूटने से एक बात तो स्पष्ट हो ही गयी थी कि वे लोग बदमाशी पर उतर आये हैं। मन्ने फिर परेशान हो उठा। उसने मुन्नी से साफ़-साफ़ कहा—इतना-सब झेलना मेरे लिये मुश्किल है! अकेला आदमी मैं क्या-क्या करूँ? घर की चिन्ता ही मेरे लिये ज़रूरत से ज़्यादा है। ऊपर से यह स्कूल का जंजाल मैं कब तक सम्हाल पाऊँगा? एक मुक़द्दमा ख़त्म हुआ, तो अब दूसरा चालू होने जा रहा है। पहले ही मेरा काफ़ी ख़र्च हो चुका है। अब रुपया भी मेरे पास नहीं रहा। कमाई-धमाई का हाल देख ही रहे हो। लड़की अब सयानी हो चुकी है। क्या करूँ, कुछ समझ में नहीं आता। अजीब गोरखधन्धे में मैं फँस गया।—कहकर मन्ने ने सिर झुका लिया।

मुन्नी थोड़ी देर तक ख़ामोश बना रहा। मन्ने की समस्या कोई साधारण न थी। फिर भी बोला—तुम्हारे साथ मेरी पूरी हमदर्दी है। लेकिन जो स्थिति सामने है, उसका मुक़ाबिला करने के सिवा चारा ही क्या है? स्कूल अब तुम्हारे ही लिये नहीं, पूरे गाँव और आस-पास के गाँवों के लिए ज़िन्दगी और मौत का सवाल बन चुका है।...इस स्कूल के साथ ही तुम लोगों को डूबना और उतराना है। यह स्कूल गया, तो तुम लोग बच नहीं सकते, ख़ासकर तुम्हारी ये लोग क्या हालत करेंगे, इसकी कल्पना भी इस समय नहीं की जा सकती।...फिर गाँव की तरक़्क़ी भी शायद बहुत दिनों के लिए घपले में पड़ जाय। इसलिए मैं तो यही कहूँगा कि तुम घबराकर अपना क़दम पीछे न हटाओ। डटकर लड़ो। रुपये की समस्या ज़रूर कठिन है लेकिन तुम अकेले ही मुक़द्दमें का

ख़र्चा क्यों करो? तुम सबसे सहायता लो और इसके लिए एक कोष बनाओ, जिसमें नियमित रूप से हर आदमी से हर महीने जो भी वह देने लायक़ हो, लेकर जमा करो। सार्वजनिक कार्यों का ख़र्चा इसी तरह चलाया जाता है। लोग ग़रीब हैं, लेकिन इसके लिए कोई इनकार नहीं करेगा। करना तुम्हें यह है कि लोग सही तरीक़े पर यह समझ जायँ कि जो तुम कर रहे हो, उन्ही की भलाई के लिए है, इसमें तुम्हारा कोई अपना ही स्वार्थ नहीं है। लोगों ने अब तक तुम्हारा साथ दिया है, तो कोई वजह नहीं, जो वे तुम्हीं पर मुक़द्दमें के खर्चे का सारा भार लाद देंगे। अब तो हर गाँव में हमारे कई-कई कार्यकर्त्ता भी पैदा हो गये हैं। वे तुम्हारी मदद करेंगे।

—मालूम होता है, तुम मुझे बिलकुल फ़क़ीर ही बनाकर दम लोगे!—मन्ने ने झुँझलाकर कहा—मेरी परेशानी तुम नहीं समझ रहे!

मुन्नी हँसकर बोला—इस ज़माने में मालदार बनने से कोई बड़ा गुनाह नहीं! और मुझे उस आदमी से अभी मिलना है, जो बिना गुनाह किये अपनी ज़िन्दगी में 'कामयाब' हो गया हो! कोई आदमी जब अपनी 'कामयाबी' की कहानी सुनाता है, तो मुझे लगता है कि वह इन्सानियत की तौहीनी की कहानी सुना रहा हो! सच, आज के ज़माने में इससे बढ़कर इन्सान की कोई दूसरी तौहीन नहीं!...तुमने उस रेड इण्डियन की कहानी सुनी है, जिससे एक बार एक बड़ा ही 'कामयाब' और धनवान आदमी मिला था?...धनवान जंगल में शिकार खेलने गया था। वहाँ एक रेड इण्डियन एक पेड़ का सहारा लिये आराम कर रहा था। उसके पास धनवान जाकर बोला, तुम इस तरह क्यों पड़े हो? उसने कहा, फिर क्या करूँ? धनवान ने कहा, कुछ काम करो। उसने कहा, काम करने से क्या होगा? धनवान ने कहा, धन मिलेगा। उसने पूछा, धन से क्या होगा? धनवान ने कहा, धीरे-धीरे तुम बड़े आदमी हो सकते हो। उसने पूछा, फिर क्या होगा? धनवान ने कहा, फिर तुम्हारे पास अच्छा मकान होगा, खाने-पीने के लिए अच्छी चीज़ें मिलेंगी, पहनने के लिए अच्छे कपड़े मिलेंगे। उसने पूछा, फिर क्या होगा? धनवान ने कहा, फिर तुम्हारे पास बहुत बड़ा काम-धाम होगा, मोटर होगी, नौकर-चाकर होंगे, तुम्हारी लोग इज़्ज़त करेंगे, तुम्हारा बड़ा नाम होगा, जैसे आज मेरा है। उसने कहा, फिर? धनवान बोला, फिर जब तुम्हारे पास बहुत हो जायगा, ज़रूरत की सब चीज़ें हो जायेंगी, तो तुम निश्चिन्त होकर आराम कर सकते हो। इस पर रेड इण्डियन ने कहा कि अन्त में जब यही होना है, तो इसके लिए इतनी परेशानी क्यों उठायी जाय, आराम तो मैं इस वक़्त भी कर रहा हूँ!

●

मुन्नी अपने काम पर चला गया। लेकिन मन्ने अपने को सन्तुलित न कर पा रहा था। स्कूल का काम वह करता रहा, मुक़द्दमा वह लड़ता रहा, अपना काम भी करता

रहा, लेकिन एक बात उसके दिल में चुभती रही कि वह बरबाद हो रहा है, जाने इस-सबका नतीजा क्या हो। सच पूछा जाय, तो इस मुसलसल लड़ाई से वह ऊब गया था। फिर हाल में इस लड़ाई का अन्त भी दिखायी न दे रहा था। उसके विरोधी साधारण लोग न थे, पैसे की उनके पास कमी न थी, हुकूमत उनकी थी। कभी-कभी यह सोचकर उसे आश्चर्य होता कि यह लड़ाई इतनी देर तक, इतनी कामयाबी के साथ उसने कैसे लड़ी?...और तब उसे अहसास होता कि आम जनता की जो ताक़त उसके साथ है, वह भी कोई साधारण नहीं।...फिर उसका साथ छोड़कर बीच में ही अलग हो जाना उसे उचित न लगता। वह सोचता, यह तो सरासर ग़द्दारी होगी। जब ओखल में सिर दिया है, तो मूसलों की चिन्ता करने से कैसे काम चलेगा? फिर उसे गाँव में रहना है, तो इससे निजात कहाँ? चलने दो, जब तक चलता है।

ग़बन के मुक़द्दमें में वह बरी हो गया, तो फ़ौजदारी में समझौता कर लेने की बात अवधेश की ओर से आने लगी। पहले तो मन्ने के मन में आया कि वह समझौता कर ले, लेकिन उधर से जो शर्तें आयीं, वे हारे हुए लोगों की न होकर जीतनेवालों की थीं। कमेटी ने उन शर्तों पर समझौता करना अस्वीकार कर दिया। सदस्यों का कहना था कि अवधेश को मन्त्री मान लेने से बेहतर तो यह है कि हमारी सज़ा ही हो जाय। जब यही होना था, तो इतनी परेशानी उठाने की क्या ज़रूरत थी? यह तो वही मसल हुआ कि फिर बैतलवा डाल-के-डाल!

फिर पंचायत के चुनाव का समय आ गया।

●●

चौथा भाग

तेज़-तेज़, तुल-तुल चलता हुआ जुब्ली मन्ने के पास आकर बोला—क्या बात है? तुमने बद्दे से क्या कहलवा भेजा था?

—बैठ जाइये! मन्ने ने आँखें गिरोरकर उसे देखते हुए कहा—मैं कहूँगा, तो आपको विश्वास नहीं होगा! उन लोगों की मीटिंग हो रही है, हमारा आदमी गया है, अभी भेद लेकर आता होगा।

—मैं देखता हूँ,—बैठकर, परेशान-सा जुब्ली बोला—तुम हम लोगों की जान को भी आफ़त में डाले बिना न रहोगे! कितनी बार कहा कि यह सब झंझट छोड़कर चुपचाप अपना काम देखो, लेकिन तुम मानते नहीं!

—मुझे चुपचाप अपना काम वे करने ही नहीं देते, तो मैं क्या करूँ?—मन्ने तैश में आकर बोला—मैंने किसका क्या बिगाड़ा है, कोई आकर कहे तो!

—तुम स्कूल उन्हें क्यों नहीं दे देते? सारे झगड़े की जड़ तो यही है!

—फिर कल आप कहेंगे, मैं अपना घर, अपने खेत, अपनी इज़्ज़त उन्हें क्यों नहीं दे देता? है न?

—यह कोई क्यों कहेगा?...लेकिन एक बात तो मैं ज़रूर कहूँगा कि जैसा वक़्त होता है, आदमी को वैसा ही करना चाहिए, जैसी बहे बयार पीठ ताही ओर कीजे! उनकी हुकूमत है, उनकी मुख़ालिफ़त...

—यह बात आप कई बार कह चुके हैं और इसका जवाब भी मैं आपको दे चुका हूँ। मैं इस बात को जड़ से ही नहीं मानता कि यहाँ ख़ास किसी की हुकूमत है। हम आज़ाद मुल्क के शहरी हैं, यहाँ एक शहरी की हैसियत से जितना हक़ किसी और को है, उससे ज़र्रा-बराबर भी कम मेरा नहीं है!

—कहने को तुम ठीक कह रहे हो, लेकिन जो बातें आँखों के सामने हो रही हैं, उन्हें तुम कैसे झुठला सकते हो? कांग्रेस..

—जो बातें हो रही हैं, ग़लत हैं और उनसे लड़ना हमारा फ़र्ज़ है! कांग्रेस की हुकूमत होने का मतलब क्या यह है कि हम कांग्रेसियों के ग़ुलाम हैं और वे जैसे चाहें हमें नचा सकते हैं, हमारे सम्मान को कुचल सकते हैं, हमारी आज़ादी में ख़लल डाल सकते हैं, हमारे अधिकारों को छीन सकते हैं, हमें सता सकते हैं और हम पर ज़ुल्म तोड़ सकते हैं? मैं ऐसा नहीं समझता। अगर कोई कांग्रेसी ऐसा समझता है, तो वह

ग़लत समझता है; वह क़ानून को अपने हाथ में लेकर उसे तोड़ता है, वह एक संगीन जुर्म करता है!

—भाई, तुम कहाँ की बातें कर रहे हो?—झुँझलाकर जुब्ली बोला—क़ानून हुकूमत नहीं करते, बल्कि जिनके हाथों में वे होते हैं, वे करते हैं। आज तुम देख रहे हो कि सारे अफ़सरान...

—रुकिये, वह आ रहा है!—मन्ने ने सामने गली में देखते हुए कहा—पहले उसकी बातें सुन लीजिये।

सत्तराम तेली उनके सामने आ खड़ा हुआ और चारों ओर शंकित दृष्टि से देखकर, हाथ से संकेत किया, बैठक में चलिये।

सत्तराम का घराना पुश्तों से मन्ने के घराने को तेल देता था। सत्तराम मऊग था। हाथों को चमकाकर, आँखों को मटकाकर औरतों की तरह बात करता था। सब उससे मज़ाक करते, उसे बेवक़ूफ़ समझते। कोई उसे गम्भीरता से न लेता। हर जगह उसकी पहुँच थी। खड़े या बैठे वह बात सुनता और बीच-बीच में कुछ बोलकर सबको हँसा देता। मन्ने ने अपना काम निकालने के लिए उसे भेदिया बनाया था। अन्दर से वह बहुत चालाक था।

ऊपर की बैठक के दरवाज़े बन्द कर दिये गये, तो हाथ बजाकर सत्तराम बोला—पाकिस्तान जाने की तैयारी कीजिये!

—अरे, बात तो बता!—डाँटकर मन्ने बोला—उनकी मीटिंग में क्या-क्या हुआ है?

—किसुना जिले जा रहा है अवधेस बाबू को बुलाने। वहीं से राधे बाबू को बुलाने का तार जायगा। जयराम और हरखदेव क़स्बे गये हैं, थाने में रपट लिखायेंगे और वहाँ जनसंघ के मन्तरी से मिलेंगे! आज साँझ को सती मैया के चौरे के पास संघी भलण्टियरों की कवायद होगी। कहते थे, इन लोगन को ऐसा तंग करना चाहिए कि ये लोगन पाकिस्तान भाग जायँ। किसानों को लालच दिलाना चाहिए कि वे इनको भगाने में साथ दें, तो इनके भाग जाने पर इनके सारे खेत उनमें बाँट दिये जायेंगे।

सुनकर जुब्ली का चेहरा फ़क़ पड़ गया।

—अच्छा, तुम जाओ,—मन्ने गम्भीर होकर बोला—कहिये जनाब? मेरा अन्दाज़ सही था या ग़लत? अब बोलिये, क्या इरादे हैं?

जुब्ली की आँखों से आँसू निकल आये। रुँधे कण्ठ से वह बोला—मैं इस वक़्त तुमसे झूठ नहीं बोलूँगा।..तुम मुझसे हमेशा नफ़रत करते रहे, लड़ते-झगड़ते रहे, मुझे बुरा-भला कहते रहे। मैं दरअसल उसी के क़ाबिल था। हिन्दुओं से मैं हमेशा नफ़रत करता रहा, आज भी करता हूँ। कांग्रेस की मैं बराबर मुख़ालिफ़त करता रहा, क्योंकि उसे मैं हिन्दुओं की जमात समझता था। मेरे इस ख़याल में आज भी कोई तब्दीली

नहीं आयी है, बल्कि आज इन लोगों के मुँह से जनसंघ की बात सुनकर मेरे उस ख़याल को और भी पुख़्तगी मिली है।...लेकिन तुमसे मैं सच कहता हूँ कि मैंने कभी ख़ाब में भी यह न सोचा था कि पाकिस्तान बनने के बाद मुझे यह गाँव छोड़ना पड़ेगा, अपना घर और खेत छोड़ने पड़ेंगे।...कितने ही लोग सब छोड़-छाड़कर यहाँ से चले गये, लेकिन मैं यहीं बना रहा। उन्हें इस पर ताज़्ज़ुब भी कम न हुआ। उन्हें क्या मालूम कि मुझे अपने ये खेत कितने प्यारे हैं, जिन्होंने मुझे एक वक़्त डूबने से बचा लिया! तुम्हें मालूम है, बड़े भैया जब यहाँ से गये, वे सब-कुछ लुटा चुके थे, सिर्फ़ मेरे हिस्से के खेत रह गये थे। उस समय खेती करना, मशक़्क़त करना मेरे बस का न था। हमारा तौर-तरीक़ा बड़ा शहाना था। लेकिन बड़े भैया चले गये और फिर उन्होंने हमारी कोई ख़बर न ली, तो मेरे सामने दो रास्ते रह गये थे। एक तो यह कि मैं भी भैया की तरह धीरे-धीरे अपने खेत बेंचकर कुछ दिन ऐश कर लूँ और फिर भैया की तरह गाँव छोड़कर कहीं किसी नौकरी की तलाश करूँ। दूसरा यह कि खेतों का इन्तज़ाम करूँ, मेहनत करूँ, ऐश-आराम छोड़ूँ, झूठा रोब तरक करूँ और एक मामूली आदमी की तरह इज़्ज़त से रहूँ। बहुत सोचकर मैंने दूसरा तरीक़ा अख़्तियार किया। धीरे-धीरे मैंने अपने कुछ खेत असामियों से निकाले और खेती में तन-मन लगाया। इन्तज़ाम से ख़र्च करना सीखा और घर का पुराना तौर-तरीक़ा बदला। झूठ नहीं कहूँगा, खेती और लगान-वसूली से हमारा ख़र्चा नहीं चलता था, कभी-कभी बड़ी मुश्किल का सामना करना पड़ता था। तब तुम्हारी ग़ैरहाज़िरी में तुम्हारी ज़मींदारी से ग़ैरवाजिब ढंग से मैं फ़ायदा उठाता था। सलामी लेता था, परजई वसूल करता था, तिकड़म करके एक-दूसरे को लड़ाता था, और उन्हीं से रिश्वत लेकर उनका मामला सुलझा देता था। ग़र्ज़े कि ज़मींदारी के सारे हथकण्डे इस्तेमाल करके मैं उल्लू सीधा करता था। और अपना ख़र्चा चलाता था। लेकिन एक धुर भी ज़मीन मैंने कभी नहीं बेंची। इज़्ज़त ढँकी रही और ज़िन्दगी चलती रही।...जमींदारी टूटने के वक़्त तुम्हारी ही तरह मेरे भी ख़याल में आया कि क्यों न अपने वे खेत बेंच दूँ, जो असामियों के क़ब्ज़े में हैं, लेकिन वैसा न कर सका और आख़िर यह फ़ारम खोल डाला।...जो हो, मैं अपने खेतों को नहीं छोड़ सकता, इन्हें छोड़कर मैं कहीं नहीं जा सकता! मुझे इनसे अपने बेटों से भी ज़्यादा मुहब्बत है। मैंने बहुत कोशिश की कि मेरा कोई बेटा भी इस काम में मेरा साथ दे, लेकिन वैसा न हो सका। एक बेटा पाकिस्तान चला गया, दूसरा भी जा सकता है। मैं किसी को क्यों रोकूँ? लेकिन मैं यह जगह नहीं छोड़ सकता, ये खेत नहीं छोड़ सकता! बीवी बेटे के लिए रोती है, तो उससे कहता हूँ कि चाहे तो वह भी पाकिस्तान चली जा सकती है।...और मैं सच कहता हूँ, इन हिन्दुओं की सारी ज़्यादती मैं अपने इन खेतों के लिए ही बरदाश्त कर रहा हूँ। मेरा ख़याल था कि अब ये मुझे मेरे हाल पर छोड़ देंगे। इसीलिए मैं इनसे, तुम्हारे ख़िलाफ़ भी, मिल-जुलकर रहता था, इनके पीछे कुत्ते की तरह दुम हिलाता था। वर्ना क्या मैं यह नहीं जानता

कि जो तुम्हारे-जैसे नेशनलिस्ट को बरदाश्त नहीं कर सकते, वे मुझ लीगी को क्या बरदाश्त करेंगे, जिसकी ज़िन्दगी ही इनसे लड़ते बीती? ख़ुदा गवाह है, जो एक बात भी मैंने झूठ कही हो। आज यह-सब कहे बिना रहा नहीं गया। तुम्हारी नज़रों में मैं हमेशा ज़लील रहा हूँ और शायद अब और भी ज़्यादा ज़लील हो जाऊँ, फिर भी यह-सब कहने से मैं अपने को रोक न सका।...अब वादा करता हूँ, तुम यक़ीन करो, मैं हमेशा तुम्हारा साथ दूँगा! लेकिन एक बात का ख़याल रखना, यह जगह न छूटे, यह फ़ारम न टूटे, मेरी क़ब्र यहीं बने!—कहते-कहते जुब्ली फफक-फफककर रो पड़ा, एक बच्चे की तरह।

मन्ने ने स्तब्ध होकर जुब्ली की ओर देखा! उसके चेहरे और आँखों में जो भाव मन्ने को दिखायी दिया, उससे जुब्ली के प्रति जो धारणाएँ वर्षों से उसके हृदय में जड़ें जमाये बैठी थीं, वे हिल-सी गयीं।...जिस कर्मठता, साहस तथा धैर्य से जुब्ली ने अपना बरबाद होता घर सम्हाला था, वह किसी से छुपा न था। धार्मिक कट्टरता का दोषी एक उसे ही क्यों ठहराया जाय? उस ज़माने में कितने हिन्दू-मुसलमान थे, जो इस दुर्भावना के शिकार न थे? इतना कम पढ़ा-लिखा इन्सान उसी धारा में बह गया; तो आश्चर्य की क्या बात? यहाँ तो कैलास और समरनाथ-जैसे ग्रेजुएट आज भी उतने ही तंगदिल और मुत्तसिब हैं।...मन्ने को बड़ा अफ़सोस हुआ कि वह आज तक इस आदमी को इतना ग़लत क्यों समझे बैठा था। जीवन-संघर्ष की कठोर परिस्थितियों में पड़कर इन्सान क्या-क्या नहीं कर बैठता! ख़ुद मन्ने ने क्या-क्या नहीं किया है!

—तुम मुझे डरपोक मत समझना!—रूमाल से आँखें पोंछते हुए जुब्ली बोला—हिम्मत और फुर्ती में मेरा मुक़ाबिला करनेवाला कभी भी इस गाँव में कोई नहीं रहा। लाठी चलाने और तलवार भाँजने में मेरा सानी कोई नहीं था। मुहर्रम के वक़्त अक्सर बड़े दरवाज़े और छोटे दरवाज़े के बीच लड़ाई छिड़ जाती थी। उस वक़्त मेरे सामने कोई भी नहीं ठहरता था।...लेकिन मेरे ज़िस्म को ज़िन्दगी की मुश्किलों ने धीरे-धीरे खोखला कर दिया। अब वह ताक़त न रही। उम्र भी काफ़ी हो चली। लेकिन फिर भी कोई वक़्त पड़ जाय, तो तुम देखना। आज से मेरा मरना-जीना तुम्हारे साथ है। तुम जैसा कहोगे, मैं आँख मूँदकर करूँगा। ज़िन्दगी में इतनी ईमानदारी से पहले कभी किसी से कोई बात नहीं की। तुम मुझ पर विश्वास करो!

—आज आपको अपने साथ पाकर मेरा बल दुगना हो गया,—गद्गद होकर मन्ने बोला—लेकिन एक बात का आप बराबर ख़याल रखें कि हमारी यह लड़ाई बिलुकल दूसरी तरह की लड़ाई है। यह आम जनता की आज़ादी और तरक़्क़ी की लड़ाई है। हमारे विरोधी हर तरह के हैं, राजनीतिक भी, कट्टर साम्प्रदायिक भी, लेकिन हमारी यह बराबर कोशिश रहेगी कि हम इस लड़ाई को राजनीतिक स्तर पर

ही लड़ें, इसे साम्प्रदायिक न बनने दें। अगर इसमें हमारी ओर से ज़रा भी साम्प्रदायिकता आ गयी, तो सबसे पहले हमारा ही सिर कटेगा और फिर सब-कुछ ख़त्म हो जायगा।

—मेरी समझ में तुम्हारी बातें नहीं आतीं, मैंने कभी भी इस ओर ध्यान ही नहीं दिया। शायद तुम्हारे साथ रहने से धीरे-धीरे मैं भी कुछ समझने लगूँ। इस वक़्त मैं यही कह सकता हूँ कि अपनी ओर से मैं कोई भी क़दम नहीं उठाऊँगा। मैं अन्धे की तरह तुम्हारे पीछे-पीछे चलूँगा। इतना एहसास मुझे है कि तुम जो-कुछ कर रहे हो, बड़ा अच्छा कर रहे हो। इसमें मेरा भी स्वार्थ नहीं, ऐसा कैसे कहूँ। मैं यह अब समझ गया हूँ कि तुम गये, तो मेरा भी बचना नामुमकिन है। इसलिए तुम्हारा वजूद और तुम्हारी फ़तह ऐन मेरी ज़िन्दगी है। तुम आगे बढ़ो। गाँवदारी के मामले में मेरी भी समझ कोई मामूली नहीं है। मैंने इन लोगों को कोई मामूली नाच नहीं नचाया है। हो सकता है, मैं तुम्हारे किसी काम आ सकूँ। बोलो, अब क्या करना है?

—फ़िलहाल हमें तीन-चार काम करने हैं। रहमान ने थाने में रपट कर दी है। उधर से भी रपट हो रही है। हो सकता है, तहक़ीक़ात के लिए दारोगा साहब आयें। इसलिए मौक़े पर आप हाज़िर रहें और अपना सही-सही बयान दें। शाम को जनसंघी यहाँ आ रहे हैं। थाने में इसकी रपट देनी भी ज़रूरी है। हो सकता है कि जनसंघी यहाँ आकर कोई शरारत करें। साथ ही बाबू साहब और टोले के चौधरियों को भी इसकी इत्तला देना ज़रूरी है और शाम को अपनी तरफ़ से भी एहतियातन कुछ लोगों को यहाँ जमा रखना है। आज इतना कर लेना काफ़ी है। रहमान ने पंचायत में अर्ज़ी दी है। मैं कोशिश करूँगा कि कल ही पंचायत बैठे। उसमें आपकी गवाही ज़रूरी है। हम अपनी तरफ़ से फ़िलहाल कोई पहल नहीं करेंगे। हमारा काम इस वक़्त सिर्फ़ अपना बचाव करना है और जुलाहे का हक़ उसे दिलाना है।

—बहुत ठीक, सब हो जायगा,—जुब्ली ने उठते हुए कहा—तुम यहीं रहो। तुम्हें बाहर निकलने की ज़रूरत नहीं।

—नहीं, आप मेरी चिन्ता न करें। घर में बैठकर उन्हें मैं यह सोचने का मौक़ा नहीं देना चाहता कि मैं डर गया हूँ। आप जाइये, मैं बाहर बैठता हूँ, हो सकता है, कुछ लोग मिलने आयें।

तीन बजते-बजते गाँव में शोर मच गया। सती मैया के चौरे के पास बाज़ार के मैदान में क़रीब सौ जनसंघी स्वयंसेवक वर्दी डाटे, लाठियाँ लिये फ़ौज की तरह मार्च करते हुए पहुँच गये। गाँव के महाजन और उनके लड़के उधर भागे जा रहे थे। मन्ने ने सत्तराम को बुलाकर उसे वहाँ का हाल-चाल लाने के लिए भेज दिया और ओसारे में टहलने लगा।

धीरे-धीरे उसके पास भी लोग आने लगे। सबसे पहले पन्द्रह आदमियों को लेकर बाबू साहब पहुँचे। फिर पच्चीस आदमियों के साथ टोले के चौधरी, फिर और भी लोग। सभी लोग बहुत गम्भीर, क्षुब्ध और उत्सुक थे। जल्द-से-जल्द जान लेना चाहते थे कि क्या बात है और उन्हें क्या करना है?

सबको बैठक में बैठाकर मन्ने ने समझाना शुरू किया। सब बातें बताकर उसने कहा—हमें करना कुछ नहीं है। चुपचाप बैठकर देखना है कि वे लोग क्या करते हैं। क़वायद करके शान्ति से जनसंघी चले जायँ, तो ठीक है। दारोग़ा साहब तहक़ीक़ात में आयें, तो हम ज़रूर उनके पास चलेंगे।

—बीड़ी-वीड़ी नहीं है?—एक जवान ने जम्हुआई लेते हुए कहा—इस तरह बैठना तो बड़ा मुश्किल़ है।

मन्ने ने जेब से पैसा निकालकर, उसे ही देते हुए कहा—लपककर दूकान से लेते आओ। एक दियासलाई भी ले लेना।

मन्ने बाबू साहब की ओर देख रहा था। कैसे सूखकर छोहारा हो गये थे। इधर महीनों तक उनका दर्शन नहीं होता। घर में जब से उन्हें अलग कर दिया गया, बेचारे की ज़िन्दगी ही बदल गयी। जो कभी न किया, वही सिर पर आ पड़ा। हल जोतते हैं, खेत खोदते हैं, ढेकुल खींचते हैं। न तन की सुध, न कपड़े की। हाल बेहाल। जिसने उन्हें पहले देखा था, उससे वे देखे नहीं जाते। अपने पास कुछ भी न रहते हुए कभी उन्होंने ज़मींदारों की तरह रोब-दाब की ज़िन्दगी बितायी थी। सलाम करनेवाले लोगों की गिनती नहीं थी। अब एक मामूली किसान की ज़िन्दगी बसर कर रहे हैं। मगर वाह रे मर्द! चेहरे पर एक शिकन न आने दी। जो सामने आया, उसे ख़ुशी से ओढ़ लिया और सब ओर से मन खींचकर ज़िन्दगी की दौंरी में नध गये। कभी मन मैला न किया, किसी से कोई शिक़ायत न की। सिर को ज़रा भी झुकने न दिया, मान-मर्यादा जस-का-तस बनाये रखा। दूसरों के आड़े काम आते रहे, पन मन अड़े रहे। तभी अब भी इ़ज़्ज़त में कोई कमी नहीं आयी। एक आवाज़ पर पचीसों लाठी तैयार।

मन्ने ने कहा—बाबू साहब, आपकी तन्दुरुस्ती तो ठीक है? देह बहुत हरक गयी है।

—ठीक ही है, बाबू,—सिर झुकाकर बाबू साहब बोले—देह तो अब बुढ़ायी, कब तक बनी रहेगी!

—लेकिन मन पर कोई असर नहीं पड़ा है चाचा के!—हँसकर एक जवान बोला—इन्हीं की जिनगी से तो रोशनी है गाँव में!

—आप अपनी कहिये,—बाबू साहब ने कहा—आपकी देह देखकर भी तो कोई ख़ुशी नहीं होती।

मन्ने मुस्कराकर रह गया।

—जो आपका हाल है, वही इनका है,—एक दूसरा जवान बोला—अकेले दम क्या-क्या करें बेचारे? एक-न-एक तो ठाने ही रहते हैं। हिम्मत की बलिहारी है! नहीं तो कहाँ यह देह और कहाँ ये मोटे काम-धाम! इतना पढ़-लिखकर भी हम गँवारों के बीच रह गये, यही ताज़्ज़ुब की बात है।

बीड़ी के बण्डल आ गये, तो कमरा धुएँ से भर गया। दो-दो कश में फ़क़ से बीड़ी साफ़!

—मुन्नी बाबू का क्या हाल-चाल है?—बाबू साहब ने पूछा—कोई ख़त-वत आया था?

—हाँ, बराबर आता रहा है। हर ख़त में आपका समाचार पूछता है।

—आनेवाले नहीं हैं?

—लिखा तो है मैंने आने को। देखिये, कब तक आता है।

—आयें तो मुझे ख़बर दीजियेगा। बहुत दिन हो गये उन्हें देखे हुए।

—ख़बर क्या देना है, एक दिन लेकर आपके यहाँ पहुँच ही जायँगे।

—अब आप लोग कहाँ आते हैं?—उदास होकर बाबू साहब बोले—वे दिन याद आते हैं...

तभी नीचे से चौकीदार की आवाज़ आयी—मन्ने बाबू हैं?

मन्ने ने बारजे पर आकर पूछा—क्या बात है?

ज़ोर से चिल्लाकर चन्नन बोला—दरोगाजी रहमान के दरवज्जे बइठे हैं। आपको सलाम बोले हैं?

—अच्छा, अभी आता हूँ!—मन्ने भी ज़ोर से बोला—और किसको-किसको बुलाया है उन्होंने?

—हमको तो आपके यहाँ ही भेजा है। वहाँ बहुत-से लोग जमा हैं।

—अच्छा, तुम चलो।

अन्दर आकर मन्ने बोला—दारोग़ा साहब आ गये! कोई एक आदमी फ़ारम पर जाकर जुब्ली मियाँ को ख़बर दे। मैं वहाँ चलता हूँ। आप लोग भी एक-एक करके पहुँचें। चुपचाप खड़े होकर आप लोग तमाशा देखियेगा। लाठी कोई भी न ले जाय।

मन्ने वहाँ पहुँचा, तो कैलास की पूरी मण्डली वहाँ हाज़िर थी, उन्हीं के साथ जनसंघ के स्वयंसेवक भी खड़े थे। दारोग़ा साहब खटिया पर बैठे थे। उनके सामने रहमान हाथ जोड़कर खड़ा था।

मन्ने दारोग़ा को सलाम कर दूसरी ओर अकेले खड़ा हो गया।

दारोग़ा बोले—सभापतिजी अभी तक नहीं आये? गाँव में हैं न?

—होना तो चाहिए,—मन्ने बोला।

—चन्नन अभी तक नहीं लौटा,—उठते हुए दारोग़ा बोले—तब तक मैं मौक़ा ही क्यों न देख लूँ!

—ज़रूर-ज़रूर!—मन्ने बोला—आइये!—कहकर उसने कैलास के दल की ओर एक बार देखा, तो सभी स्वयंसेवकों को अपनी ओर आँखें फाड़कर घूरते हुए पाया।

वे चौरे की ओर बढ़े, तो कैलास, समरनाथ, जयराम, हरखदेव, किसन और रामसागर भी पीछे-पीछे हो लिये।

ज़रा आगे बढ़कर दारोग़ा ने पीछे मुड़कर कैलास से पूछा—ये वर्दीवाले कौन हैं?

कैलास घबरा गया, तो मन्ने बोला—जनसंघ के स्वयंसेवक हैं। क़स्बे से बुलाये गये हैं।

—बुलाये नहीं गये, हैं, हजूर!—समरनाथ बोला—अपनी कवायद दिखाने आये थे, योंही खड़े हो गये हैं।

दारोग़ा ने घूरकर एक नज़र समरनाथ की ओर देखा और पूछा—आज ही के दिन इन्हें यहाँ क़वायद दिखाना था?

जयराम आगे बढ़कर बोला—ये तो हफ़्ते में एक बार यहाँ बराबर आते हैं।

—पहले तो कभी नहीं देखे गये,—मन्ने बोला।

अब कैलास बोला—देखे केंव नहीं गये? आप न देखें, तो गाँव तो देखा है।

—इन्हें क्या मालूम?—शेष सब एक साथ बोले पेड़—बराबर आते हैं, साहब, उस बाग में क़वायद करते हैं!

—हूँ!—दारोग़ा बोला—क़स्बे में इन लोगों को क़वायद करने की जगह नहीं मिलती क्या?

—हर गाँव में जाते हैं, हजूर!—समरनाथ बोला—

—अच्छा, इसका भी हम पता लगायेंगे!—सख़्त होकर दारोग़ा बोला—फ़िलहाल आप जाकर उनसे कह दें कि वे अपनी लाठियाँ अलग रख दें। यहाँ कोई लड़ाई नहीं ठाननी है!

—बहुत अच्छा, हजूर!—कहकर समरनाथ चला गया।

—तो यही सती मैया का चौरा है?—दारोग़ा ने पूछा।

—जी,—मन्ने बोला।

—इस पर सफ़ेदी तो बिलकुल ताज़ी हुई मालूम देती है?

—सफ़ेदी, झण्डा-पताका, चबूतरा, चढ़ावा, जो कुछ भी आप देख रहे हैं, सब आज ही हुआ है!...

—ये झूठ कहते हैं,—किसन बोला—एक हफ़्ता पहले सतीजी का दिन मनाया गया था, तभी हुआ था...

—वो तो हर साल मनाया जाता है,—कैलास बोला—गाँव के सभी लोग जानते हैं।

—हूँ। और यह चबूतरा...

—रात ही बना है,—मन्ने बोला।

—बना नहीं है, हज़ूर,—रामसागर बोला—मरम्मत हुई है।

—रात में?

—रात में क्यों होगी?—सभी एक साथ बोल पड़े—उत्सव के दिन ही हुई थी।

तभी जुब्ली ने हाँफते हुए आकर दारोग़ा को सलाम किया और मन्ने के साथ खड़ा हो गया, तो सभी ने उसे घूरकर देखा।

—यहाँ चारदीवारी खड़ी हो रही थी?

—जी सरकार,—जुब्ली बोला।

—चबूतरे और चारदीवारी के बीच की जगह कितनी होगी?

—क़रीब,—जुब्ली अन्दाज़ा लगाकर बोला—तीन हाथ होगी।

—रास्ते के लिए इतनी जगह तो काफ़ी होनी चाहिए—दारोग़ा कैलास की ओर मुड़े—फिर आप लोग चारदीवारी क्यों नहीं बनने देते? सुना है, आप लोगों ने रात में उस ग़रीब की चारदीवारी गिरा दी। यह बिलकुल बेमुनासिब बात है।

—गिराये कहाँ, हजूर?—कैलास बोला—चारदीवारी अभी बनी ही कहाँ थी? बनने जा रही थी, तो हम रोक-भर दिये।

—चारदीवारी बन जायगी—जयराम बोला—तो गाड़ी के लिए रास्ता कहाँ से मिलेगा? हम लोगों के यहाँ की औरतें बैलगाड़ी पे चढ़कर यहाँ पूजा करने आती हैं।

—हमारी इतनी उमर हो गयी,—जुब्ली बोला—हमने तो कभी किसी को यहाँ बैलगाड़ी पर आते नहीं देखा।

—अभी तो कल ही बैलगाड़ी में औरतें आयी थीं!—समरनाथ बोला—इनसे भी बूढ़े-बूढ़े लोग गाँव में हैं, आप उनसे भी पूछ लीजिये, हजूर!

सभापति मुनेसर ने आकर, सिर झुकाकर सलाम किया। मन्ने बोला—यही गाँव के सभापति हैं।

—अच्छा, तो फिर चलिये। मैं बयान ले लूँ।—वापस खटिया की ओर मुड़ते हुए दारोग़ा ने कहा।

अब तक वहाँ भीड़ काफ़ी जमा हो गयी थी। मन्ने के भी सब आदमी आ गये थे। बहुतेरी औरतें भी मसजिद के पास रास्ते पर झुण्ड बनाकर खड़ी-खड़ी सब देख रही थीं।

रहमान, जुब्ली, मन्ने, समरनाथ, जयराम और मुनेसर के बयान लेकर दारोग़ा ने भीड़ में से योंही दो-एक आदमियों को बुलाकर उनके बयान लिये। फिर एक औरत का भी बयान लिया।

अन्त में डायरी जेब में रखकर दारोग़ा बोले—मेरी तहक़ीक़ात पूरी हो गयी। मामला भी मेरी समझ में आ गया है। मैं आप लोगों से यही कहूँगा कि जो हो, आप लोग ज़ोर-ज़बरदस्ती पर न उतरें। अमन क़ायम रखें और समझौता कर लें। पंचायत में रहमान की ओर से अर्ज़ी पड़ी ही है। उसी का फ़ैसला आप लोग मान लें, मुक़द्दमे लड़ सकते थे। जो भी क़ानूनी कार्रवाई आप चाहें कर सकते, हैं, लेकिन लड़ाई-झगड़े पर आप लोग आमादा न हों। वर्ना मैं बड़ी सख़्ती से पेश आऊँगा! दस-बीस को हवालात में डाल दूँगा! मैं समझ गया हूँ कि कौन लोग ज़ोर-ज़बरदस्ती कर रहे हैं। इसलिए मैं चाहूँगा कि आप लोग मेरी बात को ध्यान में रखें!

—दारोग़ा साहब, आप ही फ़ैसला क्यों नहीं कर देते?—मन्ने बोला—रहमान की ओर से मैं आपको विश्वास दिलाता हूँ कि आप जो फ़ैसला दे देंगे, ये मान लेंगे।

दारोग़ा ने कैलास की ओर देखा, तो वह बग़लें झाँकने लगा।

समरनाथ बोला—सवाल तो यही है न कि चारदीवारी बने या न बने?

दारोग़ा ने मन्ने की ओर देखा, तो उसने ज़रा हिचककर कहा—हाँ, यही समझ लीजिये।

—तो गाड़ी के लिए सात हाथ का रास्ता छोड़कर बना लें,—जयराम ने कहा।

सुनकर दारोग़ा हँस पड़े। बोले—इस ग़रीब के पास कुल आठ हाथ तो ज़मीन है, पाँच हाथ और रास्ते के लिए छोड़ दे, तो तीन हाथ में सहन बनाकर वह क्या करेगा?

—तो इसके लिए हम का कर सकते हैं?—कैलास बोला—सती मैया का चबूतरा तोड़ना तो अधरम होगा! इसके लिए कौन हिन्दू तैयार होकर नरक भोगेगा?

—ठीक है। तो मैं जाता हूँ। मेरा जो फ़र्ज़ था, मैंने आप लोगों को आगाह कर दिया। अब आप लोग जानें और आपका काम!

—यह आप हमीं से कह रहे हैं?—किसन बोला।

दारोग़ा ने उसकी ओर घूरकर देखा और बोले—हाँ, आप ही लोगों से कह रहे हैं। ये लोग तो फ़ैसला मानना और सुलह करना चाहते हैं।

—ये लोग मुसलमान हैं, इन्हें सती मैया से क्या मतलब?—रामसागर बोला।

—आप ही लोगों को मतलब है, तो क़ानूनी ढंग से निपटिये! मुझे और कुछ नहीं कहना है!—कहकर दारोग़ा उठ खड़े हुए।

आगे आकर कैलास बोला—जलपान करके जाइये!

—नहीं, अब देर हो जायगी,—घोड़े की ओर बढ़ते हुए दारोग़ा ने कहा।

—आप से कुछ और बातें करनी है,—पीछे-पीछे चलते हुए कैलास ने कहा।

रहमान ने मन्ने से कहा—बाबू, अब क्या होगा?

मन्ने ने उसे धीरज बँधाते हुए कहा—घबराओ नहीं, पंचायत तुम्हारे साथ इन्साफ़ करेगी।

—क्यों नहीं, पंचायत तो आपकी जेब में है न?—समरनाथ ने ताना मारा और उसकी ओर के सब लोग हँस पड़े।

सुनकर मुनेसर बिगड़ पड़ा—चाम की जीभ पर लगाम लगाइये, समर बाबू! चुनी हुई पंचायत है, कोई ठट्ठा नहीं! दारोगाजी बाहर के आदमी हैं, उनसे जो चाहे झूठ-सच आप लोग कह सकते हैं, लेकिन यहाँ तो राई रत्ती सब मालूम है! अगर आप लोगों ने पंचायत की किसी भी तरह तौहीन की, तो नतीजा बहुत बुरा होगा!

—जिसके बल पर तुम कूद रहे हो, मुनेसर, हम जानते हैं!—जयराम बोला—लेकिन एक बात तुम याद रखना कि सती मैया से बली कोई गाँव में नहीं है! देवी-देवता से बैर बेसहकर किसी का भला नहीं होता! ये तो म्लेच्छ हैं, इनका काम ही हम लोगों के देवी-देवताओं के स्थान तोड़ना है!

मुनेसर कुछ कहने ही वाला था कि मन्ने अपने आदमियों की ओर हाथ उठाकर ज़ोर से बोला—आप लोग यहाँ से चलिये! बतरस से कोई फ़ायदा नहीं!

लोग मुड़े, तो पीछे से किसी की आवाज़ आयी—हिन्दुओं के आपसी मतभेद के कारण ही तो एक समय देश में मुसलमानों का राज्य स्थापित हुआ! एक म्लेच्छ के पीछे-पीछे इन हिन्दुओं को जाते हुए देखकर हमारा माथा शर्म से झुक जाता है!..

मन्ने ने कानों में अँगुलियाँ ठूँस लीं—बाप रे बाप! यह किस सदी की आवाज़ की गूँज है! चलिये! चलिये, आप लोग!

उसके एक आदमी ने मुड़कर कहा—वह जमाना लद गया, बाबू, जब आप लोग धरम के नाम पर हम लोगों को बेकूफ बनाते थे! अब हम लोग जानने लगे हैं कि कौन हमारा दोस्त है और कौन दुसमन है!...

मन्ने ने उसकी ओर बढ़कर, उसके मुँह पर हाथ रख दिया—चुप रहो, भाई, चुप रहो!

—चुप काहे रहें?—एक दूसरा बोला—हम किसी से दबके हैं का?...आप कहें तो अभी चबूतरा फोड़-फाड़कर रख दें! ये बनिया-बक्काल...

मन्ने ने अपना माथा पीटकर कहा—आप लोग सीधे चलेंगे कि मैं अपना माथा फोड़ लूँ?

क्षुब्ध हुए लोग अपना सिर झुकाकर, चुपचाप चलने लगे।

मन्ने बोला—हमारा काम लड़ाई करना नहीं। यह तो उनकी चाल ही है कि किसी बहाने लड़ाई हो जाय। इसीलिए तो उन लोगों ने क़स्बे से स्वयंसेवकों को बुला रखा है। लेकिन हम लड़ाई नहीं होने देंगे। उनके जाल में अपने को नहीं फँसने देंगे। उन्हें आप लोग बमकने दें। हम अपना हित-अहित जानते हैं। उनके बरगलाने में हम नहीं आनेवाले! हमारा काम शान्ति से इस मसले को सुलझाना है। सच्चाई हमारे हाथ है, इन्साफ़ हमारे पक्ष में होगा!

सब लोगों को बिदा कर मन्ने बैठक में गया, तो उसका सिर भिन्ना रहा था। अन्दर से लालटेन मँगाने की भी सुधि उसे न थी। आज जिस दृश्य को उसकी आँखों ने देखा था और जिन बातों को उसके कानों ने सुना था, उनसे उसका रोम-रोम रह-रहकर सिहर उठता था।...देश को आज़ाद हुए दस साल होने को हैं। ये पढ़े-लिखे एफ. ए., बी. ए. पास लोग हैं, और इनकी ऐसी बातें! कैसे बिना किसी हिचक वे लोग झूठ बोलते गये...ये हफ्ते में एक बार बराबर आते हैं...हर गाँव में जाते हैं, हजूर..गिराये कहाँ, हजूर, चारदीवारी अभी बनी ही कहाँ थी...हमने तो रोक-भर दिया...हम लोगों के यहाँ की औरतें बैलगाड़ी में चढ़कर यहाँ पूजा करने आती हैं...अभी तो कल ही बैलगाड़ी में औरतें आयी थीं...बाप रे बाप! इन सफ़ेदपोश लोगों का दिल कितना काला है! झूठ बोलते ज़रा भी अहस नहीं लगी उन-सबों को! कैसे फर-फर बोलते जा रहे थे, जैसे बिलकुल सच बोल रहे हों।...और फिर वह दृश्य...वे हिन्दुओं को हमारे खिलाफ़ भड़कानेवाली बातें! मन्ने के रोंगटे खड़े हो गये! कहीं इन ग़रीब किसानों में चेतना न होती, तो वहाँ आज कौन-सा दृश्य उपस्थित होता! शायद हमारी लाशें वहाँ पड़ी होतीं! वे स्वयंसेवक कैसे घूर-घूरकर हमारी ओर देख रहे थे, जैसे पा जायँ तो कच्चे ही चबा जायँ! मध्ययुग की बर्बर साम्प्रदायिकता जैसे उनकी क्रूर आँखों में मूर्तिमन्त हो गयी थी।...और गाँव के ये महाजन लोग कांग्रेसी बनते हैं, देशभक्त! इन्होंने हमारी हत्या के लिए इन धर्मान्धों को बुलाया था...महात्मा गाँधी के नाम की माला जपनेवाले ये लोग उनके नाम पर कलंक हैं! मुँह पर राम बग़ल में छूरी!...देश-विभाजन का सारा दोष ये जिन्ना और मुस्लिम लीग पर थोपते हैं, लेकिन अपना दामन नहीं देखते! यह नहीं सोचते कि जिन्ना को किसने पैदा किया? लीग को किसने जन्म दिया?...फिर मैं तो कभी लीगी नहीं था, मेरा तो विभाजन में कभी विश्वास न था। और ये आज मेरी हत्या करना चाहते थे। सती मैया के नाम पर! सती मैया के लिए अचानक यह भक्ति जाने कहाँ से उमड़ आयी है! पहले तो कभी किसी को सफ़ेदी तक कराने की सुधि नहीं आयी और आज कैसे चम-चम कर दिया गया है सब! सफ़ेदी हो गयी है! झण्डी-पताका टाँग दिया गया है!...कितना तो

फूल चढ़ा था! धूप जल रही थी! बरगद के पेड़ के नीचे शिव-लिंग आ गया है! बाप रे बाप! यह-सब अचानक ही एक दिन में कैसी काया-पलट हो गयी!...आख़िर यह-सब किसलिये? एक मुझे गिराने के लिए, हमारे स्कूल को हथियाने के लिए इतनी बड़ी-बड़ी चालें, इतने सफ़ेद झूठ, इतना बड़ा जाल और षड्यन्त्र ! कहीं इस जाल में यहाँ के किसान-मजूर आ जाते?...और मन्ने का सिर जैसे मुन्नी के आगे झुक गया। आज पहली बार मन्ने ने माना कि मुन्नी ने सच ही कहा था, साम्प्रदायिकता का इलाज केवल वर्ग-चेतना है! उपदेश नहीं, सुधार नहीं, धर्मों का समन्वय नहीं!...हम आज एक धर्म-निरपेक्ष राज्य में रह रहे हैं! हुँः! काश, विधान बनानेवाले आज का यह दृश्य देखते! विधान-क़ानन बना लेने से ही क्या होता है? अच्छी बातों को कौन बुरा कहता है? लेकिन अच्छी बातें बर्तनेवाले होते कितने हैं? नहीं-नहीं, इस-सब से कुछ नहीं होने का! केवल वर्ग-चेतना, वर्ग चेतना!..इस मर्ज़ का एक यही वाहिद इलाज है, वर्ग-चेतना!..वर्ग-संघर्ष!...क्रान्ति!...किसान और मज़दूरों का राज—

दौरे-इस्लाह ख़त्म अब तो 'फ़िराक़'
इन्क़लाबे-जहाँ की बारी है!

इन्क्लाबे-जहाँ...

—मन्ने ऊपर हो क्या?—नीचे से जुब्ली की पुकार सुनायी दी, तो मन्ने चौंक उठा। एक क्षण को तो उसके जी में आया कि वह बोल दे, नहीं।...बस सोचता जाय, सोचता जाय! इस अँधेरे में भी कैसा एक सूरज चमक उठा था!...लेकिन उसने अपने इस अनुभव को अकेले ही पीते रहना ठीक न समझा! उसने सोचा, जुब्ली भाई से भी क्यों न बातें, की जायँ।

उसकी खिन्नता दूर हो गयी। मन-मस्तिष्क जैसे एक आलोक और प्रसन्नता से भर गया था। वह ज़ोर से बोला—आ जाइये! यहीं हूँ!

अँधेरे में सीढ़ियाँ टटोलते, ऊपर आकर जुब्ली बोला—अँधेरे में क्यों बैठे हो? कई बार इधर देखकर चला गया। खण्ड में तुम्हें ढूँढ़ा, घर में देखा, कहीं भी न मिले, तो यहाँ यों ही पुकार बैठा। रुको, लालटेन लेता आऊँ।

—किसी लड़के को पुकारकर मँगा लीजिये, आप नीचे कहाँ जायेंगे?—मन्ने ने कमरे के अन्दर से ही कहा।

—नीचे बहुत-से लोग खड़े हैं। आस-पास के गाँवों से तुमसे मिलने आये हैं। उन्हीं के लिए तुम्हें ढूँढ़ रहा था। उन्हें भी यहीं बुला लूँ?

—ओह!—उठते हुए मन्ने बोला—मैं ही नीचे चलता हूँ। आप चलिये। सलाम-बन्दगी के बाद मन्ने ने कहा—आप लोगों ने इस वक़्त क्यों तकलीफ़ की? मैं कल मिलता ही।

—सब सुनकर, आपसे मिले बिना कैसे रहते? सब ख़ैरियत तो है, सुना क़स्बे से जनसंघी लोग आये थे।

—आये थे, लेकिन आप लोगों की दुआ से सब ख़ैरियत है!—मन्ने ने जुब्ली की ओर मुड़कर कहा—इन लोगों के पानी-वानी पीने का इन्तज़ाम कीजिये! खण्ड से भिखरिया को बुलवाइये?

—का ज़रूरत है? आप बातें बताइये!

—सो तो बताऊँगा ही। पहले पानी-वानी आप लोग पी लीजिये!

मन्ने ने जुब्ली से कहा—आप खड़े क्यों हैं? जल्दी कीजिये, मिठाई मँगवा लीजिये।

—अरे नहीं, घर में भेली नहीं है का?

—लाने दीजिये, भेली और मिठाई में आजकल कौन फ़र्क़ रह गया है!

—कांग्रेस का राज है। देखते जाइये! अन्धेर नगरी, चौपट्ट राजा टके सेर भाजी, टके सेर खाजा!

सब लोग हँस पड़े।

—आप लोग बैठ जाइये!—मन्ने ने सहन में बिछी चारपाइयों की ओर इशारा करते हुए कहा।

लोगों ने संकोच दिखाया—ठीक है।

—ठीक कैसे है?—दो की बाँहें पकड़कर बैठाते हुए मन्ने ने कहा—वह ज़माना दफ़न हो गया! अब चारपाई और चटाई में फ़र्क़ नहीं चलेगा! बैठिये, साहब!

सब बैठ गये, तो एक बोला—यह जुब्ली मियाँ पहले तो हमारा सलाम ही नहीं लेते थे। आज बेचारे हमारे पीछे आपको परेसान हो-होकर ढूँढ़ते फिरे...

मन्ने हँस पड़ा। बोला—रास्ते पर आ रहे हैं। अरे, यहाँ कौन ज़मींदार और महाजन हैं! सब टूटे हुए लोग हैं। ख़ून में कुछ कीड़े रह गये हैं, धीरे-धीरे मर जायेंगे! और एक दिन आप लोग देखेंगे कि सभी हमारी पंगत में आ खड़े हुए हैं!

—सुना है, अभी साँझ की मोटर से अवधेश बाबू आये हैं।

—वह तो आयेंगे ही, वर्ना इन कीड़ों को ख़ुराक़ कहाँ से मिलेगी? लेकिन आप लोगों के रहते मुझे कोई डर नहीं लगता!

—डरने की का बात है?—एक बोला—उन्हें धन का जोम है, तो हमें अपनी एकता का जोम है। भले बनकर आयें, गाँव की भलाई का कुछ काम करें, तो हमारी सिर-आँखों पर! बाकी अब किसी का रोब सहने का जमाना लद गया।

—देखिये, अब कल कौन-गुल खिलाता है!

तभी सत्तराम आकर ज़रा दूर खड़ा हो गया।

मन्ने की नज़र उस पर पड़ी, तो उसके पास जाकर धीरे से बोला—क्या बात है?

—अवधेश बाबू के दरवज्जे उन लोगों की मिटिन हो रही है। वहीं जा रहे हैं। देर हो सकती है, जगे रहियेगा!—सत्तराम फुसफुसाकर बोला।

—बहुत अच्छा।

बिलरा पड़ोस के एक हिन्दू घर से गगरा-लोटा माँगकर पानी भर लाया। जुब्ली के पीछे-पीछे थाली में मिठाई लिये ख़ुद हलवाई आ गया।

सबने पानी पिया, बीड़ी जलायी और बिदा लेते हुए बोले—अच्छा, तो अब हम जा रहे हैं, जब भी कोई ज़रूरत पड़े, हमें ख़बर दीजियेगा।

—आप ही लोगों का तो भरोसा है,—नम्रता से मन्ने ने कहा।

—यह आप का कहते हैं, यह तो हमीं लोगों के काम के लिए आपको इतनी परेसानी उठानी पड़ रही है!

सब लोग चले गये, तो जुब्ली मन्ने के पास आकर बैठ गया और उसके कन्धे पर हाथ रखकर बोला—आज मेरी ख़ुशी का ठिकाना नहीं! मैंने देख लिया कि तुम्हारा रास्ता ठीक है! तुम हारनेवाले नहीं!

—हार-जीत की मुझे उतनी चिन्ता नहीं,—जुब्ली की ओर देखते हुए मन्ने बोला—मुझे इस बात का अफ़सोस होता है कि इन-सब झंझटों में गाँव का पैसा, ताक़त और वक़्त ज़ाया हो रहा है, वर्ना गाँव के लिए हम कितना-कुछ अब तक कर गुज़रते!

—तुम फ़ारम में दिलचस्पी लो,—जुब्ली बोला—हमसे चल-वल नहीं रहा। इसे सच्चे माने में एक कोआपरेटिव फ़ारम बनाओ, ज़्यादे-से-ज़्यादे किसानों को इसमें शामिल करो। एक ट्रैक्टर ख़रीदो। मेरे पास कुछ रुपये हैं, लगा दूँगा।

मन्ने उसका मुँह देखने लगा। आदमी इतनी जल्दी बदल सकता है, उसे विश्वास न हो रहा था! यही जुब्ली है, जिसे उसकी सूरत देखकर बुख़ार चढ़ आता था, जो अपने अस्तित्व के लिए ज़लील-से-ज़लील काम करता आया था, जिसने हिन्दुओं से सिर्फ़ नफ़रत करना जाना था, जो मतलब गाँठने के लिए किसी को भी धोखा दे सकता था...और आज यह क्या कह रहा है?...पिछले साल की बात है। ऐन बोवाई के वक़्त फ़ारम के खेतिहर मजूरों ने हड़ताल कर दी थी। उनकी माँग थी कि उनकी रोज़ाना मजूरी बारह आने से बढ़ाकर एक रुपया कर दी जाय। महँगी का ज़माना है, गुज़ारा नहीं होता। तब जुब्ली ने मन्ने से ग़ुस्सा होकर कहा था कि यह उसी की करतूत है, उसी ने हड़ताल करायी है, मुन्नी के पढ़ाने पर! मुन्नी उस वक़्त यहीं था, तो वह उनकी मीटिंगों में गया था, लेकिन हड़ताल मजूरों ने ख़ुद की थी। परेशान जुब्ली का एक पाँव थाने में रहता था, दूसरा टाउन एरिया कांग्रेस के दफ़्तर में।...तीन दिनों के

बाद पुलिस की दौड़ आयी और उन्होंने सारा गाँव छान मारा, लेकिन अजीब बात हुई कि न मुन्नी उनके हाथ लगा, न कोई हड़ताली मजूर। शाम तक पुलिस फ़ारम पर बनी रही और आख़िर अपना रसूख़ लेकर चलती बनी।...दो दिन तक और हड़ताल चलती रही। बावग की देर हो रही थी। हार-पछताकर जुब्ली ने चौदह आने पर समझौता कर लिया। लेकिन बावग ख़त्म होते ही एक-एक करके दो महीनों के अन्दर ही उसने उन सब मजूरों को निकाल बाहर किया।...वही जुब्ली आज यह क्या कह रहा है?

—कोआपरेटिव का मतलब आप जानते हैं?—मन्ने ने पूछा।

—ख़ूब जानते हैं!—चहककर जुब्ली बोला—जो नहीं जानते, तुम समझा देना।

—आपको हिन्दुओं पर विश्वास रहेगा?

—जो तुम पर अपनी जान न्यौछावर करने को तैयार हैं, उन पर विश्वास न करने की कोई वजह मुझे नहीं दिखायी देती।

—और अगर मैं मुसलमान न होता?

—आज गाँव का जो नक़्शा मुझे दिखायी दिया है, उसमें तुम्हारा यह सवाल ही नहीं उठता। ऐसा तो कभी नहीं हुआ। पहले तो यहाँ के सारे हिन्दू महाजनों के पीछे रहते थे, लेकिन आज वे बेचारे कितने अकेले थे! जो भी आता था, तुम्हारी तरफ़ खड़ा हो जाता था। जाने कौन-सा जादू तुमने लोगों पर फेर दिया है!

—नहीं, उन्होंने ही अपना जादू मुझ पर किया है, भैया!—मन्ने गद्गद होकर बोला—आपने कोआपरेटिव के बारे में जो सोचा है, वह बड़ा ही अच्छा काम है। वह हम ज़रूर करेंगे! हो सकता है, पंचायत ही यह काम अपने हाथ में ले ले।

●

पंचायत सेक्रेटरी ज़िले पर गया था, इसलिए पंचायत बैठ नहीं पा रही थी। चौकीदार को कई बार क़स्बे में पंचायत इन्स्पेक्टर के पास भेजा गया, लेकिन उसने हर बार सेक्रेटरी का पता न होने का बहाना बना दिया। आख़िर एक दिन मन्ने वहाँ ख़ुद पहुँचा। उसने इन्स्पेक्टर से सारी बातें कहीं और अन्त में निवेदन किया कि सेक्रेटरी साहब नहीं हैं तो वे ख़ुद एकाध घण्टे के लिए बैठक में चले चलें, आख़िर उनका ही काम तो है।

अब इन्स्पेक्टर खुल गया। बोला—आपके गाँव की पंचायत के चुनाव के ख़िलाफ़ हमारे यहाँ कुछ लोगों की अर्ज़ी आयी है। उसे ज़िला पंचायत अफ़सर के आदेश के लिए मैंने ज़िले पर भेज दिया है। सेक्रेटरी साहब ही लेकर गये हैं। जब तक उनका आदेश नहीं आ जाता, आपके गाँव की पंचायत कोई काम नहीं कर सकती।

मन्ने हक्का-बक्का रह गया। ज़रा देर बाद बोला—पंचायत-चुनाव के रिटर्निंग अफ़सर तो ख़ुद सेक्रेटरी साहब थे। सबके सामने उन्होंने परिणाम की घोषणा की थी और हमारे साथ आकर उन्होंने काग़ज़ आपके पास जमा किया था। फिर कुछ लोगों के अर्ज़ी देने से क्या होता है?

—सेक्रेटरी साहब ने भी एक बयान दाख़िल किया है कि उन्हें लोगों ने घेरकर उनसे ज़बरदस्ती चुनाव का परिणाम लिखवाया था।

मन्ने के तो होश ही उड़ गये। उसके मुँह से आप ही निकल गया—ओह!

—हो सकता है, चुनाव के खिलाफ़ कोई मुक़द्दमा भी दायर हो गया हो।—इन्स्पेक्टर लापरवाही से बोला—आपके गाँव के कोई अवधेश बाबू हैं, शायद उन्होंने ही...

—समझ गया!—उठते हुए मन्ने बोला—सब-कुछ समझ गया! अब और अधिक कुछ आपके बताने की ज़रूरत नहीं है। कम-से-कम आपसे मुझे यह उम्मीद न थी। आपने हमेशा हमारा साथ दिया था। ख़ैर, आदाब अर्ज़!

—मेरी नौकरी का सवाल है! आप समझ सकते हैं...

—सब समझ गया! आदाब अर्ज़!

मन्ने ग़ुस्से से फुँक रहा था। उसके पाँव सीधे न पड़ रहे थे। दिमाग़ घिरनी की तरह नाच रहा था।...ओह, इनके हाथ चारों ओर फैले हुए हैं! हर ओर घेरा डाला जा रहा है। निकलने के लिए कोई रास्ता ये लोग छोड़ना नहीं चाहते।...हर बदमाशी, बेईमानी, धूर्त्तता, अन्धेरगर्दी पर ये लोग उतर आये हैं!...जाल, ज़ोर-ज़बरदस्ती, मुक़द्दमा-मुक़द्दमा! ये लोग जान लिये बिना छोड़ना नहीं चाहते, चारों ओर से जकड़कर गले में फन्दा लगाकर लटका देना चाहते हैं!..तुफ़! ये इन्सान हैं, या शैतान? भलमनसाहत, ईमानदारी, सीधेपन से इनके साथ कैसे निर्वाह हो सकता है? भले आदमी का इनसे पार पाना कैसे सम्भव है?...मन्ने को लग रहा था कि अभिमन्यु की तरह उसे चारों ओर से घेर लिया गया है, उस पर हर दिशा से प्रहार हो रहा है, वह अब बचकर निकल नहीं सकता, वह कुछ भी नहीं कर सकता, हथियार डाल देने के सिवा उसके सामने कोई चारा नहीं। उसका साथ देनेवाले इतने लोग हैं, फिर भी वे क्या कर सकते हैं? उनके पास इतना पैसा कहाँ है कि वे इतने मुक़द्दमे लड़ते फिरें, सब काम छोड़कर कचहरी का चक्कर लगाते रहे!...ये क़ानून, ये कचहरियाँ, ये वकील और अफ़सर..न्याय-व्यवस्था की यह अद्भुत मशीनरी! तुम्हारे पास पैसे हैं, तो तुम झूठ को सच बना सकते हो, न्याय को अन्याय सिद्ध कर सकते हो; तुम्हारे पास पैसे नहीं, तो तुम्हारा सच भी झूठ है, तुम्हारे सच को भी पैसेवाला झूठ सिद्ध कर सकता है, तुम्हारे लिये न्याय मिलना असम्भव?..तुम स्वतन्त्र देश के नागरिक हो, तुम्हें विधान ने समान अधिकार दिया है, तुम्हारे अधिकारों की सुरक्षा के लिए सरकार ने क़ानून बनाये हैं, न्याय की व्यवस्था के लिए दूकानें खोली हैं, छोटी से

बड़ी तक, पंचायत से सुप्रीम कोर्ट तक, तुम जाकर वहाँ अपने लिये न्याय ख़रीदो! तुम्हारे पास पैसा नहीं, तुम न्याय नहीं ख़रीद सकते, तो इसमें विधान का क्या दोष है, सरकार का क्या दोष है, क़ानून का क्या दोष है, दुकानदारों का क्या दोष है? हुंः!...

चलते-चलते मन्ने क़स्बे के बाज़ार में आ गया था। उसी समय ज़िले में एक बस आकर अड्डे पर खड़ी हो गयी, तो अचानक ही मन्ने को ख़याल आया, कहीं मुन्नी न आया हो। वह बस की ओर बढ़ गया और यह देखकर उसकी ख़ुशी का ठिकाना न रहा कि मुन्नी हाथ में झोला लटकाये बस से उतर रहा था। उसने लपककर, उसके पास जा उसका हाथ पकड़ लिया।

मुन्नी ने उसे देखा, तो उसकी आँखें चमक उठीं। बोला—कैसे आये थे?

—चलो, बताता हूँ,—मन्ने बोला—मैं बड़ी बेताबी से तुम्हारा इन्तज़ार कर रहा था?

—तुम्हारा ख़त पाते ही मैं आने के लिए बेचैन हो उठा था—मुन्नी बोला—लेकिन हफ़्ते के आख़िरी दिनों में हमारे लिये कहीं आना-जाना कठिन होता है, वह पत्र निकालने का समय होता है। जल्दी-जल्दी काम पूरा करने में भी इतनी देर हो गयी।...आओ, ज़रा हाथ-मुँह धोकर पानी पी लें। इस सड़क साली पर तो जैसे धूल की आँधी उड़ती रहती है, मुँह-नाक में गर्द भर गयी है। सारी दुनिया बदल जायगी, लेकिन इस सड़क में कोई परिवर्तन होनेवाला नहीं!

—इसका तो हमारे भाग्य के साथ ही उद्धार होगा!—कहकर मन्ने हँस पड़ा।

हलवाई की दूकान से डोल और रस्सी लेकर मुन्नी कुएँ पर आ गया।

मन्ने मिठाई ख़रीदने लगा, तो अचानक ही जैसे एक भूली-बिसरी बात उसे याद आ गयी और उसकी आँखों में आँसू आ गये।

दोना उसके हाथ में थमाते हुए बूढ़े हलवाई ने उसकी ओर आँखें सिकोड़कर देखा और बोला—क्या बात है, बाबू?

यह दूकान आज भी जस-की-तस है, वही चन्द लकड़ी के छोटे-छोटे गिर्दे और उनमें बताशे, कुटकी, लकठा, पेड़े, मोतीचूर और मगद के लड्डू, सेंव और दालमोट....हलवाई ज़रूर बूढ़ा हो गया है, लेकिन ठेहुने तक की उसकी मैली धोती और चिकट गंजी में कोई अन्तर नहीं आया है।

मन्ने कुछ नहीं बोला, तो वही फिर बोला—मुन्नी बाबू आये हैं?...दोस्त हों तो ऐसे! आप लोगों को देखता हूँ, बाबू, तो आँखें जुड़ा जाती हैं! जब आप लोग इत्ते-इत्ते बच्चे थे, तभी से देख रहा हूँ!..आज गुलाब जामुन बनाया है, कहिये तो थोड़ा...

रुमाल से आँखें पोंछकर मन्ने बोला—एक पाव दो। कहाँ रखा है, यहाँ तो दिखायी नहीं देता।

—अलमारी में है, बाबू, सबके सामने रखने की चीज नहीं है!—हलवाई ऐसे बोला, जैसे कोई राज़ की बात कह रहा हो—लेंगे-देंगे बेचारे क्या, लेकिन नज़र ज़रूर लगा देंगे। किसी-किसी की नजर बड़ी ख़राब होती है, बाबू! वो तो आप-जैसे कोई बाबू आ जाते हैं, तो बताता हूँ और अलमारी में से निकालकर तौल देता हूँ।

दोनों हाथों में दोने लिये मन्ने कुएँ के पास पहुँचा, तो मुन्नी हाथ-मुँह धो चुका था और रूमाल से पोंछ रहा था। बोला—इतना क्यों ख़रीद लाये?

मन्ने ख़ामोश, डबडबायी आँखों से उसे ताकता रहा। फिर रुद्ध कण्ठ से बोला—तुम्हें कुछ याद आता है, एक बार मैच देखकर...

मुन्नी की आँखों में जैसे बिजली की तरह कुछ चमक गया। वह आतुर होकर कुछ बोलने को हुआ, लेकिन लगा, जैसे गला बँध गया हो। और फिर दोनों के होंठों पर एक मधुर-स्निग्ध मुस्कान बिखर गयी।

मुन्नी उठकर उसके पास आ गया और एक दोना अपने हाथ में लेकर बोला—लो, खाव!

—मेरा तो मन भर गया!—मन्ने ने सर्द स्वर में कहा—लगता है, जैसे बहुत दूर-दूर भटककर हम फिर अपनी पुरानी जगह पर आ मिले हों!

—तुम्हारी भावुकता आज भी नहीं गयी!

—और तुम्हारी?

और दोनों बेसाख़्ता हँस पड़े और इतना हँसे कि दोनों की आँखों में पानी भर आया।

मुन्नी बोला—गंगा की धारा चाहे जितनी भी क्षीण हो जाय, मगर कभी सूखती तो नहीं!

—बल्कि बरसात में वह उमड़-उमंड़ पड़ती है!

—ये बरसाती क्षण आदमी को कैसे मोह में डाल देते हैं!

—तुमने कभी उन दिनों की याद में भी कुछ लिखा है?

—अरे!—मुन्नी अचानक दोना उसके हाथ में थमाते हुए घबराकर बोला—किताबों का बण्डल तो बस पर ही रह गया!—और वह भाग खड़ा हुआ।

मन्ने भी उसके पीछे-पीछे दौड़ पड़ा। बस अभी अड्डे पर ही खड़ी थी। छत पर बड़ा बण्डल दूर से ही दिखायी पड़ता था।

क्लीनर ने ऊपर चढ़ते हुए कहा—हम तो आपको ढूँढ़ रहे थे। रास्ते में से लौटकर आये हैं का? बड़े भुलक्कड़ मालूम होते हैं!

—बहुत पुराने भुलक्कड़ हैं!—हँसकर मन्ने बोला—कभी-कभी तो ये अपने को भी भूल जाते हैं!

क्लीनर भी हँस पड़ा। बण्डल को नीचे करते हुए बोला—बड़ा भारी है, साहब, सम्हालिये।

मुन्नी ने हाथ लगाया, तो क्लीनर ने छोड़ दिया और बण्डल भहराकर मुन्नी के सिर पर आने ही वाला था कि पास में खड़ा हुआ ड्राइवर लपककर, सम्हालते हुए बोला—सिर तुड़वायेंगे का, बाबू? हटिये!

—दो आदमी बुलवाओ,—मुन्नी ने मन्ने से कहा।

लेकिन बुलाने की ज़रूरत नहीं पड़ी, दो के बदले चार आप ही पहुँच गये और हर एक अपने को दूसरे से आगे करने लगा, हम ले चलेंगे, बाबू!

—पहले टेकाकर हलवाई के यहाँ ले चलो,—मुन्नी बोला—वहाँ बण्डल खोलकर जिसके-जिसके लिए बोझ हो सके, बना लो।

—तुम पानी तो पी लो!—मन्ने बोला—ये बना लेंगे।—यही मेरी ज़िन्दगी-भर की कमायी है,—क़स्बे से चले, तो मुन्नी बोला—गाँव को मैं यही दे सकता था।

—पुस्तकालय खोलोगे क्या?—मन्ने ने समझकर कहा—इसमें तुम्हारी अपनी लिखी हुई किताबें भी हैं।

—कुछ हैं अपनी भी, क्यों?—मुन्नी बोला—तुम्हारे पास तो मेरी सब किताबें हैं?

हँसकर मन्ने बोला—एक भी नहीं बची है, जाने कहाँ-कहाँ सब घूम रही हैं।...पिछले महीने तुम्हारे पत्र में अवधेश पर जो कहानी आयी थी...

—तुमसे यह किसने कहा कि वह कहानी अवधेश पर...

—किसी के कहने की क्या ज़रूरत है?—मन्ने बोला—तुम्हें मालूम है, वह चार आने का पत्र दो-दो रुपये में ज़िले के स्टेशन की स्टाल पर बिक गया! फिर भी बहुतों को नहीं मिल पाया! मुक़द्दमे के सिलसिले में गया था, तो चारों ओर उसी की चर्चा थी। अवधेश तो जल-भुनकर राख हो गया है। कहता है, मान-हानि का मुक़द्दमा चलायेगा!

—तुम पर मुक़द्दमा चलाते-चलाते थक गया क्या?

—मुक़द्दमे की बात पूछते हो,—और मन्ने पूरी कहानी कहकर बोला—हम क्या करें? और सब बातों का तो मुक़ाबिला हम कर लेते हैं, लेकिन इन मुक़द्दमों का हम क्या करें? हर बात में मुक़द्दमा, बल्कि बेबात पर भी मुक़द्दमा! इतना पैसा कहाँ है कि हम मुक़द्दमे लड़ें...और फिर इसका अन्त भी तो कहीं दिखायी पड़े?

थोड़ी देर तक मुन्नी ख़ामोश चलता रहा। फिर बोला—हमारे प्रधान मन्त्री कहते हैं कि लोग हर बात में सरकार का मुँह ताकते हैं, ख़ुद कुछ नहीं करते! हुंः!

—और किसी से तो नहीं कहता,—मन्ने निढाल होकर बोला—लेकिन तुमसे कहता हूँ। मैं बहुत परेशान हो गया हूँ, मुन्नी! रह-रहकर मेरा साहस छूट जाता है। लड़की की शादी करनी है, उसी के लिए थोड़े रुपये बचा रखे हैं, पर लगता है कि कहीं ख़र्च हो गया, तो...

—शादी तुम कर डालो, कहीं किसी लड़के को देखा-वेखा है?

—रिश्तेदारी में ही एक लड़का है।

—तो फिर कर डालो।

—कोई काम भी करना चाहता हूँ!...मुन्नी!—अचानक मन्ने का स्वर बदल गया—जुब्ली भाई हमारे साथ आ गये हैं। वह कोआपरेटिव फ़ारम खोलने को कह रहे हैं!

—सच ?—चकित होकर मुन्नी बोला।

—हाँ!

—कैसे? वो तो एक नम्बर का...

पूरी कहानी सुनाकर मन्ने बोला—मनुष्य का चरित्र कितना गूढ़ और विचित्र है! तुम मिलोगे, तो आश्चर्य करोगे कि यह वही जुब्ली हैं, जिन्हें हम इतने दिनों से देखते आये हैं। अब कोआपरेटिव फ़ारम के लिए कमर कसे हुए हैं!

—तो यही करो न!—मुन्नी तपाक से बोला—इससे अच्छा क्या हो सकता है? यह हो जाय, तो गाँव की क़िस्मत खुल गयी समझो! गाँव की तरक़्क़ी की असली नींव तो यही होगी!

—तो तुम्हारी राय है?

—बिलकुल! कल करना हो, तो आज ही शुरू कर दो!

—लेकिन मुक़द्दमे...बड़ा पैसा, बड़ा वक़्त ख़र्च होता है!

—उसका भी कोई उपाय करेंगे—मुन्नी बोला—ज़िले पर पार्टी के अपने तीन वकील हैं। अबकी बात करेंगे। मेरा ख़याल है, इन्तज़ाम हो जायगा। वे लड़ते रहेंगे। जो स्टाम्प-काग़ज़ का ख़र्च होगा, उसका तो इन्तज़ाम हो जायगा?

—उतना कर लेंगे।

—तो ठीक है, तुम अब चिन्ता मत करो।

—और सती मैया के चौरे के विषय में क्या किया जाय?

—पंचायत की बैठक के लिए क्या सेक्रेटरी का होना ज़रूरी है?

—रजिस्टर वग़ैरा सब उसी के पास हैं। लिखने का सारा काम वही करता है। पंचायत का वही पेशकार समझा जाता है।

—पेशकार न रहे, तो क्या कोर्ट बैठेगी ही नहीं? सभापति से कहो, वह ख़ुद सब करें।

—वह लिख नहीं सकते।

—तो कोई भी लिख सकता है, उसमें क्या है?—मुन्नी बोला—पंचायत अफ़सर या कचहरी का आदेश आने के पहले ही, बल्कि कल ही क्यों नहीं पंचायत की बैठक करा लेते? चुनी हुई क़ानूनी पंचायत है, कोई मज़ाक थोड़े है। किसी को क्या मालूम कि सेक्रेटरी, इन्स्पेक्टर या कोई क्या पका रहा है। पंचायत अपना काम करती है, तो इसमें किसी को कोई उज्र क्यों हो? वे लोग इतने झूठ और ग़ैरकानूनी

काम करते हैं, तो कोई अँगुली उठानेवाला नहीं, बल्कि अफ़सर भी उन्हीं का साथ देते हैं और हम कोई वाजिब काम करेंगे, तो क्या कोई हमें खा जायगा? डरने की या झिझकने की कोई बात नहीं, तुम कल क्या, आज रात को ही बैठक कराओ। नोटिस का वक़्त तो पूरा हो गया है?

—हाँ।

—तो फिर आज शाम को ही कराओ। अभी चलकर जुट जाओ। सभापति से कहो, चौकीदार को भेजकर तुरन्त मेम्बरों और फ़रीक़ैन को इकट्ठा करें।

—वे लोग पंचायत में न आयें, तो?

—तुम तो पहले ही सब चर्खा कात लेना चाहते हो?—मुन्नी झल्लाकर बोला—वे आयेंगे नहीं, तो देखा जायगा। पंचायत जैसा सोचेगी, करेगी!

—कहीं कोई झगड़ा-झंझट,—मन्ने बोला—तुम झल्लाओ मत! तुम्हारी उपस्थिति में मुझे अपने पर से जाने क्यों विश्वास उठ जाता है। फिर...मैं चाहता हूँ कि सब बातें सोचकर...

मुन्नी थोड़ी देर के लिए ख़ामोश हो गया। फिर गम्भीर होकर, धीरे-धीरे, सोच-सोचकर बोला—यह स्कूल और सती मैया के चौरे का मामला कोई साधारण नहीं है। तुम्हारा यह ख़याल दुरुस्त है कि इसी मामले पर तुम्हारा यहाँ रहना या यहाँ से उखड़ जाना मुनहसर करता है। बहुत सोच-समझकर उन लोगों ने यह मामला उठाया है। इसमें वे सफल हो गये, हिन्दुओं को सती मैया के चौरे के नाम पर भड़काने में वे कामयाब हो गये, तो तुम लोगों का यहाँ रहना वे नामुमकिन कर देंगे। जनसंघ को इस मामले में लाने का कोई दूसरा अर्थ हो ही नहीं सकता! तुमने जैसा समझा है और जिस गम्भीरता से इसे लिया है, वह बिलकुल ठीक है। अगर तुमने इसे नज़रन्दाज़ कर दिया होता, तो जाने आज गाँव का क्या नक़्शा होता! मैं तो इससे आगे की भी बात सोचता हूँ। स्कूल और सती मैया के चौरे के इस मामले पर ही गाँव के निकट भविष्य का निबटारा होगा। गाँव की जनता धर्म के नाम पर आज भी उकसा दी गयी, महाजनों के हथकण्डों की शिकार हो गयी, तो मैं समझ लूँगा कि हमारी आज तक की मेहनत अकारथ हो गयी, हम हार गये, और गाँव फिर वहीं पहुँच गया, जहाँ से हमने इसे उठाने का प्रयन्त किया था! उस स्थिति में भी हम निराश होकर हाथ पर हाथ धरके बैठ जायँगे, इस मर्ज़ को लाइलाज समझ लेंगे, या अपने जीवन-दर्शन के प्रति आस्था खो बैठेंगे, ऐसा तो मैं नहीं समझता। लेकिन इतना निश्चित है कि फिर हमें कोई साधारण संघर्ष न करना पड़ेगा। इसलिए मैं समझता हूँ कि स्कूल और इस सती मैया के चौरे के रूप में हमारा संघर्ष एक ऐसी मंज़िल पर पहुँच गया है, जिसके आगे गाँव की तरक़्क़ी का दरवाज़ा हमेशा के लिए खुल जाता है। और यह लड़ाई अगर हम हार गये, तो हमारी गाड़ी लुढ़ककर दस वर्ष पीछे चली जायगी। सो, इस

लड़ाई में हमें अपनी शक्ति का आख़िरी कण तक लगा देना है! और जैसा तुमने बताया है, वैसी ही स्थिति है तो मुझे विश्वास है, कि हम सफल होंगे!

—मैं रहूँगा!—मुन्नी बोला—हो सकता है, अब मैं यहीं रहने भी लगूँ। तुम्हारे साथ रहकर मैं भी यहीं काम करना चाहता हूँ।

—सच?—उसका हाथ अपने हाथ में ले, ज़ोर से दबाता हुआ मन्ने बोला—क्या यह सम्भव है?

—क्यों नहीं?—मुन्नी बोला—तुम्हारे लिये सम्भव हो गया, तो मेरे लिये क्यों नहीं हो सकता?

—मैं तो मजबूरन फँस गया, समझो। चिलगोड़ी में फँसी हुई चिड़िया को तुमने देखा है, वही हाल मेरा हुआ। जिस तरह चिड़िया जितना ही पंख फड़फड़ाकर मुक्त होने का प्रयत्न करती है, उतना ही और फँसती जाती है, उसी तरह मुझे भी इस गाँव ने जकड़ लिया और अब तो इससे मुक्ति की कोई आशा ही नहीं रही।

—तुम मुक्ति चाहते हो? क्या अब भी तुम्हें इस गाँव में जीवन का कोई उद्‍देश्य, कोई ध्येय नहीं मिला?

—कभी लगता है, कुछ मिल गया; कभी लगता है, सब व्यर्थ हो गया। जिन्होंने मेरा साथ दिया, उनकी ओर ध्यान जाता है, तो उन्हें छोड़ना ग़द्‍दारी मालूम होती है। लेकिन जब अपनी ओर देखता हूँ तो घोर निराशा ही हाथ लगती है। आगे क्या होगा, सोचकर अन्धकार में मेरी रूह फड़फड़ाने लगती है।

—इसका मतलब यह हुआ कि अभी तक तुम्हारा स्वार्थ गाँव की जनता के स्वार्थ के साथ एकाकार नहीं हुआ, अब भी तुम्हारे और जनता के बीच एक दीवार खड़ी है।

—हाँ, यह दीवार गिराना मेरे लिये मुश्किल है!

—तुम्हारे लिये मुश्किल हो सकती है, लेकिन जनता के लिए नहीं! क्या कभी तुम अनुभव नहीं करते कि...

—करता हूँ!—बीच में ही मन्ने बोल उठा—मेरे चरित्र के कई कोणों को जनता ने घिस दिया है, फिर भी लगता है...

—यह तुम्हें ही नहीं लगता। हम-सबको लगता है, हम-सबको दुहरा संघर्ष करना पड़ता है, एक अपने से ख़ुद और दूसरा विरोधियों से। इसमें पहला भी कोई कम कठिन नहीं होता। पुरानी बातें, पुरानी आदतें, पुरानी मनोवृत्ति, पुराने संस्कार, पुराना चरित्र अचानक नहीं बदल जाते, धीरे-धीरे, बहुत धीरे-धीरे बहुत ज़ोर लगाने और हमेशा सचेत रहने में बदलते हैं, बहुत-कुछ नया हो जाने पर भी इनके अवशेष बने रहते हैं। यह कोई घर नहीं कि गिराकर नया बना लो, यह कोई कपड़ा नहीं कि एक उतारकर दूसरा पहन लो! यह तो ज़िन्दगी है, जो बनते-बनते बनती है। इसमें घबराने की कोई बात नहीं। तुम सच मानो, इस माने में जहाँ तुम हो, वहीं मैं भी हूँ!

—तुमने आज तक अपने बारे में कुछ भी नहीं बताया,—मन्ने बोला—कभी-कभी सोचता हूँ, तो बड़ा अफ़सोस होता है। मैंने तो कभी भी तुमसे कुछ नहीं छुपाया, लेकिन तुम्हारी हर बात मेरे लिये रहस्य बनी हुई है। कभी-कभी कितना मन होता है कि तुम सुनाते और मैं एक कहानी की तरह सुनता!

मुन्नी ने शरमाकर सिर झुका लिया। बोला—क्या सच ही तुम ऐसा महसूस करते हो? क्या तुम्हें मेरा स्वभाव मालूम नहीं? मैं तो हमेशा से अपने बारे में मूक रहा हूँ। मैं साहित्य पर बातचीत कर सकता हूँ, राजनीति पर बहस कर सकता हूँ, लेकिन अपने बारे में कुछ कहना तो मेरे लिये हमेशा कठिन रहा है। फिर कहने ही को क्या है अपने बारे में? मेरे जीवन में इतनी कहानियाँ ही कहाँ हैं? इस मामले में तुम सौभाग्यशाली रहे हो। कितनी मीठी-तीती घटनाएँ...

—यह मैं नहीं मानता!—मन्ने सिर हिलाकर कहा—तुम मुझसे छुपाते हो!

—तुमसे छुपाना चाहूँ, तो भी क्या छुपा सकता हूँ? ऐसा मत सोचो। मैं कभी भी महत्त्वाकांक्षी नहीं रहा; धन, यश, प्रशंसा को कभी भी मैंने कोई महत्त्व नहीं दिया। पढ़ाई ख़त्म होने के बाद जो तकलीफ़ मैंने झेली, उसने और आश्रम के जीवन ने मुझे बिल्कुल सफ़ेद कर दिया, सारी रंगीनियों को जला दिया। आश्रम के जीवन को जो ईमानदारी और सच्चाई से ग्रहण करता है, उसमें और एक हिन्दू विधवा में कोई अन्तर नहीं। और मैंने जीवन में जो भी ग्रहण किया है, सच्चाई से किया है। आश्रम में, जेल-जीवन में, पार्टी-जीवन में और अब पत्रकारिता और लेखक के जीवन में। कभी-कभी सोचता हूँ, तो बड़ा वैसा लगता है। लेकिन अब तो मेरा यह स्वभाव ही बन गया है। मैं किसी बात को, किसी काम को हल्केपन से ले ही नहीं सकता, ख़ामख़ाह के लिए भी उसमें अपने को डूबो देता हूँ। एक रास्ते पर पैर रख देता हूँ, तो लगता है, जैसे जीवन-भर उसी पर चलता रहूँगा, उसमें कोई परिवर्तन आयेगा ही नहीं। अब यही देखो, इस पत्र में काम करते मुझे कितने साल हो गये! जितनी मुझमें योग्यता थी, शक्ति थी, सब उसमें लगा दिया। मेरा परिश्रम तुम देखते तो कहते। और अब जानते हो, मालिक क्या कहता है?

चौंककर मन्ने बोला—क्या?

—कहता है, आप तो कम्युनिस्टिक चीज़ें छापते हैं और जानते हो, क्यों?

—क्यों?

—प्रेस के मज़दूरों ने बोनस और तरक़्क़ी की माँग की है। उन्होंने नोटिस दी है कि उनकी माँगें पूरी न हुईं, तो वे हड़ताल कर देंगे। मैं उनसे अलग कैसे रहता? फिर क्या था, मालिक कहने लगा, यह-सब आप ही का किया-धरा है।..हाँ, साहब, है, तो इसमें बेजा क्या है? उनकी माँग वाज़िब है। दीजिये!...जानते हो, एक दिन शाम को उसने मुझे अपने घर पर बुलाया। पहुँचा, तो हज़रत ज़रा रंग में थे। बड़ी ख़ातिर की। एक बड़ी आरामकुर्सी पर पड़ा-पड़ा वह बोला, मुझे बड़ा अफ़सोस होता है

आपको देखकर! आप साहित्यकार हैं, सम्पादक हैं। आपको राजनीति से क्या मतलब? और वह भी कम्युनिस्टों की राजनीति! राम-राम!..मैं तो समझता था, लोग झूठ कहते हैं। आप क्यों कम्युनिस्ट होने लगे? लेकिन अब तो मानना ही पड़ता है! राम-राम! यह आपको क्या हुआ है?...उसकी आँखें शायद नशे में बन्द हो गयीं, लेकिन ज़बान चलती रही, साहब! आपको मालूम नहीं कि आप क्या हैं, आप में कैसी प्रतिभा है, आप किस योग्यता के आदमी हैं, अगर आप इंग्लैण्ड में पैदा हुए होते, तो न जाने आज क्या होते!....ख़ैर, मेरा व्यवसाय भी क्या किसी से कम है!...मैंने भी आपके बारे में कुछ सोच रखा है।....बताता नहीं, समय आने पर आप ही आपको ज्ञात हो जायगा!...प्रेस की नयी बिल्डिंग बन रही है। उसमें आपके लिए एक अच्छा-सा फ़्लैट बनाने का भी इरादा है, एयर कण्डीशण्ड! क्या लगता है, साहब, मैं तो पूरा प्रेस ही एयर कण्डीशण्ड बनवाने की सोच रहा हूँ। आपके फ़्लैट में शानदार फ़र्नीचर होंगे, रेडियो, रेफ़्रीजरेटर भी। ठाठ से रहियेगा, साहब! सम्पादक हैं कि कोई मामूली आदमी! लोग देखेंगे और कहेंगे...हिक्...हिक्!..थोड़ी देर ख़ामोश रहकर बोला, महँगी का ज़माना है, आपको तकलीफ़ होती होगी। हर सात तारीख़ को यहीं आकर पचास रुपये और ले लिया कीजिये...स्पेशल अलाउन्स।...अच्छा, अब आप जाइये, मैं आराम करूँगा...हिक्!...हिक्!..और आँखों के साथ उसकी ज़बान भी बन्द हो गयी!...आज आठ तारीख़ है, चौदह को हड़ताल की नोटिस का समय ख़त्म होता है। इसी बीच समझौता न हुआ, तो हड़ताल होगी।

—तब तो, दोनों तरफ़ है आग बराबर लगी हुई!—मन्ने हँसकर बोला—कै दिन की छुट्टी लेकर आये हो?

—पाँच दिन की,—मुन्नी बोला—लेकिन अब समझो, वहाँ से हमेशा के लिए ही छुट्टी होनेवाली है। अब वहाँ रहना नहीं हो सकता। मैं भी गाँव में ही आ जाऊँगा।..गाँव के लिए मन हमेशा तड़पता रहता है। इतने दिन शहरों में रहे, लेकिन शहर के न हो सके। कहीं का होने के लिए वहाँ की मिट्टी में पैदा होना ज़रूरी है। गाँव की मिट्टी का संस्कार आज भी मेरी आत्मा में रचा हुआ है। इस पर कोई दूसरा रंग नहीं, चढ़ सकता।..चलो, ज़रा सती मैया का चौरा देख लें।

मन्ने ख़ामोशी से चलता रहा। एक वह है कि गाँव से हमेशा कतराता रहा, गाँव को कभी अपना न समझा, हमेशा गाँव को छोड़ देना चाहता रहा और एक यह मुन्नी है कि नौकरी छोड़कर गाँव आ जाना चाहता है। गाँव में यह क्या करेगा? मेरे पास कुछ नहीं तो खेत हैं, जीने का एक सहारा है, ख़र्चा चल ही जाता है। लेकिन इसके पास तो कुछ भी नहीं, इसका काम कैसे चलेगा? लिखकर यह अपना ख़र्चा चला सकता, तो पहले ही नौकरी क्यों करता?

सती मैया के चौरे के पास वे आ गये थे। मन्ने उसे दिखा-दिखा कर नक़्शा समझाने लगा—यहाँ चारदीवारी उठायी गयी थी। उसे तोड़कर यह चबूतरा बना है।

अब यह रास्ता रह गया है.....

—इस चौरे की तो काया-पलट हो गयी है!—मुन्नी बोला—आख़िर यह भक्ति अचानक इन लोगों में कैसे उमड़ पड़ी? आश्चर्य है! मैंने तो अपने जीवन में इसे इस रूप में कभी भी नहीं देखा!

—दारोग़ा जब तहक़ीक़ात में आया था, इन लोगों ने जो बयान दिये, तुम सुनते तो कहते!

—अच्छा, तुम सभापति के यहाँ अभी जाओ! शाम को पंचायत की बैठक कराने के लिए कहो। मैं घर जाता हूँ।

•

शाम को सभापति के घर के सामने सहन में पंचायत बैठी। सभी सदस्य आये थे। बड़ी भीड़ लगी थी। वे लोग भी आये थे, लेकिन उनके चेहरों को देखने से साफ़ मालूम होता था कि वे पंचायत से सहयोग करने नहीं, उसमें अड़ंगा लगाने आये थे।

मुक़द्दमे की सुनवायी शुरू हुई। सभापति की ओर से मन्ने ने इस्तग़ासा पढ़कर सुनाया। फिर एक-एक कर रहमान, जुब्ली, कैलास, समरनाथ, जयराम, हरखदेव और रामसागर के बयान हो गये, तो सभापति बोले—पंचो! आप लोगों ने दोनों फरिकेन के बयान सुन लिये। अब आप लोग जैसा मुनासिब समझें राय दें।

जीधन चमार ने कहा—पंचो! हम कोई दूसरी जगह के नहीं हैं। इस मामले की राई-रत्ती से हम-सब वाकिफ़ हैं। बयानों में का सच है, का झूठ है, यह भी हम जानते हैं। इसलिए हमारी राय है कि इसके पहले कि हम कोई फ़ैसला दें, यही अच्छा होगा कि कुछ आगे-पीछे हटकर दोनों फरिकेन आपस में कोई समझौता कर लें। आख़िर इसी गाँव में सबको रहना है, झगड़ा बढ़ाने से का फायदा? जो हो गया, सो हो गया, अब आगे की हम-सबको सोचना चाहिए। झगड़ा बढ़ाने से बढ़ता है और घटाने से घटता है।

जयराम बोला—आपने ठीक कहा है, जो हो गया, सो हो गया। अब आप लोग बात ख़तम कीजिये और मुक़द्दमा खारिज!

कई सदस्यों ने शोर मचाया—इनका यह मतलब थोड़े था! इनका मतलब तो यह था...

—एक-एक आदमी बोलें!—सभापति ने ज़ोर से कहा—पंचायत में आप लोग घौंजार न करें!

जलेसर कोइरी बोला—जीधन के कहने का मतलब यह था कि लड़ाई-झगड़ा बढ़ाने से का फायदा? दोनों फरिकेन में कुछ घट-बढ़कर समझौता हो जाय, तो अच्छा। क्यों, जीधन भाई?

—और का?—जीधन बोला—दुनिया में कहीं एक हथेली से ताली बजती है? जयराम बाबू तो चित भी अपनी और पट भी अपनी चाहते हैं! ऐसा भी कहीं होता है? समझौते से सोलहो आना कभी किसी को मिला है?

हरखदेव बोला—हम लोगों ने क्या अपना कोई घर बनाया है? गाँव में चार-चार मसजिदें हैं, हम तो नहीं कहते कि किसी को गिरा दो। और हमने एक मामूली-सा सती मैया का चबूतरा बनाया, तो इन लोगों की रात की नींद हराम हो गयी, यह भी कोई बात है!

—चबूतरा ही क्यों, आप लोग जितने मन्दिर चाहें, बनायें, लेकिन किसी की ज़मीन मत हड़पिये, किसी की दीवार को मत गिराइये...

रहमान को रोककर छांगुर तेली बोला—इन्हें कुछ कहने का अब हक़ नहीं, ये बयान दे चुके हैं!

—हाँ, भाई, आप मत बोलिये,—सभापति ने रहमान से कहा—पंचों को बातें करने दीजिये!

—देवी का थान जब बन गया,—किसन बोला—तो हिन्दू होकर कोई भी उस पर हाथ नहीं लगा सकता। बाकी आप लोग जो इन्साफ करें।

—अगर ऐसा है,—रमेसर भर बोला—तब तो कोई इन्साफ हो ही नहीं सकता। यह तो वही हुआ कि चोर चोरी भी करे और ऊपर से सीनाज़ोरी...

—आप हम लोगों को चोर कहते हैं?—जयराम, हरखदेव, किसन और छांगुर चिल्लाकर बोल उठे—आप अपनी बात वापस लीजिये, नहीं तो हम पंचायत से उठ जायेंगे। कोई गाली सुनने यहाँ नहीं आया है!

—चोरी ही नहीं, वो तो डाकेज़नी थी!—जुब्ली भी चिल्ला उठा।

कई सदस्य तैश में आकर उठ खड़े हुये, तो सभापति बोले—यह आप लोग का कर रहे हैं? कोई किसी को बुरी बात नहीं कह सकता! आप लोग अपनी बात वापस लीजिये!

—जुब्ली मियाँ को तो बोलने का कोई हक़ ही नहीं!—हरखदेव बोला।

—नहीं, बोलेंगे। आप लोग बैठ जाइये, बैठ जाइये! ज़रा-ज़रा-सी बात पर इस तरह घौंजार होगा, तो पंचायत अपना काम कैसे करेगी? आप लोग बैठ जाइये!

सब बैठ गये, तो मन्ने बोला—एक बात मैं भी कहना चाहता हूँ। आप लोगों की आज्ञा हो तो कहूँ?

—कहिये, कहिये!—सभापति बोले—जरूर कहिये!

—मेरी राय है कि पंचायत यहाँ से उठकर मौक़े पर चली चले। वहाँ मौक़ा देखकर, सब समझ-बूझकर कोई फ़ैसला देना ज़्यादा आसान होगा।

—पंचो!—सभापति बोले—आप लोगों की का राय है? हमारे ख़याल से तो मन्ने बाबू का सुझाव ठीक मालूम देता है। बाकी जो सब पंचों की राय हो।

—ठीक है, ठीक है!—कई एक साथ बोल पड़े—वहीं चलिये!

सब लोग उठ खड़े हुये। लालटेन उठाकर सभापति आगे-आगे चले और उनके पीछे सदस्य और उनके पीछे भीड़।

मौक़े की जाँच-पड़ताल क्या करनी थी, सबको सब-कुछ मालूम था। उसी में कोई रास्ता निकालना था। महाजनों का कहना था कि चबूतरा नहीं टूट सकता और बैलगाड़ी के लिए रास्ता भी चाहिए। इससे रहमान का पूरा सहन रास्तें में आ जाता था। रहमान का कहना यह था कि सहन उसका है, उस पर उसका अधिकार मिलना चाहिए। साथ ही जो उसकी चारदीवारी की ईंटें चबूतरे में लगायी गयी हैं, उसे वे वापस मिलनी चाहिए मय चारदीवारी बनाने के हर्जे-ख़र्चे के। इन्हीं दो मसलों के बीच लड़ाई ठनी थी। इसी पर पंचायत को अपना फ़ैसला देना था।

बात फिर शुरू हुई।

सभापति ने कहा—यहाँ तीन चीज़ों के बीच झगड़ा है, सहन, रास्ता और चबूतरा।

—एक चीज़ और है,—मन्ने ने कहा—रहमान की ईंटें और उसका हर्जा-ख़र्चा।

—उसे अभी आप छोड़िये, पहले एक रास्ता तो निकालिये!—जलेसर बोला—एक-एक करके गाँठ खोलिये, तो सब सब गाँठें खुल जायेंगी, और एक साथ सब गाँठों को खोलने लगेंगे तो रस्सी और भी उलझ जायगी।

—ठीक है, ठीक है,—मन्ने बोला—आप लोग जैसा चाहें, कीजिये।

—इनमें से चबूतरा को निकाल दीजिये,—रामसागर बोला—बाकी दो बातों पर बात कीजिये।

—यह कैसे हो सकता है?—रमेसर बोला—सारे झगड़े की जड़ तो यह चबूतरा ही है!

—हिन्दू होकर तुम ऐसा कहते हो?—जयराम बोला।

—देखो, तुम-ताम मत करो!—जलेसर ऐंठकर बोला—यहाँ सबकी इ़ज़्ज़त बराबर है!

—सान्त-सान्त!—सभापति बोले—आप लोग तो बात-बात में ले-दे करने लगते हैं! इस तरह कैसे काम चलेगा? अब कोई बोला, तो ठीक नहीं होगा! आप लोग हमारी पूरी बात सुनिये। फिर जिसे जो कहना हो, कहे। रात-भर हम पंचायत ही नहीं करते रहेंगे।...ज़रा धियान देकर आप लोग हमारी बात सुनें!..हमारे सामने हिन्दू-मुसलमान का कोई सवाल नहीं, न मन्दिर-मसजिद का है, सवाल उन्हीं तीन चीजों का है, जिनका हमने अभी-अभी जिकर किया है, याने चबूतरा, रास्ता और रहमान का सहन।...रास्ता इतना बचा है, गाड़ी के लिए कम-से-कम सात हाथ

का रास्ता चाहिए। आप लोगों की का राय है, सात हाथ रास्ते से काम चल जायगा न?

—नौ हाथ चाहिए!—किसन बोला।

—इतनी बड़ी गाड़ी तो हमने नहीं देखी, भाई!—जीधन बोला—सात हाथ से मजे में काम चल जायगा!

—हाँ-हाँ, चल जायगा!—कई सदस्य बोले—आप आगे कहिये, सभापतिजी!

—तो हमारी राय है कि यह सात हाथ सहन और चबूतरे से लेकर पूरा कर दिया जाय।

—कैसे?

कइयों के दिल की धड़कन तेज़ हो गयी।

—एक हाथ सहन से ले लिया जाय और चार हाथ चबूतरे से, न सहन ख़राब हो, न चबूतरा, दोनों का काम चल जाय। हमारे देखने में यही एक बीच का रास्ता है, दोनों फ़रीकेन मान लें।

—हम लोग चबूतरे से एक ईंट भी न खरकने देंगे!—किसन बोला—किसी हिन्दू ने उसे हाथ लगाया, तो उससे देवी समझेंगी और किसी मुसलमान ने छुआ, तो इस गाँव में किसी भी मसजिद की एक ईंट कहीं दिखायी न देगी!

—पंचो! आप लोग भी हमारी बात पर राय दीजिये?—सभापति बोले—यह तो किसन बाबू की राय हुई।

थोड़ी देर के लिए पंचायत में तो ख़ामोशी छा गयी, लेकिन भीड़ में खुसुर-फुसुर होने लगी।

—जो लोग हमारे इस फैसले के हक़ में हैं, हाथ उठायें!—सभापति बोले।

हाथ गिनकर सभापति ने कहा—अब जो लोग ख़िलाफ़ हों, वे हाथ उठायें।

उनकी बात अभी ख़त्म भी न हुई थी कि भीड़ में से कैलास चिल्ला उठा—कोई हाथ न उठावे! छोड़ो इस पंचायत को! यह फैसला नहीं हमारे धरम पर कुठाराघात है!

—अगर ऐसा आप लोग करेंगे,—सभापति बोले—तो हम ये समझेंगे कि हमारे फैसले के ख़िलाफ़ कोई वोट नहीं पड़ा।

वहाँ से हटते हुए कैलास के दल के सदस्य बोले—आप जो चाहें, करें! पंचायत के ऊपर भी अदालतें हैं! हम नहीं मानेंगे, आपको जो करना हो, कर लें!

—यह पंचायत की तौहीन है!—रमेसर बोला।

भीड़ से आवाज़ उठी—यह तो ख़ूब रही! बेटा हो तो मेरा, बेटी हो तो तेरी! जाते हैं, तो जाने दो, बेचारे जुलाहे को कोई आख़िर कितना दबाये?

सभापति ने कहा—आप पंचायत का फैसला लिखिये, मन्ने बाबू! पाँच-सात लोगों के चले जाने से पंचायत टूट नहीं जाती!

मन्ने ने फ़ैसला लिखकर सुनाया, तो सब बोले—ठीक है।

सभापति ने उस पर दस्तख़त कर दिये।

पंचायत भंग हो जाने पर भी बड़ी देर तक वहाँ लोगों की भीड़ बनी रही। इतनी देर तक मुन्नी ख़ामोशी से भीड़ में खड़ा सब कुछ देखता रहा था, एक शब्द भी न बोला था। अब सभापति के पास जाकर बोला—आपका फ़ैसला कैसा रहा, इसके बारे में मैं कुछ नहीं कहूँगा। लेकिन इसे भी उन लोगों ने न माना, ताज़्ज़ुब है!

—वे लोग तो किसी का गला ही रेत देना चाहते हैं!—आँखें निकालकर सभापति बोले—लेकिन हम लोग ऐसा कैसे कर सकते हैं!

लेकिन अब क्या होगा?—मुन्नी बोला—वे लोग तो पंचायत का फ़ैसला ठुकराकर चले गये!

—हमारा काम फ़ैसला देना था, दे दिया।

—बस?—मुन्नी ने आश्चर्य प्रगट करते हुए कहा—फिर तो सब कुछ स्वाहा!

सुनकर कई और सदस्य वहाँ जुट आये—आप ये का कहते हैं?

—मेरा कहना यह है कि यह फ़ैसला लेकर क्या रहमान चाटेंगे?

—काहे?—जीधन बोला।

—सभापतिजी तो यही कहते हैं कि फ़ैसला देना हमारा काम था, सो दे दिया!

—और हम का कर सकते हैं?—सभापति बोले।

—अगर पंचायत और कुछ नहीं कर सकती, तो इस फ़ैसले का कोई भी माने नहीं।

—सेक्रेटरी साहब होते, तो उनसे पूछा जाता कि हम और का कर सकते हैं।

—यह तो वही हुआ कि मुर्ग़ा न बोले, तो बिहान ही न हो!—रमेसर बोला—ज़रा मन्ने बाबू को तो बुलाइये!

मन्ने उधर भीड़ में लोगों से बात कर रहा था। आकर बोला—क्या बात है?

—हम लोग सोच रहे थे कि फ़ैसला काग़ज़ पर ही रहेगा या उसे अमल में भी लाया जायगा?—मुन्नी बोला।

—अमल में न लाया गया, तो इस पंचायत का वजूद ही नहीं रहेगा!

—वही तो मैं भी कह रहा था,—मुन्नी बोला—इन लोगों को मालूम है या नहीं कि पंचायत के चुनाव के ख़िलाफ़ अवधेश बाबू मुक़द्दमा दायर करने जा रहे हैं?

—का?—चौंककर सभापति बोले—पंचायत पर भी मुक़द्दमा?

—हाँ,—मन्ने बोला—आज ही तो पंचायत इन्स्पेक्टर के यहाँ मालूम हुआ, आपको बताना मैं भूल गया था।

—किसोर की पंचायत का ही हाल हमारी पंचायत का भी लोग करेंगे का?

—यह तो आप लोगों पर है,—मुन्नी बोला—मेरा ख़याल है कि आप लोगों को अपनी ताक़त दिखाने का यह अच्छा मौक़ा मिला है। आप लोग पंचायत के इन्साफ़ को अमल में लाकर दिखा दें कि यह पंचायत कोई तिनका नहीं, जिसे फूँक मारकर कोई उड़ा दे! वर्ना...

—अवधेसवा तो पागल हो गया मालूम देता है,—जलेसर बोला—धन का ऐसा जोम भी का?

—धन का जोम है, तो जिले पर जाकर दिखाये न!—सभापति बोले—इस गाँव में उसका का धरा है? आप लोग ज़रा हमारे साथ घर पर चलें। वहीं बातें होंगी। यह तो बड़ी बुरी ख़बर सुनायी आपने!

चलते हुए मन्ने बोला—पंचायत इन्स्पेक्टर, सेक्रेटरी, सबकी मिली भगत मालूम देती है। इन्स्पेक्टर कह रहे थे कि हम लोगों ने चुनाव के काग़ज़ों पर सेक्रेटरी को घेर कर उससे दस्तख़त कराये हैं।

—सच?—चकित होकर सभापति बोले—बाप रे बाप! सरकारी आदमी होकर उसने ऐसा झूठा बयान दिया है?

—अब तो सब सामने ही आयेगा।

—आप ही कहिये, चुनाव उसी ने तो कराया था और उसी ने तो अपने मुँह से नतीजे सुनाये थे?

—इसमें भी कोई सन्देह है?

—फिर का किया जाय?—चिन्तित होकर सभापति बोले।

—आप लोगों को डटकर इसका मुक़ाबिला करना चाहिए!—मुन्नी बोला—आप लोगों को अपनी पंचायत की जैसे भी हो रक्षा करनी चाहिए! इसके लिए पहला काम जो होना चाहिए, वो ये कि आज जो फ़ैसला हुआ है, उसे जैसे भी हो लागू करना चाहिए!

—यह कैसे हो सकता है?—पंचायत के पास अपना फैसला लागू करने की ताकत कहाँ है?

—ताकत की कोई कमी नहीं है,—मुन्नी बोला—जिस जनता ने यह पंचायत चुनी है, उसकी ताक़त से बढ़कर कौन ताक़त है? आप लोग गाँव की सहायता से अपना फ़ैसला लागू कराइये!

—कैसे?

—पूरे गाँव को सती मैया के चौरे के पास इकट्ठा कीजिये और सबसे पंचायत का फ़ैसला लागू कराने के लिए सहायता माँगिये। मुझे विश्वास है कि सब लोग ख़ुद ही मिलकर अपने हाथ से फ़ैसले के मुताबिक़ सब ठीक कर देंगे। कितने लोग हैं यहाँ, जो लड़ाई चाहते हैं?

—इसमें कोई कानूनी रुकावट तो नहीं?

—देखिये, क़ानून एक बड़ी पेचीदा चीज़ है। जब तक इसके पास कोई नहीं जाता, वह ख़ुद किसी की ख़बर नहीं लेता। सो, गाँव की पंचायत के इस फ़ैसले और गाँव के इस काम को कोई क़ानून के पास याने कचहरी में ले जायगा, तो देखा जायगा। जैसे इतने मुक़द्दमे, एक और सही!

—कहीं बलवा न हो जाय?

—ऐसा आप समझते हैं?—मन्ने बोला—गाँव के कितने लोग उनके साथ हैं? हमसे ज़्यादा होते, तो सभापति कैलास चुना गया होता, या आप? सो, इसका डर नहीं है।

—और क़स्बे से जो लाठियाँ झुलाते संघी आते हैं?

—उन लोगों की हिम्मत होगी गाँव का मुक़ाबिला करने की? सब क़स्बे के बनिया-महाजनों के लड़के हैं; उनकी सात पुश्तों में किसी ने लाठी चलायी थी कि वे ही चलायेंगे?

—फिर भी...हमारा ख़याल है, इस बारे में इन्सपेक्टर साहेब से राय ले लें, तो कैसा?

—चाहें, तो ले सकते हैं?—मुन्नी बोला—आप कल सुबह मन्ने के साथ चले जायँ। इसमें देर नहीं होनी चाहिए। अगर कहीं अवधेश ने मुक़द्दमा दायर कर पंचायत को स्थगित करा दिया, तो फिर कुछ नहीं हो सकेगा। और अगर हमने यह काम कर लिया, तो पंचायत को सारे गाँव की ताक़त मिल जायगी। फिर तो सारा गाँव ही पंचायत की हिफ़ाज़त के लिए खड़ा हो जायगा। आख़िर पंचायत तो गाँव की ही है!

—ठीक है, कल सुबह हम चलेंगे।

—मैं आपके पास आ जाऊँगा,—मन्ने बोला।

—तो अब हम चलें?

—हाँ-हाँ, बड़ी रात हो गयी। अब आप लोग जाकर आराम कीजिये। राम-राम!

—राम-राम।

•

पंचायत इन्स्पेक्टर के सामने फ़ैसले की प्रतिलिपि रखते हुए सभापति ने कहा—हमारे गाँव में एक सती मैया का चौरा है....

—मुझे सब मालूम है,—इन्स्पेक्टर ने उनकी बात काटकर कहा—आपको कहानी सुनाने की कोई ज़रूरत नहीं। कल बड़ी रात गये आपके गाँव से कुछ लोग आये थे।

—तब तो आप जानते ही हैं,—सभापति ने कहा—उस मुक़द्दमे में पंचायत ने यह फैसला दिया है। इसी के बारे में हम आपकी राय लेने आये थे। गाँव की जनता

चाहती है कि इस फैसले के मुताबिक झगड़ा निबटा दिया जाय।

—देखिये,—इन्स्पेक्टर बोला—जब तक पंचायत अफ़सर का कोई हुक्मनामा हमारे पास नहीं आ जाता, मैं न आपकी पंचायत को कोई राय ही दे सकता हूँ और न उसके किसी काम में किसी तरह मुदाख़लत ही कर सकता हूँ। मैं मजबूर हूँ!

—लेकिन आपका फ़र्ज़...

मन्ने की बात काटकर इन्स्पेक्टर बोला—मैं फ़र्ज़ पूरा करूँ कि अपनी नौकरी देखूँ। आपका गाँव बेहद बदनाम हो चुका है। यहाँ कोई अदना-सा काम भी होता है, तो उसकी धमक ज़िले तक पहुँच जाती है और बड़े-बड़े लोग उसमें दिलचस्पी लेने लगते हैं। इस हालत में मैं अपने मन से कोई काम करके अपने को ख़तरे में क्यों डालूँ?....आप लोग टाउन एरिया कांग्रेस के सभापति से क्यों नहीं मिलते? मेरा ख़याल है कि आप लोग उन्हें किसी तरह अपनी ओर कर लें, तो सब मामला सुलझ जाय।...मैं तो अभी कुछ नहीं कर सकता।—कहकर इन्स्पेक्टर अपनी कुर्सी से उठ खड़ा हुआ।

दोनों बाहर आये, तो मन्ने बोला—अब आप क्या कहते हैं?

—का कहें?—हिचककर सभापति बोले—कहिये तो कांग्रेस के सभापति से भी मिल ही लें। देखें, वो का कहते हैं। फिर कहने को तो नहीं रह जायगा कि हमने दस आदमियों की राय नहीं ली। फिर एक कहावत है न कि...जो यार मीठे से मर जाय, उसे जहर पिलाना ना चाहिए! आख़िर हम यही तो चाहते हैं कि गाँव के लोगों में समझौता हो जाय, मनमुटाव ख़तम हो, ताकि आगे कुछ काम किया जाय।

—चलिये,—मन्ने ने कहा—मुझे क्या आपत्ति हो सकती है?

मन्ने सोच रहा था, वे लोग कहते हैं कि यह सभापति मेरा आदमी है, मेरे हाथ की कठपुतली है, मेरे इशारों पर नाचता है। काश, इसे कोई समझने की कोशिश करता! पच्चीस-छब्बीस साल का युवक, जाति का कोइरी, काला अक्षर भैंस बराबर, न दीन की इसे ख़बर है, न दुनिया की। फिर भी कितनी जिम्मेदारी के साथ यह काम कर रहा है, किस तरह फूँक-फूँककर यह क़दम रख रहा है, कैसे आपसी लड़ाई को ख़त्म करना चाहता है, ख़ामख़ाह के संघर्ष से गाँव को बचाना चाहता है, दस-पाँच आदमियों से मिलकर सबसे राय-बात करके कोई काम करना चाहता है, जल्दी में कोई भी काम नहीं करना चाहता!..इसी मामले में इसने जो फ़ैसला दिया है, कौन कह सकता है कि इसने किसी का पक्षपात किया है? क़ानूनी नज़र से देखा जाय, तो इस फ़ैसले में रहमान के साथ ही ज़्यादती हुई है। रहमान अगर कचहरी में जाता, तो यह कोई ग़ैरमुमकिन बात न थी कि उसे पूरा सहन, ईंटों का दाम और हर्ज़ा-ख़र्चा मिल जाता। लेकिन इस आदमी ने सिर्फ़ समझौते के ख़याल से दोनों पक्षों को थोड़ा-थोड़ा दबाकर कैसा एक काम-चलाऊ रास्ता निकाल दिया है! इसमें इसका उद्देश्य केवल यही तो था कि किसी तरह यह मामला टले और गाँव में शान्ति स्थापित हो,

ताकि आगे कुछ काम किया जा सके।

त्रिलोकी राय के दरवाज़े पर पहुँचकर उन लोगों ने ख़बर दी, तो वे खद्दर की जाँघिया और गंजी पहने, दाहिने हाथ की तर्जनी से जनेऊ से बँधे चाभियों के गुच्छे को नचाते हुए बाहर आये। सभापति और मन्ने के राम-राम और आदाबअर्ज़ को अनसुना कर, उन्हें बैठने को भी कहे बिना वे खड़े-खड़े ही बोले—आप लोग मेरे यहाँ क्या करने आये?

—ऐसा आप काहे कहते हैं, बाबू साहब,—सभापति बोले—कोई बात पड़ेगी, तो आपके यहाँ हम नहीं आयेंगे तो कहाँ जायेंगे?

आप लोग कम्युनिस्ट पार्टी के सेक्रेटरी के यहाँ जाइये, हमसे आप लोगों का क्या मतलब?—भौंहें कुंचित करके त्रिलोकी राय बोले—हमें सब मालूम है! राधे बाबू चले गये, तो क्या आप लोग समझते हैं कि उस गाँव के कांग्रेसी अनाथ हो गये हैं?

—आपको शायद मालूम नहीं,—मन्ने बोला—वे लोग क़स्बे से जनसंघ के स्वयंसेवकों को रोज़ बुला रहे हैं।

—इसमें हम कोई हर्ज़ नहीं समझते,—आप लोग ज़्यादती करेंगे, तो वे अपनी रक्षा के लिए जिसे भी ज़रूरी समझेंगे बुलायेंगे ही। इसमें हम क्या कर सकते हैं?

—इसका मतलब तो यह हुआ...

—आप रुकिये!—बीच में ही मन्ने को रोककर ग्राम-सभापति बोले—बाबू साहब, हमें मालूम होता है कि आपको हमारे गाँव के बारे में काफ़ी ग़लत बातें बतायी गयी हैं। कम्युनिस्ट पार्टी का नाम लेकर हमारे खिलाफ़ आपका कान भरा गया है। दरअसल वहाँ पार्टियों का कोई झगड़ा नहीं है, झगड़ा तो सती मैया के चौरे...

—तुम हमको बहलाने की कोशिश मत करो!—बिगड़कर त्रिलोकी राय बोले—हमें सब मालूम है, स्कूल, पंचायत के चुनाव और सती मैया के चौरे, सब मामलों को वहाँ वर्ग-संघर्ष का विषय बनाया गया है और वहाँ के महाजनों के ख़िलाफ़ जनता को भड़काया गया है। हम इस पंचायत की कोई मदद नहीं कर सकते!

बाबू साहब,—मन्ने बोला—इस पंचायत का चुनाव बाक़ायदे...

—वह तो कचहरी में मालूम होगा कि पंचायत का चुनाव बाक़ायदे हुआ है या बेक़ायदे! हम अच्छी तरह जानते हैं कि वहाँ सब झगड़ों की जड़ आप ही हैं! आप ही ने...

—इन बातों को छोड़िये, बाबू साहब,—ग्राम-सभापति बोले—आप सती मैया के चौरे के मसले को हल करने में हमारी मदद कीजिये। हमारा ख़याल है कि इस मसले के हल हो जाने से गाँव में जो तनातनी...

—हम कोई मदद नहीं कर सकते!—त्रिलोकी राय बोले—आप लोगों ने जो फ़ैसला किया है...

—अगर आप हमारे फ़ैसले को ग़लत समझते हैं, तो हम आप ही पर छोड़ते हैं, आप ख़ुद फ़ैसला देकर समझौता करा दें।

—हमारी बात ये लोग नहीं मानेंगे!

—क्यों नहीं मानेंगे, आप चलिये तो!

—क्या फ़ायदा जाने से? हम तो यही फ़ैसला देंगे कि चबूतरा बन ही गया है, तो उसे रहने दिया जाय। पूछिये, ये लोग मानेंगे?

—आपका ईमान यही कहता है, बाबू साहब?—ग्राम-सभापति ही बोले—बेचारे जुलाहे...

—देखिये! राजनीति और पार्टी में ईमान-विमान कोई चीज़ नहीं होता। हम अपनी पार्टी के खिलाफ़ फ़ैसला नहीं दे सकते! फिर धर्म का भी यहाँ सवाल है! हमारी वजह से सती थान की एक ईंट भी खरके, यह कैसे हो सकता है?

—चलिये, सभापतिजी!—मन्ने बोला।

—रुकिये,—मन्ने को रोकते हुए ग्राम-सभापति बोले—बाबू साहब, हम गँवार लोग हैं, आपकी तरह न पढ़े-लिखे हुए हैं, न राजनीति और पार्टी को ही अच्छी तरह समझते हैं। लेकिन हिन्दू हम भी हैं, फिर भी हमारी समझ में यह नहीं आता...

—आयेगा कैसे?—ताना मारकर त्रिलोकी राय बोले—आप लोग तो इन लोगों के दिमाग़ से सोचते हैं, और ये लोग रूस और चीन के दिमाग़ से, जहाँ धर्म और ईश्वर नाम की कोई चीज़ ही नहीं रह गयी है। लेकिन आप यह समझ रखें, यह हिन्दू-स्तान है...

—चलिये, सभापतिजी!—मन्ने ने उनका हाथ पकड़कर कहा।

ग्राम-सभापति ने सिर झुकाकर अपना पाँव बढ़ाया।

काफ़ी देर तक कोई भी कुछ न बोला। सभापति का सिर वैसे ही झुका हुआ था। मन्ने मन-ही-मन ग़ुस्से से फुँक रहा था।

क़स्बे के बाहर आये, तो सभापति ने सिर उठाकर कहा—आप लोग ठीक ही कहते थे। हम इन लोगों के यहाँ बेकार आये!

मन्ने कुछ भी कहने की स्थिति में न था। उसे लगता था कि उसने मुँह खोला नहीं कि पट से कोई गाली निकल जायगी।

—ये लोग तो सच ही हमारी पंचायत तोड़ देना चाहते हैं,—सभापति ही फिर बोले—इसीलिए न कि उनके आदमी सभापति नहीं चुने गये और मेम्बरों में उनके आदमी कम हैं, जैसा वे चाहें नहीं कर सकते?

मन्ने ने अपने को बहुत ज़ब्त करके कहा—मुनेसर भाई, कोई कोइरी सभापति हो, इसे वे कैसे बरदाश्त कर सकते हैं?

—अगर मैं कांग्रेसी होता?

—तो भी क्या कैलास के मुक़ाबिले में सभापति के लिए वे लोग आपको खड़ा करते?

—मन्ने बाबू, अब हम लोग भी कुछ-कुछ राजनीति समझने लगे हैं। लेकिन हमारी राजनीति और इनकी राजनीति में कितना फ़रक है!—सभापति बोले—सच कहते हैं, मन्ने बाबू, जब से हम सभापति बने हैं, हमारे मन में यह डर बराबर समाया रहता है कि कहीं हमसे कोई अनियाव न हो जाय, कहीं हम कोई बेईमानी न कर बैठें। यहाँ देखिये, सती मैया के चौरे के बारे में जो इन्साफ हमने किया है, उसमें आप ही लोगों को हमने दबाया है न?..मन्ने बाबू, अपने लोगों को ही तो दबाया जा सकता है, जो लोग हमें अपना दुश्मन समझते हैं, उन्हें दबायें तो हमारी बदनामी ही होगी न? आप सच-सच बताइये, हमने कोई ग़लत बात कही है?

—नहीं,—मन्ने का ग़ुस्सा जाने कहाँ उड़ गया। उसका मन जैसे सभापति की बातें सुनकर भरा आ रहा था, श्रद्धा से उस गँवार के प्रति झुककर उसने कहा—आपके ख़याल बहुत ऊँचे हैं, सभापतिजी, पहाड़ की चोटी की तरह, जिसे क़ुदरत ने ही ऊँचा बनाया है!

—और वो धरम की बात कर रहे थे,—सभापति अपने में खोये हुए-से बोले—धरम का मतलब का यह होता है कि ग़ैर धरमवाले का आप गला काट दीजिये? गाँव के सभापति होने की हैसियत से का सभी के साथ, वह किसी भी धरमवाला हो, हमारा बेवहार एक समान नहीं होना चाहिए? जब तक हम सभापति नहीं थे, दूसरी बात थी, लेकिन अब जान-बूझकर किसी के साथ हम ग़ैरइन्साफी कैसे कर सकते हैं? हम जानते हैं कि हममें अक़्ल नहीं है, लेकिन पंचायत में दस आदमी और भी तो हैं।...पंचायत से वे लोग उठकर चले गये, हमको तो वो भी बहुत बुरा लगा, मन्ने बाबू! दस आदमी की बात कोई न माने, भला उसे का कहा जाय? उन लोगों को किसी भी तरह का हम नहीं मना सकते, मन्ने बाबू?

मन्ने क्या जवाब दे, सहसा उसकी समझ में न आया। जिस स्तर पर सभापति सोच रहे थे, उसी स्तर पर उसने भी कितनी ही बार सोचा था, बल्कि उसने तो हर कोशिश भी की थी कि गाँव की यह फ़िरक़ापरस्ती ख़त्म हो और सब मिल-जुलकर गाँव की भलाई के लिए कुछ करें, लेकिन वह कहाँ सफल हुआ था? सभापति के सामने सती मैया के चौरे का सवाल उस रूप में न था, जिस रूप में मन्ने के सामने था। उसके जी में आया कि वह उन्हें उस सवाल की पूरी अहमियत समझाये, लेकिन फिर उसे लगा कि शायद वे न समझ सकें, कम-से-कम इस समय जिस मनःस्थिति में वे बात कर रहे थे, उसमें तो उनका समझना कठिन ही था। इस समय वे साधारण मनुष्य न रह गये थे, साधारण मनुष्य की तरह अपने हानि-लाभ का प्रश्न उनके सामने न था। इस समय तो वे सभापति के आसन पर विराजमान थे और हृदय से चाहते

थे कि गाँव के सभी लोगों में मेल हो जाय, गाँव के सभी लोग प्रेम से रहें, जैसे एक पिता चाहता है कि उसके सब लड़के मिल-जुलकर रहें। यह एक भोले, सच्चे हृदय की चाह थी। मन्ने जानता था कि यह इच्छा चाहे कितनी ही पवित्र, कितनी ही सच्ची, कितनी ही हार्दिक क्यों न हो, इस तरह पूरी होनेवाली नहीं। जब गाँधीजी की पूरी न हुई, तो इनकी क्या होगी? फिर भी सभापति के प्रश्न के उत्तर में वह ना न कह सका। अचानक ही उसके ख़याल में दो बातें आयीं, एक तो यह कि शायद वह मुसलमान था, इसलिए इस दिशा में उसकी कोशिशें कामयाब न हुई हों; सभापति हिन्दू हैं, शायद ये अपनी इस कोशिश में कामयाब हो जायँ। दूसरी यह कि अगर वे कामयाब न हुए, तो उसके परिणामस्वरूप वे अपने 'देवत्व' के आसन से आप ही नीचे उतर आयेंगे और चुनाव के पहले की मनःस्थिति में आ जायेंगे, और इस बात को और अच्छी तरह समझ जायेंगे कि वही सभापति क्यों और कैसे चुने गये और उन्हें किन लोगों ने चुना? और कौन जाने कहीं कामयाब हो ही गये, तो क्या कहने! आख़िर ऐसे गाँवों में वर्ग-भेद असलियत में है ही क्या?

मन्ने बोला—मनाकर देखिये न! अगर वे लोग मान जाते हैं, तो इससे अच्छा क्या होगा! हमारी तरफ़ से आपको पूरी छूट है, आप जैसा भी मुनासिब समझकर करेंगे, हम मान लेंगे, इसका मैं आपको विश्वास दिलाता हूँ! लेकिन एक वादा आपको भी करना होगा?

—कहिए, हम करने के लिए तैयार हैं।

—अगर वे लोग न मानें, तो पंचायत के निर्णय के अनुसार चाहे जैसे भी हो सती मैया का चबूतरा चार हाथ तोड़ दिया जायगा!

—वैसा ही होगा, आपसे वादा करते हैं!

—तो फिर आज रात तक आप उन लोगों से बातें कर लीजिये।

—आप हमारे साथ उनके यहाँ नहीं चलेंगे?

—नहीं, मुझे अपने साथ आप न ले जायँ। कोई ज़रूरत पड़े, तो बुला लें, आ जाऊँगा।

मन्ने ने जब ये बातें मुन्नी को बतायीं, तो वह बोला—देखा तुमने यह फ़र्क़? एक सभापति मेरे भाई साहब थे और एक यह कोइरी है! सभापति बनते ही वे अपने को गाँव का हाकिम समझने लगे थे, और ठीक अंग्रेजों के ज़माने के गाँव के मुखियों की तरह उन्होंने गाँववालों के साथ व्यवहार किया था। और आज यह कोइरी है कि सभापति बनते ही गाँव का सारा दुःख-दर्द अपने सिर पर ओढ़ने को उद्यत है। उसकी सोयी हुई सारी नैतिकता, कर्त्तव्य-परायणता और भाईचारगी जग उठी है और वह चाहता है कि जैसे भी हो गाँव के लोगों का आपसी मनमुटाव दूर हो, उनमें एका

स्थापति हो, सद्‌भावना उत्पन्न हो ताकि सब लोग मिलकर गाँव की भलाई के लिए कुछ काम कर सकें। यह कोई साधारण बात नहीं है, यह गाँव के भविष्य का एक संकेत है। काश, धरती के इन पुत्रों पर से सामन्ती और महाजनी राक्षस का काला साया हट जाता, तो तुम देखते, ये कितनी जल्दी आगे बढ़ जाते हैं, उन्नति कर जाते हैं और गाँवों को ख़ुशहाल बना देते हैं!

—वही तो मुश्किल है,—मन्ने बोला—अधिकतर गाँव में आज भी बड़े-बड़े लोग ही सभापति चुने जाते हैं। कांग्रेस अपनी ओर से ऐसे ही लोगों को नामज़द करती है, जैसा कि हमारे गाँव में हुआ था। वह तो...

—यह बात अब बहुत दिनों तक नहीं चलेगी,—मुन्नी बोला—अब गाँव की जनता जाग रही है, किसान जाग रहे हैं, उन पर जो बड़े लोगों का प्रभाव था, तेज़ी से नष्ट हो रहा है, वे अब अपनी शक्ति पहचानने और अपने अधिकारों के लिए लड़ने लगे हैं। अबकी अकेले हमारे गाँव मैं ही कोइरी सभापति नहीं चुना गया है, बल्कि कई गाँवों में ऐसा हुआ है। भूतपूर्व ज़मींदार और महाजन इन चुनावों से बौखलाये हुए हैं। वे नहीं चाहते कि गाँव का नेतृत्व उनके हाथों से छीन लिया जाय। वे इन चुनावों को रद्द कराने के लिए हथकण्डे से काम ले रहे हैं। किन्तु गाँव की जनता का एका बना रहा, लोगों की चेतना विकसित होती रही, और गाँव की भलाई के काम होते रहे, तो अन्तिम विजय इन्हीं की होगी। सरकार के लिए भी किशोर-काण्ड को दुहराना अब कठिन है। पूरे देश के पैमाने पर जनवादी ताक़तें अब बहुत बढ़ गयी हैं।

—सो तो है,—मन्ने ने कहा—लेकिन इस संघर्ष में विजय प्राप्त करना कोई सरल काम नहीं है। गाँव के प्राय: सभी भूतपूर्व ज़मींदार और महाजन कांग्रेस में शामिल हो गये हैं। सरकार गाँवों के लिए जो भी अनुदान या सहायता देती है, उसे यही हड़प लेते हैं और उसका उपयोग अपने स्वार्थ के लिए करते हैं। इस काम में अफ़सर उनका साथ देते हैं। तुम्हें शायद मालूम नहीं कि हमारे गाँव को ही कितने कुओं, खाद के कम्पोस्टों, बीजों, खादों, नयी तरह के हलों, मुर्ग़े-मुर्ग़ियों और साँड़ों की सहायता मिली किन्तु इनसे आम किसानों का कोई भी लाभ न हुआ। सब महाजन और फ़ारम के लोग हड़प गये।

—लेकिन अब उनके लिए हड़पना आसान न होगा,—मुन्नी बोला—असली हक़दार अब आगे बढ़ रहे हैं!...मेरा मतलब यह नहीं कि गाँव का यह संघर्ष कम कठिन या थोड़े समय का है, या इसकी समस्याएँ जल्दी ही सुलझ जायेंगी, किन्तु इतना तो कहा ही जा सकता है कि स्थिति में परिवर्तन आरम्भ हो गया है। हमारे यहाँ चुनाव में कांग्रेसी महाजनों का हारना...

—ख़ैरियत मनाओ कि हमारे गाँव में कोई बढ़ा ज़मींदार या महाजन नहीं रह गया था, वर्ना...

—मैं ऐसा नहीं समझता कि अलग-अलग गाँव अपनी यह लड़ाई अलग-अलग लड़ेंगे और उनका आपस में कोई सम्बन्ध ही नहीं रहेगा। नहीं, ऐसा नहीं होगा। चेतना सभी गाँवों के किसानों को एक-दूसरे के निकट लायेगी, उनका सम्बन्ध गहरा करेगी और वे मिलकर आपस में एका करके यह लड़ाई लड़ेंगे। अपने स्कूल को ही देखो, इसके लिए कितने गाँवों के लोग काम कर रहे हैं।....हाँ, सुनो! जो किताबें मैं लाया हूँ, उन्हें पंचायत को दे दो और तुरन्त गाँव का पुस्तकालय खुलवा दो। रात्रि-पाठशाला भी चालू करानी चाहिए...

—यह मसला हल हो जाय, तो आगे बढ़ा जाय। कामों की यहाँ क्या कमी है।...

—यह मसला ख़त्म होगा, तो दूसरा मसला शुरू हो जायगा। मसलों में फँसे रहना ही तो एक काम नहीं है। असल काम तो कोई-न-कोई चलता ही रहना चाहिए। काम से ही लोगों का उत्साह बढ़ता है, उनकी दिलचस्पी बनी रहती है। रात्रि-पाठशाला की स्थापना ज़रूर हो जानी चाहिए।

—सभापतिजी आज समझौता कराने में कामयाब हो गये, तो कल ही ये काम शुरू हो सकते हैं। वर्ना देखो वे क्या-करते हैं। हमने तो उन्हीं पर सब छोड़ दिया है। समझौता हो जाता तो बहुत अच्छा होता।

—तो चलो, उन्हीं की ओर चला जाय, शायद वे उन लोगों से बातचीत करके आ गये हों।

—थोड़ी देर रुको, शायद वे यहीं आ जायँ।

—नहीं, हमीं को उनके पास चलना चाहिए।

शाम झुक आयी थी। बैठक में अन्धकार का साया आ चुका था। मन्ने और मुन्नी साथ रहते हैं, तो यह वक़्त उनका तालाब के किनारे गुज़रता है। लेकिन इस बार वे एक शाम भी तालाब पर न जा सके। मसला ही ऐसा आ पड़ा था कि फ़ुरसत न मिलती थी। फिर भी शाम होते ही उन्हें ऐसा लगता कि तालाब उन्हें पुकार रहा है।

मन्ने बोला—चलो, हम तालाब की ओर चलें। खण्ड से भिखरिया को सभापति जी के पास समाचार लाने को भेज देंगे। मेरा ख़याल है कि अगर वे बातचीत कर चुके होते तो सीधे मेरे पास आते।

वे उठने ही वाले थे कि बद्दे ने नीचे से पुकारकर कहा—भैया! भाभी पूछती हैं, चाय भेजें?

—बोलो, क्या कहते हो?—मन्ने ने पूछा—वो शिकायत कर रही थीं कि हमारे यहाँ अबकी तुमने एक बार भी न खाना खाया, न चाय पी? वो तुमसे मिलने के लिए भी बेक़रार हैं।

मुन्नी को कुछ मोह-सा हो आया। फिर भी बोला—तुम्हारा क्या इरादा है?

—मेरा क्या?—मन्ने बोला—तुम तो जानते हो, मुझे चाय माफ़िक़ नहीं पड़ती। यह तो तुम्हारे लिये उन्होंने पुछवाया है।

—उन्हें कैसे मालूम कि मैं यहाँ बैठा हूँ?

—जिसको दिलचस्पी होती है, वह सब मालूम कर लेता है!—हँसकर मन्ने बोला—पहले मालूम कर लिया होगा, फिर ख़बर भेजी है। बोलो!

नीचे से आवाज़ आयी—क्या कहते हैं, मैं खड़ा हूँ?

—लाओ,—मन्ने ने कह दिया—लालटेन भी लेते आना।

—यार, आज भी तालाब न जा सके!

—आज चाँदनी रात है, चाहो तो रात को चलें। उन्हें भी रात को घूमने का बड़ा शौक़ है। मुझे तो फ़ुरसत ही नहीं मिलती।

—क्या हाल-चाल हैं उनके?

—ठीक हैं। जब मैं मुसीबत और परेशानी में रहता हूँ, तो वो मुझसे सिर्फ़ मुहब्बत करती हैं! इतनी ख़िदमत करती हैं कि क्या बताऊँ?

—तब तो तुम्हारी मुसीबत का भी एक रौशन पहलू है!—हँसकर मुन्नी बोला—और उसके क्या हाल-चाल हैं?

—किसके?

—उसी अजन्ता के?

मन्ने ज़रा शर्मा गया। बोला—उसका भी ठीक ही है। अपने बेटे को गोद में लेकर जब वह चलती है, तो उसे देखो!

—मैंने तो बहुत दिनों से उसे नहीं देखा। किस पर पड़ा है उसका बेटा?

मन्ने ने मुस्कराकर कहा—उसी पर।

—तभी, बेटा, तुम साफ़ बच निकले!—मुन्नी हँसकर बोला—वर्ना उसकी माई तुम्हें छोड़नेवाली न थी! अब उसके साथ तुम्हारे सम्बन्ध कैसे हैं?

—कुछ नहीं,—मन्ने बोला—अब वो बातें नहीं रहीं।...हाँ, जब कभी बच्चे को गोद में लिये उसे जाते देखता हूँ, तो जी में आता है कि उसकी गोद से बच्चे को मैं ले लूँ और उसके गाल चूम लूँ!

—वह कुछ नहीं कहती?

—कभी अकेले में मिल जाती है, तो मेरी ओर इशारा करके अपने बच्चे से कहती है, अब्बा! उस वक़्त उसके चेहरे की चमक देखते ही बनती है!

—ससुराल नहीं गयी?

—नहीं, उसका ससुर कई बार आया, लेकिन वह नहीं गयी। यहीं बनिहारी करके कमाती-खाती है। मैं भी कुछ मदद कर देता हूँ।

—और, यार!—मुन्नी को सहसा ही कैलसिया की याद हो आयी—कैलसिया की कोई ख़बर नहीं मिली?

—मिलती रहती है। गाँव का कोई आता है, तो उसके साथ हमेशा कुछ-न-कुछ भेजती है और मुझे बुलवाती भी है। आना चाहती है, लेकिन उसका आदमी नहीं आने देता, कहता है, वहाँ जाकर फिर लौटे, न लौटे। कोई लड़का नहीं हुआ। ख़ूब मोटी हो गयी है। लोग कहते हैं, उसकी देह पर सोना-ही-सोना दिखायी देता है!...

—यह किसका ज़िक्र छिड़ा है?

दोनों ने अचानक महशर की आवाज़ सुनकर दरवाज़े की ओर देखा। मुन्नी के मुँह से अनायास ही निकल गया—अरे!

—नमस्ते!—कहती हुई महशर अन्दर चली आयी और एक ओर आड़ में फ़र्श पर बैठ गयी।

मुन्नी को आश्चर्य हो रहा था, सरे शाम ही महशर कैसे घर में से निकलकर बैठक में आ गयी?...यही महशर पहली बार रात को जब उससे मिलने पोखरे पर आयी थी, तो कैसा कुहराम मचा था! बोला—तुम्हारी हिम्मत तो क़ाबिले-दाद है!

महशर कुछ कहने ही वाली थी कि बद्दे एक हाथ में चाय और नाश्ते की ट्रे और दूसरे हाथ में लालटेन लटकाये आ पहुँचा। वह रखकर चला गया, तो महशर बोली—अब दुनिया बदल गयी है। तुम्हारे साथ मुझे दिन में भी देखकर शायद ही कोई अँगुली उठाये!

—यह क्या गाँव के इन्क़्लाब का असर है?—हँसकर मुन्नी बोला।

—यह तो तुम इनसे पूछो!—महशर ने ताना दिया—इन्क़्लाब का भूत तो इनके सिर पर सवार है! अपनी हालत नहीं देखते! यह किसी शरीफ़ इन्सान की सूरत है!

मुँह झुकाये मन्ने की ओर देखते हुए मुन्नी बोला—क्यों इनकी सूरत को क्या हुआ?

—ये रूखे बाल, यह सूखा चेहरा, ये बोसीदा कपड़े...

—चाय ठण्डी हो रही है!—बीच में ही टुप से मन्ने बोल पड़ा।

ट्रे की ओर हाथ बढ़ाती हुई महशर बोली—इन्हें भी शहर में क्यों नहीं बुला लेते? जो बची-खुची ज़िन्दगी है, वह तो ज़रा आराम से कटे!

—अब तो ये भी गाँव में ही आने की सोच रहे हैं!—मन्ने बोला।

—क्यों?—ताज़्ज़ुब से मुन्नी की ओर देखती हुई महशर बोली—तुम्हें यह क्या सूझ रही है, भाई? अच्छे-खासे आराम की नौकरी छोड़कर यहाँ क्या झख मारने आओगे? हैं न एक ये, ज़िन्दगी ही बरबाद करके रख दी! तुम्हें यही राय दे रहे हैं क्या?

—हाँ, मैं अकेले ही यह परेशानी की ज़िन्दगी क्यों बसर करूँ!—हँसकर मन्ने बोला—तुम्हें मालूम है, महशर, यह सारी आग इन्हीं की लगायी हुई है, जिसे बुझाते-बुझाते शायद मेरी पूरी ज़िन्दगी ही बीत जाय! इसीलिए मैं इनसे कह रहा हूँ कि...

—नहीं-नहीं, महशर!—मुन्नी बोला—ये बिलकुल झूठ बोल रहे हैं! इन्होंने मुझसे कुछ नहीं कहा, मेरी नौकरी ही छूट रही है।

—क्यों?—चकित होकर महशर बोली।

—मालिक की मर्ज़ी, और क्यों?

—झूठ!

—वो तो सामने ही आयेगा!—मुन्नी बोला—ख़ैर, छोड़ो यह-सब, कुछ अपनी सुनाओ!

—मेरी क्या है,—अरुचि के स्वर में महशर बोली—एक-एक दिन कटा ही जा रहा है।...

—ये तो कहते हैं, आजकल तुम इनसे सिर्फ़ मुहब्बत...

—बुढ़ौती में इन्हें यही-सब...

—इसी उम्र की मुहब्बत तो...

—चुप भी रहो! लो, क्या खाओगे?

—इन्हें खिलाओ, मेरा तो जानती ही हो, मेदा...

—खाओ, यार, कुछ!—मुन्नी ने ज़ोर दिया।

—इन्हें तो बस सूखी रोटी चाहिए! इसी से तो अपनी हालत देखते हैं! बस काम-काम! दिन-रात जाने कहाँ-कहाँ बड़राये फिरते हैं। न वक़्त पर खाना, न पूरा आराम। मेदा ख़राब न होगा तो और क्या होगा? कितना कहती हूँ...

—फिर कह-सुन लीजियेगा, चाय पानी हो रही है!

—लो, भाई, तुम लो, इनके साथ तो न खाने का सुख, न...

तभी नीचे से जुब्ली की पुकार सुनायी दी—मन्ने हो? सभापतिजी आये हैं।

—आया!—हड़बड़ाकर मन्ने ज़ोर से बोला—नीचे ही आ रहा हूँ!—फिर मुन्नी से बोला—तुम आराम से चाय पिओ।

—नहीं...

—नहीं!—मन्ने बोला—मैं उधर सहन में जा रहा हूँ। चाय पीकर आ जाना।

—हाँ, जी, आप रुकिये!—महशर बोली—अभी तो हमारी कोई बात ही नहीं हुई! कितने दिनों के बाद तो मिले हैं!

नीचे हाथ में लालटेन लटकाये जुब्ली के साथ सभापतिजी खड़े थे। उनका हाथ पकड़कर दूसरी ओर सहन में ले जाते हुए मन्ने बोला—कहिये, क्या हुआ?

सहन में कई चारपाइयाँ बिछी थीं। एक पर तीनों बैठ गये।

थोड़ी देर तक सभापति न बोले, तो मन्ने का दिल धड़क उठा। वही फिर बोला—आप कुछ कहते क्यों नहीं?

सभापति ने अपना झुका हुआ सिर हिलाया और सूखे गले से कहा—उन लोगों से मिलने न गये होते तो अच्छा होता।

मन्ने का मन भारी हो उठा। अभी तक सभापति का हाथ उसके हाथ में था, उसकी समझ में न आ रहा था कि वह उस हाथ को छोड़ दे या थामे रहे?

थोड़ी देर तक ख़ामोशी छायी रही, तो ऊबकर जुब्ली बोला—क्या बात है? कुछ मुझे तो बताइये।

फिर भी सभापति कुछ न बोले, तो मन्ने ने जुब्ली से कहा—किसी को भेजकर दूकान से बीड़ी तो मँगवाइये।

संकेत समझकर जुब्ली वहाँ से उठ गया, तो मन्ने ने सभापति का हाथ दबाकर कहा—क्या कहा उन लोगों ने?

—छोड़िये उन लोगों की बात,—गिरे स्वर में सभापति ने कहा—उन लोगों की मति मारी गयी है। अब आगे हम का करें, इस पर विचार करना चाहिए।

मन्ने बस इतना ही कह सका—हुँ।

थोड़ी देर के लिए फिर ख़ामोशी छा गयी।

तभी गली से सिर पर अँगौछा ओढ़े, सत्तराम निकलकर उनके पास आ खड़ा हुआ और सिर से अँगौछा गर्दन के पीछे हटाकर बोला—राम-राम।

—राम-राम,—मन्ने बोला—बैठो, सत्तराम।

—बैठेंगे नहीं, वो आ गये हैं!—दाहिनी आँख मारकर सत्तराम बोला।

—कौन?—सभापति बोले।

—अवधेस बाबू,—मन्ने ने बताया।

—आ गये न वो!—सभापति बोले—उन्हीं के बल पर तो वे लोग कूद रहे हैं।...

—अच्छा, तो ज़रा उधर ही जा रहे हैं,—सत्तराम बोला—आप यहीं रहेंगे न?

—हाँ-हाँ,—मन्ने बोला—इधर से ही लौटना।

वह चला गया, तो सभापति ने कहा—कहाँ बसना और कहाँ डसना, इसी को कहते हैं! सब इसी अवधेसवा का बोया हुआ है!

—मालूम है,—मन्ने ने कहा—वे लोग अवधेश के बारे में भी कुछ कहते थे?

—कहते थे, अवधेस बाबू कह गये हैं कि इस पंचायत को तोड़ा नहीं, तो गाँव को कभी मुँह नहीं दिखाऊँगा! महाजन होकर कोइरी-कोइलासी की हुकूमत सहने से डूब मरना अच्छा है! और कुछ सुनेंगे?—कहते-कहते क्षोभ से सभापति का स्वर काँप गया।

मन्ने का दिमाग़ भन्ना उठा, लेकिन वह कुछ बोला नहीं।

जुब्ली ने बीड़ी-दियासलाई लाकर मन्ने की हथेली पर रख दी, तो मन्ने ने अपनी हथेली सभापति की ओर बढ़ा दी।

—अभी रहने दीजिये,—हाथ से मना करते हुए सभापति बोले—मेरा मन ठिकाने नहीं। हुँ:! माई कहे धिया-धिया, धिया कहे थुल लगवा ले!...

—लीजिये, आप बीड़ी पीजिये!—मन्ने ने कड़ा होकर कहा—सीधी अँगुली घी नहीं निकलता! जितना ही हम लोग सिहुर-सिहुर करेंगे, उतना ही उन लोगों का दिमाग़ आसमान पर चढ़ेगा। आप बेकार ही उन लोगों के पास गये।

—आदमी का भरम टूटते-टूटते टूटता है, मन्ने बाबू...हम लोग अपढ़-गँवार, छोटे, नीचे कौम के आदमी हैं। हमारी सीधी चाल में भी लोगों को ऐंठ निकालते देर नहीं लगती। लेकिन अब तो कोई नहीं कहेगा न कि हमने समझौते की कोशिश नहीं की? अब हमें आगे का रास्ता निकालना चाहिए।

—तो और लोगों को भी बुला लिया जाय,—मन्ने ने कहा—सब लोग जैसा कहें।

—हाँ, मुन्नी बाबू को भी ज़रूर बुलवा लीजिये।

—यहीं कि आपके दरवाज़े?

—यहीं बुलवा लीजिये।

—नहीं, आप समझतें हैं, यहाँ ठीक नहीं रहेगा...

—सब ठीक रहेगा!—सभापति बोले—आप जब हमारे लिये सिर देने को तैयार रहते हैं, तो हमीं आप से मुँह काहे को छुपायें? आप यहीं सबको बुलाइये, अभी!

—अच्छा, आप बीड़ी तो पीजिये।

सभापति ने एक बीड़ी उठाकर उसका आधा हिस्सा अपने मुँह में डालकर दियासलाई जलायी।

मन्ने ने जुब्ली से कहा—आप किसी को भेजकर...किनको-किनको बुलाया जाय, सभापतिजी?

ज़ोर के एक टान लेकर सभापति बोले—पाँच-सात ख़ास-ख़ास लोगों को बुलवा लीजिये।

•

सुबह सूरज उगते ही स्कूल पर लोग जमा होने लगे। चमरौटिये, भटोलिये, अहिराने, कोइरियाने आदि टोले-मोहल्ले के लोग दल बाँध-बाँधकर आ जुटे। नहीं आये तो महाजन लोग और उनके कुछ खद्दुक।

सभा सज गयी, तो सभापति उठकर बोले—भाइयों! आप लोगों को हमने आज सुबह-ही-सुबह एक ख़ास मकसद से इकट्ठा किया है।...आप लोगों ने मिलकर गाँव की पंचायत का चुनाव किया।...आप लोग जानते हैं, सती मैया के चौरे के पास जो चबूतरा बनाया गया है, उसको लेकर गाँव में एक झगड़ा उठ खड़ा हुआ है। आप लोगों को यह भी मालूम है कि पंचायत ने इस झगड़े के निबटारे के लिए एक फैसला दिया है। एक फरीक पंचायत का यह फैसला मानने को तैयार है, लेकिन दूसरा फरीक इसे मानने से इनकार ही नहीं कर रहा है, बल्कि वह इस बात पर उतारू है कि यह पंचायत ही जैसे भी हो सके तोड़ डाली जाय। यह भी पता चला है कि पंचायत के इस चुनाव को ग़ैरकानूनी करार देने के लिए वे लोग मुक़द्दमा भी दायर करनेवाले हैं। इस हालत में पंचायत आप लोगों के सामने हाजिर है। अब आप लोग पंचायत की रच्छा करें, तो यह रहे, नहीं तो...

—हमारी पंचायत को कोई नहीं तोड़ सकता!—सभा में से कई आवाज़ें एक साथ उठीं।

—ठीक है,—सभापति ने कहा—यह आप लोगों की पंचायत है, इसे आप लोग बनाये रखना चाहते हैं, तो इसे कोई नहीं तोड़ सकता! लेकिन इसे बनाये रखने के लिए यह जरूरी है कि जो लोग इसे तोड़ना चाहते हैं, उनका हम मुक़ाबिला करें। इस समय हमारे सामने एक ही सवाल है, वह यह कि पंचायत का फैसला लागू कराया जाय। जो फैसला पंचायत ने दिया है, वह आप लोगों को मालूम है। अगर आप लोग उसे लागू कराने में हमारी मदद करें, और अगर आप लोग समझते हैं कि

पंचायत का फैसला ठीक नहीं है, तो आप लोग ख़ुद जैसा मुनासिब समझें, फैसला दें और उसे लागू करवायें।—इतना कहकर सभापति बैठ गये।

थोड़ी देर तक लोग आपस में बातचीत करते रहे। उसके बाद जीधन उठकर बोला—भाइयो! सभापतिजी ने जो बातें कही हैं, आप लोगों ने सुनीं। आप लोगों के सामने पंचायत जिम्मेदार है, आप लोग जो कहेंगे, पंचायत वही करेगी।...हमारे देखने में पंचायत का फैसला बिलकुल मुनासिब है। दूसरा फरीक इसे जो नहीं मानता, वह इसलिए नहीं कि यह फैसला ग़ैरमुनासिब है, बल्कि इसलिए कि वह तो पंचायत को ही नहीं मानना चाहता। वह इस फैसले को घूरे पर फेंककर पंचायत को ही नकार देना चाहता है। इस नजर से आप लोग देखें, तो यह समझना कठिन न होगा कि इस फैसले पर ही पंचायत का रहना और न रहना मुनहसर करता है। इसलिए अगर आप चाहते हैं कि आपकी पंचायत न टूटे, तो जैसे भी हो आप लोग पंचायत का फैसला लागू कराइये!

एक आदमी उठकर बोला—आख़िर वो लोग कहते का हैं? किसी ने उन लोगों से इसके बारे में कोई बातचीत की है?

सभापति ने खड़े होकर कहा—उन लोगों से मैं ख़ुद बातचीत करने गया था, लेकिन उन लोगों ने सर-समझौते की कोई भी बात करने से इनकार कर दिया। इतना ही नहीं, उन लोगों ने कहा कि कोइरी-कोइलासी की हुकूमत सहने से डूब मरना अच्छा है। अवधेश बाबू ने सौगन्ध खायी है कि इस पंचायत को तोड़ा नहीं तो गाँव को मुँह नहीं दिखायेंगे। और आप लोगों से...

—अब कुछ बताने की ज़रूरत नहीं!—कई आवाज़ें गूँज उठीं—वे लोग पंचायत को ही तोड़ना चाहते हैं, इसमें कोई सन्देह नहीं!

—भाइयो!—सभापति बोले—हमने किस पर कौन-सी हूकूमत चलायी है, आप लोग ही बताइये!

—उन्हें आप बकने दीजिये, सभापतिजी!—रमेसर बोला—जब तक जिमिदार रहे, उन्होंने हुकूमत की, जब कांग्रेस का राज आया, तो इन महाजनों ने हम पर हुकूमत की और अब समझते हैं कि हुकूमत उनकी बपौती है! लेकिन अब वह जमाना लद गया!

—फिर, भाइयो,—सभापति बोले—यहाँ हुकूमत का सवाल ही कहाँ उठता है, यहाँ तो गाँव की भलाई के लिए काम करना है। गाँव के झगड़े ख़तम हों, सबमें मेल-जोल बढ़े, सब मिलकर गाँव की तरक्की के लिए काम करें, हम तो यही चाहते हैं न?

—लेकिन वे लोग तो सोचते हैं कि उनकी हुकूमत छिनी जा रही है!

—अरे छोड़िये, साहब, सीधी-सी तो बात है, लोगों ने यह पंचायत चुनी है, सभापति को चुना है, पंचायत जो बात तै करे, उसे सबको मानना ही चाहिए। यहाँ तो सारा गाँव...

—भाइयो! सौ बात की एक बात यह है कि आप लोग इस बात पर विचार कीजिये कि पंचायत ने जो फैसला दिया है, उसे लागू कैसे कराया जाय?

—हाँ-हाँ! असल बात तो यही है, इसी पर विचार होना चाहिए!—कई लोग बोल पड़े।

—आप ही लोग कोई रास्ता सुझाइये,—सभापति ने कहा।

—इसमें किसी सोच-विचार की का ज़रूरत है? सब लोग उठकर यहाँ से चलें और अपने हाथ से चबूतरा चार हाथ पीछे हटा दें। आख़िर वह पंचायत की जमीन है, किसी दूसरे की तो है नहीं।

—तो फिर उठा ही जाय।

—चलिये! चलिये! सब लोग चलिये!

और लोग धोती झाड़-झाड़कर उठ खड़े हुए।

आगे-आगे सभापति और पंचायत के मेम्बर और उनके पीछे जनता की भीड़। एक जलूस ही सती मैया के चौरे की ओर चल पड़ा।

रास्ते में रमेसर ने नारा दिया—सती मैया की जय!

और भीड़ में जैसे जान आ गयी। चारों दिशाएँ सती मैया की जय-जयकार से गूँजने लगीं।

मन्ने और मुन्नी ने आँखें मिलायीं। दोनों की आँखों में एक ही भाव था, यह नारा किस दिमाग़ की उपज है, जो कानों में पड़ते ही सबके ख़ून में उबलने लगा है। जिन लोगों ने चबूतरा बनाया है, उन्हें विश्वास है कि उस चबूतरे पर कोई हिन्दू हाथ नहीं लगायेगा। उन्होंने हिन्दुओं को सती मैया के नाम पर भड़काने की हर कोशिश की है। और यह जनता की भीड़, जिसमें हिन्दू-ही-हिन्दू हैं, सती मैया की जय-जयकार करते हुए उनका चबूतरा तोड़ने जा रही है! कोई विश्वास करेगा इस बात पर? मन्ने तो दंग था। यह अपढ़, गँवार, ग़रीब जनता है, जिसे धर्म-भीरु कहा जाता है, रूढ़ियों से चिपके रहने का जिस पर आरोप लगाया जाता है, जिसके विषय में बड़े-बड़े नेताओं को यह कहते सुना जाता है कि हमारे देश की जनता बहुत धीरे-धीरे आगे बढ़ती है, हर नयी चीज़ को सन्देह की दृष्टि से देखती है, हर नयी बात से कतराती है, वह अपनी ओर से कोई नया क़दम नहीं उठा सकती और कोई नया काम उसके लिए किया जाय, तो उसमें वह कोई दिलचस्पी नहीं लेती। मुन्नी की आँखों में विस्मय से अधिक कुछ और भी था। उसका हृदय हर्षातिरेक से धड़क रहा था।

फिर एक और नया नारा गूँज उठा—सत्त की जाय!

सती मैया की जय से ऊपर उठकर भीड़ सत्त की, सत्य की जय-जयकार करने लगी, जैसे सती मैया के माध्यम से ही उसने सत्य को पा लिया हो।

भीड़ चबूतरे के पास आ खड़ी हुई। चारों दिशाओं में जय-जयकार गूँजती रही।

सभापति ने चार हाथ नापकर चबूतरे पर निशान लगा दिया और लोग उतनी दूर की ईंटें उठाने के लिए लपक पड़े। किसी के हिस्से एक ईंट पड़ी और किसी के दो और कितने ही हाथ मलते रह गये कि इस पुण्य कार्य में भाग लेने से वंचित रह गये।

ईंटें रहमान को दे दी गयीं और उसके सहन में भी एक हाथ छोड़कर लकीर खींच दी गयी।

आश्चर्य! वहाँ एक चिड़िया भी विरोध में न बोली।

रहमान ने हाथ जोड़कर सभापति से पूछा—अब हम सहन घेर लें न?

सभापति ने कहा—निशान के अन्दर तुम जो चाहे करो।

लोगों को शंका थी कि शायद शाम को क़स्बे से जनसंघ के स्वयंसेवक आयें, तो कोई उत्पात मचे। लेकिन उत्पात तो दूर, स्वयंसेवक उस दिन आये ही नहीं। और तीन दिन शान्ति से बीत गये, तो लोगों के सिर से एक बोझ उतर गया।

फिर धूमधाम से स्कूल में रात्रि पाठशाला और सभापति की चौपाल में पुस्तकालय का उद्घाटन हुआ। मन्ने ने पहला सबक दिया। पंचायत-भवन का भी शिलान्यास हो गया।

मुन्नी नौकरी पर जाने लगा, तो मन्ने ने पूछा—क्या सच ही तुम नौकरी छोड़कर गाँव में आ जाओगे?

—तुम्हें यह विश्वास नहीं होता?

—ना।

—क्यों ?

—किसी का कोई बहुत पहले देखा स्वप्न अनायास ही सच्चा होता हुआ दिखायी दे, तो क्या उसे उस पर विश्वास हो सकता है?...मुन्नी, तुम्हें याद है? कभी हमने एक स्वप्न देखा था, लेकिन वह वैसे ही छिन्न-भिन्न हो गया था, जैसे सूरज के निकलते ही ऊषा के रंग उड़ जाते हैं। जीवन की पहली ही ठोकर ने तुम्हें एक ओर और मुझे दूसरी ओर ठुकरा दिया।

—और वही जीवन आज फिर हमें पास-पास ला रहा है। मन्ने, लगता है, जैसे हमारे जीवन-क्रम में कोई ऐसा समान तत्त्व अवश्य था, जो हमारे दूर-दूर होते हुए भी, हमें एक शृंखला में बाँधे हुए था।

—उस समय हमें जीवन की क्या समझ थी! लोगों को हम कमाते-खाते देखते थे और सोचते थे हम भी कहीं एक साथ रहकर कमाये-खायेंगे। हमें क्या मालूम था कि इस कमाने-खाने के पीछे कितनी बड़ी-बड़ी मुसीबतें, कठिनाइयाँ, बाधाएँ और परेशानियाँ छुपी हुई हैं।...आज तुम गाँव में आने को कह रहे हो, तो मेरी ख़ुशी की इन्तिहा नहीं, लेकिन मेरा मन कहता है कि तुम यहाँ मत आओ, मत आओ!

—क्यों?

—इस गाँव ने जिस तरह मुझे बर्बाद कर दिया, उसी तरह....

—यह क्या कहते हो?—हैरान होकर मुन्नी बोला।

—ठीक ही कहता हूँ! मैं बर्बाद न हुआ, तो क्या हुआ?...मुन्नी, टूटे हुए दिल को सम्भवत:? किसी प्रकार जोड़ा जा सकता है, किन्तु जीवन एक बार टूट-फूटकर, छिन्न-भिन्न हो गया, तो उसे जोड़ना असम्भव नहीं तो बहुत कठिन ज़रूर है! मैं नहीं चाहता कि....

—मन्ने!—झुँझलाकर मुन्नी बोला—आज भी तुम्हारा यह व्यर्थ का रोना न गया, इसका मुझे बेहद रंज है! एक बात जो न हुई, तुम सोचते हो, अगर वह हो गयी होती, तो पता नहीं तुम क्या होते! यह मान भी लिया जाय कि तुम एक बड़े अफ़सर होते, मोटी तनख़ाह पाते, बँगले में रहते, कार पर चढ़ते, शान-शौक़त और ऐश-आराम की ज़िन्दगी बसर करते, गोकि यह अवसर हज़ारों में एक को नसीब होता है, तो भी मैं पूछता हूँ, उससे क्या होता? क्या तुम समझते हो, वह तुम्हारे जीवन की सफलता होती? जीवन का उद्देश्य क्या सचमुच यही है? बोलो!—कहकर मुन्नी ने मन्ने की ओर देखा।

मन्ने सहसा कुछ जवाब न दे सका। ज़रा देर तक ख़ामोशी छायी रही। मन्ने ने सिर झुका लिया, तो मुन्नी ने कहा—बोलते क्यों नहीं? जिस एक बात को लेकर तुम हमेशा पछताते रहते हो, उसके विषय में निधड़क होकर क्यों नहीं कुछ कह पाते?

—जीवन का एक मात्र वही उद्देश्य हो, यह तो मैं नहीं कह सकता। लेकिन इस गाँव में ही कौन-सा उद्देश्य पूरा हुआ, मेरी समझ में नहीं आता।

—मन्ने ने सिर झुकाये हुए ही कहा।

—क्या सच ही तुम्हारी समझ में यह नहीं आता, मन्ने?—मुन्नी ने पूछा—यह गाँव आज कहाँ से कहाँ पहुँच गया है, लोग क्या थे और अब क्या हो गये हैं, अभी-अभी तुम लोगों ने एक कितनी बड़ी लड़ाई जीती है!...मन्ने! क्या सच ही तुम समझते हो, यह सब नगण्य है?

—इस सबका श्रेय मुझसे अधिक तुमको है, न तुम स्कूल खुलवाते.....

—ऐसा तुम नहीं कह सकते!—मुन्नी ने सिर हिलाकर कहा—स्कूल की नींव रखने में ज़रूर मेरा हाथ था, लेकिन चलाया है उसे तुम लोगों ने ही, उसे लेकर जो लड़ाई शुरू हुई, वह तुम लोगों ने लड़ी है और अब भी लड़ रहे हो।

—मैं न भी होता, तो भी यह लड़ाई लड़ी ही जाती।

—हो सकता है, तुम्हारी यह बात एक हद तक सही हो। लेकिन मेरा यह कहना भी ग़लत नहीं है कि इस लड़ाई में तुम्हारा बहुत बड़ा भाग रहा है। फिर तुम यह क्यों भूलते हो कि तुम्हारी ही वजह से स्कूल का काम शुरू हुआ था। तुम्हें याद है, तुम हिन्दू-मुस्लिम का सवाल उठाया करते थे। यह सवाल तुम्हारे लिये, हमारे लिये, पूरे गाँव के लिए हमेशा सिर-दर्द रहा है।...आज क्या तुम यह नहीं कह सकते कि यह मसला अब हल होने के रास्ते पर आ गया है? सती मैया के चौरे पर जो दृश्य हमने-तुमने देखा है, वे क्या कोई साधारण हैं? मैंने तो कल्पना भी न की थी कि यह काम इतनी आसानी से पूरा हो जायगा। मैं सोचता था, पुलिस आयेगी, जनसंघ के स्वयं-सेवक आयेंगे, पंचायत इन्स्पेक्टर आयेगा और कुछ-न-कुछ बावेला ज़रूर मचेगा। फिर यह भी भय था कि कुछ हिन्दू ज़रूर मुख़ालिफ़त करेंगे। लेकिन किसी ओर से एक अँगुली भी न उठी, यह सोचकर अब भी कम आश्चर्य नहीं होता। चेतना की एक साधारण-सी किरण का यह प्रभाव है। तुम्हें इससे कोई प्रेरणा नहीं मिली?

मन्ने ने कोई जवाब नहीं दिया। मुन्नी ही बोला—मालूम होता है, तुम अपने को कहीं-न-कहीं दबा रहे हो। खुलकर बातें नहीं करते?

—क्या कहूँ,—मन्ने ने हथेली से अपना माथा रगड़ते हुए कहा—मुझे जाने क्यों सन्तोष नहीं होता। बराबर यही ख़याल मेरा पीछा करता रहता है कि मेरी ज़िन्दगी...

—अगर अपनी ज़िन्दगी के बारे में तुम्हारा यह ख़याल है, तो मेरी ज़िन्दगी..

—तुम्हारी ज़िन्दगी कहीं बेहतर है,—बात काटकर मन्ने बोला—तुम एक सफल लेखक और सम्पादक...

मुन्नी ज़ोर से हँस पड़ा। बोला—मन्ने! मुझे तो तुम्हारे जीवन से ईर्ष्या होती है। कितनी भरपूर ज़िन्दगी तुमने जी है! शुरू से अब तक तुम्हारी ज़िन्दगी एक मुसलमान जद्दोजहद रही है!...ट्यूशन करके तुमने अपनी पढ़ाई की...बिरादरी से लड़कर और क़र्ज़ काढ़कर तुमने अपनी बहनों का ब्याह किया...बहन पर कोई आँच न आये, इसलिये तुमने अपनी शादी की..फिर आर्थिक कठिनाई दूर करने के लिए पढ़ाई छोड़कर तुमने नौकरी की...रिश्वत ली...फिर इश्क़ और घरेलू कलह...रोज़गार.. फिर गाँव और गाँव का लम्ब संघर्ष...मन्ने! तुम्हारे साहस, जीवन, शक्ति और परिश्रम का मैं क़ायल हूँ! और तुम मेरी बात करते हो? मैं तो पहली लड़ाई में ही मार खा गया था। ख़र्चे का इन्तज़ाम न होने के कारण मैं अपनी पढ़ाई जारी न रख सका... और पहली ही बेकारी में...नहीं, मन्ने, तुम अपने को समझ नहीं रहे रहो। एक झूठे सपने में पड़कर तुम यथार्थ को झुठलाने की कोशिश मत करो। मुझे तुम पर गर्व है! मुझे तुमसे प्रेरणा मिलती है और इसी कारण मैं अब गाँव में आना चाहता हूँ और तुम लोगों के साथ कुछ करना चाहता हूँ।

—यहाँ कुछ होना बहुत मुश्किल है, मुन्नी! ठण्डी साँस लेकर मन्ने बोला—मुझे हमेशा डर लगा रहता है कि संघर्ष में मैं टूट जाऊँगा, फिर मेरे बच्चों का...

—तुम्हारे-जैसे इन्सान कभी भी नहीं टूटते, मन्ने! तुम्हारी ज़िन्दगी इसकी गवाह है!...और अब तो इसका सवाल ही नहीं उठता, अब तो वह जमाना आ रहा है, जब टूटे हुए इन्सानों की भी ज़िन्दगी सँवरेगी।... हमारा गाँव आँखें खोल चुका है। स्कूल...पंचायत...कोआपरेटिव फ़ारम...ग्राम उद्योग...हर मंजिल पर ज़िन्दगी सँवरती जायगी।...संघर्ष साधारण नहीं, लेकिन फिर भी हमारी जीत निश्चित है। सरकार जो भी पंचायत को, गाँव को, फ़ारम को, स्कूल को दे रही है, उसे अफ़सरों और स्वार्थी लोगों और नेताओं के पंजों से छीनकर गाँव की भलाई और तरक़्क़ी के कामों में हम लोगों को लगाना है और सरकार से और अधिक सहायता माँगना है। कितने ही गाँव, संगठित रूप से यह काम करेंगे। अकेले हमारे गाँव में ही तो यह लड़ाई नहीं चल रही।

थोड़ी देर की ख़ामोशी के बाद अचानक मन्ने बोला—मुन्नी! तुम शादी नहीं करोगे?

सुनकर मुन्नी अचकचा-सा गया। फिर ज़ोर से हँस पड़ा। बोला—यह अचानक तुम कहाँ से कहाँ पहुँच गये? महशर ने भी मुझसे यही बात पूछी थी।

—हाँ, उसने मुझसे भी कई बार पूछा है कि तुम शादी क्यों नहीं करते? माताजी ने भी कई बार कहा है। मेरी तो राय है कि तुम ज़रूर शादी करो!

—इस उम्र में तो अब यह बात भी अच्छी नहीं लगती।

—अभी तुम्हारी इतनी ज़्यादा उम्र थोड़े है!

—क्यों नहीं? तुमसे तो मैं बड़ा हूँ और मेरी बेटी शम्मू अब शादी की उम्र की हुई।

—यार, तुम कैसे इस तरह रह गये? मैं तो.....

—मेरी जीवन का आरम्भ ही इस अर्थ में ग़लत ढंग से हुआ। मेरा आश्रम में जाना ही...

—मिली तो थी एक वहाँ भी, लेकिन तुमने अवसर से लाभ न उठाया। कहाँ हैं वो 'बहनजी' आजकल? चिट्ठी-विट्ठी आती है कि नहीं?

—...में कल्चरल अटैची हैं। छठे-छमासे अब भी याद करती हैं।

—यार, वो तुमसे प्रेम करती थीं...

—छोड़ो, उन पुरानी कहानियों को याद करने से अब क्या मिलनेवाला है!

मुन्नी के चेहरे का भाव देखकर मन्ने ने बात बन्द कर दी।

मुन्नी के जाने के पन्द्रह दिन बाद तहसील के जे० ओ० के यहाँ से मन्ने, जुबली, बद्दे, रहमान और उसके लड़के मंसूर के नाम सम्मन आ पहुँचे। रहमान और मंसूर

के नाम होने से यह बात समझने में कोई कठिनाई न पड़ी कि सती मैया के चौरे को लेकर ही उन पर कोई मुक़द्दमा दायर किया गया है। किसी हिन्दू के नाम सम्मन नहीं आया, यह जानकर मन्ने को कोई आश्चर्य न हुआ। हिन्दुओं को उससे अलग करने की यह चाल होगी। वे लोग पंचायत के ख़िलाफ़ शायद अब कोई कार्रवाई न करें। यह अच्छा ही हुआ। लेकिन सती मैया के चौरे को लेकर उन लोगों ने कैसे मुक़द्दमा खड़ा किया है, यह समझना ज़रा मुश्किल था, क्योंकि मन्ने वग़ैरा ने, जिनके नाम सम्मन आये थे, आख़िर क्या किया था? सती मैया के चौरे के पास जो चबूतरा उन लोगों ने बनाया था, उसे तो हिन्दुओं ने ही तोड़ा था।

दूसरे दिन ही वह ज़िले के लिए रवाना हो गया। तहसील के जे० ओ० की कचहरी से इस्तग़ासे की नक़ल लेकर, सामने मैदान में एक पेड़ के नीचे बैठकर वह पढ़ने लगा। नक़ल हिन्दी में मिली थी—

मुक़द्दमा फौजदारी नं० ३६८ थाना सिकन्दरपुर बाबत १९५६, किसन राम बनाम मन्ने वग़ैरा बइजलास जे० ओ० बाँसडीह।

नाम मुस्तगीस—

किसन राम पेसर नन्दन राम, साकिन पियरी, थाना सिकन्दरपुर।

नाम मुल्जिमान—

१. मन्ने पेसर मुहम्मद इलियास

२. मुहम्मद जुब्ली पेसर मुहम्मद हनीफ

३. बद्दे पेसर मुहम्मद हनीफ

४. रहमान पेसर रहमत

५. मंसूर पेसर रहमान

जुर्म दफा १४७/२९६/२९७/३४२

गवाहान—

अवधेश, जयराम, हरखदेव, रामसागर, कैलास, इनके अलावा और भी गवाहान हैं।

निवेदन है कि मुल्जिमान सरकश व सीनाज़ोर तथा एक गोलमेल के हैं। आराजी हसब चौहद्दी जैल वाका मौका पियरी थाना सिकन्दरपुर में सती मैया का चौरा है जिसमें हम मुस्तगीस तथा अन्य जनता सती मैया की पूजा करते हैं। मुल्जिमान मुन्दरजा इस्तगासा बार-बार बजोम सरकशी सती मैया के चौरे को ज़बरदस्ती अपने क़ब्ज़े में करना चाहते थे। मगर बवजह निगरानी अन्य जनता व नीज मुस्तगीस के अपने क़ब्ज़े में न कर सके। बतारीख़ ३ सितम्बर, १९५६ बरोज सोमवार बवक़्त सात बजे सुबह जबकि इस मुस्तगीस सतीजी को जल चढ़ा रहा था कि जुमला मुल्जिमान एक

राय व एक गोल कायम करके लाठी व भाला, बन्दूक-तलवार से मुसल्लह होकर हम मुस्तगीस को धार्मिक चोट पहुँचाने की गरज से तथा ये मानते हुए कि उनका यह काम हमारे धार्मिक प्रेरणा को चोट पहुँचायेगा सती मैया के चौरे पर चढ़ आये। और मुझको धक्का देकर हटा दिया और सती मैया के चबूतरे को उखाड़ने लगे। हमने जब जियादा एतराज किया और शोर किया तो उस पर मुल्जिमान में से नम्बर १ व २ हमको पकड़कर बैठा दिये और धमकी देने लगे कि सती मैया के चौरे को उजाड़कर अपना मकान बनायेंगे और बोलोगे तो जान मार डालेंगे। सती मैया के चौरे को मुल्जिमान उजाड़ने लगे। हमारे शोर पर गवाहान मौके पर पहुँचे। पर बलवा का अन्देशा देखकर, मुल्जिमान भाग गये। वाकये की रिपोर्ट ज़बानी हमने चौकीदार द्वारा थाने में कर दिया। मगर अब तक जब कोई कार्रवाई नहीं हुई तो इस्तगासा दे रहा हूँ। चूँकि मुल्जिमान मुरतकिब जुर्म दफ़ा १४७,२९६,२९७,३४२ के हैं अत: बाद तलबी मुल्जिमान के सजा फरमायी जावे। मुक़र्रर अर्ज़ ये है कि मुल्जिमान का गोल क़रीब पचास आदमियों का था जिसमें से हमने तथा हमारे गवाहान ने मुन्दरजा इस्तगासा को पहचाना है।...

इस भाषा में ये बातें पढ़कर मन्ने के जी में आया कि वह ठठाकर हँस पड़े। आज तक जितने मुक़द्दमे उस पर दायर किये गये थे, सबके इस्तगासे इसी प्रकार झूठे और बनावटी थे। इस इस्तगासे की कहानी तो सबसे चढ़-बढ़कर थी। और अब बाक़ायाद मुक़द्दमा चलेगा, भगवान को हाज़िर-नाज़िर समझकर गवाहान बयान देंगे और उनका वकील इस झूठी कहानी को सच सिद्ध करने में अपनी सारी क़ानूनी योग्यता समाप्त कर देगा और सम्भव है कि हाकिम भी इसे सच मान ले और मुल्जिमान को सज़ा भी हो जाय।...हर मुक़द्दमे का इस्तग़ासा देखकर, बयान और वकीलों की बहसें सुनकर मन्ने के मन में एक ही तरह की बातें उठतीं कि आख़िर इतने बड़े झूठ तमाशे के लिए सरकार ने यह मंच, वह भी न्याय के नाम पर, क्यों खड़ा कर रखा है? सरकार इतने बड़े पैमाने पर यह झूठ का रोज़गार क्यों चला रही है? कितने बेगुनाह लोग इस काले रोज़गार की चक्की में रोज़ पीस दिये जाते हैं और कितने गुनहगार साफ़-साफ़ बचकर निकल जाते हैं; इसका हिसाब क्या कोई भी कभी भी लगा सकता है?..काश, ये हाकिम वारदात की जगह पर जाकर स्वयं सच्चाई का पता लगाने की कोशिश करते।..किसी ज़माने में राजा, बादशाह, या क़ाजी भेष बदलकर सच्चाई का पता लगाने जाते थे। उस समय की न्याय-व्यवस्था निस्सन्देह आज से कहीं बेहतर होगी। आज तो क़ानून को इस तरह पेश बना दिया गया है, उसके अंग-अंग को इस तरह दाँव-पेच से जकड़ दिया गया है, उसे एक ऐसा दिमाग़ी कसरत का विषय बना दिया गया है, वह आज इतना यान्त्रिक हो गया है कि उससे न्याय, सच्चाई और मानवीय मूल्यों की आशा करना बालू से तेल निकालने के बराबर है। इस क़ानूनी व्यवस्था को किसी प्रकार भी जनवादी नहीं कहा जा सकता। ग़रीब

जनता को कभी भी इसमें न्याय नहीं मिल सकता।...सच्चे जनवाद की स्थापना के लिए यह आवश्यक है कि इस न्याय-व्यवस्था में आमूल परिवर्तन किया जाय। नये चीन की न्याय-व्यवस्था इस दिशा में हमारा पथ-प्रदर्शन कर सकती है। जन-न्यायालयों की स्थापना करके उन्होंने न्याय को कितना सीधा, सच्चा, सरल और सस्ता बना दिया है! हमारी ग्राम-पंचायतों को विकसित किया जाय, तो वे जन-न्यायालयों का स्थान ले सकती है। आख़िर पचहत्तर फ़ीसदी से अधिक मुक़द्दमे गाँवों से ही तो आते हैं। लेकिन सरकार तो इन अदालती पंचायतों को काग़ज़ी ढाँचे के आगे बढ़ाना ही नहीं चाहती।

मन्ने ने वहाँ से उठते हुए यह दृढ़ संकल्प किया कि अबकी अदालती पंचायत का चुनाव भी वे अवश्य लड़ेंगे।

शाम को वह अपने वकील के यहाँ पहुँचा, तो उन्होंने देखते ही कहा—कोई और तोहफ़ा लाये हैं क्या?

मन्ने ने नक़ल उनके आगे बढ़ाते हुए कहा—जी हाँ, उनकी मेहरबानियों के मारे तो नाक में दम आ गया है।

नक़ल पर नज़र फेरते हुए वकील ने कहा—लड़ते हम हैं और परेशान आप होते हैं, ख़ूब!..तो यह सती मैया के चौरे के बारे में है, हम तो इसका इन्तज़ार ही कर रहे थे। लेकिन कमबख़्तों ने इस्तग़ासा कुछ बनाया नहीं, यह तो एक फूँक भी बरदाश्त न कर पायेगा। ख़ैर, साहब, आप लोगों ने काम कमाल का किया, बधाई!

—तो आपको सब मालूम हो गया है?

—किसको नहीं मालूम?...फिर जाते समय मुन्नी साहब भी मिले थे। उन्होंने पूरा क़िस्सा सुनाया था। आप लोगों ने क़िला फ़तह कर लिया, अब जमकर काम करने की ज़रूरत है।

—लेकिन इन मुक़द्दमों का सिलसिला कब ख़त्म होगा, वकील साहब?

—जब अवधेश बाबू का दीवाला निकल जायगा!—और वह ज़ोर से हँस पड़े।

—सो तो वो और भी मोटे होते जा रहे हैं, वकील साहब!

तभी कोई मुअक्किल आ गया। और वकील साहब का ध्यान बँट गया। बोले—तारीख़ के दिन ज़मानत के साथ आप लोग आ जाइयेगा। मुक़द्दमे में कुछ है नहीं, अच्छा, नमस्कार!

मन्ने वहाँ से स्कूल-इन्स्पेक्टर के यहाँ गया।

इन्स्पेक्टर ने सलाम का जवाब देकर पूछा—क्यों, साहब आपके गाँव के लड़कियों के स्कूल का क्या हाल है? डिप्टी ने रिपोर्ट की है कि उन्हें वहाँ न कोई मास्टरनी मिली, न लड़की। स्कूल की एक दीवार भी गिर पड़ी है। आप लोगों ने तो कोई रिपोर्ट मेरे पास की नहीं।

—डिप्टी साहब ने सही ही रिपोर्ट दी है,—मन्ने इतना कहकर चुप हो गया।

—तो आप लोगों ने...

—हम लोग इस स्कूल में कोई दिलचस्पी नहीं लेते। उसे रामसागर अपना स्कूल समझता है। आप तो हमारे गाँव की राजनीति...

—उससे मुझे कोई मतलब नहीं। हर महीने तीन मास्टरनियों की तनख़ाह जाती है और यहाँ रिपोर्ट आयी है कि स्कूल खाली पड़ा हुआ है। फिर तो वह स्कूल बन्द करना पड़ेगा। आख़िर आप लोग उतना बड़ा स्कूल चलाते हैं और एक लड़कियों का स्कूल...

—नहीं, आप बन्द मत कीजिये। मैं जाते ही गाँव के लोगों से कहूँगा। इतना बड़ा गाँव है, पास-पड़ोस में लड़कियों का कोई स्कूल नहीं, वहाँ तो लड़कियों का एक जूनियर हाई स्कूल भी चल सकता है।

—ख़ूब!—इन्स्पेक्टर ने ताना दिया—एक प्राइमरी स्कूल तो चलता ही नहीं, आप जूनियर हाई स्कूल की बात करते हैं! यह स्कूल बनवाया किसने था कि इतने ही दिन में उसकी एक दीवार भी गिर गयी। कमबख़्त रुपया खा गया क्या?

—क्या बताया जाय, इन्स्पेक्टर साहब! आप तो सब अपनी आँखों से ही देख चुके हैं। बात यह है कि...

—छोड़िये वह-सब। अब जैसे भी हो आप लोग वह स्कूल चलाइये। मेरे लिये भी यह कम शर्मिन्दगी की बात नहीं कि एक स्कूल टूट जाय। मरम्मत के लिए जितने पैसे की ज़रूरत हो, आप बतायें। मैं मंजूर करा दूँगा।

—आप ग्राम सभापति के नाम स्कूल के बारे में एक हिदायत दे दें, तो हमें सहूलियत होगी।

—मैं कल ही भिजवा दूँगा।

—शुक्रिया!

—और अपने स्कूल के बारे में कहिये।

—सब आपकी मेहरबानी है।

•

दूसरे दिन मन्ने पहली मोटर से वापस आ रहा था। हमेशा वह क़स्बे में उतरकर गाँव जाता था। उस दिन वह घूरी के टोले पर ही उतर गया और वहाँ से फ़ारम होकर घर जाने की सोची। सुबह वह कोआपरेटिव इन्स्पेक्टर से मिला था और कोआपरेटिव फ़ारम खोलने के विषय में उनसे बातें की थीं। उनकी बातों से उसे बड़ी आशा बँधी थी। वह जल्दी-से-जल्दी सब बातें जुब्ली को बता देना चाहता था।

धान के खेतों को पार कर वह बाग़ में पहुँचा, तो देखा, सामने से समरनाथ आ रहा था। क़स्बे के स्कूल का सीधा और नज़दीक का रास्ता इधर से ही था। समरनाथ शायद आज देर से स्कूल जा रहा था।

बाग़ बहुत पुराना था। बहुत ही बूढ़े-बूढ़े, बड़े-बड़े, बेडौल आम के पेड़ थे। काले-काले, ऊँचे-ऊँचे तनों के ऊपर बहुत ही कम डालियाँ रह गयी थीं, जिनके सिरों पर थोड़ी हरियाली दिखायी देती थी। पेड़ों के बीच से, इधर-उधर पगडण्डी की लीक साफ़ दिखायी दे रही थी। फिर भी कोई ज़रा भी बेध्यान होकर उस पर चले, तो किसी-न-किसी पेड़ के तने से ज़रूर टकरा जाय।

मन्ने ने देखा कि समरनाथ की चाल में अकड़ और चेहरे पर सख़्ती आ गयी है। दूर से ही एक बार उनकी आँखें मिलीं, तो मन्ने को ऐसा भी लगा कि समरनाथ का नथुना कुछ फूला हुआ है।

समरनाथ की उच्छृङ्खलता गाँव में मशहूर है। कभी-कभी वह ऐसे काम भी कर गुज़रता है, जो ठीक दिल-दिमाग़ का आदमी नहीं कर सकता। पच्चीस के क़रीब की उम्र है, हड्डी मज़बूत, लेकिन शायद पर्याप्त और पौष्टिक भोजन न मिलने से शरीर पतला रह गया है, इसी कारण उसका मियाना क़द भी देखने में कुछ ऊँचा लगता है। रंग गेंहुआ, दाढ़ी-मूँछ और सिर के बाल बढ़े हुए, अधमैला पैजामा और आधी आस्तीन की वैसी ही क़मीज़, पाँवों में पुरानी चप्पलें। पहली ही दृष्टि में कोई भी उसे अर्द्धविक्षिप्त कह सकता है। लाला के सबसे छोटे पट्टीदार का लड़का है। उनके घराने की कभी बहुत ही अच्छी हालत थी, लेकिन समरनाथ के नालायक़ बाप ने सब फूँककर ताप लिया। हालत बिगड़ने लगी, तो कलकत्ता में दूकान खोली। उस वक़्त समरनाथ बनारस यूनिवर्सिटी में बी० एस-सी० फ़ाइनल में पढ़ रहा था। उसके बाप ने उसे कलकत्ता बुला लिया। समरनाथ के जीवन में कलकत्ता जाना ही ज़हर हो गया। अच्छा-ख़ासा लड़का, वहाँ सेठों के लड़कों के चक्कर में पड़ गया और उसका दिमाग़ ख़राब हो गया। वह उम्दा-से-उम्दा कपड़ा पहनता और सिनेमा-थियेटर देखता और बदनाम गलियों का चक्कर लगाता। उसका ख़याल था कि उसके बाप के पास बहुत पैसा है, वह जैसे चाहे रह सकता है। लेकिन एक दिन उसके बाप ने अपनी स्थिति से उसका परिचय कराया और कहा कि घर में जो थोड़ा-बहुत सोना था, उसी को बेंचकर उसने यह दूकान खोली है। यह दूकान अन्तिम अवलम्ब है, समरनाथ इस तरह रुपये बर्बाद करेगा, तो एक दिन दीवाला निकल जायगा। इसलिए यह ज़रूरी है कि समरनाथ कोई काम करे, कोई नौकरी ढूँढ़े, दूकान की आमदनी के भरोसे न रहे।

यह सुनना था कि समरनाथ बिगड़ पड़ा। उसने बाप को बड़ी गालियाँ सुनायीं। और साफ़-साफ़ कह दिया कि दादा-परदादा की कमाई से तुमने बहुत मज़े किये हैं,

अब जो-कुछ बच गया है, उसका मालिक मैं हूँ, तुम ख़ुद अपने लिये कोई काम ढूँढ़ो। इस पर कई दिन तक बाप-बेटे के बीच बातचीत बन्द रही। बाप ने आस-पास के बुज़ुर्गों से बेटे को समझाने के लिए कहा और इसका नतीज़ा एक रात यह हुआ कि समरनाथ ने बिगड़कर अपने बाप को पीटा और उसे दूकान से निकाल दिया।

बाप जैसे सब-कुछ गवाँकर गाँव में वापस आ गया। लेकिन किसी से इस झगड़े के बारे में कुछ भी नहीं कहा। कई महीने वह गाँव में रह गया, तो लोगों को कुछ सन्देह हुआ। पूछने पर उसने बताया कि समरनाथ एम० एम०-सी० पढ़ रहा है और साथ ही दूकान भी देख रहा है, मुनीम और आदमी हैं ही। घर सम्हालने के लिए वह यहाँ आ गया है।..फिर होनी कुछ ऐसी हुई कि पटना के इंजीनियर रामाधार प्रसाद अपनी लड़की के लिए अच्छे घराने के एक पढ़े-लिखे लड़के की खोज में इस ज़िले आये और वहाँ से अवधेश की राय से उसके साथ इस गाँव में पहुँचे। बिरादरी में पढ़े-लिखे लड़कों की बेहद कमी थी। इंजीनियर अपनी लड़की को डॉक्टरी पढ़ा रहे थे। यहाँ समरनाथ की बात सुनी, उसका घर-द्वार देखा, तो बहुत ख़ुश हुए। वे अवधेश और समरनाथ के बाप को लेकर कलकत्ता गये और समरनाथ को देखते ही उस पर रीझ गये। बात पक्की करने के लिए उन्होंने छेंका की रस्म भी तुरन्त पूरी कर दी।

इंजीनियर चले गये, तो मुनीम ने दूकान का कच्चा चिट्ठा समरनाथ के बाप के सामने रखा और कहा—यह दूकान अब बहुत दिनों तक नहीं चल सकती। इससे अच्छा है कि आप दूकान किसी के हाथ बेंच दें और उससे जो-कुछ मिल जाय, उसे ही बहुत समझें, वर्ना कुछ दिनों के बाद कुछ भी हाथ नहीं लगेगा।

समरनाथ के बाप ने दूकान की छान-बीन की और काग़ज़-पत्तर देखा तो वह भी इसी नतीजे पर पहुँचा। उसे क्रोध तो बहुत आया, लेकिन समरनाथ से कुछ कहने का साहस उसे न हुआ। उसने उससे इतना ही कहा—जो किया, वह बहुत अच्छा किया। अब कोई पूछे तो कह देना बीमार हो जाने के कारण पढ़ाई छोड़नी पड़ी, अगले साल फिर यूनिवर्सिटी में नाम लिखायेंगे।

इंजीनियर की बेटी से उसकी शादी हो रही है, वह डॉक्टरी पढ़ रही है, यह जानकर समरनाथ की ख़ुशी का ठिकाना न था। उसने बाप की बात तुरत मान ली और गाँव वापस आ गया।

समरनाथ किसी कलकतिया सेठ के बेटे की तरह कपड़े झाड़कर इधर गाँव की गलियों की रौनक़ बढ़ाने लगा और उधर बाप ने अपनी खिचड़ी पकानी शुरू की। वह समरनाथ को समझ चुका था। उससे हाथ धो लेना ही उसने ठीक समझा। उसके दो छोटे-छोटे लड़के और थे, बीवी थी, उनके गुज़र का सवाल उसके सामने था। दूकान बेंचकर वह सीधे पटना पहुँचा और इंजीनियर के सामने अपनी कुछ शर्तें पेश कर दीं।

इंजीनियर के पास धन था। वे ख़ुद भी अपनी लड़की की शादी में अच्छा ख़र्चा करना चाहते थे। उन्होंने समरनाथ के बाप की सब शर्तें बिना किसी हुज्जत के मान लीं।

पुरोहित बुलाये गये। शादी की तारीख़ पक्की हो गयी। समरनाथ का बाप बिदा होने लगा, तो शर्त के अनुसार इंजीनियर ने उसके हाथ पर पाँच हज़ार के नोट रख दिये और कहा—बरात का पूरा ख़र्च मैं शादी के वक़्त दे दूँगा और लड़की की डॉक्टरी की पढ़ाई का पूरा ख़र्च भी मेरे ही ज़िम्मे रहेगा। आप किसी बात की चिन्ता न करें।

शादी हो गयी। दुलहिन ससुराल में सात दिन रहकर अपने भाई के साथ घर चली गयी।

उसके आठ-दस दिन बाद मालूम हुआ कि बाप-बेटे में लड़ाई हो गयी है। बाप ने बेटे से कह दिया है कि वह अपना अलग इन्तज़ाम कर ले। एक दिन सुना गया कि समरनाथ ने अपने बाप को कई डण्डे मारे हैं। लोगों ने बीच में पड़कर उसे हटाया न होता, तो शायद वह अपने बाप की जान लेकर ही छोड़ता। बाप ने घर में उसका खाना-पीना बन्द कर दिया, तो समरनाथ ने अलग्यौझा कराने के लिए बिरादरी को बटोरा। बाप ने सबके सामने टाट उलट दिया और कहा कि बाँटने-चुटने के लिए उसके पास एक दमड़ी भी नहीं है। ले-देकर एक घर रह गया है, उसमें वह अपना हिस्सा ले ले। बिरादरी क्या करती?...उसके बाद समरनाथ का काम गाँव में बड़राना और अपने बाप को कोसना और गाली देना रह गया। कोई उसे मना करता तो, वह उसे भी गाली देने लगता और लड़ने पर आमादा हो जाता।....लोग उसे पागल कहने लगे।

फिर समरनाथ को क़स्बे के स्कूल में पचास रुपये की नौकरी मिल गयी। अब जिससे भी वह मिलता, एक ही बात कहता—गाँव में पहली कार मेरी ही आयेगी। बस, मेरी पत्नी के डॉक्टरी पास करने की देर है!—गाली-गुफ़्ता, लड़ाई-झगड़ा उसके लिए मामूली बात थी। कार का सपना लेते हुए भी जाने क्यों वह हमेशा सारी दुनिया पर झल्लाया रहता। गाँव का स्कूल चल निकला, तो उसने बहुत चाहा कि उसकी भी वहाँ नियुक्ति हो जाय। लेकिन गाँव के लोग उसके आचरण से परिचित थे। नियुक्ति कमेटी के किसी भी सदस्य ने उसके नाम की सिफ़ारिश न की। समरनाथ का ख़याल था कि मन्ने ही उसके विरुद्ध है। और वह तब से स्कूल के साथ मन्ने की भी जड़ खोदने में लग गया था। कैलास वग़ैरा दम देकर हर मामले में उसे आगे-आगे रखते थे।

मन्ने पगडण्डी छोड़कर एक ओर से चलने लगा। नंगे से चार हाथ दूर रहना ही अच्छा!

लेकिन समरनाथ की आवाज़ आयी—ए मुसल्ला! तू अपनी हरकत से बाज़ नहीं आयेगा?

सुनकर मन्ने का शरीर जल उठा। उसके सामने का पैदा हुआ यह लौण्डा, किस तरह बात करता है! लेकिन ग़म खाकर, सिर गाड़े वह चलता रहा, जैसे कुछ सुना ही न हो। छाते की डण्डी पर उसका हाथ ज़रूर कुछ-कुछ सख़्त हो गया।

समरनाथ और तेज़ होकर चिल्लाया—सुनता नहीं, ए मुसल्ला?

मन्ने फिर भी चलता रहा। भभकती आग को छाती में दबाये रहा।

समरनाथ दौड़कर, उसके पास आ बोला—कान में रूई ठुसी है क्या?

मन्ने से अब न रहा गया। रुककर, उससे सीधे आँख मिलाकर बोला—क्या बात है?

—बात सुनायी नहीं दी है?—अकड़कर समरनाथ बोला।

—कैसी बात?—वैसे ही घूरते हुए मन्ने ने पूछा।

—अपनी हरकत से बाज़ आओ!

—क्या मतलब?

—समझ में नहीं आता?

—नहीं!

—स्कूल छोड़ दो! पंचायत तोड़ तो! सती मैया का चौरा जोड़ दो!

—वर्ना मन्ने का सिर फोड़ दो! यही न?—गर्म होकर मन्ने बोला।

—हाँ!—समरनाथ ने दबंगई के साथ कहा।

—बस? या और कुछ कहना है?

समरनाथ के होंठ फड़फड़ाकर रह गये। वह हत् बुद्धि-सा मन्ने का मुँह तकने लगा, सहसा उसके मुँह से कोई बात ही नहीं निकली।

मन्ने ने क़दम आगे बढ़ा दिये। दस क़दम जाने पर पीछे से समरनाथ की आवाज़ आयी—यह हमारी पहली और आख़िरी चेतावनी है!

—सुन ली, सुन ली!—मन्ने ने मुड़कर, छाता उसकी ओर उठाकर कहा और फिर चल पड़ा।

थोड़ी दूर आगे बढ़कर मन्ने ने चलते हुए ही पीछे मुड़कर देखा, तो समरनाथ अब भी बाग़ में ही खड़ा था। मन्ने को खटका हुआ, यह वहाँ खड़ा क्यों है? थोड़ा और आगे बढ़कर देखा, तो समरनाथ उसके पीछे-पीछे आ रहा था। मन्ने का खटका बढ़ गया, शायद इसके मन में कुछ है। लेकिन फ़ारम का हाता और स्कूल अब पास ही थे, मन्ने के लिए घबराने की कोई बात न थी। यों भी समरनाथ के लिए अकेला मन्ने भी काफ़ी था। समरनाथ में दबंगई और नंगापन चाहे जितना हो, लेकिन दम कुछ नहीं, यह सभी जानते थे।

फ़ारम की घेराई के फाटक पर खड़े होकर मन्ने ने देखा, तो समरनाथ पगडण्डी छोड़कर लपकता हुआ, खेतों को लाँघता हुआ गाँव की ओर चला जा रहा था।

ओसारे में से जुब्ली ने पुकारा—वहाँ खड़े-खड़े क्या देख रहे हो? घर से आ रहे हो, या बाहर-ही-बाहर?

मन्ने ने अन्दर मुड़ते हुए कहा—बाहर-ही-बाहर।

—टोले पर उतर गये थे क्या?

—हाँ!

—हम लोग तो कल शाम को ही तुम्हारा इन्तज़ार कर रहे थे।

—क्यों? ख़ैरियत तो?—खटिया पर बैठते हुए मन्ने बोला।

—कल शाम को महाजनों ने एक जुलूस निकाला था..

—और नारा दिया था कि स्कूल छोड़ दो, पंचायत तोड़ दो..

—तुम्हें कैसे मालूम?

—अभी समरनाथ से मुलाक़ात हुई थी।

—कहाँ?

—यहीं बाग़ में।

—वही जुलूस के आगे-आगे था।

—जुलूस ही निकला था या और कुछ? सती मैया....

—नहीं, कुछ हुआ नहीं। हम लोगों को डर तो था, लेकिन सती मैया की तरफ़ जुलूस गया ही नहीं। सभापतिजी के साथ हम लोग पोखरे पर जमा हो गये थे।

—अवधेस बाबू यहीं हैं?

—हाँ! कल रात को उनके यहाँ मीटिंग भी हुई थी। रात को सत्तराम कई बार तुमसे मिलने आया था।

—कुछ कहता था?

—मुझसे कुछ नहीं कहा। तुम्हीं को ढूँढ़ रहा था।

—ख़ैर, अब वहाँ की सुनिये। कोआपरेटिव इन्स्पेक्टर से मैं मिला था। वे हर तरह की मदद देने को तैयार हैं। कम-से-कम बीस मेम्बर होने चाहिए। कितने हैं अभी आपके फ़ारम में?

—तेरह।

—तो सात किसानों को और मेम्बर बनाइये। फिर रजिस्ट्रेशन कराके बाक़ायदे काम शुरू कर दिया जाय। आज शाम को सभापतिजी से कहकर किसानों की एक मीटिंग कराइये।

—बहुत अच्छा!...इस्तग़ासे की नक़ल मिली?

—हाँ, वकील साहब को दे आया हूँ। उसमें कोई दम नहीं है। तारीख़ के दिन ज़मानतदारों के साथ चलना है। ज़मानतदार आप ठीक कर लीजियेगा।

—कर लेंगे।

—और कोई बात?

—नहीं!...ज़रा तुम होशियार रहो! अकेले इधर-उधर मत जाया करो। मुझे डर लगता है कि कहीं वो लोग...

मन्ने हँस पड़ा। बोला—बनिया लोग लाठी चलायेंगे? हुँ:? मुक़द्दमे वे लोग चाहे जितने लड़ लें...

—फिर भी होशियार रहने में कोई नुक़सान तो नहीं? यह मत भूलो कि गाँव के लिए तुम्हारी हस्ती...

—मुझे कुछ नहीं होगा, जुब्ली भाई!...अच्छा, मैं चलता हूँ। सभापतिजी से आप ज़रूर मिल लीजियेगा।

—अभी खाना खाने जायेंगे, तो मिल लेंगे!

घेराई के फाटक पर आकर मन्ने फिर रुक गया। सामने ही एक लाल झण्डा गड़ा था। उसने पुकारकर पूछा—जुब्ली भाई, यह झण्डा कैसा गड़ा है?

—अरे, मैं तो तुम्हें बताना ही भूल गया!—लपककर उसके पास आ जुब्ली ने कहा—अभी एक घण्टे पहले नहरवाले आये थे। नहर निकल रही है! घाघरा से निकलकर, इधर से होते हुए सुरहा में जा मिलेगी। वही झण्डा गाड़ गये हैं। कहते थे, जल्दी ही ख़ुदाई शुरू होनेवाली है।

—सच?—मन्ने का चेहरा ख़ुशी से चमक उठा। उसने अपना हाथ जुब्ली की ओर बढ़ा दिया।

उसका हाथ आपने दोनों हाथों में लेकर जुब्ली बोला—हाँ-हाँ!

—यह तो आपने बहुत बड़ी ख़ुशख़बरी सुनायी, जुब्ली भाई! किसानों को मालूम है?

—ज़रूर मालूम हो गया होगा।

—मालूम हो गया होगा के क्या माने? गाँव के किसानों को नहरवालों ने बुलाया नहीं था क्या?

—तुम बुलाने की बात कहते हो? वो लोग तो जीप पर आँधी की तरह आये और झण्डा गाड़कर तूफ़ान की तरह चले गये। यहाँ बस लड़कों और मास्टरों की भीड़ लगी थी। मैं पहुँचा, तब तक जीप आगे बढ़ गयी थी। वह तो प्रिन्सिपल साहब ने बताया कि नहर महकमे के अफ़सर थे, नहर निकलनेवाली है, नहर के रास्ते का निशान लगा रहे हैं।

—अजीब अहमक़ हैं सब!—मन्ने ने आश्चर्य से भरके कहा—जिनके लिए नहर निकल रही है, उनसे बात भी नहीं की सबों ने!

—सभी महकमों के अफ़सरों का यही हाल है!—जुब्ली ने कहा—तभी तो सरकार के किसी भी काम में जनता कोई दिलचस्पी नहीं लेती। सब अफ़सर ऊपर-ही-ऊपर तैरते हैं, धरती छूने का नाम ही नहीं लेते।

—ठीक है, लेकिन इससे कमबख़्त अफ़सरों का क्या नुक़सान होता है, बल्कि उन्हें तो माल मारने में और भी आसानी हो जाती है। अफ़सोस इस बात का है कि सरकार अपने अफ़सरों पर ही विश्वास करती है, जनता पर नहीं। लेकिन जनता को इस तरह उदासीन नहीं रहना चाहिए, आख़िर काम तो उन्हीं के फ़ायदे के लिए होते हैं।

—ये आज के बिगड़े थोड़े हैं, अंग्रेजों के ज़माने से...

—जनता में चेतना आने दीजिये, जुब्ली भाई! फिर तो आप देखेंगे कि कैसे इन अफ़सरों और इनकी सरकार को ठीक किया जाता है! ख़ैर, नहर निकल रही है, यह बहुत बड़ी बात है!

मन्ने वहाँ से चला, तो उसकी आँखें झण्डे पर ही टिकी थीं। वह अपने को झण्डे के पास जाने से न रोक सका। झण्डे के छोटे बाँस पर हाथ रख उसने पूरब की ओर देखा। बहुत दूर चटियल मैदान में एक और झण्डा दिखायी पड़ रहा था और उसके आगे एक और...और जैसे मन्ने की आँखों के आगे नहर का हिलोर लेता हुआ पानी बहने लगा..कल-कल..छल-छल...मन्ने ने अपने जीवन में यह स्वप्न कब देखा था? लेकिन इस घड़ी उसे लग रहा था, ज़ैसे उसने जीवन में बस एक यही स्वप्न देखा था और वह आज पूरा हो गया, तो उसकी ख़ुशी का ठिकाना नहीं है, जैसे उसका जीवन ही सार्थक हो गया, मन-प्राण, सब तृप्त, जैसे आजीवन भूखे को भर पेट सुन्दर भोजन मिल गया हो।

—नमस्कार! सेक्रेटरी साहब!

पीछे से प्रिन्सिपल के शब्द कानों में पड़े, तो मन्ने का जैसे सपना टूटा, लेकिन उत्तर में उसके मुँह से कोई शब्द नहीं निकला। उसका सिर बस ज़रा-सा हिल गया।

—नहर निकल रही है!—ख़ुशी से दाँतों की पंक्तियाँ चमकाते हुए प्रिन्सिपल बोले।

मन्ने ने फिर वैसे ही गूँगे की तरह सिर हिला दिया।

—अगले वर्ष इण्टर में भी एग्रिकल्चर खोलवाइये। इस परती पर अब तो कालेज का भी एक छोटा-सा फ़ारम खोला जा सकता है। आपका गाँव बड़ा भाग्यशाली है!

मन्ने ने फिर उसी तरह सिर हिलाया, तो प्रिन्सिपल ने आँखें सिकोड़कर जाने कैसी नज़रों से उसे देखा। फिर बोले—आप कुछ बोलते क्यों नहीं?

मन्ने ने फिर उसी तरह सिर हिलाया और गाँव की तरफ़ मुड़ गया। प्रिन्सिपल अचकचाये-से उसका मुँह निहारते उसके साथ-साथ चलने लगे। स्कूल पास आ गया, तो मन्ने ने मुँह खोला, फिर भी जैसे सूखे गले से आवाज़ न निकल रही हो, इस तरह बोला—प्रिन्सिपल साहब,—खाँसकर ज़रा देर बाद मन्ने ने कहा—आज मैं बहुत ख़ुश हूँ! यह नहर नहीं निकलने जा रही है, गाँव के सूखे ज़िस्म को ख़ून मिलने जा रहा है!...आप ज़रूर एग्रिकल्चर खोलवाइये..फारम खोलवाइये!...मुन्नी बाबू आ रहे हैं, वही अब स्कूल का काम देखेंगे। मैं तो अब गाँव का काम देखूँगा...कोआपरेटिव फारम...पंचायत...कोई ग्राम उद्योग...बहुत काम बढ़ जायगा, प्रिन्सिपल साहब!...हमारा गाँव अब पुराना गाँव नहीं रहेगा...आप इसका भावी रूप देख रहे हैं न?

—लेकिन महाजन लोग...

—उनकी भी आँखें खुलेंगी, प्रिन्सिपल साहब! इस गाँव के इतिहास में महाजनों के पुरखों के बड़े ही शानदार रोल रहे हैं। आप समझते हैं, इनके ज़िस्म में उनका ख़ून नहीं?

—क्या बतायें,—प्रिन्सिपल बोले—मुझे ख़ुद बड़ा अफ़सोस होता है। पढ़े-लिखे लोग हैं, मिल-जुलकर काम, करते, तो कितना अच्छा होता! स्वार्थों का कोई टक्कर भी होता तो एक बात थी। केवल एक साम्प्रदायिक भावना...

—उसकी रीढ़ की हड्डी तो सती मैया के चौरे ने तोड़ दी, प्रिन्सिपल साहब।

—अरे साहब, अभी कल शाम को ही...इंजीनियर साहब आज स्कूल भी नहीं आये...

—कुच्छ नहीं, प्रिन्सिपल साहब, वह कुच्छ नहीं!...गाँव ने रास्ता बदल दिया है! अब इसे अपने रास्ते से कोई भी नहीं हटा सकता! जो इस रास्ते पर नहीं चलेगा, या इस रास्ते में किसी भी प्रकार की रुकावट डालेगा, ख़ुद अपनी मौत को दावत देगा!

परती की हद आ चुकी थी। प्रिन्सिपल साहब ने कहा—आप बिलकुल ठीक कहते हैं, सेक्रेटरी साहब!...भगवान इन लोगों को सद्बुद्धि दे!...अच्छा, अब मुझे इजाज़त दें। नमस्कार!

—नमस्कार!

मन्ने पर जैसे एक नशा छाया था। खेतों के बीच में से ऊँची-नीची पगडण्डी पर वह चल रहा था, लेकिन उसका दिमाग़ हवा में उड़ रहा था। सूखा पड़ने के कारण पगडण्डी के दोनों ओर भदई की मरियल फ़सल उदास खड़ी थी और ठेहुने-भर की अरहर की फ़सल पर जैसे लानत बरस रही थी। लेकिन मन्ने की आँखों के

सामने जैसे दृष्टि के छोर तक रूस और चीन के किसी फ़ारम की ऊँची फ़सल झूम-झूम रही थी और वह सुनहरी दानों की वर्षा में नहाता हुआ चला जा रहा था कि...अचानक जैसे पीछे से उसके सिर पर कोई घन आ गिरा हो! उसके मुँह से अनायास एक चीख़ निकल गयी। वह तिलमिलाकर गिरने ही वाला था कि उसने अपने को सम्हाल लिया और पीछे मुड़ा कि सामने से फिर लाठी उसके सिर पर आती दिखायी दी। उसने वार झेलने के लिए छाता उठाया, लेकिन लाठी एक ही नहीं थी, कई लाठियाँ हवा में से उसे गिरती हुई दिखायी दीं और उसका होश उड़ गया। उसने देखा, समरनाथ, कैलास, किसन, रामसागर...उसने चीख़ने की कोशिश की, लेकिन मुँह खोलने के पहले ही जैसे उसके चारों ओर अन्धकार घिर आया। घने होते अन्धकार में उसे लगा कि वह गिर पड़ा है और उसके शरीर पर पटापट लाठियाँ पड़ रही हैं...और फिर जैसे केवल घना अन्धकार रह गया और दिमाग़ में एक तेज़ सनसनाहट..और कुछ नहीं, कुछ नहीं...

●

क़स्बे के अस्पताल के सहन में खटोले पर मन्ने की आँखें खुलीं, तो उसने कई चेहरे अपने ऊपर झुके हुए देखे...सभापतिजी...बाबू साहब...जीधन...बसमतिया...जुब्ली... प्रिन्सिपल...और उनके पीछे अनगिनत चेहरे।

उसने बाबू साहब पर अपनी नज़र टिकायी ही थी कि एक तेज़ आवाज़ उसके कानों में पड़ी—हटिये आप लोग इनके पास से! कई बार मैं कह चुका...

—डॉक्टर साहब! इन्हें होश आ गया!—यह जुब्ली बोला था।

—होश आ गया, सो तो ठीक है, लेकिन आप लोग हटिये। हवा आने दीजिये। घेरे रहने से आप लोगों को क्या मिलता है?

डॉक्टर ने उसकी कलाई पर हाथ रखकर नब्ज़ देखी। मन्ने ने होंठों पर जीभ फेरकर कहा—पानी।

—अभी लाते हैं,—डॉक्टर की धीमी आवाज़ आयी—कोई जाकर जल्दी दूध लाये।

—अभी लाते हैं!—कहता हुआ जीधन क़स्बे की ओर दौड़ पड़ा।

डॉक्टर चला गया, तो मन्ने की आँखें फिर बाबू साहब पर ठहर गयीं। बाबू साहब उसके मुँह पर झुक आये, तो वह बोला—मुन्नी को तार दे दें।

सिर उठाकर बाबू साहब ने कहा—मुन्नी बाबू को तार देने को कह रहे हैं। इस वक़्त तो डाकख़ाना बन्द हो गया होगा।

—तार बाबू पाँच बजे तक रहते हैं!—मजमे में से किसी की आवाज़ आयी—आप लपककर चले जायँ, तो मिल जायेंगे!

बाबू साहब चले गये, तो मन्ने की नज़र जुब्ली पर जा ठहरी। संकेत समझ कर जुब्ली झुका, तो मन्ने ने कहा—महशर को ख़बर भेजवा दें, मैं ठीक हूँ।

—अच्छा-अच्छा!—कहकर जुब्ली ने मजमे के पास आकर पुकारा—भिखरिया!

—आप लोग हटे नहीं?—डॉक्टर की आवाज़ फिर सुनायी दी—आप लोग तो बात ही नहीं सुनते!—फिर मन्ने के होंठों के अन्दर गिलास की बार घुसेड़ते हुए उन्होंने कहा—पानी लीजिये!

मन्ने ग़ट-ग़ट पी चुका, तो डॉक्टर ने गिलास हटा लिया।

मुँह बनाकर मन्ने बोला—यह क्या था, डॉक्टर साहब?

—कुछ नहीं, आप चुपचाप आराम से सो जाइये!

डॉक्टर हट गया, तो सभापतिजी मन्ने के सिरहाने बैठकर उसका माथा सहलाने लगे। उन्होंने मन्ने की ओर देखा, तो लगा कि मन्ने बाबू कुछ कह रहे हैं। उन्होंने मन्ने के मुँह के पास कान रोपा, तो मन्ने ने नशीली-सी आवाज़ में कहा—मैं मरूँगा नहीं, सभापतिजी!...

दो मई, सन् उन्नीस सौ उनसठ

□□